러시아의 동아시아 정책

A. 말로제모프 지음
석화정 옮김

지식산업사

Russian Far Eastern Policy 1881~1904

— with special emphasis on the causes of the Russo-Japanese War —

Andrew Malozemoff

University of California Press, Berkeley and Los Angeles, 1958

ⓒ 1958 The Regents of the University of California

Copyright renewed 1986 by The Regents of The University of California

Translated by permission of the University of California Press

러시아의 동아시아 정책

초판 1쇄 인쇄   2002. 5. 1
초판 1쇄 발행   2002. 5. 5

지은이   A. 말로제모프
옮긴이   석화정
펴낸이   김경희
펴낸곳   (주)지식산업사
         서울시 종로구 통의동 35-18
         전화(02)734-1978(대) 팩스(02)720-7900
         홈페이지 www.jisik.co.kr
         e-mail   jsp@jisik.co.kr
                   jisikco@chollian.net
         등록번호 1-363
         등록날짜 1969. 5. 8

책값   25,000

ⓒ 석화정, 2002
ISBN   89-423-2043-0   93920

이 책을 읽고 옮긴이에게 문의하고자 하는 이는
지식산업사 e-mail로 연락 바랍니다.

역자 서문

— 러시아의 동아시아정책, 그 지평(地平)과 극복을 위하여

19세기말 조선과 만주를 둘러싼 동아시아 국제관계에 관심을 가진 사람이면 반드시 만나게 되는 세 사람의 대가가 있다. 로마노프(Boris Aleksandrovich Romanov, 1889~1957), 말로제모프(Andrew Malozemoff, 1910~1952), 렌슨(George Alexander Lenson, 1923~1979)이 그들이다. 모두 러시아계라는 공통점을 지닌 이 세 학자는 한결같이 러시아 문서와 서방측 자료를 자유롭게 구사하여 러시아의 동아시아정책을 종합, 이 분야 연구의 금자탑을 쌓았다. 이들은 만주와 한국, 그리고 러·일전쟁의 원인론을 중심으로 각기 독자적인 학문세계를 구축했다. 오늘날의 상황에서도 이들의 연구 수준을 뛰어넘는다는 것은 사실상 어려운 일이다.

로마노프는 말로제모프를 통해 명료하게 종합되고 극복되었으며 이는 다시 렌슨에게 계승되었다. 그러나 이들 세 학자는 연구의 시각과 초점이 서로 다르다. 로마노프가 《만주에서의 러시아, 1890~1906》[1]로 러시아의 만주정책을 집대성했다면, 렌슨은 《책략의 균형(1884~1899)》[2]

---

1) B.A.Romanov, *Rossiia v Man'chzhurii* (A.S.Enukidze Oriental Institute, Leningrad, 1928), tr. by S.W.Jones, *Russia in Manchuria* (Ann Arbor, Michigan, 1952).

으로 한국문제를 둘러싼 패권 경쟁에 초점을 맞추었다. 그러나 로마노프와 렌슨의 두 저서는 사실상 전문 연구자들도 읽기 힘들 뿐만 아니라 방대한 자료집에 가까워 접근하기조차 어려운 것이 사실이다.

이 문제점을 극복한 명저가 바로 말로제모프의《러시아의 동아시아 정책》(*Russian Far Eastern Policy 1881~1904, with special emphasis on the causes of the Russo-Japanese War,* University of California Press, Berkeley and Los Angeles, 1958)이다. 이 책은 연구자의 '필독서'로서 가장 많이 읽혀지고 있다. 일본 학계에서도 이 책을 인용빈도가 가장 높은 책이라고 평가하고 있다.[3]

균형잡힌 시각과 미려하면서도 논리적인 서술방식은 우선 독자로 하여금 편하게 읽도록 해준다. 이 책은 분석과 그 기술(記述)의 정확성, 방대한 정보 면에서 가히 러시아의 동아시아정책에 관한 사전이라 할 만하다. 러시아가 연해주를 획득하여 우리와 접경한 1860년 이래, 동북아 문제에 관해 이 책만큼 상세한 정보를 제공해주고 있는 것도 드물다. 예컨대 만주에 관한 각종 통계자료는 물론, 아무르강 유역에 대한 러시아의 개척과정, 의화단사건을 둘러싼 열강의 정책, 그리고 압록강 이권을 둘러싼 러시아 궁정 내부의 논란 등, 풍부한 정보가 이 책의 독보적인 가치를 입증해 준다.

이 책은 러시아의 동아시아정책이 러·일전쟁 발발에 어떻게 영향을 미쳤는지를 밝힌 점에서 학술적으로도 큰 가치를 지닌다. 저자는 베조브라조프(A.M. Bezobrazov)의 개전 책임을 부정함으로써, 러·일전쟁의 책임이 일방적으로 러시아측에 있다는 '전통적인' 해석에 이의를 제기

---

2) George Alexander Lensen. *Balance of Intrigue : International Rivalry in Korea & Manchuria, 1884~1899,* 2vols(Tallahassee : University Presses of Florida, 1982). 이에 대한 비평은 석화정,《해외한국학평론》연세대학교 현대 한국학연구소 편 창간호, 혜안, 2000. 봄, pp.187~204 참조.
3) 千葉 功, '러·일전쟁 전기(1900~1904)—일본의 외교사 연구현황',《사학잡지》106권 제8호, 1997년 8월 참조.

했다. 전쟁의 책임이 궁극적으로 일본측에 있음을 시사한 것이다. 바로
이 점에서 이 책 말미의 8장과 9장은 기존의 러시아 동아시아정책 연구
의 대전환을 펼치는 순간이다. 이 대목에서는 마치 한 편의 드라마를
보는 듯한 유연함과 박진감을 동시에 느낄 수 있다. 베조브라조프의 대
리인인 마드리또프(Madritov) 대령이 붉은 비단 망토를 나부끼며 코사
크 기병대를 대동하고 압록강변에 도착하는 장면 등은 미답(未踏)의 압
록강변을 눈앞에 펼쳐 보이는 듯 생생하기까지 하다. 압록강 이권의 실
상과 베조브라조프의 개인적 행위를 구분한 그의 탁월한 분석은, 이 분
야 연구의 마침표를 찍은 것으로 여겨진다. 이 책은 국제관계사 연구자
에게는 물론 이 시대를 공부하는 사학도들에게도 없어서는 안 될 귀중
한 정보원(情報源)이다.

말로제모프의 유고(遺稿)인 이 책은 그의 박사학위 논문으로서 그가
세상에 남긴 유일한 글이다. 그동안 역자가 조사한 바로는 말로제모프
의 학문적 이력과 죽음에 대해서는 알려진 사실이 거의 없다. 궁리 끝
에 역자는, 서론과 결론을 마무리하지 못한 채 세상을 떠난 그의 원고
를 읽고 또 읽었을 어머니 엘리자베스 말로제모프 박사에 대한 기록을
찾아보기로 했다. 다행스럽게도 역자는 미국 하와이대학의 해밀턴
(Hamilton)도서관 아시아문고(Asia Collection)에서 그녀를 인터뷰한
원고 뭉치[4]를 찾아낼 수 있었다. 어머니의 육성에 따라 종합해 본 말로
제모프의 생애는 자신의 책 한 권에 고스란히 녹아 있었다.

말로제모프는 교사인 어머니와 광산 기사인 아버지의 세 아들 가운
데 둘째로 상트 페테르부르그에서 태어났다. 그의 가족은 1917년 혁명
이 일어나자 몽고와 고비사막을 가로질러 시베리아, 중국, 일본을 거쳐
1920년 미국 샌프란시스코에 정착하였다. 그가 후일 연구 대상으로 삼
았던 지역을 몸소 체험한 셈이다. 그리고 그 뒤 부친을 따라 가족 모두

---

4) *The Life of a Russian Teacher / Elizabeth Malozemoff; an interview
conducted by Alton C.Donnelly* (Berkeley : University of California,
General Library, Regional Cultural History Project, 1961).

6

영국 런던에서 1년 동안 거주하였는데, 이때 그는 유럽의 언어를 습득할 기회를 가졌다. 말로제모프는 어려서부터 역사와 전쟁에 깊은 관심이 있었다. 소설, 전기, 영화 등에서 표현된 사실들이 역사적 사실과 부합하는지를 비교하고 고증하는 데 남다른 흥미가 있었다. 미국의 러시아학 연구의 태두의 한 사람인 버클리대학의 커너(R.J.Kerner) 교수도 평소 제자인 말로제모프의 이 같은 연구 태도에 만족하고 그와의 논박을 즐겼다고 한다.[5] 애석하게도 말로제모프의 죽음으로 러시아의 동아시아정책 연구의 맥은 버클리대학에서 이어지지 못했다. 커너 교수와 함께 양대 산맥을 이루던 하버드대학의 랭거(W.L.Langer) 교수의 학풍이 주로 오늘날 미국의 러시아학 연구의 경향을 대변하게 된 것도 말로제모프의 죽음과 무관하지 않은 것 같다.

러시아 동아시아정책사의 결정판의 하나라고 할 수 있는 이 책의 번역이 이처럼 뒤늦어진 것은 우선 역자의 게으름에 그 원인이 있다. 그러나 역자로서도 변명의 여지가 없지는 않다. 역자가 이 책을 처음 접한 1983년 이래로 연구자들이 이 책의 번역을 앞다투어 시도해왔다. 서양사 전공자는 물론 한국사 전공자도 그 필요성을 다같이 인정했기 때문이다. 특히 서양사 연구자들 가운데서는 김상수, 홍진호 두 선배가 이 책을 공역하기로 했다. 그러나 김교수는 6년 전 불의의 사고로 타계함으로써 그의 초고를 찾지 못해 번역 작업은 중단될 수밖에 없었다. 그렇지만 이 책은 완역되어야 한다는 판단이 역자의 만용을 부추겼다. 이런 상황에서 홍선배는 자신이 십여 년 전에 번역해 놓았던 일부 초역 원고를 기꺼이 역자에게 넘겨주며 완역을 재촉해 주었다. 이것이 역자에게 용기를 주었고 번역을 시작하게 된 계기이다. 홍선배의 격려에 다시 한번 감사드리며 고(故) 김상수 교수의 명복을 빌어 마지않는다.

이 번역을 매듭짓는 작업도 마찬가지로 역자 혼자의 힘만으로는 감

---

5) Alfred J.Rieber, Historiography of Imperial Russian Foreign Policy, edited and translated by Hugh Ragsdale, *Imperial Russian Foreign Policy* (Woodrow Wilson Center Press, 1993), p.435 및 주 186.

당하기 어려웠다. 무엇보다 스승 최문형 교수님의 노고에 깊은 감사를 드린다. 선생님은 처음부터 끝까지 이 많은 원고를 일일이 읽으며 문제점을 바로 잡아 주셨다. 선생님의 격려와 노고가 아니었으면 이 번역은 아마 햇빛을 보지 못했을 것이다. 감수해주신 선생님께 거듭 감사드리는 바이다.

이 책의 출판을 한국에서의 러시아 동아시아학 연구의 매우 중요하고도 훌륭한 출발이라고 반가워하며 격려해주신 분들께도 감사드린다. 역자는 하와이대학의 존 스테판(J.J.Stephan) 교수를 통해, 미국의 러시아 동아시아학 연구 경향과 학자로서의 말로제모프의 생애가 이 책에 집약되어 있음을 다시 한 번 확인할 수 있었다. 말로제모프를 포함하여 커너, 랭거, 렌슨, 화이트(J.A.White) 등 미국내 러시아학 연구자들이 구소련 시절에 갖은 고초를 겪어가며 연구해온 과정을, 자신의 경험담과 함께 열정적으로 토로하던 스테판 교수의 모습을 역자는 잊을 수 없다. 러시아문고(Russia Collection)의 페트리샤 폴란스키(Patricia Polansky) 씨는, 말로제모프의 죽음에 관한 이야기와 생전의 그의 사진을 구하기 위해, 버클리대학과 스탠포드대학 등 여러 곳을 직접 찾아다니는 수고를 아끼지 않았다. 비록 단서는 별반 찾지 못했지만 말로제모프가 이 책의 출간을 기뻐할 것이라며 도와준 폴란스키 씨에게 깊이 감사드린다. 아시아문고(Asia Collection)의 전경미 박사, 중국과 만주의 지명을 일일이 함께 찾아준 홀리 콱(Holly Kwok), 수지 쳉(Susie Cheng) 두 분 사서께도 고마움을 표한다. 그리고 이 책의 출판을 기꺼이 맡아주신 지식산업사의 김경희 사장님, 편집부의 지태진 씨께도 감사를 드린다.

이제까지 이 책이 우리 학계에 소개되기를 바라온 많은 분들과 출간의 기쁨을 함께 나누고 싶다. 역자는 선학제현(先學諸賢)의 염원과 격려와 기대가 있었기에 비로소 이 작업을 마무리했다는 생각이 들 뿐이다. 2년여 동안 '실속 없는' 일에 매달리고 있는 것이 아닌가 하는 자괴감은 말로제모프의 탁월한 서술로 메우고도 남음이 있었음을 고백한다. 그가 세상을 떠난 나이와 공교롭게도 같은 나이에 번역에 매달리고 있는 동학(同學)으로서 느끼는 부러움과 경외심이 번역의 고단함을 느끼지 못하게 했는지도 모른다. 마흔 두 해 생애의 마지막 10년을 오로지 이 한 권을 저술하는 데 바친 학자의 열정과 그 순백의 집념에 다시 한 번 머리 숙이는 바이다.

2002년 2월
석 화 정

추천의 글

　말로제모프(Andrew Malozemoff)의 '러시아의 동아시아정책'은 나에게 평생 잊을 수 없는 한 가지 추억을 남겨준 책이다. 제16회 역사학 대회(1973년 6월 1일) 발표장에서 "이 책을 한우근 선생이 최근에 미국에서 구해왔다"는 고병익 선생의 말씀을 듣고 천신만고 끝에 책 주인보다 먼저 이 책을 읽었기 때문이다. 물론 논문(《역사학보 59집》)에 따로 감사의 뜻을 표했지만 지금도 이 책을 대할 때마다, 마치 보물을 다루듯 캐비닛에서 꺼내어 마지못해(?) 책을 빌려주시던 선생님의 모습이 떠올라 미소를 머금게 된다. 그런데 바로 이 책을 제자 석화정 박사가 번역해 세상에 내놓았다. 먼저 진심으로 경하해 마지않는다.

　실로 말로제모프는 로마노프(B.A.Romanov), 렌슨(G.A.Lenson)과 더불어 19세기 러시아 동아시아정책 연구에 3대 거장의 한 사람이다. 그러나 그의 저서는 로마노프와 렌슨의 그것과는 엄연히 구별된다. 명료한 문장을 통해 독자가 자신의 글에 쉽게 다가설 수 있도록 유도한 점이 우선 돋보인다. 자료집의 성격이 짙은 렌슨의 그것은 논외로 치더라도, 로마노프는 문장이 난해할 뿐만 아니라 러시아 문서의 축약 선별 과정에서 너무나도 많은 사실을 누락시켰다. 말로제모프는 바로 이 점에 착안하여 기존 사가에 비판을 가하고, 균형잡힌 서술로 이들을 극복해 나갔다. 러시아 사가 글린스키(B.B.Glinskii)의 문제점은 물론, 미국의 랭거(W.L.Langer)가 저지른 자료 해석상의 결정적 오류까지도 그는 명쾌하게 지적하고 있다. 그리고 저자의 번득이는 시각과 연구사적 견해는 이 책의 문헌해제에도 담겨져 있어, 초학자에게는 물론 기존 연구자에게도 학문의 유장(悠長)함을 공감케 해준다. 나는 말로제모프가 단연이 분야의 독보적 존재임을 믿어 의심치 않는다.

그럼에도 이 책이 출간된 지 40여 년이 지난 오늘에 와서야 비로소 번역이 이루어진 것은 너무나도 늦은 감이 있다. 그러나 이 책은 아직까지 동양권에서는 번역된 사실이 없다. 이 책이 지닌 가치에 대한 올바른 평가가 이루어지지 못해 번역의 절실함을 인식하지 못했던 데 그 원인이 있었던 것 같다. 그리고 러시아어와 일본어 독해력이 없이는 번역을 시도하기조차 어려웠던 데도 원인이 있었을 것이다. 이 책을 늦게나마 우리 학계에서 완역한 것은 다행스럽고 경사로운 일이 아닐 수 없다.

더욱이 우리 학계에서는 이 분야 고급 연구서는 물론 사전적 정보조차도 쉽게 얻을 수 없는 것이 현실이다. 이번에 석화정 박사의 피나는 노력이 결실을 맺은 것은 우리 학계를 위해 지극히 다행스러운 일이다. 이 분야 연구에서 하나의 이정표를 세운 쾌거라 할 것이다.

국제관계사 전공자는 물론 만주에 대한 지식이 절실한 한국사 연구자에게도 재독 삼독을 권할 가치가 있는 역작임을 나는 의심치 않는다. 역자 석화정 박사는 이 분야 전공자로서 뛰어난 어학력을 구사하여 저자의 뜻을 한 구절 한 글자도 빠짐없이 옮겨 놓았다. 특히 저자 말로제모프의 사실(史實) 인식의 착오까지 바로 잡아준 부분은 더욱 돋보인다. 그리고 재미(在美) 중국인 사서들의 도움을 받아 영문으로 표기된 중국과 만주의 옛 지명(地名)까지 끝까지 밝혀낸 것은 역자의 또 다른 공헌이라 할 것이다. 전공자에게는 물론 역사에 관심이 있는 일반 독자에게도 도움이 될 것이라 믿어, 몇 마디 적어 추천의 글을 대신하고자 한다.

2002년 1월
최 문 형

서 문

　1930년대 중엽 버클리(Berkeley)대학 캠퍼스에서는 고(故) 로버트 커너(Robert J.Kerner)교수가 주관한 역사학 세미나가 많은 학자들을 불러들였다. 이들은 미국 역사서술에서 미지의 세계(*terra incognita*)를 탐사하는, 자신들만의 항해를 시작한 헌신적인 젊은 학자들이었다. 여기서 러시아의 "식민지"였던 알래스카, 캘리포니아와 러시아의 초기 유대관계를 연구하고, 17세기 러·중 외교 관계의 배경을 조사했으며, 러시아의 태평양 지역으로의 팽창을 면밀히 연구했을 뿐만 아니라, 슬라브 세계역사의 다양한 측면에 대한 평가가 이루어졌다.

　이 세미나의 걸출한 멤버 가운데 한 사람이 바로 앤드류 말로제모프였다. 그는 러시아의 동아시아정책과 시베리아 역사에 자신의 모든 정열을 쏟아부었다. 말로제모프는 실로 이 주제를 먹고, 꿈꾸고, 숨쉬었다. 이 논문은 그의 연구결과이다. 이 책에서 말로제모프는 분규의 절정에 달했던 사건들을 냉정하고도 객관적으로 분석하고 있다. 그는 통계자료들을 다시 검토하고 재평가함으로써 예리한 시각으로 사건을 새롭게 조명하였다.

　불행하게도 앤드류 말로제모프는 이 책으로 그 이름을 인정받을 때까지 살지 못했다. 1952년에 그가 죽은 후 어머니인 엘리자베스 말로제모프 박사가 그의 원고를 맡아서 정리하고 출판하였다. 그 결과로 빛을 보게 된 이 논문은 이제 역사가로서의 말로제모프의 학문적 업적을 기

리는 적절한 기념작이며, 그의 스승인 로버트 커너 교수에 대한 헌정
(獻呈)이기도 하다. 미국 전역의 나의 동료들도 나와 더불어 이 책의 발
간을 환영하리라고 확신한다.

1958년 4월 1일
올렉 A. 마슬레니코프
캘리포니아, 버클리

감사의 글

　나는 캘리포니아대학 출판사에 큰 빚을 졌다. 특히 출판국장인 오귀스트 프뤼게 씨는 내 아들 고(故) 앤드류 말로제모프의 박사학위논문에 관심을 가져주었을 뿐만 아니라, 내가 처음 이 논문을 출판하려했을 때 격려해주었던 분이기도 하다. 나는 또 편집실의 도로시 허긴스 씨에게도 신세를 졌다. 그녀는 이 논문을 출판하는 데 탁월한 역할을 맡아주었다. 어느 누구도 그녀만큼 이처럼 철저하게 공을 들여 출판을 준비해 줄 수는 없을 것이다. 허긴스 양의 지칠 줄 모르는 노력이, 내 아들이 짧은 생애(1910∼1952)의 마지막 10년 간 헌신했고, 또 내 아들이 살았더라면 자신이 직접 교정하였을 이 논문을 책으로 출간될 수 있도록 해 주었다. 나 스스로도 이 원고를 읽고 또 읽었다. 실수를 발견하지 못하고 미처 교정하지 못했다면 그 책임은 전적으로 내게 있다.

엘리자베스 말로제모프

차 례

〔일러두기〕

1. 이 책의 지명과 인명은 현재 중국에서 사용하는 한어병음 방식이 아니라, 이전의 웨드-자일(Wade-Giles)방식에 따라 표기하였다. 예컨대 북경(北京)은 현 표기방식에서는 베이징(Beijing)이나 당시에는 패킹(Peking)이다. 그러므로 당시의 표기방식에 준하되 대체로 한자 그대로, 예컨대 북경(北京, Peking)과 같이 표기하였다. 그러나 우리에게 익숙한 하얼빈(哈爾賓)과 같은 지명은 합이빈이 아닌 하얼빈으로 표기하였다.

2. 각 장에서 되풀이되는 인명과 지명의 원어표기는 맨 처음 한 번만 표기하는 것이 원칙이나 여기서는 매번 나올 때마다 괄호로 표기하였다. 저자의 방식을 그대로 따른 것이기도 하며, 내용이 방대하고 각 장의 내용이 길어 중복표기가 불가피하였다.

3. 1897년 대한제국 성립 이후에는 조선을 한국이라고 표기하는 것이 적절하나, 모두 조선으로 통일하여 표기하였다. 단, 간략하게 표현할 경우에는 예컨대 대한(對韓)이라고 표기하였다.

4. 본문과 각주의 인용방식은 전적으로 저자의 표기방식에 따랐다.

제1장 동아시아에서의
러시아의 지위(1860～1890)

러시아의 동아시아 팽창은 매우 급속하게 진행되었다. 러시아인들은 약 70년(1582～1648) 사이에 오늘날 러시아의 북부, 동부 및 일부 남부 국경지역에까지 진출하였다.[1]

러시아 당국은 오랜 기간에 걸쳐 동아시아로 나아가기 위한 계획을 추진해 왔다. 황야에서는 수로를 따라 나아가는 것이 최선이었는데, 이 루트들을 목책(ostrog)이나 방책을 둘러친 연수육로(連水陸路)로 연결해야 했다. 더욱이 러시아정부는 모피무역의 유용성을 명확히 인식하고 있었다. 모피무역의 발전이야말로 동쪽으로의 팽창을 자극한 배후동기였다. 정부는 모피무역업자들, 변경의 관리들 및 다수 민간기업들의 활동을 통합했다. 그리고 이들로부터 최대의 이윤을 얻어내기 위해, 복잡하지만 꽤 효율적인 행정체계를 구축했다. 모스크바에 본부를 둔 이 조직은 아주 멀리 떨어져 있는 속령(屬領)에까지 지점을 설치하였다.

1. 최초의 정착 실패

러시아인들의 용기, 수많은 정부 원정대, 그리고 복합적인 행정체계가 뒷받침되었음에도 동아시아로의 식민은 매우 느리게 진행되었다.

1860년에서 1890년까지 혹독한 기후, 적은 상주인구, 수송의 어려움, 식량기지의 부족, 방어상의 부적합성 등은 많은 사람들이 이 광활한 지역을 경제적 가치가 없는 것으로 여기게 했다. 때문에 이 지역의 획득은 실망뿐만 아니라 심지어는 혹독한 비난까지도 유발했다.[2]

적은 인구는 아무르(Amur)강을 따라 연결되는 효율적인 운송망이 부족한 데서 비롯된 결과이자 그 원인이기도 했다. 아무르강은 동아시아라는 새로운 영토로 연결시켜 주는 통로였다. 최초의 정착은, 1857년 당시 동시베리아 총독 니콜라이 니콜라예비치 무라비요프 아무르스키(Nikolai Nikolaevich Muraviev-Amurskii) 백작이 특별 징집한 트랜스바이칼(transbaikal, 바이칼호 동부)의 코사크 연대에게 처자식을 데리고 아무르강을 따라 각각 12마일에서 18마일씩 떨어진 마을에 정착하도록 명령함으로써 비롯되었다. 코사크인들은 이 같은 일련의 정착 주둔지들을 따라 변방을 지키고, 우편업무를 수행하며, 보급품들을 아무르강을 따라 강어귀 부근의 니콜라예프스크(Nikolaevsk)에 있는 러시아의 주둔 사령부까지 운송하는 일을 맡았다.[3] 우쑤리(Ussuri) 지방의 식민도 이와 유사한 방식으로 이루어졌다. 1859년에는 트랜스바이칼 지방에서 바로 전에 징집된 농민들인 '코사크 보병대'가 우쑤리강 유역으로의 이동 명령을 받아 천천히 그 곳으로 이주했다. 가족과 가축들을 동반한 이들의 이주에는 1년 반 이상의 시간이 소요되었다.[4]

최초의 정착민들에 이어 '코사크족'으로 이루어진 새로운 무리들이 곧 합류했다. 그 결과 1861년까지 아무르강 수송망을 따라 60개 마을에 11,850명의 주민이 거주하게 되었다.[5] 이주를 장려했지만 효과적인 식민화를 이루기에는 아직도 정착민의 수가 너무 적었다. 청국인과 만주인 부락들이 있는 제야(Zeya)강과의 합류지점 부근을 제외하고, 아무르강 좌안에는 이전부터 사람이 살지 않았다.[6] 새 이주민들은 농지와 오솔길을 개척하는 등 혹독한 임무들을 수행해야 했다. 이주자의 반수 이하의 사람들만 자유롭게 농업에 종사하는 것이 허용되었고, 대부분은 우편업무 및 수송업무에 동원되었다. 때문에 트랜스바이칼 지역으로 돌아가는 것이 허용되었을 때, 징집된 이주민들은 이를 크게 기뻐하였다. 많은 사람들이 오랜 여행의 위험과 빈손으로 고향에 돌아갈 수밖에 없다는 절망감을 무릅쓰면서도 고향으로 되돌아갔다.[7]

정규적인 육로운송망을 구축하기에는 인구가 너무 적었기 때문에 육로수송은 20년이 지나도록 미미한 수준에 불과했다.[8] 게다가 주 교통로인 아무르강을 따라 항행한다는 것도 해마다 잇따른 자연재해로 말미암아 결코 쉬운 일이 아니었다. 이 교통로의 한가운데 위처한 블라고베시첸스크(Blagoveschensk) 부근의 아무르강은 매년 10월말이면 결빙되었고 이듬해 4월 20일 무렵에야 해빙되었다. 그러므로 통상 연중 173일이 결빙기였고, 얼음이 없는 기간은 192일이었다. 강 전면이 얼어붙기 전 17일에서 27일 동안은 부빙들이 떠다녔고, 얼음이 녹을 때에도 이와 동일한 기간은 부빙들 때문에 위험하였다.[9] 블라고베시첸스크 상류의 수심이 얕은 곳을 항해할 수 있는 바지선이나 하천용 기선의 항해 가능 일수는 연평균 140일 정도에 불과했다. 새 정착지에는 간혹 수레를 끌 수 있는 동물들이 있었다. 따라서 눈이 쌓이면 러시아 전래의 썰매를 사용하여 얼어붙은 아무르강을 교통로로 이용할 수도 있었지만, 동절기에 이 강을 교통로로 이용하는 경우는 극히 드물었다.[10]

동절기와 해빙기 동안은 통상적으로 교통이 완전히 두절되었다. 1882년말 단지 전신망만이 보급로를 따라 유럽령 러시아까지 가설되었다.[11] 수송을 방해하는 다른 요인들은 거대한 강이 빚어내는 자연적 위험으로서, 이를테면 여울목, 물 속에 잠긴 나무, 위치가 자주 바뀌고 잘 보이지 않는 강바닥, 모래톱 등이 그것이었다. 이런 조건 속에서도 아무르강의 수송수단은 서서히 발전하였는데, 강을 따라 내려가는 것은 꽤 안전하고 신속했지만, 거슬러 올라가는 것은 지루하고 위험하며 많은 시간이 걸리는 일이었다.[12] 훨씬 더 많은 이주자들이 유입되고 그에 따른 수송수단이 확충될 때까지는, 이 강은 러시아의 팽창을 위한 교통망이라기보다 오히려 팽창을 제한하는 규제망이었다.

식민화 초기에 아무르강 유역을 러시아의 동아시아령을 위한 식량기지로 만들려던 무라비요프 아무르스키의 소망은 예견치 못한 난관들 때문에 실현되지 못했다.[13] 그의 기대는 아무르강 유역의 풍부한 강우량과 비옥한 작물에 대한 평가에 기초한 것이었다. 그러나, 여름철 몇 달 동안에 내리는 폭우가 농업에 바람직하지 못하다는 사실을 이주자들은 곧 알아차렸다.[14] 곡물은 소출도 별로 없이 쭉정이로 변해 버렸고, 때때로 알곡은 완전히 여물지도 않았다. 곡물의 짧은 생장기 동안, 동해 연안을 따라 엄습해 오는 안개와 습기로 정착민들은 경작지를 단념해야 했다.[15]

야채와 곡물이 풍부하게 자랐지만 이들은 "약간 변형된" 것들이었다.[16] 이 지역의 곡물로 만든 빵은 맛이 좋지 않았고, 먹고 나면 현기증이나 "도취" 증상을 일으켰으므로 "취하게 하는 빵"[17]이라는 이름이 붙여졌다. 1889년의 식물탐사대가 실험과 연구를 수년 동안 거듭한 끝에 마침내 원인을 찾아냈는데, 현미경으로도 간신히 식별되는 기생충이 곡물에 자라고 있다는 것이었다. 이로써 이 기생충을 제거하는 조치가 취해졌다.[18]

경작을 하기엔 너무 짧은 기간, 불리한 기후, 그리고 곡물의 질병은 이주자들에게 고통을 안겨주었다. 아무르강 유역은 러시아령 동아시아에 곡물을 공급해 주기는커녕, 실제로는 니콜라예프스크나 블라디보스톡을 거쳐 유럽 및 미국에서, 그리고 트랜스바이칼 지방에서 다량의 곡물을 수입해야만 했다.[19] 목초지는 풍부했지만 목축업도 농업과 마찬가지로 불리한 기후로 고통을 겪었고 전망이라고는 거의 없었다.[20] 19세기 말에 이르도록 아무르강 유역의 주둔병력뿐 아니라 이주자들을 위해 조선, 만주, 몽고와 트랜스바이칼에서 육우(肉牛)를 수입하였다.[21]

러시아가 이 지역을 점령한 지 30년이 훨씬 넘어서도 아무르강 유역의 농업 실패를 치유할 대책이 좀처럼 마련되지 않자, 반관적(半官的)인 기관지들은 이 곳에 식량기지를 세우려는 정책을 혹독하게 비판했다. 제국지리학회 동부분과(Eastern Branch of the Imperial Geographical Society)가 파견한 탐사대의 보고서는 1892년에 코르진스키

(S.I.Korzhinskii) 교수가 편집하였는데, 이에 따르면 아무르 유역은 러시아의 과잉인구의 정착지로서는 전혀 쓸모없는 땅이라는 것이었다. 코르진스키는 "이 지역의 기후조건에 적합한, 종래와는 완전히 다른 경제 시스템을 시행해야 하며 풍토에 맞는 농작물을 경작해야 한다"고 언급했다.[22] 여기서 그는 아무르강 유역을 식량기지화한다는 착상을 사실상 단념하라고 권유하였다.

아무르강 유역의 식량기지화 실패는 이 강의 교통로로서의 전략적 가치를 크게 감소시켰다. 알래스카의 모피 판매와 오호츠크해(Sea of Okhotsk) 연안에서의 모피무역의 격감으로[23] 연해주 지방(Primorsk coastal region)의 경제적 중요성은 감소했으며, 캄챠카(Kamchatka)와 그 연안의 군사기지들은 방치되었다.[24] 아무르강이라는 이 새로운 교통로는 야쿠츠크(Yakutsk)에서 오호츠크 및 캄챠카에 이르는 육로 우편로를 대신해 주지 못했을 뿐 아니라, 캄챠카가 캐나다와 캘리포니아로부터의 수입 식량에 의존하는 것도 막지 못했다.[25] 아무르강 유역이 러시아의 동북연안에 새로운 경제적 근거지를 이루기 위한 새 식량기지가 되기에는 부적절하다는 점이 명백해진 것이다.

식량기지화의 실패는 이 지역에 또 한 가지의 더욱 직접적이면서도 참담한 결과를 초래했다. 러시아정부는 아무르강에서 식량이 산출되면 수지맞는 무역을 할 수 있으리라고 기대하여 당시까지 지속되어온 연안의 토착민들과 외국인 사이의 물물교역을 금지시켜 버렸다. 포경업자나 바다표범잡이들인 외국인들은 종종 토착민들에게 식량을 주는 대신 모피를 얻어가곤 했었다. 이 물물교역 금지조치와 더불어 러시아가 외국인과의 교역을 다른 농산물로 대치하지 못하게 되면서 1878년에는 무서운 기근이 발생하였다. 이로써 우쓰크(Udsk) 지방에서 아나디르(Anadyr)에 이르는 2,000베르스트(약 1,200마일)에 달하는 오호츠크해 전연안에 거주하던 주민들을 사실상 전멸시키는 결과를 가져오고 말았다.[26] 이에 따라 모피무역은 훨씬 더 감소할 수밖에 없었다.

이와 유사한 이유에서 러시아의 동아시아 속령의 전반적인 방어체계도 약화되었다. 식량부족으로 말미암아 1865년 8월에 니콜라예프스크 항에는 해군 1개 분견대가 남았고, 아무르 및 우쑤리 지방에는 정규군 (장교 7명, 사병 732명)만이 잔류했다. 정규군의 대부분은 러시아, 청국, 조선 3국의 접경 부근에 위치한 노브고로드스크(Novgorodsk)의 주둔 지에 있었다.[27] 사할린(Sakhalin)에 배속된 부대는 수렵과 야채 재배로 식량을 각자 조달케 하기 위해 12개의 기지로 분산 배치되었다. 그럼에 도 불구하고 식량부족으로 사실상 많은 기지들을 포기할 수밖에 없었 다. 예를 들어 1869년에 25명의 병력이 주둔했던 찌흐메네프스키 (Tikhmenevskii) 기지는 "식량 확보가 어려워"[28] 1872년에는 3명만이 주둔하는 우스울 정도의 작은 수비대로 축소되고 말았다. 이 기지는 아 무르강 어귀에서 그리 멀리 떨어지지 않은 사할린의 서부연안에 위치 해 있었기 때문에 증원군과 보급품을 얻는 데 유리한 입지조건을 갖고 있었는데도 그러하였다.

아무르강 좌안에 거주하던 토착민들의 평화적인 성격과, 청국 쪽의 강 우안 지역에 청국인이나 만주족 상주인구가 거의 없었다는 점은(단 아르군(Argun) 주변은 제외하고), 러시아인들에게 아무르강이라는 교 통로에 대해 허술한 안전의식을 심어주었다. 1868년 만자족(Manzas)으 로 알려진 청국인과 만주족 무리들이 우쑤리강변의 러시아인 정착지와 심지어 블라디보스톡에서 15마일 떨어진 곳에 위치한 아스콜드 (Askold) 섬의 정착촌을 공격했을 때, 방어용 식량은 곧 동나버렸다. 이 침략자들은 마을 몇몇을 파괴했고 정착민들 사이에 공포를 불러일으켰 다.[29] 이들은 "만자전쟁(Manza War)"[30]을 치른 다음해에야 결국 축출되 었다. 이들의 습격은 러시아의 변경지역과 그 교통로의 방어가 미비함 을 보여주었다. 이 사건은 1881년에 안전문제가 재차 제기되었을 때에 야 환기되었다.[31]

동아시아에 주둔하고 있던 러시아의 해군력도 믿을 만한 정도의 방 위력을 갖지 못했다. 1858년 국가정책 수행에 해군이 마지막으로 동원 된 이후 20년 동안 동아시아의 러시아 해군력은 쇠퇴일로에 있었다. 이

기간에 러시아 전함의 주요 기능은 북태평양의 바다표범잡이 해역을
순찰하고 식량과 소규모 병력을 본토에서 사할린의 여러 기지로 수송
하는 것이었다.[32] 러시아는 엄격한 순찰로 불화를 일으키고 손해를 입
기보다는 고래잡이 및 바다표범잡이 이권을 외국 기업, 주로 미국 회사
에 임대하는 정책을 택하였다. 그리하여 샌프란시스코 출신의 린돌름
(Lindholm)이라는 미국인은 오호츠크해의 기름진 내해에서 포경권을
얻고, 이를 지키기 위해 무허가 업자들의 조업을 막으려고 부단히 노력
했다.[33] 그리고 1871년 미국의 허치슨 콜 필립스 사(Hutchison, Cole,
Phillips and Company)는 매년 5,000루블씩 순전히 명목에 불과한 임대
료를 지불하는 조건으로 코맨더 제도(Commander Islands)에서 20년
동안 바다표범잡이를 할 수 있는 권리를 부여받았다.[34]

동아시아 주둔 러시아 해군의 비참한 상황은 당시의 여건에서는 거
의 피할 수 없는 것이었다. 러시아 동아시아령의 적은 인구, 혹독한 기
후, 그리고 식량기지화의 실패로, 해군은 거의 활동하지 않는 것이나 다
름없는 한가한 역할을 맡을 수밖에 없었다. 1854년에 무라비요프 아무
르스키는 캄챠카의 페트로파블로프스크(Petropavlovsk) 대신 아무르강
의 니콜라예프스크를 제1의 해군항으로 삼았다.[35] 이로써 러시아는 비
교적 잘 얼지 않던 항구 대신 연중 6개월은 얼음에 갇히는데다가 또 몇
개월은 짙은 안개로 덮이는 항구를 택한 셈이다.[36] 따라서 러시아 함대
의 전략적 기동성은 연중 대부분은 쓸모없이 되어버렸다. 1872년에 해
군항이 블라디보스톡으로 이전되었을 때조차도 상황은 크게 나아지지
않았다. 식량기지화가 실패하자 러시아 선박들은 석탄과 식량을 공급받
기 위해 일본의 항구에 잠시 들르는 관례가 생겨났다. 러시아의 동아시
아 기지는 석탄과 식량의 재고가 바닥났거나 값이 너무 비쌌기 때문이
다.[37] 1886년에 이르기까지 러시아 항구에는 선박을 수선할 도크 시설이
없었으므로[38] 함대는 일본 항구나 홍콩 및 상해와 같은 멀리 떨어져 있
는 항구시설에 의존해야 했다.[39] 이 같은 상황이 개선될 때까지 동아시
아에서 러시아 해군력이 거의 제 역할을 하지 못했음은 의심할 나위도

없는 일이다.

아무르강 좌안을 획득하려는 무라비요프 아무르스키의 주요 계획 가운데 하나는 이 강을 이용하여 청국과의 무역관계를 개선하는 것이었다. 역사적으로 중요한 1849년의 각서에서 그는 아무르강 좌안의 획득 필요성을 분석하면서 다음과 같이 말하였다.

본인이 생각건대 청국과의 무역을 장려하는 유일한 길은 이를 국지적인 무역에서 수출무역으로 전환하는 것입니다. 그리고 우리가 만든 생산품들을 아무르강을 통해 청국의 동북지방 전역으로 운송하는 것입니다. 이 지역은 현재 영국인들이 경제활동을 벌이고 있는 곳에서 멀리 떨어져 있기 때문에 그들과 우리 사이의 치열한 경쟁은 없을 것입니다.[40]

무라비요프 아무르스키의 계획은 1861년에 그가 동아시아를 완전히 떠난 이후 몇 년 뒤까지는, 위의 인용문에서 언급한 바와 같이, 그 어떤 것도 완전히 실패했다고 할 수는 없었다. 시베리아를 가로지르는 기존의 수송체계를 가지고 해상 운송되는 유럽 열강의 상품들과 경쟁해야 했던 러시아는 산업발전이 초기단계였던 당시 상황에서 자국 상품의 판매시장을 중국 본토에서 찾기를 기대할 수는 없었다. 이러한 계획은 바이칼호에서 아무르까지 철도를 통해 동아시아로의 수송체계를 향상시키는 또 다른 계획들로 보완할 때만이 실현가능한 것이었다.[41] 무라비요프 아무르스키는 해상운송비가 육로와 내지 수로를 통한 그것보다 몇 배나 저렴하다는 운송상의 원리를 익히 알고 있었기 때문에, 자신의 계획이 성공하기 어려울 것임도 알고 있었을 것이다. 1860년에서 1869년까지 유럽 열강이 청국과 맺은 일련의 새로운 조약과, 그에 따른 중국 동북부 항구의 개항은 러시아가 동아시아에서 독점적인 무역을 누릴 수 있을 것이라는 그의 희망을 사라지게 했다.[42]

러시아와 청국 사이의 교역품목의 하나인 차(茶)무역은 아무르강을 상업적으로 발전시킬 수 있는 커다란 기회를 제공해 주었다. 수입차의 양으로 보아 러시아인들의 차 소비는 꾸준히 증가하고 있었음이 분명하다.[43] 1872년에 아무르강은 유럽령 러시아로 차가 유입되는 정규 운송로로 이용되기 시작했다. 비록 이 운송로가 천진(天津)-칼간(Kalgan)-캬흐타(Kiakhta)로 이어지는 전통적인 대상로(隊商路)보다 푸드(pood)당 1.5루블이 쌌지만, 이르쿠츠크(Irkutsk)까지의 거리가 상당했을 뿐 아니라 차의 신속한 인도도 불확실했기 때문에 이 새로운 루트는 곧 그 중요성을 상실하고 말았다. 초기에 약 15만 푸드가 이 강을 통해 러시아로 운송되었지만 5년도 채 안되어 수송량은 1만 5천 푸드도 안될 정도로 감소했다.[44]

차 수입을 위해 유럽령 러시아의 국경을 개방한다는 1862년 칙령으로 아무르강 무역 루트는 더욱 쇠퇴하기 시작했다.[45] 대상로 및 아무르강을 통한 종래의 차무역 체계를 유지하기 위해 차별관세가 부과되었다. 아시아 국경의 관세는 파운드당 15코페이카(kopek)이었고, 유럽 국경은 30에서 35코페이카였다. 그러나 이 같은 인위적인 조치로도 아무르강 무역 루트의 쇠락은 막을 수 없었다.[46]

1869년 수에즈(Suez)운하가 개통되면서 아무르강 및 대상로를 통한 차무역 루트는 최대의 타격을 입었다. 러시아로 보내지는 차의 운송경비는 육로보다 해상운송이 7~8배나 더 싸졌다.[47] 러시아 상인들은 한구(漢口)에 일구어놓은 "차밭"을 버리고 운하를 통한 직행 루트에 더욱 가까워지고자 남쪽의 복주(福州)로 이동하였다.[48]

청국 동북부지역으로의 러시아의 수출무역은 거의 보잘것없는 수준이었던 반면, 캬흐타를 경유한 몽고와의 무역과 청국 오지와의 간접무역은 연간 100만 루블이 넘는 것으로 산정되었다.[49] 청국 동북부지역의 대외무역 중심지였던 천진으로의 수출액은 계속 감소해서 1873년에 39,600루블이라는 대단찮은 액수를 기록한 데 이어 그다음 두 해에는 각각 29,800루블과 25,000루블로 감소하였다.[50]

청국의 속국이던 몽고와 투르키스탄(Turkestan)으로의 수출을 제외하면, 러시아의 대청(對淸) 수출은 보잘것없었던 것 같다. 그러나 1880년 이전의 교역에 대해서는 현재 믿을 만한 통계자료가 부족한 실정이다. 청국으로 수출하는 러시아 상품의 대부분은 러시아가 아닌 다른 나라의 운송회사들이 선적하였고, 많은 상품들이 러시아 상품으로 확인되지 않은 채 청국으로 운송되었을 가능성이 크다.[51] 1860년에서 1871년 사이에 청국에 입항한 선박 가운데 핀란드 범선 몇 척을 제외하고는 러시아 상선은 한 척도 없었다.[52] 바로 이 기간에 오뎃싸 항행·무역회사(Navigation and Trading Company of Odessa)는 흑해(Black Sea)의 항구와 홍콩 사이를 정기적으로 운항하는 증기선 노선을 취항시키려고 했으나[53] 몇 차례의 시험운항 후 단념해 버렸다.[54] 이후 1879년까지 러시아 선박들은 가끔씩 중국의 항구들을 방문했을 뿐이었다. 예를 들어 1877년엔 단 한 척의 선박이 천진에 입항했다. 이에 대해 스칼코프스키(K.A.Skal'kovskii)는 "1877년에 82톤짜리 범선 한 척이 입항한 것을 빼면, 1877년에서 1879년까지 3년 동안 러시아 국기를 달고 그곳에 입항한 선박은 유감스럽게도 전혀 없었다"[55]고 서술했다. 바로 그 1877년엔 천진에는 총 톤수가 81,918톤에 달하는 총 142척의 외국선박들이 입항했다.[56]

러시아의 대일(對日) 무역은 훨씬 더 보잘것없었다. 1879년말 일본의 대러시아 수출과 수입이 각각 49,177엔(円), 10,280엔이었다.[57] 그러나 실제 무역량은 이보다 더 컸을 것이다. 일본의 항구에 들른 러시아 선박들의 식량 구입비용은 일본의 수출액에 포함되지 않았기 때문이다.

동아시아에 있는 러시아 항구들의 경제적 쇠퇴와 불안전성은, 러시아의 동아시아 무역이 가망이 없었음을 분명하게 보여준다. 아무르강에 위치한 니콜라예프스크는 중요성이 떨어지고 그 인구수도 감소하였다.[58] 그러나 정박을 위해 입항한 선박 수효로 판단해볼 때, 니콜라예프스크는 항구로서의 지위를 유지했다. 수하물(대체로 식량과 군수품이었던)의 성격, 압도적인 유럽산 수하물들, 외국 상인들이 남기는 많은 이윤, 그리고 엄청난 고가의 생활비는[59] 다음과 같은 두 가지 사실을 시사해 준다. 즉, 아무르강 유역이 식량기지로서의 역할을 하지 못했고, 이 강 역시 동아시아와 트랜스바이칼 지방을 오가는 효과적인 상품수송 루트로서의 역할을 하지 못했다는 것이다.

1872년 이후 동아시아 제1의 항구였던 블라디보스톡도 이와 유사하게 쇠퇴하였다.[60] 해군기지를 니콜라예프스크에서 블라디보스톡으로 옮긴 직후 러시아는 블라디보스톡을 관세자유항(free port)으로 선언했다.[61] 이는 필시 수비대의 유지비용을 줄이려는 의도에서 비롯된 일이었다. 1880년에 이르기까지 주로 외국 선박들이 이 항구에 입항했고 무역은 외국인들의 손에 넘어가 있었다.[62] 식량은 비쌌고, 식품이 대부분을 차지하는 수입은 10 대 1이 넘는 비율로 수출을 초과했다.[63] 모조품이나 견본품을 빼고는 아무르강을 경유하여 본국에서 블라디보스톡으로 수송된 물품은 전혀 없었다.[64]

러시아의 아무르강 좌안과 연해주 지역의 획득, 그리고 아무르강을 통한 항행기회의 획득이, 1860년에서 1880년 사이에 러시아에 가져다 준 경제적 이득은 거의 없었다. 오히려 러시아는 그 영토들을 소유하게 되면서, 총인구가 10만 명에도 채 미치지 못하는 이 지역에서, 1880년 이전에만도 이미 5천 5백만 루블 이상의 적자를 입었던 것으로 평가되었다.[65] 이 새로운 영토의 개발로 얻은 이득은 새 정착지에 물품을 공급했던 외국 상인들과 선주들에게 돌아갔다. 즉 그 이득은 연해주 지역의 수출의 대부분을 담당한 청국 상인들과,[66] 1875년에 맺은 조약에 따라 사할린 남부해역에서의 어업권을 획득한 일본인들에게 돌아갔던 것이다.[67] 이 조약은 러시아의 일본에 대한 어류 수출의 길을 완전히 막아버렸다.

그러나 동아시아령 러시아를 가치 있는 영토로 만드는 데 일시적으로 실패하게 만든 원인들은 결코 치유할 수 없거나 본질적인 것은 아니었다. 당대에 적의(敵意)를 가졌던 비평가들조차도 러시아 동아시아령이 기회와 장래성이 있는 땅임을 인정하였다.[68] 일찍이 1848년에 무라비요프 아무르스키가 예상한 것처럼[69] 1880년 금 산출량이 늘어나면서, 인기가 없던 이 지역은 최소한 관심을 끄는 지역으로 변하기 시작했다.[70] 무라비요프 아무르스키가 인식한 바와 같이, 새 동아시아령이 갖추어야 할 기본적인 요건은 인구를 늘리는 일이었다. 인구를 늘려야만 비효율적인 수송, 불충분한 식량생산, 그리고 방어 문제 등의 원인이 제거될 것이었다.[71]

2. 개선책과 그 문제점들

무라비요프 아무르스키는 새 영토의 획득을 예견했을 뿐 아니라 실제로 이곳에 정착민들을 이주시킬 방도를 실험하였다. 군사기지, 자유 정착민들(free colonists), 죄수 노동 등은 그가 동아시아를 떠난 뒤에 시행되었다. 그의 노력은 성과를 기대하기는 아직 이른 것으로, 최초로 정착민들을 이주시켰다는 사실을 빼고는 그의 동아시아령으로의 상주 인구 정착 촉진은 아직 그 정도가 미미하였다.[72]

그의 후임자들은 동아시아로의 이주를 진흥시킬 더 좋은 기회를 잡았다. 1861년 3월 알렉산드르 2세(Alexander II)의 농노해방은 한 치의 땅도 갖지 못한 수백만의 농노를 탄생시켰다. 이로써 거대한 인구를 동아시아령 식민에 동원할 수 있었다. 제1차 이민법(1861년 4월 27일)으로 아무르 지방이 러시아인과 외국 이주민들에게 개방되었다.[73] 1882년까지 시행되었던 이 법으로 정착민들은 1데시아틴(dessiatine)당 3루블을 내면, 가구당 100데시아틴(약 270에이커≒약 33만 평)까지 소유할 수 있게 되었다. 10년 동안의 징집 면제와 20년 동안의 납세 면제도 결코 대수롭게 보아넘길 수 없는 추가 유인조치였다.[74] 이 법이 통과된 뒤 농민들이 유럽령 러시아에서 동쪽으로 이주하기 시작하여, 10년 단위로 이들의 수효가 증가했다. 1860년대에는 15만에서 20만에 달하는 농민들이 시베리아로 가기 위해 우랄산맥을 넘었다. 그러나 소수만이 시베리아 동부에 도달하였고 대다수는 중도에 다른 곳에 정착하였다.[75]

최초에 자원해서 이주해 온 사람들은 각기 다른 지방에서 왔기 때문
에 정착에 그다지 성공하지 못하였다. 1862년에 도착한 사람들은 폴따
바(Poltava), 땀보프(Tambov), 오렐(Orel), 보로네즈(Voronezh) 등에서
온 사람들이었다. 해가 갈수록 정착민들이 앞서의 지역 혹은 그와 비슷
한, 온화한 기후에 비옥한 "흑토지대(black soil)"에서 이주해 왔다. 따
라서 새 지역의 상황은 이들 모두에게 낯설어서 새로운 문제점들이 나
타났다.[76] 더욱이 이들 선구적인 정착민들의 대부분은 숙달된 농부들이
아니라, 경험이 부족하고 재주가 서투른 농장인력에 불과했다. 그들이
정착에 실패할 수밖에 없었으리라는 것은 쉽게 이해할 수 있다.

1866년에는 동아시아 지역에서 엄선한 47만 데시아틴의 토지를 개방
하고, 면세기간도 24년으로 연장하는 추가 유인책이 황제속령국
(Department of the Tsar's Domains)에 의해 재차 취해졌다.[77] 이 같은
조건들은 몰로칸 교도(Molokani)나 성령부정파(Dukhobors)와 같은 평
화적인 종교분파들을 불러들였는데 이들은 1866년부터 1869년까지 블
라고베시첸스크 주변에 대규모로 정착했다.[78] 대부분의 다른 이주자들
보다 성공적이기는 하였지만 반사회적 성향의 이들은 아무르강 유역을
효과적인 교통로 및 식량기지로 개발하는 데 필요한 일은 조금도 하려
들지 않았다.[79]

초기에 자원해서 정착한 사람들의 이 같은 성격은 앞서 언급한 기후,
지리적인 역경과 홍수, 적의(敵意)를 가진 자들의 습격, 정부의 지원 부
재와 같은 요인과 더불어,[80] 1870년 이후 10년 동안 자발적인 이주자들
의 시베리아 동부로의 유입을 감소시켰다.[81]

이 같은 형태의 식민화가 실패한 가장 큰 요인은 무엇보다도 정부의
관심 부족에 있었다. 1881년까지도 정착민들은 6천 마일에 이르는 동아
시아로의 대이동이나 동아시아에 실제로 정착하는 과정에서 정부로부
터 어떠한 재정지원도 받지 못했다.[82] 더욱이 지방 당국은 "코사크족"을
강제이주시키는 방법을 선호했지만, 대규모 토지를 부여받은 이들은 자
신들이 맡고 있던 다른 임무 때문에 토지를 거의 경작할 수 없는 형편

이었다.[83] 선매권(preemption)제도는, 초기 정착민들이 더 장래성 있는 토지를 선점하도록 만들어서 급속도로 이 지역을 고갈시켰다. 그 결과 늦게 이주한 사람들은 박토와 불리한 위치 때문에 더 큰 어려움을 겪어야 했다.[84]

러시아정부는 자발적인 이주자들을 많이 끌어들일 수 없었으므로, 죄수들을 러시아 동아시아령의 일부 지역, 그 가운데서도 주로 사할린 섬에 정착시키는 쪽으로 정책을 바꾸었다. 1869년 이전에 자유 노동자들과 죄수들이 사할린 섬에 들어왔다. 무라비요프 아무르스키는 1859년 듀(Due)강의 탄광을 개발하기 위해 최초로 죄수들을 이 섬에 보냈으나 채굴한 석탄을 수송할 수 없었기 때문에 이 계획은 포기되었다.[85] 1868년에는 자원해 온 정착민들과 죄수들로 이 섬에 농업식민지를 개설하려는 시도가 있었지만, 이 계획은 3년도 못 되어 실패했고, 자원 정착민들은 "완전히 망하고 말았다".[86]

사할린은 1869년 4월의 칙령에 따라 극형을 받은 죄수들의 유형지가 되었다. 같은 해에 시험적으로 800명의 죄수들이 이송된 이래, 매년 수백 명의 죄수들을 호위하는 호송대가 시베리아를 횡단하여 이곳에 도착했는데, 이들 호송대의 대부분은 가족을 동반했다.[87] 유럽령 러시아와 동아시아령 러시아를 해상으로 연결하는 정규 수송체계가 확립된[88] 1879년부터 죄수들의 수송은 더욱 빈번해졌고, 그 수효도 훨씬 증가했다. 이후 25년 동안 3만 명이 넘는 죄수들이 러시아와 시베리아에서 사할린 섬으로 수송되었고, 이들을 이송·정착·통치하는 데 모두 3천만 루블이 소요되었다.[89] 식민화로 얻게 될 대가가 이처럼 막대한 경비를 들일 가치가 있었는가 하는 점은 의문의 여지가 있다.[90]

지금까지 약술한 조치들은, 동아시아령 러시아가 안고 있던 과소인구라는 당면문제를 해결하기 위해 취해진 것이었다. 동아시아령 러시아에 거주하는 동양인과 원주민에 대한 최초의 인구조사가 행해진 1879년, 이 같은 조치들이 실패하였다는 사실은 명백해졌다.[91] 이 인구조사와 더불어 시행된 비러시아계 이주자들의 거주 등록 현황은, 청국인, 만주인, 조선인 이주자들의 숫자가 러시아인 이주자들과 같은 비율로 증가했다는 사실을 밝혀주고 있다.

타국으로의 이주는 조선에서는 사형에 처해지는 행위임에도 불구하고 조선인들은 1862년 이후 우쑤리강 유역으로 침투하기 시작했다. 1869년처럼 기근이 닥친 시기에는 수천 명이 국경을 넘었다.[92] 이들은 즉각 러시아의 관습과 언어를 받아들였고 인구조사 시에는 러시아인이자 조선인으로 등재되었다.[93] 1870년 이후에는, 서로 융화되지 못했던 청국인과 만주인이 해마다 500명 이상 러시아 국경을 넘어왔다. 이로써 우쑤리 및 아무르 유역에 거주하던 원주민인 만자족(Manzas)의 인구가 증가했다. 1885년에 우쑤리 유역에 거주하던 청국인의 수는 등재된 이가 10,353명에, 미등재된 이가 대략 4,000명이었다. 이에 비해 러시아인의 수는 약 30,000명인데, 이 가운데 17,000명이 이주자들이었고 나머지 13,000명은 관리, 군인, 그리고 일시거주자들이었다. 이들 청국인에 조선인과 만자인들을 합치면, 동양인 거주자와 러시아인 거주자의 비율은 1.43 대 1이었다.[94]

이 같은 동양인들의 이 지역 침투의 경제적 중요성에 관한 통계는, 러시아 당국에게는 굴욕적인 것이었다. 우쑤리강 유역의 경우, 1885년의 1인당 경작면적은 코사크족 이주자가 0.6데시아틴이었고, 청국인은 1.1데시아틴이었다.[95] 더욱이 당시 청국인들은 우쑤리 지역에서 나오는 생산물의 주된 수출업자였고, 원주민이나 청국인뿐 아니라 러시아인 이주자들을 대상으로 하는 주요 소매상이기도 했다.[96] 이들은 낮은 생활수준과 집약적인 농업형태 덕분에 곧 이 지역의 상업을 장악할 수 있었다.

이처럼 동양인들과의 경쟁이 점차 심화된 것은 러시아 당국이 처음부터 이 문제를 가벼이 여겼다는 사실을 다시 한번 보여주고 있다. 정치적·전략적으로 상황이 위험해진 1881년 이후에야 비로소 동양인들의 이주, 무역, 농업을 제한하는 대신 러시아인들의 이 같은 활동들에 대해서는 보호·촉진하는 조치들이 취해졌기 때문이다. 결과적으로 이 제한 조치들은 이 지역에 바람직한 결과를 가져왔다.[97]

러시아 당국은 분명히 다른 활동 분야에서도 태만했다. 1883년부터 1887년에 이르는 기간에 7천 명에서 많게는 1만 2천 명까지 다양하게 집계되는 러시아인 및 청국인 금광채굴자들—정확한 용어로는 독자적인 갱외(坑外) 기사들(surface operators)—의 무리가 만주 최북단에 위치한 알바진(Albazina)강 지류인, 젤투가(Zheltuga)강에 자리잡았다.[98] 당시의 이주자들이 "젤투가 공화국(Zheltuga Republic)"이라 불렀고 또 종종 "아무르의 캘리포니아(California of the Amur)"라 지칭하던[99], 이 부락은 청국정부나 러시아정부의 여러 차례 해산명령을 모두 무시했다. 이들 부락은 민주적인 원칙과 엄격한 법에 따라 운영되었다.[100] 아무르강 부근에 위치한 이 "아무르의 캘리포니아"는 황금 열풍(gold rush)과 함께, 부락으로 양식을 실어나르고 공식적인 일로 아무르강 하류에 사람들을 내려보내고 함으로써 아무르강의 통행에 상당한 혼란을 일으켰다.[101] 이것은 또한 청국과 러시아정부 사이에 알력을 일으키는 요인이었다.[102] 당국이 이 집단을 제한하기 위해 내놓은 유일한 조치란, 러시아 국경을 넘어오는 "불법 채취된" 금을 몰수하기 위해 경계차단선을 형성한 정도에 불과했다.[103] 보기에 멋진 이 무리들을 전멸시키는 일은 청국이 맡았다.[104]

러시아정부는 우쑤리강 유역과 아무르강 하류 유역의 원주민들—골드족(Golds), 오로촌족(Orochons), 만자족(Manzas)—에게 자국의 권위를 내세우는 데 실패했다. 1858년의 아이훈(愛琿, Aigun)조약과 1860년 11월의 북경(北京)조약으로, 아무르강 좌안 및 우쑤리강 우안에 거주하던 청국인들은 그들의 지방행정과 사법을 그대로 유지할 수 있었다.[105] 청국인들이 이 같은 조항을 이용한 것은 분명하다. 1866년 나다로프(I.P.Nadarov)가 우쑤리 북부의 원주민들에 대한 군사·통계 조사를 벌였을 당시에, 그는 모든 증거들을 감안할 때, 1860년 이 지역에—해안지역은 제외하고—거주하던 청국인이 9명에 불과한데도 청국인 이주자들이 이미 지방관청과 재판소를 새로 설립하고 있었다는 사실을 알아차렸기 때문이다.[106] 또한 나다로프는 원주민 골드족 사이에는 러시아인이 아닌 청국인이 이 지역을 통치해야 된다는 믿음이 일반화되어 있음도 간파했다.[107] 그는 다음과 같이 보고했다. "대다수 원주민들의 말을 통해 나는 지금까지 골드족과 오로촌족이 매년 가구당 2마리의 검은담비 모피를 청국 관리들(noions)에게 공물(iasak)로 바쳐왔다는 결론에 도달했다."[108] 하바로프스크(Khabarovsk)의 새 행정중심지에서 가장 가까운 지역에 대한 러시아의 통제력이 이 정도였다.

새 동아시아령의 획득 이후 사반세기가 흐르는 동안, 영토적으로나 경제적으로 러시아가 동아시아에서 차지하는 미미한 지위를 극복하기 위해 취한 가장 중요한 조치는 "의용함대" 창설이었다. 의용함대는 흑해와 동아시아의 여러 항구들을 연결할 정규 교통망을 유지하기 위한 것이었다. 1878년 러·터전쟁 종결과 함께 영(英)·러(露) 사이에 위기가 고조되는 동안, 러시아는 공공의 기부금으로 다섯 척의 독일산 고속 상선을 구입했다. 당시 러시아는 이 상선들을 통상 및 급습용의 보조순양함(commerce-raiding auxiliary cruisers)으로 개조할 생각이었다.[109] 전쟁의 급박한 위협이 사라지고 이 선박들의 적당한 용도도 모호해지자,[110] "의용함대 회사(Volunteer Fleet Company)"의 이사들과 이사장 포베도노스체프(K.P.Pobedonostsev)는 이 함대를 동아시아 항해의 정기 운항에 이용하려는 계획을 진행시켰다.[111]

이 계획은 1879년에 실행되었다. 의용함대의 선박들은 매번 항해할 때마다 3만 6천 루블의 보조금을 지원받는 동시에 다량의 정부 수하물을 적재한다는 보장 아래,[112] 지극히 유리한 조건에서 동아시아에서의 활동을 시작했다. 러시아의 차 상인들도 의용함대 선박을 통해 수출하기로 약속했다.[113] 이 선박들은 동양을 왕래하며 다량의 화물을 실어날랐다. 이들은 정부 수하물 이외에도 죄수들을 사할린으로 수송했고 동아시아 주둔 보충병들도 운송했다. 그리고 선박이 서진(西進)하여 모항인 오뎃싸로 돌아올 때는 차를 비롯한 동방의 산물들을 적재했다.[114] 비록 의용함대가 재정적으로는 성공을 거두지 못했지만 회사가 크게 손실을 입지는 않았다. 러시아정부는 이 함대의 선박들이 동아시아에서

자국의 국위를 선양하는 데 기여했음을 인정하여 이 회사의 적자를 기꺼이 떠맡아 주었다.[115]

비록 "의용함대"의 선박들이 러시아인들, 특히 연해주 지방 거주자들의 환영을 받았고,[116] 또 동아시아에서의 러시아의 무역발전에 중요한 역할을 담당하긴 했지만, 이 함대는 러시아의 동아시아 역사의 진행에 두 가지 치명적인 영향을 미쳤다. 1882년에 러시아정부는 시험삼아 의용함대의 선박을 이용하여 이주민들을 오뎃싸에서 동아시아로 수송해 보았다. 이때 대략 250가구가 정부 비용으로 수송되었다. 이후 러시아 정부는 이주자들을 해상으로 수송하는 정책을 채택했고, 이를 위해 연간 31만 5천 루블의 예산을 할당했다.

동아시아로 가는 이주민들을 재정적으로 지원하는 이 새롭고 체계적인 정책은, 육로로 시베리아를 횡단하는 이주민들을 위한 운송편의를 약화시켰다. 또 해로를 이용하는 이주자들에게 부과한 성인 90루블, 어린이 45루블의 요금은 많은 이주자들을 끌어들이기에는 너무 비쌌다. 그런 까닭에 이주자들은 육로든 해로든 두 가지 운송방법 모두에 실망했다. 기근이 시베리아 서부를 강타한 뒤 동아시아로의 이주가 재개되었을 무렵인 1882년에서 1891년 사이에 육로를 통해 시베리아 동부로 가던 사람들은 거의 모두가 중도에 정착하는 길을 택하였다. 해상으로 수송된 이주자들은 연간 2천 명을 넘지 않았고, 총 17년 동안의 해상수송계획에 따라 고작 1만 6천 명만이 동아시아로 수송되었을 뿐이었다.[117]

"의용함대"가 미친 두 번째 치명적인 영향은 시베리아의 정착지역들과 태평양 사이를 연결해 주는 주요 교통로로서의 아무르강의 역할을 훨씬 더 약화시켰다는 점이다. 새로운 정책으로 말미암아 러시아 동아시아령의 이주민 총수의 35퍼센트만이 살고 있는 아무르강 유역보다는 연해주 지방이 더 유리하게 되었다.[118] 그러나 1879년 이후 니콜라예프스크의 인구는 계속 감소했고, 트랜스바이칼 지방에서 아무르강을 통해 이곳으로 운송되는 화물도 감소했다.[119] 아무르강을 이용하는 것이 대부분 지역적인 용도에 불과했지만, 이 강 유역에 인구가 증가하면서 수송

시설도 늘어났다.[120] 아무르강은 이 강 유역을 위해서는 기여했지만 시베리아로 이어주는 필수적인 연결고리는 되지 못했다.

지금까지 서술한 1860년 이후 20년 동안 새로이 얻은 동아시아령을 지원하고자 채택한 러시아의 가장 효과적인 계획은, 결국 이전의 무라비요프 아무르스키의 정책을 완전히 역행하는 것이었다. 동아시아는 러시아제국을 구성하고 있는 다른 지역들과 밀접히 연결된, 제국의 빼놓을 수 없는 일부라기보다는 긴 해상 운송로 때문에 모국에서 분리된, 사실상 식민지가 되었다. 그러나 무라비요프 아무르스키가 제안했던 하나의 제국이라는 본래의 개념으로 전환할 것을 요구하는 상황이 점진적이면서도 뚜렷하게 대두하고 있었다.

3. 외교정책의 방치

1860년에서 1885년 동안에 러시아의 주요 관심은 유럽, 서아시아와 중앙아시아에 있었다. 러시아가 동아시아에서 뚜렷한 외교정책을 펼치지 못한 데는 다른 이유가 있었다. 경제적·전략적 관점에서 볼 때 동아시아에서 러시아의 지위는 불안정하지는 않았다고 하더라도 불만스러웠기 때문에 공세적인 정책을 채택할 여유가 없었다. 설령 러시아 외교가 우세한 위치에 있었다고 할지라도 그들의 군사력, 상업, 그리고 식민에 이 같은 외교를 활용할 수는 없었을 것이다. 그러므로 공식적인 몇몇 활동과, 그리 중대하지는 않았지만 지리하게 끌던 몇 가지 분쟁을 종결시킨 것을 빼면 사반세기 동안 러시아가 동아시아에서 성취한 것 가운데 중요한 것이라고는 아무것도 없었다.

러시아의 동아시아에 대한 관심이 퇴조하면서 이 지역에 파견하는 러시아 정치인들과 외교관들의 질도 그만큼 떨어졌다. 동아시아의 외교 관직은 귀양살이로 여겨졌고,[121] 외교활동이 거의 없는 국가에 파견되는 어느 공사는 경험이 전혀 없는 서기관을 대리로 남겨둔 채 장기간의 휴가를 얻어내는 데만 골몰하였다.[122] 이에 러시아 영사들의 무능과 태만에 관해 세간에 불평이 일었는데, 이 영사들의 대부분은 자신의 이득뿐 아니라 러시아의 상업적 이득을 대변하기 위해 선발된 외국 상인들이었다.[123] 식민지 총독의 권한으로 외교정책에까지 영향력을 행사할 수 있었던 러시아 총독들의 대다수도 분명 보잘것없는 인물들이었다.[124] 1884년 코르프(A. N. Korf) 남작이 동아시아에 부임하여 통치할 때까지, 총독들은 놀라울 정도로 직무에 충실하지 않았다. 캄챠카를 방문한 총독은 1881년 이전의 10년 동안 단 한 명도 없었고,[125] 사할린을 방문한 총독도 25년 동안 고작 한 명뿐이었다.[126]

조선에 대한 러시아의 태도야말로, 동아시아에 대한 러시아 외교정책이 25년 동안 방치되었음을 입증하는 가장 눈에 띄는 사례였다. 1860년부터 러시아와 조선은 국경을 접하게 되었으나, 1884년에 이르기까지 조선을 러시아의 무역에 개방시키거나 조약을 통해 기존의 무역을 합법화하려는 시도는 전혀 없었다.[127] 양국 사이의 무역 통계가 기록되기 이전에, 우쑤리 지방의 러시아 군대는 조선에서 수입한 소로 식량을 조달하였으며,[128] 조선인들은 공식적인 허가 없이 국경을 넘어와 국경의 정착촌에서 자유롭게 교역하였다.[129] 육군중령 베벨(Vebel)은 1889년에 다음과 같이 보고했다. "러시아보다 조선이 훨씬 더 두 나라 사이의 무역을 중시하고 있다. 조선은 해마다 1만 마리의 소를 보내고 있다⋯⋯ 주요 구매자는 군인들과 공무원들이다. 이로써 조선은 해마다 50만 루블씩 벌어들이고 있다." 국경 기지의 러시아 지휘관들은 이 금지되지 않은 무역에 필요한 사전조정이라면 어떤 것이든지 협의하고자 했다. 이들은 조선의 하급관료들과 무역규정을 교섭하기 위해 불법인 줄 알면서도 이따금 허가 없이 국경을 넘곤 했다.[130]

러시아 각료들이 추가 식량기지로서의 조선의 중요성을 무시한 것은 아니었다. 교통상 포씨에트(K.N.Pos'iet)는 1853년에서 1858년까지 무라비요프 아무르스키가 벌인 여러 가지 사업을 담당했던 베테랑 가운데 한 사람이었는데,[131] 유형제도의 철폐를 주장하는 1874년의 각서에서

다음과 같이 제안하였다. "연해주와 아무르 지방은 곡물, 가축, 노동력
이 부족하므로 이 모두를 갖춘 조선과 밀접한 관계를 맺을 필요가 있습
니다."[132] 바꾸어 말하면 그는 조선을 아무르강 유역 및 우쑤리강 유역
을 위한 식량기지로 추천했던 것이다. 그러나 후속조치는 취해지지 않
았다. 그럼에도 동아시아 령 러시아는 조선을 보조 식량기지로서 계속
이용했고, 조선인들은 우쑤리 지방으로 자발적으로 이주해 와 절실했던
노동력의 일부를 메꾸어 주었다.

러시아는 1860년 국경을 마주한 이래 1884년에 이르도록, 동쪽 이웃
국가의 정치적·지리적 사실들에 대해 놀라울 정도로 관심이 없었다. 러
시아의 탐험가들과 지리학자들은 조선을 기피했고, 이 나라에 대한 정
보는 일반적으로 외국 자료에서 참고하였다.[133] 러시아의 아시아 국경에
이웃한 모든 지역들에 대한 정보를 담은 러시아 참모부의 간행물에도
1884년 이후에야 조선에 대한 관심이 나타났고,[134] 1886년에야 비로소
참모부 요원들이 파견되었다.[135]

이같이 방치됐던 기간은 조선이 외국무역에 개방되면서 끝이 났다.
조선과 일본 사이에 1876년 첫 통상조약이 맺어지고, 뒤이어 약간 지체
되긴 했지만 미국, 영국, 프랑스 등과도 비슷한 조약들이 체결되었다.[136]
1884년 7월 7일에는 러시아와 조선 사이에 수호통상조약이 체결되었
다.[137] 이 같은 방식으로 러시아 외교는 다른 열강의 예를 따랐던 것 같
다. 이 조약이 체결되었다고 해서 러시아와 조선 사이의 무역관계나 조
선에 대한 러시아의 태도가 달라진 것은 별로 없었다.

이 조약은 관례 대로 상호무역을 약정한 것 이외에도, 한 체약국의
군함이 개항 여부와는 관계없이 상대 체약국의 어떤 항구에라도 입항
할 수 있는 권리를 부여하는 조항을 담고 있었다.[138] 이 조항은 러시아
해군으로 하여금 타국 선박에게는 폐쇄되어 있던 조선의 항구들에 대
해 적극적인 관심을 갖게 만들었다. 이 조약이 비준되고 러시아인들이
이 조항을 이용하기도 전에, 러시아가 조선의 폐쇄된 항구 가운데 하나
를 장악하려 한다고 영국이 주장함으로써, 동아시아에서 영·러 사이에

위기가 고조되었기 때문이다.[139]

　1884년을 전후하여 조선에 대한 러시아의 정책을 비교해 보면, 조선의 지위를 둘러싸고 청국과 일본이 반목했던 1884~1885년에, 러시아의 대한(對韓) 정책은 필시 일본의 그것과 같았을 것이다. 아마도 그 이유는 서로 다르겠지만 러·일 양국은 진정으로 독립된 조선을 원했다.[140] 1888~1889년에 조선에 대한 러시아의 정책은 이전보다 더 명확해졌다. 1888년에 맺은 새 통상조약으로[141] 몇 개의 항구가 추가로 러시아의 무역에 개방되었지만, 조선에 대한 러시아의 정책은 여전히 적극적·공세적이기는커녕 거의 무관심하기까지 했다. 조선 문제에 대한 정책을 결정하기 위해 열린 1888년 5월 8일의 상트 페테르부르그(St.Petersburg) 회의에서는 아무르주(州) 총독 코르프 장군과 외무성 아시아국장 지노비예프(I.A.Zinoviev)의 견해를 채택하였다. 두 사람의 견해는 다음과 같다.

　　조선의 획득은 러시아에게 전혀 이득이 되지 않을 뿐만 아니라 오히려 상당히 불리한 결과를 뒤따르게 할 것이다.
　　매우 가난한 나라인 조선은 러시아에게 유익한 통상시장이 될 수 없다. 그것은 태평양에 인접한 러시아령에서…… 산업이 발전되지 못한 점을 고려할 때 더욱 그러하다.
　　만주 옆에 위치한 조선을 특정 상황에서 우리의 중요한 전략기지로 전환시킬 수는 있다. 그러나 방어의 어려움과 불리함 때문에 전략기지로서의 중요성이 떨어진다. 조선은 충분한 군사력을 동원할 수 있는 우리의 중핵부대들과 너무 멀리 떨어져 있다
　　결국 우리가 조선을 획득하는 것은 청국뿐 아니라 영국과의 관계도 손상시킬 것이다. 영국 역시도 조선에 대한 모종의 계획을 가지고 있다.[142]

　두 정치가들은 당시 몇 년 동안의 일본의 대한(對韓) 정책을 분석하였다. 두 사람은 일본이 청국정부의 완고한 태도를 접한 이후 조선에 대한 계획을 바꾸었다고 주장하였다. 즉 천진조약의 조항들에 처음에는

만족했던 일본이,[143] 최근 들어 청국의 장악에 대비하여 조선을 안전케 할 방도를 찾기 위해 노력하고 있다는 것이다. 이 각서는 다음과 같이 단언하였다. "일본이 취하고 있는 정책 방향은 우리의 견해와 전적으로 일치한다. 그리고 우리는 일본내각이 앞으로도 이 방향으로 계속 나가 도록 지원해야 한다."[144]

러시아외무성이 표명한 조선에 대한 정책은 지방관리들의 견해와 조선과의 무역관계의 실상과도 들어맞는 것이었다. 1889년 참모본부 요원으로 조선에 있었던 육군중령 베벨의 전략적 견해에 따르면 "우리는 조선을 완전히 무시해도 된다. 만주에서 작전을 감행할 경우 조선은 만주의 견고한 보루가 된다. 동맹국으로서 조선은 전혀 도움이 되지 않을뿐더러 적국이 되기에도 조선은 무력하다"는 것이었다.[145] 경제적인 측면에서 볼 때 러시아의 조선과의 무역은 여전히 미미했다. 1886년 조선의 인접국가로부터의 수입액은 다음과 같다(멕시코 달러로 표기).

일본	----------------	2,508,000
청국	----------------	455,000
러시아	----------------	14,000[146]

1888~1889년의 수치를 살펴보면 모든 국가와 무역량이 일정하게 증가하고 있음을 알 수 있다.[147] 1888년 조선에는 고작 4명의 러시아 상인이 있었는데, 이들 모두가 제물포에 있었다. 제물포는 조선에서 가장 먼저 개항된 항구이고 러시아의 직접적인 영향권에서 가장 멀리 떨어져 있었다. 당시 조선에는 영국 상인 6명, 미국 상인 11명, 독일 상인 22명이 있었고, 일본 상인은 4,000명이 넘었다.[148]

러시아의 대일(對日) 정책 역시 조선에 대한 정책과 마찬가지로 수동적이었다. 사할린을 놓고 질질 끌며 장기화되었던 교섭이, 러시아가 소유해 왔던 쿠릴열도(Kuril Islands)와 사할린 남부를 맞바꾸는 것으로 종결된 뒤 러·일 양국 사이에는 "호감의 시대"가 열렸는데, 이 기간에는 어떠한 분쟁도 일어나지 않았다.[149] 러·일 사이의 무역은 대단치 않은 것임이 드러났다. 러시아는 동아시아 시장에서 일본과 경쟁할 수 있는 처지가 아니었다. 이 같은 상황이 아마 러시아로 하여금 1882년 "불평등 조약"의 개정을 고집하는 일본의 요구를 수용하면서, 미국이 조약 개정을 주도하도록 만들었을 것이다.[150]

지금까지 서술한 상황과 1888년 조선에 대한 러시아의 정책을 보면, 러시아의 대일 정책이 호의적이며 우호적인 정책이었음이 명백하다. 그러나 러·일 양국은 1888년과 1889년에 사소한 외교적 위기에 빠졌다. "불평등 조약"의 개정을 항시 열망하던 일본은 1888년 각국과 개별적으로 교섭할 것이라고 공표하였다. 이전의 사안에서도 그랬듯이 기꺼이 일본과 협정을 맺으려던 러시아는 1889년 봄에 앞장서서 일본과 통상 및 항행 조약을 체결, 구(舊)조약을 개정했다. 이 새 조약으로 러시아는 치외법권을 포기하는 대신 최혜국조관의 대우를 얻어냈다. 그러나 이 조약은 일본에서 다른 열강의 지위를 약화시키는 것이었으므로, 열강은 러시아에게 이 조약을 비준하지 말라고 촉구했다. 러시아는 일본정부에 비준을 무기한 연기할 것을 설득했다. 조약체결 소식이 이미 널리 알려진 상태였기 때문에, 비준 연기는 일본 내에 반러 여론을 불러일으켰다. 러시아 선원들이 살해되는 사건이 일어났고, 1888~1889년의 외교교섭을 둘러싼 서로의 불만으로 러·일 사이의 "호감의 시대"는 마감되었다.[151]

거의 사반세기 동안 러시아가 동아시아에서 외교적 활동에 소홀하였음은 만주에 대한 태도에서 더욱 잘 입증된다. 아이훈조약과 북경조약 제1조는, 만주에서부터 흘러나오는 아무르강의 제일의 지류인, 송화강(松花, Sungari)을 따라 항행·교역할 수 있는 권리를 러시아에게 부여했다.[152] 러시아정부가 직접 파견했거나 아니면 정부가 후원한 몇몇 탐험대가 이 특권을 이용해 보기 위해 이 지역으로 급파되었다. 그러나 1864년, 1866년, 그리고 1869년의 탐험대는 만주의 청국 관리들로부터 상륙을 금지 당하였다. 금지조치에도 불구하고 탐험대가 상륙하자 청국

관리들은 엄벌하겠다는 위협으로 탐험대와 주민들의 교역을 금했다.[153] 이 같은 준공식적인 탐험대 이외에도 5개의 민간 탐험대가 송화강 유역에서 통상관계를 수립하려 했다. 그러나 이들도 모두 비슷한 반발에 부딪혔다.[154] 그리하여 1870년 이후 15년 동안 이 강으로 들어가려는 시도는 이루어질 수 없었고, 지방관리들이 실패한 것을 이루기 위해 러시아가 외교적으로 노력했다는 증거 또한 어디에도 없다.[155]

1862년 3월에 추가된 북경조약으로,[156] 러·청 양국인들이 국경을 넘어 100리(35 마일) 이내의 지역에서 서로 자유로이 교역할 수 있는 권리가 최종 확정되자,[157] 만주의 청국 상인들은 재빨리 이 규정을 이용하였다. 이들은 러시아의 국경 정착촌에서 이루어지는 교역으로 재미를 보았다.[158] 그러나 러시아 상인들은 교역할 물품이 거의 없었으므로 이 조약을 이용할 수 없었다. 더욱이 청국인들은 사람이 살지 않는 지역을 변방의 완충지대로 유지하는 그들의 전통적인 정책에 따라, 아무르 유역의 변경을 따라 펼쳐진 황야를 그대로 버려두었다. 만주, 조선, 우쑤리 지방에 둘러싸인 삼각주 지역을 빼면, 폭이 약 200마일 정도인 이 좁고 긴 땅에는, 산적들, 야만적인 수렵꾼들, 청국이나 러시아로부터의 도피자들만이 거주했다.[159] 이들은 바람직한 무역관계를 수립하는 데 거의 도움이 되지 못했다.

만주로 들어오는 외국산 수입품의 대부분은 우장(牛莊, 營口)으로 들어왔는데, 만주의 유일한 개항장인 우장은 활발한 무역으로[160] 만주 전역의 시장을 장악하였다.[161] 그렇지만 러시아 선박들은 1889년 이후에야 이 항구에 입항했다.[162] 1885년 무렵 이 항구에서 가장 멀리 떨어져 있는 북만주에서의 러시아의 무역은 "미미한" 것으로 간주되었다.[163]

경제적 거점이 불충분할 뿐 아니라 수송체계도 미약한 당시 상황에서, 러시아는 외교를 통해 만주와의 무역관계를 개선할 기회 역시 갖지 못했다. 만주와의 무역관계를 개선하는 데 러시아 외교가 실패한 더욱 중요한 요인은 이 기간의 러·청관계에 있었다. 1871년에서 1881년 동안에 러시아가 고압적인 정책으로 쿨쟈(Kuldja) 문제[164]를 해결했던 것에 대한 청국의 분노는 이후 몇 년 동안 지속되었고, 청국 관료들을 만주에서 러시아와의 교역에 대해 비우호적이고 적대적이게 만들었다.

　계획성 없이 이루어진 식민, 불안한 교통수단, 수동적인 외교로 얼룩진 사반세기가 흐른 뒤 동아시아에서 러시아의 지위는 청국보다 열등했다. 1881~1888년 사이에는 이 같은 사실이 더욱 명백해졌고, 이후 시베리아횡단철도(Trans-Siberian Railway)를 부설하고 나서야 이 같은 상황은 개선되었다. 이 사업은 동아시아령 러시아가 절실하게 필요로 하는 것들을 충족시키고, 러시아가 동아시아에서 적극적인 외교정책을 펴는 데 필요한 것들을 채워주기 위한 것이었다.

제2장 러시아의 관심 전환과
시베리아횡단철도 계획

　쿨쟈(Kuldja) 사건을 둘러싼 러(露)·청(淸) 사이의 일전 가능성은 증기택(曾紀澤, Tseng Chi-tse, 1839~1890)이 상트 페테르부르그에서 벌인 외교적 노력으로 가까스로 그 위기를 넘겼다. 이홍장(李鴻章)이 평화적 해결을 지지함으로써 청국 조정내에 들끓던 주전론(主戰論)은 이에 압도되고 말았다.[1] 그러나 이 위기는 불가피하게 여파를 남겨 1881년 2월 14일 상트 페테르부르그 조약[2]을 맺은 이후에도 10년 이상이나 러·청관계를 긴장시켰다. 레조프스키(Lezovskii) 제독의 함대 일부는 1880년의 실속 없는 견제작전 이후에도 계속 동아시아에 머물렀다.[3] 동아시아에 파병된 러시아의 증원부대는 영구(營口) 수비대의 일부로서 주둔했다.[4] 청국도 병력을 증강했는데, 이는 러시아에게 청국의 병력증강 의도를 의심할 빌미를 제공하였다.

1. 대청(對淸) 방어용으로서 시베리아횡단철도의 필요성

　1881년 이후 청국이 취한 태도와 정책들은 러·청 사이의 위기를 장기화시켰다. 청국의 대외관계에 대해 저명한 권위자는 다음과 같이 서술했다. "증기택이 조인한 조약은 결과적으로 청국을 오만하게 만들었다.

러시아의 한 발 양보는 청국인들을 놀라게 했다. 러시아의 양보를 이기심과 조심성에서 비롯된 협박 탓으로 돌린 청국인들은, 그 태도도 공포감에서 터무니없는 오만으로 돌변했다."[5] 쿨쟈 사건에서 청국이 거둔 외교적 승리에 대한 더욱 보수적인 평가에 따르면, "청국은 외교가 무력으로 뒷받침되어야 한다는 사실을 처음 알게 되었다."[6] 청국은 이러한 형태의 외교를 즉각 이용하였다. 좌종상(左宗棠) 원수의 군대가 청국령 투르키스탄(Turkestan)을 군사적으로 재정복한 데 뒤이어 통킹(Tonkin), 안남(安南), 버마(Burma), 티베트(Tibet), 조선, 만주에서 위축되거나 동면상태에 처한 자국의 위신과 영향력을 회복시키는 데 목표를 두고 청국은 막대한 정치적·외교적 공세를 취하기 시작했다.[7]

이 같은 공세가 초기에 작은 성공을 거두자, 앞서 1879∼1880년에 러시아와 일전을 치르자고 진언한 바 있던 주전파 청국관리들은 고무되었다. 청국이 군사개입하여 1882년 조선과 일본의 충돌[8]을 성공적으로 막았을 때, 이 애국자들은 이를 "청국의 커다란 승리"로 간주했다. 조선에서 청국의 영향력이 증가하고 그에 따라 상대적으로 일본 세력이 쇠퇴하자 이 같은 견해는 정당화되는 것 같았다. 2,000명의 청국 병력이 여전히 조선에 남아 있었고, 조선은 청국의 군사교관들을 채용했다.[9] 이들 주전파는 점점 더 강경해졌다. 청국관리들은 유구(琉球)분쟁시와 1883년 일본과의 전쟁에 자국을 끌어들이려 하였다. 1883년과 1884년에 이들은 프랑스와의 전쟁을 기대했다. 청국과 동아시아의 평화를 위해서는 불행한 일이었지만 이들은 자신들이 추구한 것을 얻었다.[10] 그러나 이홍장은 1882년부터 1884년까지 "전쟁을 요구하는 목소리를 모조리 군비증강을 바라는 목소리들로 바꾸었다."[11]

1881년 이후 몇년 동안 러·청관계에 첨예한 위기나 심각한 분쟁은 전혀 없었다. 그러나 청국의 태도를 고려해 볼 때, 심각하게 발전할 수도 있었을 사소한 문제나 사건들은 있었다. 열정적이고 오만한 좌종상[12]의 군대와 대치하면서, 러시아군은 1883년 3월까지 청국령 쿨쟈를 계속 점령하고 있었다.[13] 이리(伊犁) 유역의 할양지에 대한 경계 설정은 1883년

10월에야 비로소 최종 합의되었다. 금광을 찾는 러시아인들이 청국 영토를 침해하고, 양국 사이의 미확정된 국경이 우쑤리 남부지방 가까이에 존재하고,[14] 러시아가 송화강의 항행권을 가지고 있으며,[15] 국경에서 이루어지는 교역과 외교의 잡다한 폐해[16] 등은, 비록 양국 가운데 어느 한 나라가 진지하게 해결책을 찾으려고 하더라도, 쉽게 동아시아에서 전쟁의 원인이 될 수 있었다.

확실히 많은 러시아인들은 전쟁이 불가피할 뿐 아니라 곧 일어날 것이라고 생각했다.[17] 청국 군대의 위력에 대해서는 의견이 상당히 엇갈렸다. 몇몇 고위 당국자들은 청국군이 러시아군에 필적할 만한 상대라고 주장했다.[18] 특히 여러 차례 국경분쟁에서 청국의 호전성이 입증되었기 때문에, 동아시아에서의 전쟁은 두려운 것이었다.[19] 청국령 투르키스탄에서 좌종상이 지휘하는 청국군의 숫자가 18만 명에 달했고 이 가운데서 4만 명이 신식 무기를 갖추고 있다는 사실에도 불구하고,[20] 러시아 참모본부의 장교들은 청국의 가장 위협적인 공세는 아무르강 유역의 만주에서부터 시작될 것이라는 사실에 의견을 같이하였다.[21] 주민 수가 적고, 방어도 제대로 되어 있지 않으며, 전략적으로도 허술한 러시아의 아무르 교통로는 청국군의 공격선과 직각을 이루고 있고, 1천 마일 이상이나 청국 국경과 마주해 있기 때문에 방어가 불가능한 것으로 여겨졌다. 러시아가 아무르강 유역을 방어할 유일한 방법은 만주에서 공세를 펴는 길밖에 없었다.[22]

조선과 특히 만주에서 청국의 영향력 증대로 러시아 동아시아령에 대한 위협은 점차 커져갔다. 청국인들에게 만주는 300년 동안 이주 금지 지역으로 간주되었고, 만주로 들어가려는 사람은 특별한 허가증이 필요했다.[23] 태평천국난의 혼란한 상황 때문에 청국본토에서 탈출한 수많은 난민들이 1860년대에 이 금지된 땅으로 불법 침투했다. 그렇지만 이들의 대다수는 남만주에 정착했고 러시아 동아시아령에는 이주가 전혀 이루어지지 않아 어떤 영향도 미치지 않았다.[24] 1878년, 러시아는 종전의 금지조치를 폐지하고, 청국 여인들의 만리장성 이북으로의 이주를

허락함으로써 식민운동을 크게 장려했다. 1880년에는 식민국(植民局)이 설립되었다.[25]

러시아 식민국의 업무는 이주 지원자, 공동사업, 추방, 군사개척지 등을 수단으로 북만주를 겨냥하는 데 있었던 것 같다.[26] 두 군데의 전략지역이 특별히 주목받았다. 하나는 우쑤리 남부지역의 러시아 정착촌 맞은편에 위치한 영고탑(寧古塔)과 혼춘(琿春) 사이의 지역으로, 1881년 다수의 이주자들이 이 곳으로 유입되었다. 이들의 이주는 이 지역에서 군사정부를 조직한 이홍장의 동생이 지휘하였다.[27] 다른 하나는 찌찌하르(Tsitsihar, 齊齊合爾)에서 메르젠(Mergen, 墨耳根)과 아이훈(Aigun, 愛琿)을 지나 블라고베시첸스크로 이어지는 간선도로 상에 위치한, 찌찌하르의 북부지역으로 흑룡강성 순무(governor)의 후원을 받는 지역이었다.[28] 비록 식민작업이 잘못 이루어졌고 그리 성공적이지도 않다는 점을 당시 러시아 관리들이 주목했다 하더라도[29] 상황의 심각성을 일깨워준 것은 장기간의 연구 결과였다. 1882~1890년에 북만주에 정착한 청국인 이주자의 수효가, 아무르와 연해주 지방에 정착한 러시아 이주민의 수효보다 30배나 많았다는 것은 논란의 여지가 없는 사실이었기 때문이다.[30]

한편 청국정부는 만주에 식민을 장려한 것 이외에 그 군비도 크게 증강시켰다. 1881년 이후 만주의 병력은 계속 늘어났고, 이들은 신식 무기로 재무장되었다. 1885년 만주군의 전반적인 재무장과 재조직이 이루어졌을 때, 만주 3성(省)의 병력은 평시의 편제로 8만 5천 명에 달했다. 이들 가운데서 5만 명은 훈련되고, 잘 무장된 병력으로 갓 편성된 것이었다.[31] 북양함대(北洋艦隊)의 창설은 이 무렵에 추진된 군비증강 작업 가운데 하나로, 1883년 이후 이홍장이 제안·권장한 것이었다.[32] 청국정부는 해군을 증강시키기 위한 조치의 일환으로, 요동반도의 여순구(旅順口)에 요새화된 해군기지를 설치했다.[33] 이 항구는 프랑스군 기사들의 지휘 아래 그 다음해에 요새화되었고, 포함 알쥬랭(Algerine)을 지휘하던 윌리엄 아더(William Arthur) 대위의 이름을 따서 포트 아더(Port

Arthur)라고 이름 붙였다.[34]

청국인들의 만주 개발이 러시아 동아시아령에는 위협적이었다고 하더라도, 그것이 반드시 러시아를 겨냥하거나 러시아를 위협하려고 의도한 것은 아니었다. 이 시기에 청국의 주된 정책 목표는 조선에 강력한 영향력을 수립하는 것이었으며, 만주의 식민은 이 목적을 달성하는 데 도움이 될 것이었다. 청국 정치인들은 조선의 옆에 위치한 만주가 조선에 이르는 전략적 입구를 제공한다는 사실을 깨달았다.[35] 동아시아에서 러시아의 정책을 전개함에 있어 중요한 사실은, 청국이 러시아에 적대하려는 계획을 채택하고 이를 실행하고 있다는 점을 러시아 정치가들이 적어도 의심은 하였다는 데 있다—당시의 영향력 있는 여러 작가들과 관리들, 그리고 동아시아의 장교들은 이를 절대적으로 확신하고 있었다.[36]

1885년에 러·청 양국의 상호불신은 더욱 깊어갔다. 그 해에 청국은 조선의 책략[37] 때문에 러시아의 대한(對韓) 정책을 알아내려 부단히 노력했고, 러시아도 마찬가지였다.[38] 국경 문제로 두 나라의 관계는 점점 더 악화되었다. 청국의 복건함대(福建艦隊, southern Chinese squadron)는 통킹을 둘러싼 프랑스와의 전쟁에서 파괴되었고, 프랑스가 제해권을 장악했다.[39] 그러나 랑손(Langson)의 지상전에서 청군이 거둔 승리는 청국의 자신감을 키워주었다. 다소 편견이 섞인 러시아의 한 분석에 따르면, "통킹전쟁은 청국인들을 몹시 오만하게 만들었다. 그래서 이리(伊犁), 우사(Usa)강 상류, 예니세이(Enisei)강 및 우쑤리강에서는 현재 매일 분규가 일어나고 있다"는 것이었다.[40] 1885~1886년의 겨울 동안 "젤투가 공화국(Zheltuga Republic)"을 파괴한 것은, 청국의 새롭고도 강력한 행동을 보여주는 상징적인 실례이다. 청국정부는 이 "아무르의 캘리포니아" 주민들에게 공식적인 최후통첩을 보낸 후 아이훈에서 병력을 징발, 한겨울에 젤투가 진영을 공격했다. 남아 있던 5천 명의 주민들은 아무르강에서 흩어진 채 분산·패주·학살되었고, 본거지는 완전히 불타버렸다.[41] 청국은 도피자들을 추적, 얼어붙은 아무르강을 넘어 러시아의 이그나쉬나(Ignashina) 및 아마자르(Amazar)의 코사크족 마을에까지 들어가 피비린내 나는 응징을 계속했다.[42] 이와 동시에 청국의 다른 부대들은 만주의 사포자(Sapozha)강과 아라칸(Arakan)강 유역에 있던 광산촌들을 파괴했다.[43]

이 같이 강력한 행동을 펼치던 시기에, 청국은 조선의 동해안에서 새 발판을 모색하기 시작했다. 1885년에 청국정부는 포씨에트(Posieta)만 주변의 연해주 지방 일부를 반환할 것을 요구했다. 이 지역은 새 정착지인 만주 동북부 혼춘과 영고탑의 이상적인 해양 출구가 될 것이었다.[44] 포씨에트만 일대를 회복하는 데 실패한 청국정부는 조선에게 고슈케비치(Goshkevich)만과 두만강 우안의 좁고 긴 땅을 할양하라고 요구함으로써 만주를 동해와 연결시키려 했다.[45] 결국 송전만(松田灣, Port Lazarev)을 점령하려는 계획까지 있었지만 이는 연기되었다.[46]

여러 가지 점에서 인접 속국들에서의 청국의 활동은, 동아시아에서 러시아의 지위에 대항한 반작용이었다. 몇몇 사소한 알력 요인들이 제거된 것은, 1886년에 만주와 우쑤리 남부지역 사이에 국경이 설정되고[47] 젤투가 부락이 파괴된 시기와 때맞춰서였다. 그러나 정작 중요한 문제—원천적으로 동아시아에서 러·청 양 국경이 지리적으로 마주보고 있다는—는 남아 있었다. 이 문제는 수송체계를 혁명적으로 변화시켜야만 제거할 수 있었다.

러시아 동아시아령의 기본적인 약점—긴 국경을 따라 살고 있는 적은 주민 수와 불충분한 교통로—은 곧 방어 문제를 해결해야 할 열쇠였다. 이 지역의 희박한 인구는 방어에 필요한 병력을 충당할 수 없었다. 1886년 동아시아에 주둔한 러시아의 지상 부대는 코사크족 정착민들을 제외하면 총 15,000명에 불과했고, 이들 가운데 11,000명은 블라디보스톡 바로 옆에 주둔했다.[48] 시베리아에는 여유 병력이 전혀 없었으므로, 증원군을 요청할 수 있는 가장 가까운 기지는 4천 마일이나 떨어진 곳에 위치한 유럽령 러시아에 있었다.[49] 아무르의 군사지역에 근무한 장교들의 추산에 따르면 본국을 출발한 병력이 도보 행군으로 연해주 지방에 도달하는 데는 18개월이 걸린다는 것이었다.[50] 북양함대의 창설로 청국이 동아시아 해역에서 최대의 함대를 보유했기 때문에, 동아시아의 러시아 해군은 청국에 대적할 만한 처지가 아니었다.[51] 1880년 레조프스키 제독의 주항(周航)이 실패한 후 청국인들은 러시아의 해상작전을 두려워하지 않게 되었다.[52]

1880년대 들어 러시아정부는 자국의 이처럼 허약한 지위를 개선하기 위해 여러 가지 조치를 취했는데, 그것은 특히 동아시아에 거주하는 자국민들의 특성과 관련한 조치였다. 1882년 러시아정부가 의용함대의 선박들로 이주자들의 수송 지원정책을 채택한 것은 앞서 서술하였다. 이주민들을 지원하는 정책은 중앙 정부와 지방 당국이 고무하였다. 1889년에 영구적인 법이 된, 1881년의 임시법으로 시베리아 횡단 이주민들에 대한 정부의 지원 체계가 확립되었다.[53] 1882년 1월에 짜르(Tsar)는 지방토지법을 승인했는데, 여기에는 앞을 내다 본 몇 개 조항들이 포함되어 결국 이로운 결과를 가져왔다.[54] 이 법은 총독의 특별 허가 없이는 비러시아계 주민이 동아시아에서 토지를 매입할 수 없다고 규정했다.[55] 이주민들은 각각 15데시아틴(1데시아틴이 2.7에이커이므로 약 5만 평의 토지에 해당 – 역자)의 토지를 부여받았으며, 3년 동안은 토지대금을 지불하지 않아도 되었다. 이주민들은 자신들이 목적지까지 가는데 충분한 재력이 있고 이주 첫 해 동안 버틸 수 있음을 시베리아 국경의 관리들에게 입증해야만 했다.[56] 이 같은 조치들을 취한 결과 이주의 성격과 성공 여부, 이주의 인기도가 질적으로 크게 개선되었다. 새로운 이주자들의 숫자가 1882년 이전에는 연평균 601명인데 비해, 1882~1899년에는 연평균 4,076명이었다.[57]

러시아정부가 취한 또 다른 유익한 조치는, 바이칼호 동부의 러시아령을 행정단위로 나눈 것이었다. 1884년에 이르기까지 이 지역 전체는 이르쿠츠크(Irkutsk)의 통제 아래 있었다. 마띠우닌(N.G.Matiunin)이 기록한 것처럼, 러시아 정부가 "이 지역을 매우 열악하게 관리했음을 인정해야 한다."[58] 1884년 이전에 취해진 대부분의 행정조치들은 사소한 것들이었고, 동아시아령을 러시아 본토와 더욱 밀접하게 연결하려는 진지한 계획은 전혀 착수하지 않았다.[59] 1884년에 바이칼호 동부의 러시아령은 이르쿠츠크와 프리아무르(Priamur, Cis-Amur) 총독 관할로 나뉘었는데, 후자의 담당지역은 트랜스바이칼, 아무르, 연해주 및 사할린 섬으로 구성되었다. 그리고 그 행정 중심지는 동아시아의 국경에 더 가까이 위치한 하바로프스크로 옮겨졌다.[60] 특히 1884년부터 새로 구획된 행정구역의 초대 총독으로 재능과 역량을 겸비한 코르프(A.N.Korf) 장군이 부임한 후, 동아시아령의 곤궁에 대해 한층 더 많은 관심을 기울이게 되었다.[61]

신임 총독의 통치 아래 제정된 1884년 입법으로 조선인의 러시아 국적 보유를 제한하였고, 이들의 러시아 영토 거주 기간도 단축되었다.[62] 결국 1888년에 맺은 한(韓)·러(露)조약으로 조선인의 러시아령 이주는 완전히 금지됐다.[63] 청국 이주민들에게는 훨씬 더 엄중한 법령이 적용되었다. 1886년에 총독과 기타 고위 관리들의 합동회의가 하바로프스크에서 열렸다. 여기서는 청국 국경에서 50베르스트(1verst는 약 1.05km – 역자) 이상 벗어난 지역에 거주하고 있는 청국의 이주민들을 모조리 추방한다는 결정이 내려졌다. 이 조치는 러시아 토착민들과 함께 거주하던 청국인들의 경제적·정치적 중요성을 약화시켰다.[64] 이보다 앞서 1881년 2월에 맺은 상트 페테르부르그 조약의 통상규정(Commercial Regulations of the Treaty of St.Petersburg)에 따라, 50베르스트 이내의 지역에 거주하는 청국인들에게는 무관세 무역을 보장했으나,[65] 아무르강 주변과 이보다 인구가 조밀한 우쑤리 남부에 거주하던 청국인들에게는 다른 방식을 적용할 필요가 있었다. 1888년 5월 29일에 국무회의는 러시아 영토에 거주하는 모든 청국인들에게 인두세를 부과하자는 코르프의 제안을 공식 승인했다. 이 조치에 따라 청국인 이주자들―특히 상인, 농부, 재단사, 목수 등 러시아 영토에서 확고히 뿌리를 내린 사람들―은 경제적 차별을 받았다.[66] 다수의 청국인 농부들이 쫓겨났으며 이들은 쫓겨날 때 반드시 반란을 일으키고 니콜스크-우쑤리스크

(Nikolsk-Ussuriisk) 부근의 고립된 몇몇 러시아 부락들을 파괴했다.[67]

"러시아인들을 위한 러시아"라는 원칙을 채택함으로써, 동아시아령에 관한 러시아의 내부정책은 청국의 위협에 대항하는 방어정책의 일단계를 확립하였다. 방어에 필요한 모든 요구조건들에 부응하리라고 기대되는 조치는, 동아시아령 러시아와 유럽령 러시아를 연결하는 철도를 부설하는 것이었다. 1886년에 이 문제는 많은 논란을 불러일으켰다. 동아시아 주재 러시아 관료들은 청국 특히 만주[68]에 대한 방어 역할을 해줄 시베리아횡단철도의 필요성을 언급하기 시작했다.[69] 온건한 코르프 남작과 이르쿠츠크 총독인 육군 중장 이그나쩨프(N.P.Ignatiev)는 철도의 부설을 짜르에게 청원했다. 두 사람은 이 사업을 추진하기 위해서는 막대한 자금이 필요하다는 점과, 당시 러시아가 주기적인 재정위기에 빠져 있다는 점을 고려하여 두 개의 지선(支線) 부설을 제안했다. 하나는 블라디보스톡↔우쑤리 노선이고, 다른 하나는 아무르강 상류↔오브(Ob) 강 노선이었다. 두 사람은 종래 유럽령 러시아에서 동아시아령 러시아로 물품과 병력을 수송하는 데 1년 반에서 2년이 걸리는 것에 비해, 양 지선 철도라면 1개월 반에서 2개월이면 충분할 것이라고 주장했다.[70] 장차 일어날 가능성이 충분한 청국의 침공에 맞서 동아시아령 러시아를 보호할 철도를 부설하자는, 좋은 평판을 받을 만한 이 같은 공식적인 정부 차원의 요구는 시베리아횡단철도를 부설하게 된 가장 중요한 원인 가운데 하나였다. 이는 이 철도의 우선적인 목적을 전략적인 데 두고 1887년 시베리아철도 부설계획을 입안했던 위원회의 성명에서도 드러난다.[71]

동아시아령 러시아의 내부상황도 시베리아횡단철도를 부설케 만든 주요한 원인의 하나였다. 철도가 부설되려면 짜르의 관심과 후원을 얻어내는 것이 필요했다. 코르프 총독의 정열적인 작업과 함께 수많은 청원들은, 프리아무르(아무르강 연안)지방의 절박한 염원에 대한 알렉산드르 3세(Alexander III)의 관심을 불러일으켰다.[72] 1886년 봄 알렉산드르 3세는 다음과 같이 썼다. "짐은 시베리아 총독이 보낸 많은 보고서들을 읽었다. 짐은 지금껏 기름지기는 하나 방치되어 온 이 지역이 원하는 바를 충족시키기 위해 우리 정부가 실제로 행한 것이 전혀 없었다는 점을 슬픔과 부끄러운 마음으로 고백하지 않을 수 없다. 그러나 이제 조치를 취할 때가 되었다. 오랜 시간이 흘렀지만 말이다"[73] 같은 해 알렉산드르 3세는 시베리아횡단철도 계획에 착수한다는 칙령을 공표했다. 그는 "가능한 한 시베리아를 최단거리로 횡단하는 철도를 부설하라"고 포고했다.[74] 이후로 시베리아 철도의 부설은 움직일 수 없는 사실이 되었다.

2. 러시아, 영국 및 청국의 대한(對韓) 관계

1880년대에 러시아는 조선에 대해 적극적인 정책을 펴지 않았지만, 그럼에도 조선의 "책략(intrigues)"이 러시아 때문인 것으로 알려져 왔다. 이들 "책략"의 성격, 기원, 의도는 동아시아에서 러시아에 대한 불신감을 일으키어 조선의 정치적 분규를 심화시키는 데 중요한 역할을 했다. 그리고 이 같은 음모들로 말미암아 조선에 대한 러시아의 기본 정책은 청국을 고려하여 세워졌다.

조선에서 정치적 분규가 일어난 직접적 배경은 1884~1885년의 청·일 사이의 위기에 있었다. 친일파에 대항하는 궁정혁명이 1884년 12월 5~6일 서울(漢城)에서 일어났다. 일본과 청국이 개입했지만 평화가 회복되기도 전에 양국은 거의 충돌할 뻔하였다.[75] 1885년 4월 18일 천진(天津)에서 청·일 양국이 맺은 협정은 조선에서의 충돌을 단지 연기시킨 것에 불과했다. 양국은 상대 체약국에게 알리지 않고는 직접적인 개입조치를 취할 수 없도록 약정했기 때문에, 은밀한 외교와 무제한의 경제적 방법들을 통해 자국의 권익을 확대하려 하였다.[76] 이 같은 상황은 조선이, 러시아가 음모를 꾸미려 한다고 비난하면서 청국의 지원을 얻어내게 하거나, 청국의 침략적 의도를 비난하면서 러시아의 지원을 얻

어내기 쉽도록 해주었다. 이와 마찬가지로 청국에게도 유리한 상황이
전개되었다. 청국으로서는 조선에서 더욱 우월한 영향력을 획득하려는
이른바 조선 영토에 대한 러시아의 계획에 대해, 조선의 관심을 불러일
으키는 것이 쉬워졌다. 또 청국은 일본과 러시아에 맞서는 세력으로 영
국을 조선 문제에 끌어들이기도 쉬워졌으며, 조선이 다른 열강의 위협
을 받고 있다는 이유로 러시아와 타협점을 찾는 것조차도 용이해졌다.
조선에서 자국의 우월한 지위를 모색하던, 일본 역시 러시아의 조선으
로의 팽창이라는 공포를 이용할 수 있었다. 끝으로 자국 외무성의 입김
을 받았을지도 모르는 독일 태생의 조선 외무아문(外務衙門 : 統理交涉
通商事務衙門) 독판협판사무(督辦協辦事務) 묄렌도르프(G.P.Möllendorff)
를 통해, 독일도 "러시아 곰을 동아시아 목장으로 유인"[77]할 수 있었을 것
이다.

비록 러시아가 동아시아에서 취약하다는 사실이 인정되었다고 해도,
러시아가 동아시아 문제에 영향을 미치는 하나의 요인이었음은 분명했
다. 러시아는 조선에서의 음모에서, 필요한 경우 출현하는 하나의 정치
적 "위협요소"였으므로 동아시아의 다른 국가들에게는 훨씬 더 유력한
존재였다. 러시아가 뚜렷한 침략목표로서 태평양에서 부동항 획득 야욕
을 품고 있다는 생각은 열강에 의해 조장되었다.[78]

러시아가 부동항을 획득하려는 생각이 어디에서 나온 것인지는 불명
확하다. 동아시아에서 상선이나 함대도 보유하지 못한 러시아가 부동항
획득을 정책화했다고 믿기는 어렵지만, 일부 학자들은 러시아가 무라비
요프 아무르스키의 시대부터 부동항 획득을 염원했다고 주장한다. 그
같은 상황에서 1861년 쓰시마(對馬島)에서의 사건[79]을 러시아가 부동항
을 모색한 증거라고 해석할 수는 없다. 러시아정부가 1885년 이전에 블
라디보스톡 항에 대해 만족하지 못했음을 보여주는 자료는 아직까지는
전혀 없다. 1877∼1879년에 러시아가 블라디보스톡을 요새화하고 개발
하는 데 막대한 경비를 지출한 것은, 이 항구가 러시아에게 동아시아
제1의 항구였음을 시사해주는 것이다.[80] 1885년 이전에 러시아는 조선

에서 부동항 획득이 필요할 만큼 동아시아에서 자원이나 해군력을 보유하지 못했었음이 분명하다.

1876년에 일본 외교관들은 조선을 자국 무역에 개방시키기 위해 조선과 청국의 협조를 얻어내려고 노력했다. 이를 위해 이들은 조·청 양국에게 "러시아의 위험" 즉, 남쪽으로의 진출을 의미하는 두만강에서의 러시아의 활동을 일본이 의심하고 있음을 환기시키고, 머지않아 러·청 사이에 전쟁이 일어난다면 러시아가 쓰시마(對馬島)를 점령할 것이 분명하다는 점을 경고했다.[81] 이홍장은 기존의 조·청 관계를 유지하기 위해 1878년 다음과 같은 계획에 착수했다. 즉 조선을 국제무역에 개방시키고 양국이 맺은 조약들에 따라 조선의 지위를 청국의 속국으로 굳히려는 계획이 바로 그것이었다. 조선이 항구들을 개방하고 청국의 속국이 되도록 유도하기 위해서, 이홍장은 조선에게 그렇게 하지 않을 경우, "러시아가 공격해 오면 조선은 고립될 것"[82]이라고 경고했다. 1880년에 영·미 양국 역시 러시아가 송전만을 포함, 한반도의 북동부를 탈취할 것이라고 조선에게 경고했다.[83] 이 같은 위협을 조선에게 최초로 경고한 인물은 미국의 해군 준장 슈펠트(R.W.Shufeldt)였다. 그는 당시에 조약 체결을 통해 조선을 자국 무역에 개방시키려고 시도하던 중이었다.[84]

러시아의 의도에 대한 이 같은 경고와, 특히 부동항 이론의 유포는 1882년 조선에 관한 한 저서의 출간으로 더욱 확산되었다. 그리피스(William Elliott Griffis)가 저술한 《은자의 나라, 조선》(Corea, the Hermit Nation)이 그것으로 이 책은 대단한 선풍을 일으켜 널리 읽혔다. 일본에서 다년간 선교사이자 교육자로서 체류한 그리피스는 일본통으로 간주될 수는 있겠지만 정작 조선에는 거의 머무르지 않았다. 그럼에도 아마 풍부한 저술 활동 때문이겠지만, 그는 많은 사람들로부터 권위를 인정받았고, 특히 1861년과 1881년에 러시아 군함들이 한반도 동해안의 여러 항구에서 교역관계의 개시를 요구했다고 알려졌을 때, 이것이 러시아가 조선을 침략할 의도라는 인상이 세간에 널리 유포되었다.[85]

부동항 문제는 1885년 거문도(Port Hamilton)를 포함한 영·러교섭에서 다시금 제기되었다. 같은 해 3월 30일 러시아의 지역 당국은 양국 관계를 첨예한 위기로 몰고갔다.[86] 영·러 양국의 공동위원회가 아프가니스탄(Afghanistan)의 북부 경계를 새로이 설정하는 작업을 완료할 때까지는 아프간 국경으로 더 이상 진출하지 않겠다는 약속을 깨뜨린 것이다. 극도로 흥분한 영국은 전쟁을 준비했다.[87] 영국은 여러 가지 조치 가운데서도 전통적인 전략에 따르기로 했다. 즉 광범위하게 분포되어 있는 러시아의 속령들 가운데 취약한 몇몇 지점을 함대를 동원하여 공격한다는 작전이 그것이었다. 블라디보스톡을 그 목표로 삼은 영국 해군성은 한반도 남단에 위치한 두 개의 섬(거문도)을 점령하기로 결정했다. 이 곳에는 포트 해밀턴(Port Hamilton)이라고 알려진 안전한 정박지가 두 섬에 에워싸여 있었다.[88] 이 섬들을 점령하기 위해 영국 함대는 그들의 가장 가까운 기지인 홍콩에서 1,200마일을 항진해야 했다. 이는 함대를 블라디보스톡의 작전거리 안에 두려는 것이었다. 거문도에서 블라디보스톡까지의 거리는 850마일에 불과했다.[89]

이 같은 조치를 위한 첫걸음이 런던에서 개시되어, 이에 대한 청국의 찬성을 얻으려는 교섭이 시작되었다. 이 "임시" 조치를 정당화하기 위해 영국은 다음과 같은 소문을 흘렸다. 즉, 러시아가 이 섬들을 탈취하려 했으며, 영국 함대는 이 같은 러시아의 침략적 조치를 견제하기 위하여 행동하고 있을 뿐[90]이라는 것이었다. 런던 주재 청국 공사 증기택은 이 제안에 동의하면서, 러시아가 거문도를 점령하는 것보다는 영국이 점령하는 것이 더 낫다고 말하였다. 증기택은 "영국의 조치에 청국 정부도 흔쾌히 동의하리라고 생각"했고, "현재 청국은 러시아를 매우 의심하고 있으며, 거문도가 영국에 의해 점령되지 않으면 러시아의 수중에 떨어지지 않을까 우려하고 있다"고 말했다.[91]

1885년 4월 26일 영국의 윌리엄 도우웰(Sir William Dowell) 제독은 청국, 조선 및 일본에게 통보함과 동시에 함대를 이끌고 거문도를 점령했다.[92] 이로써 부동항을 모색하던 러시아는 역사상 새로운 국면을 맞게 되었다. 자국에서 청국과 일본의 세력 확대를 우려한 조선 국왕은,

영국의 거문도 점령과 거의 동시에, 러시아 황제에게 조선을 보호령으로 삼을 것을 제의했다. 그 제안은 러시아가 당면한 이해(利害)에는 전혀 맞지 않는 것으로 거부되고 말았다.[93] 조선 주재 러시아 공사에게 전달된 이 제안에서, 그리고 이 제안 직후에도 묄렌도르프는 러시아에게 조선과 조약을 맺으라고 제의했다. 러시아는 조선의 보전(保全)을 보장하고, 그 대가로 한반도 동해안의 송전만을 받는다는 것이 그 골자였다.[94] 이 조약은 성사되지는 않았지만, 이것으로 묄렌도르프는 친러파(親露派)로 간주되었고 부동항이라는 개념이 다시금 부각되었다.

1885년 5월 6일, 러시아정부는 영국이 거문도 점령을 계획하고 있음을 알았지만 이미 영국이 실제로 이를 감행했음은 알지 못했다.[95] 바로 그날 증기택은 영국 외상 그랜빌(Granville)에게, 북경 주재 러시아 공사가 러시아도 다른 곳을 점령할 수 있도록 허락해 달라고 청국에게 요청했다는 사실을 알렸고, 일본정부도 이와 유사한 요구를 하리라고 생각한다고 말했다.[96] 거문도 남쪽의 항구 하나를 점령하겠다는 러시아의 제안은 이미 나약해진 러시아의 동아시아함대를 분산시킬 뿐 아니라, 러시아인들을 거문도에 설치된 영국의 전진기지와 홍콩에 있는 그들의 중심기지 사이에 두게 될 것이었다. 그리고 한반도 동해안에는 항구로 쓸 만한 장소가 고작 2곳—송전만과 영일만(Unkovskii Bay)[97]—뿐이었으므로 송전만이 다시금 부각되었다.

중앙아시아 문제를 둘러싼 영·러의 전쟁 위기는 1885년 5월 2일부로 사라졌지만[98] 영국 함대는 여전히 거문도를 점령하고 있었다. 이에 일본과 조선정부는 공식적으로 점령에 항의하였다.[99] 영국정부는 이 섬을 조선정부로부터 매입 또는 조차하겠다고 제의함으로써 항의를 종식시키려고 하였다.[100] 영국이 이처럼 점령을 장기화하려는 의도를 보이자 청국마저도 반발하였다.[101]

묄렌도르프는 거문도 점령에 대한 조선의 제1차 항의서를 일본 체류 중이던 5월 19일에 전달했고,[102] 동아시아 주재 러시아 외교관들과 더불어 자신의 책략을 재개하였다. 일본 방문 중에 그는 도쿄(東京) 주재 러시아공사관에 접근, 러시아가 조선에 군사교관들을 파견할 것을 제안했다. 묄렌도르프의 이 같은 권유에 따라 일본 주재 러시아공사관 서기관 스페이르(Alexis de Speyer)는 본국의 승인도 받지 않은 채 조선에 입국, 조선정부가 러시아의 군사교관 파견계획을 채택하도록 설득하였다. 분명 스페이르는 과감하게 행동하였지만,[103] 맡은 임무를 완수하지는 못했다. 왜냐하면, 우선 묄렌도르프는 서울의 정가(政街)에서 더 이상 영향력을 행사하지 못하였고,[104] 또 조선 통리아문도 이미 미국인 군사교관을 초빙하기로 결정하였기 때문이다. 조선의 이 같은 결정은 1888년 5월에 표현된 바 있듯이 러시아의 입장에서 볼 때는 아주 만족스러운 선택이었다.[105]

조선 문제에 러시아를 관련시키려는 이 비공식적인 시도들은 실패하고 말았지만, 이런 시도들의 소문과 증거들은 동아시아에서 러시아에 대한 불신을 고조시켰다. 러시아의 한 신문에, 러시아는 영국에 대해 보복 행동을 취하고 한반도 동해안의 한 항구, 되도록이면 송전만을 점령하라는 제안 기사가 보도되면서 상황은 더욱 악화되었다.[106] 당시 이 같은 생각이 러시아 고위 당국자들에게 받아들여졌음을 보여주는 자료는 현재 전혀 없다. 그 후 1888년 5월에 제출된 러시아의 정책에 대한 한 각서는 부동항 모색을 "우리가 예상했던 의도"라며 비방하는 어조로 평하고 있다.[107] 그러나 러시아가 이 같은 제안기사를 이용하여 청국에게 압력을 가했을 뿐 아니라, 청국의 지지를 얻어 거문도에서 영국군의 철수를 강요했다는 점은 의심의 여지가 없다.[108]

러시아가 송전만을 지속적으로 점령하리라고는 생각조차 하지 않았을 것이다. 1885년에 러시아는 이 만이 부동항인지 아닌지도 알지 못했다.[109] 그러나 이를 점령하려들지 않은 가장 타당한 이유는 그 지리적 위치 때문이었다. 이 항구는 훨씬 더 크고 부동항인 원산만(영흥만)의 지만(支灣)으로[110], 원산 개항장이 이곳에 위치하고 있었다.[111] 송전만을 점유하려는 욕구는 "우리 집을 떠나라며 종용하는 자의 수중에 이미 정원과 문이 내맡겨져 있는 집을 되찾으려는 허황된 바람"과 맞먹는 것이었

다.[112] 원산을 획득하려는 어떠한 진지한 노력도 사실상 불가능한 일이
었다. 왜냐하면 원산의 점유는 국제법을 직접적으로 위반하는 것일 뿐
아니라 동아시아에서 모든 국가로부터 적대감을 불러일으킬 것이기 때
문이었다. 더욱이 동아시아에서 러시아의 자원과 이익을 감안해 볼 때
이는 너무도 벅찬 과업이었다.

1885년말에 이르기까지 조선의 상황은 난국에 처해 있었다. 각국이
실제로 특정한 문제를 강요하려 하지는 않았지만 상호불신과 함께 저
마다의 정책을 조심스럽게 추구함에 따라 영국, 청국, 조선, 러시아는
음모의 분위기에 휩싸였다. 이 같은 상황의 중심인물은 조선의 국왕이
었다. 그는 은밀하게 양다리를 걸쳤다. 이홍장이 조선 조정에 파견한 청
국인 감독관(駐箚朝鮮總理交涉通商事宜)인 원세개(袁世凱)의 보고에
따르면 다음과 같다. 조선 왕이 조선 주재 러시아 공사 웨베르(Carl
Weber)에게 접근하여 "청국으로부터 보호해 줄 것과 원산항에 5척의
러시아 함정을 배치할 것을 요청한" 반면, "원세개 자신에게는 청국의
보호를 간청하면서 청국군을 조선에 영구히 주둔시켜 달라고 요청했
다"[113]는 것이다. 1886년 6월 원세개는, 러시아 함정들의 지원을 받아 청
국으로부터 완전한 독립을 이루고자 조선 왕이 러시아에 도움을 요청
하고 있다고 다시 보고했다. 이홍장이 이 같은 보고를 확인하려들자 러
시아외무성은 그런 요청을 받은 바가 전혀 없다고 부인했고, 웨베르도
청국이 "이 문제로 고집을 부린다면 전쟁이 일어나게 될 것"이라고 분
개하며 이를 부인했다.[114]

조선 문제의 해결을 최초로 모색한 인물은 이홍장으로, 그는 조선이
청국의 속국임을 재확인하고 조선의 보전에 대한 국제적 보장도 얻어
내려 했다. 그러나 이 같은 그의 계획 가운데 조선이 청국의 속국임을
재확인한다는 부분은 일본이 거부했고,[115] 고립정책을 고수하던 미국은
조선의 보전을 보장하려 하지 않았다.[116] 더 실질적인 해결책은 영국이
제기하였고 이홍장에 의해 확대되었다. 1885년 12월 12일 솔즈버리
(Salisbury)는 북경 주재 대리공사 오코너 경(Sir Nicholas O'Conor)에

게, 영국군이 거문도로부터 철수할 경우 청국정부가 이 섬의 "양도 불허(讓渡不許)"를 보장할 것인지를 문의하라고 타전했다.[117] 명료한 재안이 청국정부에 전달된 것은 1886년 4월 14일이었고,[118] 러시아에게 이 제안의 신빙성을 확신시키는 데 필요한 문서를 이홍장에게 제공했다.

이에 이홍장은 러시아에 접근, 회담을 위해 북경 주재 대리공사 라디젠스키(Ladyzhenskii)를 천진으로 불렀다.[119] 세 차례에 걸친 대담을 통해(1886년 9월 12일, 25일, 29일) 조선에 대한 러시아의 정책이 분명해졌다. 라디젠스키는 러시아가 거문도나 조선의 여타 지역에 영토적 야심이 전혀 없다고 단호히 말했다. 세 번째 대담에서 이번에는 이홍장이 청국 역시도 조선에 대해 영토적 야심이 전혀 없다고 라디젠스키에게 확신시켰다. 이에 두 사람은 조선에 대한 비밀협약에서 각자의 견해를 구체화하기로 결정했다. 9월 31일 라디젠스키는 이홍장에게 협약 초안을 전달했다. 여기에는 3개의 조항이 담겨 있었다. 이를 소개하면 다음과 같다. (1) 러시아는 조선에 대한 청국의 종주권을 인정하고, 청국은 조선이 열강과 체결한 조약들에서 확인된 바 있는 국제관계에서의 조선의 지위를 인정한다. (2) 러·청 양국은 조선의 영토보전을 존중한다. (3) 조선의 정치체제는 오직 러·청의 협의를 통해서만 변경될 수 있다.

이홍장은 지나치게 구속적인 제3항에 반대했고, 라디젠스키가 당시 약간의 수정을 가해 제안한 안도 만족스러워 하지 않았다. 한편 라디젠스키는 청국정부가 고집하던 조항, 즉 조선의 청국에 대한 종속관계의 보장에 대해서는 러시아의 입장을 분명히 하려들지 않았다.[120] 교섭은 10월초 두 사람의 구두 협약으로 종결되었는데, 그것은 러·청 양국은 조선의 영토보전에 대해 어떠한 요구도 하지 않는다는 것이었다.[121]

1886년 10월의 구두 보장은 이홍장에게 자신의 계획을 계속 밀고나가기에 충분한 토대를 마련해 주었다. 같은 해 11월 5일 청국 주재 영국공사 존 월샴 경(Sir John Walsham)은 영국 외상에게 "우리의 일시적인 거문도 점령이 향후 어떤 위험부담 없이도 철회될 수 있음을 러시아가 보증한다고 믿고 있는, 청국정부가 이제 우리 정부의 고민을 덜어주었다."[122]고 보고했다. 11월 19일 청국정부는 월샴에게 거문도의 "양도 불허(讓渡不許)"를 공식적으로 보장했다. 영국은 청국으로부터 이 같은 보장을 받은 후 1887년 2월 27일 거문도에서 철수했다.[123] 영국의 거문 도 포기는 매우 바람직한 것으로 평가되었다. 동아시아에 파견된 영국 제독들은 1년 이상이나 다음과 같이 견해가 일치되어 있었기 때문이다. 즉 "거문도 점령은 바람직하지 않다. 이 섬이 장차 일급 요새가 되지 않 는 한, 전시에 영국 중국함대의 주항(周航) 능력을 약화시키는 근원이 될 것"[124]이라는 것이었다.

곧이어 러시아해군성에서도 조선의 항구들에 대한 이와 유사한 주장 을 제기하였다. 1886~1887년에 해군 대장 알렉산드르 미하일로비치 대공(Grand Duke Alexander Mikhailovich)이 주재한 제독들의 특별위 원회가 열렸다. 이 회의에서는 조선의 어떤 항구이건 간에 러시아가 이 를 점령하면, 결국 동아시아에서 자국의 방어력 약화를 초래할 것이라 고 결론지었다.[125] 거문도나 송전만의 점유는 순양함 전투가 벌어질 경 우 러시아의 순양함들을 영국의 동아시아 무역항로에 한층 더 근접시 킬 수 있으므로 유리할 것임에 틀림없었다.[126] 그러나 이로부터 얻어질 이득은 불확실했고 전략적 의의도 일시적일 뿐이었다.

거문도사건의 여파는 광범위했다. 영국이 거문도에서 철병하지 않을 경우 청국이 조선의 한 항구를 점령하겠다는 위협이 성공한 것은, 위험 한 선례를 만들었다. 1888년 5월 8일의 러시아 각료회의에서는, 이와 동 일한 아이디어가 청국의 조선침략 가능성에 대비할 방어계획에 반영되 었다. 이 회의의 각서는 다음과 같이 밝히고 있다.

조선 문제로 청국과 전쟁을 치르는 것은 우리의 입장에서 볼 때 모 든 면에서 바람직하지 않은 일인 것 같다. 어쨌든 우리는 청국 수역에 서 해상 시위를 벌이거나, 될 수 있으면 러시아 국경 근처의 조선의 한 연안을 점령할 수도 있다. 그럴 경우 우리는 청국군이 조선으로부 터 철수하자마자 러시아도 점령지역에서 철병할 것을 청국정부에 선

언해야 한다.[127]

그러므로 부동항을 점령하겠다는 위협은 이제 국가 정책의 한 방편이 되었다.

더욱이 거문도사건은 동아시아에서 러시아의 해군 정책을 전환시켰고, 그럼으로써 시베리아횡단철도 부설을 간접적으로 유도했다. 영국의 거문도 점령은 러시아의 동아시아함대가 동해에서 얼마나 쉽게 봉쇄될 수 있는가를 보여주었다. 즉 전시에 러시아 군함들은 중립항구를 이용할 수 없을 것이며, 이로써 러시아 함대는 저탄기지를 확보하지 못해 방어적인 역할밖에 할 수 없을 것이다. 또한 러시아 함대는 영국의 중국함대(China squadron)를 격퇴시킬 만큼 강력하지 못했으므로 영국에 대항하는 데는 아무런 쓸모가 없었다. 그럼에도 불구하고 블라디보스톡의 요새와 그 수비대는 영국 함대가 감행할지도 모를 기습(coup de main)에 대비해 블라디보스톡을 굳게 지켰다. 1887년 러시아는 동아시아령의 새로운 방어정책을 채택했다. 이는 해군력보다는 육군력에 의존하는 정책이었다. 동아시아함대는 최소한으로 축소되었다.[128] 블라디보스톡은 해군기지로서의 중요도가 떨어졌고, 동아시아에서 러시아 해군이 잠시나마 우위를 보였던 1879~1880년의 상태와 비교할 때, 1888년 무렵 블라디보스톡은 거의 버려진 것이나 다름없는 것으로 보고되었다.[129]

이 새로운 정책의 일환으로 의용함대(Volunteer Fleet)의 선박들이 해군성의 통제를 받게 되었고, 전시에는 구축함의 역할을 하도록 재정비되었다.[130] 당시 러시아정부는 유럽에서 동아시아에 이르는 교통망이 유지되도록 직접적으로 이를 통제했다. 의용함대는 시베리아철도가 개통되어 아시아 대륙을 횡단하게 된 뒤에야 비로소 민간의 지위로 돌아갔다.[131]

당시 일본의 부상도, 러시아로 하여금 시베리아횡단철도의 부설을 결심하게 만든 하나의 요인이었을 가능성이 있다. 이를 입증해 주는 자료는 현재까지 없지만, 당시 일본 해군력의 발전은 러시아가 해군 정책을 변경하고 동아시아의 방어를 대륙철도의 지원을 받는 육군력에 기초하도록 영향을 끼쳤을 것이다.

1877년 사쓰마(薩摩)반란 당시 일본 해군은 소형 함선들의 무리로 구성되어 있었는데, 수병 1,200명과 해병 260명이 탑승한 채 자기들끼리 모의 전투를 벌이거나 정찰할 때 이외에는 적절한 용도가 거의 없었던 함선들이었다.[132] 그러나 그로부터 6년도 안되어 일본 해군은 괄목할 만한 변화를 겪었다. 영국에서 설계, 건조된 신식 2급 군함들이 효율적인 함대의 중추를 형성하였다.[133] 작은 함선들은 일본 국내의 여러 조선소에서 생산되어 함대를 보완했다. 그리고 함정 수리를 위한 도크시설들을 완공하고 일본 내해에 해군기지들을 설립하는 작업도 서둘러 이루어졌다.[134]

1883년부터 1889년까지 6년 동안은 일본 해군이 한층 더 눈에 띠게 발전한 시기이다. 1883년에 일본은 함선 건조계획에 착수했다. 이 계획은 6척의 대형 군함들을 비롯하여 20척 이상의 군함 건조를 목표로 하였다.[135] 일본은 6년 안에 이 계획을 완수하고, 그 이상으로 해군력을 증강시킬 수 있는 능력을 갖추게 됨으로써 점차 동아시아의 주요 해군국으로 부상하였다. 동아시아에서 2급 군함이라도 건조할 수 있는 조선소를 보유하고 있는 나라는 일본밖에 없었다.

따라서 1880년대말에 이르자 일본 해군은, 동해에서 러시아 해군을 방어적인 지위로 전환시키는 데 필요한 수적·기술적 우위를 확보하였다. 일본 함대는 러시아 해군의 동아시아 왕래를 쓰시마 해협에서 차단시킬 수 있게 되었다.[136] 어뢰정의 중요성이 부각되고 있는 오늘날의 이론은 이 같은 가능성을 한층 더 강조하고 있다. 1885년 이후부터 일단의 해군 전략가들은 대형 전함이 우위를 누리던 시대는 지나갔다고 주장했다. 특히 해협이나 연안과 같은 한정된 지역에서는 작고 빠른 어뢰정이 대형 함선을 훨씬 능가하는 것으로 간주되었다.[137] 일본이 다수의 어뢰정들을 구입하거나 건조했으므로 일본은 적어도 부분적으로는 이 이론을 채택한 것으로 보인다.[138] 이 이론이 약화된 것은 대(對)어뢰정용 구축함이 고안되고 널리 보급되고 나서였다.[139] 어쨌든 일본이 동아시아령 러시아에 이웃해 있다는 점, 그리고 일본의 해군력이 실제로든 가상으로든 동해에서 우위를 누렸다는 점은, 시베리아횡단철도를 부설케 만든 하나의 요인이었음이 틀림없다.

1889년에 이르자 러·일 사이의 "호감의 시대"는 끝났고, 일본의 여론은 러시아에 불신을 드러냈다.[140] 그렇다고 해서 양국 사이에 마찰이 있었던 것은 아니었다. 1888년 5월 8일의 각서에 명시된 대로, 일본과 협력한다는 러시아의 계획이 시행단계에 들어갔다. 조선의 현상(現狀)을 암암리에 위협하는 이홍장과의 회견에 대한 왜곡된 보고가 일본 주재 러시아 공사 셰비치(D.E.Shevich)를 놀라게 했을 때, 셰비치는 이 소식을 오오꾸마 시게노부(大隈重信) 백작에게 알렸다. 셰비치는 한반도 남단의 부산을 "홍콩이나 지브롤터(Gibraltar)"로 만들려는 청국의 시도는 러시아를 위협할 것이라고 지적했다. 이에 오오꾸마는 러시아 공사에게 일본은 조선의 현상유지를 간절히 바라고 있다고 재차 장담하면서, 청국이 그 같은 행동을 할 경우 천진조약(Tientsin Convention)에 따라 일본에 통보해야만 하기 때문에, 자신은 앞서의 보고가 사실이라고는 믿지 않는다고 말했다. 더욱이 일본은 조선에 대해 청국과 유사한 행동을 취할 수 있는 권리를 갖고 있었으며, 이는 청국이 얻어낸 이득을 상쇄시킬 수도 있었다. 오오꾸마 백작은 "천진조약에 따르면 일본은 청국으로부터 통보를 받아야만 하므로"[141] 조선에서 청국정부의 행동을 빠짐없이 주시하여 러시아에게 알리겠다고 분명히 약속하였다. 일본과의 이 같은 관계는 러시아에게는 대단히 만족스러운 것이었다. 이는 셰비치가 보낸 급송 공문서에 대해 알렉산드르 3세가 "매우 흥미롭다. 우리에게 조금도 나쁘지 않은 일이다"라고 평한 데서 잘 나타난다.[142]

철도는 청국의 북만주로의 팽창 위협에 대항하기 위한 목적 이외에도, 조선 문제로 청국과 충돌할 경우 병력 및 군수품 수송을 위해 필요했다. 영·러 사이에 계속된 끊임없는 긴장을 감안하면 영국과의 적대로 이 같은 우발적인 사태가 벌어질 수도 있었다. 따라서 러시아는 동아시아령을 방어하기 위해 동아시아함대에만 의존할 수는 없었다. 시베리아 횡단철도는 동아시아령 러시아를 방어하는 데 필요한 것들을 어느 정도 충족시켜 줄 수 있을 것이었다. 즉 이 철도는 경제적 이득을 가져올 뿐만 아니라 이 지역의 잠재력을 키워줄 정착민들도 유인할 수 있을 것이었다.

철도가 완공될 때까지 러시아는 조선에서 일어나는 사건들에 대해 "신중한 정책"을 채택하지 않을 수 없었고, 또한 "러시아의 명예가 지켜지는 한"[143] 조선의 현상(現狀)을 변화시키려는 청국의 어떠한 시도에도 소극적으로 대항할 수밖에 없었다. 그러나 동아시아령에서 러시아의 모호한 목표들은 소위 조선 침략 계획을 가져왔다. 특히 비공식적이고 실현할 수 없는 열망인 조선 연안에서의 부동항 획득 계획이 그것이다. 아마도 당시의 문서들을 잘 알고 있는 고위 관리가 썼을 다음과 같은 논평은 여전히 설득력을 지니고 있다.

오랫동안 러시아는 조선의 항구를 마음에 두고 있다는 혐의를 받아 왔다. 그러나 이 같은 우려는 과장된 것으로 극히 우발적인 것에서 비롯되었을 따름이다. 러시아는 한결같이 신중하였고, 해당국 스스로 소홀했거나 인근국가들이 방치한 나라들만을 흡수했을 뿐이었다. 더욱이 러시아는 해양에 대해 과도한 욕심을 낸 적이 없다. 블라디보스톡은 태평양의 해군기지로 충분하며 30년이 넘도록 러시아 아시아령의 최남단으로 남아 있다.[144]

3. 서아시아에서 동아시아로 관심 전환

서아시아와 중앙아시아에서 동아시아로 러시아의 관심 전환은 여러 차례의 망설임과 궤도이탈로 중단되기도 했지만 점진적으로 이루어졌다. 현재 러시아의 이 같은 관심 전환을 공표하거나 고지하거나 혹은 권고하는 내용을 담은 문서는 전혀 없다. "오랜 시간이 걸려서야" 비로소 동아시아 영토들의 빈궁에 관심을 기울이게 되었다는 알렉산드르 3세의 1886년의 선언은, 러시아의 관심 전환을 의미하는 몇몇의 이정표 가운데 최초의 것이다. 그러나 이러한 관심 전환은 1886～1891년에 가서야 확실하게 이루어졌다. 그 이유는 첫째, 러시아가 1891년에 들어서면서 시베리아횡단철도 부설에 전념했기 때문이고 둘째, 서아시아 및 중앙아시아에 대한 관심은―적어도 당분간―부차적인 데 머물렀기 때문이다.

1885년에 러시아는 이집트, 터키, 불가리아 및 중앙아시아 문제에 적극적인 관심을 가졌다. 이 지역의 문제들을 동아시아의 증대되는 분규들보다 훨씬 더 중요한 것으로 여겼다. 외무성이 이처럼 다른 지역을 선호한 것은 동아시아를 경시했기 때문에 비롯된 일은 아니었다. 1880년대말에 이르러 외무성의 아시아국(局)은 발칸반도, 이집트, 중앙아시아, 동아시아, 그리고 심지어 아메리카까지 포함하는 대부분의 업무를 담당한 반면, 사무국(Chancellery)은 중유럽 및 서유럽 국가들과의 직접적인 관계를 전문적으로 담당하고 있었다.[145] 따라서 동아시아를 경시한 것은 러시아 고위 당국자들의 내부 경쟁에서 비롯된 결과도 아니었고, 특정 지역을 영향력이 약한 부서로 이관시킴에 따라 빚어진 결과도 아니었다.

동아시아를 경시한 것은 부분적으로는 외교정책을 실질적으로 고려한 데서 비롯된 일이었다. 베를린회의(Congress of Berlin)에서 외교적으로 저지당했음에도 불구하고, 러시아는 여전히 불가리아(Bulgaria)에서 자국의 영향력을 공고히 할 기회가 있었다. 한편 러시아가 중앙아시아에서 대규모의 영토를 획득한 지 얼마 지나지 않은 시점이었기 때문에, 전략 철도와 같은 군사적·경제적 수단을 통하여 이 지역을 조속히 병합해야 했다. 스코벨레프(M.D.Skobelev)의 중앙아시아 원정(1880～1881년) 이후 카스피아 횡단철도(Trans-Caspian railroad)가 즉각 부설되었다.[146] 더욱이 러시아에 대항하려는 영국-아프간 진영의 계획이 제2차 아프가니스탄 전쟁(1878~1879년) 중에 좌절된 이후, 1880년에는 페르시아(Persia) 대부분의 지역에서 영국 외교로 말미암아 러시아의 압도적인 영향력이 도전받기 시작했다.[147]

중앙아시아에서 영·러 양국이 벌인 경쟁의 자세한 내용은, 러시아의 이 같은 관심 전환의 역사와는 직접적으로 관련이 없다. 이에 대해서는 양국의 경쟁이 날카로운 분쟁의 형태를 띠었으며, 테헤란(Teheran) 주재 러시아 공사 지노비예프(I.A.Zinoviev)가 영국과의 경쟁에서 괄목할 만한 승리를 거둠으로써 러시아외무성의 아시아국장이 되었던 사실을 언급하는 것으로 충분하다.[148] 1885년 5월 첨예한 전쟁위기가 사라진 후에도 중앙아시아에서는 여전히 충돌 요인들이 남아 있었다. 러시아-아프간 양국의 국경에 대한, 좁혀질 수 없는 현격한 견해 차이는 여러 차례 교섭을 와해시키고 영·러 사이의 경쟁을 재개시킬 것 같았다.[149] 그러나 1887년 7월 22일에 견해 차이가 수습되고 상트 페테르부르그에서 최종의정서가 조인됨으로써 불화는 종식되었다.[150] 이후 4년 동안 국경위원회가 국경을 조정하면서 업무를 계속하였으나, 1887년 무렵 중앙아시아 문제는 러시아의 외교정책에서 더는 중요한 문제가 아니었다.

서아시아에서 러시아의 관심은 주로 불가리아에 집중되어 있었다. 1866년 러시아는 책략을 통해 바텐베르그의 알렉산드르 공(Prince Alexander of Battenberg)의 불가리아 왕위 계승을 막는 데 성공했지만, 친러적(親露的) 인물을 국왕으로 선임할 수는 없었다. 이는 무엇보다도 러시아의 정치적 동맹국들이던 독일과 오스트리아가 서로 다른 제휴를 맺고 있었기 때문이었다.[151] 1887년 2월과 3월에 영국, 이탈리아, 오스트리아가 지중해협정(Mediterranean pact)을 맺었다. 이는 1886년 12월 12일의 협정을 보완하여, 지중해 전역과 특히 발칸 반도에서 현상 유지 정책을 고수할 것임을 천명한 것이었다.[152] 1887년 6월 18일에 독일과 러시아는 재보장조약(Reinsurance Treaty)을 체결했으나, 이 조약의 교섭 도중에 비스마르크(Bismarck)는 러시아에게 독일·오스트리아

비밀동맹(1879년)—당시까지도 여전히 효력을 발휘하고 있던—에 대해 알려주었다. 그때부터 3제동맹(三帝同盟, Three Emperors' Alliance)이 종식되었음은 의심의 여지가 없다.[153]

발칸에서 러시아의 패배가 한층 확실해졌다. 1887년 7월 7일 불가리아 의회는 오스트리아-헝가리 세력이 지명한 삭스-코부르의 페르디난드 공(Prince Ferdinand of Saxe-Coburg)을 국왕으로 선출했다. 러시아는 영국, 오스트리아, 이탈리아 3국의 공조를 알고 있었을 뿐 아니라 독일의 지원을 기대할 수 없음도 알고 있었다. 그러나 불가리아의 섭정회의를 장악하고자 했던 러시아는 이 계획을 계속 밀고 나갔다.[154] 결국 1887년 12월 러시아는 이 감당 못할 싸움을 단념하였다. 같은 달 17일 외상 기르스(N. K. de Giers)는 러시아의 불가리아 정책을 언급하면서 영국 대사에게 "우리는 모든 것에서 손을 떼겠다"[155]고 말했다. 1888년 1월 러시아는 유럽 열강 모두에게 불가리아의 현상(現狀, *status quo*)을 받아들이겠다고 보장했다.[156]

따라서 1887년말 서아시아와 중앙아시아의 외교적 상황은, 러시아가 동아시아로 관심을 전환하기에 알맞았다. 더욱이 이 무렵의 중대한 사건들과 더불어 동아시아에서의 지위가 불안함을 인식한 러시아는 동아시아로 관심을 돌리었다. 그 밖의 요인들도 이 같은 관심 전환의 원인이 되었다. 동아시아령 러시아를 위협한 통킹전쟁(淸·佛전쟁, 1884~1885년)에서 프랑스의 패배는 결국 쥘 페리(Jules Ferry) 내각을 실각시키고 프랑스의 몇몇 재정정책을 전환시켰다. 이 같은 반전은 "프랑스 자본가들이 덜 생소한 시장을 찾지 않을 수 없도록 만들었다."[157] 그러므로 프랑스의 자본은 주물공장, 광산, 그리고 국가 공채 등에 이르는 대(對)러시아 사업에서 수익을 추구하는 것으로 전환했다. 프랑스 자본의 유입으로 러시아는 1860년대 초반부터 1866년까지의 만성적인 재정위기에서 재빨리 벗어날 수 있었다. 은행가 협회가 이자율을 5퍼센트(1884년)에서 2퍼센트(1887년)로 인하했기 때문에, 재무상 비슈네그라드스키(I.A.Vyshnegradskii)는 1887년 프랑스로부터 최초의 대규모 차관(5억 금화 프랑)을 도입할 수 있었다.[158] 이로써 시베리아횡단철도를 부설할 재원도 마련되었다.

외국자본의 유입과 관련된 산업발전 및 그에 따른 국내 자원의 방출은 산업 붐과 재정 붐을 일으켰다. 1881년 정부는 민간회사들에게 철도 이권을 부여하던 것을 중단하고, 새 철도를 부설하고 기존의 민간철도들을 사들이는 정책을 채택하였다.[159] 이 정책은 민간자본을 더욱 활성화시켜 철도 채권을 구입하게 하고, 국가가 부설하는 시베리아횡단철도에 자금을 대게 만들었다. 또한 이 정책은 민간기업가들도 국유철도에 투자할 수 있게 해주었다. 1880년대말에 이르면서 시베리아를 가로지르는 철도의 부설에 대해 다수의 안들이 개진되었다.[160]

1887년에 서양의 정치력과 경제력은 그 첫 매개물인 철도와 더불어, 러시아의 관심을 동아시아로 돌리게 했고, 아시아에서의 전략적·경제적 고려는 러시아의 관심을 태평양 쪽으로 이끌었다. 같은 해 6월 18일 상트 페테르부르그에서 열린 고위 당국자회의[161]는 시베리아횡단철도의 부설 필요성을 논의하기 위한 것이다. 회의는 다음과 같은 내용을 만장일치로 인정하였다.

> 시베리아의 화물량이 얼마 되지 않기 때문에 앞으로도 어느 정도 시간이 흘러야만 이득이 있을 것이라는 사실에도 불구하고, 국익을 위해서 그리고 특히 전략적인 면을 고려할 때 유럽령 러시아와 아시아를 연결하는 신속한 운송기관의 필요성이 해가 갈수록 절박해지고 있다.[162]

이튿날 짜르는 이 위원회에서 내린 결정을 승인했고, 시베리아횡단철도 부설을 위한 측량을 실시하도록 교통상에게 명령했다.[163]

실제 공사는 해마다 연기되었다. 1888년에 지노비예프 아시아국장은 러시아의 관심을 자신이 앞서 공을 세운 페르시아로 돌려버렸고, 자신의 계획과 관련없는 "모든 종류의 일들을 연기시켜" 버렸다.[164] 2년 동안 시베리아횡단철도 부설계획의 운명은 미정 상태였던 반면에, 페르시아로 침투하는 철도[165]나 심지어 페르시아를 횡단하여 페르시아만(灣)으로 이르는 철도의 부설계획들은 진지하게 논의되었다.[166] 시베리아횡단철도의 부설계획은 다행스럽게도 러시아의 상업적 이해를 페르시아와 쉽게 연결시키는 천연의 이점을 갖고 있었고, 이로 인해 영국과의 경쟁에서도 유리할 수 있었다. 그러나 지노비예프는 시베리아횡단철도가 부설되면, 영국 상품이 페르시아 중부와 북부로 더 쉽게 접근할 수 있을 것이라는 이유로 부설계획에 반대하였다.[167] 1890년 11월 8일 페르시아 국왕 샤(Shah)와 러시아정부는 협정을 체결하였다. 여기서 샤는 러시아의 승인 없이는 페르시아에서 철도부설을 허가하지 않겠다고 서약했다.[168] 러시아가 10년 동안 페르시아에서의 철도부설에 이처럼 "거부권"을 갖게 된 것은, 페르시아에서 영국이 러시아를 앞지를 수 없게 만들었다. 그러는 동안 러시아는 분주하게 시베리아횡단철도를 부설하는 데 열중했다.

1891년 2월 27일과 3월 5일의 각료회의에서는 시베리아횡단철도를 부설할 수단과 방법을 논의하였다. 공사는 동부와 서부 종착역에서 동시에 착공되었다.[169] 당시 동아시아를 여행 중이던 황태자 니콜라이(Nicholas)는 1891년 3월 31일 착공식에 참석하여[170] 자갈이 가득 담긴 첫 번째 외바퀴 수레를 시베리아철도의 동쪽 종착역인 "동방의 지배자", 곧 블라디보스톡의 제방에 몸소 쏟아부었다.

제3장 청일전쟁기 러시아의 동아시아정책

19세기 러시아는 국내외의 여러 팽창 사건에 영향받은 제국주의적 견해들· 때문에 점차 동요하고 있었다. 1801년 그루지야(Georgia) 병합을 계기로 러시아에서는 이른바 "명백한 운명(manifest destiny)"이라는 개념이 강조되었다. 즉, 러시아와 그루지야 사이에 있는 코카서스(Caucasus) 지역 역시 러시아제국에 통합되어야 한다는 관념이 그것이다.

영국이 진트(Sind)를 정복하고 뒤이어 아프가니스탄(Afghanistan)을 일시적으로 점령한 것은, 러시아로 하여금 반격을 취하도록 만들지는 않았지만 적어도 트랜스카스피아(trans-Caspia)지방에 강렬한 관심을 갖게 만들었다. 러시아는 특히 발칸 제국(諸國)에 계속 관심을 가지게 되었는데, 이는 서아시아에서 터키 제국에 대한 열강 사이의 적대와 권익 요구로 말미암은 것이었다.

1. 동아시아 문제의 추진 동기와 새 인물들

짜르와 책임 있는 정치가들, 그리고 유력한 장군들은 자국의 경제적· 전략상의 필요라는 개념을 발전시켜 나갔다. 그 가운데서도 "신성한 사명(holy mission)"을 가장하여, 제국주의적 팽창을 해야 한다는 생각을 제시하고 선전한 자들은, 사회의 폭넓은 계층을 대변하던 19세기의 슬라브주의자들(Slavophiles)이었다. 이들은 다양한 방법과 규모로 자신들의 견해를 개진하였다. 이들 가운데는 베츄체프 류민(K.Bestuzhev-Riumin)이나 스트라코프(N.N.Strakhov)와 같은 역사가, 코먀코프(A.S.Khomiakov)나 악사코프(I.S.Aksakov)와 같은 작가, 그리고 그리고리예프(A.V.Grigoriev)와 같은 시인도 있었다. 이들의 생각은 다양한 계층의 독자들에게 파급되어 영향을 미쳤다. 일반적으로 슬라브주의자들은 풍부한 역사적 증거를 동원하여, 발칸인들이 러시아와 더 가까워지고 싶어한다고 주장하면서 발칸 민족들과 러시아인의 종교적·인종적·문화적 친근성을 강조했다.[1]

슬라브주의 운동이 범슬라브주의(Pan-Slavism)를 덜 강조하기 시작한 것은, 러·터전쟁(1877~1878년)을 계기로 발칸의 슬라브족들—세르비아(Serbia)와 불가리아(Bulgaria)—이 부분적으로 해방된 이후이며, 특히 1886~1888년에 불가리아에서 일어났던 사건들에서 반(反)러시아적인 경향을 나타난 이후였다. 1880년대에 새로이 등장한 한 학파는 러시아 문화가 유럽의 그것과는 현저히 다르므로 러시아 자체의 사회적·정치적 노선에 따라 발전해야만 한다는 점을 강조했다.[2] 이들은 이 같은 생각에서 한 걸음 더 나아가 유럽 문화와 동양 문화의 중도적인 문화를 갖고 있는 러시아는 서구 문화를 동양에 유포해야 할 "역사적 사명(historical mission)"을 갖고 있다고 주장하기에 이르렀다. 이 같은 극단적인 "동방주의자들(Vostochniki)"은 러시아 문화가 유럽 문화보다는 동양 문화와 훨씬 더 밀접한 관계에 있다고 생각했고, 동양을 러시아제국에 통합시켜 합병하는 것이 러시아의 "역사적 사명"이라고 인식했다.[3]

과거의 역사적 경험과 선례는 이 같은 제국주의적 관념을 조장하는데 이바지하였다. 조선은 이미 러시아의 보호를 모색한 적이 있었고 1880년대에는 러시아의 보호령이 되려고까지 하였다.(당시 조선은 러시아에게 요청한 단순한 '보호'가 국제법상 '보호령'을 의미할 수 있다는 사실을 알지 못했다 - 역자). 이와 같은 시기에 프리예발스키(M.N. Prejevalskii) 장군—가장 저명하고 존경받던 아시아 국경 인접지역의 탐험가인—은 몽고(蒙古) 및 신강(新疆)의 주민들이 러시아 국민이 되기를 몹시 바라고 있다는 생각을 퍼뜨렸다. 1887년에 그는 다음과 같이 피력했다.

청국 회교도들인 몽고족과 둔간족(Dungans) 유목민들, 그리고 청국령 동부 투르키스탄(Chinese Eastern Turkestan) 주민들은 모두—특히 후자—가 백인 짜르(White Tsar)의 백성이 되겠다는 생각을 어느 정도는 갖고 있다. 이 아시아 사람들의 눈에는 짜르의 이름이 달라이 라마(Dalai Lama)의 그것과 마찬가지로, 신비한 힘의 후광에 싸여 있는 것으로 비치고 있다. 이 가엾은 아시아인들은 러시아 세력의 도래가 더 행복한 시대, 즉 훨씬 더 안전한 삶의 시작과 같은 것이라는 굳은 신념으로 러시아 세력의 진출을 기대하고 있다.[4]

이 박식한 탐험가는, 청국령 투르키스탄 주민들의 이 같은 태도는 청국 관료들의 실정(失政)과 최근 청국의 가혹한 신강 재정복에서 비롯되었다는 사실을 당연하다는 듯이 받아들였다. 청국의 태도는, 20여 년 전에 러시아령 투르키스탄을 러시아인들이 병합한 뒤 비교적 공정하게 통치했던 것과는 현저히 대비되었던 것이다.[5] 더욱이 그는 몽고인들이 러(露)·청(淸) 양국 가운데서 한 나라를 선택하게 될 경우에는 "두 악한 나라 가운데서 덜 악한" 쪽을 택하리라는 이유 때문에 러시아에게로 쏠릴 것이라는 점도 인정했다.[6] 그렇지만 프리예발스키의 견해는 아시아에서 러시아가 공세적인 정책을 펴는 굳건한 논리적 근거가 되었다.

러시아의 침략적인 정책을 법률적으로 지원한 사람은 같은 시기의 마르텐스(F.F.Martens) 교수였다. 그는 러시아의 가장 탁월한 국제법 권위자이자 외무성의 고문이기도 했다. 두 개의 팜플렛, 〈러시아와 영국〉(*Russia and China*), 〈중앙아시아에서의 러시아와 영국〉(*Russia and England in Central Asia*)에서 그는 "반(半)미개인들을 다룰 때 국제 정의는 참작될 수 없다"는 원칙을 주장함으로써 중앙아시아에서 러시아의 정복활동을 합리화하려고 했을 뿐 아니라 청국에 대한 침략정책도 정당화하려 했다.[7]

동양의 문화 배달부(*Kulturträger*)로서의 러시아라는 개념은, 러시아 내 최고의 중국통이자 세계적으로도 저명한 바실레프(V.P.Vasil'ev)가 1883년 상트 페테르부르그 대학의 공개강연에서 명확히 표현한 바 있다. 그는 코카서스와 트랜스카스피아 지방에서의 러시아의 정복행위들에 대해 대만족을 표현한 후, 유럽인들과는 대조적으로 러시아인들이 "서로 죽이고 죽는 투쟁과 무력함의 학정"에 억눌린 사람들의 "해방자"로 동양에 진출했음을 강조했다. 그리고 그는 "우리에게 주어진 신성한 임무를 부인하고 '억압받는 자들'을 구원하려 하지 않는다면 그것이 오히려 인류 앞에 죄가 되지 않겠는가?"라고 결론지었다.[8]

따라서 러시아의 동양으로의 팽창 이데올로기는 많은 해석을 불러일으켰다. 러시아의 주요 역사가 가운데 한 사람인 브뤼크너(A.Brückner)는 러시아가 아시아로 끊임없이 진출하는 것은 세계 문명에 이득이라는 견해를 옹호했고,[9] 러시아의 주도적인 철학자였던 블라디미르 솔로비예프(Vladimir Soloviev)는 1890년에 쓴 대단히 국수주의적인 논문에서 "황인종 국가"에 맞서 유럽을 방어하기 위해 러시아는 아시아에 진출해야만 하고, 열등한 인종들은 우월한 인종들에게 복종하거나 그렇지 않으면 "사라져야 한다"고 주장했다.[10] 동방주의자들(*Vostochniki*)과 그 추종자들이 제기한 제국주의 개념의 단계적 변화는 다양하였고, 때때로 그들의 교의는 당혹스럽기까지 했다. 동방주의자들은 러시아의 문화계 및 관계(官界)에 두루 퍼져 있었을 뿐 아니라 인기도 높았으므로, 동아시아에 대한 러시아의 관심 재개에 사상적으로 강력한 지원을 하였다.[11]

아시아로의 팽창을 일찍이 주장했던 인물들 가운데 가장 유력한 사람은 욱톰스키 공(Prince Esper Esperevich Ukhtomskii)일 것이다.[12] 그는 고귀한 가문과 막대한 부를 바탕으로 상류사회에서 탁월한 지위를 누렸다. 상트 페테르부르그 뉴스(*Peterburzhskie Vedomosti*)의 발행인이자 편집자로서, 그는 자유주의적이고 때로는 급진적인 견해들을 자신의 국수주의적인 생각과 나란히 게재하는 방침을 유지했다.[13] 1889년에 그는 대외 이권 사무국(Bureau of Foreign Concessions)의 임원 자격으로 러시아령 중앙아시아를 여행했고, 러시아인들이 아시아의 속령들 및 그곳으로의 진출에 관심이 부족한 것에 크게 놀란 채 귀국했다.[14] 이후 그는 동양에서 러시아의 제국주의를 주창하기 시작했다.

1890~1891년에 욱똠스키 공은 황태자 니꼴라이(Nicholas)의 동아시아 여행을 수행했다. 그는 장차 제위에 오르게 될 니꼴라이가 방문할 인물들과 지역들에 대한 교사이자 강연자 자격으로 간 것이었다.[15] 귀국하여 그는 여행보고서를 작성했는데, 이는 영국, 프랑스, 독일, 러시아에서 호화판 양장으로 출간되었다.[16] 아마도 이 저술의 출판 목적은 동양에 대한 러시아의 관심이 싹트기 시작하였음을 선전하려는 데 있었을 것이다. 자신의 신문, 팜플렛과 유럽의 정기 간행물에 게재한 기사를 통해[17] 그는 이미 낯익은 테마 즉, 동양과 유사성이 있는 러시아인들이 "정서적 공감대라는 은밀한 힘으로" 동양을 정복하는 데 성공할 것이라는 점을 전파하였다.[18] 그는 "동방주의자들"이 주장하는 이데올로기의 진수를 다음과 같이 표현했다.

아시아―우리는 언제나 거기에 속해 있다. 우리는 아시아식으로 살았고 아시아에 관심을 가져왔다. 동양은 우리를 통해 자신의 더 나은 삶에 대해 점차 자각하기 시작했다. ……우리는 정복할 곳이 전혀 없다. 다양한 인종의 이 사람들은 모두 우리들에게 끌려 들어가고 있다고 느낀다. 또한 혈통, 전통, 사상 등에서 이들은 바로 우리 자신들이기도 하다. 우리는 단지 더욱 밀접하게 그들에게 접근할 뿐이다. 이 거대하고 신비로운 동양은 곧 우리 차지가 될 것이다.[19]

러시아가 이미 일본에게 첫 패배를 당하여, 러시아가 동아시아에서

웅대한 제국주의적 역할을 펼칠 준비가 아직 되어 있지 않음을 입증한 무렵인 1904년 6월, 욱똠스키는 돌연 뻔뻔스럽고도 태연하게 국수주의를 표방했다. 즉 그는 러시아가 일본을 패배시킬 것이며, 청국의 광대한 지역을 차지함으로써 전쟁비용을 보상받게 될 것이라고 기대했다. 이는 결국 러·청 사이에 전쟁을 유발시키고 청국인들을 러시아에 복속시킬 것이다. 그리하여 영국이 끼어들게 되면 러시아는 인도에서 영국을 몰아내야 한다는 것이었다.[20]

욱똠스키를 냉소적으로 평하며 비아냥거리는 비난자들이 다수 있었다. 그를 "지나친 애국자"라든가 "시류에 영합하는 사람"으로 지칭하였고, 비평가들은 빈정거리면서 그의 "황색 러시아(*zheltorossiia*)"론을 공격했다.[21] 그러나 불상(佛像)을 수집하는 취미나 모호하면서도 듣는 이들을 어리둥절케 만드는 황당한 설명, 그리고 이따금 저질렀던 명백히 그릇된 예언과 같은 약점에도 불구하고, 욱똠스키는 행동하는 정치가였다. 그는 동양을 여행한 바 있었고 또한 동양에 관한 서적들을 폭넓게 읽었다. 그는 여전히 니꼴라이 2세(Nicholas II)의 절친한 친구였고, 자신이 몹시 경탄해마지 않던 위떼(S. Iu. Witte)를 보좌하게 되었다.[22] 욱똠스키는 러·청동맹을 주창하였고, 후에 이 동맹은 결국 실현되었다. 1896년과 1900년에 그는 극비 임무를 부여받고 동아시아로 갔다. 1896년에 그는 러·청은행(Russo-Chinese Bank)의 초대 은행장이자 동청철도(Chinese Eastern Railway)의 이사(理事)가 되었는데, 이 두 기구는 당시 러시아의 동아시아 팽창정책의 실질적인 양대 선봉이었다.[23]

시베리아횡단철도의 부설 작업이 시작될 때까지 "동방주의자들"은 단지 이론가들로서 저명했을 뿐이었다. 그러나 이 철도의 부설 결정은 "동방주의자들"에게는 실로 이루 헤아릴 수 없이 커다란 기회를 가져다주었다. 이들은 유능한 위떼 재무상이라는 뜻밖의 유력한 주창자를 발견한 것이다.

위떼는 미천한 출신에서 일약 막대한 권력을 누리는 지위로 부상했다. 그는 월급 45루블을 받는 오뎃싸(Odessa) 철도의 사무원으로 출발하여 마침내 러시아정부예산의 거의 절반을 주무르는 자리에 임명되었다.[24] 그는 자신의 야망, 인내, 예리함, 사람들을 자기편으로 삼는 능력 등으로 정상에 오른 자수성가형 인물이었다. 그가 권력을 장악한 데는 행운도 따랐다. 그는 짜르 알렉산드르 3세(Alexander III)의 비호를 받았다. 이것이 짜르의 총애의 표시라기보다는 그 자신의 공로 때문이었다 하더라도 말이다.[25] 그는 많은 교육을 받지 못했고 세련되지도 못했다. 그러나 경제와 문화에 대한 그의 예리한 관심은 그를 급속히 성숙시켜 러시아의 주요 실업가들과 여러 정치가들에게서 우호와 찬사를 받게 되었다.[26] 미국의 저명한 기술자이자 금융전문가인 존 헤이즈 하먼드(John Hays Hammond)—세계 도처의 저명한 인물들과 교류하는 가운데 이들 인사들을 비교할 기회를 가졌던—는 세실 로즈(Cecil Rhodes)와 함께 위떼를 "건설사업의 천재이자 제국 건설자, 정치가"로 평가했다.[27] 그러나 많은 사람들, 특히 궁정(宮廷)에 속한 사람들에게 위떼는 배경이라고는 전혀 없는, 위험한 "사회주의적" 성향을 지니고 있고, 달갑지 않은 유대인 친구들과 관계를 맺고 있는 벼락 출세자일 뿐이었다.[28]

위떼가 행사한 막대한 영향력은 부분적으로는 러시아재무성(財務省)이 본래 갖고 있던 것이었다. 전임 재무상 비슈네그라드스키(I.A.Vyshnegradskii)는 전년도 회계연도(會計年度)에 거둔 총액에 의거하여 다양한 세입원을 평가하는 관례를 만들어놓은 바 있다.[29] 러시아재무성은 항상 지출에 비해 상당한 세입 초과를 기록할 수 있었다.[30] 이는 1891년의 기근 이후 국가의 전반적인 회복, 대규모 철도부설 계획에 따라 생겨난 중공업에 대한 자극, 자본과 신용대부의 유입 등에 따른 세입 증대를 고려하지 않은 데서 비롯된 초과 세입이었다. 이 같은 초과 세입은 재무상이 일임하였고, 재무상은 이를 국립은행을 통해 차관, 보조금, 기타 거래에 투자할 수 있었다.[31] 이로써 재무상은 예외적인 권한을 합법적으로 소유하였다. 더욱이 막대한 재정지출을 수반하는 모든 정치적·군사적 문제들은 반드시 재무상과 협의를 거쳐야만 했다.[32]

또한 재무상은 관세장벽을 보호하는 국경수비대의 소부대와 해안경비대의 소함대를 지휘하는 최고사령관이기도 하였다. 위떼는 자신이 "수비대"의 "명예대장"이라는 것을 특히 좋아했으며 장군 제복 입기를 즐겼다.[33]

1892~1903년의 재무상으로서 위떼는 재무성의 활동범위를 대폭 확대하여, 재임 말기에는 실제로 몇몇 부서(省)들을 포괄했다. 즉 재무성은 무역, 통상, 육로 및 해상 교통, 노동, 농·공업의 대부를 주관했고, 교육도 상당 정도로 관장했다. 위떼의 재직기간에 재무성의 연간 예산은 당시 1억 2천 2백만 루블에서 3억 6천 6백만 루블로 증가했고, 재무성과 교통성의 공동예산은 1억 8천 7백만 루블에서 8억 2천 2백만 루블로 증가했다. 이를 총예산에서 차지하는 비율로 보면 20퍼센트에서 43퍼센트로 증가한 것이다.[34] 1903년에 제국 감사원장(Comptroller General of the empire)이 위떼가 사용처도 밝히지 않고 1억 루블 이상을 불법적으로 사용했다고 비난했지만, 재무성은 당시에 임의 사용이 가능한, 용도가 지정되지 않은 자금으로 3억 8천만 루블이 넘는 돈을 보유하고 있었다.[35] 이 같은 재정체계는 위떼에게 국가업무에서의 특유의 강력한 지위와 함께, 위떼 자신의 정책과 계획들을 지원하는, 보기 드물 정도의 재정적 독립성을 부여하였다.

한동안 위떼의 개인적 영향력은 그의 공직자로서의 영향력이 증대한 것과 궤를 같이하였다. 즉위 초기에 니꼴라이 2세는 위떼를 "수상"으로 간주했고, 부친의 충고를 받아들여 신뢰할 만한 늙은 각료들을 해임하지 않고 그대로 유지했다.[36] 위떼의 견해는 몇몇 각료들의 임명에서 결정적인 요인으로 작용했다.[37] 자신에게 부여된 헌법상의 특권들을 활용하고, 기업들에게 국립은행의 보조금을 지원함으로써 그는 국내외를 막론하고 자신의 동료들과 추종자 집단을 확대시켰다.[38] 재무상 대리로 임명된 후 얼마 지나지 않아 위떼는 해외 언론에서 이미 "러시아 제일의 정치가"로 인정받았다.

러시아의 재정과 산업 복지의 촉진에 목표를 둔 위떼의 정치·경제적

착상은 단순한 패턴에 따른 것이었다. 아마도 이는 독일의 국민경제학자 프리드리히 리스트(Friedrich List)에서 비롯된 것으로, 위떼는 1880년대에 그의 저술을 편집했고 1900~1902년에 행한 국민경제에 관한 자신의 강연에서 이를 활용했다.[39] 그는 국가 경제력의 토대인 여러 산업을 진흥시키기 위해서는 국가가 적극적인 역할을 담당해야 한다고 믿었다. 즉 국가가 기업에 보조금을 지급하면, 다른 산업분야의 기업에도 외국자본을 끌어들일 수 있으며, 이 기업들이 재정적으로 탄탄해지면, 이번에는 외국에서 차관을 도입할 수 있는 좋은 기회를 얻게 된 국가가 이 차관으로 기업들에게 보조금을 지급할 수 있었다. 그리고 국가 경제 부문에서 국가가 다방면으로 활동한다면, 유럽과 비교할 때 낙후되었다고 간주된 러시아의 특정 경제적 이해를 장려할 것이고, 또한 국가가 훨씬 더 많은 수익을 올릴 수 있는 일부 기업에 투자함으로써 상당한 이윤을 거둘 수 있으리라는 것이었다.[40]

위떼는 자신의 회고록과 공식 발언들에서 국영기업들이 대성공을 거두지 못하면 그 대가를 치룰 날이 올 것이라거나, 국가의 부채가 증가함에 따라 "꾸며낸" 예산 초과분이 청산될 가망이 없다는 것에 대해서는 암시조차 하지 않았다.[41] 또한 그는 자신이 산업화를 강조하면 할수록, 농민들을 더욱 궁핍하게 만들고 국가 경제의 발전을 더디게 만든다는 생각을 하지 못했던 것 같다.[42] 그는 국유철도의 부설을 전폭적으로 지원함으로써 중공업을 회생시켰다. 이는 거의 10년 동안 러시아의 전반적인 산업에 번영을 가져다주었고, 위떼와 그의 추종자들에게는 자신들의 업적을 자랑할 근거를 제공해 주었다.[43]

위떼는 1892년까지는 동아시아에 전혀 관심을 드러내지 않았다.[44] 젊은 시절에 그는 슬라브주의자였고 이후에는 "서구주의자(Westerner)"가 되어, 조국이 서유럽의 산업 발전을 따라잡는 것을 보겠다는 강렬한 염원을 드러냈다.[45] 그러나 교통상 대리에 임명(1892년 2월 27일)되고 이어 재무상 대리로 임명(9월 11일)된[46] 이후, 그는 동아시아와 시베리아횡단철도의 국가적·국제적 중요성으로부터 얻어질 이익에 눈을 돌리었다. 당시 시베리아철도 부설은 러시아의 낙후된 산업상태로 볼 때는 실로 거대한 사업이었다. 이는 중공업을 장려하겠다는 그의 계획에 부합하였다. 시베리아철도는 서시베리아의 곡물을 배출할 판로를 만들어줄 뿐 아니라 그 밖의 여러 가지 면에서 러시아의 경제상태를 강화시켜줄 것으로 기대되었다.

위떼는 무엇보다도 이 철도의 부설에 훨씬 더 커다란 의미를 두고 있었다. "시베리아철도 부설에 필요한 조치들"이라는 1892년 11월 18일자 보고서에서 그는 러·청의 경제통합 기반에 대해 기술했다. 여기서 그는 인도와 아쌈(Assam)의 차(茶) 생산이 청국의 차무역에 타격을 줌으로써, 새로운 경쟁에 직면한 청국의 차무역은 조만간 붕괴될 것이라고 주장했다. 시베리아횡단철도의 완공으로 청국 차를 신속하게 유럽으로 운송하면 청국에게 차를 수출할 새로운 기회를 줄 것이고, 이와 동시에 러시아는 청국에서 면화, 모직물, 금속제품 등의 판매에서 영국과 경쟁할 수 있으라는 것이었다.[47] 또한 이 철도는 러시아의 동아시아함대를 "상당히 강화시켜, 유럽이나 동아시아에서 정치적 분규가 발생할 경우 이 함대가 태평양 해역의 모든 통상활동을 지배하는 데 특히 중요한 의미를 갖게 될 것이었다."[48]

위떼가 러시아를 위해 서양에서의 분규를 피하고 평화의 시간을 벌기 위해 자국의 동아시아에서의 이해를 후원했다는 설이 있다.[49] 그러나 필자가 보기에 종종 "기회주의자"라고 불린 위떼는 자신의 경제정책을 달성할 수단을 무엇보다도 시베리아횡단철도의 부설에서 발견했던 것 같다. 더욱이 그는 1892~1903년에 중앙아시아의 철도 개발에도 관심을 보였을 뿐만 아니라, 무르만스크(Murmansk)에 부동항(不凍港)을 개설하여 이를 상트 페테르부르그까지 철도로 연결시키는 계획, 리바우(Libau)의 군항 건설, 대규모 해군 창설, 러시아의 중공업 진흥과 일맥상통하는 여타 계획들에도 끊임없이 관심을 보였다.[50] 당초 동아시아에 대한 그의 관심은 비교적 조심스럽게 출발하였으며 관심이 최고조에 달했을 때조차도 "러·청제국(Russo-Chinese Empire)" 계획에는 훨씬 못 미치는 것이었는데, 당시 반(反)러시아적 저널리스트인 알렉산드르 울라(Alexander Ular)는 이 계획의 출처가 위떼에게 있다고 주장한 바 있다.[51]

동아시아에서 과연 어떤 방침을 추구해야 합당할 것인지에 대해 위떼가 취한 우유부단한 태도는, 바드마예프(Petr Alexandrovich Badmaev)의 악명높은, 여러 가지 환상적인 계획과의 관계에서 드러났다.[52] 이 부리아트(Buriat)족 몽고인—본래 그의 이름은 잠사란 바드마예프(Zhamsaran Badmaev)였다—은 상트 페테르부르그로 와서 형이 운영 중인, 1853년에 세워진 티베트 약국에서 일했다.[53] 그는 상트 페테르부르그 대학 동양어과 재학 중에 고대 티베트의 의학서적을 번역하기도 하고, 같은 대학에서 몽고에 관한 강연도 하며, 1875년부터는 외무성 아시아국(局)에서 근무도 하는 등 다양한 이력을 쌓던 중에 상류사회와 접촉하게 되었다.[54] 그는 욱똠스키 공과 알게 되었고, 욱똠스키는 그를 위떼에게 소개해 주었다. 그리스정교로 개종하면서 그는 대부 짜르 알렉산드르 3세(Alexander III)의 이름을 따서 페트르 알렉산드로비치로 개명했다.[55]

1893년 2월 바드마예프는 위떼에게 각서를 제출했다. 여기서 바드마예프는 동아시아에서의 러시아의 역사적 사명을 분석하면서[56] 동아시아가 알렉산드르 3세에게 귀속되어야 한다는 요망을 담았다. 또한 그는 러시아가 시베리아횡단철도뿐 아니라 난주(蘭州, Langchow-fu, 감숙성(甘肅省)의 수도)에 이르는 철도도 부설해야 하고, 청국의 "뒤뜰"인 그곳에서 티베트인, 몽고인, 청국 회교도들의 만주 왕조에 대항한 전반적인 반란을 비밀리에 조장해야 한다고 주장했다. 그의 예측에 따르면, 반란에 성공한 지도자들은 짜르에게 보호를 요청할 것이고 다수의 아시아인들이 유혈사태 없이 러시아제국으로 통합되리라는 것이었다. 그는 이 계획을 달성하기 위해 몽고 및 티베트와 통상적·종교적으로 관계를 맺고 있는 러시아인 부리아트들에게 무역회사 설립을 촉구했다. 그는 순수한 상업적 기업이라는 미명 아래 자신의 이 같은 생각을 전파하고,

동시에 몽고 및 감숙성에 거주하는 사람들을 무장시킬 목적으로 수천 명의 부리아트들을 고용하려 했다.[57]

이보다 한 해 앞선 1892년에, 위떼는 몽고 북동부 및 만주를 관통하여 블라디보스톡에 이르는 철도의 부설계획을 거부한 바 있다.[58] 그런 그가 이번에는 바드마예프의 계획을 지지하며, 바드마예프의 계획서를 메모와 동봉하여 알렉산드르 3세에게 제출했다. 위떼에 따르면, 이 안은 "진지한 견해를 표현"하였고 "실제적인 정책면에서도 새로운 관점을" 시사하는 것이었다. 위떼는 짜르에게, 시베리아횡단철도가 자국의 유럽과의 관계는 물론 동아시아와의 관계에서도 지대한 중요성을 갖게 될 것임을 지적하면서 "유럽 각국 정부들은 청국이 우리(러시아)에게 대항하도록 호전적 의지를 자극할 것이며, 시베리아철도 구간 중 블라디보스톡과 연해주 지역을 포함한, 방어력이 취약한 동부지역과 그 인접 영토를 모두 빼앗으려 할 것"이라고 주의를 환기시켰다. 그렇지만 바드마예프의 안이 성공한다면 "태평양 해안에서 히말라야 산맥의 고봉(高峰)들에 이르기까지, 러시아는 아시아 문제뿐만 아니라 유럽의 문제들까지도 좌우하게 될 것"[59]이라는 것이 위떼의 주장이었다.

위떼는 바드마예프의 계획을 즉각 실행에 옮길 것을 제안했고, 이를 위해 "비공식적으로"[60] 필요한 자금을 조달해 주기로 약속했다. 알렉산드르 3세는 이 계획이 "매우 기발하고, 이례적이며, 환상적"[61]이라고까지 평하면서도 성공할 수 있을 지는 의심스러워 했다. 그러나 바드마예프는 이를 견디어냈다. 바드마예프는 이자율 4퍼센트, 10년 분할상환 조건으로 200만 루블의 대부를 받는다면 사업을 시작할 수 있고, 단기간 내에 자신이 운영하는 무역 및 가축교역 회사가 벌어들일 막대한 수익으로, 자신의 정치적인 계획을 재정적으로 뒷받침할 것이라고 주장했다.[62] 위떼 역시 1893년 8월에 이 계획의 성사 여부와 그 윤리성에 대해 의혹을 표시한 적이 있지만 바드마예프는 결국 짜르의 승인을 얻어냈다.[63] 1893년 11월 바드마예프는 200만 루블의 대부를 받았고 1896년에는 대부액보다는 적은 액수였지만 보조금을 추가로 지원받았다.[64] 그는

1895년과 1897년에 마치 모종의 임무를 띤 것처럼 몽고인 수행원들을 대동하고 북경(北京)에 나타났다. 그러나 동아시아의 사건들로 말미암아 러시아의 정책이 훨씬 더 현실적인 노선으로 변화하면서 지원이 따르지 않게 되자, 바드마예프와 그의 계획은 러시아의 동아시아 문제에서 배제되고 말았다.[65] 바드마예프 회사(P. A. Badmaev and Company)는 치타(Chita) 부근에 위치한 본사를 1900년 프리아무르주(Priamur *oblast*) 총독에게 팔았고, 이는 가축검역소로 사용되었다. 이것으로 바드마예프 계획은 경제적 기능마저도 상실하게 되었다.[66]

위떼는 시베리아횡단철도의 부설을 촉진하기 위해 강력한 협력자를 선택했다. 1893년에 알렉산드르 3세에게 황태자를 시베리아횡단철도 통제위원회(Control Committee) 의장에 임명하도록 설득한 조치가 바로 그것이었다. 이는 장차 황제가 될 니꼴라이 2세와 자신의 관계에 크게 영향을 미치게 될 놀라운 조치였다. 짜르는 그 같은 직위를 감당하기에는 황태자가 너무도 어리고 미숙하다고 답했다.[67] 어쨌든 황태자는 이 위원회의 의장이 되었다. 위떼가 설립한 이 위원회는 위떼가 주도하는 사업에서, 특히 "다른 각료들과의 관계에서 그들의 모든 영향력을 회피하기 위한"[68] 목적에서 만들어진 것이었다. 이 사업에서 위떼는 "지도적 인물"[69]인 동시에 권위자였다. 더욱이 니꼴라이는 제위에 오른 뒤에도 자신의 뜻에 따라 의장직을 계속 보유했고[70] 러시아 철도를 통한 만주 침투에 직접 관여하였다.

니꼴라이 2세의 성격과, 러시아의 정책결정 과정에서 그가 행한 역할에 대해서는 아직도 여전히 모호하다. 그의 개인적인 서신 및 공문서에 대한 주석들은 대부분 너무 간략하여 국사(國事)에 대한 그의 생각을 명확히 밝혀주지 못하였다.[71] 그의 성격을 분석한 역사가들은 대단히 신중하게 접근하여, 일반적으로 그를 조언자들의 견해를 수락하려는 충동과 자신의 독자적인 견해를 주장하려는 욕구 사이에서 끊임없이 고뇌한 인물로 묘사하였다.[72] 이 같은 분석은 1905년 뵈르케(Björkö) 회동(會同)에서, 그가 독일 황제에게 갑작스럽게 우의를 표함으로써 국제사회에서 스스로 공약한 것을 어긴 행동이나, 동아시아 문제에 예고도 없이 여기저기에 개인적으로 개입한 것과 같은 그의 예측할 수 없는 행동을 설명해 줄지도 모른다.

니꼴라이 2세는 일관성이 결여된 인물이었다. 그는 포베도노스쩨프(K. P. Pobedonostsev), 욱똠스키와 같은 의심스러운 인물들의 조언을 받았으며, 짜르의 절친한 숙부이자 반동적인 인물인[73]세르게이 알렉산드로비치(Sergei Alexandrovich) 대공의, 그리고 이 같은 인물들보다는 현대적이고 실제적이었던 위떼의 조언을 받아들였다. 궁정 내의 아첨하는 무리들에게 둘러싸여, 국사를 다루는 데 자신의 독자적인 의지를 단언하도록 촉구받은 이 젊은 짜르는 자신의 의지를 방해하는 식자들의 반대를 점점 더 못 견뎌하게 되었다. 그는 1890∼1891년의 동아시아 여행 중에 자신이 몸소 관찰하고 느낀 바가 있기 때문에 동아시아에 대해 식견이 있을 뿐 아니라 자신이야말로 동아시아 문제의 권위자라고 주장할 수 있었다. 일본 방문 중에 한 광신도가 일본도(日本刀)로 암살하려 했던 사건을 그가 아무렇지 않게 기억에서 지워버렸다고 단언할 수는 없을 것이다.[74] 이 예기치 못한 사건에 대해 일본 황실이 공식적으로 사과하고 유감을 표명함에 따라 러시아정부가 만족하긴 했지만 황태자의 일본 방문은 격식을 무시한 채 황급히 끝나버렸다.[75] 이후 니꼴라이 2세는 눈에 띠는 흉터를 간직하게 되었고 이 사건에 대한 기억으로 심각한 두통을 겪게 되었다.[76]

초기에 동방주의자들의 공격적인 견해는 각료들의 승인과 짜르의 재가를 받아 하나의 정책으로 굳어졌다. 짜르의 재가가 없었다면 정책은 결실을 거둘 수 없었을 것이다. 제국주의가 풍미하면서 그 목표들이 달성될 것처럼 보였다. 지나치지 않을 정도의 과장과, 약간은 익살스러운 필체로 러시아를 지켜본 한 유능한 인물은 1896년에 다음과 같이 기술했다. "물론 인도까지 포함한 아시아 전체가 러시아의 생득권(生得權)의 일부이다. 모든 시종대(Corps de Pages), 근위대 장교들, 외무성 직원들은 러시아 제정(帝政)의 정책이 이 같은 거대한 기대에 맞추어 세워져야만 한다는 점을 굳게 확신하고 있다."[77]

2. 청일전쟁기 러시아 정책의 발전

1890년대로 접어든 후 수년 동안 러시아는 공격적인 정책을 택할 처기가 아니었다. 1890년 독일이 재보장조약(再保障條約, Reinsurance Treaty) 갱신을 거부한 것은 러시아를 불안한 고립에 처하게 만들었다. 1894년 1월 4일에 종국적으로 체결된 러·불동맹(露佛同盟)만이 점진적이고도 힘들게 지속되고 있었을 뿐이었다.[78] 당시까지 러시아는 국제관계에서 당연히 신중하게 행동할 필요가 있었다. 파미르 고원을 둘러싼 영국과의 분쟁(1892년)과 같은 비교적 작은 위기들은 조심스럽게 모면되었다.[79] 늙고 병든 외상 기르스(N. K. de Giers)는 러시아제국의 국경지방에서 벌어진 아르메니아(Armenia)인 학살사건에 대한 개입을 주저하였다. 그는 영국이 이 같은 행동을 압력행사로 여기지나 않을까 두려워했기 때문에 외교적 개입마저 망설였다.[80] 그러므로 러시아는 서아시아에서 열강과의 협력 하에 공동보조를 취하기를 바랬으며[81] 현상(現狀)을 유지하는 방법을 선택했다.[82]

유럽에서 고립되고 동아시아령의 전략적 취약함 때문에 불리한 입장에 처해 있던 러시아로서는 동아시아에서 더욱 신중한 정책을 취하지 않으면 안 되었다. 더욱이 동아시아에서 상업상의 이해는 줄곧 다른 유럽 열강보다 뒤떨어졌고, 러시아정교회(正敎會)조차도 청국에서 선교사업을 전혀 못하고 있었다. 그 결과 1891년에 내륙에서 활동하던 유럽인 선교사들과 무역업체들을 겨냥한, 외국인을 배척하는 소요가 청국에서 일어났을 때, 프랑스는 그 해 9월 열강에게 공동행동을 취하자고 호소하면서도 정작 러시아만은 여기서 제외시켰던 것이다.[83] 그러나 러시아에게는 거의 관련없는 이 때조차도, 청국 주재 러시아 공사는 열강의 공사들과 보조를 같이하여 9월 9일의 의정서에 조인했다. 그 내용은 청

국의 상황을 각국 정부에 알리고 그 개선책을 제시한 것이었다.[84]

1891년 11월 21일 프랑스 외상 알렉상드르 리보(Alexandre Ribot)는 파리에서 기르스와 만나 대화를 나누던 중에 의정서에 대한 러시아의 반응을 유도하였다. 기르스는 청국에 대한 자국의 정책이 "신중해야" 한다고 언급하였다. 기르스는 선교사들을 설득시켜 해안 부근에 머물도록 해야 하며 청국 위기에 관해 전 유럽의 의견이 통일되어 있다는 점을 청국에 알려야만 한다고 말했다. 그러나 그는 열강이 공동행동을 하기는 어려울 것이라고 생각했다.[85]

프랑스 외상은 12월 2일 다시 한번 열강에게 공동행동을 호소했으며 이번에는 러시아도 포함되었다.[86] 기르스는 당시 러·불동맹이 점차 형성되어 가는 상태였음을 고려할 때, 프랑스의 이 같은 호소를 거부하기는 어렵다는 사실을 깨달았다. 그는 자신이 방금 상트 페테르부르그로 돌아온 차라 이 문제를 고려할 틈이 전혀 없었다고 말하면서 시간을 벌었다.[87] 독일과 다른 국가들은 공동행동을 거부하며, 청국이 이 소요를 진압할 충분한 힘이 있다는 이유를 들었는데[88] 실제로 청국은 곧 소요를 진압했다. 이로써 위기는 해소되었고, 기르스는 곤란한 처지에서 벗어났다.

러시아는 동아시아에서의 소극적인 지위에 만족하며 이를 그대로 유지해 나갔다. 1891년의 시베리아횡단철도 부설안은 장차 12년 후에 완공을 목표로 하였다.[89] 이는 곧 러시아가 1903년까지는 동아시아에서의 지위에 큰 변화를 기대할 수 없었다는 것을 의미한다. 이미 내정된, 바드마예프의 은밀한 계획은 거시적이며, 점진적인 프로그램으로 활용할 예정이었다. 러시아로서는 서두를 필요가 전혀 없었다.

그러나 1894년 6월 조선에서 일어난 제2차 동학농민운동(Tonghak rebellion)은 동아시아를 격렬한 열강의 각축장으로 만들었다. 동학교도들은 원래의 계획을 일부 변경한 이후, 그 목표를 조선에서 서양인들의 세력을 축출하는 데 두고 있었다. 그러나 이 계획은 주로 반동적인 조선 조정에 대항하는 봉기나 봉건지주들에 맞서는 행위들로 표현되었다.[90] 1893년 제1차 봉기 때는 미국, 일본, 청국, 영국과 독일 군함들이 제물포에 집결하긴 했지만, 이들 외국 군대가 상륙하기도 전에 동학교도들이 진압되었기 때문에 단지 약간의 국제적 관심만을 끌었을 뿐이다.[91] 그러나 1894년 3월에는 일본에서 들여온 무기로 무장하고, 일본 낭인(浪人)—고용된 갱단과 모험군인들—[92]의 후원을 받은 동학교도들이 급속하게 한반도 남부지방에 퍼졌다. 5월에 동학군은 진압을 위해 파병된 정부군을 격파했고, 6월에는 재차 수도를 위협했다.[93] 영국, 프랑스, 일본 및 청국 군함들이 다시 제물포에 집결했고, 러시아도 뒤늦게 포함을 파견했다.[94]

6월 2일 조선 왕은 청국의 개입을 공식적으로 요청하였고, 6월 7일 총리아문(청국 외무성)은 북경 주재 일본 대리공사 고무라에게 "속방의 평화를 회복시키기 위하여" 조선에 청국군을 파병한다고 통보하였다.[95] 일본은 조선을 청국의 속국으로 여긴 적이 없다는 사실을 덧붙이면서[96] 자국도 조선에 파병한다고 청국에게 통보하였다. 1885년의 천진조약에 따라 청·일 양국은 조선에 군대를 파견하였다. 청국은 봉기의 진원지인 조선 남부에 파병하였지만, 일본은 수적으로 우세한 병력을 수도 부근에 파병하였다. 많은 병력이 한반도에 상륙하기에 앞서 이미 조선정부는 봉기를 진압하였다. 그럼에도 청일 양국은 병력을 계속 증원시켰다.[97]

조선정부는 일본과 청국 양국에게 철병을 요구하였다. 그러나 6월 22일, 일본은 조선이 내정을 개혁할 때까지 일본군은 철수하지 않겠다는 새로운 안을 공표하였다.[98] 북경 주재 러시아 공사 카씨니(A.P. Cassini) 백작에게 전해진 청국의 공식 성명에 따르면, 일본은 청·일 양국이 조선성부를 통제하자는 제의를 여러 번 했지만, 청국은 1886년 10월의 러·청조약(이-라디젠스키 협약, Li-Ladyzhenskii Agreement)을 고수하면서 이 같은 제안을 거절하였다.[99]

6월 22일에 이홍장은 러시아에게 중재를 호소하였다. 우연한 기회에 이루어진 것으로 추정되는 카씨니와의 대담에서, 이홍장은 "영국이 중재를 제의했지만 1886년의 러·청협약에 비추어볼 때, 러시아만이 관련된 제3국으로서 중재할 수 있는 독점적 권한을 갖고 있다고 생각했기 때문에 영국의 제의를 거절하였다"고 카씨니에게 알려주었다. 그러자 카씨니는 이 제의를 러시아의 국위(prestige)를 떨칠 기회일 뿐 아니라, 조선에서의 공개적인 충돌—자국에 극히 바람직하지 못한—을 막을 수 있는 절호의 기회로 여겼다.[100)

영국의 중재를 막고자 했던 기르스 역시 카씨니의 견해를 전적으로 지지하였다.[101) 6월 23일 외상 기르스는, 청군과 동시에 조선에서 철병할 것을 권고하는 내용의 훈령을, 동경 주재 러시아 공사 히뜨로보(Khitrovo)를 시켜 일본정부에 보냈다.[102) 6월 25일에 히뜨로보는 일본 외상 무쯔와의 회견에서 이 같은 자국 정부의 견해를 표명하였다. 그러나 무쯔는 자국 군대의 철수 후 새로운 소요가 발발하지 않는다는 어떤 보장이 없다면 철병하지 않겠다는 입장을 단호하게 재확인하였다. 무쯔는 자국이 조선에 세력을 굳히려 하거나 청국과 전쟁을 개시할 의도가 전혀 없다고 단언하였다.[103)

같은 날인 6월 25일에 조선정부는 서울 주재 각국 공사들에게, 청일 양국 군의 동시 철병을 권유하는 공식 요구를 각자의 본국 정부에 보낼 것을 요구하였다.[104) 이는 조선측의 요청에 따라 공식적으로 중재를 할 것인지, 아니면 이홍장이 주도한 비공식적인 노선을 계속 견지할 것인지를 선택할 기회를 러시아에게 제공하였다. 러시아는 결국 비공식적인 노선을 택하였다. 한 달 동안 상트 페테르부르그, 동경, 그리고 서울에서 러시아 외교관들은 여러 번에 걸쳐 청국군과 동시에 철병하라고 일본을 설득하였지만 똑같은 답변만을 들었다. 즉 사태의 긴급성 때문에 일본은 계속 조선을 점령해야만 한다는 것이었다.[105) 이 중재에서 러시아 외교관들은 어느 한쪽에만 호의를 보이지 않도록 노력하면서 일본과 청국 양국에게 동시에 행동할 것을 권고하였다.[106) 그러나, 7월 12일 무쯔는 개혁이 이미 조선에서 진행되고 있다고 주장하면서 결정적인 답변을 미루려 하였다. 7월 들어 위기가 점차 절정에 이르자 무쯔는 병이 들어서, 혹은 병을 가장하여 히뜨로보와의 곤란한 대담을 회피하였다.[107)

7월 내내 청국은 일본 군대가 철수할 때까지 교섭을 거부하였다.[108] 이홍장은 러시아가 더욱 강력하게 중재해 줄 것을 희망하였다. 이홍장은 러시아, 청국, 일본 3국이 협의하여 공동으로 조선의 개혁에 주의를 기울이자고 제안하였다.[109] 비록 러시아가 조선 문제에 개입하지 않겠다고 이홍장에게 분명히 밝히긴 하였지만[110] 이홍장은 계속 러시아를 조선 문제에 끌어들이려 하였다. 그는 중재안이 러시아의 착상이고 이를 고집한 쪽도 바로 러시아라고 은연중에 일본에게 알림으로써 러·일 사이의 불화를 조장하려 하였다.[111] 그는 또 일본이 영국에 중재를 요청한 바 있고, 영국이 자국에게 이 같은 중재를 수락하도록 강요하고 있다고 러시아에게 알림으로써 러시아를 자극시켜 행동케 하려고 하였다.[112] 이보다 더 환상적인 책략으로 이홍장은 청국 주재 영국 공사가 조선 전체를 일본에게 양도할 것을 촉구하고 있다고 카씨니에게 흘렸다.[113] 이에 그는 유럽 열강의 공동중재가 곧 있을 것으로 간주하고, 런던과 상트페테르부르그에 청일 양국군의 철수구역을 제시하였다.[114] 7월 3일에 그는 3국—러시아, 청국, 일본—의 조선 문제 해결에 러시아가 참여하는 것은 중재의 당연한 대가라고 러시아에게 단언하였지만, 정작 이틀 후에는 러시아에게는 알리지도 않고 영국, 프랑스 및 미국에게 중재를 호소하였다.[115]

이홍장의 이 같은 외교적 책략은 너무나 노골적이었으므로 성공할 수 없었다. 유럽 열강은 조선의 위기를 종식시키거나 약화시키는 데 진정으로 관심이 있었고 솔직한 분위기에서 서로 협의하였다. 그러므로 러시아가 이홍장의 이중적인 계략을 간파하는 데는 오랜 시간이 걸리지 않았다.[116] 청일전쟁이 발발한 후에 기르스는 카씨니에게 다음과 같은 내용의 서한을 보냈다.

귀하를 통해 이홍장이 우리에게 했던 제안—조선의 개혁에 러시아가 직접 개입하고, 청국을 위해 기존의 현상(現狀)을 지지하며 신뢰할 만한 중재를 러시아가 맡는다—을 우리가 거절했던 것을 전혀 유감스럽게 생각하지 않고 있다. 외무성은 조선의 개혁이 청·일의 충돌의 구실일 뿐이고, 또한 우리가 비공식적으로 중재에 나서면, 그 결과 우리는 청국과 교활한 직예 총독(이홍장)의 기치 아래 본의 아니게 일본의 공공연한 적국이 되고 말 것이라는 사실을 분명히 인식하였다.[117]

러시아정부는 청·일 양국 사이에 위기가 발생했던 초기부터, 두 나라 모두에게 완고하지만 우호적으로 충고하는 모호한 정책을 견지하였다.[118] 이 같은 형태의 "무활동(inactivity)"에 격앙된 서울 주재 러시아 대리공사는 감히 본국 외무성에 불평을 늘어놓았다. 그는 정중하게 문책되었고, 외교계에서 무엇이 일어나고 있는지를 자신이 알 수 있는 위치가 아니라는 점을 깨닫게 되었다. 그리고 겉보기에는 활동하지 않는 것처럼 보이는 것이, 실제로는 러시아 외교관들에게 열강과 모종의 공동행동을 시작케 하려는 실질적인 노력을 의미한다는 사실을 통보받았다.[119]

동아시아의 위기와 관련하여 진행 중인 정책에 대해, 러시아 외교관들과 정치가들 사이에는 다른 견해를 갖고 있는 자들도 있었다. 영국이 청·일 중재에서 지도적인 역할을 할 것이라는 공포심은 기르스와 카씨니 두 사람 모두 있었다.[120] 그러나 이 같은 두려움은 영국이 공동중재를 구성할 의도를 명백히 시사하면서 곧 일소되었다. 7월 9일 러시아 주재 영국 대사 라쎌 경(Sir Frank Lascelles)이 상트 페테르부르그 정부에 공동 중재안을 개진하였다.[121] 이 안을 러시아가 호의적으로 받아들이자 킴벌리 백작은 이를 유럽 각국 정부에도 제의하였다. 이 "공동간섭단(intervention commune)" 계획은 러시아로부터 전적인 찬성을 얻어내었을 뿐만 아니라[122] 프랑스, 독일, 이탈리아의 지지도 받았다.[123] 이 안은 위에서 언급한 열강이 단지 고문의 역할만을 하는 것으로 계획되었다.[124] 그러나 열강이 이 같은 안을 적용한다는 원칙에 동의하기도 전에 청일전쟁이 발발하였다.

러시아 외교관들은 어느 나라가 전쟁 발발에 주된 책임이 있는지에 대해 의견의 일치를 보지 못했다. 웨베르(Weber)는, 청국이 조선을 자국의 '속방'으로 확실히 해두기 위해 간섭했기 때문에 전쟁의 책임이 전적으로 청국에게 있다고 생각하였다.[125] 그러나 그는, 적어도 2년 동안 계획해 온 일본의 개혁 프로그램에 대해서는 일본이 청국과 타협에 이르기를 원하지 않은 증거라고 생각했다.[126] 카씨니는 유명한 친청주의자였고 중국산 골동품 수집가였다. 청국의 대의(cause)에 공감하고 염려하던 카씨니는 이홍장의 근거 없는 소문들을 옮김으로써 오히려 이홍장의 목적에 이바지하였다. 이와 달리 동경의 히뜨로보는 관심이 없었다. 그는 일본이 즉각 패배할 것이고, 그 결과 '현상(Status Quo)'이 회복될 것으로 생각하였다.[127] 외무성의 아시아국장인 상트 페테르부르그의 카프니스트(Count D.A. Kapnist) 백작은 일본이 전쟁을 일으킨 주범이라고 간주하고, 일본군의 철병을 유도하기 위해 조선의 한 항구(송전)를 일시적으로 점령하자는 "외교적인 편법"을 주장하였다.[128]

조선의 개혁과 동학농민운동이라는 이슈들은 단지 구실에 불과하였음이 명백하다. 1895년에 위떼와 바드마예프는 당시에 만연한 이 같은 생각을 공식적으로 기록하였다. 그에 따르면, "청국과 일전을 치르는 일본의 목적은 시베리아횡단철도를 완공한 후 러시아가 얻게 될 강력한 지위를 앞질러 제압하려는 것"이었다.[129] 수상 이또 히로부미는 시베리아횡단철도 부설계획을 면밀히 추적하였고 부설 진전상황에 대한 한 뭉치의 문서를 얻어내었다. 이를 통해 그는 몇 년 후에는 러시아가 동아시아에서 강국이 되리라는 점을 인식하였다.[130] 그렇다고 해서 일본이 1894년에 소규모의 육군과 유아단계의 함대[131]를 가지고 분쟁의 위험을 무릅쓰고 전쟁을 일으켰다고 보기는 어렵다. 일본은 제법 큰 규모의 육군과 해군을 육성할 시간이 충분히 있었기 때문이다.

당시 만연했던 또 다른 견해는, 일본 정치가들이 자국 국민들의 관심을 국내 문제에서 다른 곳으로 돌리기를 바라고 있었고, 또한 전시의 애국심을 유발시켜 민간 소요가 사그러들기를 열망하고 있었다는 것이다.[132] 일본인 저술가들이 주장한 이 같은 견해는 전쟁 전의 일본 국내정치의 광포함과, 전쟁 이후에 정부에 대한 애국적인 지지가 잇달았던 점

과의 비교로도 뒷받침된다.[133]

중국측 자료[134]에 입각한 역사적 설명에 따르면, 청·일 양국은 1885년 천진협약을 체결한 이후 몇 년 동안, 외견상으로는 서로 적대를 삼갔다는 것이다. 1894년까지 지속된 이 같은 정전 속에서, 일본은 조선에서 경제적 이권개발에 주력하였고, 청국은 조선에서의 정치적 영향력에서 급속한 진전을 이루었다. 서울 주재 청국 영사 원세개(袁世凱, Yuan Shih-Kai)의 노력을 통해 조선 조정에서 청국의 영향력은 극에 달하였다. 청국은 서울에서 타전하는 모든 전신업무를 장악하였다. 마찬가지로 조선정부에게 제공하는 차관도 청국 상선회사(China Merchant Steamship Company)를 통해 청국이 독점하였다.[135] 1895년 이후 조선의 세관업무는 청국세관의 지점으로 전락하였다.[136] 청국은 조선의 해외 공관들을 자국의 해외공관에 종속시키려 들기까지 하였다.[137]

이 동안에 청국의 영향력은 상승세에 있었으며, 조선이 자국의 속국이라는 청국측 주장은 훨씬 더 강화될 것으로 생각되었다. 일본은 이 같은 청국의 영향력 증대를 예의 주시하고는 있었지만 적절한 시기가 올 때까지는 대응 조치를 자제하였다. 원세개의 압력을 받은 조선 국왕이 청국의 개입을 요청하였을 때, 원세개는 자신의 힘을 과신하여 지나친 행동을 하였고, 이홍장은 병력을 파병하였다. 이홍장은 청국 주재 오스트리아 총영사에게 일본은 행동하지 않을 것이라고 말하였다.[138] 그러나 일본은 행동할 준비가 되어 있었고 또 기꺼이 그렇게 하려고 하였음이 드러났다.

유럽 열강이 온건한 "권고 형태의" 중재를 막 시작하려는 사이, 일본은 자국의 계획을 진행시켰다. 1894년 7월 19일에 서울 주재 일본 공사 오오또리는 아산에서의 청군 축출과, 청국과 맺은 모든 조약의 파기를 요구하는 최후 통첩을 조선정부에 전달하였다. 조선의 회답은 정해진 3일 기한 내에 전달되었지만 내용은 다소 모호한 것이었다. 23일에 일본군은 수도로 입성하였고 왕궁을 습격하였다. 친일파 각료가 권력을 잡아 국왕의 이름으로 청국과 맺은 모든 조약을 파기하고 청군을 아산에서 축출해 줄 것을 일본에 공식 요청하였다.[139] 최후의 결전에 임하는 자세로 이홍장은 천진에서 해상으로 증원군을 파병하였지만, 도고(東鄕) 제독의 함대에 차단되어 뿔뿔이 흩어졌으며, 영국 소유의 수송선 고승(高陞, Kowshing)호는 막대한 인명 손실과 더불어 침몰하고 말았다.[140] 공공연한 전투행위가 뒤따랐고, 일본은 8월 1일 청국과 전쟁상태임을 선언하였다. 그러자 청국도 선전포고하였다.[141]

준비가 되어 있지 않던 이홍장은 완전히 경악하였다.[142] 다시 한번 그는 국제적 중재를 호소하였고, 청국, 일본, 그리고 "권고 형태의" 중재에 동참키로 합의한 열강—러시아, 영국, 프랑스, 독일, 이탈리아—에게 천진이나 북경에서 조선의 개혁을 입안하는 회의를 열어야 한다고 제안하였다.[143] 기르스는 카씨니에게 보내는 전문에서 "러시아는 평화를 회복하려는 노력을 기울이되 영국과 보조를 맞출 것"이라고 지시할 뿐이었다.[144] 그러나 프랑스는 이탈할 것처럼 보였다. 프랑스는 개전한 지 며칠도 되지 않아 일본이 획득한 유리한 위치를 고려할 때, 일본에게 전쟁 '이전의 현상(status quo ante)'으로 회복시킬 것을 권고하는 것이 과연 엄정하게 불편부당한 것인지 판단이 서지 않는다고 말했기 때문이다.[145]

알렉산드르 3세는 동아시아 위기를 논의하고 러시아가 취할 정책을 세우기 위해 8월 21일에 특별각료회의를 소집하였다.[146] 회의에서는 교전상태로 이끈 사건들이 재검토되고 각료들은 의견을 교환하였다. 각료들은 즉각적으로 관심을 기울여야 하거나 정책변경이 필요한 문제를 전혀 발견할 수 없었다. 기르스는 조선의 현상유지를 바란다고 선언하였는데, 이는 육군상 반노프스키(P.S. Vannovskii)의 견해를 그대로 반영한 것이었다.[147] 위떼는, 영국이 약간의 이득을 얻기 위해 전쟁이 종결될 무렵 개입할 가능성을 예견하였다. 그의 견해에 따르면, 영국의 이같은 개입을 용인해서는 안되며 그들이 이같이 이기적인 계획들을 드러낼 경우 영국에 대항할 준비를 갖추어야만 한다는 것이었다. 위떼의 견해에 대한 답변으로 해군상 대리 치하체프(N.M. Chikhachev)는 해군의 전통적인 안을 들고나왔다. 그는 영국이 간섭할 경우, 러시아는 조선 해안의 곤챠로프(Goncharov) 섬을 장악하자고 제안하였다. 적합한 명분도 없이 그런 제안을 한 것은 아니었다. "조선의 영토를 장악하여 우리(러시아)의 속령을 확대하는 것은 우리에게 커다란 이득을 주지 못할 것이고, 또한 점령한 지역을 요새화하는 데 상당한 지출이 필요할 것"이기 때문이었다.[148] 반노프스키 장군은 일본의 승리를 예측하였고, 전쟁이 끝나면 청국이 영국과 동맹체결을 모색할지 모른다고 두려워하였다. 그는 특히 동아시아령에서 러시아가 어떤 조치를 취하는 데는 오랜 시간이 걸리기 때문에 군사적 준비를 갖추어야 한다고 생각하였다. 그러나 기르스와 위떼는 그 같은 준비를 해야 할 즉각적인 필요가 있다고 보지 않았다.[149]

회의를 통해 참석자들은 다음과 같은 결론에 도달하였다. 즉 청일전쟁에 적극적으로 개입하는 것이 러시아에 도움이 되지는 못할 것이므로, 러시아는 외교적인 수단을 통해 분쟁을 해결하려는 노력으로써 다른 열강과 계속 협력해야만 한다는 것이었다. 이는 러시아의 정책목표로서 조선을 이전의 상태로 복귀시키고, 청·일 양국에게는 러시아의 이해를 존중하도록 촉구하며, 러시아와 조선의 국경에 영향을 줄지도 모르는 어떠한 행동도 삼갈 것을 청·일 양국에게 권고하자는 것이었다.[150] 회의에서는 조선에서의 러시아의 이해에 대해서는 조금도 언급하지 않았으며, 실제로 어떤 명확한 정책을 세우지도 않았다. 일본이 조선을 점유토록 내버려두어서는 안 된다는 결론만을 명확히 표명했을 뿐이었다. 그리고 각료들은, 철병할 것이라는 7월의 일본정부의 여러 번에 걸친 확언을 믿고 받아들였다.

9월이 되자 전세가 결정되었다. 청국 육군은 평양전투(9월 15일)에서 패배하였고, 높이 평가받아 온 북양함대도 9월 17일 압록강해전에서 거의 전멸하였다. 일본은 황해의 제해권을 장악하였고, 10월 24일 요동반도에 상륙하였으며, 11월 20∼21일에는 여순의 요새를 공략하였다. 여순항은 최근에 유럽인 엔지니어들이 요새화한 것이었다.[151]

사태가 이렇게 진전되어 가고 있는 동안, 계획된 열강 간의 제휴는 점점 더 약화되었다. 10월 6일에 영국은 열강(영국, 독일, 프랑스, 러시아, 미국)의 공동개입과, 조선의 독립 및 대일(對日) 배상을 골자로 한 해결책을 제안하였다. 그러나 미국은 참여하려 하지 않았고, 독일은 어떠한 개입 시도도 지금으로서는 무익하다고 생각하였다.[152] 당시 청국 조정을 이끌던 공친왕(恭親王, Prince Kung)은, 11월 3일에 전술한 5개국 공사들을 총리아문으로 불러들여, 영국이 제안한 조치(Démarche)와 같은 조건에 입각한 공동개입을 청국이 공식적으로 요청한다는 것을, 각자 본국 정부에 전달해 달라고 공식 요청하였다.[153] 그러나 이 같은 시도 역시 실패로 끝났다.

이처럼 중대한 시기에 러시아 외교가 적극적으로 활동하지 않았다는 점은 이해하기 어렵다. 왜냐하면 러시아는 유럽과의 협조에 극히 관심이 많았던 국가였기 때문이다. 제위(帝位) 계승에 문제가 있었기 때문인지도 모른다. 9～10월 알렉산드르 3세는 임종 직전에 있었다. 그는 종종 각료들의 보고를 이해하지 못했지만 임종시까지도 통치를 계속하였다. 섭정마저 꺼렸던 그의 완고한 성격은 정권을 포기할 수 없게 만들었다.[154] 앞서 그가 동아시아 문제에 대해 보였던 관심은 이제 자연히 쇠퇴하였다.[155] 11월 1일에 짜르는 리바디아(Livadia)에서 사망하였다.

새로 등극한 짜르 니꼴라이 2세는 매우 바빴다. 제위계승에 따르는 여러 가지 복잡한 일들 이외에도 결혼 준비도 해야 했다. 결혼식은 부친의 유언에 따라 예정대로 11월 26일에 거행되었다.[156] 기르스 역시 죽음을 앞두고 있었지만 자신이 맡고 있는 직위에서 물러나지 않았다. 그는 1892부터 중병을 앓고 있었고 퇴임하기를 소망하였지만 알렉산드르 3세의 설득에 따라 외상직에 그대로 머물러 있었다. 그는 1895년 1월 26일 사망하였고 쉬스킨(Shishkin)이 임시 외상에 임명되었다.[157] 강력한 외교정책을 전개할 수 있는 상황이 아니었던 것이다.

1895년 1월 일본군 제3여단이 산동에 상륙하였고 재빨리 위해위(威海衛)를 점령하였다. 청국은 몇 차례에 걸쳐 중재나 개입을 유도하려고 시도한 이후 강화를 요청하였다.[158] 청국의 전권사절이 2월 1일 히로시마에서 일본의 전권 대표를 만났지만, 청국의 사절들이 완전한 전권을 갖고 있지 못하다는 사실을 일본이 알아챔으로써 강화회의는 무산되고 말았다.[159]

같은 날 니꼴라이 2세는 동아시아 위기를 논의하기 위해 제2차 특별 각료회의를 소집하였다.[160] 이 회의는, 비공식적 중재를 하는 데 유럽 열강과 보조를 같이 한다는 정책에 대해, 짜르가 불만을 가진 데서 소집된 것임이 분명하다. 회의는 장차 있을 강화교섭시에 일본의 의도가 무엇일지를 제대로 파악하지 못했기 때문에 난관에 부딪쳤다. 어떤 조치든지 러시아가 조치를 취하는 것은 시기상조라는 견해가 회의 참석자들의 중론이었다. 참석자들은 러시아의 극히 중요한 관심은 조선의 독립에 있다고 생각하였고, 일본이 약속을 이행하고 조선의 독립을 존중하리라는 데 만족하였던 것 같다. 회의 동안 참석자들은 몇몇 우발적인 가능성을 검토하였다. 반노프스키 장군은 일본이 러시아의 이해를 침해할 경우, 함대를 파견하여 거제도(kargodo)와 같은 대한해협 내의 섬을 점령해야 한다고 주장하였다. 이 점에 대해 치하체프 제독은 송전항(Port Lazareff) 점령은 일본의 항의를 불러일으키겠지만, 반노프스키가 언급한 거제도를 점령하는 것은 일본이 이의을 제기하지 않을 것이므로 유리하다고 주장하였다.[161] 참모총장 오브루체프(N.N. Obruchev) 장군은 그 같은 변경 기지를 방어하는 데는 어려움이 따른다는 이유로 대륙에서 떨어진 어떤 지역의 점령에도 반대하였다. 일본이 여순이나 위해위 같은 발해만(渤海灣, Gulf of Chihli) 내의 항구들을 병합할 경우, 러시아의 이해가 영향을 받을 것인지에 대해 질문을 받은 쉬스킨은 모호하게 답변하였다. "발해만은 어느 정도는 러시아의 세력범위 안에 포함되므로, 만 내의 연안에 위치한 여순과 위해위에 일본 세력이 뿌리 내린다면, 분명히 러시아의 이해에 상당히 악영향을 미칠 것이 틀림없다"[162]는 것이었다. 이에 대해 치하체프 제독은 그 같은 상황이 일어난다면 러시아는 만주의 일부를 점령해야만 한다고 주장하면서, "일본이

여순과 위해위를 획득하는 것은 러시아에게는 대수롭지 않은 일"이라고 말하였다.[163]

오브루체프 장군은 영국에게 선례를 제공하지 않기 위해, 러시아는 어떠한 영토 병합도 절대 삼가야만 한다고 주장하였다. 위떼는 긴급사태에 더 나은 조건으로 대응하고, 동아시아 무역에 대해 영국의 우려를 불러일으켜 영국이 청일전쟁을 종결시킬 조치를 취하도록 만들기 위해서라도 러시아의 동아시아함대를 강화해야 한다고 제안하였다.[164]

어떤 노선을 추구할 것인지에 대한 의견 차이는 없었다. 회의 참석자들은 영국의 이해와 러시아의 이해가 유사하다고 생각하였고, 러시아는 홀로 행동할 수 없기 때문에 영국과 함께 행동한다는 데 인식을 같이하였다. 카프니스트 백작은 다음과 같이 말하였다.

이 같은 노선에 따라 행동하는 것만이 청일전쟁에 따른 불운한 여파를 피하고 시베리아횡단철도 완공에 필요한 시간을 벌 수 있는 길이다. 시베리아철도가 완공되면 우리는 모든 물적 자원들을 투입할 수 있고, 궁극적으로 태평양 문제에서 그에 걸 맞는 지위를 차지할 수 있을 것이다.[165]

참석자들은 다음과 같은 결론에 도달하였다.

1. 태평양에서 러시아의 해군력이 일본의 해군력을 능가할 수 있을 정도로 태평양함대를 강화한다.
2. 일본정부가 전쟁 종결시에 러시아의 필수적인 이해를 침해하는 요구를 할 경우 공동으로 일본에 대항하는 문제에 관해 영국 및 여타 열강, 특히 프랑스와 협조체제를 이루도록 외무성에 훈령을 내린다…… 러시아가 추구해야 할 주목표는 조선의 독립 유지이다.
3. 위에 언급한 조건에 관하여 영국 및 여타 열강과의 협력 시도가 성공하지 못할 경우, 그리고 열강이 조선의 독립을 상호보장하는 데

러시아의 참여가 필요한 경우, 우리가 어떤 행동노선을 취할 것인지는 새로 열릴 회의에서 논의할 것이다.[166]

회의에서 결정한 사항들은 실행에 옮겨졌다. 강력하고 현대적인 러시아의 지중해함대가 동아시아로 보내져 동아시아함대에 통합되었다. 이로써 러시아의 동아시아함대는 일시적이지만 동아시아에서 가장 강력한 해군력을 보유하게 되었다.[167] 영국, 프랑스, 러시아 3국은 2~3월에 런던, 파리, 상트 페테르부르그에서의 대담을 통해 조선의 독립과 영토를 보전한다는 일반적인 협약에 도달했다.[168] 그 이상 이루어진 것은 아무 것도 없었다. 4월에 영국은 이 같은 약속을 깨뜨리고 방향을 바꾸었다. 이 같은 방향전환은 일본을 지지하는 자국 여론에 영향받은 것이었고, 또한 정책 당국자들 사이에 일본이 승전과 더불어 동아시아에서 강력한 열강으로 자리잡는 것이 러시아를 저지하려는 자국의 정책에 유익하다는 생각이 점차 확산되면서 빚어진 일이었다.[169]

따라서 1894년 8월 21일의 회의와 1895년 2월 1일의 회의에서 결정된 러시아의 정책은 완전히 실패로 돌아갔다. 독일마저도 자국의 견해를 표명하지 않았기 때문에 유럽 열강과 협조한다는 생각은 포기해야 했다.[170] 3월말에 이르러 러시아는, 일본이 4월 1일 시모노세키에서 청국의 강화 전권사절들에게 제시했던 요구조건들을 의심의 눈초리로 바라보기 시작했다.[171]

러시아는 이제 다른 정책을 모색하였다. 새로운 모색의 배후에는 악명 높은 바드마예프가 있었다. 그는 티베트, 몽고와 중국 서부를 무혈 정복한다는 자신의 계획을 아직 완전히 착수하지는 않고 있었지만, 이미 니꼴라이 2세에게 접근해 있었다. 그는 표면상 알렉산드르 3세의 지지를 받은 것처럼 보이는 자신의 계획을 추진하라고 새 황제에게 강력하게 촉구하였다. 짜르에게 직접 제출한 1895년 3월 6일자 각서에서, 그는 일본인들이 몽고와 중국 서부로 침투해 들어가는 것은, 장차 이 지역들을 침략하려는 일본의 의도를 입증해 주는 증거라고 경고하였다.[172]

그는 짜르에게 자신의 계획이 결실을 거둘 시간이 필요하다는 것을 설명하고, 강력한 정책을 채택하도록 촉구하였다. 그는 각서에 다음과 같이 썼다.

청일전쟁의 결과가 불확실하다는 것을 잘 알고 있는 저로서는, 동아시아에서 러시아의 국위를 손상시킬 군사적 개입에 의존하지 않고도, 일본으로 하여금 승전의 대가로 그들이 바라는 만큼의 배상금과 청국의 잔여 함대를 받아들이도록 설득할 수 있는 방도가 있다고 봅니다. 중국대륙 내의 영토에 대한 권리 주장과 조선과 청국의 국내문제에 간섭하겠다는 주장을 포기하도록 설득할 방법도 찾을 수 있다고 확신합니다.[173]

이 같은 견해가 중요한 이유는 바드마예프가 정계에서나 막후에서나 점차 호감을 사는 인사(*persona grata*)가 되었다는 사실에 근거한다. 각서를 제출한 지 몇 달 후 그의 위신은 높아졌다. 5월 11일에는 스스럼 없이 짜르에게 서신을 보내어 어떤 외교관이 동아시아 주재 공관에 적임자인지 권할 정도로 대담해졌다. 그는 "적합하지 않거나", "위험천만하거나", "성격상 결함이 있는" 인물들을 지명하였다. 그는 자신의 든든한 후원자였던 욱똠스키를 아시아국장에 추천하는 만용을 부리기까지 했다.[174]

짜르는 이제 부동항의 필요성을 확신하게 되었지만 이번에는 적국으로 하여금 병합을 철회케 만들기 위한 대응조처로써의 부동항이 아니라, 뚜렷한 하나의 계획으로써 부동항을 획득하려 하였다. 일본은 1894년에 외국 군함의 입항을 제한하는 법규를 통과시켰는데, 이로써 일본에 입항하는 외국 군함들은 한 번에 2척씩만 들어올 수 있었다.[175] 이 조치는 태평양에서 러시아의 해군전략에 심각한 영향을 미쳤다. 러시아의 동아시아함대는 영국의 남중국함대(South China squadron)보다 언제나 약세이므로 러시아는—특히 블라디보스톡이 결빙되는 4개월 동안—

일시적인 안전, 선박 수리, 식량공급 등을 위해 일본의 항구를 이용하면서 무역전쟁을 치룰 계획이었기 때문이다. 일본이 제정한 이 새로운 법규는 이 같은 형태의 러시아의 전략을 심각하게 방해할 것이며, 동절기에 러시아 선박들의 이동을 불가능하게 하거나 입항할 기지가 없게 만드는 것이었다. 더욱이 러시아는 평시에도 전술상의 목적과 훈련을 위해 나가사키항을 동계기지로 사용하고 있었다.

러시아의 정책을 추진하려는 시도로 신임 외상 로바노프 로스또프스키 공(Prince A.B. Lobanov-Rostovskii)이 1895년 4월 6일 짜르에게 각서를 제출하였다.[176] 여기서 그는 청일전쟁이 종결되면 자국이 수동적인 정책을 펼 것인지 아니면 적극적인 정책을 펼 것인지를 결정해야만 한다고 언급하였다. 만약 자국이 수동적인 정책을 채택한다면 중국이 이상적인 동맹국이라는 것이다. 이로써 러시아 국경이 안전해질 것이며, 설령 청국이 개혁조치를 취한다 하더라도 청국이 전쟁의 폐해에서 충분히 회복하기까지는 시간적 여유가 있을 것이다. 그러나 러시아가 적극적인 정책을 채택할 경우에는 목표가 두 가지가 될 것이라고 주장하였다. 즉 "첫째, 태평양에서 부동항을 획득하고 둘째, 시베리아횡단철도를 더욱 편리한 노선으로 부설하기 위해서 만주의 특정 지역을 병합해야 한다"는 것이었다. 짜르는 로바노프가 제출한 메모의 인용구 맞은편에 "맞는 말이오(Exactly)"[177]라고 썼고, 다른 부분에는 다음과 같이 썼다. "러시아는 일년 내내 얼지 않는 부동항이 필요하다는 점은 의심의 여지가 없다. 부동항은 대륙(조선 남동부)에 위치한 좁고 긴 땅이어야 하고, 현재 우리가 소유하고 있는 속령들과 반드시 연결시켜야 한다. 이를 해군 원수인 대공에게 전달하라."[178] 로바노프는 또한 각서에서 "의심할 바 없이" 아시아에서 러시아의 가장 위험한 적은 영국이라고 주장하였고, 이에 대해 짜르는 "물론(Of Course)"이라고 덧붙였다. 이와 아울러 그는 일본이 최근의 승전에도 불구하고 얼마동안은 동맹에 의지해야 할 것이며 동아시아에서 일본의 적국은 영국이라고 주장하였다. 그러므로 청·일 전쟁 종결시 일본을 저지하기 위해 러시아가 다른 열강—특히 영국—과 행동을 같이 할지도 모르지만, 장차 러·일 사이의 우의를 손상시키지 않기 위해 일본에 대한 적대적인 행동은 삼가야 한다는 것이었다.[179] 이를 토대로 러시아는 4월 8일에 공동권고조치라는 또 다른 정책을 전개하였다.

한편 청일 양국은 유럽 열강에게 각자의 주장을 적극적으로 선전하였다. 이홍장은 총리아문을 통해, 그리고 총리아문은 청국 주재 각국 사절들을 통해 강화교섭의 진전상황을 알렸다. 이들은 일본이 여순을 장악하게 되면 발해만(Gulf of Pechili)을 손에 넣은 일보니, 청국과 조선 사이에 끼어들게 될 뿐 아니라, 북경 가까이에서 청국 조정을 좌우하게 될 것이라고 주장하였다.[180] 한편 일본은 사실상의 중국분할을 제안하였다. 베를린 주재 일본 대사가 독일 외무성에 암시한 바에 따르면, 영국이 주산열도(舟山列島, Chusan Archipelago)를, 독일이 중국 남동부의 한 성을 차지한다면, 러시아가 청국과의 단독 협정을 통해 북만주를 장악하는 것에 일본도 반대하지 않으리라는 것이었다.[181]

그러나 앞다투어 청국에서 보상을 얻어내자는 생각은 독일의 흥미를 끌지 못했다. 독일의 제국주의적 야망은 동아시아에서 아직 무르익지 않았다. 비록 카이저가 1894년 11월에 대만이나 그 밖의 지역에서 영토를 획득하자는 모호한 견해를 표명하였지만 독일 외무성, 특히 동아시아 문제 전문가였던 막스 폰 브란트(Herr Max von Brandt)는 러시아와 공동행동을 통해 동아시아에서 해군기지와 저탄기지를 얻어낼 수 있다고 권고하였다.[182] 프랑스 역시 중국분할 쟁탈에 뛰어들 준비가 되어 있지 않았다. 프랑스는 해남도(海南島) 연안에 위치한 작은 섬을 장악하려는 자국의 계획보다도 일본이 팽호열도를 손대지 못하도록 하는 일에 더 관심이 많았다.[183]

로바노프는 유럽 열강이 제휴하여 일본에게 "우호적인 권고"를 하기 위한 구체적인 출발점을 마련하려는 시도로 1895년 4월 8일 자신의 새 정책을 제시하였다. 그는 유럽 열강이 각각 자국의 도쿄 주재 외교관을 통해 "일본이 여순을 병합하는 것은, 청·일 사이에 우호 관계를 수립하는 데 영구적인 장애가 될 것이며 동아시아 평화에 심각한 위협이 될 것"을 성명토록 하자고 제안하였다.[184] 독일과 프랑스는 이 제안을 수락하였지만,[185] 영국은 4월 10일에 이를 거부하였다.[186] 시모노세키에서 강화조건을 교섭하고 있던 이홍장은 같은 날인 4월 10일 러시아, 독일, 프랑스로부터 이 같은 사실을 통보받았다.[187]

로바노프의 새 조치는 공동대응의 출발점이었지만 이를 러시아의 정책이 구현된 것으로 볼 수는 없었다. 로바노프의 조치는 러시아의 정책 노선에 대한 짜르의 견해와 상충되는 것이었고 새로운 특별각료회의의 필요성을 더욱 절실하게 만들었다.[188]

4월 11일에 열린 특별각료회의에서 해군 원수 알렉쎄이 알렉산드로비치 대공은 자신의 조카인 니꼴라이 2세의 견해를 발표하였다. 즉 "일본과 우호적 관계를 유지하는 것이 필요하며", "현상황에서는 조용히 일본 편을 들어주는 쪽으로 방향을 바꾸는 것이 훨씬 더 우리에게 유리하며 또한, 앞으로 일본의 움직임을 방해하지 않으면서 우리의 이해를 보호하는 문제에 관해 일본과 협약을 맺는 것이 더 유익할 것"[189]이라는 것이었다. 알렉쎄이 알렉산드로비치 대공은 부동항 문제가 가장 중요하다는 짜르의 견해를 지지하였지만 일본의 동의 없이 송전항(Port Lazareff)을 점령하는 것은 시베리아횡단철도가 완공될 때까지는 어려울 것이라고 생각하였다. 더욱이 대공은 송전항보다는 오히려 신포항(Port Shestakov)을 선호하였는데 만일 송전을 확보하면 러시아의 방어선도 확대되어야 하기 때문이었다.[190]

회의 중 각료들이 발언한 견해들은 짜르가 제시한 정책에 대한 사실상의 항명이었다. 각료들은 일본이 만주에 발판을 굳히는 것을 커다란 위협으로 생각하였다. 로바노프도 러시아가 일본의 우호를 기대할 수 없을 것이라고 선언하였다. 그 이유는 동아시아에서의 전쟁은 "청을 겨냥한 것이라기보다는 러시아를 겨냥한 것이며 동시에 유럽 전체를 겨냥한 것"이기 때문이었다. 그는 일본이 남만주를 발판으로 북쪽으로 팽창해 나갈 것이라고 주장하였다.[191] 반노프스키 장군은 이에 대해 일본이 만주에 발판을 굳히는 것은, 러시아의 국경을 군사적으로 위협하는 것일 뿐만 아니라 장차 아무르강의 경계를 근본적으로 조정하는 데에도 장애가 될 것이라고 보았다. 그는 일본에게 조선 남부를 모두 양도해서라도 일본이 만주에 손을 대지 못하도록 해야만 한다고 생각하였다. 즉 일본이 만주에 자국의 발판을 세우는 것을 단념하도록 외교적으로 설득해야 하는데, 만일 이 같은 설득이 실패한다면 러시아는 무력을 사용해야 한다는 것이었다.[192]

오브루체프는 러시아군 주둔기지가 서로 멀리 떨어져 있어 군사작전을 감행하는 데 어려움을 겪을 것이므로, 외교적 조치만을 사용해야 한다고 생각하였지만, 반노프스키 장군은 그 같은 과업을 러시아가 충분히 수행할 수 있다고 생각하였다. 분명 3만여 명에 불과한 러시아군은 나약하므로 초기의 야전군 1만 2천 명을 포함, 6개월 안에 총 5만 명으로 보강되었다. 그러나 일본군 역시 힘이 약했고 도처에 분산되어 있는 형편이었다. 따라서 우세한 러시아 해군의 지원이 따른다면 군사적 해결책이 성공하리라는 것이 반노프스키의 견해였다.[193]

위떼는 바드마예프가 1895년 3월에 제안한 것과 맞먹는 광범위한 정책을 내놓았다. 그 역시 일본이 남만주에 발판을 굳히는 것은 시작에 불과하다고 생각하였다. 청국으로부터 막대한 배상을 얻어내어 강력해지면 일본은 조만간 조선을 장악할 것이고, 호전적인 몽고족과 만주족에게 영향력을 확대할 것이며, 청국과 새로이 전쟁을 시작하게 되리라는 것이 위떼의 생각이었다. 그의 설명에 따르면, 그럴 경우 "수년 후 일본 천황이 청국 황제가 될 가능성이 없지 않다"[194]는 것이었다. 위떼에게 중요한 문제는 자국이 당장 행동을 취할 것인지, 아니면 시베리아 횡단철도가 완공되어 자국의 지위가 더 강력해지면 그 때 가서 일본으로부터 보상을 받아낼 것인지였다. 그는 일본과 청국을 동시에 적으로 만들지 않기 위하여 점령에 의하지 않되, 즉각적인 행동을 취할 것을 권고하였다. 즉 러시아가 일본의 남만주 점령을 묵인하지 않을 것임을 일본에게 통보해야 한다는 것이었다. 위떼는 이 같은 조치가 전쟁을 유발하리라고는 예상하지 않았지만, 이 같은 예상과는 반대로 일본이 외교적인 고집을 꺾지 않는다면 러시아 함대로 단 한 곳도 점령은 하지 않되 일본 함대를 공격하고 일본의 항구들을 포격해야 한다고 말하였다. 이로써 러시아는 청국의 구원자 역할을 맡게 될 것이고, 청국은 자국에 대한 지원에 감사하게 되어 장차 평화적인 방법으로 러·청 사이의 국경 조정에 동의하게 되리라는 것이었다.

위떼는 회의 중 두 번째 발언에서 러시아는 청국 영토를 절대 차지해서는 안 된다고 덧붙였다. 그 같은 행동은 새로운 충돌을 불러일으킬 것이고 결국 열강의 중국분할을 초래할 것이기 때문이었다. 위떼의 주장으로는 "우리는 일본이 승전국으로서 대만, 팽호열도, 그리고 여순까지도 장악하는 것을 용인할 수 있다. 극단적인 경우에는 한반도 남부를 차지하는 것까지도 용인할 수 있다. 그러나 만주는 안 된다"[195]는 것이었다. 그는 외무성이 이 같은 노선에 따라 교섭을 시작해야 한다고 제의하였다.[196]

회의는 다음과 같은 결론을 내렸다. 1) 러시아는 북중국의 현상을 이전의 상황으로 회복(status quo ante)시키는 데 노력하고, 일본에게는 남만주를 병합할 의도를 단념하도록 우호적인 태도로 제의한다. 일본이 그 같은 의도를 단념하려 하지 않는다면, 러시아는 자국의 이해에 따라 자유롭게 행동할 수 있다는 사실을 일본에게 주지시킨다. 2) 청국 및 유럽 열강에게는 "러시아가 영토를 병합할 의도가 전혀 없으나, 일본의 남만주 장악을 저지하는 것이 러시아에게는 필수적인 이해(利害)라고 생각한다"[197]는 점을 통보한다.

4월 11일의 특별각료회의는 이처럼 짜르의 견해를 묵살하였다. 이해하기는 어렵지만 회의의 결정 사항을 알고 있던 로바노프가 상트 페테르부르그 주재 프랑스 대사와의 대담에 관한 각서를 4월 14일 짜르에게 제출하였을 때에는 견해 차이가 더 크게 벌어졌다. 대담의 두 번째 주제는, 러시아와 프랑스 양국 정부가 청·일 사이의 강화조건에는 반대하지 않을 것이지만 그 대신 보상을 요구할 것인지의 여부에 집중되었다.

로바노프는 이 문제는 전적으로 러시아해군성의 결정에 따라야 한다고 주장하면서도, 러시아가 받을 보상의 위치나 규모에 대해서는 언급하지 못했다.[198] 짜르는 이 문서에 다음과 같은 주석을 달았다. "짐은 두 번째 안에 동의한다. 즉 청·일의 강화 조약을 시행하는 데 반대하지 않는 것에 동의하지만 우리는 반드시 부동항을 보상받아야 한다."[199]

러시아의 정책이 이처럼 하나로 통합되지 못하고 계속 갈라진 것은 아마도 로바노프가 특별회의의 의사록을 짜르에게 제출하기를 망설였던 사실에 기인할지도 모른다. 의사록이 짜르의 견해와 크게 다르고 짜르의 요망을 거스르기까지 한 것이기 때문이었다. 그러나 로바노프는 그처럼 중요한 서류를 오랫동안 가지고만 있을 수는 없었다. 4월 15일에 그는 의사록을 짜르에게 제출하였고, 이에 따라 폭풍우가 몰아닥쳤다.[200] 짜르는 다시 회의를 열라고 명령하여 4월 16일에 황궁에서 회의가 소집되었다. 회의에는 위떼, 반노프스키, 로바노프, 그리고 알렉쎄이 대공만이 참석하였다.[201] 이 회의에 대한 기록은 없다. 4월 11일 회의의 결정 내용이 위떼의 견해에 기초를 둔 것이었으므로 위떼는 이를 변호하였지만 나머지 참석자들은 아무 말도 하지 않거나 거의 발언을 하지 않았다. 결국 위떼는 4월 11일에 내린 결정을 승인하도록 짜르를 설득하였다.[202] 이로써 위떼는 새 정책의 토대를 마련하였다. 비록 4월 11일의 회의에서 내린 결정은 열강과의 공동행동을 모색하거나 예견하지는 않았지만, 신정책은 그러한 공동행동의 가능성을 배제하지 않았다.

4월 17일에 로바노프는 여순에 대한 일본측 요구에 반대하는 자국의 항의에 지지할 것을 독일, 프랑스, 영국에게 촉구하였다.[203] 프랑스는 내키지 않았지만 단지 러·불동맹을 견고히 하려는 원칙에 따르기 위해 러시아의 촉구를 수락하였다.[204] 독일은 민첩하게 이를 수락하였고,[205] 같은 날인 17일 빌헬름 2세(Wilhelm II)는 자국의 동아시아함대에게 러시아 함대와 접촉할 것을 명하였다.[206] 영국은 즉각적으로 답하지는 않았지만, 내각에서 열띤 회의를 거친 후, "영국은 불간섭 정책을 계속 유지할 것이라고 공표하였다. 4월 18일, 북경의 카씨니는 청국정부에게 권

고하여 4월 17일에 이미 조인된 시모노세키조약의 비준을 연기하게 하라는 훈령을 받았다.[207]

4월 23일에 "삼국(러시아, 독일, 프랑스)"은 "일본이 요구하는 요동반도의 점유는 청국의 수도에 항구적인 위협이 될 것이며, 동시에 조선의 독립을 허울로 만들어 버릴 것이며, 금후 동아시아의 평화에 영구적인 장애물이 될 것"[208]이라는 내용의 동일한 각서를 일본의 외상 대리에게 전달하였다.

일본정부는 즉각 답변하지 않았고, 한동안 삼국의 외교관들과 제독들은 전쟁이 발발하지 않을까 촉각을 곤두세웠다.[209] 일본의 참모본부는 자국이 삼국의 연합군과 싸울 수 없음을 인식하고, 결국 5월 5일에 삼국의 요구에 굴복하였다. 수정된 시모노세키조약이 5월 8일 체푸(Chefoo, 芝罘)에서 비준되었다. 일본은 증액된 배상금으로 마음을 달래야 했다.[210] 1895년 11월 8일에 일본은 요동 반환을 선언함으로써 만주에 대한 자국의 요구를 공식적으로 포기하였다.

삼국공조(Triplice)의 성공은 곧 러시아 정책의 승리였다.[211] 러시아는 자국의 단기 목표들을 모두 달성하였다. 시모노세키조약에 따라 조선은 독립국으로 남았고, 삼국의 제휴가 존재한다는 것은 조선에서 일본의 철수를 보장해 주었다. 바드마예프가 희망한 것처럼 일본인들은 대륙에서 축출되었다. 전쟁에 패하고 여전히 고립상태에 있던 청국은 러시아에게는 이상적인 이웃이었고, 곧 러시아의 정치적 영향력을 대가로 청국은 러시아의 재정지원을 기꺼이 받아들였다.

청일전쟁과 삼국간섭은 동아시아 역사에 광범위한 영향을 미쳤다. 동아시아는 세계정치의 주목 대상이 되었다. 독일이 동아시아에 관심을 가지게 되었고, 일본은 유럽 문제에 관심을 갖게 되었다. 일본의 잠재되어 있던 러시아에 대한 적의가 수면 위로 부상했다.[212] 일본은 요동 반환과 같은 모욕이 반복되지 않도록 자국을 방호하기 위한 대비를 즉각적으로 서두르기 시작했다.[213]

청일전쟁과 시모노세키조약, 그리고 요동 반환 후 러시아는 1860년 이래 처음으로 적극적인 동아시아정책을 채택하였다. 1895년 이전에 러시아는 동아시아의 현상에 만족했었다. 그것은 어떤 국가도 러시아의 방호지역—조선, 만주와 그—에 발을 들여놓지 않았기 때문이었다. 부동항 획득 문제를 고려할 때에도 그것은 여타 열강의 행동에 맞서는 단지 대응조치로서 고려했을 뿐이었고, 그 열강이 내세우는 요구를 철회하지 않을 수 없게 만드는 데 목표를 둔 것이었다. 1894~1895년에 동아시아 문제에 대한 특별한 관심은 세 가지 명확하고도 일반적인 정책을 낳았다. 첫째, 일련의 특별회의에서 제기된 청국과 동맹을 맺을 것인지 아니면 일본과 동맹을 맺을 것인지는, 삼국간섭으로 일본의 적의가 표출되면서 그 선택이 이루어졌다. 이제 러·청동맹론이 자연스럽게 대두된 것이다. 둘째, 짜르가 계획한 부동항에 대한 새로운 견해가 부각되었다. 동아시아 해군력의 증강과 더불어 처음으로 이 같은 견해가 중요해졌다. 셋째, 동아시아를 연결하는 철도의 필요성이 아무르강 변경을 방어하는 전략적인 문제와 결부되었다. 특별각료회의가 잇달아 소집되었을 때 참석한 군 고위 당국자들은, 북만주가 동아시아에서 러시아 영토들을 보호하는 전진기지—혹은 현대적인 용어로는 "방호지대"(a zone of security)—가 될 것으로 예견하였다.[214] 이는 어떻게 해서라도 러시아가 북만주를 지배하겠다는 정책을 시사하는 것이다.

비록 이 세 가지 정책 가운데 어느 것도 아직은 명확하게 공식화된 것은 아니었지만 사람들의 머리 속에는 생생하게 남아 있었다. 러시아의 정치가, 외교관, 짜르, 그리고 바드마예프와 같은 모험가들은 이 같은 정책들이 전개되는 국면에 지대한 관심을 가졌다. 앞서 동방주의자들(Vostochniki)과 같은 무리들이 러시아인들의 관심을 동아시아의 사건들로 돌릴 필요도 없었다. 동아시아에서 벌어진 사건들이 러시아인들의 관심을 끌기에 충분할 정도로 중요해졌기 때문이다. 러시아가 변화하는 동양의 중요성을 인식하게 되었다는 사실은, 러시아가 몇몇 행정적 변혁과 외교적 변혁을 도모한 데서도 알 수 있다. 1895년 이전에 러시아는 청국 주재 육군 무관직과 일본 주재 육군 무관 대행을 한 사람이 겸직토록 했다. 이는 러시아가 일본을 비교적 중요하지 않은 나라로 간주하였음을 나타낸다. 1896년 2월에야 러시아는 일본 주재 육군 무관 직을 창설하였다.[215] 이보다 앞서 1895년 6월에는 준독립적인 조직이었던 외무성 아시아국을 철폐하였다. 동아시아 문제는 이제 외상이 직접 관심을 기울이지 않을 수 없을 정도로 중요해진 것이다.[216] 1896년 무렵 러시아는 동아시아의 중요성을 완전히 인식하게 되었다고 볼 수 있다.

제4장 러시아의 만주 침투와
대한(對韓)영향력 고조(1895〜1897)

청국은 요동반도 반환조항에 합의하기 이전부터 2억 냥(庫平 兩, 약 1억 5천만 달러)에 달하는 배상금 지불을 걱정하기 시작하였는데 그 절반은 연 2회로 분할 지불해야만 했다.[1] 미지급분에 대한 이자는 5퍼센트에 달했고 그 담보로 일본은 위해위(威海衛)를 점령하며, 청국은 그 비용으로 해마다 50만 냥을 추가로 부담해야 했다.[2] 청국으로서는 이 금액을 전부 조달하기에는 너무 벅찼으므로 이를 지불하기 위한 특단의 대책이 필요했다. 우선 청국은 내국세로 그 비용을 조달하려 하였다. 1895년 4월에 청국은 관세를 늘리기 위해 열강에 이해를 구했으나(당시 일반적인 관세는 종가 5퍼센트), 당시 중국 시장에서 최상의 몫을 누리고 있던 영국[3]은 이 조치를 즉각 저지하였다.[4] 심지어 청국은 이미 부담스러웠던 염세를 100퍼센트 인상하고 소금 수입의 허용을 고려했지만, 청국세관의 영국인 총세무사 로버트 하트 경(Sir Robert Hart)은 그 같은 해결책이 가져올 분규를 예측하고 있었다.[5]

그제서야 청국은 외국차관에서 해결책을 구하였다. 청국의 대외부채는 얼마 되지 않았으므로[6] 자연히 신인도도 좋았다. 시모노세키조약이 체결된 지 1주일도 되지 않아 청국정부는 공동차관을 요청하기 위해 영국, 프랑스, 독일 금융계에 접근했다. 공동차관이라는 개념은 다시 한번 개별 국가들의 계획과 상충되었다. 청국세관의 담보에 만족하지 않았던 독일은 특수세관행정을 수립하고자 하였다. 영국은 관세 개정을 요구하였다. 프랑스는 국제적인 공동차관단에서 고립될 수도 있다는 점을 두려워하면서 영국의 제의에 신중한 반응을 보였다.[7] 자연히 차관 협상은 이 같은 소규모의 국제적 패권경쟁으로 방해받게 되었다.

1. 러시아의 만주 침투(1895~1897)

요동반도 반환교섭은 철저히 비밀리에 이루어진 것이 아니어서, 위떼는 4월 26일 베를린 주재 러시아 대리공사로부터 협상의 전말을 전해들었다.[8] 다음날 위떼는 파리와 상트 페테르부르그의 국제적인 금융업자이자 친구인 멘델스존(V.Mendelsohn)에게 더 자세하게 문의하였고, 그에게서 협상의 국제적 범위에 관해 더욱 생생한 정보를 전해들었다.[9] 그러나 러시아는 청일전쟁 이래 착착 진행되고 있던 시베리아횡단철도 부설의 치솟는 경비부담을 안고 있었기 때문에 스스로 나서서 계획된 차관에 참여하겠다고 제시할 처지가 못되었다.[10] 러시아는 1891~1893년에 지속된 기근의 여파에서 회복하는 중에 있었다.

러시아의 참여는 파리-네덜란드은행(Paris-Netherlands Bank)이 5월초 처음으로 제시하기는 했다. 그러나 위떼는, 참가국들이 청국의 재정관리를 위한 특별위원회를 창설해야 한다는 규정이 절대적으로 필요하다는 생각은 하지 않았다.[11] 몇 차례에 걸친 금융협상이 5월 내내, 그리고 동시 다발적으로 진행되었다. 청국은 여러 국가들의 연합차관뿐만 아니라 개별 국가들로부터의 차관도 협의하였다.[12] 잉여자본을 갖고 있던 프랑스가 위험을 무릅쓰고 러시아를 투자 대상으로 간주한 까닭은, 러시아가 1893년의 경기침체에서 회복 중이고, 금 생산량이 증대하고 있으며, 그 명성이 자자해진 위떼 때문이기도 했다. 프랑스는 러시아와의 교섭에서, 자국이 청국 차관에 참여하거나 새로운 대(對)러시아 차관을 구성할 것을 제의하였다.[13] 위떼는 처음에는 국제차관에 관심이 없었다.[14] 그러나 위떼의 요원인 라팔로비치(A.G.Rafalovich)가 파리발(發) 전보를 통해, 러시아은행들이 러시아정부의 보증 아래 명목상으로라도 참여한다면 프랑스 은행가들이 차관공여 전액을 승인할 것임을 전한 이후에야, 러·불 공동차관 계획에 호의를 보이기 시작하였음이 분명하다.[15]

6월 17일쯤 러·불차관이 곧 이루어질 것이라는 보도가 상트 페테르부르그에서 무성했다.[16] 6월 21일에 위떼는 몇몇 프랑스 은행가 대표들을 상트 페테르부르그로 초청했다. 러시아외무성에서 위떼와 새 외상 로바노프 로스또프스키가 배석한 가운데, 청국 대표는 6개 프랑스은행 및 4개 러시아 은행과 1895년 7월 6일에 차관협정을 조인하였다.[17] 청국은 차관계약에서 액면가 94퍼센트인 4억 골드 프랑을 받고, 이제까지 청국에 제공된 이자율 가운데 최저인 4퍼센트를 적용할 것을 명문화하였다. 러시아는 차관의 지불보증을 섰다. 그러나 3조에서 청국이 채무를 이행하지 못할 경우, 뚜렷이 명시되지는 않았지만 '추가보장'을 서약한 데 반해, 4조에서는 러시아에게까지 동등한 권리가 확보되지 않는 한 청국은 어떤 국가로부터도 금융감독을 받아들이지 않겠다고 약속하였다.[18]

이 거래에서 러시아는 '정직한 중개인'의 역할을 담당하였다. 러·불의 금융적·정치적 연대도 강화되어, 러시아는 이제 어떤 열강도 청국 문제에서 자국보다 우월한 지위를 얻을 수 없을 것이라고 안심할 수 있게 되었다. 이 때 위떼는 재빨리 자신의 장기(長技)를 발휘했다. 차관계약이 체결되고 체결 당사자들이 자리를 뜨기 직전에, 위떼는 자신의 계획의 요지를 프랑스 금융가들에게 설명하였다. 즉 그 요지는, 대(對)청국 차관을 조달해 줄 동일한 신디케이트 참여자들이 러·청은행을 설립해야 하며, 은행에 대한 투자도 러시아정부가 보증하겠다는 것이었다.[19]

그 제안은 갑작스럽게 나왔으므로, 더 많은 협의를 거칠 시간이 필요했다. 은행의 활동계획은 원대하였다. 청국에서 여러 상공기업의 자회사들을 설립하고, 더 많은 청국 차관과 그 같은 차관과 연계된 은행경

영에 참여하며, 청국 일부 지역의 철도권 조차(租借), 전신선 가설, 심지어 화폐 발행까지도 계획하고 있었다.[20] 프랑스 금융가들은 이 계획을 1895년 6월 20일에 체결된 청·불 북경조약의 조건으로 수용하라고 권고받았다.[21] 이 조약은 프랑스령 인도차이나에 인접한 청국 남부의 3개의 성(省)을 프랑스의 철도사업과 상업 및 광산업에 개방시켜 준 바 있다. 위떼의 계획에 참여한다면 금융가들 자신이 위험부담을 안게 될 것이었다. 7월 6일에 위떼는 러·청은행이 국제적 분규에 직면할 경우 러시아정부가 지원할 것임을 분명하게 약속하였다.[22] 7월 7일자 러시아 신문들은 대(對)청국 차관을 발표하는 황제의 칙령에 환호하였다. 각 신문들은 차관으로 막을 열게 될 동아시아에서의 "새 시대"를 러시아 금융계가 전반적으로 환영하고 있다는 기사를 게재하였다.[23]

그러나 프랑스 금융가들은 러·청은행의 운영계획에 몇 달 동안 반대하였다. 프랑스인들은 최초의 600백만 루블의 투자에서 5/8의 참여를 할당받았으나 8명의 이사(理事) 가운데 3명만을 배정받았을 뿐이었다.[24] 그럼에도, 프랑스 금융가들은 최종적으로 이 계획에 합의하고 1895년 12월 5일 러·청은행(Russo-Chinese Bank) 특허장에 서명하였다. 이는 시베리아철도위원회(Committee of the Trans-Siberian Railway)의 후원을 받았는데, 이 위원회는 12월 22일에 이를 승인하였다.[25]

러·청은행은 실질적으로 필요한 것이기도 했다. 동아시아의 러시아 차(茶) 상인들은, 1894년 당시 영국은행의 수중에 있던 자신들의 막대한 자금의 운영을 원활히 해줄 은행 설립을 재무성에 청원하였다.[26] 그러나 위떼가 계획한 이 은행은 이보다 더 거대한 활동범위를 가지게 되었다. 짜르에게 올린 1895년 7월 26일자 보고서에서, 위떼는 이 은행이 청국에서 러시아의 경제적 영향력을 강화시켜 줄 것이라는 사실에 덧붙여, "시베리아횡단철도의 완공과 밀접하게 연계된 조치들을 이행하는 데 러시아정부의 매우 유용한 도구임을 입증하게 될 것"[27]이라고 시사하였다. 이처럼 위떼는 시베리아철도가 만주를 관통하는 단축노선을 채택해야 한다는 자신의 확신을 넌지시 암시하였다. 러시아 영토에 부설될 철도 원안대로라면 틀림없이 러·청은행 업무도 필요하지 않았을 것이다. 요동반도 반환협정이 체결된 지 3일 후인 11월 11일에 위떼는 이미 만주관통철도 계획을 공식화하였다. 그리고 러·청은행 특허장이 조인된 지 4일 후인 1895년 12월 9일에 이 계획을 짜르에게 제출하였다. 위떼는 이 계획에서 만주를 관통하는 러시아 철도부설권의 조차(租借) 승인을 위해 청국 관리들을 매수할 특별기금을 청국 주재 러시아 공사에게 제공하는 일이 은행의 주요 기능이 되어야 한다고 주장하였다.[28]

코피토프(Kopytov) 해군소장이 제안한 1887년 이래 만주를 관통하는 시베리아철도의 확장계획은 여러 차례 제기되어 왔는데, 코피토프의 노선은 최종적으로 확정될 시베리아철도 노선에 근접한 최단노선이었다.[29] 코피토프 노선은 1891년 후베넷(A.Ia.Hubbenet) 교통상에 의해, 1892년에는 위떼에 의해 거듭 거부된 바 있다.[30] 그러나 스르텐스크(Sretensk)와 하바로프스크(Khabarovsk) 사이의 아무르강을 지나는, 원래 계획되었던 노선에 대한 1894년 여름의 조사보고서는 위떼가 만주를 관통하는 철도부설안을 다시 한번 고려하도록 만들었다. 이 보고서들은 아무르강을 따라 철도를 부설하는 것이 기술적으로 많은 어려움이 따를 것임을 지적하였다. 야블로노브이(Yablonovoi)와 스타노브이(Stanovoi)산맥의 지맥들이 아무르강까지 뻗쳐 있었으므로 많은 터널이 필요했다. 아무르강 지류가 흐르는 산맥 사이에는 여러 개의 다리도 놓아야 했다.[31] 하바로프스크와 제야(Zeya)강 사이의 구간은 노선의 50퍼센트가 늪지이므로 고가의 기술적인 공사가 필요하다는 지적이었다.[32] 더욱이 아무르강을 지나는 철도는 이제까지 강을 따라 정착자들에게 필요한 것을 실어 날라준 증기선 항행의 유용성을 감소시킬 터였다.[33]

1895년 2월에 위떼는 아무르강의 "대굴곡"과 야블로노브이산맥을 피할 수 있는 노선으로서, 러시아 국경지역인 노보찌뤽까이뚜이(Novo-Tsurukhaitui)에서 메르젠(Mergen)을 통해 블라고베시첸스크(Blago-veschensk)를 달리는 철도의 부설을 위해 일부 영토를 조차(租借)할 것을 외무성에 제의하였다.[34] 위떼는 자신의 제안에 적절한 후속 조치를 취하지는 않았지만, 로바노프 로스또프스키(Lobanov-Rostovskii) 외상이 1895년 4월 6일자 "보고서(Memoir)"에서, 이 노선을 러시아 동아시아정책의 핵심의 하나로서 짜르에게 보고하였다.[35] 5월, 새 교통상이 된 킬코프(M.T.Khilkov)는 이 노선을 채택하였고, 위떼나 로바노프에게 알리지 않은 채 만주 단축노선에 대한 정찰을 개시할 것을 짜르에게 허락받았다.[36] 위떼와 로바노프는 이 조치를 전혀 몰랐다. 만주에 러시아 기술자들이 출현하자 청국인들이 놀라더라는 소식을 10월에 로바노프가 접하였을 때, 위떼는 보도된 러시아 기술자들이 "바드마예프 일당(Badmaev's boys)"을 가리키는 것으로 생각하였다.[37]

11월이 되면서 위떼의 태도는 급변하였다. 일본이 만주에서 축출되고, 러·청은행이 프랑스에서 들여올 자금의 매개역할을 담당하였다. 은행의 인선에서 특히 동아시아지부의 매니저들은 재무성 인사들과 거의 하나로 통합되었다. 그러므로 러·청은행은 위떼의 민간인 대행기관으로서의 역할을 담당하게 되었다.[38]

정치적 상황도 러시아에 유리하였다. 1896년 3월 영국과 독일의 금융계는 5퍼센트의 이자율로 1천 6백만 파운드의 차관을 청국에 조달하며 러·불의 영향력에 대응하려 하였다.[39] 그러나 금융계와는 달리 영·독 정부는 동아시아에서 러시아의 이해(利害)가 진전되기를 바라고 있었다. 러시아가 동아시아에 발이 빠져 있는 것이 자신에게 유럽에서의 더 많은 행동의 자유를 줄 것으로 기대하며, 빌헬름 2세(Wilhelm II)는 1895년에 짜르에게 보낸 여러 차례의 개인 서신을 통해, 동아시아에서 러시아의 적극적인 정책을 격려하고 승인한다는 뜻을 표명하였다.[40] 1895년 11월에 솔즈버리 경(Lord Salisbury)은 독일 대사에게 솔직하게 러시아가 동아시아에 연루되는 것을 환영한다고 언급하였다. 그것이 러시아가 서아시아로 개입할 기회를 주지 않을 것이라고 생각했기 때문이었다.[41]

위떼의 만주철도계획에 대한 가장 강력한 반대는 러시아의 몇몇 정치인들과 청국으로부터 비롯되었다. 위떼의 계획과 그의 12월 9일자의 정치적 각서가 북경 주재 카씨니(Cassini) 공사에게 송부되자, 카프니스트(D.A.Kapnist)는 서둘러 이 계획에 격렬하게 반대하였다. 위떼의 각서는 신중한 용어로 표현되었기 때문에 분명 불완전하게 보였을 것이다. 카프니스트는 위떼의 두 문건이 전략적, 정치적 고려는 무시하면서도, "앞으로 문제가 될 소지가 있는" 현상황의 경제적 이점만을 강조하고 있다고 비판하였다. 카프니스트는 철도의 경제적 개발은 러시아가 북만주의 내무행정을 통째로 인수하도록 만들 것이며, 또 그 같은 조치는 군사적 점령 없이는 불가능할 것이라는 점을 두려워하였다. 이는 청국 분할을 유도하고 영국에게는 양자강의 항구들을 점령케 만들 것이었다. 이 때 카프니스트는 위떼가 1895년 2월에 제시한 노선보다 최소한도로 축소된 철도계획(minimal plan)을 제시하였다. 위떼가 2월에 그러했던 것처럼, 카프니스트도 그 계획이 국제적인 반발을 일으키지 않고 단지 외교적인 수단으로 이행될 수 있을 것으로 믿었다.[42] 이 계획을 지지하는 사람들이 언급한 것은 아니지만, 카프니스트의 최소화된 계획의 이면에는, 만주 동삼성(東三省)에서 청국의 인구와 이해(利害)가 불균형을 이루고 있다는 이유가 자리잡고 있었다. 북서지방의 흑룡강성은 가장 넓은 지역이나 인구는 가장 적으며(40만 명), 북동쪽의 길림성은 비교적 인구가 조밀하며(62만 6천 명), 남쪽의 목단성(봉천)은 최근의 청국 이민을 대부분 수용하여 인구가 가장 많았다(472만 4천 명). 이 세 성 가운데서 목단성이 가장 중요했다.[43] 흑룡강성의 광활한 황무지를 관통하는 러시아 철도에 대해서는 거의 반대가 없을 것이었다.

카프니스트 각서는 외상의 마음을 돌려놓지 못했다. 반면 1898년 12월에, 외상은 위떼의 계획안과 짜르가 승인한 "정치 각서(political memorandum)"를 북경의 카씨니에게 보냈다. 그리고 외상은 여기에 직접적인 관심이 있는 다른 정치인들에게도 분명 두 문서의 사본을 보냈을 것이다. 프리아무르 지역 총독 듀홉스코이(S.M.Dukhovskoi) 육군 중장은 1896년 1월 23일 위떼에게 발송한 한 각서에서 두 문서를 지칭하며 위떼가 계획한 노선에 반대하였다.[44] 듀홉스코이는 대체로 카프니스트가 비판한 요지를 따랐다. 더욱이 그는 북만주통과노선이 방어상 불가능하며, 위떼의 계획은 프리아무르 지역의 자원개발 기회를 박탈할 것이라고 주장하였다.[45] 듀홉스코이의 주장은 결점 투성이에 취약점도 많았다. 그는 연해주(Primorsk) 지역이 식량공급 면에서나 인구, 전략적 지점으로서 훨씬 우월함에도 불구하고, 이보다는 프리아무르 지역을 동아시아의 러시아 군사 공급기지로 간주하였다.[46] 그는 국제적 질서를 피하기 위해 최소화된 계획을 주장했다. 동시에 그는 북경에서 북쪽으로 느릿느릿 건설하고 있는 청국 철도와 연결시키기 위해 발해만(Gulf of Pechili)에 이웃한 우장(牛莊)과의 연결 지선을 부설할 수 있을 것이라고 제시하였다.[47] 카프니스트와 듀홉스코이는 위떼의 두 문서가 꼭 유보되어야 한다거나 불완전하다는 사실을 설득시키지 못했으며, 양자의 비판 모두 계획의 광범위한 부분을 과소평가하였다. "오랫동안 다른 나라 영토인 지역에, 길이 2천 베르스트(verst)에 달하는 시베리아횡단 철도의 일부 구간을 부설하는 것은 중대한 역사적 과오가 되지 않겠는가"라는 듀홉스코이의 질문에 대해 니꼴라이 2세는 믿기지 않는 주석을 달았다. "그렇지 않다(no)"라고.[48] 위떼는 1896년 4월 12일의 자신의 각서[49]에서, 듀홉스코이의 비판을 반박했다. 그는 간단하게 듀홉스코이의 주장과 언급의 굵직굵직한 실수들을 부각시켰다. 듀홉스코이 각서의 "2천 베르스트"란 실제로는 1,100~1,300베르스트이며, 최소화된 노선도 북만주를 가로지르는 노선만큼이나 방어하기가 어려울 것이며, 동아시아의 실질적인 기지는 당연히 트랜스바이칼 지역이 되어야지 프리아무르 지역이어서는 안 된다는 것이었다.[50] 그러나 위떼의 각서는 훨씬 더 중요한 의미가 있었다. 이 각서만이 그런 것은 아니지만, 이것은 만주철도에 대한 위떼의 광범한 정치, 경제, 전략적 계획을 최초로 솔직하고 명확하게 설명하고 있다. 위떼는 자신의 각서에서 카씨니의 의견을 반영하여, 만주를 관통하는 철도의 조차권을 획득한다는 주목표에 모든 노력을 직결시켜야 한다는 데 의견을 같이 했다. 위떼는 이 목적을 이루기 위해 극복해야 할 어려움이 너무 많으므로 지금 논의해 보아야 소용이 없다고 생각하였다. 특히 위떼는 듀홉스코이가 추천한 계획안처럼 구체적인 사항들을 논의하는 것은 쓸모없다고 생각하였다. 왜냐하면 듀홉스코이의 계획안은, 러시아 식민주의자들이 정착할 철도 연변의 좁고 긴 땅을 구매하거나 획득하기 위해서, 최근 동아시아에 배속된 8개 보병대를 철도부설에 이용할 목적을 지닌 것이었기 때문이다.[51]

위떼는 만주관통철도를 단지 하나의 출발점으로 생각하였다. 남쪽으로 향하는 여러 지선이 반드시 필요하게 될 것이며 그럼으로써 "곧 일련의 사건들이 뒤따를 것이었다." 철도가 완공되고 블라디보스톡을 관세자유항(porto franco)에서 제외시킨다면 철도는 만주의 수출입 무역의 대동맥이 될 것이었다.[52] 위떼는 또한 프리아무르 지역의 발전을 위해 최소한의 철도계획이 필요하다는 듀홉스코이의 주장도 공격하였다. 프리아무르 지역에서는 철도 없이도 금광지역의 생산량이 늘고 있고, 강기슭에 정착하기 위해선 아무르강 운항이 적절하다는 것이 위떼의 주장이었다.[53]

위떼는 철도의 정치적, 전략적 역할을 다음과 같이 말하고 있다.

이 철도는 러시아에게 블라디보스톡으로의 병력 수송의 기회를 제공해 준다는 점에서 정치적·전략적 중요성을 지니고 있다. 그것도 언제든지, 최단 노선으로 러시아의 병력을 황해에 연한 만주로, 그리고 청국 수도 가까이에 집중시키는 데 중요한 역할을 하게 될 것이다. 위 지역에 상당 규모의 러시아 병력이 출현할 수도 있다는 가능성만으로도, 청국뿐만 아니라 동아시아 어디에서나 러시아의 국위와 영향력을 대폭 증강시켜 줄 것이다.[54]

위떼가 이 발언을 부연설명하지 않은 것은 구체적인 계획을 세우기에는 시기적으로 너무 일렀기 때문이다. 그러나 이 발언을 통해 그는 일단 만주관통철도가 완공된 뒤의 동아시아에서의 러시아의 지위에 관한 원대한 계획을 암시하였다. 러시아는 이 철도를 일본과 청국을 겨냥한 철도로 이용할 수 있었다. 이 철도는 청국 수도에 대한 직접적 위협이나, 청국의 전략적 취약함을 드러냄으로써 몽고인, 청국 회교도 (Dungans), 그리고 청국에 예속된 북쪽 변방의 타민족들이 청국에 바쳐온 충성에 변화를 줄 것임이 틀림없었다. 위떼는 일단 이 철도가 완공되면, 만주 전역에서 러시아의 지위는 확고해질 것이라고 주장하였다. 왜냐하면 "향후 어떤 다른 철도나 지선 일지라도 러시아의 승인 없이는 북중국에 부설될 수 없을 것"[55]이기 때문이었다.

위떼는 또한 철도 조차(租借)가 적절한 외교 통로를 통해 이루어지는한, 심각한 국제적 분규를 두려워할 필요가 없음을 시사하였다. 그는 청국에서의 조차권 및 특권 경쟁에서 나타난 열강 사이의 불화를 인식하여, 청국 분할이 이미 시작되었다고 생각하였다. 러시아는 여타 열강이 이미 채택한 경로를 밟아나가기만 하면 될 것이었다. 청일전쟁 당시에도 일본은 조선의 서해안을 따라 요동반도로 향하는 철도 조차권 협상을 전개한 바 있다. 프랑스는 인도차이나에서 남중국의 한 불특정지점까지 철도부설권을 획득하였고, 1896년 1월 15일의 영·불협약 제4조에 따라 영국도 이와 유사한 특권을 확보하였다. 동시에 독일은 청국 소유의 북경-천진 철도의 레일과 철도차량 계약의 독점권을 획득하였으며 천진, 상해, 한구의 조계(租界)를 확보하였다.[56]

이처럼 만주관통철도에 관한 각서를 논의하고 의견을 상호교환한 결과 러시아 내부의 영향력 있는 정치인들 사이에 연대감이 생겨났고, 이 계획은 협조적이고 활력적인 조치를 통해 현실화될 수 있었다. 듀홉스코이와 위떼의 각서에 대한 그의 주석으로 판단해 볼 때, 짜르는 위떼의 계획을 진심에서 우러난 마음으로 승인하였다. 로바노프 로스또프스키 공(公)이 위떼의 두 각서를 수용하고 짜르의 관심과 승인을 얻도록 해준 사실 또한 이 계획에 대한 공의 집착을 보여준다. 그렇지만 세 사람 모두 대청(對淸) 요구안을 축소하고, 이를 제시할 적절한 시기에 관해서는 북경의 카씨니에게서 조언을 받았다.[57] 만주관통철도 계획의 네 고위 당국자들이 우의와 조정을 통해 협력한 것이다.

이로써 만주를 직선으로 횡단하는 노선이 받아들여졌고, 황해로 이어지는 지선은 주목적이 성취될 때까지 연기되었다. 1896년 3월, 시베리아철도위원회의 총감독이자 의장인 쿨롬진(A.N.Kulomzin)이 주최한 특별위원회는 킬코프 공(Prince Kilkov), 듀홉스코이 제독, 육군성, 해군성, 재무성, 상무성, 내무성의 대표가 참석한 가운데, 시베리아횡단철도의 종착지를 안정성과 편리상 최적인 블라디보스톡으로 한다는 데 합의하였다. 해군성 대표들은 블라디보스톡이 러시아 함대의 필요를 충족시키며, 가까운 장래에 필요할 자국의 해군력 팽창에도 적절한 항구라고 언급하였다.[58] 특별위원회의 몇 가지 결론은 1896년 5월 22일에 니꼴라이 2세가 주재한 시베리아철도위원회의 한 연석회의에서 승인되었다.[59] 1893~1894년 겨울에 다소 원시적인 쇄빙선 실라흐(Silach)로 실험한 바에 따르면, 블라디보스톡은 1년에 52일이 결빙되어 그 기간 동안은 사용 불가능한 것으로 판명되었다. 이에 블라디보스톡을 상항(商港)과 해군기지로 개선하기 위한 조치들이 즉각적으로 취해졌다.[60] 1896년 6월, 1,700만 루블 이상(당시로선 놀라운 금액인)이 블라디보스톡의 요새화에 할당되었다.[61] 이 모든 것들은 동아시아에서 러시아의 영향력이 정상적이면서도 점진적으로, 그러나 두드러지지는 않게 성장했음을 가리킨다.

그러는 동안, 북경의 카씨니는 청국 당국자들에게 만주관통철도 문제를 화제로 꺼냈다. 분명히 1896년 4월까지도 그가 나눈 대화는 비공식적인 것이었다.[62] 1895년과 그 이듬해 겨울, 북경에서는 열강 사이에 철도 조차를 둘러싼 치열한 경쟁이 전개되어, 결속되어 있던 러·불 사이의 이해마저도 깨져버렸다.[63] 청국정부의 대(對)러시아 정책은 방향을 잡지 못하고 있었다. 다른 한편으로, 1895년 12월에 청국정부는 카씨니의 제안에 동의하였다. 즉 신강성 동부의 하미(Hami, 哈密)와 같은, 청국의 서쪽 끝에 침투한 독일고문관과 군사교관들을 해임하고, 청국 관리 수백 명을 러시아군에 복무시켜 훈련받도록 러시아로 보내야 한다는 것이었다.[64] 더욱이 청국 신문들은 1895년 7월 6일의 차관 조달과,

일본인들을 중국대륙에서 철수하도록 강압한 대가로 러시아가 내린 두 가지 요구조건을 청국이 받아들여야 한다는 기사를 실었다. 그 조건이 란 만주를 가로지르는 시베리아횡단철도의 통로 요구와, 북중국의 한 항구—아마도 교주(Kiaochow)—에서 러시아 함대의 동계 정박권 요구 였다.[65] 다른 한편으로 청국이 영·독차관단의 재정적 지원도 받게 되자, 친러시아 정책의 지지자였던 이홍장은 잠시나마 곤혹스럽게 되었다.[66]

1895년 이래로 만주관통철도 요구에 대해선 위떼의 여러 각서로 무장된 카씨니였지만, 이홍장의 명예롭지 못한 상황은 정작 러시아측 요구를 청정부에 공식적으로 제시하지도 못하고 지체하게 만들었다. 그러나 국제적인 경쟁이 그의 걸음을 재촉시켰다. 1896년 1월, 복권된 이홍장은 북경에서 산해관, 그리고 당시 목단과 길림까지 청제국북부철도 (Chinese Imperial Northern Railway)의 공사재개를 청국 황제로부터 승인받았다.[67] 2월과 3월에는 부시(Bush)라는 한 미국시민이 자신이 미·중 개발회사(American China Development Company)로 알려진, 한 상관을 후원하는 미국 금융가들의 2억 5천만 달러 신디케이트를 대표한다고 주장하며, 카씨니, 이홍장 및 여러 사람들에게 접근하였다. 그는 북경-한구-광주(Canton)철도를 재정적으로 뒷받침하고, 만주철도사업을 하는 러시아인들과 협력하겠노라고 제의하였다.[68]

1896년 4월 18일에 카씨니는 공식적으로 만주관통철도에 대한 총리아문과의 교섭을 개시하였다.[69] 위떼와 로바노프의 훈령은 일반적인 조항들일 것이므로, 실질적인 계산에 따라 마련해야 할 협정의 더욱 구체적인 밑그림은 아마도 카씨니 자신이 주도하였을 것이다. 그는 청국 당국자들과 세부적인 사항까지는 논의하지 못했다. 그의 비공식적인 구상은 논의조차 되지 못했다. 그러나 1896년 10월 30일자 노스차이나 헤럴드(North China Herald)는 "카씨니협약"으로 알려진 "러·청특별협약" 전문을 실었다.[70] 로마노프(B.A.Romanov)의 견해에 따르면, 이 "협약"은 미처 공인도 받지 않은 카씨니의 사전보고 계획을 4월 18일 회의 이전에 불법적으로 복사한 것이었다. 로마노프는 자신의 해석을 입증하는 네 가지 증거를 문서에서 지적하였다. 즉, 전권사절들에 관한 첫 단락에서는 카씨니의 이름만이 나타나며, 청국의 전권사절 명단은 빈칸으로 남아 있는 점, 서명도 없는 점, 전문(全文)에서 각 조항을 열거하지 않았고, 논리적 순서도 따르지 않은 점, 마지막으로 조항의 언어가 대부분의 외교문서의 그것과 비교해 볼 때 짧고 조잡하다는 점이 그것이었다.[71]

로마노프의 견해를 입증해 주는 또 다른 증거도 있다. 1896년 2월, 청국 정부는 니꼴라이 2세 대관식의 대표사절로 이홍장을 러시아에 파견하기로 결정하였다. 이홍장은 러시아가 청국과 모종의 화해(rapprochement)를 모색하거나 조차권을 모색할 것이라는 항간에 퍼진 소문에 체념한 듯이 행동하면서도, 전권위원들과 이에 대해 폭넓게 대비책을 논의한 뒤 3월 28일에 상해를 떠났다.[72] 그러는 동안 상트 페테르부르그의 위떼와 로바노프는 만주를 가로지르는 러시아 철도에 관한 그들의 계획을 이홍장과 직접 담판할 계획을 세웠다.[73] 만일 "카씨니협약"이 실제로 조인되었다면, 이홍장과 위떼의 사전준비와 잇따른 논의들은 불필요했을 것이며, 1896년 6월 8일의 러·청조약 체결에 앞서 있었던 견해 충돌도 일어지지 않았을 것이 틀림없다.

아마 1896년 4월 카씨니와 총리아문의 논의도 불필요했을지 모른다. 그러나 상트 페테르부르그에서 예정된 러·청협약 조항을 총리아문이 호의적으로 받아들이도록 하기 위해서는 필요하다고 여겼을 수도 있었을 것이다. 1895년 12월부터, 러시아의 정책 목표는 원칙상 그들의 만주 침투에 대한 청국의 동의를 얻는 데 있었으며, 세부사항은 나중에 세우면 되는 것이었다. 여기에 기초하여 카씨니는 총리아문과 교섭을 개시하였다. 훈령에 따른 4월 18일의 첫 회의에서 카씨니는 러시아가 "일본 또는 여타 열강과의 새로운 분규 위험으로부터"[74] 청국을 보호하기 위해서, 만주 내의 여러 지선과 함께 만주를 가로지르는 러시아 철도의 조차권을 승인받고자 노력하였다. 청국 정치가들은 이 제안을 고려할 12일 간의 말미를 줄 것을 요청하였으나, 4월 30일에 교섭을 재개했을 때, 그들은 어떤 외국에게도 만주의 철도이권을 줄 수 없다고 단호하게 거부하였다. 세 시간 동안 소모적인 논쟁이 오간 후에, 카씨니는 자신이 실패했음을 깨달았고 결국 교섭을 끝내버렸다. 다음날 카씨니는 오로지 "무서운 결과"에 대한 위협만이 청국 정치가들을 설득할 수 있을 것이라고 본국 정부에 보고하였다.[75]

한편 이홍장은 4월 30일에 상트 페테르부르그에 도착했다. 본래 그는 중도에 유럽의 몇몇 수도를 방문할 계획이었다. 그런데 상해의 포코띨로프(D.D.Pokotilov)는 위떼가 마음에 두고 있던 적절한 교섭시기에 맞추어 대관식 3주 전에 그가 도착하도록 하기 위해, 이홍장에게 오뎃싸(Odessa)까지는 욱똠스키공(Prince Ukhtomskii)과 함께 여행하며 곧바로 상트 페테르부르그까지 가되, 알렉산드리아(Alexandria)에서 러시아 의용함대의 쾌속선으로 갈아탈 것을 설득하였다.[76] 여러 차례의 공식, 비공식 예방 뒤에, 이홍장의 사절단은 "대관식 사절단에서 비즈니스 사절단으로" 바뀌었다.[77] 위떼와 로바노프가 이홍장과 교섭하였고, 동시에 로뜨슈테인(A.Iu.Rothstein)은 이홍장의 통역관이자 고문관으로서 예전에 청국 해관(Chinese Maritime Customs)에서 근무했던 러시아인 그롯(Victor Grot)과 협의하였다.[78]

염원하는 만주관통철도의 조차권을 획득하기 위해 위떼는 설득력 있는 두 가지 주장을 활용하였다. 즉 러시아와 청국 사이의 비밀방어동맹 체결과, 이홍장에게 분할로 300만 루블의 뇌물을 지불하리라는 것이었다.[79] 이홍장은 교섭초에 틀림없이 제의 받으리라 생각한 러시아와의 동맹에는 반대하지 않았다. 러시아인들은 일관되게 청국에 대한 군사원조와 연계하여 만주횡단철도의 필요성을 강조하였다.[80] 그러나 만주횡단철도의 구체적인 사안에 대해 이홍장은 아주 서서히 그리고 몇 가지 점은 양보하였지만 전체적으로는 양보하지 않았다. 위떼가 철도를 러·청 공동사업으로 한다는 데 반대한 것과 마찬가지로, 이홍장도 러시아정부의 철도부설 계획을 부분적으로 거부하였다. 결국 러·청은행(Russo-Chinese Bank)에 조차권을 준다는 것으로 타협이 이루

어졌다.[81]

위떼는 이 은행에게 만주횡단철도에서 황해 부근의 특정 항구까지의 지선 부설권도 허가해야 한다고 끈질기게 촉구하였다. 그러나 이홍장은 이를 완강하게 거부하였는데, 철로를 당시 청국 철도에 적용되던 유럽식 4피트 9.5인치 궤폭으로 부설하지 않으면 안 된다는 이유를 들었다.[82] 이 점에 관한 한, 교섭 당사자들의 견해는 짜르 대관식에 맞추기 위해 모스크바로 교섭 장소를 옮긴 뒤에도 일치하지 않았다.[83] 양국의 교섭 당사자들이 청국 국경 내의 부동항 조차(租借)에 관해 논의했는지는 분명하지 않다.[84] 그러나, 5월 22일에 블라디보스톡항의 청사진을 다룬 특별위원회의의 결론을 짜르가 승인하였다는 사실은 중요하다. 십중팔구 짜르는 부동항 교섭에 종지부를 찍는다는 데 찬성의 뜻을 표하였을 것이다.

1896년 6월 3일 위떼, 로바노프, 이홍장은 청국과 러시아 사이의 비밀동맹조약에 서명하였다.[85] 이 방어동맹은 두 체약국이 동아시아에서 러시아, 청국 영토, 혹은 조선에 대해 일본이 공격할 경우 상대국을 원조한다는 사실을 규정하였다(제1조). 그리고 일본에 대한 군사작전을 전개하는 동안에는 청국의 모든 항구를 러시아전함에 개방되어야 하며(제2조), 조약은 15년 동안 유효하다는 점을 규정하였다(제 6조). 이 추가보장에 청국이 치루어야 할 대가는 다음의 4조에 담겨 있다.

위협받고 있는 지점에 러시아 지상군의 접근을 용이하게 하고 이들의 생존수단을 확보하기 위해서, 청국정부는 블라디보스톡 방향으로 길림과 아무르강 지역의 청국 영토를 가로지르는 철도노선의 부설에 동의한다. 러시아 철도와 이 철도를 연결하는 것은, 청국 영토에 대한 어떤 침해나 청국 황제의 주권에 손상을 주기 위한 구실이 될 수는 없을 것이다. 이 철도의 부설권과 이용권은 러·청은행에 부여한다. 이 목적을 위해 체결해야 할 계약조항들은 상트 페테르부르그 주재 청국 공사와 러·청은행이 정식으로 논의할 것이다.[86]

5조는 평화시에 이 철도로 이동하는 러시아 군대는 "운송·수송의 필요"에 따라 정당하다고 간주될 때에 한해 정차할 권리를 가진다고 규정했다.

6월 4일, 당연히 받아야 할 뇌물이 지급되지 않을 수도 있다고 생각하는 이홍장의 의구심을 누그러뜨리기 위해 위떼는 욱똠스키 공, 로뜨슈테인, 로마노프(P.M.Romanov)로 하여금 이홍장에게 300만 루블을 약속하되, 첫 1백만 루블은 러시아 황제가 조차를 승인할 때 지불되어야 한다는 조서에 서명하도록 했다. 이 금액은 러·청은행으로부터 빌리는 형태가 되어야 하며 종국적으로는 만주관통철도 부설 회사인 동청철도회사(Chinese Eastern Railway Company)의 공사대금으로 차입된 것으로 기입해야 했다.[87]

위떼는 이미 계획의 세부사항에 착수할 모든 준비가 되어 있었다. 5월 30일에 위떼는 자신의 동청철도회사 계약초안에 대한 짜르의 승인을 얻어냈지만, 기술적인 어려움이 청국의 계약 수락을 지연시켰다. 상트 페테르부르그 주재 청국 공사이자 동시에 베를린 주재 공사이기도 한 허경징(許景澄, Shu King-chen)이 계약 교섭의 담당자로 지명되었다. 위떼의 재정분야 측근인 로뜨슈테인이 몸소 교섭을 이끌어 상당한 시간을 들인 상호 의견교환이 이루어졌다.[88] 더욱이 총리아문에 소속된 청국 정치가들, 특히 그 대표인 공친왕(恭親王, Prince Kung, 1832~1898)은 이홍장에 의한 조차(租借)에 격렬하게 반대하였다.[89] 몇 달이 지난 후, 이홍장은—아마도 뇌물을 써서—자신의 명성을 되찾았지만, 이홍장이 명예를 회복하기도 전에 총리아문이 조차를 승인하였으므로 당시 그의 영향력이 꼭 필요했다고는 볼 수 없다.[90]

1896년 9월 8일에 청국 전권위원 허경징과 러·청은행 대표인 로뜨슈테인과 욱똠스키가 동청철도부설 및 개발 계약을 베를린에서 조인하였다.[91] 계약에 따라 청국은 80년 후에 철도를 양도받으며, 장기공채와 일시 차입금을 모두 상환하면 36년 이후에 철도를 매입할 권리를 갖는다(7조).[92] 동청철도는 면세 혜택을 받으며, 철로변 부근에 동청철도회사

가 이용하는 토지에 대한 행정권 및 각종 건설권을 갖는다(6조). 러시아
와 만주의 화물운송을 진작시키기 위해 철도수송 물품에 대한 러시아
와 청국의 운임을 1/3로 감면한다(10조). 화물과 승객의 요금 결정은 전
적으로 동청철도회사에 위임한다(11조).

몇몇 조항은 모호한 채로 남았는데 그것은 아마도 의도적이었을 것
이다. 5조는 동청철도회사가 고용인을 채용할 권리를 갖는다고 규정하
였다. 러시아정부(즉 재무성)가 한꺼번에 많은 양의 주식을 사들이자마
자 위떼는 이 5조에 의거하여 동청철도의 가장 중요한 요직에 자신의
요원들을 임명할 수 있었다. 동시에 이 조항은 철도지역이나 이 철도의
이남(以南)에서 행해진 모든 범죄는 "여러 국제조약의 규정에 기초하
여 지역행정 관할" 아래 둔다고 규정하였다. 6조와 함께 이 규정은 조
차한 모든 영토에까지 그 권위를 확대시키는 "조계(租界)행정 및 경찰
권"의 확립 권한을 동청철도가 가지는 것으로 해석될 수 있었으며, 또
그렇게 해석되었다.[93] 그러나 동청철도에 불리한 점이 한 가지 있었다.
청국인들이 철도 연변의 석탄광산 개발권을 동청철도에 양도하기를 거
부한 것이다. 그들은 천연자원에 관한 권리는 황제권의 일부이므로 특
별교섭이 필요하다는 이유를 들었다.[94] 6조에서는 그 같은 특별교섭이
이루어질 것임을 보장했다. 허경징은 이 교섭을 성사시키기 위해 북경
에서 자신이 적극 협력할 것임을 1896년 9월 8일의 특별서신을 통해
약속하였다.[95]

니꼴라이 2세가 1896년 12월 16일 동청철도 특허장을 승인함으로써[96]
이제 줄잡아 500만 루블에 달하는 원래 투자액을 조달하는 일만 남았다.
위떼의 8월 30일의 초안 4조에서는 1천 주 가운데서 7백 주를 러시아정
부가 매입해야 한다고 명문화하였다.[97] 그러나 동청철도가 러시아정부
의 수중에서 통제되고 있다는 사실을 명백하게 만드는 이 조항은 삭제
되었다. 위떼와 그의 금융요원들은 그 당시 모두 일을 위장하고 있었다.
주식 공매는 관영신문인 〈정부 배달꾼〉(*Pravitel'stvennyi Vestnik*) 12
월 29일자 조간으로 공고되었고, 그날 아침 9시에 거래가 이루어졌다.[98]

그렇게 짧은 공고와, 개별 주가로서는 드문 최고가격(5천 루블), 그리고 은행가들—러시아인들 특히 "백야"의 도시인 상트 페테르부르그의 늦은 만찬을 하는 이들—에게는 대단히 이른 시간대였음에도 불구하고 공매의 결과는 예상했던 대로였다. 같은 날, 로뜨슈테인은 위떼에게 "일반인은 그림자도 없었으며" 공매 개시 수분 만에 공식적으로 폐장되었다고 보고하였다.[99] 러시아정부는 주식의 25퍼센트 미만을 사들였고, 러·청은행이 정부 보유로 되어 있던 나머지 75퍼센트에 대한 옵션(매입선택권 : 프리미엄을 지불하고 일정 기한 내에 자유로 매매를 결정할 수 있는 권리 - 역자)을 확보하였다. 1902년이 되어서야 러시아정부는 동청철도회사를 통제하기에 충분한 53퍼센트의 주식을 사들였다. 그럼에도 재무성(실질적으로는 위떼)은 실제로는 약 100만 루블 정도를 투자함으로써 동청철도를 직접적으로 통제하였다.[100] 허경징은 순수하게 명예를 수락한다는 의미에서 동청철도회사의 의장을 맡았다. 의장직은 회사업무에서 청국의 이익을 감독해야 하는, 모호한 부가 의무를 띤 직책이었다.[101]

1895년 이전까지 만주는 러시아인들이 거의 찾지 않던 곳이었다. 청국과의 조약에 의해 러시아인들은 만주의 100베르스트 구역 안에서는 교역할 수 있었지만, 러시아인들은 이 특권을 거의 이용하지 않았다. 1895년 이전에 프랑스, 벨기에, 영국의 선교사들이 목단과 길림에 있었고, 영국 상인들은 여순에 상주하였으나, 만주 어디에서도 러시아 선교사나 상인은 한 사람도 찾아볼 수 없었다.[102] 러시아 국경에 인접한 아시아 영토에서의 러시아의 탐험이나 특별조사 횟수가 포함된, 러시아참모총장의 "비밀" 문건에도 1895년 이전의 만주에 대해서는 포괄적인 설명조차 없다.[103] 주로 조선이나 북중국을 오고가는 탐험대만이 만주를 방문하였을 뿐이다.[104] 이 탐사대가 1895년 목단에 나타났을 때 일대 파란이 일어났다.[105]

1895년에 러시아인들은 만주와 좀더 긴밀히 접촉하기 위해 몇 가지 시도를 하였다. 아네르트(E.E.Ahnert), 코마로프(V.L.Komarov) 휘하의

러시아제국 지리학회는 조선과 북만주에 지리·식물탐사대를 파견하였
다.[106] 또 하바로프스크의 두 상인 보그다노프(Bogdanov)와 티호노프
(Tifonov)는 자신들의 주도로 강기슭의 정착지들과의 무역거래를 위해
증기선을 전세내어 송화강까지 띄웠다.[107] 1896년 4월과 5월, 러·청조약
에 의해 만주가 개방될 것을 기대한 몇몇 지형 조사대원들이 만주 국경
에 도착하여 자신들에게 주어진 임무를 개시할 수 있는 허가를 기다렸
다.[108] 허가를 얻은 연해주 지역의 대원들은 6월 29일에 국경을 넘었다.
그러나, "1896년 만주 비적들(Khunhuzes)과의 전쟁"으로 작업은 더욱
지연되었다.[109] 300명 정도의 만주 비적들이 1896년 여름 내내 북만주의
청국인 정착지를 급습하고는 몇 번이나 국경을 넘어 러시아 영토로 들
어왔다가 우쑤리 코사크 기병대(sotnia, 백 명 단위의 부대)에 의해 패
퇴·축출되었다.[110] 이 같은 만주지방 특유의 여름 비적떼가 1896년 탐사
대의 작업을 지연시켰으므로, 시베리아횡단철도에 대한 실제 조사는
1897년까지도 이루어질 수 없었다. 몇몇 간단한 사전 작업을 제외하고
동청철도 부설은 1898년 봄까지도 시작되지 않았다.[111]

　결과적으로 보아 1896년과 1897년의 러시아의 만주 침투는 실질적이
라기보다는 이론적인 것이었다. 앞으로의 철도부설에 대비한 몇 개의
상점들을 송화강을 따라 설치하였지만, 러·청은행이나 동청철도는
1898년까지도 만주에 사무실이나 지사를 세우지 않았다.[112] 눈에 보이지
않는 다른 요인들도 위떼의 계획 수행에 차질을 가져왔다. 1896년 8월
로바노프 로스또프스키 공이 갑작스럽게 죽고, 카씨니가 병환으로 1896
년 9월 30일이 되어서야 북경을 출발함으로써 위떼의 만주횡단철도 계
획은 우호적인 협력자 두 사람을 빼앗긴 셈이 되었다. 외상대리인 쉬스
킨(Shishkin)과, 1년 동안 북경 대리공사를 지낸, 그리 활동적이지 못한
파블로프(A.I.Pavlov)는 만주횡단철도 계획에 별 도움이 되지 않는 조
력자임이 드러났다.[113] 1897년에 들어서며 위떼는 자신의 직속요원인 러
·청은행의 포코띨로프와 욱똠스키에 더 많이 의존하였다. 몇 가지 다른
요인들도 위떼의 계획을 지체시킨 원인이었다. 1897년 봄에 당시 이홍

장의 관리에서 러·청은행으로 옮겨온 그롯(Victor Grot)은, 광물자원권은 황제권에 속한다는 청국의 고집을 최초로 깨뜨리면서 누구의 조력도 받지 않고 몽고 북동부의 광산조차권을 획득하였다.[114] 같은 해에 러·청은행과 그롯, 로뜨슈테인, 포코띨로프가 참여하고 러·청은행에 관심을 가진 다른 투자자들의 도움을 받아 "청국 광산자원개발 신디케이트"가 구성되었다. 그러나 몽고에서의 실질적인 업무는 1900년 봄까지도 없었다.[115] 이른바 "카씨니협약"이 공개된 것 역시 위떼의 계획을 지체시킨 원인으로 작용했다. 1896년 6월 3일의 방어동맹을 비밀에 부친 것과, 동청철도의 정관 공개와 더불어 1896년 9월 8일의 조약은 "카씨니협약"이야말로 러시아의 핵심적인, 진정한 의도를 대변한다는 의구심을 불러일으켰다.[116] 그러므로 동아시아에서 러시아의 활동들은 의심과 경계의 대상으로 비쳐졌다. 1896~1897년 조선에서 러시아의 국위와 지위를 고양시킬 수 있는 한 번의 기회가 찾아왔다. 러시아는 조선에서의 이 "막간촌극"으로 더욱 갈피를 못 잡게 되었다.

2. 조선에서의 러시아의 영향력(1895~1897)

러시아는 1888년의 특별회의와 1894~1895년의 일련의 회의로 수립된 정책에 입각하여 조선의 영토보전이 여타 열강에 의해 위협받지 않는 한, 그리고 1895년 이후에는 조선의 독립이 위협받지 않는 한, 조선에 거의 관심을 나타내지 않았다. 러시아는 유럽, 미국, 일본과 조선과의 친교 증진을 태연한 듯 무관심하게 지켜보면서 조선과 친교를 수립하려는 노력조차 보이지 않았다. 1890년 조선에는 150명의 프로테스탄트 선교사들이 있었지만,[117] 러시아정교회 선교사는 한 사람도 없었다. 1892년에 일본인 9,132명, 미국인 78명, 영국인 28명, 프랑스인 28명, 독일인 25명이 있었던 것과 비교하면, 러시아인은 외교사절들을 포함하여 조선 전국에 13명이 있을 뿐이었다.[118] 조선과의 경제적 관계는 1886년과 1894년 사이에 최고의 급성장을 나타내긴 하였지만, 그 증가세는 주로 인구증가와 연해주 지역의 군사수비대의 증가와, 그에 따른 조선으로부터의 수입이 늘어났던 것에 기인하였다. 더욱이 조-러무역은 1892년 조선의 총수입의 57퍼센트에 달했던 조-영무역과 비교하면 더할 나위없이 초라했다.[119] 조-일 무역 269만 7천 달러, 조-청 무역 222만 6천 달러와 비교해 보아도, 총수출이 21만 8천 달러에 불과한 조-러무역은 질적으로 아주 미미한 것이었다.[120]

1894년에 조선은 조차권 물색자들의 소굴이 되었다. 1895년말 청국은 조선에서 전신권에 관한 절대적인 통제권을 갖고 있었다. 일본은 종이 생산, 조폐, 유리제조 및 다른 사업들의 독점권뿐만 아니라, 광범한 어업권까지 획득하였다. 미국인들은 연안무역, 진주 채취, 서울의 전력, 벌목권과 평안도 운산 지역의 금광채굴 조차권을 가지고 있었는데 40년 동안의 운산금광 채굴권은 조선의 조차사업 가운데서 가장 수익이 좋고 가장 거대한 이권임이 입증될 판이었다.[121] 러시아는 이 같은 조차권 강탈행위에서 제 몫을 챙기지 못했으며, 그들이 조차권을 획득하기 위해 애쓴 흔적도 없다.

1895년 10월, 서울에서의 몇몇 사건들로 조선은 러시아의 영향력 아래 놓이게 되었다. 일본인들은 조선에서 자신들의 영향력이 빠르게 진전되지 못하는 데 불만을 품었다. 부산에서 압록강까지의 철도 조차권을 획득하려는 야욕을 조선 국왕이 저지한 상황에서,[122] 온건한 조선 주재 일본 공사 이노우에 백작을 소환하고 무뚝뚝한 전직 군인이며, 정치적으로나 외교적으로 미숙한 미우라 장군으로 교체하였다.[123] 1895년 10월 8일 밤, 미우라는 일본공사관에서 자신의 경험 많은 고문관들과 의논한 뒤, 일본의 소오시(壯士, Soshi, 낭인 지칭－역자), 조선인 지지자들, 일본 정규 병력처럼 훈련받은 훈련대(訓練隊, *Kurendai*－Kunrentai의 오기－역자) 요원들과 함께 쿠데타를 도모하여, 궁성을 습격, 왕비를 시해하고 반일운동으로 권력을 장악한 민씨 일파를 살해하였다.[124]

쿠데타는 즉각적으로 성공하였다. 조선 국왕은 "공포에 질린 상황에서" 일본인들의 요구를 수락했다. 국왕은 전년도의 개혁들을 철폐하고 왕비를 강등한다는 칙령을 공표하며, 마치 일본인들의 손에 쥐어진 하나의 "도구"처럼 행동했다.[125] 1895년 쿠데타에서 일본 공사의 공범혐의는 너무나 뚜렷하여, 열강의 외교대표들은 미우라에 대항하는 "연합전선"을 형성하였다. 그들은 미우라 부재시에 서로 논의하였고, 민씨일가 망명객들을 돕는가 하면, 서울에 소규모 해병분대를 파견시켰다.[126] 이러한 정책에 긴밀히 협력하고 다른 외교대표들의 주도권을 행사한 이가 조선 주재 러시아 공사 웨베르(Carl Weber)와, 당시 미국공사관의 서기관이자 대리공사이며 선교사였던 알렌(Horace N. Allen) 박사이다. 알렌은 조선의 정치적 사건에 대해 영향력을 행사하거나, 특히 여타 열강과의 어떠한 공동행동도 자제하라는 본국 지침에 상관하지 않고 행동하였다.[127]

일본의 성공은 일순간에 물거품이 되었다. 미우라는 소환되었다. 그는 히로시마의 법정에서 재판받았고, 직접적인 유죄판결은 면했지만 정책상의 실수는 인정해야만 했다.[128] 일본의 지위를 회복시키기 위해 다시 온건한 이노우에가 파견되어 외교 대표위원회에 재가입하였다. 1895년 11월 1일, 이노우에는 웨베르와 화해하기 위해 알렌 박사에게 접근하였다. 조선에서 적극적인 행돌을 하지 않으려는 미국의 입장에 따라 조선에 대한 러-일 콘도미니엄(공동보호)을 지지한 알렌은 두 사람을 대면시켜 주었다.[129] 이노우에는 10월칙령, 특히 왕비강등칙령을 국왕이 철회하도록 영향력을 행사하였다.[130] 여전히 국왕은 일본인이 이끄는 군대 무리들에 둘러싸인 사실상의 포로 상태였다. 11월 28일에 국왕을 자유롭게 만들려는 조선의 반혁명은 실패로 끝났지만, 반혁명적 운동은 계속되었다.[131] 각 도의 의병들이 이 반란을 분쇄하려는 군대를 패퇴시킴으로써 1896년 2월 무렵 서울은 다시 몰려드는 의병들의 위협에 휩싸였다.[132] 2월 9일에는 러시아공사관 병력을 150명으로 강화하기 위해 러시아 선원들이 상륙, 서울로 진입하였다.[133] 다음날, 국왕은 러시아 공사에게 안위를 구하는 것이 자신에게 안전할 것인지를 물었다. 알렌 박사는 웨베르를 국왕호위의 책임을 지고 있는 교관과 접촉케 함으로써 국왕의 계획을 몸소 돕겠다고 하며 안심시켰다. 11일 아침, 국왕과 세자, 그리고 몇몇 왕실 시종들은 러시아공사관으로 피신하였고, 국왕은 1년 여를 그 곳에서 보냈다.[134]

반일운동이 즉각적으로 시작되었다. 2월 11일에 친일파 각료들은 거의 한사람도 남기지 않고 살해되었고, 국왕은 친일파와 제휴했던 점을 참회했다.[135] 러시아가 조선에서 친러시아적 편향의 영향력을 행사하는 지극히 유리한 지위에 있었지만, 웨베르는 자신의 지위를 이용하여 이득을 취하려고 하지는 않았다.[136] 반사이익은 알렌 박사가 거두었다. 반일적이며 후에 반러파가 되는 독립협회의 서재필, 즉 미국에서 교육받은 조선인 고문관이 국왕을 보좌하고, 영국인 브라운(J.McLeavy Brown)이 조선세관의 총세무사로서 서울에서 주도적인 정치적 인물이 되었다.[137] 국왕은 알렌 박사의 조언에 따라 미국공사관에 피신한 인물들로 이루어진 새 각료들을 선임했으며, 미국의 국익을 위해 알렌은 이들을 통해 운산금광 채굴권을 확대하고 경인철도(서울-제물포) 조차권을 획득하였다.[138]

그러는 동안, 일본에서는 이또 히로부미와 야마가타 후작, 그리고 온건정책의 지지자인 이노우에 백작 등이, 조선에서 러시아의 영향력 상승을 견제하고 러·일의 이해가 충돌하는 것을 방지하기 위해 일본이 러시아와 협약에 나서야 한다는 결론에 도달했다.[139] 웨베르와 신임공사 고무라 사이에 시작된 교섭은 서울의정서로 알려진, 1896년 5월 14일의 공동각서 조인을 이루어냈다.[140]

이는 모종의 응분의 보상(quid pro quo)에 따른 협정인 동시에 실제로는 러시아의 승리를 의미하는 협정이었다. 1조에서 러시아와 일본 공사들은 조선 국왕에게 "자신의 안전에 관해 추호의 의심도 품지 않게 될 때" 궁성으로 돌아갈 것을 조언하기로 하였다. 이 결정은 전적으로 국왕의 판단에 의존하는 것이었다. 그러나 국왕이 러시아공사관에 머물고 있기 때문에, 언제가 가장 안전할 지에 대해서는 자연히 러시아

공사의 해석을 받아들이기 쉬웠다. 3조에서 러시아는 부산에서 서울까지 일본의 전신선을 따라 200명의 "헌병대"를 유지할 필요가 일본에게 있다는 사실을 인정하였다. 그러나 이는 이전에 일본이 전신선을 따라 작전을 전개했던 3개 보병중대보다는 훨씬 줄어든 숫자이다. 4조에서 일본은 자국 거류지 보호를 위해 서울에 2개 중대 병력을 유지하는 것을 허용받았다. 서울과 군산에 각각 1개 중대를 유지하되, 각 중대는 200명을 넘을 수 없었다. 러시아는 자국 공사관과 영사를 보호하기 위해 그에 상응하는 병력 유지권을 가졌다. 조선에서 러시아군과 일본군의 수적 불균형, 양국의 이해가 큰 폭으로 불균형을 이루고 있다는 점에서 볼 때, 이 조항은 일본이 병력을 감축해야 하는 반면, 러시아는 일본의 동의만 얻는다면 병력을 증가시킬 수 있다는 것을 의미했다. 더욱이 1조는 "일본의 '소오시(壯士)'를 통제하는 가장 완벽하고 효과적인 조치를 취할 것을 일본 공사가 보증한다"는 조항을 삽입함으로써, 10월 8일의 쿠데타에 일본인이 연루되었음을 일본이 시인하고 있음을 보여주었다.[141]

당시 일본은 러시아와 더욱 광범위한 협정을 계획하였다. 1896년 4월말, 야마가타 수상은 니꼴라이 2세 대관식에 일본측 대표로 러시아로 향하였으며,[142] 5월 중순부터 6월에 걸쳐 조선 문제에 관해 로바노프와 교섭하였다. 야마가타는 러시아와 일본의 세력권으로 조선을 양분하되 그 구분선이 북위 38도(야마가타는 대동강에서 원산만까지를 경계로 하자고 제안하였다. 북위 38도라는 근거는 없다 – 역자)가 되어야 한다고 제안하였으나,[143] 로바노프는 이 제안을 거부하였다. 그 이유는 아마도 러시아가 이미 6월 3일의 러·청비밀조약 교섭에서 조선의 영토보전 유지를 약속하였기 때문일 것이다. 또 훗날 러시아 외상이 1903년의 각서에서 주장한 바와 같이, 러시아가 일본의 제안을 거부한 것은 "협정에 의해 조선 남부를 일본에게 양보함으로써, 전략적으로나 군사적인 면에서 조선의 가장 중요한 부분을 러시아가 공식적으로, 그리고 영원히 포기한다면 스스로 향후 러시아의 행동의 자유를 손상시킬지도 모르기"[144] 때문이었다.

야마가타가 얻을 수 있었던 최대한의 것은 모스크바의정서로 알려진 1896년 6월 9일의 로바노프-야마가타협정(Lobanov-Yamagata Agreement)의 교섭이었다.[145] 이는 서울의정서처럼 수많은 해석과 오해의 소지를 안고 있었다. 협정 제1조는 만일 조선이 대외차관을 필요로 할 경우 러시아와 일본이 협의하기로 하였다. 그러나 제2조에서는 만일 조선이 군대나 경찰병력을 창설하는 데 대외원조가 필요할 경우 상호 협의해야 한다는 조항은 마련하지 못했다. 제2조에 따르면, "러시아와 일본 정부는 조선의 재정적, 경제적 상황이 허락하는 한, 외국의 지원 없이 질서를 유지하기 위해 군대와 민간 경찰을 창설하고 유지하는 역할을 조선이 담당케 한다"는 것이었다. 이 조항에 따라 러시아는 조선의 재정과 경제 조건에 따라 "조선이……군대창설을 맡도록" 허용하지 않을 수도 있었다. 따라서 러시아는 조선 군대의 훈련을 위하여 자국의 군사교관을 파견할 수 있도록 나중에 이를 조정하였다. 이 조항의 최종적인 해석은 당시까지도 러시아공사관에 머물고 있던 국왕의 수중에 있었다.

좁은 의미에서 모스크바의정서는, 러시아와 일본이 의견의 일치를 보지 못한 몇 가지 사항을 배제함으로써 서울에서의 잠정협정(*modus vivendi*)을 단순 확대시킨 것으로 볼 수 있다. 몇 개의 추가조항이 첨부되어, 상대가 동의하지 않는 한, 러시아나 일본은 조선에 군대를 파견할 수 없으며, 만일 그 같은 조치가 필요하다면 양국은 사전에 그들 군대 사이에 중립지대와 군사작전지역을 설치한다는 데 합의해야 했다.[146]

1896년의 러·일협정은 흔히 조선에서 러·일의 공동보호를 수립한 것으로 여겨져왔다. 그러나, 러시아는 콘도미니엄의 권리(공동주권)를 행사할 뜻이 없음을 분명히 하였다. 야마가타는 협정을 원하였지만 그에게 주어진 역할은 제한되어 있었으며, 일본 정치가들은 러시아가 선택할 수 있는 해석 및 행동의 범위를 놓치지 않고 간파하고 있었다. 1896년 일본 국회는 이 두 협정을 러·일의 우호관계의 시작으로 간주하기는 커녕, 1895년에 시작된 육·해군 확장에 더 많은 금액을 할애한다고 결

136

의하였다.[147] 더욱이 의심의 여지가 있는 러·청교섭, 러·일교섭뿐만 아
니라, 짜르의 대관식에 참석한 조선 사절들도 회담을 진행하고 있다는
점은 공공연한 비밀이었다.

그 조선 사절은 살해된 왕비의 인척이었다. 그의 임무는 웨베르가 주
선하였으며, 그는 서울에서 모스크바까지 러시아 요원들의 호위를 받았
다.[148] 조·러교섭시의 조선측 제안들은 알려지지 않았지만, 러시아의 최
종 답변으로 미루어 판단해 볼 수는 있다.[149] 러시아측의 회답 원문을 볼
때, 조선인들의 바람이 자신들의 독립을 유지하는 데 있었는 지는 의심
스럽다. 조선 사절은 짜르와의 사적인 회동에서 조선을 러시아의 보호
령으로 삼을 것을 요구하여 이를 약속받았다.[150] 그러나 러시아의 회답
은(첫 번째 회답요점에서) 국왕이 러시아공사관에 있는 동안, 그리고
환궁한 뒤에 국왕 개인에 대한 "보호(protection)"를 약속한다는 것이었
다. 두 번째 회답 요점은 러시아의 영향력 확대에 대해 다음과 같이 지
적하였다.

〔군대의〕교관문제를 해결하기 위해 향후 경험 있는 고급장교를 서
울에 파견할 것인데, 그는 러시아정부의 권한을 위임받아 이 문제에
관해 조선정부와 교섭에 들어갈 것이다. 앞서 언급한 이 장교는 무엇
보다도 국왕의 경호대 창설문제를 의제로 채택하도록 지시받을 것이
다. 조선의 경제상황 조사와 그에 필요한 재정적 조치를 취하기 위해
서, 그와 똑같이 경험을 갖춘 인물을 러시아에서 파견할 것이다.[151]

세 번째 회답 요점은 두 번째 요점에서 언급된 인물들이 서울 주재
러시아 공사의 지시 아래 조선 국왕의 고문관으로도 활동할 것임을 명
문화하였다. 네 번째 요점은 조선에 대한 차관은 "조선의 경제적 상황과
필요조건이 결정되는 대로 고려될 것"이라고 모호하게 언급하였다.[152]

로바노프-야마가타협정이 조인된 후 한 달도 채 지나지 않아, 러시아
정부는 러-일 콘도미니엄 안을 훼손하고 있었다. 7월에 러시아 군사교

관을 초빙하기 위한 교섭들이 시작되었다. 8월에는 스트렐비스키 (Strel'bitskii) 대령이 러시아의 군사요원으로서 서울에 도착하였고, 포코띨로프(D.D.Pokotilov)가 러시아 참모총장의 재정요원으로서 세 명의 장교와 10명의 하사관과 함께 도착하여, 궁성호위대를 시작으로 조선 군대를 재조직하기 시작했다. 1897년 2월 20일, 조선 국왕은 안심하고 러시아공사관을 떠났고, 왕실경호대의 지휘관으로 상주했던 푸티아타 (Colonel Putiata) 대령과 일단의 러시아 장교들도 공사관 바로 옆의 덕수궁으로 옮겼다.[153] 또 1896년 9월 9일에 저명한 블라디보스톡 상인인 브리네르(Iulii Ivanovich Briner)가, 압록강과 두만강의 조선 쪽 제방의 목재와 광물자원의 개발 조차권을 왕실대신으로부터 획득한 것도 이 시기의 일이었다.[154]

일본정부는 이 같은 러시아의 영향력 확대를 상당히 불안하게 생각하여, 동경과 서울의 러시아 외교관들에게 조선이 러시아 교관들을 고용할 수 있는 권한에 관해 조회하였다.[155] 일본이 이를 조회한다고 해서 조선 군대 통제권을 얻으려는 러시아의 의도를 막을 수는 없었다. 1897년 4월 웨베르는 조선정부에 160명의 러시아장교와 하사관들을 조선 군대 교관으로 고용해야 한다고 제의하였다. 조선 외무대신은 1897년 5월 8일에 이 제의를 거부하였다.[156] 러시아외무성은 상트 페테르부르그 주재 일본 공사 하야시 다다쯔에게, 동경 주재 신임 러시아 공사 로젠 (R. R. Rosen)이 일본에 도착하는 대로 난제를 풀 것이며, 또 그때까지는 조선 문제에 관한 어떠한 새로운 조치도 취하지 않을 것임을 확신시킴으로써 일본의 분개를 누그러뜨리려 하였다.[157] 이 같은 보증도 역시 모호한 태도로 받아들여졌다. 1897년 8월 3일에는 조선 군대를 훈련시키기 위해 추가로 13명의 장교가 서울에 도착하였다.[158]

조선에 대한 재정지원 문제는 다소 지체되었다. 1896년 5월과 6월 이홍장과의 회담으로 분주했던 위떼는 조선 문제에 관한 교섭에는 관여하지 않았다.[159] 만주횡단철도에 대한 위떼의 관심은 지대했다. 6월에 위떼는 조선에 대한 차관 결정을 연기했는데, 조선정부가 그 차관으로 일본의 전신선을 매입하려 하므로 전신선을 따라 소규모로 주둔했던 일본군의 철수가 불가피하다는 것이 그 이유였다.[160] 서울의 웨베르 공사와 상트 페테르부르그의 로바노프 외상은 즉각 조치를 취할 것을 촉구하였다. 왜냐하면 프랑스의 피브릴 회사(Cié de Fives-Lilles)가 은밀하게 조선에 차관을 제공하고 있었고, 홍콩-상해은행(Hong Kong and Shanghai Banking Corporation)이 서울에 지사를 설립하려 하고 있었기 때문이었다.[161] 위떼는 자신의 계획이 어긋나는 것을 용납할 수 없었다. 그는 조선의 경제상황을 조사하기 위해 포코띨로프를 서울에 보내는 것으로 절충하였다. 포코띨로프는 조선에 러시아 은행을 설립하는 즉각적인 조치를 촉구하였다. 그는 조선정부에 대한 차관을 매개로 조선에서 더욱 강력한 러시아의 영향력을 창출하기 위해 웨베르와 합세하였다.[162]

그러므로 재정지원이 지체된 직접적인 책임은 위떼에게 있었다. 그는 포코띨로프에게 딱 잘라서 11월까지는 어떤 일도 벌이지 말라고 답하였고, 11월에는 "적절한 시기라고 생각될 때" 조선정부에 차관을 지원하겠다고 통보하였다.[163] 더욱이 위떼는 조선세관을 러시아가 장악할 것을 주장하였다. 그러나 그 조치는 세관부문에서 브라운(McLeavy Brown)이 강력한 지위를 점하고 있던 점을 생각할 때 효과를 보기 어려웠다.[164] 12월에 위떼는 묄렌도르프(G.P.Möllendorff)의 계획을 거부하였다. 그는 기존 철도를 매입하고, 조선 전역에 장래의 철도부설을 위해 러-미 신디케이트(Russo-American syndicate)를 조직하려 하여, 많은 러시아인들의 지원을 받고 있던 터였다.[165] 1897년 2월에 위떼는 러시아 요원에게 봉급을 지급해야 한다는 별 상관없는 문제를 제기하여 조선에 파견할 러시아의 재정요원의 임명을 지연시켰다.[166] 6월에 위떼는 서울-제물포철도에 대한 미국의 소멸된 조차권을 매입할 기회를 놓쳤다. 그 조차권은 당시 일본인들에게 저당 잡힌 후에 그들에 의해 매입되었다.[167] 경제적 조차권을 획득하는 데 러시아가 거둔 유일한 승리는 1896년 10월, 그들이 획득한 서울-의주철도 조차권의 철도 궤폭을 러시아식 광궤로 하도록 포코띨로프가 피브릴 회사를 설득한 일이었다.[168] 1896년 11월에 포코띨로프가 조선을 떠난 후에는 조선에 재정적 통제의 기틀을 마련하려던 기회마저도 사라졌다. 1897년 1월, 브라운은 이후 조선의 모든 철도는 조선정부가 부설해야 한다는 칙령을 선포하도록 조선국왕을 설득하였다.[169] 3월, 상승세를 타는 러시아의 영향력이 견제되길 바라던, 일본정부는 모스크바협정의 공개조항과 비밀조항을 조선정부에 누설하고[170] 나아가 러시아의 국위를 훼손시켰다. 당시 맥리비 브라운은 한가롭게도 대일(對日)차관을 조선의 자금으로 지불해 보도록 조선인들을 설득하였다.[171]

그러나 위떼는 이 즈음 점차 조선 문제에 관한 자신의 시각을 바꾸기 시작했다. 계속하여 포코띨로프와 그리고 이제는 새 러시아 외상 무라비요프(M.N.Muraviev)로부터 재촉받은 위떼는 한·러은행 설립 문제를 로뜨슈테인과 협의하였다.[172] 동청철도에서 남만주 부동항까지의 지선 부설권을 획득하려는 위떼의 계획은 1897년 3월 최악의 부진에 빠졌다. 3월 20일에 재무성 사무국장이면서 러·청은행과 동청철도이사회 멤버인 로마노프(P.M.Romanov)는 설득력 있는 주장 몇 가지가 포함된 각서를 위떼에게 제출하였다. 로마노프의 견해는 다음과 같다.

내 견해로는 우리에게 가장 중요한 지역은 조선이다. 북만주는 요동이나 조선으로의 접근로를 마련해 줄 때만 우리에게 중요할 뿐이다. 그러나 청국인들은 머지않아, 우리의 철도가 요동반도의 어느 한 항구까지 도달하는 것을 북경이 우리 수중에 들어오는 것으로 받아들일 것이기 때문에 허용하지 않을 것이다. 반면에 이 철도가 일본의 조선 장악을 막아주는 한, 보둔(佰都訥)에서 길림을 통해 조선의 한 항구까지의 철도노선에 청국인들은 강력하게 반대하지는 않을 것이다. 그러나 조선의 동의를 얻기 위해 우리는 우선 재정문제에서 영향력을 획득해야만 한다. 그리고 설령 재정적 손실을 입게 되더라도 머뭇거려서는 안 된다……[173]

위떼는 별다른 열의를 보이지 않으면서도 로마노프의 계획을 수락하였다.[174] 위떼는 망설였고, 지연시켰으며, 1896년의 유리한 상황이 바뀌었다는 사실에 대해 무라비요프와 견해를 같이 하였다.[175] 그럼에도 5월 21일, 위떼는 조선에 재정요원을 파견하기 위해 짜르의 승인을 얻었다.[176]

이로부터 다시 한 달이 지체된 뒤에 러시아세관의 한 관리인 알렉쎄프가 재정요원으로 선정되었다. 알렉쎄프는 위떼로부터 조선의 전반적인 재정조사와, 조선에서 러시아은행을 수립할 기회를 조성하고, 조선세관 업무를 인수할 수단을 강구하기 위해 신중하게 행동할 것을 지시받았다. 긴 해양루트를 따라 여행하며 알렉쎄프는 1897년 10월에 조선에 도착하였다.[177] 그것은 때마침 조선 문제에서 일시적이긴 하나 강력한 러시아의 영향력을 부활시키기 위해서였다. 그러는 동안, 러시아의 이해는 만주로 전환됐다. 그곳에서 국제적인 분규가 전개됨에 따라 러시아는 다시 한번 부동항을 획득할 수 있게 되었다.

제5장 러시아의 남만주 침투와
팽창에 대한 제동(1897~1900)

동청철도 부설을 위한 러·청계약이 조인된 지 6일 후, 욱똠스키와 로뜨슈테인은 1896년 5월과 6월의 협상에 협력했던 이홍장에게 첫 1백만 루블을 지불할 적절한 시기라는 결론을 내렸다. 만일 지불을 지체한다면 이홍장과 그의 지지자들을 9월 8일의 계약에 대한 수용 반대로 돌아서게 만들지도 모를 일이었다. 또 그 지불도 상황에 따라 해야 한다고 생각한 두 사람은 욱똠스키가 그것을 직접 전달하기 위해 청국에 파견되어야 한다고 제안하였다.[1] 그러나 위떼는 이를 지연시킬 것을 조언하며, 욱똠스키에게 너무 서두르면 역으로 교섭에 영향을 줄 수 있다는 내용의 전문을 9월 15일 얄타(Yalta)에서 보내왔다. 위떼는 여기서 욱똠스키에게 추후 또 다른 추가목적을 띤 임무가 주어질 것이라는 점도 시사하였다.[2]

1. 여순 획득과 남만주 침투(1897~1898)

위떼가 심중에 두었던 추가목적이란 동청철도 지선을 통한 남만주 침투계획을 청국과 교섭하는 것이었다. 그 제의는 1897년 2월 3일 동청철도이사회의 첫 회의에서 제시되었다.[3] 이 회의에는 동청철도이사들과 엔지니어들이 참석하였다. 이들은 대부분 위떼의 친구들이거나 그가 임명한 사람들이었고[4] 1896년 5월과 6월 사이의 위떼의 계획과 교섭에 관하여 많은 지식을 갖고 있었다.

회의에서 의장대리인 케르베즈(S.I.Kerbedz)가 제의한 것은, 동청철도가 욱똠스키가 이행토록 되어 있는 임무를 이용해야 하며, "황해의 한 항구"에 이르는 러시아의 철도 조차권에 대한 이홍장과의 교섭권을 욱똠스키에게 부여해야 한다는 것이었다. 케르베즈가 제기한 견해는 다음과 같다. 5월과 6월의 협상에서 이홍장이 반대했던 5피트의 러시아식 광궤폭에 만일 청 당국도 반대한다면, 러시아는 당시 그가 용인했던 4피트 9인치의 더 좁은 유럽식 궤폭에 동의할 수 있으며, 나아가 우리는 광궤까지도 수용할 수 있는 철도 노반을 설치할 수 있다. "그 같은 조건이라면 협궤에서 광궤로의 전환은 필요에 따라 수일 안에 해낼 수 있다"[5]는 것이었다.

로마노프(P.M.Romanov)는 찌글러(E.K.Tsigler)의 지지를 받아 협궤라는 구실 제기에 반대했다. 그는 청국과의 교섭에 변동이 없어야 하며, 또 조선에서 외국의 조차철도가 광궤로 부설되어야 한다는 러시아측의 고집은 빤히 들여다보이는 속임수라는 이유를 들었다.[6] 결국 회의는 열강과 청국의 반대가 고조되지 않도록 교섭을 신중하게 해야 하고, 청측의 거부 가능성을 줄이기 위해 교섭에 대한 철저한 사전준비를 해야 하며, 서두르다가는 추가경비로 동청철도에 과중한 부담이 될 수 있는 남만주지선 작업은 천천히 이루어져야 한다는 등의 일반적인 정책을 채택하였다. 회의는 케르베즈의 다른 제안도 채택하였다. 즉 동청철도의 연료 보급이 필요하다는 이유를 들어, 동청철도가 목단 근처에 있는 저탄소까지의 지선 조차(租借)까지도 교섭해야 한다는 것이었다. 훗날 이 철도를 황해까지 확대시키는 것은 당연한 순서이며, 이에 대한 허락 또한 더 쉽게 얻어낼 수 있으리라는 것이었다.[7]

이 회의에서 추천한 사항은, 동청철도 남만주지선의 종착지를 조선에서 확보하기 위해 위떼가 로뜨슈테인과 협의한 이후에 내린 결정과

연결된 것으로, 청국정부와의 교섭을 위해 욱똠스키에게 지시할 주요
사항들의 기초가 되었다.[8] 욱똠스키는 동청철도 남쪽 지선 부설을 위해
청국정부로부터 원론적인 승인을 얻어내도록 지시받았다. 더욱 구체적
으로는 동청철도에서 조선의 한 항구까지, 그리고 동청철도에서 만주를
가로질러 청제국북부철도(Chinese Imperial Northern Railway)와 만나
는 지점인 금주(錦州, 오늘날 景縣)까지의 러시아 철도 계획에 대한 청
국측의 동의를 유도하라는 것이 그 지시내용이었다. 그 밖의 다른 지시
사항은 동청철도 요원들과 대행기관들의 권한을 증가시키는 문제를 다
루어야 한다는 것이었다. 이에 욱똠스키는 동청철도의 주요 엔지니어들
을 위해 만주 동삼성의 총독들과 직접 교섭할 수 있는 권리를 확보하였
다. 그리고 러·청은행의 은화 주조권과 아울러 발행된 지폐가 원활하게
유통되도록, 청국이 입법조치를 해야 한다고 요구하였다.

　5월 중순 상해에 도착한 욱똠스키는, 북경의 포코띨로프를 통해 이홍
장에게 1백만루블을 전달하였다. 처음에 이홍장은 새 교섭을 흔쾌히 받
아들일 것처럼 보였으나 뇌물이 그의 손에 들어가자마자 태도가 바뀌
었다. 6월, 총리아문에서의 욱똠스키와의 첫 회담에서 이홍장은 "우리
는 당신네들이 우리의 안뜰까지 들어오도록 허용하였는데, 이제는 아내
와 아이들이 있는 내실에까지 밀고 들어오려 한다"[9]고 일갈하면서 성난
듯이 말하였다. 금주(錦州)까지의 러시아 지선을 논의하면서, 욱똠스키
는 총리아문에서 이홍장과 절충하는 가운데 심한 언사를 들어야 했고
심지어는 관련 러시아측 인사들에 대한 비난의 화살을 온몸으로 받아
내야 했다.[10] 이에 욱똠스키는 의제를 포기하기로 결심하고, 오로지 만
주철도의 "불할양" 보장만을 요구하였다. 총리아문 역시 남만주지선을
거부하였고, 조선의 한 항구까지의 지선에 대해서는 논의조차도 하려
들지 않았다.[11]

　따라서 욱똠스키의 임무는 완전히 실패하고 말았다. 러시아의 처지
에서 볼 때 더욱 곤혹스러운 일은 이 같은 실패가 이홍장으로 하여금
남만주에서의 러시아 계획에 맞서 대응조치를 강구하도록 재촉했다는

점이다. 1897년 7월 31일, 이홍장은 자신의 만주에서의 철도 확대 계획에 대해 황제의 동의를 얻어냈고, 그 실행자로는 홍콩-상해은행에서 근무하던 사람을 임명하였는데, 그는 오랫동안 청국 철도 일을 했던 영국인 기술자 킨더(C.W.Kinder)의 영향력 아래 있던 사람이었다.[12] 위떼는 이 임명을 외교적 수단으로 막기 위해서 러시아 외교관들을 통해, 어떠한 철도도 만주에 부설할 수 없으며, 설령 부설한다고 해도 러시아가 부설할 것이라는 약속을 청국으로부터 받아내기 위해 무라비요프를 설득하려 하였다.[13] 그러나 무라비요프는 청측으로부터 이 약속을 받아낼 가능성이 없다고 생각하였다.[14] 이홍장은 자신의 유리한 지위를 이용하여 러·청은행에게서 두 건의 소규모 차관을 얻었는데 은행은 감히 이를 거절하지 못하였다. 1897년 9월에 이홍장은 영·미 광산엔지니어그룹에 최종적인 개발을 맡길 양으로 남만주의 광상(鑛床) 조사 개시를 허용하였다.[15] 이홍장에 의한 청국의 독자적인 정책은 1897~1898년 교주와 여순의 사태 확산으로 말미암아 그 이상 진전되지 못하고 저지되었다.

독일은 1895년부터 동아시아에서 저탄기지나 해군기지를 획득하는데 관심을 보여왔으며, 그해 빌헬름 2세는 독일의 무역 이익이 영국 다음으로 큰 청국에서 기지 하나를 확보할 것을 시사하였다.[16] 1895년에 독일이 삼국간섭에 참여한 이후에는, 그 바람이 실현 가능한 것처럼 보였다. 10월 29일에 독일은 자국과 러시아에 주재하는 청국 대사들을 통해 독일에게 한 항구를 조차해 줄 것을 청국에 요청하였다.[17] 청국인들은 즉각적으로 거부하지는 않으면서도 그 같은 조차가 청국의 영토보전에 대한 총체적인 공격을 초래할지도 모른다는 점을 지적하였다.[18] 1897년 봄 독일의 동아시아함대 사령관 티르피츠(Alfred von Tirpitz) 제독과 청국 주재 독일공사 헤이킹 백작(Baron von Heyking)은, 독일의 항만전문가 게오르그 프란치우스(Georg Franzius)의 보고를 수용, 교주항이 독일 해군의 필요에 가장 적합한 항구라는 데 의견을 같이 하였다.[19]

교주 조차를 청국과의 교섭을 진행하기 전에, 독일은 교주만에 대한 러시아의 관심이 어느 정도인지를 문의하였다. 독일은 러시아가 교주만에 선취특권을 가지고 있지 않을까 두려워했는데, 그 이유는 1895~1896년 겨울에 러시아 함대가 동계 정박지로 교주를 이용한 적이 있었기 때문이다.[20] 더욱이, 이른바 "카씨니협약"에 의하면 러시아는 15년 동안 항구의 독점적 사용권을 갖고 있었다.[21] 이홍장이 1896년 6월 베를린을 경유할 때, 독일 외상 비버슈타인(Marshall von Bieberstein)은 러시아가 교주에 대한 권리를 가지고 있는지 여부를 직접적으로 물어왔는데, 이때 이홍장은 러시아가 그런 권리를 가지고 있지 않다고 힘주어 대답하였다.[22]

독일은 당시 러시아 당국자 여러 사람들에게 의견을 물었다. 헤이킹은 러시아 태평양함대 사령관 알렉쎄프 제독에게 접근하였는데, 그는 한때 러시아해군성이 교주항을 고려했다가 거부한 적이 있다는 정보를 전해주었다.[23] 무라비요프와 협의한 러시아 주재 독일 대사 라돌린(Radolin)은, 러시아가 1897~1898년에 교주를 동계 정박지로 사용하려 한 적이 있기 때문에 독일은 더 남쪽의 항구를 찾아야 할 것이라는 실망스런 조언을 들었다.[24] 그러나 북경의 카씨니가 독일 공사에게 말하기로는 "자신은 확실히 말할 수는 없지만" 러시아가 조선에서 항구 하나를 찾을 수만 있다면, 교주항은 분명히 어떤 선취특권으로도 묶이지 않게 되리라는 것이었다.[25]

1897년 8월 2일부터 8월 11일까지 국빈 방문차 러시아에 있었던 빌헬름 2세는, 하루는 짜르스코예 쎌로(Tsarskoe Selo)에서 페테로프(Peterof)까지의 퍼레이드에서 마차로 돌아오는 동안 니꼴라이 2세에게 교주항을 화제로 끄집어냈다. 위떼는 이 이야기를 1900년초의 회담,[26] 자신의 회고록,[27] 그리고 역사가 딜론(E.J.Dillon)에게 제공한 자료에서,[28] 유포시켰다. 즉 퍼레이드에서 돌아오는 동안 짜르는 빌헬름 2세에게 독일의 교주 점령에 대해 무조건적인 동의를 표했는데, 그 이유는 아마도 니꼴라이 2세가 교주에 대한 러시아의 우선권을 몰랐거나, 단순히 "의지가 약한" 짜르가 "고집스러운" 독일 황제의 호소를 저버릴 수 없었기 때문이었다는 것이다.[29] "페테로프 협약"에 대한 이 같은 설명은 니꼴라이 2세가 빌헬름 2세를 좋아했기 때문에 그의 영향을 쉽게 받았다는 해석을 불러 일으켰다.

십중팔구는 그 반대가 옳을 것이다. 니꼴라이 2세는 빌헬름 2세를 러시아의 제독의 계급으로 선임하는 데 정중하게 동의는 하였지만, 그것을 혐오하며 실행했다. 같은 날 짜르는 모후에게 "그 일은 생각하기조차 역겹습니다"[30]라고 썼다. 그리고 카이저가 러시아를 떠나자 짜르는 모후에게 "독일인의 방문이 끝난 것을 신께 감사합니다"라고 썼다.[31] 실제로 짜르스코예 쎌로에서 페테로프까지 동승한 이후, 짜르는 무라비요프에게 그들이 나눈 대화의 요점을 알려주었으며, 빌헬름 2세도 그것을 러시아 방문시 동행했던 뷜로우 수상(Chancellor von Bülow)에게 알려주었다. 독일측 설명에 따르면, 짜르는 필요시에 러시아 동아시아해군 당국자들의 허락을 받아 독일 함대가 교주에 일시적으로 방문할 수 있다고 동의했음이 분명하다. 러시아가 교주에 장래 어떤 의도를 가지고 있는지에 대해서, 짜르는 "러시아는 이 항만의 사용권을 보유하는 데 관심이 있으며, 그것을 어떻게 획득할 것인지는 이미 생각해 둔 바가 있다"[32]고 대답하였다.

당시 독일은 이 문제를 강행하기로 결정하였다. 라돌린은 무라비요프에게 독일은 9월 21일에 임시정박에 대한 짜르의 승인을 이용할 것이라고 통보하고, 무라비요프는 독일의 결정을 짜르에게 보고하겠다고 약속하였다. 10월 1일에 청국 주재 독일 공사가 총리아문에 통보하기로는, 독일 함대가 교주에 정박하기로 했으며, 러시아정부의 동의—실제와는 다소 거리가 있는—에 대해 언급하였으나, 정박 기간에 대해서는 어떠한 언급도 회피하였다.[33] 더 이상의 조치를 취하기에 앞서 독일은 다시 한번 러시아로부터 모종의 동의를 얻고자 하였다. 그 외교적 조치(démarche)는 무라비요프의 프랑스 방문에 맞추어졌다. 10월 14일에 상트 페테르부르그 주재 독일 대리공사 치쉬르스키(Tschirsky)는 외무차관 람스도르프(V.N.Lamsdorff) 백작에게 독일은 짜르가 이전에 한

약속을 이용할 것이라고 알렸다.[34] 그러므로 람스도르프는 곤경에 처하
게 되었다. 당시 교주에는 러시아 선박이 한 척도 없었을 때였으므로
그는 독일의 요청을 거부할 수는 없었지만, 그것이 선례가 될 수도 있
었고, 또 독일 전함들이 그 후부터 교주 정박권을 요구할지도 모르므로
동의를 표하지도 않았다. 람스도르프는 다른 핑계를 대며 이 문제를 회
피하였다. 즉, 그는 러시아가 1895~1896년 겨울에 한해 교주 정박권을
가졌기 때문에, 독일이 요구한 권리를 러시아가 허용해 줄 처지가 아니
라는 견해를 치쉬르스키에게 밝혔다.[35]

1897년 11월 2일 산동에서 두 명의 선교사가 살해당한 것은, 독일이
더욱 전진적인 조치를 취할 수 있는 구실을 제공하였다. 11월 6일에 빌
헬름 2세는 자신의 태평양함대에게 교주로 가서 청국정부에 보상금을
요구하라고 명하였다.[36] 같은 날, 빌헬름 2세는 니꼴라이 2세에게 다음
과 같은 페테로프회담에 대한 언급을 첨부하며 자신의 의도를 전보로
보냈다.

　　짐은 페테로프에서의 사적인 회담에 의거하여 우리 함대가 교주로
　이동하는 것을 그대가 승인하기를 희망합니다. 교주가 습격자들에 대
　한 대항 작전을 펼 수 있는 유일한 항구이기 때문입니다. 나는 독일의
　카톨릭 중앙당에게 그들의 선교단을 방어할 지위에 있음을 보여줄 의
　무가 있습니다. (습격자들에 대한) 응징은 필요하며, 그것은 모든 기독
　교도들에게도 유익할 것입니다.[37]

짜르는 11월 7일에 다음과 같이 회답하였다. "나는 이 항구가 1895~
1896년 겨울 잠시동안만 우리의 것이었다는 사실을 최근에야 알았기
때문에, 교주에 독일 함대를 파견하는 것은 승인할 수도, 거부할 수도
없습니다."[38]

이 답신으로 독일은 러시아의 교주 선취특권에 관한 이전의 모든 선
언은 무효라고 주장할 수 있었다. 11월 9일에 베를린 주재 러시아 공사

오스텐 작켄(F.P.Osten-Sacken)은 무라비요프가 보낸 두 통의 전문을 외무성에 전달하였는데 여기에는 러시아의 새 주장들이 담겨 있었다.[39] 전문에서 무라비요프는 두 명의 선교사 살해에 관해 청국이 이를 배상 하게끔 유도하는 일을 수행할 의사가 있음을 나타냈다. 러시아는 교주 에 관한 확고한 자국의 주장을 이 전문에서 최초로 피력하였다. 즉, 그 것은 러시아가 1895~1896년 교주에서 겨울을 난 적이 있으므로, 만일 그 항구를 다른 열강에게 양도할 경우 자동적으로 우선권을 가지는 "우 선정박권(*droit de premier mouillage*)"을 청국으로부터 부여받았다는 사실에 기초하였다.[40] 무라비요프는 독일 함대가 교주에 진입할 경우, 러시아 동아시아 제독에게 러시아 함대를 교주만에 파견하라는 훈령을 내려놓았다고 덧붙였다.

11월 10일부터 24일까지 호헨로헤(C.K.von Hohenlohe)와 빌로우 수 상은 이 같은 교착상태에 대해 러시아 공사와 논의하였다. 그들은 교주 에 관한 러시아측의 어떠한 사전조정도 인정하기를 거부하였으며, 러시 아를 청국으로부터 배상을 받게 해줄 중재자로도 받아들이려 하지 않 았다. 두 사람은 오스텐 작켄에게 다음의 사항을 지적하였다. 즉 러시아 는 동아시아에서 독일을 선린국으로 환영해야 하며, 러시아도 자국만의 항구를 취할 수 있으며, 러시아 선박들은 독일의 허용을 받아 교주항을 이용할 수도 있다는 것이었다.[41] 독일 정치가들은 자신들의 입장을 수 용하도록 러시아인들에게 압력을 행사하면서, "서구로 눈을 돌리라"[42] 고 위협하였다. 영국 정치인들이 독일의 교주 점령을 북쪽에 있는 러시 아에 대한 대응조치(counterbalance)로 받아들여, 이를 반대하지 않을 것이기 때문이었다.

11월 14일에 디데리히스(Diederichs) 제독은 독일 함대를 이끌고 교 주에 진입했다. 4일 후 북경 주재 러시아 공사 파블로프는 러시아 함대 가 독일 함대를 추적하여 교주만에 진입하라는 명령을 받았다는 정보 를 입수하였다.[43] 러시아는 청국의 배후에 있는 듯이 보였다. 또 비공식 적으로 러시아는 독일과의 교섭을 지연시키라고 청국에 조언하였지만,[44] 교주의 운명은 이미 정해졌다. 11월 20일, 러시아 태평양함대에 내린 훈령은 철회되었고,[45] 11월 23일, 무라비요프는 교주가 결국 독일인들에게 넘어갈 것이라는 사실을 인정하였다.[46]

교주에서의 우선정박권 상실이 러시아의 이해에 심각한 타격을 가져다준 것은 아니었다. 러시아 함대는 정박권을 거의 이용하지 않았다. 일본은 평화시에만 그 같은 정박권을 사용하는 것을 묵인했으며, 1895년부터 외국전함이 자국 항구를 사용하는 것에 제재를 가하였다. 러시아 전함은 당시까지도 주로 나가사키(Nagasaki)를 비롯한 일본의 항구들을 사용하였다. 이들 항구에서 러시아전함은 대체로 따뜻한 환대를 받았으며, 홍콩의 시설들을 제외하면 동아시아에서는 유일한 대규모 드라이독 시설을 이용할 수 있었다.[47] 더욱이 러시아가 더 바람직한 항구 한 곳을 획득할지도 모른다는 전망까지도 제기되었다.

독일인들이 교주에 상륙했다는 소식이 11월 15일 북경에 전해졌을 때, 이홍장은 "즉각 러시아공사관으로 달려가서 러시아의 도움을 요청하였으며, 러시아 대리공사에게서 상트 페테르부르그로 보내는 암호전문을 받아내기 전까지도 공사관에서 떠나지 않았다."[48] 요청의 성격이 무엇이었는지는 이 전문의 발췌문이나 같은 날 러시아 공사가 보낸 또 다른 전문에서 찾을 수 있다. "러시아는 필요하다면 청국정부의 무기고, 창고 등을 사용할 수 있으며, 외국인들이나 우리 선박에 단 한 번도 개방된 적이 없는 모든 항구를, 원할 때마다, 예외 없이 개방한다는 데 청국 각료들은 무조건 동의한다고 선언하였다."[49] 이러한 호소는 독일에 대항하여 1896년 6월 3일의 러·청조약을 상기시키기 위한 시도인 것처럼 보인다. 이는 또한 독일의 교주 점령에 대한 역조치로서 청국의 몇 개 항구를 러시아가 임시로 점령하도록 직접적으로 유인하는 것이기도 했다.

이 점령을 지지하면서 무라비요프는 1897년 11월 23일에 장문의 각서를 짜르에게 제출하였다., 그 각서는 동아시아에서의 러시아의 정치 및 해군 상황을 요약하고 또 이미 포기한 교주에 대한 러시아의 주장들을 다시 상기시키는 것이었다. 무라비요프는 교주는 잃었지만 큰 손실은 아니라고 생각했다. 왜냐하면 교주가 러시아의 세력범위와 떨어져 있고 러시아해군 정박소나 기지로서는 부적당하였기 때문이다.[50] 사실상, 무라비요프는 독일의 교주 점령을 오히려 사건의 "유리한" 국면전환으로 받아들였다.[51] 즉 그것은 러시아에게 부동항 획득의 기회를 제공한 것이다.[52] 주된 문제는 어디서 부동항을 취할 것인가 하는 점이었다. 무라비요프는 조선의 동해안에 위치한 부동항을 고려하지는 않았다. 그 항구들은 일본 함대가 쉽게 봉쇄할 수 있어서 러시아선박에게는 함정이 될지도 모르기 때문이었다.[53] 비슷한 이유에서 그는 해군이 부산항을 모색하는 것도 찬성하지 않았다.[54] 이 문제에 가장 관심이 많은 부서이면서 항구선택에서 가장 유능한 해군성은 아직까지 그들의 선택을 무라비요프에게 말하지 않았다.[55]

따라서 무라비요프는 요동반도에서 한 항구를 획득할 것을 제의하였는데, 그동안 탐사해온 대련만이 러시아 해군의 필요에 부응한다고 생각하였다.[56] 무라비요프는 이 항구를 획득하는 데는 조속한 결단이 필요함을 덧붙였다. 즉, 여타 열강이 독일의 선례를 따라 대련만을 점령할지도 모르며, 또 결단만이 "동양인들"을 다룰 수 있는 유일한 방법이라는 것이었다.[57]

니꼴라이 2세는 같은 날로 이 각서를 승인하며 무라비요프에게 다음과 같이 썼다.

짐은 이 각서에서 내린 결론에 전적으로 동감하며, 이번에 기회를 잃으면 안 되므로 이를 고려하여 이번 금요일 11월 26일 2시에 회의를 소집한다. 내 이름으로 이를 육군상, 해군성 국장, 재무상에게 통보해 주기 바란다. 짐은 장래 우리의 부동항이 요동반도나 한국해(Bay of Korea, 요동반도 맞은편에 위치한 - 역자)의 북동쪽 어딘가가 되어야 한다는 입장을 늘 견지해왔다.[58]

11월 26일에 짜르가 소집한 회의에는 육군상, 재무상, 외상과 해군성

국장이 참석하였다.[59] 무라비요프가 제안한 조치들을 논의하면서 각료
들은 의견이 엇갈렸다. 무라비요프는 러시아가 대련만이나 여순과 같은
부동항을 점령할 적절한 때라는 자신의 각서에 언급된 견해를 지지하
였다. 그리고 자신은 러시아에게 그러한 항구가 필요할지 그리고 어떤
항구가 되어야 할지를 판단할 능력이 없다는 사실도 언급하였다.[60]

　위떼는 보상정책에 반대하였다. 그는 만일 러시아에게 교주가 필요
없다면, 독일의 교주점령은 무시할 수도 있는 문제라고 주장하였다. 위
떼의 언급에 따르면, 보상물을 취하는 것은 1896년 6월 3일의 러·청동
맹의 정신을 위반하는 것이다. 러시아가 보상물을 취한다면 일본도 덩
달아 보상을 취하지 못하도록 하기 위해 청에게 약속한 바를 러시아가
반드시 이행하지 않으면 안 될 것이기 때문이다. 더욱이 일본은 독일과
러시아의 예를 따라 몇몇 항만을 점취함으로써, 러시아가 6월 3일 조약
에 따라 일본과 전쟁을 치루어야 하는 상황을 야기할지도 모르기 때문
이었다.[61]

　육군상 반노프스키(P.S.Vannovskii)는 거의 의견을 내놓지 않았다.
그는 동아시아에서 부동항을 획득하는 것이 필요하다고 보았으므로 자
연히 시기가 적절하다면 러시아가 여순을 획득해야 한다고 보았다. 그
러나 그는 결정적인 선택은 해군성 국장에 달려 있다고 생각하였다.[62]

　해군성 국장 티르또프(P.P.Tyrtov)는 여순이 러시아 태평양함대의
필요를 충족시켜 줄 것으로는 확신하지 않았다. 그는 당시까지도 조선
의 항만들이 더 적합하다고 간주하였으나, 그 항만들을 취할 만한 시기
가 정치적으로 성숙하지 않았다는 사실을 깨달았다. 그러므로, 그는 러
시아가 당시 상황에서 어떠한 조치도 취해서는 안 되며 2, 3년 후에 블
라디보스톡을 사용하는 데 만족해야 할 것이라고 조언하였다. 그는 앞
으로 조선의 항구를 획득할 또 다른 기회가 올 것이라고 보았다.[63]

　회의의 최종 결정은 결국 여순이나 다른 어떤 항구도 점령하지 말자
는 것이었다. 부동항 획득의 열망이, 청국과 조선에서의 세력권과 영토
쟁탈전에서 여타 열강을 자제시키려는 정책에 밀려난 것이다. 1897년 9

월 새로 설립된 한·러은행을 수단으로 하여 조선에 대한 경제적 침투정
책을 맹렬하게 추진해 온 위떼에게 이 같은 정책의 대세는 특히 바람직
하였다.[64]

1897년 11월 26일과 12월 11일 사이의 어느 날 니꼴라이 2세와 무라
비요프는 11월 26일의 특별각료회의의 결정을 뒤엎었다. 그 동기와 번
복과정을 설명해 주는 사료는 없다. 위떼는 자신의 회고록에서 번복의
이유를, 1896년 5월과 6월의 위떼와 로바노프의 성공적인 교섭에 대한
무라비요프의 시기(猜忌)와, 동아시아에서 위떼와 유사한 성취를 거두
어 "자신을 돋보이게 하려는" 무라비요프의 야심의 탓으로 돌렸다. 위
떼는 또한 무라비요프가 독일의 교주 점령을 이용하여, 영국이 여순을
장악하려 할지 모른다는 두려움을 짜르에게 주입시켰다고 비난하였
다.[65] 정책 변경은 짜르의 승인이 필요했다. 그러므로 비록 정책 변경의
동기에 대한 위떼의 분석이 옳았다고 할지라도 그 책임은 니꼴라이 2세
에게도 있었다. 여순 점령을 지시하는 것은 무라비요프의 직분에 해당
하는 일이 아니었다. 12월 11일에 그는 러시아외무성을 통해 북경의 파
블로프에게 다음과 같이 통고하였다. "11월 15일의 청국의 제안을 우리
가 수락한다는 의미로, 레우노프(Reunov) 해군소장 휘하의 함대가 즉
각 여순에 급파되었다. 함대에 대한 우호적인 환영 지시를 내려야 할
것이다."[66]

여순 점령의 결정은 12월 14일에 독일 주재 러시아 대사를 통해 빌헬
름 2세에게 통보하였다. 무라비요프는 청국정부의 "동의" 아래 러시아
함대가 추후 지시가 있을 때까지 여순에 일시적으로 정박할 것이라고
언급하였다. 그는 짜르가 "독일과 러시아가 동아시아에서 공조할 수 있
으며 또 공조해야 한다는 점을 인식하며"[67] 이같이 사전에 정보를 제공
한다고 덧붙였다.

빌헬름 2세는 기뻐하였다. 12월 17일에 그는 외무성을 통해 러시아의
행동에 찬성의사를 전달하였다.[68] 19일에 그는 짜르에게 "여순에 귀국
의 함대가 도착한 데 대한 나의 축하인사를 받아주시오"[69]라고 손수 전

보를 쳤다. 같은 날, 빌헬름 2세는 니꼴라이 2세에게 보낼 메시지를 오스텐 작켄(베를린 주재 러시아 대리공사)에게 맡겼다. "당신의 적이 일본인이든, 영국인이든 이제는 나의 적이 되었소. 그리고 그가 누구든지, 무력으로 당신의 뜻을 방해하기 위해 분쟁을 일으키는 자는 모두 귀국의 전함 곁에 있는 독일 함대를 마주해야 할 것이오."[70] 빌헬름 2세가 러시아 대리공사를 통해 짜르에게 이 같은 메시지를 보낸 것은 독일이 여기에 얽매이지 않기 위한 방법이었다는 점에서 주목해야 할 것이다. 이와는 반대로 니꼴라이 2세가 직접 빌헬름 2세에게 1897년 11월 7일에 보낸 전문도 교주에서 가지고 있던 러시아의 우선적 권리에 대한 언급들을 독일이 무시하게끔 만든 적이 있다.

여순의 "일시적" 점령이 처음부터 여순에 영속적인 러시아 기지를 설립하기 위한 것이었는지는 확실하지 않다. 러시아 함대는 1897년 12월 19일에 여순항에 "정당한" 방식으로 입항하였다.[71] 군대를 상륙시키지 않았으며, 두 달 동안 어떠한 상륙작전도 전개하려 하지 않았다. 12월 25일에 영국 순양함 두 척이 러시아 함대와 나란히 정박할 의도로 여순에 입항하자, 러시아 제독은 분명히 청국 당국으로 하여금 항의하도록 촉구하면서도, 정작 영국측에는 아무런 항의도 하지 않았다.[72]

이홍장이 청일전쟁 배상금의 마지막 지불분인 1백만 냥의 차관을 얻기 위해 러시아에 접근하였던 1897년 12월 14일, 부동항을 획득할 수 있는 또 다른 기회가 찾아왔다. 16일에 위떼는 이 차관을 다음과 같은 조건으로 지원한다는 데 동의하였다. (1) 러시아만이 만주와 몽고에서의 철도부설권과 그곳의 광산 및 산업회사들의 운영권을 갖는다 (2) 동청철도는 황해에서 영구(營口, 요하 입구) 동부의 한 항구까지의 지선부설권을 갖는다 (3) 러시아는 선택된 항만에 한 항구를 건설할 수 있으며 러시아기를 게양한 모든 선박이 이 곳에 입항할 권리를 가진다.[73] 러시아로부터 그 같은 요구조건을 재촉받은 청국은 영국으로 방향을 돌렸다. 그러나 영국측 조건 역시 버마에서 양자강까지의 철도권, 양자강 유역의 "불할양", 대련항을 조약항으로 개방할 것 등을 포함하는, "더할 나위없이 노골적인"[74]것이었다. 국내의 대부로 자금을 모집하는 데 실패한 후에야[75] 이홍장은 다시 러시아에게로 향했다. 그러나 이홍장은 만주와 몽고를 러시아가 독점하도록 하는 러시아측 제안의 몇 가지 점이나, 러시아가 여순을 보유하도록 허용하는 조항들은 완강하게 거부하였다. 이홍장은 러시아의 관심을 압록강 입구의 한 항구로 돌리고, 러시아가 여순에서 철수할 것이라는 구두약속을 받아내려 하였다.[76] 자신의 역제안이 실패하자 이홍장은 영국측 차관 쪽으로 다시 방향을 바꾸었다.

러시아 차관에 따른 조건들을 청국이 수용할 경우 러시아가 거두어들일 수 있는 이점은, 여순을 일시적이고도 불확실하게 점령함으로써 얻을 수 있는 이점보다도 가치가 있었다. 여순을 차지해야 한다는 것이 자신의 계획이었지만, 무라비요프는 차관교섭을 성사시키기 위해서라면 무엇이든 양보하였고, 1898년 1월 4일에 파블로프를 통하여 다음과 같은 전문을 총리아문에게 통지하였다.

> 우리는 어떠한 영토 획득의 의도도 갖고 있지 않으며 정치적 상황이나 러시아와 청국의 이해가 우리로 하여금 그렇게 하도록 허용하면 여순과 대련만을 떠날 것이다. 청국과 우리의 우호를 생각할 때, 우리는 나가사키 기지를 이용할 필요를 줄이기 위해 발해만(Gulf of Pechili)이나 조선에 우리의 기지를 완벽하게 확보하여 사용할 수 있도록 북경정부가 제공해 주기를 기대한다.
> (동청철도에서 금주까지의)연결철도 조차권의 보장과 함께, [군사]교관 및 철도 등과 같은 문제들에 대한 구두약속의 서면보장을 요구한다.[77]

따라서 여순항 점령 2주 후, 러시아는 대(對)청국 차관을 성사시키기 위해 그리고 자국의 새롭게 축소·수정된 목적을 위해 철수를 준비하였다.[78]

그러나 여순에서의 부동항 획득계획과, 남만주까지의 한 철도에 우선점을 둔 위떼의 계획 사이에서 갈피를 잡지 못한 러시아의 우유부단함은, 무라비요프가 자신의 동료의 계획이 성공하지 못할 것이라고 생각한 1898년 1월에 다시금 드러났다. 1월 20일에 무라비요프가 전보를 통해 파블로프에게 훈령한 내용은 다음과 같다. 즉 청국정부가 러시아에게 여순을 조차해 줄 수 있는지를 문의하되, "차관에 관한 우리의 교섭에 해가 되지 않도록 아주 신중하게 문의하라"[79]는 것이었다. 같은 날, 파블로프는 영국측이 차관제공권을 확보하기 위해 총리아문의 관료들에게 상당한 뇌물을 제공한 사실을 알아냈다.[80] 위떼는 영국의 선례에 따라 포코띨로프에게 다음과 같이 지시하였다. 즉 이홍장이 러시아차관 수락을 성사시키려 한다면 1백만 루블을 그에게 제공하고, 차관협약 조인을 위해 청국이 적당한 친러적 대표를 상트 페테르부르그로 파견하면 다시 1백만 루블을 주라는 것이었다.[81] 이홍장은 노회하게도—은근히 동의를 암시하면서도[82]—이를 즉각 거부하였다. 2월 1일에 러시아 주재 청국 공사가 러시아차관에 대한 청국의 단호한 거부를 러시아외무성에 알려왔을 때 위떼의 희망과 계획은 산산이 부서지고 말았다.[83] 청국은 홍콩-상해은행조합과 독일-아시아은행(Deutsche-Asiatische Bank)에 1천 6백만 파운드 스털링을 요구했고, 영국의 양자강 유역에 대한 "불할양" 요구를 들어주었다.[84] 청국은 자국에서 영국의 무역량이 다른 열강을 초과하는 한, 영국인들만이 청국세관의 총세무사직을 차지할 수 있을 것이라는 점을 약속했다.[85] 동시에 독일은 교주조차에 관한 재보장을 약속받았다.[86]

2월 1일 이후에는 부동항을 획득하는 것이 최우선적인 계획이 되었다. 임시 국방상인 쿠로파뜨킨(A.N.Kuropatkin) 장군은 공개적으로 여순항 보유를 주장하였고, 위떼조차도 반대의사를 철회하였다. 위떼는 여전히 부동항 획득계획을 좋아하지 않았고, 여순을 보유하는 것은 러·청관계에 균열을 가져올지도 모른다고 두려워하였다. 그러면서도 여순에서 모두 철수하는 것보다는 동아시아에서의 목적을 자제하면서 대세에 동참하는 것이 더 나을 것이라고 생각하였다.[87] 특별위원회는 여순조차(租借)에 관해 청국에 부과할 적절한 요구를 구체화해 가면서 2월 중순부터 끊임없이 회의를 계속하였다.[88] 이 특별각료회의 가운데 2월 중순에 열린 회의[89]에는 가장 중요한 고위 당국자들이 다 모였다. 해군 제독 알렉산드로비치(Alexei Alexandrovich) 대공, 위떼, 무라비요프, 쿠로파뜨킨 장군, 티르또프 제독, 해군참모총장 아벨란(Avelan) 제독, 육군참모총장 사하로프(V.V.Sakharov) 장군 등이 그들이다. 이들은 실제적이면서도 구체적인 다음과 같은 결의안을 채택하였다. 이에 따르면 러시아는 (1) 중립구역을 형성하기 위해 북쪽 지역, 즉 요동반도 남쪽 지역의 조차(租借)를 요구하고 (2) 동청철도에서 요동반도의 한 항구까지의 철도부설권을 요구하고 (3) 그 같은 요구들을 충족시키기 위해 여순에 육·해군 합동병력을 파견하기로 하였다.[90] 채택된 결의안에는 청국에 의한 조차지의 행정문제, 조차지와 관련한 청국 군대의 권리, 조차지의 경계 등을 다룬 수많은 세부사항이 포함되었다. 결의안의 구체적인 성격으로 보아 특별회의의 참석자들 대다수가 완전한 합의를 이루었음이 드러난다.

1898년 2월 20일에 무라비요프는 청국과 여순조차 교섭을 재개하였다.[91] 문제를 신속히 처리하기 위해 3월 3일의 교섭은 총리아문과의 직접적인 교섭을 담당할 파블로프와 포코띨로프가 있는 북경으로 옮겨 진행되었다. 청국은 영국과 일본에게 지원을 요청하였으나, 러시아는 교섭을 재촉하기 위해 늘 그래왔듯이 뇌물작전을 썼다.[92] 3월 21일에 파블로프와 포코띨로프가 본국에서 받은 훈령에는, 만일 조차(租借)협정이 며칠 안에 조인된다면 두 명의 청국 교섭상대인 이홍장과 장음환에게 각각 50만 냥의 뇌물을 지급하도록 되어 있었다.[93] 이홍장은 조차 허용에 대해 항의했지만 이번에는 그렇게 격렬하지는 않았다.[94] 열강의 외교대표들은 청국측이 수락할 것이라고 단언하였다.[95] 1898년 3월 27일에 최종적인 조차 조인이 이루어졌고,[96] 결국 러시아는 그토록 오랫동안 염원해 왔던 부동항을 부여받았다. 조차 조건은 대부분 2월 각료회의의 결의를 따른 것이었다. 뒤에 관동(關東)으로 알려진 이 지역은 25년 동안 조차되었으며, 조차는 양국의 동의에 따라 갱신될 것이었다. 8조에 따르면 1896년 9월 8일의 동청철도의 계약조건에 따라 이 철도

의 지선이 대련만까지 부설될 것이었다. 더욱이 러시아는 이 철도의 주
노선의 동쪽은 압록강까지, 서쪽으로는 요하(遼河) 입구인 영구까지 지
선을 부설할 권리를 부여받았다. 조차지의 경계인 중립지역과, 조차지
에서 청국 군대의 제한적인 권한 등은 모두 특별회의의 결의에 의거하
여, 조차계약에 포함되었다.

　부동항을 획득하기 전에 러시아는 자국의 동아시아 팽창에 고질적인
두 적수인 영국과 일본을 달랠 필요가 있었다. 러시아 전함이 여순에
입항한 직후, 영국과 일본 함대가 조선 주변에서 해상시위를 벌였다. 12
월 30일 영국의 강력한 동아시아함대는 표면적으로는 조선인들에게 영
향력을 행사하기 위해, 그리고 조선세관의 영국인 총세무사를 쫓아내려
는 러시아의 기도에 간접적으로 반대의사를 표명하기 위해 제물포에
집결하였다. 그러나 실제로 동아시아함대에게는 러시아 함대를 감시하
고 만일의 사태에 대비하라는 비밀훈령이 내려져 있었다.[97] 일본 함대
는 쓰시마해협을 장악하기 위해서나, 나가사키에 주둔하고 있는 러시아
분대를 저지하기 위해서 쓰시마에 집결하였다.[98] 이 같은 해상에서의
긴장상태는 외교적인 긴장완화 조치가 여순 "위기"를 점진적으로 경감
시킨 2월초까지 지속되었다.

　1898년 1월에는 영국과 러시아 사이에 화해(rapprochement)분위기가
무르익었다. 상트 페테르부르그의 무라비요프와 런던 주재 러시아 대사
스따알(E.E. de Staal)은 여순에 영국 순양함이 계속 출현하는 것은 비
우호적인 처사의 증거로 해석될 수 있다고 영국정부에 불평하였다.[99]
솔즈버리 경은 순양함이 여순에 남아 있을 권리를 강조하면서도 1월 14
일 이전에 함대를 철수시키라고 훈령하였다.[100] 이 같은 화해의 더욱 놀
랄만한 특징은 만주에 대한 러시아의 경제적 침투의 위협과 타협하려
는 영국의 시도이다. 1898년 1월 17일에 솔즈버리는 러시아 주재 영국
대사에게 다음과 같이 썼다.

　할 수만 있다면, 영국과 러시아가 청국에서 제휴할 수 있을지 여부

를 위떼에게 물어보라. 우리의 목적은 그렇게 심각할 정도로 러시아에
적대적인 것은 아니다. 반면에 우리가 하고자 한다면 서로 커다란 피
해를 입을 수도 있다. 그러므로 화해하는 것이 더 낫다. 우리가 러시아
를 동반자로 간주한다면, 북쪽에서 러시아의 상업적 목적을 더욱 진전
시켜 줄 수 있다.[101]

1월말의 솔즈버리의 행동으로 판단하건대, 영국은 북쪽에서의 러시
아의 경제적 우위나 그들의 여순 점령 결과를 두려워하지 않았다. 영국
이 가장 두려워한 것은, 위떼의 1897년 12월 26일의 계획에서 상정되었
던, 더욱 확대된 러시아의 영향력이었다. 위떼의 이 계획은 베를린 주재
러시아 대사가 독일 수상에게 보낸 1898년 1월 2일자 의견서(note-
mémoire)의 표현에서도 발견할 수 있다. 그 의견서는 다음과 같은 문
장을 포함하고 있다.

우리는 직예성, 청국령 투르키스탄, 만주를 포함한 북중국의 여러
성에서의 우리의 배타적인 행동범위를 독일정부가 실질적으로 인정한
원칙에서 출발하였다. 우리는 그곳에서 어떠한 여타 열강의 정치적 영
향력도 인정할 수 없다. 러시아제국 정부는 그 영향력을 확인하고 공
고화하는 데 모든 노력을 기울일 것이다.[102]

이 정책은 곧 러시아의 북중국 독점을 의미한다. 청국을 통해서든 독
일을 통해서든, 영국은 위떼·오스텐 작켄의 러시아 "세력권(sphere of
influence)"이 무엇을 의미하는지 알고 있었다. 1월 22일에 런던 주재
독일 대사가 자신의 견해를 본국에 표명한 바로는, 러시아의 관심은
"여순이나 시베리아(만주횡단)철도"가 아니라, "청제국의 상당부분을
거머쥐려 하며 세계무역에서 청제국을 완전히 물러나게 하려는"[103] 데
있다는 사실을 영국이 명백하게 이해하고 있다는 것이었다. 그리고 이
런 사실은 영국의 이해(利害)와 정면으로 대립되는 것이었다. 같은 1월

에, 국새상서(Chancellor of the Exchequer) 힉스비치 경(Sir Michael Hicks-Beach)은 "정부는 필요하다면 어떤 대가를 치르더라도 청국 시장의 개방을 유지하기로 단호히 결정하였다"[104]고 선언한 연설에서 영국의 입장을 천명하였다. 그리고 영국인들은 여순과 관련하여 그리 놀라지 않았다. 솔즈버리는 심지어 "이제까지 러시아의 정책은 절대적으로 옳았다"[105]고까지 언급하였다.

1898년 2월, 영·독 차관교섭이 성공적으로 종결됨으로써, 1897년 12월 26일의 위떼의 광범위한 계획의 위험요소들이 제거되었다. 그러나 3월, 영국정부는 러시아가 여순을 계속 점령하려고 결정한 것을 알게 되었고, "여순 위기"는 눈 깜짝할 사이에 되살아났다.[106] 3월 25일에 영국은 여순이 러시아의 수중에 떨어졌다고 결론짓고 동아시아에서 러시아의 영향력 증대에 대처하는 최상의 해결책은 위해위(威海威)를 조차하는 것이라고 결정하였다. 솔즈버리는 예상했던 러시아의 여순조차에 대한 영국의 "엄중한 반대"를 러시아정부에 통보하면서, "자국의 권익을 보호하기 위해 최상의 조치를 취할" 권리가 영국에 유보되어 있음을 알렸다.[107] 1898년 4월 19일에 영국은 실질적으로 청국정부의 요청에 따라, 그리고 러시아, 프랑스나 독일 외교관들의 반대도 없이 위해위항을 조차하였다.[108]

여순 획득의 대가로 일본을 유화시켜야 할 필요성은 1897~1898년 조선 문제에서의 러시아의 행동에도 영향을 미쳤다. 1897년 9월 7일, 조선 주재 러시아 공사는 유순한 웨베르(Carl Weber)에서 젊고 공격적인 제국주의자이면서, 알렌(H.N.Allen)이 "무분별한 풋나기", "거만하고 거친 사람"[109]이라고 평했던 스페이르(Alexis de Speyer)로 교체되었다. 스페이르는 마음속에 거대한 계획을 갖고 있었다. 그는 목재, 광산, 철도회사 등의 계획을 진전시켰고, 군대 장악, 세관행정, 그리고 부산 앞 절영도(Deer Island)에 러시아 해군기지 건설 등을 목표로 하였다.[110] 9월에 스페이르는 조선 국왕을 설득하여 모든 미국인 고문관들을 해임하고 오직 러시아인 고문관을 채용하게 하였다. 남아 있던 유일한 미국인 고문관은, 알렌의 말에 따르면, "친러적 인물로서 알콜중독자인데도 조선은 그를 법률 전문가로 채용하였다."[111] 내각의 변화가 뒤따랐으며, 새 각료들이 친러파에서 선발되었다.[112] 이 같은 "우호적인 태도"의 대가로 국왕은 1897년 10월 칭제(稱帝)를 인정할 것임을 러시아로부터 약속받았다.[113]

국왕은 스페이르의 여러 가지 계획에 반대하기에는 무력해 보였지만, 그 이외의 사람들은 스페이르의 계획에 반대하였다. 스페이르는 알렉쎄프(K.A.Alexeev)를 조선세관의 총세무사로 임명하도록 조선의 재무대신에게 영향력을 행사하는 데는 실패했다. 그러나 스페이르는 내각의 친러파로 알려진 외무대신을 통해 10월 25일 알렉쎄프의 임명을 관철시키는 데에는 성공하였다.[114] 다음날, 국왕은 브라운(McLeavy Brown)을 모든 직위에서 해임하였으나, 브라운은 자신의 직위에서 떠나기를 거부하며 해임에 불복, 자신의 통상적인 직권을 계속 행사하였다.[115] 알렉쎄프는 맥리비 브라운을 고립시키기 위해 세관원들의 임금을 두 배로 올려주며 환심을 샀다. 그러나 맥리비 브라운은 자신에 대한 적의에도 불구하고 미동도 하지 않았다.[116] 다소 답답한 교착상태는 맥리비 브라운의 해임에 대한 명백한 항의로서 뷜러 제독(Admiral Büller)의 전함 8척이 제물포에 정박하였을 때인 1897년 12월 31일까지 계속되었다. 이 같은 시위와 함께 서울 주재 영국 영사 조단(J.N.Jordan)이 외교적으로 항의한 결과, 맥리비 브라운은 공식적으로 자신의 직위로 복직했고, 알렉쎄프는 맥리비 브라운 휘하의 종속적인 지위를 받아들여야만 했다.[117]

러시아정부가 서울에서 스페이르의 공격적인 외교로 열리기 시작한 기회들을 너무 오랫동안 지체시켰다고도 볼 수 있고, 동아시아의 여러 사건이 스페이르로 하여금 자신의 계획을 완수하도록 너무 성급하게 재촉한 것으로도 볼 수 있다. 위떼는 1897년 10월 28일 한·러은행(Russo-Korean Bank)의 설립을 열렬하게 지지하였다. 은행의 특허장은 다양한 관료 채널을 통해 오랜 시간이 걸려 통과되었지만, 12월 17

일까지도 짜르의 승인을 받지 못하였다. 12월 23일자로 한·러 은행은 서울에 첫 지점을 열 수 있는 권리를 청원하여, 1898년 2월말에 실질적으로 설립되었다.[118] 12월 11일에 무라비요프는 "여순행"을 채택함으로써 스페이르를 지원하는 데는 실패했다. 12월 19일 러시아 함대가 여순에 입항한 그날, 일본인들은 맥리비 브라운이 해임되고 알렉쎄프가 임명된 데 대항하여, 1896년 6월 9일의 모스크바의정서를 지적하며 러시아인들에게 항의서를 냈다.[119] 일본의 항의는 논란의 여지가 있었으나, 진심으로 여순에 관심을 가지고 있던 무라비요프는 그들이 제기한 한 가지 점은 일본인들에게 양보하기로 하였다. 그는 "현재의 정치적 상황에서 우리는 일본과 우호관계를 유지해야 할 절대적인 필요에 직면해 있다"[120]는 이유를 들었다.

러시아의 행동에 대한 일본의 반응을 인식할 필요성은, 요동반도를 둘러싼 1895년의 위기 때보다도 오히려 1897~1898년에 더욱 높아졌다. 러시아 태평양함대는 당시까지도 전함 2척과 장갑 순양함 6척, 1896년 봄 비무장 순양함 1척을 보유함으로써, 3척의 전함, 무장하지 않은 순양함 몇 척과 대부분 낡은 비무장 순양함 12척을 보유한 일본보다 기술적으로는 약간의 우위를 유지하고 있었다.[121] 양국은 1895년 9월 일본에 의해 시작된 건함 경쟁에 돌입했는데, 당시 일본은 최신예 1만 5천 톤급 대형 전함 4척을 건조하기로 결정하였다.[122] 1896년에 시작된 일본의 이 계획은, 역시 4척의 전함건조를 구상한 러시아의 1897년 해군계획으로 대응되었으며, 1898년 3월 10일의 칙령에 따라 그 수가 6척으로 늘어났다.[123] 전함건조율이 부진했기 때문에 양국의 해군계획 모두 1898년의 상황에는 어떤 영향도 주지 못했다. 도쿄 주재 영국 대사 새토우 경 (Sir Ernest Satow)이 일본 참모총장과 회담한 이후 자국 정부에 보고한 바로는, 분명 일본이 러시아와의 일전을 준비하고 있으나 일본 군대는 1902년이 되어야 준비가 갖추어지리라는 것이었다.[124]

일본이 해상문제에만 대비한 것은 아니었을 것이다. 1895년에 러·불·독 삼국이 일본의 대륙 전리품을 토해내게 만든 이후, 평화시의 일본

군은 3배로 확장되었다.[125] 반면, 바이칼호 동쪽의 러시아군은 매우 느린
속도로 증강되었다. 평화시의 일본군이 17만 명이었던 것과는 대조적으
로 러시아는 1897년 11월 동아시아에서 자유이동이 가능한 병력이 4만
명에 불과하였다.[126] 병력의 불균형은 군사전략의 변화로 더욱 두드러졌
다. 1895년 4월에 러시아 육군상은 동아시아는 1만 5천 명의 야전병력
만으로도 충분하다고 생각하였다. 왜냐하면 일본군 7만 명은 일본과 조
선, 만주, 북중국에 흩어져 있지만, 러시아군은 러·일 분규시 청국과 조
선으로부터 도움을 얻을 수 있기 때문이라는 것이다. 그러나 1898년에
일본군이 집결되는 동안, 러시아 군대는 철도부설을 수호하고, 블라디
보스톡에 이어 여순에 수비대를 파견하고, 만주 비적들(Khunhuzes)의
공격에 맞서 우쑤리 국경을 방비하는 등의 부차적인 임무로 제대로 집
결하지 못했다.

1897년 12월 러시아의 여순 점령에 따라 분개한 일본 국민들 사이에
서는 러시아에 대한 공격 여론이 비등하였다. 그러나 이보다는 현명한
조언들이 우세했다. 일본은 러·불동맹이 동아시아로 확대되지는 않을
지, 혹은 독일의 교주(膠州) 점령 배후에 공동행동을 위한 동맹—혹은
적어도 협약—이 있는 것은 아닌지에 대해 판단을 내리지 못하고 있었
다.[127] 그러나 무라비요프는 이전에 잠시 파리에 머물렀을 때, 프랑스로
부터 단지 외교적 도움만을 기대할 수 있다는 사실을 귀띔 받은 적이
있었다. 그는 특히 낡은 전함 1척과 5척의 비무장 순양함으로 이루어진
프랑스 동아시아함대의 취약함을 감안하면, 러시아가 동아시아에서 프
랑스의 군사적 조력을 기대하기란 어렵다는 사실을 깨달았다.[128] 독일은
분명 동맹국은 아니었다. 교주사태에서 독일의 조치들이 러시아의 남만
주 침투와 여순 획득에 도움이 되었고 빌헬름 2세가 동아시아에서 니꼴
라이 2세의 이해를 치켜세우고 고무하긴 하였지만, 동아시아에서 러·불
의 제휴에 맞선 재정적인 경쟁에서 함께 손을 잡은 것은 독일과 영국이
었기 때문이다.

동아시아에서 러시아군에 대한 일본군의 수적인 우위, 양국 사이의

불확실한 정치의 조정, 그리고 해군력의 아슬아슬한 균형 등은 러시아와 일본에게 신중하게 행동하도록 영향을 미쳤고 조선에 관해서는 타협하도록 만들었다. 1898년 2월 16일에 상트 페테르부르그 주재 일본대사는 러시아외무성에 조선에 관한 다음과 같은 새 협정안을 제시하였다. (1) 일본과 러시아는 조선의 독립을 보장한다 (2) 러시아는 조선군대의 군사교관을 임명한다 (3) 일본은 재정고문관을 임명한다 (4) 러시아와 일본은 상공업상의 문제에서 새로운 조치들을 취하기에 앞서 사전에 협약한다.[129] 이 제안은 위떼의 강한 반대에 부딪쳤다. 그는 방금 몽고와 만주에서 러시아의 헤게모니 장악계획의 실패를 경험했고, 또 한·러 은행이 서울에 지점 하나를 설립한 이후 조선에 적극적인 관심을 갖고 있던 터였다.[130] 그러나 이보다는 만주에 모든 역량을 집중시키려는 무라비요프의 계획이 우세했다. 무라비요프는 2월 16일의 제안을 수락하지 않으려 하였지만, 조선의 스페이르로부터의 지원 요청은 지지했다. 1월에 알렌 박사가 서울에서 보고한 바에 따르면, 러시아는 조선에 대한 장악력을 상실하고 있었으며, 3월에는 조선에서 스페이르의 영향력이 뚜렷하게 기울고 있다고 보고하였다.[131]

1898년 3월 17일, 무라비요프는 조선에 관한 대응조치를 취하였다. 그것은 러시아의 여순·대련 조차 의도를 밝히고 러시아가 조선의 내정에 간섭하지 않을 것임을 일본에게 보장한다는 것이었다. 이틀 후 이또 후작은 러시아는 조선에서 일본의 자유행동을 승인하고, 그 대가로 일본은 만주를 자국의 이해가 배제된 지역으로 간주한다는 내용의 협약을 제의하였다. 일본에서 "(만·한)교환론"이라 이름 붙여진 이 정책은 야마가타 후작과 니시, 고무라, 하야시와 같은 주도적인 정객들의 지지를 받았다.[132] 그러나 일본의 이 제의 역시 완전히 무시되었거나 외면당했다. 그 대신에 러시아는 자국의 권익을 양보하겠다는 분명한 약속도 없이 조선에서 철수하였다. 3월초 스페이르는 조선에서 러시아의 권익을 보전하기 위한 마지막 시도를 감행하였다. 스페이르는 조선의 주요 정객들에게 그들이 러시아의 지원과 조언을 원하는지를 물었다. 그러나

5일 뒤에 기대와는 달리 무뚝뚝한 부정적 답변을 들었을 뿐이었다.[133] 4월 12일에는 러시아 군사고문관과 재정고문관들이 스스로 사임하였으며, 한·러은행은 1개월 반 동안 운영된 이후 청산되었다. 스페이르는 더 유화적이고 계획성 없는 마띠우닌(N.G.Matiunin)으로 교체되었다.[134]

5월에 이르자 러시아의 영향력은 더욱 쇠퇴했고 일본의 영향력은 증대되었다. 마띠우닌은 러시아 최고의 조선인 앞잡이 가운데 한 사람을 러시아공사관의 통역관으로 임명하였는데, 이 조선인은 이런 반러적인 반동 시기에 처형되었다. 위떼는 만주 계획에 다시금 관심을 보였으며 조선에서의 러시아의 어떠한 사업 거래도 저지하였다.[135]

1898년 4월 25일에 도쿄 주재 러시아 공사인 로젠(R. R. Rosen)과 일본 외상 니시는 니시-로젠협상으로 알려진 조선에 관한 협정에 조인하였다.[136] 이 "다소 어설프고 초점이 없는 협정"[137]의 제1조에는 양 체약국이 조선의 독립을 인정하고 조선의 내정문제에 개입하지 않을 것을 보증한다고 언급하였다. 2조에서는 "군사교관과 재정고문관 임명에 관해 사전에 상호협약에 도달하지 않고는 이 문제에 관한 어떠한 조치도 취하지 않는다"는 상호합의를 규정하였다. 가장 중요한 조항은 3조로서 "조선에서 일본의 상공업이 크게 발전한 점에 비추어 그리고 조선에 거주하는 일본인들의 수가 상당한 점도 고려하여, 러시아제국 정부는 일본과 조선의 상공업 관계의 발전을 방해하지 않겠다"고 규정하였다. 이는 조선의 경제적 발전에서 일본의 특수한 이해를 처음으로 인정한 것이었다.

1896년부터 1898년 중반에 이르기까지 러시아 동아시아정책은 1894~1895년 특별각료회의에서 비롯된 것이었다. 만주를 관통하는 시베리아횡단철도로 정책의 방향을 전환한 것은 러시아 동아시아령의 많은 문제를 해결해 주었다. 우선 동청철도는 트랜스바이칼 지역의 러시아 동아시아령의 여러 기지들 사이에 더욱 신속한 전략망을 마련해 주었다. 동청철도는 북만주의 자원을 개발하고 러시아령 동아시아에 새로운 식량기지를 마련해 주었을 뿐만 아니라, 이론적으로 동청철도의 독점이 확실해짐에 따라서 러시아인이 만주의 국경지대를 확고한 방어지역으로 간주하게 만들었다. 두 번째로 해결된 문제는 여순과 대련만(灣)의 조차로 부동항을 확보한 것이다.[138] 육·해군 고위 당국자들은 이 같은 조차를 바람직하지 않은 것으로 생각했다. 1897년 11월 26일의 회의에서 제독들은 여순항 선택을 거부하였다. 그럼에도 그들은 어느 항구가 바람직한지 결정할 수 없었다. 왜냐하면 그 같은 항구가 왜 필요한지를 그들 스스로 확신하지 못했기 때문이다. 부동항 획득정책의 열렬한 지지자인 니꼴라이 2세조차도 어느 지점이 유리한지에 관해서는 모호하고 모순된 개념을 지녔을 뿐이다. 1895년에 그는 조선 북동부의 한 항구를 원하였으나, 1896년 여름에는 조선에서 어떠한 항구도 얻지 말아야 한다고 하였고,[139] 1897년 11월에는 조선의 중서부에 위치한 평양을 강력하게 지지하였으며, 12월 11일에는 11월 26일의 특별각료회의의 조언과는 반대로—아마도 무라비요프에게 알리지도 않은 채[140]—여순 점령의 결정을 내렸다.

부동항 획득정책의 성공은 제3의 정책을 급진전시켰고 결국 이를 성공하도록 이끌었다. 즉 시베리아횡단철도와 동청철도라는 러시아의 전략적 축과 광범하게 분포되어 있는 전초기지를 지선으로 연결하려는 정책이 그것이다. 러시아의 정책은 이제껏 그 같은 연결에 대한 집착에서 벗어난 적이 없었다. 부동항이 조선의 북동부나, 압록강 어귀, 평양 혹은 여순에서 철도조차의 형태로 생각되었든지, 아니면 1895년 니꼴라이 2세의 계획에서처럼 좁고 긴 땅을 직접 할양하는 형태로 생각되었든 지간에, 지선과 부동항의 연결은 그 계획의 불가결한 일부였다. 반노프스키(P.S.Vannovskii) 장군은 1895년에 거제도를 선택한 해군측 계획안에 반대하였다. 1897년 11월 각서에서 무라비요프는 이 때문에 해군측의 부산 선택안도 배제하였다. 지선과 연결해야 한다는 이 같은 이유가, 아마도 교주에 대한 우선적 요구를 포기하는 데 똑같이 영향을 미쳤을 것이다. 여순 획득 이후 그것은 단지 "철도팽창 논리"[141]의 문제일 뿐으로서, 1898년 7월 6일 러시아와 청국은 동청철도에서 여순과 대련만까지의 지선을 러시아가 부설한다는 협약을 체결하였다.[142] 이 지선은 남만주철도(South Manchurian Railway)라 불렸다. 러시아의 정책의 세 국면이 이제 통합되기 시작했다. 즉, 여순은 남만주철도를 통해 기름지고 인구 조밀한 남만주로의 러시아의 경제적 침투를 보호하고, 반면 남만주철도는 여순을 지원하고 유지시킨다. 동청철도는 동아시아령 러시아와 유럽령 러시아의 세력중심지와 연결한다. 그리고, 동청철도와 남만주철도는 여순의 러시아인들의 힘을 통해 상트 페테르부르그의 정책이 북경에서 그리고 동아시아 전역에서 감지되도록 만든다는 것이었다.

러시아 동아시아정책의 진전 및 성공과 연결된 외교적 갈등은 러시아의 최대계획(maximum plan)과 최소계획(minimum plan)을 낳았다. 1897년 12월 16일의 요구안에서 위떼가 계획했던 것처럼, 최대계획안이란 몽골에서, 그리고 실질적으로 만주 전역에 걸쳐 세력범위를 형성하고, 나아가 더 모호하기는 하나 조선에서 러시아의 세력범위를 형성하는 데까지 이르는 것이다. 그러나 외교분야에서의 무라비요프, 경제분야에서의 위떼는 이미 윤곽이 뚜렷해진 최대계획안에 부응할 수가 없었다. 니꼴라이 2세, 무라비요프, 위떼 같은 이들에게는 물러선다는 것이 취향에 맞지 않았으나 그들은 모두 최소계획안을 승인하였다. 이로 말미암아 러시아의 권익은 조선에서 철수해야 했다. 조선에 관한 니시-로젠협상, 남만주철도를 둘러싼 청국과의 교섭에서 암시된 모호한 "불할양"에 대한 양해, 그리고 멀리 떨어진 몽골과 청령 투르키스탄만이 러시아의 "방호지역(security zone)"으로 보장되었다. 러시아는 최대계획안을 기획하였으나 다시 한번 시도를 유보하였는데, 그것은 장래에 이 계획을 더욱 분명하게 실현하기 위해서였다.

2. 러시아의 팽창에 대한 제동(1899∼1900)

위떼의 최대계획안은 1897∼1898년 무라비요프에 의해 두 번 좌절되었다. 무라비요프는 경험이 없고 어리석은 사람으로 생각되지만, 짜르의 승인을 얻을 수 있는 것이 무엇일지를 사전에 알고 계획안을 제시하는 교묘한 솜씨를 가진 사람이었다.[143] 1898년에 위떼는 중국에서의 경제침략에 관한 자신의 계획안을 갱신함으로써 다시 한번 영·청의 이해와도 마찰을 빚고 무라비요프의 제한적인 팽창정책과도 갈등을 빚게 되었다.

1898년 6월 7일, 만리장성 끝에 위치한 발해만(Gulf of Pechili)의 산해관에서부터, 목단에서 50마일 거리에 위치한 우장과 신민둔까지 약 250마일의 철도를 부설하는 영국의 신디케이트가 형성되었다. 이 신디케이트는 철도설비와 부설운영권을 담보로 청국에게 1천 6백만 냥(이자율 8퍼센트, 상환총액의 92퍼센트)의 차관을 제공하였다.[144] 그 날, 파블로프는 총리아문에게 항의하였다. 이 신디케이트를 성립시킨 사전협상이 러시아와 청국의 1898년 5월 7일자 추가 협정 제3조를 위반했다는 것이 그 이유였다. 추가협정 3조에는 러시아를 제외한 어떤 열강도 만주에 철도를 부설, 운영, 소유할 수 없도록 되어 있었다.[145] 그러나 실제로는 같은 시기에 러·청은행도 북경-한구(北京-漢口)철도 조차를 위한 신디케이트에 비밀리에 참여하고 있었는데, 이 역시 양자강 유역의 불할양에 관한 영·청협정으로 확립된 영국의 세력범위를 침해하는 것이었다.[146] 청국 주재 영국 공사 오코너 경(Sir Nicholas O'Conor)은 청국에 항의하였으나 총리아문이 북경-한구철도 계획과 러시아인들과는 아무런 관련이 없다고 언급함으로써 해소되었다.[147]

이 같은 해석은 분명히 사실이 아니다.[148] 이는 아마도 당시 권력을 쥐고 있던 이홍장의 친러시아 정책을 따르던 청국의 정치가 그룹에서 나왔을 것이다. 8월 중순에 총리아문은 북경-한구철도 조차를 승인했고, 영국 신디케이트로부터의 차관은 허가하지 않았다.[149] 사건이 이처럼 친러적인 방향으로 흘러가자 즉각 반격이 돌아왔다. 청국의 대다수 각료들이 이홍장과 그의 친러 소그룹에게 등을 돌린 것이다. 이홍장은 8월에 해임되었고, 여순조차시 함께 조인했던 장음환은 9월에 변방으로 유배

되었다. 남아 있던 친러 그룹은 급속하게 자신들의 정책을 바꾸었다.[150]

그러나, 동아시아에서 러시아의 행동에 대한 제동은 총리아문의 내부변화와는 별개로 시작되었다. 제한적 목표의 정책을 지지하는 무라비요프는, 8월 10일에 런던 주재 러시아 대리공사 레싸르(P.M.Lessar)에게 청국에서 러시아와 영국의 세력범위 설정문제에 관해 러시아 문제의 전담장관인 발포어 경(Lord A.F.Balfour)과 회담을 개시하라고 훈령하였다. 8월 12일, 레싸르와 발포어가 런던에서 현안을 논의하는 동안, 무라비요프는 상트 페테르부르그에서 영국 대사 스콧 경(Sir Charles Scott)과 담화를 나누었다.[151] 그러나 회담은 의견교환만으로 그쳤다. 영국은 완강하게 자신들의 산해관-신민둔(山海關-新民屯)철도 계획 참여는 순전히 사적이고 재정적인 문제이며, 영국의 권익을 위한 만주 침투를 의미하는 것은 아니라고 주장하였다. 러시아측에서 볼 때, 무라비요프는 이제 영국과 화해를 추구해야 할 근거조차 희박해졌다. 왜냐하면 회담 직전인 8월 10일에 파블로프가 당시까지도 친러적이던 총리아문으로부터 1898년의 추가의정서 제3조의 확대를 약속받았는데, 제3조는 산해관-우장(牛莊)철도가 대외차관의 담보가 될 수 없다는 것을 명시하고 있었다.[152]

그러나 영국은 교섭을 중단하지 않았고, 9월에는 상트 페테르부르그의 스콧 대사를 통해 다음과 같은 안을 제안하였다. 러시아가 양자강 유역에서 영국의 철도 독점을 인정하는 대가로, 이와 유사하게 만주에서 러시아의 독점을 영국이 인정하며, 두 열강은 그들의 철도에 대해 억떠한 선취특권이나 특혜관세를 부과하지 않으며, 산해관-신민둔철도는 영국 신디케이트 차관을 받아들이도록 허용해야 한다는 것이었다.[153] 1898년 11월과 12월에 걸쳐 영국은 러시아가 이 조건들을 받아들이도록 유도했으나 위떼나 무라비요프 모두 이를 받아들일 만한 제안이라고 생각하지 않았다. 무라비요프는 철도세력권이 무엇보다도 북경을 관통하는 경계선으로 명확하게 구분되기를 원하였다.[154] 위떼는 영국측 제안에 더욱 반대하였다. 위떼는 이 제안을 여러 가지 면에서 영국의 일방적 승리라고 생각하였다. 즉, 이로써 문호개방정책이 만주에서 확립될 것이며, 남만주철도를 통해 영국 상품이 만주 내륙으로까지 운송될 것이기 때문이었다. 아직 자국의 철도를 부설하지 않은 영국은 양자강에 대해서도 불할양 협약을 체결하였을 것이다. 철도부설을 위한 세력권 경계를 산해관으로 하는 것도 러시아보다 영국에게 더 광범한 세력권을 부여해 줄 것이다. 그렇지만 러시아는 청국정부로부터 만주에 대한 불할양 협약을 이미 두 번이나 약속받은 바가 있었다.[155] 더욱이 청국이 영국의 제안을 수락한다면 러시아 권익의 "퇴각"을 의미하게 될 것이었다. 왜냐하면 러시아의 권익은 이제 러·청은행을 통해 북경-한구 신디케이트에 참여함으로써 양자강 유역으로 침투할 수 있게 되었고, 러-독 신디케이트에 가담함으로써 서쪽으로는 산서성에까지 침투할 수 있게 되었기 때문이다.[156]

무라비요프와 니꼴라이 2세가 점점 영국측 제안을 수락하는 쪽으로 기울자, 위떼는 자신의 반대를 지원해 줄 세력을 규합하려 하였다. 위떼는 쿠로파뜨킨(A.N.Kuropatkin) 장군에게 의견을 구하였고, 철도문제에 관한 모든 서류 파일을 제공하였다. 쿠로파뜨킨의 반응은 뜻밖에도 적대적인 것이었다. 1899년 1월 8일, 그는 위떼에게 다음과 같은 사신(私信)을 보냈다.

지난해부터 러·청은행의 업무가 여러 곳에서 시작되었다. 이 은행의 활동에 책임이 있는 러시아정부는, 중부 양자강 유역[한구]과 양자강 하류 유역[진강(鎭江, Chinkiang)까지의], 혹은 정정(正定, Chengting)과 태원(太原, Taiyuan) 사이의 소차(租借)이권과 관련하여 매우 불쾌한 문제에 연루될 수도 있다. 나는 러시아와 수천 베르스트(verst)에 걸쳐 국경을 접하고 있는, 만주에서 러시아의 권익을 옹호할 필요성은 인정한다. 그러나 양자강 유역, 혹은 북경의 이남(以南) 전역에 관한 러·청은행의 이익이 러시아의 피로써 지켜져야 한다면, 이는 러시아에게는 상상을 초월한 재앙이 될 것이다.[157]

그동안 동아시아에서 러시아의 국위는 점차 약화되고 있었다. 이홍 장은 관직에서 물러났고, 1898년 10월에는 총리아문의 반(反)러시아파 가 산해관-신민둔철도 부설을 위해 영국 신디케이트에서 철도차관—더 욱 수정된, 그러나 본질적으로는 유사한—을 받아들인다고 허가하였 다.[158] 심지어 정치적 방향에서도 청국은 변화하기 시작했다. 1898년 가 을부터 청국과 일본 사이의 화해(rapprochement)가 그 증거였다. 이또 후작은 특별한 임무를 띠고 북경에 나타나 총리아문과 황제의 극진한 대접을 받았다. 청국 군사학교에서의 일본인 교관 채용과 청국 학생들 의 일본학교 유학, 청일전쟁으로 싹튼 대중의 적대감을 해소하는, 선전 국(propaganda bureau) 창설 등을 위해 수개월에 걸쳐 사전조율이 이 루어졌다.[159]

그 같은 상황에서 무라비요프는 제한된 목적의 정책을 추구하면서 1899년 2월 영국과 교섭을 재개하였다. 두 달 후에는 스콧-무라비요프 협정(Scott-Muraviev Agreement)을 성립시킨, 1899년 4월 28일자 각 서 교환으로 영국과 타협하였다.[160] 이 협정 조항들은 세 가지 타협을 대 변한다. 영국은 양자강 유역의 그들의 철도 세력권을 러시아에게 인정 받고, 대신 러시아는 만주의 세력권을 영국에게 인정받았다. 같은 날, 추가각서를 통해 러시아는 영국의 신디케이트 차관과, 산해관-신민둔 철도를 영국이 운영하고 부설하는 것을 용인하였다. (세력권의) 명확한 구분이 필요하다는 무라비요프의 지적이 받아들여져 산해관을 그 경계 로 하였다. 그리고 위떼를 만족시키기 위해 몽골과 청령 투르키스탄을 포함한, 만리장성 이북의 모든 청국 영토를 러시아의 세력범위에 포함 시켰다. 그러나 위떼가 반대함으로써 관세 및 관세율에 관한 조항을 체 결하는 협정은 배제되었는데, 이는 러시아의 자본과 산업을 위해 만주 를 개발하려는 무라비요프의 계획을 심각하게 방해할 수도 있었다. 결 국 러·청은행은 중국 중부에 관한 계획은 포기해야만 했다. 러시아외교 가 영국의 이익을 증진시키는 데 개입해서는 안 되었기 때문이다. 그러 나 이 같은 영·러 타협으로, 위떼는 북중국에 관한 자신의 최대계획안의 일부를 여전히 유지할 수 있었다.

스콧-무라비요프협정이 영국과 러시아 간의 철도 경쟁이나 그 경쟁에 대한 계획을 종식시킨 것은 아니었다. 각서를 교환하자마자 러·청은행은 산해관철도에 대한 영국차관을 되사기 위해 기회를 물색하기 시작했고, 이로써 만리장성 이북의 청국철도 부설을 촉진하는 유일한 중재자가 되었다.[161] 이 조치는 철두철미하게 영국의 이익과 대립되었다. 그러나 청국인들은 스콧-무라비요프협정이 영국과 러시아의 비밀스런 청국 분할계획을 노골적으로 드러낸 것이라는 두려운 생각이 들었기 때문에, 이 조치에 대한 청국인들의 반대는 크게 누그러졌다.[162] 총리아문은 신임 청국 주재 러시아 공사 기르스(M.N.Giers)의 압력을 받았다. 이에 6월 1일과 21일에 총리아문은 북경의 북쪽 및 동북쪽으로 향하는 모든 새 철도는 러시아나 청국이 부설해야 한다는 러시아의 요구를 수용하는 서면보증을 해주었다.[163] 이로써 러시아는 무라비요프가 주장한 영국과 러시아의 철도이권 경계선을 실제로 획득할 수 있었다.

경쟁은 치열했고 경쟁에 대한 두려움 또한 여전히 지속되었다. 영국의 지도자들은 자국의 의회에서 협정에 명시된 "양자강 유역"을 명확히 하라는 채근을 몇 번이나 당해야 했는데, 이 같은 해명 요구는 러시아 외무성에서도 빈번하게 제기하였다.[164] 동아시아와 런던의 영국 신문들은 여러 가지 루머를 신문의 눈에 띄는 곳에 기사화했는데, 루머란 캬흐타(Kiakhta)에서부터 우르가(Urga)와 칼간(Kalgan)을 거쳐 북경으로 가는 러시아 철도 계획에 대한 것과, 청국정부가 공사를 중단하려는 의도를 가진 것으로 추정되는, 서안(西安 : 산서성 수도)까지의 철도에 관한 것이었다.[165] 동아시아 밖의 사건들로 말미암아, 심각한 경쟁이 일어날 가능성은 거의 없었다. 영국은 남아프리카에서 보어인들과 전쟁으로 치닫고 있었으며, 독일의 노골적인 적의와 전 세계의 일반적인 친보어적인 동정심 때문에 동아시아에서는 신중하게 행동해야 했다. 6월에 영국의 첫 원정대가 남아프리카에 파견되고, 몇 달 후에 짜르와 무라비요프는 헤이그에서의 세계평화회의(World Peace Conference) 계획을 출범시켰다. 그러므로 동아시아에서는 비공격적인 정책을 전개하는 것이 바람직하였다.

　1899년 9월 6일에, 미국 국무장관 존 헤이(John Hay)는 중국의 문호 개방정책을 개괄한 회람장을 런던, 베를린, 상트 페테르부르그 그리고 나중에는 도쿄와 로마, 파리에 발송하였다.[166] 미국정부는 중국에서 "세력범위"를 보유한 열강에게 다음과 같은 내용을 선언할 수 있을지를 문의하였다. 열강은 "소위 '세력범위' 내에 귀속된 권익이나 조약항에 개입하지 않을 것"임을 선언할 것인가. 둘째, 열강은 "……모든 항구에 하역하거나 선적한 모든 상품에 대해 국적을 불문하고 중국의 조약관세를 적용하도록" 선언할 것인가. 세 번째로는 1898~1899년 영·러교섭에서 위떼가 강력하게 옹호한 바 있는, 동청철도와 남만주지선의 번영을 희망한 러시아를 재차 공격하였다. 회람장은 앞서 언급한 열강에게 다음과 같이 선언할 것을 요구하였다.

　　"세력범위" 내의 어떤 항구를 방문하는 다른 국적의 선박들에게 자국 국적의 선박에 부과하는 것보다 더 높은 세금을 부과하지 않을 것이다. 동일 거리를 운송하는 자국 국적 열차의 상품에 부과하는 요금보다, "세력범위"를 통해 운송되는 다른 국적의 상품과 그 "세력범위" 내에서 부설되고, 통제되거나 운영되는 철도에 더 높은 요금을 부과하지 않을 것이다.[167]

　이 같은 조항을 만주의 러시아 철도사업에 적용하는 것은 일종의 차별이며 러시아에게는 적대적인 것으로 여겨질 수 있었다.[168] 청국은 이미 세력권으로 분할되었고, 러시아만이 실제로 그 같은 철도사업을 대규모로 시작하였으며, 다른 철도들은 당시까지도 "계획" 단계에 있었다. 따라서 세 번째 조항의 적용은 실질적으로 러시아에게만 영향을 줄 것이었다. 러시아는 1896년 9월 8일 동청철도협정 2조에 따라 차별적인 철도요금을 부과할 권리를 가지고 있었다. 더욱이, 시베리아횡단철도,

동청철도, 남만주철도는 당시에 몇몇 지점—예컨대 여순에서 북쪽으로, 니콜스크-우쑤리스크에서 서쪽으로—에서 동시에 부설되고 있었다.[169] 만주철도가 1899년에 오브(Ob)강에 도달하는 시베리아횡단철도와 연결될 때까지, 관동의 대련만과 블라디보스톡에서 출발하는 철도들은 원칙적으로 대외무역의 운송수단으로서 역할을 할 것이었다. 주요 열강은 해상무역으로 동아시아에 접근할 수 있었기 때문에, 러시아보다는 유리한 입장에 있었다. 경쟁력 있는 무역을 용이하게 할 것이 강조된 1899년 7월 12일의 제국칙령에 따라 대련만(灣)은 관세자유항(*porto franco*)이 되었다.[170] 블라디보스톡 역시 관세자유항이었으며, 1898년 8월의 선언에 따라 1901년 1월 1일까지 자유항으로 남았다.[171] 헤이의 선언을 수용하는 것은, 만주에서의 러시아의 재정과 경제적 권익에는 치명적인 것이었다. 문호개방선언을 동아시아에서 러시아에 적용하는 것은 지나치게 일방적인 것이었다.

무라비요프와 당시 주미 러시아 대사였던 카씨니는 헤이 회람장의 함축적인 경제적 의미를 명확하게 깨닫지 못하였음이 분명하다. 그러나 헤이 각서의 숨겨진 의도까지는 아닐지라도 그 중요성을 재빨리 파악한 위떼는, 무라비요프에게 여타 열강의 반응을 기다리도록 설득하고, 나중에는 회람장에 대한 위떼 자신의 답신 내용을 받아들이도록 했다.[172] 1899년 11월과 12월에 영국, 프랑스, 일본은 "권익을 가진 모든 열강이 그와 같은 행동을 할 것임을 보장한다"는 유보조항을 달아 문호개방선언에 동조하였다.[173] "세력범위"를 갖고 있지 않던 이탈리아는 1900년 1월에는 유보조항 없이 동의를 표하였으나, 2월에는 위 세 열강과 같은 유보조항을 달아 동의하였다.[174]

1899년 12월 30일, 무라비요프는 러시아 주재 미국 대사 타우어(Charlemagne Tower)에게 헤이의 공문에 대한 러시아측 답신을 송부하였다. 답변에서는 대련(Dalny)으로 개명된, 대련만(灣)의 관세자유항 선언이 러시아가 "문호개방정책을 따르려는 확고한 의도"의 증거라고 어설프게 지적하였다. 그리고 조약항에서의 관세문제를 다룬 헤이의 회람장의 두 번째 조항은 수용하였으나, 철도요금을 다룬 세 번째 조항은 완전히 무시하였다.[175] 이는 헤이의 문호개방정책을 거부한 것이나 다름 없어, 다른 열강의 거부를 유도하였다. 열강의 수락은 곧 "다른 열강과 같이 행동한다"는 유보조항에 기초해 있었기 때문이었다. 1900년 3월 20일의 헤이의 회람장에서는, 열강이 표현해 온 유보조건에 부응하여 미국정부가 "최종적이고도 결정적인" 것으로 간주한 원안에 대한 동의 가 이루어져야 한다고 언급하였다. 이는 새 조치(démarche)에 대한 "체 면치레의" 마무리용 언급일 뿐이었다.[176] 문호개방선언은 대부분의 국가 들에게 수용되지 못하고, 러시아에게는 단호하게 거부된 그저 하나의 독트린이자 정책일 뿐이었다.

스콧-무라비요프협정에 따라 제한되고, 문호개방선언으로 더욱 위협 받게 된 러시아의 동아시아 팽창은 러시아의 국내정세와 만주철도사업 의 예기치 않은 어려움으로 말미암아 더욱 어려움을 겪게 되었다. 189 9~1901년 유럽령 러시아는 재정과 산업면에서 위기를 겪었다.[177] 189 0~1900년의 산업화 열풍 속에서 중공업의 급속한 팽창은 과잉자본과 투기성 투자를 초래했는데, 이는 1899년과 그 이듬해 민영철도와 여타 벤처사업의 빈번한 파산을 가져왔다.[178] 재무성은 엄청난 경비지출로 말 미암아 빚에 허덕였다. 1898년의 계획, 대형함대 건조, 육군 포병대의 완전 재무장, 그리고 시베리아횡단철도와 만주철도들의 동시적인 공사 진행을 위한 경비증액 등에 따라 위한 경비지출이 추가로 초과되었기 때문이다.[179]

러시아인들은 만주에서 예상치 못한 새로운 어려움에 봉착했다. 6천 명 이상의 러시아 군인과 노동자, 6만 명 이상의 청국과 만주 노동자들 이 철도공사에 종사하였으나[180] 이루 헤아리기도 어려운 많은 사고가 공기(工期)를 늦추고 새로운 경비를 추가시켰다. 1898년에 청국 당국자 들과 청국인들은 공사를 맡은 러시아 당국자들에게 협조하려 하였지만, 1898~1900년 동안 남만주에서는 산발적인 반대 움직임이 나타났다. 러시아 장교, 엔지니어, 노동자와 청국인 인부들에 대한 공격이 계속되었다.[181] 1899년에는 청국의 지방 행정당국의 선동을 받은 청국인 공격 자들이 심지어 대포를 사용하기까지 했다.[182] 군사시설과 역사(驛舍)에 필요한 도로와 땅을 러시아인들이 사들이는 것은 철두철미하게 반대가 뒤따랐다. 관동주의 청국인들은 세금 납부를 거부하도록 은밀하게 고무 받았다. 반(反)러시아적인 목단 총독은 스콧-무라비요프협정 정신을 무 시하면서 우장(牛莊)의 영국회사들에게 목단 북쪽의 연태(烟台) 석탄지 대의 조차를 허용하였다. 길림과 찌찌하르(齊齊合爾)에서는 러시아 당 국자들과 우호관계에 있던 총독들이 소환되고, 총리아문의 반러시아파 들이 선택한 새 인물이 그 자리에 임명되었다.[183]

동청철도는 주어진 권한 내의 모든 수단을 동원하여 이 같은 반대와 싸워나갔다. 추가 수비대, 자금, 그리고 각종 설비가 무제한으로 만주로 향했다. 레일, 차량, 그리고 그 밖의 설비들은 미국에서 고가로 들여왔 다. 이는 만주철도 부설을 진척시키기 위해, 철도사업은 러시아 중공업 을 위한 것이라는 위떼의 계획을 어기면서까지 이루어진 일이었다.[184] 스콧-무라비요프협정이 청국 분할을 위한 영·러의 계획을 암시한다고 총리아문이 믿음으로써 정색할 수밖에 없었던 잠깐 동안의 기간 중에 도, 위떼는 만주 삼성(三省)의 총독(Govenor General)들과 직접 교섭할 권한을 확보하였다. 교섭은 동청철도의 책임 엔지니어가 청국과의 협정 으로 이미 구체화시킨 문제들에 대한 것이었다. 길림 총독과의 1899년 5월 31일의 특별협정과,[185] 흑룡강 총독과의 1899년 12월 2일의 특별협 정으로[186] 동청철도는 국제철도업무 중앙사무국(Central Bureau for International and Railroad Affairs)을 창설하였다. 사무국은 노동자를 고용하고, 불만을 접수하고, 토지를 구매하거나 하는 성가신 업무들을 청국정부에 문의하지 않고 신속히 처리해 나갔다.

관동, 대련과 여순항, 해군기지 등을 개발하는 동안 다른 성가신 문제 가 발생했다. 요동반도 남쪽 지역의 물 부족 때문에 수비대에 물을 공 급하려면 냉각기 사용을 보편화해야 한다는 사실이 발견된 것이다.[187] 여순은 많은 비판을 받았다. 우선 여순은 너무 작았다. 그리고 1898~

1899년 겨울에 항만의 몇몇 지역들이 얼어붙었기 때문에 러시아 동아 시아함대의 상당수는 나가사키에서 다시 겨울을 났다.[188] 대련항의 시설 을 개선하기 위해 많은 자금을 쏟아부었지만 대련은 여전히 인기가 없 었다. 기업들은 수비대와의 장사가 확실히 보장되는 여순에서 자리잡기 를 원했다. 러·청은행은 새롭게 탄생한 항구에서 토지매매로 막대한 이 익을 올리기를 바랐으나 그 희망은 실현되지 못했다.[189] 이 같은 이유와 그 밖의 사소한 여러 가지 이유로 동아시아에서 러시아제국주의를 확 립하는 데 막대한 비용이 들었으며, 상당한 희생이 지속되었다. 유럽의 금융위기와 더불어 동아시아에서의 이 같은 과중한 경비지출은 러시아 에게 긴축정책을 재촉하였다.

1900년 1월말 혹은 2월초의 어느 날 무라비요프는 짜르에게 러시아 외교정책문제에 관한 "극비" 각서를 제출하였다.[190] 각서는 영국이 보어 인들과의 전쟁에서 최초로 퇴각을 경험한 남아프리카의 사건들에서 자 극받은 것이다. 무라비요프는 남아프리카에 전념하고 있는 영국의 상황 과, 그곳에서 최초로 퇴각한 영국의 국위 쇠퇴를 아시아에서 어떻게 이 용할 수 있을지에 대해 설명하였다.[191] 그는 포괄적으로 러시아의 문제 들을 분석하며 터키, 페르시아, 아프가니스탄, 동아시아에서의 당면정 책을 제시하였다. 그의 전반적인 결론은 러시아가 동아시아에서 긴축하 고 서아시아로 눈을 돌려야 한다는 것이었다. 그는 아프가니스탄, 페르 시아, 터키에서 러시아의 영향력을 증대시키기 위한 조치를 제시하였 다. 그가 가장 강조한 것은 러시아가 머지 않은 장래에 보스포러스 (Bosphorus) 장악계획을 명확히 해야 한다는 제안이었다.[192]

무라비요프는 동아시아에서 더 이상의 전진 조치를 취하기에 앞서 시베리아횡단철도의 완성을 기다리거나, 아프리카에서 영국이 획득한 것에 대한 보상을 받아내야 할 필요성을 강조하였다. 그는 해군당국자 들의 주장을 그대로 따라, 스페인으로부터 세우타(Ceuta)를 사들이거나 페르시아만에 러시아 해군기지를 설치해야 한다는 계획에 반대하였 다.[193] 또한 그는 거제도와 같은, 조선 남부의 고립된 해군기지 한 곳을 점령하는 것에도 반대한다는 소신을 밝혔다.[194] 해군기지 설립은 잘 요새화 되고 효과적으로 수비하지 않는 한 거의 가치가 없으며, 그렇게 만드는 데는 막대한 경비가 뒤 따를 것이라고 주장하였다.

결론에서 무라비요프는 동아시아에서 다음과 같은 조치들을 추천하였다.

7. 작년에 육군성에서 시작한 프리 아무르 군사지역의 군대와 관동 반도 군대의 적극적인 작전업무를 지속한다.

8. 시베리아횡단철도와 관동반도를 연결하는 철도공사와 여순의 요새화 및 설비를 촉진한다.

9. 태평양에서 러시아의 힘을 만족할 만한 수준으로 지탱해 주는 주된 방법은, 전투에 필요한 모든 비품을 공급할 강력한 함대를 유지하는 것이라는 사실을 간과하지 말아야 한다.[195]

티르또프(P.P.Tyrtov) 제독은 1900년 2월 27일의 "극비" 서한에서 자신은 러시아제국 외곽에 어떠한 저탄기지를 설립하는 것에도 반대한다고 답하였다.[196] 그럼에도 해군측 입장에서는 조선 남부에 저탄기지를 가질 필요가 있다고 말하였다. 그는 여순이 대일(對日) 작전에는 비효율적인 기지가 될 것임을 감안하여, 블라디보스톡과 여순은 1,100마일이나 떨어져 있기 때문에, 동아시아에서 러시아 해군은 전략적으로 취약하다고 보았다. 그는 일본을 러시아의 천적으로 생각하여 일본의 육·해군 작전이 러시아를 겨냥하고 있다고 의심했다. 그는 러시아가 보스포러스 장악을 위해 계획을 세우듯이 일본인들도 조선을 즉각적으로 장악하기 위해 몇 가지 계획을 진전시켰다고 의심하였다.[197] 티르또프는 비논리적이게도 다음과 같이 결론지었다.

[무라비요프] 각서에서 정확하게 지적한 것처럼, 러시아는 어떠한 영토적 장악도 필요치 않다. 우리는 동아시아에서 어떠한 공격적인 정

책도 추구하지 않을 것이다. 실제 주둔 병력의 위협만으로도 일본을 저지할 수 있을 것이다.

이 같은 평화적 목적을 위해 황제는 자비롭게도 태평양 수역에서 일본보다 30퍼센트 더 강화된 함대를 조성하기 위해 특별신용장을 개설하였다. 이 목적을 위해서 조선 남부에 항구를 가져야 할 필요가 있는데 우리는 그 장소로 마산포만과 거제도 인근의 섬을 고려해 왔다.[198]

티르또프는 이 기지의 획득이 러시아의 끊임없는 외교적 노력의 목적이 되어야 한다고 언급하면서, "불행하게도 조선이 마산포에서 우리의 권리를 존중해 주지 않았던 작년의 사건은 조선에서 일본의 영향력이 분명히 우리보다 더 강하다는 사실을 말해주는 것"이라는 점을 인정하였다.

위떼는 2월 자신의 답신을 통해[199] 모든 공격에 맞섰다. 그는 육·해군의 계획과 철도부설계획으로 야기된 러시아 재정의 과중한 부담을 지적하였다. 그리고 그는 어떠한 공격적인 움직임도, 평화회의의 소집을 위해 러시아제국이 모든 열강에게 발송한 1899년 8월 24일자의 제국 회람장에 위배되는 일이 될 것이라고 언급하였다. 그는 무라비요프 각서에서 개진한 7, 8, 9조의 견해에 반대하였다. 육·해군작전이 군비 경쟁만을 부추기며, 일본 및 부강한 영국과 그 같은 경쟁에 돌입하는 것은 재정적으로 러시아에 불리할 것이라는 이유였다. 위떼는 무라비요프에게 이전의 회의에서 무라비요프가 관동에서 1만 2천 병력의 유지를 고려한 사실을 상기시켰다. 요컨대 위떼 역시 군축을 조언하였다.

각료들에 대한 답변을 요약하면서,[200] 무라비요프는 다시 한번 동아시아에서의 긴축정책의 필요성을 밝혔다. 그는 기본 각서의 7, 8, 9조에 내포된 의미를 더욱 자세하게 설명하였다. 능동적인 의무와 함대 강화에 대비하는 작전은 병력증강에 의해서가 아니라, 병력의 재배치와 능률향상을 통해 성취되어야 했다. 요약문의 나머지 부분은 서아시아와 중앙아시아의 새로운 이해와 관련된 것이었다.

무라비요프 각서와 티르또프의 답변에 비추어볼 때, 1900년 3월 30일 러시아가 마산포를 저탄기지화한 것은[201] 공격적인 정책행위도 아니었고 전략적 위치를 점하기 위한 비밀조치도 아니었다. 구축함 및 어뢰정과 같은 러시아의 경무장함들은 블라디보스톡에서 여순까지 배의 연료창고에 석탄을 공급하며 이동할 수 없었기 때문에, 해상에서 까다로운 석탄 보급작전을 펴거나 일본의 저탄기지로 진입할 필요가 있었다. 마산포 저탄기지는 이 같은 필요에 부응하는 적절한 해답이 될 것이었다. 조차는 저탄기지의 용도로 제한되었다. 해안을 따라 약 1.5마일, 내륙의 0.5마일 가량에 걸쳐 있는 마산포시 외곽의 사람이 살지 않는 해안가 넓은 땅에 해안 저탄기지와 해군병원을 설립하였다.[202] 그 같은 지역은 굳이 방어지역으로 만들지 않아도 되었다. 더욱이 조차는 다음과 같은 점을 러시아가 보증한 뒤에야 이루어졌다. "결코 러시아정부나 러시아인들의 무역이나 상업회사들이 사용하기 위해 요구하는 것이 아니다. 또 거제도의 한 치의 땅도 조차하거나 할양하려는 것이 아니다. 마산포시 경계 내와 맞은편 해안, 또는 마산포 주변의 섬들을 조차하거나 할양하려는 것이 결코 아니다"는 것이었다.[203] 조선정부는 어떠한 열강에게도 이 땅을 양도할 수 없다는, 전과 다름없는 서약을 하였다.

이 같은 추가조항에 따라 러시아의 행동의 자유는 머지않아 제한되었다. 일본 함대에 대한 자국 함대의 결정적 우위라는 희박한 가능성이 있을 때만이 러시아인들은 마산포를 전략적으로 사용할 수 있었다. 개방된 항구에 함대를 정박시키고 평화시에 설립된 대규모 저탄기지를 활용해야만 러시아 함대는 일본의 서해안이나 시모노세키해협(下關海峽)에 대해 더욱 밀착된 봉쇄를 유지할 수 있을 것이다. 일본 함대가 러시아 함대보다 강해지려는 시도를 개시한다면 마산포 저탄기지는 일본인들의 손쉬운 먹이감으로 전락하고 말 것이며, 그곳에 정박하는 모든 러시아 전함은 절망적인 함정에 빠지고 말 것이다. 분명히 일본인들은 마산포조차의 실질적인 중요성을 의식하고 있었다. 일본 신문들은 러시아의 이 같은 "위협적인" 움직임에 격렬하게 항의하였다. 그리고 일본

함대는 마산포조차 조건들이 공표되기 직전, 모든 것이 불확실했던 기간에 전시체제에 돌입하였다.[204] 그러나 조선에서 일본의 영향력은 다시 상승하고 있었다. 일본은 굳이 러시아인들을 몰아내거나 조차를 방해하기 위해 심각한 노력을 기울이지 않았다.

1900년 봄에 러시아는 동아시아에서 새로운 정책을 확립하였다. 1895년 정책의 공격적인 목적은 성취되었다. 이제는 경제적 이윤으로 환원시키는 조치로 그 목적들이 확고하게 자리잡고 정당화되어야만 했다. 러시아는 자국의 세력범위인 만주에 영국과 미국이 경제적으로 침투하려는 시도들에 저항하였다. 한동안 일본은 조선에서의 러시아의 퇴각에 마음을 달랠 수 있었다. 새 정책—동아시아에서 러시아의 이해와 관련된 모든 러시아 정치가들이 바람직하다고 생각한—은 퇴각의 시대를 필요로 했다. 그리고 이 퇴각의 시대는 시베리아횡단철도, 동청철도, 남만주철도가 완성되고 연결되리라고 생각되는, 적어도 1902년까지는 지속되어야 했다. 1894년에서 1900년에 이르기까지 러시아의 모든 각료들이 수없이 언급한 것처럼, 그렇게 되면 러시아는 동아시아에서 재량권을 가질 수 있을 것이며 태평양 연안에서 바람직한 장소를 차지할 수 있을 것이었다.

제6장 의화단사건과 러시아의 정책

서구인들이 나중에 "의화단(Boxers)"이라고 부른 청국의 한 비밀결사단체가 1899년 가을에 산동지방에서 출현하였다. 이 그룹은 뚜렷하게 반(反)왕조 반(反)외세의 슬로건을 내걸고 시위를 벌였다.[1] 의화단은 산동 총독이 대응을 하지 못한 데서 촉발되었다. 의화단은 산동지방과 북중국 및 남만주의 여타 지역의 심각한 기근이 외국인들에게 책임이 있다는 신념에 불타올라, 유럽의 선교사들과 그들에 의해 개종된 사람들을 공격하며 산동 전역으로 그 세력을 확산시켜 나갔다.[2]

1. 러시아의 북중국에서의 국제개입 참여

청국정부는 이 같은 폭력사태에 대해 북경 주재 유럽 외교관들이 항의한 제안들을 신속하게 처리하였다. 산동성 순무(巡撫, Governor)는 좀더 결단력 있는 원세개로 교체되었다.[3] 포로로 잡힌 선교사 브룩스(S.M.Brooks) 목사를 구조하는 데도 청국정부는 진실된 노력을 보였다.[4] 그러나 새 순무(巡撫)를 임명하는 단호한 조치와 경제상태의 악화는 의화단운동을 1899~1900년 직예성으로까지 확산시켰을 뿐이었다. 무질서가 너무 빈번해지고 심각해져서 1월 27일에 영국 공사 맥도날드 경(Sir Claude MacDonald)은 청국 주재 러시아 공사 기르스(M.N. de

Giers)를 의도적으로 제외한 채, 미국, 독일, 프랑스, 이탈리아 동료들의 지원을 받아, 반외세적인 의화단의 진압을 요구하는 단호한 공문을 청국정부에 제시하였다.[5] 이 공문은 청국으로부터 회답을 받지 못했다. 아마도 중국의 구력으로는 연말에 해당하는 1900년 1월 24일의 조정의 연례 인사조치에서 몇몇 의화단 동조자들이 힘과 권력을 차지했던 데 그 이유가 있을 것이다.[6] 유럽 각국 공사들의 잇단 항의[7]도 회피되거나 그 처리가 지연되었다.[8] 의화단의 위협이 증가하면서 곧 북경과 천진에서 의화단이 공개적으로 훈련할 것이라고 보도되었다.[9]

3월말에 이르자 유럽 국가들은 위기가 다가오고 있다는 사실을 민감하게 의식하기 시작하며 그들의 동아시아함대를 보강하는 증원군을 급파했다.[10] 5월에 의화단이 북경 근처에서 방화, 약탈, 살인을 일으켰음에도, 대고(大沽)에서 병력을 소집해야 한다는 제안에 유럽 각국의 공사들은 아직 공사관이 위험할 정도는 아니라며 반대하였다. 그들은 당분간 백하(白河, Pei-ho) 입구에서 떨어진 적당한 곳에서 해군시위를 고려하였다. 대고 어귀에서 떨어져 정박하고 있긴 했지만, 러시아 포함(砲艦) 까레이츠(Koreets)호는 이 시위에 참가하지 않았는데, 그것은 기르스 공사가 러시아 태평양함대 사령관이자 관동수비대 사령관인 알렉쎄프(E.I.Alexeev) 제독에게 불참하도록 요청했기 때문이었다.[11]

5월 21일에 공동각서가 나오기까지 러시아는 청국정부에 대한 항의와 요구에 관한 유럽의 협조체제에 공식참가를 자제하였다. 러시아외무성은 1891년 이래 청국에서의 반외세적 소요와, 1899년 2월 이래의 만주에서의 소요[12]에 관한 상세한 기록을 보유하고 있었다.[13] 그렇기 때문에 그들은 이 같은 소요의 중대성을 완벽하게 인식하고 있었다. 보고서들로 미루어 짐작해 볼 때, 의화단의 적의는 우선적으로 유럽 선교사들의 활동에 향해 있었으며, 유럽의 상업과 철도이권이 청국 오지에까지 침투, 경제적으로 경쟁이 야기되면서 그 적의가 악화된 것이었다. 러시아는 이 같은 청국에서의 활동 그 어느 것에도 대규모로 가담하지는 않았다. 상해에 러시아정교회, 북경에 러시아정교 사절단, 북경 외곽의 던

티난(Duntinan, 東店)이라는 곳에 작은 교회가 있었으나 이 같은 교회
들은 전도에 참여하지 않았다.[14] 1899년말에는 청국 전역을 통틀어 겨우
250명의 러시아인만이 살았다.[15]

천진 영사 쉬스키(N.Shuiskii), 영구(營口) 영사 오스트로베르코프
(Ostroverkov)와 같은 심복들이 의화단운동이 심각한 결과를 가져올지
모른다는 경고를 기르스에게 전했다. 당시 대청·대일 군사요원이면서
동아시아에서 가장 적극적이고 활동적인 러시아 외교관인 보각크(K.A.
Vogak) 제독은 기르스에게 몇 가지 경고를 전하였다.[16] 그러나 기르스
는 보각크를 "쓸데없는 걱정을 하는 사람"으로 간주하고 전반적으로 그
의 견해에 반대하였다.[17] 상트 페테르부르그의 무라비요프도 사태를 조
용하게 받아들였다. 그는 정력적인 행동이나 통찰력으로 주목받았던 것
이 아니라,[18] 자신도 나중에 인정한 바와 같이, "짜르에게 심려를 끼치
지 않기 위해" 유쾌하지 못한 정보는 니꼴라이 2세에게 비밀로 했다.[19]
더욱이 러시아는 1896년의 비밀조약에 내재한 청국과의 기본적인 우호
정책과, 1900년 2월 무라비요프 각서에 따라, 동아시아에서 비공격적인
정책을 채택한 바 있다. 북경을 둘러싼 불확실한 사태에서도 러시아는
주도권을 쥘 수 없었다.

기르스는 "의화단을 겨냥한 적극적인 조치가 결국에는 [청국정부에
의해] 받아들여질 것"이라는 영국인 동료 맥도날드 경이 주장한 견해에
전폭적으로 동의하며,[20] 5월 27일자로 러시아외무성에 다음과 같은 전
문을 보냈다.

어제의 회합에서 독일 공사가 아주 공공연하게 선언한 바로는, 부대
를 상륙시키는 것이 적절한 조치는 아니며, 지금은 열강이 더욱 적극
적으로 개입할 시기라는 것입니다. 그러나 본인 생각에는 그가 청국
분할을 위협하는 이 같은 위험한 길로 자신의 동료들을 이끌지는 못할
것입니다. 그리고 상륙부대를 불러들이는 것 이상으로 사태가 더 진전
되지는 않을 것이라고 봅니다.[21]

북경의 유럽인 상주자들의 삶이 위험에 처했으므로, 그것이 정책이든 정책이 아니든 간에, 5월 28일 기르스는 북경의 공사관 병력을 강화하기 위해 수병분대의 급파를 요청하는 전문을 발송하며 영국, 미국, 독일 및 프랑스 동료들과 합류하였다.[22] 29일에는 의화단이 북경-천진철도를 두절시켰지만, 74명의 러시아 장교를 포함한 337명의 강인한 병사들로 구성된 수비대가 31일에 북경에 도착하였다.[23] 그들은 각 공사관에 30명 이상은 배치될 수 없다는 총리아문이 요구한 수많은 제재를 무시하였다.[24] 6월 4일에 철도가 다시 두절되자 기르스는 만일 북경이 포위된다면, 동아시아의 제독들이 "공동조치를 취해야 한다"는 내용의 전문을 각각 자국 정부에 보내기로 한 영국과 오스트리아 공사의 계획에 합류하였다.[25]

6월 5일에 기르스는 주도권을 행사하였다. 자신의 동료들과는 별도로 행동하면서 그는 청국의 서태후(Empress Dowager)에게 의화단에 대한 즉각적인 조치가 취해져야 함을 요구하는 서한을 발송한 것이다. 기르스는 서태후와 자신 사이를 연결한 경친왕(Prince Ching)에게, 만일 천진까지의 전신선이 파괴되면 러시아군이 대고로 파견될 것이라고 덧붙였다.[26] 그러나 이 위협은 아무런 소용이 없었다. 6월 7일에 청국의 정규병력으로 북경-천진철도를 복구하기 위해 니이(Nieh) 장군이 러시아의 보로노프(Voronov) 제독을 고문관으로 하여 미미하나마 몇 가지 노력을 기울였지만, 유럽인들에 대한 모욕과 기독교 개종자들에 대한 공격은 계속되었다.[27] 그 얼마 전엔 북경 외곽에 있는 던티난(Duntinan, 東店)의 러시아정교회 건물이 불에 탔으며, 칼간(Kalgan)의 몇몇 러시아 차 상인들은 자신들의 생명이 위험하다고 보고하였다.[28] 이 무렵 기르스는 "청국군이 의화단 편에 있는 것이 분명하기 때문에"[29] 공사관 병력만을 강화한다고 해서 충분치 않을 것임을 깨닫게 되었다.

기르스와 알렉쎄프의 급보에 의거하여 움직이던 무라비요프는 같은 날인 6월 7일, 4천 명의 여순 수비대 병력을 소요 현장에 급파해야 한다는 각서를 짜르에게 제출하였다. 여기에는 일본군이나 다른 군대가 파건되기 전에 앞질러 파병하려는 목적도 있었다. 무라비요프는 "건의한 조치들이 ……동아시아에서 우리의 국위를 진전시킬 것이며 러시아의 관동 점령의 가치를 새롭게 입증해 줄 것으로 보인다"고 썼다.[30] 짜르는 같은 날, 이 조치를 승인했고 작전을 수행하기 위해 사하로프(V.V. Sakharov) 장군에게 참모총장직을 부여하라고 무라비요프에게 지시하였다.[31]

6월 9일, 다른 해결책이 없다고 판단한 북경의 유럽 외교관들은 북경에 상륙부대를 파견하기 위해 자국의 동아시아 주둔 제독들에게 전문을 보냈다.[32] 같은 날, 기르스는 상트 페테르부르그에 다음과 같은 전문을 보내었다. "내 의견으로는 공사들의 역할은 이미 막다른 골목에 다다랐으므로, 제독들이 사태를 책임져야 한다. 강력한 부대가 신속하게 도착해야만 북경의 외국인들을 구할 수 있다".[33] 6월 10일 아침, 당시 최고참 해군사령관인 영국의 세이무어(E.H.Seymour) 제독은 312명의 러시아인을 포함한 2천 66명의 국제연합군으로 북경을 포위하기 위해 천진에서부터 행군을 시작하였다.[34] 그날 밤, 약 4천 명으로 이루어진 제12 동시베리아 소총중대는 대고(大沽)를 향해 여순에서 출정하였다.[35] 이 가운데 약 2천 명의 첫 편대는 대고에서 출격 중이던 의화단과 두 번의 소규모 전투를 벌인 후 6월 12일에 천진에 다다랐다.[36]

6월 중순경에 러시아인들은 자연히 의화단봉기와 관련된 외교와 군사 활동에서 모두 다른 열강과 깊숙한 관련을 맺게 되었다. 1만 2천 명의 수비대와 지리적으로나 전략적으로 인접한 여순을 갖고 있으며,[37] 청국정부와의 관계에서도 일가견이 있는 체하는 러시아 외교관들 덕분에, 러시아는 잇따라 행동의 주도권을 장악하는 경탄할 만한 위치에 있었던 것이 사실이다. 러시아가 이 같은 리더쉽을 행사하겠다고 요구하지는 않았다. 그러나 국위가 손상될지도 모른다는 두려움에 러시아는 일련의 잇따른 행동에서 두드러진 역할을 맡게 되었다. 왜냐하면 탁월한 위치에 있는 어떤 국가가 아무런 역할도 하지 않는다면, 러시아나 다른 그 어느 나라도 순순히 내버려두지는 않을 것이기 때문이었다.

그렇다고 해서 영국의 세이무어 제독의 군사적 리더쉽이 도전받지 않은 것은 아니었다. 6월 16일에 알렉쎄프 제독은 직예 총독(Pechili Viceroy)에게 천진에서 북경까지 외국 군대의 이동을 저지해 달라는 전문을 보내며, 북경의 각국 공사들과의 통신이 이미 두절되었다고 통지하였다.

알렉쎄프의 생각엔, 현상황에서는 군사 및 정치 당국자 누군가는 현장에 있어야 했다. 세이무어 제독은 주도권을 잡으려고 했으나, 알렉쎄프는 누군가가 그를 견제하도록 만들어야 한다고 생각했다.[38] 한편 6월 17일에 무라비요프는 또 다른 각서를 제출하였는데, 이것이 짜르의 승인을 받아 의화단 위기에 대응하는 러시아 정책의 기초가 되었다.[39] 그는 각서에서 국제적 개입은 청국 정부군의 적의를 불러일으켜 청국과의 공공연한 전쟁으로 돌변할 것이라고 예측하였다. 그는 긴 국경을 접하고 있고 전통적 우호관계를 가지고 있는, 러시아와 청의 특별한 관계를 고려하여 다음과 같이 조언하였다. (1) 어떤 무력 사용이 발생한다 해도 러시아는 청국인들에게 책임이 있는 세력으로 비치면 안 되므로, 국제연합군을 러시아가 주도해서는 안 된다 (2) 러시아의 파견부대는 공사관을 구제하고 북중국에서 러시아인의 안전과 그들의 재산을 보장하는 정도로만 열강의 공동행동에 참여한다. 러시아의 파견부대가 출현하면 다른 참가국들의 정치적 행동에 대한 억제 역할도 할 수 있다. 러시아는 의화단봉기를 붕괴하는 왕권에 대항하는 하나의 "혁명"으로 간주하면서도, 청국정부에 대해서는 우호적인 태도를 계속 보여주어야 한다는 것이었다. 그리하여 다음날, 같은 취지의 비밀훈령이 알렉쎄프 제독과 사하로프 장군에게 내려졌다.[40]

동아시아의 사건들로 말미암아 러시아의 입장은 복잡해졌다. 세이무어 부대는 북경으로 가는 중간지점에 도달한 후에 위험에 처한 것을 깨달았다. 특히 백하 입구를 방어하는 대고 요새에는 의화단이 전신선 앞쪽과 반대편에 상당수 집결해 있었다. 강 쪽 통로를 다시 열기 위해 유럽 각국 함대의 제독들은 대고 요새를 공략하기로 결정하였다.[41] 최후

통첩장을 청국측 요새의 사령관들에게 전달하였다. 이것이 거절되자마자,[42] 6월 17일 아침에 공격이 개시되었다. 다국적 함대의 포함이나 기타 소형함선들의 도움을 받아 육지 쪽에서부터 요새를 공략하려던 차에 청국 요새에서 날아든 총탄은 공격을 정당화해 주는 구실이 되었다. 러시아는 총 8척의 포함 가운데서 강력한 3척의 포함을 이 작전에 참가시켰다.[43]

대고 요새의 포격과 공략은 의화단뿐만 아니라 청국정부를 격앙시켰다. 6월 17일 이후 청국 정규군이 의화단 편에서 싸우기 시작하면서, 북경공사관을 구제하는 문제는 점점 더 어렵게 되었다. 세이무어 부대는 저지되었고 퇴각을 강요당했다. 천진 조차지는 대규모 의화단 무리에게 공격을 받았고 청국 정규군의 포격을 받았다. 되풀이되는 청국군의 공격은 주로 이제 막 도착한 러시아 군대가 힘들게 격퇴하곤 했다.[44] 북경에서는 6월 20일 독일 공사 케틀러 남작(Baron von Ketteler)의 살해를 절정으로, 의화단과 유럽인들 사이에 불미스런 사고가 증가하고 있었다.[45] 그 때까지만 해도 북경공사관은 단지 포위되어 있었으나, 이제는 실질적인 포위공격의 대상이 되었다. 다음날, 청국정부는 개입에 참여한 나라들에게 전쟁을 선포하였는데, 이들 나라들은 두 달이 지날 때까지도 청국측의 선전포고를 정확히 알지 못하였다.[46]

6월 21일에 무라비요프가 급사함으로써 아마도 위떼가 지명했을[47] 람스도르프(V.N.Lamsdorff) 백작이 외상대리로 임명되었다.[48] 람스도르프의 첫 행동은 그의 전임자가 6월 17일 각서에서 설정해 놓은 정책을 따르는 것이었다. 그는 이것을 6월 28일자 알렉쎄프에게 보내는 전문에서 강조하고, 7월 13일자 짜르에게 올린 각서에서 재차 강조하였다.[49] 그러나 러시아외무성에서 그의 리더쉽은 전임 외상과는 다를 수밖에 없었는데 아마도 그 까닭은 그가 이미 위떼의 영향력 아래 있었기 때문일 것이다. 그리고 동청철도를 매개로 동아시아에서 러시아의 영향력을 팽창시키려던 위떼의 계획 또한 의화단사건의 확산으로 말미암아 영향을 받을 것이었다. 8월 1일에 람스도르프는 이 같은 상황에 대처하고 나아가 또 다른 돌발상황에 대처하기 위해 "현재의 불확실한 상황이 지나고 좀더 상황이 분명해질 때까지 기다리면 안 되는가?"[50]라는 질문과 함께 "기다리며 지켜보아야 함(wait and see)"이라는 안정적인 정책을 여기에 덧붙였다.

동아시아 위기와 관련하여 람스도르프가 직면한 가장 중요한 외교적 문제는 3만 명의 파견단을 북중국에 보내자는 일본의 제안이었다. 일본 외상은 이를 도쿄 주재 각국 외교관들에게[51] 6월 11일자로 제시하였다. 러시아정부는 즉각적으로 자국 대표인 이즈볼스키(A.P.Izvolskii) 백작을 통해 일본의 행동의 자유를 간섭할 이유가 없다고 대답하였다.[52] 일본이 1895년 러·프·독 삼국간섭의 쓰라린 경험을 떠올리지만 않았더라도 문제는 거기에서 끝날 수도 있었다. 그러나 일본은 영국으로부터 "동아시아에서 이해를 갖고 있는 각국 정부측에서 반대하지 않는다는 모종의 보장"[53]을 받고자 하였다. 이 같은 보장을 얻기 위해 솔즈버리는 독일정부에 접근하였다.[54] 그러나 빌헬름 황제는 "황화(黃禍, Yellow Peril : 동양인의 세력 신장에 대한 서양인의 두려움 – 역자)"를 주장할 수 있는 좋은 기회로 생각하여,[55] 케틀러 공사의 죽음을 독일 군대로써 보복하길 바라고 있었다.[56] 그리고 무엇보다도 빌헬름 황제는, 동아시아에서 일본의 대규모 참여를 제의한 솔즈버리의 제안을 거부함으로써, 러시아의 호의를 얻고자 하였다.[57]

솔즈버리는 곧 실패를 깨닫고 보장을 얻으려는 시도를 포기하였다.[58] 그는 일본의 개입을 유럽 국가들에 대한 일본의 의리로 표현하였다. 7월 9일자 재외공관에 대한 비밀전문을 통해 러시아외무성은 일본의 자발적인 참여의 수락을 재확인하면서도, 다음과 같은 구절로 유럽이 일본에게 "위임(mandate)"하는 것에는 반대하였다.

이 같은 판단은, 청국에서의 사건들과 관계된 지침으로서 이제까지 대다수 열강이 용인한 원칙들을 상당부분 위반하는 것이 될 수 있다는 것이 우리의 견해이다. 즉, 그 원칙이란 다음과 같은 것들이다. 열강의 만장일치 유지, 청국의 기존 체계 유지, 청제국의 분할을 초래할 수 있는 어떤 것도 회피하는 것, 그리고 궁극적으로는 공동의 노력으로 북경의 합법적인 중앙정부를 회복시키는 것……(중략)[59]

이 문제는 러시아의 참여를 유도했던 이유들과 비슷한 이유로 말미암아 저절로 해결되었다. 북중국에서의 사건들과 관련하여 일본은 전략적으로 참여를 지지하는 입장이었다. 이 사건들은 일본으로서는 국제적인 문제에서 자국이 두드러진 역할을 담당할 놓칠 수 없는 절호의 기회였다.[60] 대고(大沽) 어귀에서 열린 7월 4일의 제독회의에서, 일본군 1개 사단을 파견한다는 영·일측의 제의를 러시아를 포함한 모든 열강이 용인하였다. 연합국 대표인 힐데브란트(Hildebrand) 제독은 분명히 자신의 생각에 따라 이 제의를 받아들였다.[61] 일본 군대는 7월초 천진 주변에서 마지막 전투를 벌이고 있을 때 투입되었고, 8월 북경공사관을 구제하기 위한 진군에서 두드러진 역할을 담당하였다.

람스도르프가 직면한 두 번째 문제는 최고사령부의 문제였다. 또다시 작전 현장에서 발생한 사건들이 사태를 주도하였다. 1900년 6월말, 천진-대고 전선의 연합군 가운데서 수적으로 다수를 차지하던 러시아 군대는 러시아 군대 역사에 명예스런 페이지를 장식하고 있었다. 아니시모프(S.Anisimov) 대령 휘하의 러시아군은 6일 동안의 천진 포위공격시에 방어를 담당하였으며, 천진 조계의 유럽인들을 대학살로부터 구출하였다.[62] 6월 24일에 스퇴쎌(A.M.Stössel) 장군은 1천 5백 명의 러시아군을 포함한 2천 명의 병력으로 의화단 전선에 침투하여 포위당한 공사관을 구제하였다.[63] 이틀 뒤에 러시아군은, 의화단이 대포로 조차지를 위협했던 북쪽 병기고에 대한 공격을 주도하였다.[64] 같은 날, 쉬린스키(Shirinskii) 육군 중장은 9백 명의 러시아인들을 포함한 1천 8백 명의 병력으로, 천진 북쪽 8마일상의 해구(海口, Haiku) 병기고에서 세이무어 부대를 구출했다.[65]

러시아군과 사령관들이 행사한 실질적인 리더쉽의 측면을 감안하면,

러시아가 이 같은 리더쉽을 공식적으로 인정받으려한 것은 당연하였다. 6월 19일에 쿠로파뜨킨은 알렉쎄프 제독을 북중국에서 최고 육군사령관으로 만들기 위해 그에게 군단사령관의 직위를 부여하려 하였다. 그리고 짜르에게 올린 7월 12일자 서신에서 알렉쎄프를 개입군의 최고사령관으로 임명할 것을 간청하였다.[66] 그러나 고위급의 정책적 고려는 기정 사실화된 무라비요프의 계획에 부응하는 것이었다. 유럽 열강은 최고사령부 문제에 관한 외교적 논의에서 추천에 오른 영국, 프랑스, 일본인 사령관들에 반대하였다.[67] 8월 6일에 카이저는 짜르에게 보내는 한 사신(私信)에서 발더제(Alfred von Waldersee) 야전사령관이 이 자리에 적절한 인물이라고 제시하였다.[68] 니꼴라이 2세는 총사령관의 권위가 직예성에 한정되어야 한다는 단서를 달았지만, 이 지명을 기꺼이 받아들였다.[69] 카이저는 러시아의 승인을 하나의 지렛대로 삼아 채 며칠도 걸리지 않아 영국과 프랑스의 승인을 얻어냈다.[70] 그러나 10월에 발더제가 도착할 때까지 개입 열강의 군사 작전은 전쟁공동위원회에 의해 효율적으로 내려졌고, 천진 기지에서 혼성부대의 행정은 영국, 일본, 러시아의 삼국위원회의 수중에 있었다.[71]

6월말에 이르러 의화단 반군이 만주로 확산되고, 7월 5~7일 의화단이 동청철도 남만주지선을 따라 공사 인부들을 공격하면서 사건은 새로운 국면을 맞이했다.[72] 새로운 문제가 불거지자 위떼와 람스도르프는 직예성의 잇따른 작전에서 러시아가 적극적인 역할을 맡아야 한다는 생각에 더욱 반대하게 되었다.[73] 쿠로파뜨킨은 러시아가 초전에 "북경에서 끝내야 한다"고 주장하였다.[74] 그러나 위떼는 다른 모든 조치들이 실패할 때까지는 북경 진군을 늦추어야 할 필요성을 계속해서 주장하여 결국 람스도르프와 짜르를 설득하는 데 성공하였다. 위떼가 쿠로파뜨킨에게 지적한 바에 따르면, 러시아군은 진군을 개시하기 전에 작전 현장에 16개 추가 보병대대를 두어야 했다.[75] 한여름의 폭우로 진군이 지체되면서, 위떼는 굳이 북경 진군을 저지하려는 노력을 할 필요가 없었다.[76]

위떼의 마음속에 아직 구체화되지 않은 "조치들"은 아마도 당시 광주 총독(Canton Viceroy)인 이홍장이 산동 및 직예 총독 자리에 임명된 일이나, 북경으로 와서 유럽 열강과의 관계에 대해 조정에 조언을 하라고 이홍장에게 내린 북경정부의 훈령과 관련이 있을 것이다.[77] 6월 26일 광주에서 이홍장은 자신의 임명을 알리는 전문을 위떼에게 보냈다. 같은-날, 이홍장은 두 개의 전보를 받았는데 그 가운데 하나는 위떼에게서 온 것이었다. 위떼는 러시아가 청국에 대해 선전포고하지 않을 것이며, 이홍장이 만주의 상황을 정상화하도록 지원한다면, 그 대가로 러시아 군대가 이홍장을 지원할 것이라고 약속하였다. 다른 하나는 욱똠스키 공이 보낸 것으로 러·청관계의 장래를 논의하기 위해 자신이 7월말에 광주에 갈 것임을 이홍장에게 알리는 것이었다.[78] 그러나 기대하던 친구(이홍장)와의 교섭을 통해 별도의 평화적인 조정을 이루려던 위떼의 희망은 구체화되지 않았다. 군사적 사건들이 너무 급박하게 일어났으며, 더욱이 영국은—심지어 위떼보다도 먼저—이홍장을 지원하며 그와 교섭을 시작하였다.[79] 왜냐하면 이홍장이야말로 혼란의 와중에서 질서를 회복시킬 수 있는 인물이며, 청국 중부에서 영국의 이해를 보전하고 포위공격된 채 고립되어 있는 영국인들의 생명을 구해 줄 수 있을 것이기 때문이었다.[80]

1900년 7월 13일과 14일에 연합군은 청국에 대한 최초의 명백한 공격적인 행동으로써 옛 천진시를 강타했다.[81] 19일에 청국 황제는 사신(私信)을 통해, 모든 유럽 열강의 정치적 수장들에게 호소하노니 제국에 대한 위협을 제거해 줄 단계적 조치를 취해 달라고 요청하였다.[82] 호소는 먹혀들지 않았다. 유럽 각국 정부는 의화단사건을 즉각적으로 진압하기 위해 그들의 요구를 되풀이하였다.[83] 러시아의 대답은 무라비요프의 정책을 일반적인 용어로 되풀이한 것에 불과하였다.

러시아의 시도들은 단 하나의 목적, 즉 청제국의 질서와 안녕을 재확립하는 데 도움을 주는 것을 목표로 한다. 청국과 전통적인 우호를 유지하고 있는 러시아제국 정부는 현재의 분쟁을 진압하기 위해 청국 정부에 모든 조력을 다하기로 결정하였다.[84]

이렇게 하여 "청국과의 전통적인 우호"정책은, 유럽 열강이 표현한, 질서 회복이라는 공동정책을 추종하는 것이 되었다. 국위(prestige)는 그 밖의 다른 방도를 허용하지 않았던 것이다.

4만 명에서 5만 명이 일거에 전투를 치를 수 있을 때까지 북경에 대한 진군을 제어하려던 영국인들과 독일인들의 바람에도 불구하고,[85] 구원부대는 8월 4일에 1만 8천 8백 명의 병력으로 진군을 시작하였으며,[86] 청국인들이 심각하게 저항하지 않을 것이라는 일본과 러시아 정보국이 전한 정보에 따라 행동하였다.[87] 잇따른 소규모 접전 이후 구원부대가 8월 13일에 북경 교외에 도달하였다. 러시아군은 구원작전이 끝나기 전에는 군 재정비를 위한 휴식을 하지 않으려 하였는데, 그것은 모든 국제파견대가 공통적으로 갖고 있던 경쟁심리에 의해 고무되어 있었기 때문임이 틀림없다. 러시아군은 협정—북경성을 공격하기 전인 8월 14일까지는 휴식을 취하자는—을 깨뜨린 리네비치(N.P.Linevich) 장군의 주도 아래,[88] 8월 13~14일 밤 사이에 동변(東邊, Tungpien)입구를 공격하였다.[89] 이는 총공격을 초래하였다. 러시아와 일본인들이 타타르 시와 그 인접 외곽을 탈환하는 데 협력한 반면, 그동안 다른 파견부대들은 북경성 내 남부에 위치한 청국 도시에 진입했고, 15일에는 공사관을 구출하였다.[90]

북경공사관을 구제한 이후, 구출에 참여했던 대표국들 사이에 불협화음이 더욱 두드러지기 시작했다. 영국과 미국의 사령관들은 그들이 북경성 공격에 가담했을 때 러시아인들이 "정정당당하게 행동하지 않았다"는 입장을 취하였다.[91] 또 다른 불화도 있었는데 어떤 점은 심각하기도 하고, 어떤 점은 사소한 것이며, 그 밖의 어떤 점들은 다소 우스꽝스러운 것이었다. 8월 25일에 북경으로 승리의 행진을 하면서 러시아와 일본 사령관들 사이에서는 상석의 서열을 놓고 약간의 다툼이 있었으

며,[92] 연합국 파견부대를 사열할 때 출석한 최고사령관 리네비치장군은
영국군의 군사적 의례를 고의적으로 무시한 적도 있었다.[93]

우스꽝스럽지만 당시까지도 중요했던 문제는 영국과 독일대표들이
이홍장이 북경을 지나가도록 허용하지 않은 것이었다.[94] 청국 조정은 8
월 7일 앞으로의 교섭 대표로 이홍장을 임명하였다.[95] 독일, 영국, 일본,
그리고 프랑스의 동아시아함대 제독들은 독단적인 권위로, 이홍장을 기
다리게 만든다는 결정을 공동으로 내렸다.[96] 그리하여 천진으로 가도
좋다는 승인이 떨어진 9월 12일까지 이홍장은 백하 입구의 대고(大沽)
어귀와 상해 사이를 돌아다녀야 했다.[97] 청국의 전권대표를 기다리게
만든 제독들의 행동은 묘한 법적 문제를 제기시켰다. 러시아와 미국정
부는 이홍장을 관리 자격으로 받아들였다.[98] 더욱이 청국의 민간관리로
서도 이홍장은 청국 영토를 경유할 권한이 있었다. 그러나 빌헬름 2세
는 경험 많은 이 청국 외교관(이홍장)의 목적이 서로를 반목시켜 어부
지리를 얻음으로써 유럽 열강 사이에 이견의 씨앗을 뿌리는 데 있지 않
을까 염려하였다.[99] 이에 카이저는 베를린 주재 영국 대사 라쎌 경(Sir
Frank Lascelles)에 대한 구두진술에서, 독일은 "가장 확실하게" 청국과
전쟁을 하였으며,[100] 이홍장은 적국의 한 신민으로서 억류될 수도 있다
고 말했다. 두 열강이 인정하고 공인한 전권대표가 상해의 국제 조계
(International Settlement) 또는 중립적인 함선 상에서 제3국에 의해 망
명자가 된 셈이다.

청국과 교섭을 수행하기 위해 공사관을 북경에서 천진으로 옮기자는
러시아의 제의 때문에, 러시아의 정책과 여타 열강의 정책 사이에 심각
한 불협화음이 야기되었다.[101] 8월 22일까지도 람스도르프는 북경이 교
섭을 위해 가장 적절한 장소라고 생각하였다.[102] 그러나 그가 관련국가
들의 수도에 발송한 8월 25일의 회람장에서는 러시아의 기본정책을 되
풀이하여 설명한 뒤, 청국 조정이 서안으로 망명하였으므로 북경에 외
교공관을 유지할 필요가 없다는 주장을 내놓았다. 외교공관들이 북경에
있음으로 해서 문제가 더욱 복잡해진 것은 사실이다. 열강은 자연히 자

국의 군대와 공사관을 천진으로 철수시켜야 했고, 청국 조정이 북경으로 복귀하여 정상적인 외교관계가 재확립될 수 있을 때까지 청국과의 문제해결을 위한 모든 시도들도 연기해야만 했던 것이다.[103]

북경에서 철수준비를 하라는 러시아공사관에 대한 훈령은 8월 25일자로 기르스와 리네비치에게 전문으로 통지되었으며,[104] 8월 28일에는 그들의 의도가 모든 열강에게 알려졌다.[105] 그러나, 리네비치 장군은 공공연하게 러시아 군대가 북경에서 겨울을 나야 하며, 1만 5천 명의 "현존" 병력이 직예성에서 겨울을 나야 한다는 태도를 유지하였다.[106] 9월 12일에 영국은 러시아의 예를 따르려는 열강 편에 서기를 거부하기 시작했다.[107] 그럼에도, 러시아 군대는 9월 13일에 북경에서 철수하기 시작했다.[108] 9월 29일에 러시아는 북경의 공사관과 모든 군대를 철수시키는 필요 이상의 모범을 보이면서도[109] 1천 2백 명으로 강화된 공사관수비대는 그대로 남겨놓았다.[110]

직예성 군사작전에서 러시아 군대가 행한 최후의 중요한 행동은 9월말 약 5천 명의 러시아 군인들을 산해관까지 육로로 행군시킨 일이었다. 행군하는 동안 천진에서 산해관까지의 청제국북부철도(Imperial Northern Chinese Railway)를 회복하려던 러시아인들은 두 차례의 사소한, 거의 무혈의 소전투를 치뤘다.[111] 9월 30일에 러시아군은 여타 열강의 대표적인 상륙부대와 함께 산해관의 여러 요새를 점령하였다.[112] 1900년 10월 4일에 보정부(保定府, Pao-ting-fu)에서의 행군과 함께 시작된[113] 직예성과 호북성에서의 잇따른 군사적 토벌은 1901년 4월말까지 계속되었다.[114] 여기에 러시아 군대는 참가하지 않았다. 그들의 적극적인 역할은 이로써 끝났다.

위떼, 람스도르프, 알렉쎄프 그리고 짜르는 의화단 위기의 군사적 해결에 절대적인 만족을 표현하였다. 알렉쎄프는 7월초, 그리고 리네비치가 북중국에서 러시아군의 사령관직을 계승한 때인 8월초에, 분명히 북경 진군 결정에 연루되지 않겠다는 견해를 밝혔었다. 7월의 어느 때인가 그는 다음과 같이 말하였다.

우리의 이해는 만주에 있고, 정치적 중심이 그곳에 있으며, 만주에서 우리의 지위를 확고히 하는 데 모든 노력을 기울여야만 한다. 상황이 우리를 직예성으로 불러들였지만, 우리는 그곳에서 빨리 나오는 것이 좋다. 공사들에게는 유감이지만, 그들은 자신들이 처한 상황에 책임이 있으며, 현재 러시아가 겪은 손실은 그들의 통찰력 부족으로 말미암아 초래된 것이다.[115]

짜르는 1900년 8월 24일자 모후에게 보내는 사신(私信)에서 "우리가 북경을 떠나 혼란에서 영원히 빠져나오는 날이 내 생애 가장 기쁜 날이 될 것"[116]이라고 썼다. 위떼는 만주의 사태 진전에 점차 관심을 갖기 시작하면서 북경을 둘러싼 위기가 시간이 지나면서 저절로 해결되기를 바랐다. 람스도르프의 경우에는, 북중국에서의 8월의 사건들은 그의 정책에 영향을 미치지 못하였다. 그는 러시아의 정책에 대해 어떤 성급한 언급도 하지 않았다. 다만 청국의 영토보전을 위한 연합행동이나, 소요가 거의 종식된 북중국과 만주에서 청국의 주권을 회복시키기 위한 연합행동에 대해서만 언급하였을 뿐이다. 두 번의 언급은 사건들이 진행된 과정에 대한 것과, 자신이 8월 1일에 썼던 "불확실한 상황"에 대한 것이었다. 심지어 북중국에서의 맹렬하고 공격적인 태도를 지지했던 쿠로파뜨킨 장군조차도, 북중국에서 전쟁이 끝난 것에 대해 유감을 표하지 않았다. 군사작전에 즉각적인 관심을 보였던 한 사람의 군인으로서 그는 북중국에서 적극적인 행동을 주문했었다. 토벌의 군사적 목적이 달성되었기 때문에 그는 만주에서 진행 중인 군사행동에 모든 관심을 쏟았다. 적어도 1900년 9월에 있었던 북중국에서의 철수에 그가 반대했다는 기록은 없다. 짜르와 주요 각료들의 주된 관심은 이전의 "불확실한 상황"에서 이제 새로운 문제를 야기시킨 만주의 사태 진전으로 자연스럽게 옮겨졌다. 이처럼 더욱 구체적인 문제들이 러·일전쟁 발발 전까지 러시아의 동아시아정책을 지배하였다.

2. 만주 "정복" (1900년 6월 30일~10월 6일)

1900년 6월, 의화단사건은 만주로 파급되었다. 처음에는 의화단에 대해 거의 들을 수도 없었고, 그들의 행동에서 특별히 흥미로운 점도 찾을 수 없었다.[117] 첫 소요의 발발이 만주 비적들(Khunhuzes)의 주기적인 군사작전과 거의 구분되지 않았기 때문이었다.[118] 6월 중순 의화단의 선전(宣傳)이 부쩍 눈에 띄게 나타났다. 산동에서 온 몇몇 지도자들은 신병을 모집하기 위해 목단에 왔으나, 이 도시의 온건한 주민들은 반군의 정책을 비난했기 때문에 대체로 큰 성공을 거두지는 못하였다. 그러나 의화단은 도시의 가장 가난한 계층인 걸인, 부랑자, 극빈자 가운데서 모병하였다.[119] 동청철도와 남만주지선 부설공사에 종사하는 6만 명의 청국 인부들—그들 가운데 반 수 이상이 산동에서 최근에 도착한—에 게조차[120] 의화단의 선동은 잘 먹혀들지 않았다. 왜냐하면 청국 북부에서 유럽인들이 부설하는 철도들은 이전에 운수업에 종사하던 수십만 명의 일자리를 앗아감으로써 주민들의 경제적 고통을 가중시켰던 반면에, 만주의 러시아 철도는 인부들의 처지를 그처럼 뒤바꾸어놓지는 않았기 때문이다. 유럽의 철도와는 대조적으로, 러시아 철도는 그 규모가 거대했기 때문에, 부설작업에 종사하는 6만 명의 청국인뿐 아니라, 철도 인부들, 고용인들, 그리고 이윤이 꽤 남는, 음식물 거래에 종사할 수 있는, 수십만에 달하는 많은 만주인 정착자들을 먹여 살렸다. 만주, 특히 북만주 지방에서는 요하(遼河)나 송화강을 이용하지 않으면, 원시적인 방법들으로 대규모 수송을 하기에는 그 거리가 너무 멀었다. 그러므로 이 같은 교역도 아직 공사가 끝나지 않은 철도와의 경쟁에서 거의 영향을 받지 않았다. 러시아교회는 청국 본토에서처럼 만주에서도 전교활동을 하지 않았다.

만주에서의 반란과 그 진압은 북중국에서의 사건들과 다를 수밖에 없었다. 우선 그 주된 이유는 만주에서는 유럽의 경제적 이해가 제각기 달랐던 데 있다. 만주에서의 경제적 이해는—개항장인 우장(牛莊)은 예외로 하고—거의 전적으로 러시아의 몫이었다. 러시아의 이해(利害)는 한층 진전된 여러 단계들로 이루어졌다. 총연장 960마일에 달하는 동청철도, 하얼빈에서 여순 및 대련까지 650마일에 달하는 남만주지선 공사, 하얼빈, 길림, 우장과 목단의 러·청은행, 동청철도회사에 의한 연태(烟台) 및 우판양(Wu-fand-yang)의 석탄광산 개발, 송화강 항해, 그리고 청국 도시인 하얼빈에 러시아 지구가 점차 증가하는 데 따른 철도본부 공사에 필요한 철도행정, 철도의 잡다한 업무직 등이 그것이다.[121] 1천 5백 명의 러시아 민간인과 4천 5백 명의 철도수비대[122]가 만주에서의 이같은 사업에 종사하였다. 만주에서 열강의 공통적인 대응은 청국의 해결책이 없을 때에는, 단지 러시아의 문제로 만들어 만주 동삼성의 분쟁을 해결했다는 점이다. 러시아에게 만주의 이해는 상당수의 러시아인들이 관련되었던 점에서, 그리고 러시아 철도에 거대한 자금을 지출하였던 점에서 정말로 심각하고도 절박한 문제였다.

초기의 군사적 상황도 북중국과는 완전히 달랐다. 상대적으로 소규모임에도 불구하고 철도수비대는 두 달 동안의 북경공략 기간에 공사관을 보호하던 수비병력의 10배 이상의 규모였다. 반면, 철도 구역과 북경의 비전투 요원은 수적으로는 비슷했다. 따라서 러시아측이 공격을 받게 되면 월등한 기동력으로 만주에서 자신들의 길을 헤쳐나갈 수도 있었고 그렇지 않으면 하얼빈의 포위된 지역으로 비교적 손쉽게 진입할 수도 있었으며, 나아가 즉각적인 병력 보강도 가능했다. 소요가 시작되었다는 소식이 위떼에게 전해지자, 그는 육군상인 쿠로파뜨킨에게 철도수비대의 병력을 증강시켜줄 것을 호소하였다. 예비병과 현역 제대한 병사들로 충원된 수비대는 7월의 첫 주말에 1만 1천 명에 달했다.[123] 연해주와 프리아무르 지방, 그리고 이르쿠츠크주(guberniia)에서의 즉각적인 모병으로 러시아는 대규모 구원병력을 갖추게 되었는데, 특히 코사크인들은 이후 만주에서 수행된 군사작전에 놀라울 정도로 꼭 맞았다. 코사크부대는 수송설비가 체계화되어 있었고 편리한 단일 지휘체계로 움직일 수 있었으며, 외교적 장애나 격렬한 국제경쟁과 의혹이라는 방해를 받지 않고도 운영될 수 있었다.

만주에 부속된 문제에 관한 외교업무의 처리방식 역시 북중국에서와는 달랐다. 동청철도회사를 관장하는 데 비상한 재주를 가지고 있던 위떼의 수완은 출발부터 남달랐다. 위떼는 자신의 요원이면서 철도부설의 책임을 맡은 책임기술자 유고비치(A.I.Iugovich)로부터 만주에서 심각한 문제가 발생할 가능성을 전해듣자마자, 알렉쎄프에게 자신이 그렇게 해달라고 요청하기 전까지는 만주에 군대를 파견하지 말아달라는 약속을 6월 13일자로 받아내었다. 6월 29일에 그는 쿠로파뜨킨으로부터 이와 비슷한 약속을 받았고, 7월 1일에는 짜르로부터도 약속을 얻어냈다.[124] 그러는 동안 위떼는 자신에게 아주 딱 들어맞는 방식인 개인적인 외교에 의존하였다. 6월 28일에 그는 유고비치에게 10만 냥(약 15만 루블)의 구좌를 개설하라고 지시하였다. 이는 만일 만주의 동삼성 총독들이 의화단이 일으킨 소요를 통제·진압하여 각 성을 지킬 경우 그들에게 나누어줄 첫 지불분이었다.[125] 군사작전을 개시한 이후 만주에 대한 통제권은 아주 자연스럽게 군부의 손에 넘어갔다. 그러나 동아시아에서 러시아의 동원명령을 내리고, 7월과 8월 사이에 만주의 상황을 언론에 알리고, 마침내는 "정복된" 만주를 인정받을 수 있도록 해결책을 제공한 사람은 바로 위떼였다.

직예성에서 일어난 사건과 만주에서 일어난 사건의 결정적인 차이점은 군사전략과 전술상의 차이였다. 직예성에서 가장 치열한 접전은 비교적 소규모 부대인 유럽의 군대와, 청국의 민간인들 및 제대병들의 광신자 무리인 의화단 사이에서 전개되었다. 러시아측의 기록에는 청국의 병력수가 2만 명을 넘거나, 완벽한 부대로서 전장에 나간 적은 한번도 없었다고 되어 있다.[126] 만주에서 광신자들의 부대는 중요치 않았다. 청국의 군사작전은 거의 처음부터 정규군과 정규 장교들의 명령을 받는 보조적인 비정규 비적들이 수행하였다. 그들은 대포를 가득 싣고 출정하였다. 만주에서의 작전은 진정한 전쟁의 성격을 띠었다. 한 러시아 마을은 포격을 당했고, 러시아 영토에 대한 침공을 계획하였다. 직예성에서 개입 열강이 겪었던 막대한 손실과 러시아인들이 만주정복에서 입은 손실 사이의 불균형의 원인은, 참전한 청국 병력의 전투력에 큰 차이가 있다거나 두 개의 전장에서 작전을 펴야 하는 전쟁의 규모에 있었다기보다는, 오히려 지형의 차이에 있었다. 좁고 제한된 시계(視界)와 평지에 인구가 집중·정착한 지역인 직예성에서는, 진군하는 부대를 돌진시키기도 하고 매복시키기도 하는 청국인들의 원시적인 전술이 놀라울 정도로 적합했다. 그러나 만주, 특히 북만주의 광활한 평야와, 완만한 구릉, 희박한 인구는 러시아인들에게 좀더 잘 훈련된 부대로 전략적인 전술을 수행할 적절한 기회를 주었고, 대규모의 보병부대와 포병부대라는 군비의 커다란 이점을 이용할 수 있게 해주었다.[127]

만주에서의 의화단 발발은 목단, 요양(遼陽), 영구(營口), 해강(海江)과 같은 목단(봉천)성의 주요도시에서 비무장의 온건한 소요로 시작되었다.[128] 6월 30일에는 봉천성 순무(巡撫)대리(Lieutenant Governor)의 묵인 아래,[129] 청국 관리들의 유도를 받은 의화단 무리들이[130] 목단의 로마카톨릭선교회를 공격하고 5명의 유럽인을 살해하였다. 군중들은 청국의 도시 성벽에서 불과 수마일 떨어진 곳에서 러시아식으로 공사 중이던 러시아의 철도 역사(驛舍)로 밀어닥쳐 그것을 불태우고, 인근 러시아 막사에 불을 지르고는 흩어졌다.[131] 이 같은 적대감의 표출은 너무나도 뜻밖이었고 흔치 않은 일이어서 러시아 당국자들은 그것에 중요한 의미를 부여하지 않았다. 7월 4일에 유고비치는 하얼빈에서 위떼에게 전문을 보내었다. 만일 러시아가 적극적인 군사조치를 삼가고자 한다면 만주 동삼성 총독들로 하여금 러시아인의 안전과 만주 철도의 안전을 보장하도록 해야 할 것이라는 내용이었다.[132] 그러나 같은 날, 의화단은 목단 남쪽 철도의 2백 마일에 걸친 모든 철도 역사를 대규모로 습격하였고, 사흘도 못 되어 러시아 철도수비병들과 몇몇 민간인들을 철령(鐵嶺, Tienling) 북쪽으로, 요양(遼陽) 남쪽으로 몰아냈다.[133]

7월 6일에서 7일 무렵 제국칙령이 길림과 찌찌하르(齊齊合爾)에 나붙었는데, 이는 청국의 정규군대와 의화단이 합세하여 러시아인들을 공격할 것을 명하는 내용이었다.[134] 이 칙령이 선포된 이후 의화단사건은 러시아와의 공개적인 전쟁의 성격을 띠었다. 북만주에서는 지나치게 광적인 현상은 없었다. 하얼빈 공략을 위해 자신의 부대를 이동시키던 흑룡강 장군인 수산(壽山)은, 7월 8일에 하얼빈의 모든 아녀자들을 철수시키고 그들을 개방된 하천수로를 이용하여 하바로프스크로 보낼 것을 유고비치에게 제의하였다.[135] 10일, 하일라(Hailar, 海拉爾)에서 진군하던 청국 정규군은 러시아의 피난민들에게 마을을 비우고 아직 끊어지지 않은 철도길을 따라 러시아 국경을 향해 철수하라는 사전경고를 내렸다.[136] 그 결과, 러시아 군대가 만주에 진입했을 때에는 공식적인 보복이나, 징벌대 또는 의화단운동에 참여했던 청국의 민간인들이나 관리들에 대한 보복행위 등은 나타나지 않았다. 그러나 전면적인 약탈, 전쟁에 따르는 수많은 유사한 폭력 사건들이 일어났음은 분명하다. 1900년 6월 24일 우쑤리와 아무르 코사크인들에게 군 동원령을 선포한 이후, 외진 벽촌에서는 고립된 청국인들에 대한 강탈과 살해가 더욱 빈번해졌다.[137] 만주를 "정복"하는 동안 군 당국의 묵인 아래—명령에 의한 것은 아니라고 하더라도—전면적인 약탈행위는 무수히 많았다.[138] 이 같은 사건들에서 러시아군의 행동은 북경 구제시의 다른 참가국들의 행동과 조금도 다를 것이 없었다. 그러나 이번에는 상황이 해결되지 않았다. 평화로운 마을 주민들조차도 기차를 탈선시키고 기관차의 청동제 증기관을 뜯어가는가 하면, 심지어는 훨씬 평화스럽던 조선인들도 훈춘(만주)의 청국인들에 대항하여 유혈의 "학살"을 벌였다.[139] 러시아인들은 공격자들이 만주 비적들(Khunhuzes)인지, 의화단인지, 정규군인지, 지역 주민들인지, 또는 이들의 연합체인지를 구분할 수 없었기 때문에 교전 중에 철수해야 했다.[140]

만주에서 청국과 러시아인들의 전투 형태는 블라고베시첸스크(Blagoveschensk) 포격사건에서 아주 잘 드러난다.[141] 7월 12일에 만주에서 작전을 수행할 부대에 증원군을 보냈던 블라고베시첸스크 수비군이 거의 노출되었을 즈음, 청국군은 아이훈(Aigun)을 지나 강 쪽으로

내려오던 러시아의 군 수송 증기선에 포격을 가하였다.[142] 다음날, 청국
포대는 만주 쪽 아무르강에서부터 블라고베시첸스크를 포격하기 시작
하였고,[143] 아무르 코사크의 우두머리인 그립스키(Gribskii) 장군은 찌찌
하르(齊齊合爾) 총독(Governor General)의 전문을 받았다.[144] 전문은 러
시아 군대가 만주로 진격하고 있으므로 자신이 러시아의 도시를 폭파
하라고 명령했다는 사실을 알리는 것이었다. 블라고베시첸스크 포격은
심각한 것은 아니었다. 2주 동안 청국인들은 간헐적으로 마을을 포격하
였으나[145] 그들의 소구경 총과 대포는 너무나 빈약해서 대부분의 포격
이 마을까지도 미치지 못하였을 뿐만 아니라 전 포격을 통해 15명에서
20명 정도의 사상자만을 내는 데 불과했기 때문이다.[146] 그렇지만 청국
인들이 급습하여 반란이 일어날 수도 있다는 마을 주민들 사이에 퍼진
소문과 함께, 7월 14일에서 16일까지의 격심한 포격은 러시아인들에게
심각한 공포를 안겨주었다.[147]

마을에 대한 이 같은 막연한 군사적 위협은 블라고베시첸스크에 거
주하는 청국인들—떠돌이 인부, 잡상인, 수공업자들인—의 대부분이 불
안정한 주민들이었기 때문에 특히 더 위협적이었다. 왜냐하면 청국인
한 명을 공격하는 경우라 하더라도 이들이 러시아인들에게 등을 돌리
도록 영향을 줄 것이기 때문이다. 따라서 그립스키 장군이 "청국인들이
위대한 러시아제국 땅에서 살고자 하는 한, 러시아정부는 평화로운 외
국인들에게 성가신 일이 없도록 할 것이며, 두려움 없이 남을 수 있을
것"이라고 청국의 주민대표에게 보증했다. 그러나 도시를 방어하려던
군 당국은 7월 14일에 청국 주민들을 강 건너 만주 땅으로 추방한다는
단호한 조치를 취하기로 결정하였다.[148]

실제의 추방 사건에 대한 "목격자들"의 보고는 의견이 엇갈린다. 7월
14일부터 16일까지 약 3천 명의 청국인들이 매우 잔인하게 색출되고 몇
몇은 살해되었다. 청국인들은 블라고베시첸스크에서 몇 마일 떨어진 강
상류의 버려진 코사크 마을로 쫓겨났다. 7월 17일 아침 일찍, 그들은 강
폭이 반 마일 이상이나 되는 지점에서 도강(渡江)을 강요당했다.[149] 도

강에 관한 실제 목격자의 보고가 출간된 적은 없다. 이 사건에 관한 가
장 중요한 비러시아계 정보원(源)인 리오 도이치(Leo Deutsch)는, 사건
의 목격자이면서 자신의 정보제공자들에 의거하여 다음과 같이 증언했
다. 아마도 이 같은 증언은 러시아인의 모든 것에 대해 비판적인 그의
태도에서 영향을 받았을 것이다. 러시아인들이 청국 남자들과 아녀자들
에게 강을 헤엄쳐 건널 것을 강요했으며, 피난민들이 헤엄칠 때 강의
맞은편에 있던 청국 군대가 그들에게 포격을 가하자 러시아인들이 장
난삼아 이를 따라 했다는 것이다. 그 결과, 단지 강인한 도강자들만이
만주 쪽 강안(江岸)에 도달하는 데 성공하였다.[150] 그러나 다른 비러시
아계 "증인"인 스미스 도리엔 선장(Captain Smith-Dorrien)이 〈런던
타임즈〉(*London Times*) 및 〈화보 런던 뉴스〉(*Illustrated London
News*)의 화보기자이자 통신원으로서, 자신의 정보원들을 근거로 보도
한 바에 따르면, 도강은 러시아인들이 만든 뗏목을 타고 건너는 것이었
다. 그리고 청국 군대는 아침 안개 속에서 정체불명의 사람들로 꽉 찬
뗏목들이 다가오는 것을 희미하게 확인하면서, 러시아인들이 억지로 자
신들의 동족들을 강으로 내몰아 사격을 가할 것으로 생각하였다. 그러
나 정작 그들은 공포에 질려서 뗏목이 뒤집힘으로써 "수백 명이 물에
빠져버렸다"[151]는 것이었다.

블라고베시첸스크에 대한 위협은 청국인들을 추방하는 것으로 끝나
지 않았다. 사할린(블라고베시첸스크 반대편의 한 마을)과 아이훈(아무
르강의 20마일 아래에 위치한) 사이의 만주 쪽 강변에 45문의 대포로
무장한 1만 8천 명이 집결하였다는 소식이 이곳에 전해졌다.[152] 그리고
7월 18일에는 포를 가진 상당히 강력한 청국 군대가 아무르강을 건너
러시아령으로 가서 몇몇 버려진 마을들을 불태웠다.[153] 그러나 7월 27일
에는 그동안 실카(Shilka)강의 낮은 수역으로 말미암아 접근이 저지되
었던 스르텐스크(Sretensk)로부터 수상 수송으로 러시아 증원병들이
도시를 구하기 위해 도착하였다. 8월 2일에 러시아군은 공세를 취하면
서 블라고베시첸스크에서 아무르강을 건넜다.[154]

블라고베시첸스크 사건은 일반 주민 사이에서는 물론 관계(官界)에
널리 팽배해 있던 공포와 혼란을 더욱 폭넓게, 공공연하게 드러낸 하나
의 예일 뿐이다. 주요 책임을 지고 있는 행정가들의 극히 다양한 반응
은 혼란을 더욱 가중시켰다. 7월 중순 언젠가 그립스키 장군은 하바로
프스크의 〈아무르 지역〉(Amurskii Krai) 신문에 "아무르 코사크인들
을 부름"이라는 칼럼을 기고하면서 그는 "평화를 깨뜨리는 자들을 코사
크 방식으로 단호하고도 신속하게 해치우기 위해 ……불필요한 허가나
문제들에 시간을 빼앗기지 않고, 무기를 들 용감한 아무르의 아들
들……"[155]을 초대하였다. 모든 코사크 정착지(Staniza)에서 이 같은 "소
환"을 받자마자 그것을 읽으라는 명령이 내려졌다. 다른 한편으로 그립
스키의 직속상관은 아니지만, 프리아무르 지방의 군사령관인 그로데코
프(N.I.Grodekov) 장군은 하바로프스크의 또 다른 신문인, 〈동방의 전
망〉(Vostochnoe Obozrenie) 7월 22일과 28일, 그리고 8월 18일자에서
지나친 행위를 저지는 블라고베시첸스크 주민들과, 평화로운 청국과 만
주인들에게 월권의 조치를 취한 사람들에게 단호하게 경고하였다. 그가
천명한 바에 따르면, "평화로운 비무장 청국인들에 대한 살인, 강도, 그
리고 그 밖의 다른 폭력행위들은 재판에 회부되어 매우 가혹한 계엄령
에 따른 처벌을 면할 수 없을 것"[156]이라는 것이었다.

그 같은 공식적인 반론으로 야기된 혼란은 더 많은 극단적인 행동들
을 낳았다. 블라고베시첸스크에서는 "대학살" 뒤에도 다른 청국인들의
대량추방이 이어졌다.[157] 아무르강과 우쑤리강을 따라 넓게 산재한 채로
무방비상태에 있던 청국과 만주의 농업 정착촌에 "학살"과 공격이 자행
되어, 수백 명은 아닐 지라도, 수십 명의 주민들이 살해되었다.[158] 대다
수의 주민들 사이에 질서가 잡힌 블라디보스톡에서조차 대공포와 함께
청국인들의 대규모 탈출이 이어져 7월과 8월에는 4천 명이상의 청국인
들이 도시와 인근 교외에서 탈출하였다.[159] 국수주의적인 그립스키가 아
무르강 우안(만주 쪽)을 점령하겠다는 폭탄 선언을 한 8월 17일,[160] 독단
적이고도 고압적인 공식 행동은 최고조에 달하였다. 8월 25일의 회람장

에서 이 같은 행동 및 이와 유사한 모든 의도들을 공식적으로는 부인했음에도 불구하고, 점령이라는 아이디어는 그로데코프 장군의 각서에서도 되풀이되었다. 그는 러시아가 만주평원에서부터 아무르강 유역을 나누는 분수령 및 내륙 오지까지의 아무르강과 우쑤리강의 만주 쪽 제방을 점령해야 한다고 주장하였다. 그의 견해로는 청국에 만주 쪽 강안(江岸)을 되돌려주는 것은, 결국 아무르강을 따라 이어지는 러시아령에 "사형선고"를 내리는 일이었다.[161)

아무르강에 대한 독단적인 행위가 지지를 얻지 못했다는 또 다른 증거는 잇따른 회람장과 선언에서뿐만 아니라, 1901년 5월 지역 관리들의 군법회의에서도 찾을 수 있다. 내무상, 법무상, 육군상 사이의 협약으로 문제가 매듭지어진 1902년 2월까지도 조사와 재판은 끝나지 않았다. 추방이라는 잘못된 조치에 그립스키 장군이 책임을 져야한다는 사실이 밝혀졌지만, 그의 과거 복무경력이 참작되어 단지 군사참모로 전보되었다. 블라고베시첸스크의 군사령관은 3개월의 징역형에 처해진 다음 직위해제되었다. 실제적인 도강협의를 진 경찰부서장은 3개월 구금형에 처해졌다. 그 밖의 다른 모든 기소는 기각되었다.[162)

1900년 7월 9일, 쿠로파뜨킨은 위떼의 요청에 따라 만주를 침공하여 의화단봉기를 분쇄할 것을 러시아 군대에 명하였다.[163) 같은 날, 사하로프(Sakharov) 장군은 4개 포병대대와 코사크군 3백 명, 그리고 26문의 대포를 가지고 증기선과 거룻배를 타고 하얼빈을 구제하기 위해 하바로프스크를 출발하였다. 7월 마지막 주까지 총공세를 연기한 것은 충분할 정도의 대규모 군사 수송 설비를 동원할 필요가 있었기 때문이었다. 이 진격은 5개 분대(나중에는 7개 분대)가 동서남북에서 만주의 중앙부로 집결하면서 시작되었다.[164) 북만주에서 가장 주요한 목적은 하얼빈 구제에 있었다. 하얼빈은 7월 10일 이래로 만주철도수비대의 사령관인 게른그로스(A.A.Gerngross) 장군과 책임 엔지니어 유고비치의 적극적인 노력으로 겨우 버티고 있었다.[165) 하얼빈은 8월 2일에 송화강을 따라 북상하고 있던 사하로프 장군 부대에 의해 곧바로 구제되었다. 단 한번

의 패배도 없이 러시아 부대는 9월 1일경에 만주횡단철도를 따라 북만
주에서 러시아의 통제권을 재확립하였다. 이어 러시아군은 수보찌흐
(D.I.Subbotich) 장군의 부대와 합류하기 위해 남쪽으로 이동할 준비를
하였는데, 수보찌흐 장군은 목단 공략을 완수하기 위해 관동에서 파견
된 몇 개 부대를 지휘하고 있었다.

　러시아군의 진격이 이처럼 진전될 수 있었던 것은 청국 고위 관리들
사이의 불화와 다툼으로 상황이 유리해졌기 때문이다. 길림성에서는 총
독이 자신의 군대로 러시아인들과의 교전을 막는 데 성공하였고, 민중
사이에서 일어난 의화단운동을 진압하였다.[166] 길림성 총독은 하얼빈의
러시아 당국자에게 자신 휘하의 1개 연대를 제공하려고까지 하였으나
그 제안은 거절되었다.[167] 목단 장군 증기(增祺, Tseng Chi, 목단 총독은
목단 장군으로, Tseng Chitchze는 Tseng Chi로 바로 잡음 - 역자)는 처
음부터 친러주의자였다. 7월 4일, 의화단운동이 동청철도로 향해 있던
바로 그날, 증기(增祺)는 자신의 부하인 푸두툰(Fudutun) 육군중장이
이끄는 의화단 지도부의 반란으로 타도되었다.[168] 그는 자신 소유의 관
아에서 죄수로 전락했다.[169] 8월 11일에 푸두툰 군사령관이 목단성 남부
에서 러시아인들과 싸우기 위해 자리를 비우자, 증기(增祺) 장군은 반
의화단 혁명공작을 꾀하여 자신의 병사들에게 의화단을 뿌리뽑을 것을
명하였다. 대학살이 잇따르는 동안, 많은 의화단 지도자들이 살해되었
고, 많은 수가 목단에서 빠져나갔는가 하면 나머지는 일반 민중 속으로
잠입하여 숨어들었다.[170]

　이 변혁은 남만주의 의화단운동에 심각한 타격을 안겨주었다. 증기
(增祺) 장군과 그의 도당들은 자신에 반기를 들었던 군사령관이 9월 29
일에 가까이 접근해옴에 따라 목단에서 도망쳐야 했지만, 의화단이 목
단성을 다시 장악하지는 못했다. 30일에 도시에서 갑작스럽게 발생한
약탈과 화재는 패주하던 비조직적인 청국 병사들과 통제불능의 군중들
이 벌인 일이었다.[171] 1900년 10월 1일에는 3백 명의 코사크 정찰부대가
아무런 저항 없이 남문(南門)을 통해 목단으로 들어온 반면, 청국 병사

206

들은 북문을 통해 청국 본토로 달아났다. 오후에 수보쩌흐 장군과 그의 부대가 목단에 진입함으로써,[172] 러시아의 만주 "정복"은 종결되었다. 당시 수보쩌흐는 자신의 거처를 황궁에 자리잡고 질서를 회복하기 시작했다. 10월 6일에는 북쪽과 남쪽의 파견부대가 목단 북쪽에서 합류하였으며, 모든 동청철도를 따라 러시아의 통제가 재확립되었다.

목단 공략 직후, 만주의 러시아 군대를 해산시키라는 명령이 내려졌다.[173] 대규모 병력을 유지하는 것은 바람직하지 않았으며, 전년도의 작황 부족으로 말미암아 값비싼 유지비용이 들어 토착 주민들의 반대에 부딪혔기 때문이다. 그러나 사령관들의 의지와는 별개로 군대해산은 여러 상황으로 말미암아 쉽게 이루어지지 못했다. 겨울이 다가옴에 따라 진군하는 부대를 위한 임시막사와 휴식처를 마련해야 할 필요가 있었다. 그러나 철도는 아직 채 복구되지 않았고, 송화강과 아무르강이 결빙되어 만주철병 수단인 운항체계가 마비되었다.[174] 더욱이 11월에 의화단이 대규모의 산적으로 출몰하기 시작하자, 철도수비대는 정규군의 도움 없이는 그들과 대적할 수 없었다.[175] 만주에 투입된 42개 보병대 가운데서 28개 부대가 12월까지도 그곳에 남아 있었는데,[176] 이들은 1901년 봄 내내 주로 산적들을 진압하였다. 1901년의 대풍작은 산적들을 본래의 평화로운 직업으로 복귀시키는 기적으로 작용함으로써,[177] 만주에 러시아 군대를 유지할 마지막 비정치적인 이유마저 이제는 사라졌다. 의화단봉기 진압의 군사적 단계가 종료되었다는 소식을 상트 페테르부르그에서는 대단히 만족스럽게 받아들였다. 유럽 열강의 개입은 결코 좋은 평판을 얻지 못했다. 독일 언론과는 대조적으로,[178] 러시아 신문들은 청국에 동정적이었다. 러시아 신문 가운데는 필요에 따라서 동아시아의 사건들을 "황화(黃禍)"[179]로 표현하며 이를 선전하는 대단치 않은 팜플릿 등을 게재하곤 했지만, 주요 신문들은 선정주의와 국수주의를 자제하였다. 〈산업가의 세계〉(Promyshlennyi Mir)는 군사작전이 장래 청국과의 관계를 유익하게 만들기보다는 손해를 가져올 것이라고 보았다. 〈새 시대〉(Novoe Vremia)는 당시의 후진국가들인, 터키 및 청국과의 동맹을 열렬히 지지하였다. 〈시민〉(*Grazhdanin*)지에 표현된 동정심은 러시아가 "서구인들에 대항하여 자신들의 문명을 수호하려 했던" 청국인들 편에 서 있음을 선언하는 데까지 나아갔다. 초보수적인 〈모스크바 신문〉(*Moskovskie Vedomosti*)조차도 의화단 진압은 단지 그들이 아나키스트들이기 때문이었다고 언급함으로써 청국에 동정적인 입장을 취하면서 질서유지를 위한 모든 조치들을 지지하였다.[180]

위떼와 람스도르프는 동아시아 문제가 군부의 수중에서 벗어나 정상적인 외교 채널로 복귀된 것을 당연히 기뻐하였다.[181] 쿠로파뜨킨도 마지못해 이에 동의해야 했다.[182] 만주의 모든 러시아 철도를 따라 러시아의 통제를 재확립한 날인 10월 6일에 짜르는 리바디아(Livadia)에 있는 모후에게 다음과 같이 썼다.

> 우리 군대가 목단을 차지했다는 기쁜 소식이 방금 도착했습니다…… 오, 신께 감사합니다. 그것은 북중국에서 우리의 마지막 군사작전이 될 것이며, 이제 남은 일이라고는 철도 방어를 정비하고, 그곳을 평정하여, 도적 무리들을 소탕하는 것입니다. 목단 점령은 때로는 북경만큼이나 우리에게 중요합니다. 동아시아에서 우리의 조치들이 예상외로 신속하게 종결된 데 대해 신께 감사하지 않을 수 없습니다.[183]

그러나 짜르의 열렬한 환호는 시기상조였다. 러시아 동아시아 외교의 필수 불가결하면서도 극복할 수 없는 문제는 바로 이 "철도 방어"문제였던 것이다.

제7장 의화단 위기의 외교적 해결

1900년 8월, 직예성과 만주에서 의화단봉기를 진압하는 군사작전이 절정에 달할 즈음, 영국은 다시 한번 러시아의 목적과 동기를 미심쩍게 바라보게 되었다. 당시 독일과 영국의 외교대표들은, 러시아의 주요 이해를 보호하기 위해 필요하다면 무력에 의해서라도 만주를 침공할 권리가 러시아에게 있다고 인정한 바 있다.[1] 프랑스는 만주 문제를 언급하지 않으면서도 동아시아에서 러시아와 완벽하게 의견이 일치한다고 반복하여 표현함으로써 러시아의 행위를 묵인했다.[2] 그러나 영국은 동아시아에서의 러시아의 모든 조치를 계속 비판적으로 보고 있었다.

1. 대청(對淸) 협상(1900년 12월 27일) 정책을 둘러싼 열강과 러시아의 갈등

영국이 러시아를 못마땅하게 생각한 러시아의 조치 가운데 하나는, 의화단이 우장(牛莊)의 외국인 지구를 "공격할지도 모른다는 구실로", 러시아가 개항장인 우장을 점령한 일이었다.[3] 8월 4일 의화단의 "예상된" 공격은 러시아와 일본의 해군 파견대만으로는 방어하기가 대단히 힘겨워 격퇴하는 데만도 꼬박 하루가 걸렸다.[4] 점령군 수비대는 보충병력을 상륙시킨 러시아 해군부대에 의해 8월 12일에야 구제되었다. 우장시가지까지의 강 입구를 수비하는 요새 폭파에 참가하지 않았던 일본 해군부대도 동시에 분견대를 상륙시켰다.[5] 여기서 너무도 자주 간과되는 점이 두 가지 있다. 하나는 일본 분견대가 적어도 1902년 3월까지 우장에 남아 있었다는 사실과,[6] 우장사건에 관하여 공식간행된 외교 전문(電文)의 어디에서도, 일본군의 출현이 어느 진영에서건 항의를 받거나 주목을 불러일으켰다는 증거를 찾아볼 수 없다는 사실이다.

의화단봉기 진압에 참가한 모든 나라들이 공통적으로 그랬던 것처럼, 러시아 군부도 청국 당국자들이 방기해 왔던 우장의 행정을 장악하고, 청제국의 세관 건물에 그들의 사령부를 설치하고, 그곳에 러시아기를 게양하였다.[7] 이 같은 행위는 일련의 항의를 촉발시켰다. 이는 영국이 동아시아에서 러시아인들의 최소한의 행동까지도 극도로 경계하며, 그 같은 행동에 대단히 민감함을 나타내는 수많은 외교 전문들을 낳았다.[8] 1900년 8월말 러시아 순양함이 정박하고 있는 우장을 방문한 알렉쎄프 제독은 외국 영사들에게 러시아인들은 이곳 우장에 임시 민간행정을 확립하려 한다고 솔직하게 말하였다. 그 같은 목적을 위해 러시아 외교관 코로스또베츠(I.Ia.Korostovets)는 외국 영사들과 영국 태생의 청국 해관 지국장인 세실 바우어(Cecil Bauer)와 협의하였다. 상호동의에 입각한 효율적인 행정방안이 고안되고, 러시아의 감독 아래 자신의 직위에 남을 것을 코로스또베츠로부터 설득받은 바우어는[9] 세관행정을 이전처럼 효율적으로 운영하였다.[10] 1901년 7월, 영국은 자국의 이해가 그곳에 있다는 것을 더욱 강력하게 과시하기 위해 우장에 포함(砲艦)을 보내기로 결정하였다.[11] 7월 31일에 자그마한 포함(砲艦) 플로버(Plover)호가 도착하고, 다시 며칠 후에는 일본 포함 한 척이 도착함으로써 우장"사건"은 종식되었다.[12]

아마도 만주에서 러시아의 행동이 야기시킨 의혹이라는 시각에서 주로 영국 언론을 통해 표현된 바로는, 러시아 외상은 8월 25일의 회람장에 다음과 같은 언급을 포함하기로 결정하였다. 즉, 러시아가 만주를 군사적으로 점령한 것은 단지 동청철도에 대한 청국 폭도들의 공격을 일소할 절대적인 필요에 따른 것이며, 평화가 회복되고 철도의 안전이 확립되면 즉각, 러시아는 "여타 열강의 행동이 야기할 장애가 없는 한, 청국 영토에서 군대를 철수할 것이다"[13]라는 내용이었다. 8월 27일에 위떼는 유고비치를 통해 만주 주민들에게 러시아의 점령은 단지 일시적인 것이며, 청제국의 영토에 질서를 회복시키려는 러시아정부의 바람에 기인한다고 선언하였다.[14]

그러나 직예 지역에서의 러시아의 행동들은 동아시아에서의 러시아의 목적에 관한 영국의 두려움을 진정시키는 데는 도움이 되지 못했다. 10월 4일에 영국은 천진에 있는 백하(白河, Pei-ho) 동쪽에 러시아군이 주둔해 있는 것을 발견했다.[15] 영국은 천진 임시정부에 호소하였지만 만족스러운 결과를 얻을 수 없었다. 왜냐하면 러시아군 사령관들의 주장에 따르면 이 지역을 점령하라는 명령은 당시 그 힘이 미칠 수 없는 만주의 알렉쩨프가 내렸기 때문이다.[16] 11월 6일에 리네비치 장군은 다음과 같은 말로 점령의 정당성을 나타내는 회람장을 돌렸다.

……6월 23일에 러시아의 보충병력은 백하(白河) 좌안에까지 뻗쳤던 봉쇄를 풀었으며, 청국인들의 복귀로 발포가 재개되는 것을 막기 위해서, 러시아인들이 피 흘린 대가이자 무력을 소유한, 정복의 권리로써 이곳에 자리를 잡았다. 본인[리네비치 장군]은 6월 23일의 전쟁행위로써 이 일대 전역을 러시아 군대가 소유하게 된 것으로 간주한다.[17]

청국 주재 영·미 대표들은 이 회람장에 항의하였다.[18] 그러나 기르스는 그 사안과 관련한 모든 질문은 군 당국자들에게 제기해야 하며, "러시아측이 정복에 의해 영토를 획득한 것은 아무런 문제점이 없다"[19]며 그에 대한 어떠한 책임도 부인하였다. 러시아가 회람장으로 정당화한 "강탈" 정책을 다른 열강도 잇달아 뒤따름으로써 러시아의 지위는 더욱 강화되었다. 11월 7일에 벨기에는 회람장을 통해 자국이 조차지 하나를 전유하겠다고 공식 선언하였다.[20] 20일에는 프랑스의 회람장이 그와 유사한 행동을 공표하였고,[21] 이탈리아, 오스트리아, 일본이 뒤이어 각각 자국의 전유물을 확보하였다.[22]

러시아의 조치에 영국이 반대하는 요점은 우선 영국 내각 구성원들의 신조에서 비롯된 것이다. 이들은 러시아측의 거듭 정반대되는 보증에도 불구하고, "러시아인들은 단지 조차지를 얻은 것이 아니라 영토를 획득한 것"[23]이라고 믿었다. 두 번째로, 러시아의 조치를 북경과 바다(발해만 - 역자) 사이의 육로 및 수로를 장악하기 위한 시도로 간주하였다.[24] 이후 11월에 러시아의 점령행위의 적법성 여부가 시험대에 오르게 되었다. 이는 당시 영국군 당국자들이 한 철도의 측선(側線, 열차 운행에 쓰이는 선로 이외의 차량 조절 선로 - 역자)부설을 명하였는데, 그 선로가 러시아의 새 조차지 범위를 통과해야 하는 것이 동기가 되었다. 러시아인들은 즉각 영국측이 더 이상의 공사를 하지 못하도록 제방 쌓는 것을 감시하였다. 러시아와 영국의 수비대는 불과 몇 야드를 사이에 둔 채 바리케이트를 치고 몇 주 동안 마주보며 대치하였다.[25] 12월에 이어 이듬해인 1901년 3월에 재개된 철도 측선을 둘러싼 분쟁에서, 발더제(Waldersee) 야전사령관이 그 중재를 부탁받았다.[26] 그는 이 사안을 러시아에 유리하게 판결했다. 영국은 이에 대한 항소는 자제하였으나 장래에 "전반적인 조차권 문제나 조차권 내에 속한 소유권의 타당성에 의문을 제기할" 권리는 확보해 두었다.[27]

천진철도 측선부설을 둘러싼 사건이 악화되었던 이유는, 러시아가 원대한 계획의 일부로써 북경-대고(大沽)철도와 천진에서 우장(牛莊)까지의 청제국북부철도(Imperial Chinese Northern Railway)의 북부지선을 장악하려는 것으로 여겨졌기 때문이다. 천진철도는 청국정부가 소유하고 운영하였으나, 그 담보채권은 영국은행들의 재정지원을 받아왔다.[28] 의화단의 통제로부터 이 철도를 재탈환하는 임무는 러시아인들이 수행해왔다. 그것은 1900년 9월 20~30일 천진에서 산해관까지 러시아군이 진군한 과정이나, 10월 2~6일 산해관에서 금주(錦州)까지 볼코프(N.G.Volkov) 제독의 군대가 진군한 과정 등에서도 재차 드러난 바 있다.[29] 국제적인 소규모 부대가 이미 몇몇 요새를 장악했던 산해관 시가지를 제외하면, 1900~1901년 겨울에 철도 점령은 러시아인들이 독점하였다.[30]

군사적 관점에서 볼 때 철도 점령은 러시아인들에게는 매우 손쉬운 일이었다. 그들은 부대를 직예의 작전현장에서 만주로, 그리고 관동으로 이동시키면 되었기 때문이다.[31] 영국의 권익은 처음에는 러시아의 통제에 거의 영향받지 않았다. 상해·홍콩은행조합(Shanghai and Hong Kong Banking Corporation) 이사인 힐리어(W.C.Hillier)는 영국의 철도 공채를 러·청은행이 사들일 것을 제의했으나, 당시 위떼는 그 같은 투자가 불러올 수도 있는 정치적 중요성에 비해 공채 가격이 너무 높다고 생각했다.[32]

더욱이 철도 통제권을 보유해야 하는 전략적 이유에서 알렉쎄프는 10월 8일에 철도 장악을 제시하며, 독일이 북중국 최대의 석탄산지인 개평(開平, Kaiping) 탄광과 진황도(秦皇島, Chinwangtao) 항구를 점령하려는 책략을 실현시키려 하고 있다는 이유를 들었다. 알렉쎄프는 전문에서 다음과 같이 덧붙였다. "나는 인명의 손실을 무릅쓰고라도 우리 군대가 청국정부의 자산인 철도를 점령하고 방어해야 하며, 적어도 현 위기가 최종적으로 해결될 때까지는 우리 수중에 있어야 한다는 확고한 나름의 신념을 갖고 있으며, 이를 표현하는 것이 내 임무라고 생각한다."[33]

알렉쎄프의 제의는 받아들여졌다. 12월 26일에 발더제 야전사령관은 러시아에 의한 철도운영을 확인하였다. 그는 영국의 반대를 무릅쓰고 철도를 러시아인들의 절대적인 통제 아래 두도록 했다.[34] 영국은 러시아인들로 하여금 만리장성 이남을 청·영의 운영으로 반환케 하라고 발더제 사령관에게 항의하였다.[35] 그러나 만리장성 북부구간은 1901년 9월 7일의 청국과 국제적인 협정(의화단 최종의정서)을 체결한 뒤에도 여전히 러시아의 점령과 통제 대상으로 남았다.

영국의 의구심과 적의가 더욱 깊어진 것은, 청국 주재 러시아 공사

기르스가 청국 전권대표인 이홍장 및 경친왕과의 교섭 과정에서 보인 행동때문이었다.[36] 교섭은 1900년 10월 4일에 앞으로의 협정에 대비한 6개 항의 기본원칙을 토대로, 프랑스측이 제시한 한 각서를 논의하며 시작되었다.[37] 10월 22일에 기르스는 북경의 러시아공사관으로 돌아가 각서 작성에 주의를 기울였다. 10월 26일에 기르스의 주도 아래 열강의 외교단은 최종각서를 도출해내기 위한 첫 회의에 참석하였다.[38]

이후 잇따른 교섭에서 러시아는 내내 청국에 대한 관대한 처벌을 주창하였다. 러시아의 주된 반대자는 청국에 대한 가혹한 조항 적용을 제의한 독일이었다. 러시아는 의화단운동에 관련된 청국 고위 관리를 "처형"하려는 독일의 요구에는 반대하였으나, 그들의 "처벌"을 요구하는 데는 타협하였다.[39] 특히 청국 사죄단을 베를린에 파견하는 조항을 포함시키자는 제안과, 살해된 케틀러 후작에 대한 기념물을 북경에 세우자는 독일의 제안에, 러시아인들은 확고한 반대입장을 고수하였다.[40] 러시아인들은 다음과 같이 주장하였다.

한 국가의 개별적인 견해를 우선적으로 만족시키는 이러한 성격의 제안들이 집단적 요구인 공동계획에 들어가서는 안 된다. 모든 열강의 이해를 공통적으로 반영하고, 청제국의 정상적인 국정을 재확립시키는 것이 공통적인 계획의 주목적이어야 한다.[41]

러시아정부는 새 분견대 파견을 명하는 발더제 야전사령관의 정책에 계속 불만을 표명하였다. 뿐만 아니라 서안(西安府, Sian-fu)으로의 진군, 청국 조정(朝廷)을 무력에 의해 북경으로 옮기려는 그의 제안에도 러시아정부는 격렬하게 반대하였다.[42]

러시아는 영국, 프랑스, 미국의 정책에 반대하면서, 학살된 청국인 기독교도들에 대해 엄격한 배상금을 물리려는 시도에도 반대하였다.[43] 심지어는 청국 선교사들에 대한 보상금과 관련한 전반적인 문제에서도 러시아는 완곡하게 반대하였다.[44] 대체로 러시아의 견해와 프랑스의 견해 사이에는 뚜렷한 불화가 없었는데, 두 나라 모두 모든 문제에서 상대국의 지원을 열망하고 있었다.[45] 그리고 두 나라 모두 가능한 빨리 교섭을 종식시키는 데 관심이 있었다.[46]

12월 21일 북경의 외국 공사들은 공동각서에 서명하였다.[47] 이를 3일 후 청국 전권대표에게 제시했으며,[48] 1900년 12월 31일자로 청국정부가 완전히 승인하였다.[49] 이 각서에는 12개 조가 포함되어 있는데 만주에 대해서는 아무런 언급이 없었다. 그렇다고 해서 기르스나 람스도르프가 청국과 러시아의 별도 교섭으로 분리하기 위해 이 문제를 제한시키려고 시도했다는 증거가 있는 것도 아니며, 또 그들이 전반적인 교섭에서 만주를 포함시키기를 원하였던 것 같지도 않다. 그러므로 개별 국가들이 자국의 특별한 이해를 다루는 문제들에 관해서는 청국과 별도의 교섭을 해야 한다는 선에서 무언의 협약이 이루어졌다고 추정할 수 있다—실제로 주요 열강은 모두 이 원칙을 따랐다.

러시아가 공동각서에 조인한 뒤인 12월 22일, 람스도르프는 기르스에게 동아시아 사태에 대한 러시아의 새로운 입장을 지적한 전문을 보냈다.[50] 람스도르프는 공동각서의 조인으로 "직예 지역에서 우리의 역할은 끝난 것으로 간주할 수 있다"고 언급하였다. 그리고 "제시한 요구안에 청국이 굴복하기 전까지 국제군이 직예의 작전현장에 그대로 남아 있어야 한다는 영국 공사의 제안에 이의를 제기해서는 안 된다"고 하며, 다음과 같은 "극비 정보"를 덧붙였다.

다음 사실들을 언급하는 것이 내 의무라고 생각한다. 직예를 계속 점령하는 것은 잔류해 있는 외국 파견대에 저항하는 청국인들의 적의를 야기시킬 것이다. 그것이 러시아가 이 지역에서 가지고 있는 이해에 손해를 끼치지는 않겠지만, 그 같은 사태는 8월 25일의 회람장에서 공표한 선언에서와 같이, 우리가 만주 점령을 지속할 수 있도록 완벽한 법적 기반을 제공해 줄 것이다. 만주의 내부조직은 아직도 우리의 상당한 관심과 노력을 필요로 하고 있다.

우리는 완전하게 질서가 회복되고 여타 열강의 행동이 이 철수에 장애가 되지 않는다면, 우리 군대를 만주에서 철수시키기로 청국에 약속한 바 있다. 우리 입장에서는 청국 조정이 북경으로 돌아오고, 외국 군대가 청제국의 수도에서 물러가지 않는 한, 정상적인 질서 회복이 보장된 것으로 볼 수 없다.

그러므로 새 정책이란 직예의 상황을 이용하는 것이었고, 또 하나는 러시아가 청국과 단독 교섭할 때 러시아에 유리하도록 청국과 유럽 열강과의 교섭들을 이용하는 것이었다.

12월 22일 이후, 외관상으로 러시아는 북경교섭에서 소극적인 역할을 담당한 것으로 보인다.[51] 람스도르프와 위떼가 의화단 공채의 이자율, 통화 평가, 의화단 배상금 징수의 수단과 같은 문제들에 관해 제안은 하였지만,[52] 러시아가 그 제안의 수락이나 거부에 관심을 보인 것은 아니었다. 1901년 의화단 최종의정서의 교섭에서,[53] 러시아는 자국의 만주정책을 강력하게 지원해 줄 수 있는 근거를 찾아냈다. 첫째, 1901년 4월 북중국에는 17만 3천 명으로 추산되는(한 보고서에 의하면)[54] 개입 열강의 대규모 병력이 주둔하고 있었다. 이는 만주와 관동 조차지에 주둔하고 있는 10만 명의 러시아 군대와 대비되었다.[55] 이 같은 북중국의 대규모 병력은 만주에서의 러시아 군대의 주둔을 부분적으로 정당화해 줄 수 있었다. 또 다른 근거는 청국에게 더욱 과도한 재정적 요구를 할 수 있는 가능성이 커졌다는 데 있었다. 만주에 관해 청국과 단독협정을 체결하려는 러시아의 교섭이 난항을 겪으면서, 과연 이 압력은 힘을 발휘했다. 유리한 협정이 불가능해지자, 러시아는 1901년 2월 5일에 요구했던 1,800만 해관(海關) 냥(약 6백만£)이라는 적정한 액수에서[56] 130,371,120냥 또는 전체 상환액의 28.97퍼센트로 그 요구액을 늘렸다.[57] 이 금액은 전적으로 의화단봉기로 러시아가 입은 손해를 보상받으려는 것이었다. 이는 직예성과 만주 점령에 들인 러시아의 군사비용을 푸짐하게 보상하고도 남을 정도의 상당한 이윤을 덤으로 안겨주었다.[58]

2. 대청(對淸) 단독교섭 계획의 진전

청국과의 단독교섭이라는 아이디어는 1901년말에 러시아의 한 외교 전문(電文)에서 등장하였다. 시기적으로는 만주 "정복"이 진전됨에 따라 만주에서와 북중국에서의 러시아의 문제는 커다란 차이점이 있다는 사실이 분명해진 때였다. 람스도르프는 9월 26일자로 기르스에게 보내는 한 전문에서 다양한 정책이 상존하고 있음을 분명하게 지적하였다.

> 다가올 청국과의 교섭에서 우리는 두 가지 문제를 차별화해야 한다. 하나는 관련된 모든 열강의 관심사인 공동체의 문제이고, 다른 하나는 개별적인 문제로서 러시아와 청국의 장래 관계를 규제하는 문제인데, 어떤 수단을 다 동원해서라도 다른 나라들의 개입을 허용해서는 안 된다.[59]

위의 전문으로 미루어볼 때, 단독협정 문제에 관해 청국정부에 접근하는 공식적 조치조차 없었음이 분명하다.[60]

청과의 단독협정은 9월 29일에 욱똠스키를 거쳐 위떼의 비공식채널을 통해 계획되었다. 위떼와 이홍장, 그리고 욱똠스키 사이의 6월 26일 전문 교환에 따르면, 욱똠스키의 동아시아 여행의 목적은 만주에서 러시아의 권익을 보전하기 위한 협정의 사전조율에 있었다.[61] 그러나 욱똠스키가 상해에 도착한 9월 29일, 이 계획은 그와는 또 다른 함축적인 의미를 띠게 되었다. 당시 이홍장이 북중국에 가 있어 상해에 없었기 때문에 욱똠스키는 그의 아들인 이경방(李經方)을 만났다. 아버지의 대리인으로서 그는 만주에서 러시아가 자진 철수하는 조건으로 러시아가 요구한 모든 배상금을 청국이 지불할 용의가 있으며, 사기업의 중개를 통해 몽골리아와 카쉬가르의 독점적 개발권을 부여할 용의가 있다고 말했다.[62] 그러나 그 권위가 의심스러운 이경방과의 교섭은 가치가 없다고 본 욱똠스키는 북경으로 갔다.[63] 그리고 원대하기는 하나 비현실적인, 자신의 그저 그런 여러 계획 가운데 하나를 11월 15일자의 전문으로 위떼에게 보냈다. 그 내용은 목단의 청국 조정에게 도피처를 제공하자는 것이었다.[64] 위떼는 이 계획을 수용하였으나,[65] 이홍장은 11월 19일에 이를 무조건 거부하였다.[66] 이홍장은 다시 한번 러시아의 야욕이 실제적이든 가상적이든 간에, 멀리 떨어진 몽골리아와 카쉬가르 지방 쪽으로 다시 한번 그 방향을 돌리려고 하였다.[67]

욱뚐스키의 대청(對淸) 교섭은, 위떼가 다음과 같은 코멘트로 매듭지은 훈령을 욱뚐스키에게 보냈을 때인 11월 23일자로 종결되었다. 즉 "우리는 여타 열강도 그런 의사가 있는지 여부를 알지 못한 채, [청국과] 단독협정을 체결할 수는 없다. 다른 열강이 단독협정을 원하지 않는다면 우리는 행동의 자유를 빼앗길 것"[68]이라는 것이었다.

쿠로파뜨킨도 단독협정을 위한 또 다른 움직임을 시작하였다.[69] 그는 자신의 주도 아래 단독협정을 체결하는 것이 유리함을 설명하는 10월 6일자 전문을 북경에 있는 위떼의 재정요원인 포코띨로프에게 보냈다.

청국과 단독협정을 체결하는 정책은 위떼가 위의 11월 23일자 전문(電文)에서 밝힌 고려 사항들 때문에 당분간 포기해야만 했다. 이 정책을 처음 창안한 이들은 자신들의 때를 기다렸다. 그러는 동안, 만주의 평정이 그리 만족스럽게 진전되지 않고 있으며, 해당 지역에서 지역 당국자들과 일종의 임시협정(modus vivendi)을 체결하지 않으면 안 된다는 사실이 명백해졌다. 러시아인들은 교묘히 빠져나가는 산적들을 내륙까지 추적하는 것은 힘겹고 인정도 못 받는 일일뿐만 아니라, 그로 말미암아 점차 자신들이 청국 하층민들의 민심을 잃고 있음을 깨달았던 것이다. 지역 언어를 잘 아는 훈련된 요원이 부족한 것도 러시아인들의 군사행동을 청국 지방관리들과의 친밀한 접촉에 의지하도록 만들었다.[70] 1900년 10월 18일, 그로데코프(N.I.Grodekov) 장군과 알렉쎄프는 되도록 빨리 점령지의 행정을 청국 당국자들에게 넘기라는 훈령을 받았다.[71] 러시아가 이를 장려한 것은 만주의 총독들이 지역 행정문제를 러시아장군들과 협상해도 좋다는 허가를 청국정부로부터 받았다고 생

각했기 때문이었다.[72]

'임시협정' 체결 교섭의 한시적이면서도 지역적인 성격은 다양한 교섭 과정에서 명백해졌다. 러시아측 대표로 기르스가 아닌, 알렉쎄프가 교섭권한을 부여받아야 한다고 제안한 사람은 이홍장이었다.[73] 이는 러시아측으로부터도 전반적인 승인을 얻었다. 왜냐하면 불확실한 단계의 외교 교섭은 북경 조정과 람스도르프, 그리고 이홍장과 위떼가 교섭하고 있었으므로, 외무성이 협정을 책임지지 않으려는 것으로 비쳤기 때문이다.[74] 육군성이 정치적 계획을 가지고 있지 않았다는 사실은 쿠로파뜨킨이 알렉쎄프에게 보낸 10월 8일자의 전문에도 명백하게 나타난다. 그리고 이는 쿠로파뜨킨이 자신의 견해를 담은 전문을 알렉쎄프에게 보낸 데서도 드러난다. 예컨대 만주의 총독들에게 정규군 유지권한을 부여하지 않았음에도, 그들이 기병대를 유지할 권한이 있는지, 총독들이 행정 감독권을 보유해야 하는지, 아니면 만주의 행정을 감독하기 위해 러시아 상주관들을 임명해야 할지와 같은 가장 기초적이고 본질적인 문제들에 대한 그의 견해가 이를 입증한다. 사실상 쿠로파뜨킨은 교섭이 북경에서 별도로 이루어져야 할지, 그러지 말아야 할지도 결정하지 못하였다.[75]

알렉쎄프는 10월 11일, 쿠로파뜨킨의 질문에 답하였다. 몇 가지 점은 모호하지만, 여기에는 만주 행정에 대한 러시아의 통제영역이 축소되어야 한다는 점을 분명하게 제시하는 제안이 담겨 있었다. 그는 제한된 경찰병력과 기존의 총독을 유지한 채로 청국의 행정구조를 보전할 것을 주장하였다. 그러나 그는 핵심적인 관리·감독 문제에 관해서는 모호하게 답변하였다. "우리의 통제권을 확립하고, 그[총독]를 주도하기 위해서는 육군성 대표, 외무성의 한사람이 그를 보좌토록 해야 한다. 이들의 활동은 인도의 토착 지도자들에 대한 영국인 고문관들의 역할과 유사한 것이 될 것이다."[76]

알렉쎄프는 이 계획의 전권을 부여받았으며, 외무성을 대표하여 당시 알렉쎄프의 보좌역을 맡았던 코로스또베츠(I.Ia.Korostovets)와, 동

청철도회사와 재무성을 대표하여 티데만(P.G.Tideman)이 교섭대표로
임명되었다. 교섭은 이들이 담당하였다.[77] 당시 신민둔(新民屯)에서 사
실상 러시아인들의 포로 상태에 있던 목단 장군 증기(增祺)는 자신의
보좌진 세 명을 임명하였다.[78]

　1900년 11월 4일에 여순에서 시작된 교섭은 대단히 성급하게 이루어
졌으며 알렉쎄프는 이를 더욱 서둘렀다. 러시아의 초안이 마련되자, 코
로스또베츠는 알렉쎄프에게 협정의 정치적 성격상 상트 페테르부르그
나 북경과 연락을 취할 것을 조언하였다. 그러나, 알렉쎄프는 이를 거부
하고 "쇠는 달구어졌을 때 두드려야만 한다"며, 그가 "자신의 판단에
따라" 행동할 권한을 부여받았으며, "계획된 협정은 일시적인 것"[79]이라
고 주장하였다. 청국 사절들은 이 조항들에 항의하였고 몇 개 조항들에
대해서는 청국의 주권을 침해한다고 주장하였다. 그러면서도 자신들이
협정에 조인하지 않으면 역모죄로 회부되거나 처형될지 모른다고 두려
워한 그들은, 이홍장이나 목단 장군과 연락을 취하게 해줄 것을 요구하
였다. 심지어 그들은 장군이 협정을 체결할 권한이 없다고 주장하기까
지 했다. 그러나 알렉쎄프는 더 협의할 것도 없이 러시아 초안에 서명
해야 한다고 거만하게 주장하였다. 그는 청국 전권대표들에게는 호위를
받아 신민둔으로 되돌아가라고 위협하면서 계속 장군을 억류하였다. 동
시에 그는 청국 주재 러시아 공사가 최종적으로 개입하여 조항에 변화
를 가져올 것을 우려하였으므로, 코로스또베츠가 기르스에게 조약 조문
을 보내는 것을 허용치 않았다.[80] 이 같은 압력을 받은 끝에 목단 장군
증기를 대행하는 한 청국 관리와 코로스또베츠가 11월 9일 협정을 조인
하였다.[81] 하지만 협정은 더 큰 어려움에 부딪쳤다. 조약은 근 한 달 동
안 그 문제를 숙고한 증기의 승인을 받기 위해 신민둔으로 보내졌다.
그 역시 협정에 서명할 경우의 자신의 생명을 염려하여,[82] 예컨대 만주
에서의 청국 정규군의 무장해제와 같은 몇 가지 협정 조항을 알렉쎄프
와 논의하려 하였다. 알렉쎄프는 협정에 승인하지 않는 한 목단에 돌아
가지 못할 것이라고 증기에게 경고하였다.[83] 11월 26일에 증기는 굴욕적

으로 이에 서명하고 말았다.[84]

알렉쎄프-증기협정의 조항은 당시에 발표되지 않았다. 아마도 준군사적이면서 조잡한 이 협정은 공표하기에는 적절치 못하다는 점이 너무도 분명했을 것이다. 왜냐하면 단순한 '임시협정'에 그같이 혹독한 조항들이 포함된 것은 혹평과 비판을 면치 못할 것이기 때문이다. 아마도 러시아인들은 이 협정에 그렇게 큰 중요성을 부과하지는 않았던 듯하다. 이 협정이 자신들에게는 잠정적인 협정에 불과한, 분명히 사소한 것이었기 때문이다. 12월에 그들은 청국과의 단독협정을 공식화하는 본격적인 조치를 취하였다. 어쨌든, 1901년 1월 3일 〈런던 타임즈〉(London Times) 통신원인 모리슨 박사(Dr. Morrison)가 타임즈 지에 그 협정의 존재를 다소 왜곡된 형태의 조항들로 폭로하였을 때 이 비밀은 수많은 혹평과 논평을 낳았다.[85] 이 때문에 러시아정부는 1901년 4월 5일, 〈정부 소식〉(Pravitel'stvennyi Vestnik)지에 협정의 임시적 성격과 그 필요성을 강조하면서 결국 협정의 요체를 공표하였다.[86] 그럼에도 불구하고 1901년과 1902년 내내 러시아의 동아시아 책략을 추정하고 이를 러시아에 불리하게 논평한 글들이 동아시아 언론에 자주 게재되었다. 1901년 7월과 1902년 4월에는 이른바 러·청비밀조약이라는 17개의 다른 판본이 수많은 잡지에 보도되었다. 블라디보스톡 동방연구소(Vladivostok Oriental Institute)는 이 같은 판본들을 조사하여 연구소의 정기간행물(Izvestiia Vostochnago Instituta, 동방연구소 뉴스)로 요약 게재하였다.[87]

아마도 러시아인들은 알렉쎄프-증기협정을 공표할 필요가 없다고 생각한 듯하다. 그 이유는 로마노프(B.A.Romanov)가 규정한 것처럼,[88] 그 표현방식은 "터무니없었지만", 모리슨 박사의 판본이 비교적 정확했기 때문일 것이다. 두 개의 판본(타임즈 지와 정부소식지 – 역자)에서는 러시아의 만주철수에 필요한 조건들을 설명하였다. 이는 열강의 북중국에서의 이익을 위해, 더 광범위하고 명백한 1901년 9월 7일 의화단의정서의 중요한 점들을 12월 22일자 청국에 대한 열강의 공동각서에 포함시

컸던 것과 같은 방식이었다. 모리슨 박사의 판본은 꼭 들어가야 할 "임시적"이라는 조항 및 원문의 조항들 그리고 청국의 주권을 존중하는 전문까지 생략하였고, 협정이 마치 러시아가 만주를 보호령으로 실제 점령한 것처럼 보이게 만들었다.

협정 조항들을 공동각서(Collective Note)나 의화단의정서(Boxer Protocol)의 조항들과 비교하거나, 만주의 의화단운동의 특수한 조건을 고려해 보면, 여기에는 사소하지만 놀랄 만한 성격이 포함되어 있음을 알 수 있다. 만주의 의화단운동은 주로 청국 정규군과 연계하여 러시아의 이해에 가장 치명적인 손실을 끼쳤기 때문에, 만주에서 청국 군대의 무장해제와 군대해산(3조)이 필수조건이 되는 것은 당연하였다. 일시적 점령(2조)과 러시아 군대가 주둔할 수 없는 요새의 파괴(4조) 조항들은 의화단의정서에서도 유사조항을 찾을 수 있다. 아마도 놀라운 특징이 있다면 러시아의 점령이 "청국의 실제적인 평화회복의 여부에 따라 좌우될"(5조) 것이라는 조항과, 관동의 러시아 사령관과의 연결을 위해 총독의 저택에 정치적 "상주관들"을 두도록 하는(7조) 등의 모호한 조항에 있을 것이다. 또 상주관들의 권력의 무제한적인 성격에도 위험이 내포되어 있었다. 이 같은 점들은 협정의 취지는 변경시키지 않으면서 청국과 러시아 모두 만족할 수 있도록 순조롭게 정의되고 수정되었다. 청국이 열강의 공동각서를 수락함으로써 러시아 외교의 입장이 자유로워진, 1900년 12월 31일 직후 청국은 비로소 러시아와 철병을 논의할 수 있었다. 그러나 알렉쎄프-증기협정은 청국정부의 승인을 받지 못했으며,[89] 러시아정부도 청국에 승인을 강요할 수 없었다. 그 이유는 청국과의 단독협정을 주창한 사람들이 당시에는 이보다 러시아의 이권 확보를 주장하였기 때문이다.

12월 11일에 람스도르프에게 보낸 전문에서 기르스는 다음과 같이 언급하였다. "아마도 우리의 세력권 내에서" 그리고 만주의 철도와 광산개발의 독점권을 위해서 러시아공사관과 청국 각료들이 협정에 도달할 수 있을 것이며, 또 "우리가 만주에서 확보하고자 하는 권리들을 나중에 확보하려 하면 어려워지므로, 지금 명문화해야 한다"[90]는 것이었다. 당시 람스도르프는 청국에서 보장받을 수 있는 권리에 대해 위떼와 쿠로파뜨킨에게 의견을 물었다. 11월과 12월초에 세 각료들은 청국에게서 얻어내야 할 조차권에 대해 논의하고, 만주의 일시적 점령과 관련하여 이루어져야 할 조항들을 밝힌 각서에서 다소 엉성한 형태나마 자신들의 견해를 종합하였다. '만주에서 러시아의 통제권 확립'이라 이름 붙여진 이 각서는 12월 17일자로 짜르의 승인을 받았다.[91] 그러나, 이는 러시아가 조차권 요구를 주장했던 러시아 인근의 다른 청국 영토나 만주에 관한 폭넓은 정책을 개진하는데는 미치지 못하였다.

람스도르프에 대한 회답 과정에서 표현된 몇 가지 근본적인 견해는 여러 현직 각료들의 지지를 받았다. 쿠로파뜨킨은 람스도르프에게 보내는 12월 16일자 서신에서[92] 동료들이 지지했던, 러시아가 만주에서 철병해야 한다는 견해에 자신도 공감한다고 말했다. 그리고 만주에서 러시아의 권익을 방어할 책임이 있는 육군상으로서, 만일 러시아 군대가 완전히 철수한다면 이 같은 이해들을 자신이 확실히 보장할 수 없다고 생각하며, 러시아는 철도가 완공된 이후에도 최소한 남만주에 4개 부대, 북만주에 8개 보병부대를 유지할 권리를 획득해야 한다고 촉구하였다. 따라서 그는 만주를 청국에 반환하되, 군사 점령권에 대한 유보조항을 달 것을 촉구하였다. 이는 참으로 모호한 입장이 아닐 수 없다.

12월 18일자로 위떼가 보내온 답신에 담긴 조건들은, 만주에서 동청철도의 독점적 지위를 강화하는 데 목적이 있었다. 몇 가지 사소한 재정 및 행정조항에 덧붙여서, 위떼는 동청철도가 국경을 통과하는 지점에 위치한 청국세관 행정과, 청제국북부철도(Imperial Northern Railway)의 만리장성 북쪽 구간을 동청철도회사로 이관시킬 것을 제시하였다. 그리고 그 대가로 위떼가 제시한 것은 다음과 같다. "러시아의 동의 없이는 어떠한 철도도 결코 청국 임의로는 부설하지 않으며, 우리의 세력권 내, 다시 말해 만주, 만리장성 이북의 모든 청국 땅, 몽골리아, 이리(伊犁)지방, 카쉬가리아의 어떤 곳에서도 외국인에게 철도나 그 밖의 다른 조차권도 부여하지 않도록 만들기 위해",[93] 청국의 부채를 조달할 적절한 금액을 홍콩-상해은행에서 지불케 한다는 것이다. 위떼는 다른 특별한 조차권은 요구할 필요가 없다고 생각하였는데, 외국의 조차권을 배제하는 것만으로도 기존의 러시아의 이익을 보장해 줄 것이기 때문이었다. 이홍장이 러시아에게 매우 관대하게 제의했던[94] 몽골리아와 신강(카쉬가리아)의 천연자원 개발권에 대해서 위떼는 "가까운 장래에 이같은 이권이 우리에게 실질적으로 중요하겠지만, 현재 러시아가 자국의 천연자원 개발조차 자금 부족으로 어려움을 겪고 있는 만큼, 청국에서의 광산개발 역시 거의 불가능할 것"[95]이라고 사실을 있는 그대로 기술하였다.

당시까지도 이 같은 위떼의 견해들은 만주에 대한 구체적인 정책으로 형성되지 못했다. 청국이 북중국에서 자국의 육·해군을 위해 외국인 교관을 고용해서는 안 된다는, 람스도르프의 제안도 구체적인 정책으로 형성되지 못한 것은 마찬가지였다.[96] 이후에도 각료들은 견해를 교환하였고, 쿠로파뜨킨은 1901년 1월 15일의 서한에서 자신의 생각을 부연 설명하였다.[97] 그는 심지어 만주반환 이후에도, 청국은 만주에 군대 주둔이나 무기고(武器庫)를 설치할 권리를 가져서는 안 되며, 만주의 청국 경찰의 수는 협정에 의해 결정해야 하며, 만주의 모든 철도들은 러시아가 운영해야 한다고 주장하였다. 이 같은 견해들은 좀더 온건한 형태로 다른 각료들에 의해 수용되었다.

1901년 1월 22일 러시아 주재 청국 공사 양유(楊儒)는 람스도르프에게 본국의 훈령 내용을 통보하였다. 러시아에 대한 추가 조차권을 기저로 해서 러시아와 별도협정에 관한 논의를 개시하라는 훈령이 그것이다. 준비가 미진한 상태에서 대응해야 했던 람스도르프는 구체적인 안을 내놓지 못하였다. 같은 날 그리고 다시 이틀 뒤에 위떼는 람스도르프에게 두 개의 초안을 주었는데, 하나는 일반적인 러·청협정이었고, 다른 하나는 동청철도와 청국 사이의 협정이었다.[98] 이 초안에 입각하여 세 각료는 1901년 1월 29일, 2월 4일, 7일, 8일에 이르기까지 일련의 회의를 통해 청국에 대한 러시아의 첫 공식요구안을 작성하였다. 그리고 이 기간 동안에 동청철도에 관한 가(假)제안은 나중에 다루기로 하고 미루었다.[99]

최종적인 2월 8일의 안[100]은 러시아의 기본적인 요구안은 아니지만 적절한 요구안으로 간주해야 할 것이다. 이 요구안이 교섭의 출발점이었고, 따라서 여기에는 교섭 과정 동안 타협의 여지가 있는 조항들이 포함되어 있었다. 그리고 이 요구안에는 1900년 12월 11일 이래 위떼, 람스도르프, 쿠로파뜨킨이 서로 서신 왕래를 통해 계획하고, 이제는 수정하여 외교조항으로 표현한, 대부분의 요구안들이 포함되었다. 이들은 1월 22일의 위떼의 협정 초안의 몇 가지 조항들에 대해 상당한 첨삭을 가하였다.[101]

이 조항들은, 이전에 표현된 견해들을 요약한 것이라는 점에서 매우 중요하다. 청국과의 교섭 과정에서 이 조항들은 축소되었고, 당시의 비등하는 압력 속에서 이와는 전적으로 다른 철병협정 체결을 위해 결국에는 완전히 폐기되었다. 그 조항들이란, 만주에서 청국의 주권 인정(1조), 일시적인 군사적 점령(2조), 추후 협정 때까지 만주의 무장해제(4조), 수적으로 제한된 토착 경찰병력의 창설(5조), 북중국 함대나 군대에서 외국인 교관을 고용하지 않겠다는 약속을 요구한 것(6조) 등이다. 나머지 6개 항은 동청철도, 러·청은행, 의화단사건의 결과로 러시아 민간인들이 입은 손실에 대한 보상 등을 다루었고(9, 11, 8, 14조), 한 조항(7조)은 관동의 행정적·영토적 재조정을 언급하였다.

흥미 있는 조항은 8조와 9조이다. 9조는 동청철도에 보상물로서 동청철도 계약시와 똑같은 조건으로 동청철도 남만주지선에서 만리장성까지의 추가 노선을 부여하였다. 8조는 청국에서의 거대하고 효율적인 세력권 확립에 관한 것이다.

　　러시아에 인접한 지방, 이를테면 만주와 몽골리아 전역과 러시아에 인접한 감숙성과 신강성 지방에 있는 타르바가타이(Tarbagatai), 쿨자

(이리), 카쉬가르, 야르켄(Yarkend), 코탄(Khotan), 케리(Keri)와 같은 지역에서, 청국정부는 러시아정부의 동의가 없는 한, 철도부설, 광물자원 개발, 또는 기업의 조차권 등 그 어떤 것도 여타 열강 및 그들 국민들에게 허용해서는 안 될 것이다. 이상 언급한 지방의 모든 영토에 청국정부는 자국 임의로 철도를 부설하지 않는다. 개항장인 우장(牛莊)을 제외하고는, 러시아정부의 동의 없이는 외국인들에게 한 치의 땅도 사용하게 해서는 안 될 것이다.[102]

2월 8일 이 같은 최대한(maximum)의 요구안을 청국에 제시하면서, 러시아 외교는 한 가지 심각한 계산착오를 범하였다. 즉 북경교섭에서는 "청국의 우방국"으로 행동하면서, 동시에 최대 요구조항들을 청국이 수락하도록 강요하는 이중전략을 구사한 것이다. 그러나 1901년 2월에는 상황이 달라졌다. 청국에게는 1900년 12월 22일의 열강의 '공동각서'가 제시된 후, 최악의 상황은 끝난 셈이었다. 그후 여타 열강의 극단적인 요구안을 수정하기 위해서는 러시아의 지원에 의존하고, 또 동시에 러시아의 요구안에는 열강의 반대를 고무시킴으로써 러시아의 압력을 완화하는, 이중전략을 구사한 이는 바로 이홍장이었다. 그가 알렉쎄프-증기협정의 조항으로 이중거래를 한 것처럼, 러시아의 실제적인 요구안들을 단지 슬쩍 암시하는 것만으로도 이 같은 이중전략은 가능했다. 이 과정에서 그는 부주의하게도 위떼의 도움을 받았다. 위떼는 자신이 생각하는 몇 가지 이유로—아마도 "시험용 풍선"을 띄워 여론을 떠볼 의향으로—러시아의 요구 조항들을 청국 공사에게 제시하기도 전에, 상트 페테르부르그 주재 일본 공사에게 자신의 계획에서 쟁점대상이었으나 거부되었던 몇 가지 조항을 언급하였다.[103] 어쨌든, 교섭은 비밀이 철저하게 유지되지 못했다. 영국외무성은 러시아인들이 청국에게 제시한 지 한 달도 채 안되었을 때, 이미 청국 주재 자국 공사의 긴급전문을 통해 상당히 정확한 러시아측 요구안이 담긴 판본을 입수하였다.[104] 정확한 것은 아니라고 해도 러시아가 계획한 협정의 유사 사본들이 분명히

다른 여러 나라의 수도로도 타전되었을 것이다.[105]

1901년 1월과 2월, 러시아의 청국과의 단독협정 계획에 대한 열강의 반응은 일치되지 않았다. 그 같은 반응은 심지어 알렉쎄프-증기협정에 대한 모리슨 박사의 놀랄 만한 판본이 공표되어, 러시아가 좋지 못한 평판을 듣게 된 이후에도 마찬가지였다. 아마도 그 원인은 협정의 진정한 성격으로 부여한 바를 주재 정부에 알리도록 해외 주재 러시아 외교관들에게 훈령이 내려졌던 데 있을 것이다.[106] 어쨌든, 동아시아에서 오랜 기반을 가지고 있던 러·불 및 러·독의 우호는 다시 한번 시험대에 올랐다. 1월말, 상트 페테르부르크 주재 프랑스 공사 몽뜨벨로 공(Duc de Montebello)과 람스도르프는, 프랑스는 만주에서의 러시아의 활동들을 침착하게 주시할 것이며, 러시아도 운남철도의 이해와 프랑스의 선교문제 해결을 위해 프랑스가 기울이고 있는 노력들에 대해 이와 유사한 태도를 취할 것이라는 구두 양해가 이루어졌다.[107]

청국의 문호개방에 대한 지지를 재확인한 영·독의 협정(1900년 10월 6일)체결로, 동아시아에서 러·독의 우호는 잠시나마 동요하는 것처럼 비쳐질 수 있었다.[108] 이후의 논의와 논평들은 영·독의 협정이 과연 만주로 확대된 것인지[109] 의구심이 들게 만들었다. 1901년 1월 21일에 카이저는 "청국과 별도의 협정을 체결할 필요가 있을 만큼, 러시아가 만주에서 이해를 갖고 있음을 전적으로 양해하고 있다"[110]고 언급하였다. 결국 1901년 3월 15일에 독일 수상 빌로우(Bernhard von Bülow)는, 제국의회(Reichstag)에서 영·독협정은 만주까지 확대된 것은 아니라고 언급함으로써 이 점을 더욱 명확히 했다.[111]

영국은 러·불·독의 견해에 반대하며, 공동선언으로 여타 열강을 연합시키고자 다음과 같이 제안하였다. "열강 사이에 현재 계류 중인 협정들이나, 의화단소요의 발발로 각국 공사관이 포위공격받은 후에 획득한 조차의 타당성을 인정하지 않으려면 열강이 일반협정에 도달해야 한다"[112]는 것이었다. 일본은 우려의 눈길로 만주를 주시하고 있었다. 런던 주재 일본 공사는, 영국 외상 랜스다운(Lansdowne)에게 보낸 1월

29일의 공문을 통해, 영국이 표명한 이 원칙에 전폭적인 지지를 표명하였다.[113] 미국은 입장을 명확하게 언급하지 않다가, 1902년 2월이 되어서야 존 헤이가 러시아외무성에 보내는 공문에서 러시아의 정책에 반대를 표했으며, 이 공문에서 문호개방정책을 다시 언급하였다.[114]

그러므로 1901년 1월과 2월에는 러·청 단독교섭에 관한 열강의 견해가 두 가지로 대립되었다. 이는 이홍장과 그의 관료들로 하여금 마음을 고쳐먹고 더욱 단호한 태도를 취하도록 만들기에 충분했다. 교섭은 2월 22일에 시작되었으나 처음부터 반대에 부딪쳤다. 위떼는 러시아의 요구를 청국이 수락하도록 만들기 위해, 1898년에 청국 관리들에게 줄 뇌물로 마련했으나 미지급한 자금 가운데서 50만 루블을 이홍장에게 지급할 것을 약속하도록 지시하는 전문을 2월 23일에 포코띨로프에게 보냈다. 위떼의 전문은 다음과 같다.

협정 체결에 대한 감사의 표시로 즉각 50만 루블의 금액을 이홍장이나 혹은 그가 지목한 어떤 사람에게 주겠다고 이홍장에게 통보하기 바란다. 더욱이 청국 황제의 허락을 받아 내가 여순에 가게 될 것인데, 12월쯤 북경에 가게 되리라는 것과, 만일 우리 일이 잘되면, 다시 이홍장이나 그가 지목한 어떤 사람에게 적당한 금액을 줄 것이라고 말하기 바란다.[115]

그러나 이홍장은 이번에는 매수되지 않았다. 그는 대응안을 제시하지는 않고 단지 러시아의 조건 대부분을 거부하였다. 2월 28일의 두 번째 러시아의 계획안은, 거부당한 조항을 빼고 청국측에 상당히 양보하였다.[116] 그럼에도 이 계획 역시 거부되었으며, 양유는 교섭을 중지하라는 훈령을 받았다.[117] 청국과 단독협정을 체결함으로써 의화단사건을 이용하려 했던 러시아의 첫 번째 시도는 이렇게 끝났다. 그러나 이 같은 교섭에 대한 보도가 몰고 온 폭풍은 쉽게 가라앉지 않았다. 러시아정부가 발행한 1901년 4월 5일자 <정부 소식(*Pravitel'stvennyi Vestnik*)>

지는 "의화단봉기에서의 러시아정책 개관"[118]이라는 제목의 러·청교섭의 실패를 "여러 장애물"의 탓으로 돌리는, 긴 설명체의 변명성 발언을 게재했다. 기사는 다음과 같은 결의로 끝맺고 있다. "러시아의 광활한 국경 부근의 질서를 유지하기 위해서는 만주에 대한 일시적인 군사점령을 유지하고, 동시에 명확하게 표현된 정치적 계획에 충실을 기하면서, 러시아제국 정부는 이후의 사건 전개를 조용하게 기다리며 지켜볼 것이다."[119] 그러나 이 같은 "예의주시(wait and see)"정책에 대한 기대는 외교적 사건이 전개되는 과정에서 점차 빛을 잃어갔다.

3. 청국과의 단독협정 계획 실패와
만주철병협정의 체결(1902년 4월 8일)

청국과의 단독협정을 위한 첫 번째 계획의 개시와 실패는 다른 세 가지 외교적 사건들과 동시에 발생하였다. 이 같은 외교적 사건들을 액면 그대로 받아들인다면, 러시아제국에 연한 전 아시아에서의 러시아의 총체적인 외교적 공세를 나타내는 것이 될 것이다. 19세기 마지막 해 동안 페르시아에서 러시아의 영향력은 증가추세에 있었다. 1900년 6월에 러시아는 페르시아에게 제공한 이전의 차관을 상환받기 위해 5백만 루블의 차관을 재차 제공함으로써 즉각적으로 영국의 우려를 불러일으켰다.[120] 소위 페르시아 국립은행(Persian State Bank, 페르시아의 것도, 국립도 아니지만)과 러시아재무성의 관계는 러·청은행과 러시아재무성의 관계와 똑같았다. 그것은 페르시아에서 위떼의 대행기관으로서 러시아의 이해를 진흥시키는 목적을 지녔다. 이 사실은 곧바로 당시 영국의 한 관찰자의 눈에 띄었다. 그는 페르시아 국립은행의 매니저가 "청국의 러·청은행 매니저인 포코띨로프와 똑같은 역할을 페르시아에서 담당하고 있다"는 사실을 알아차렸다. "실로 페르시아 국립은행의 매니저가 위떼의 하수인으로서 러시아공사관의 현직 공사보다도 더 많은 권한을 간접적으로 행사했는지 여부는 분명하지 않다."[121]

북페르시아에서 러시아의 교역은 천연의 이점을 가지고 있었는데 북페르시아에는 당시 페르시아의 부와 인구가 집중되어 있었다. 러시아의 제조업 중심지가 가깝고, 또 많은 비용이 들지 않는 볼가-카스피해 무역로를 이용할 수 있어, 페르시아의 교역을 자연히 러시아의 교역망으로 끌어들일 수 있었다. 러시아의 대페르시아 수출 역시 그 가치가 거의 비등하여 대청국, 대몽골리아 수출보다 나으면 나았지 결코 뒤지는 것이 아니었다.[122] 그러므로 러시아정부가 페르시아에서 통상적인 교역 증진 이외에 침략적이라거나 기타 특기할 만한 사항은 아무 것도 없었다. 1901년 3월에서 11월에 이르기까지 러시아정부는 페르시아와 더욱 우호적인 관세협정을 교섭하여, 그곳에서 자국의 상업적 지위를 강화시켰다. 1903년경 러시아의 대페르시아 수출은 페르시아의 전체 수입량의 56퍼센트에 달하였다.[123] 그럼에도 아마도 순전히 부러워서 그런 것이겠지만, 영국은 이 같은 진전을 놀라운 것으로 받아들였다.[124]

다소 외교적인 진전이 있었다면 1900~1901년, 티베트의 한 고위 관리이면서도, 부리얏(Buriat)족 몽골인 혈통의 러시아인인 도르지예프(Aharamba agvan Dorzheev, 이름의 철자는 Dorjief, Dorojiev, Doroshi-yeff도 될 수 있다)를 러시아에 파견한 일이었다.[125]

7명의 티베트 관리들이 1900년 7월, 인도에서 러시아 의용함대 소속 증기선에 승선하여 오뎃싸(Odessa)에 도착하였으며, 10월에는 크림반도의 리바디아(Livadia) 궁정에서 짜르의 환대를 받았다. 1901년 7월 1일에 이 파견단은 상트 페테르부르그에 도착하여 외무성과 재무성을 방문하였다.[126] "금지된 왕국(Forbidden Kingdom)"에서 온 파견단은 러시아 사회와 언론에 일대 센세이션을 일으켰으나, 그 목적과 성과는 불확실했다. 이후의 상황 진전으로 볼 때, 파견단의 목적은 우선 티베트에 대한 모호한 모종의 국제적 인정을 확인하여, 청국의 종주권 요구에 대한 자국의 독립적 지위를 강화하는데 있었던 것으로 보인다. 그리고 첨비 계곡(Chumbi Valley)에 관한 인도정부의 현요구(이후에 더욱 압력이 거세진)에 대응하려는 데 티베트의 의도가 있었던 것으로 보인다. 이 첨비 계곡 문제로 1904년에는 영국군 원정대가 라싸(Lhasa)로 파견되었다.[127]

파견단의 진정한 성격이 무엇이건 간에, 이는 아시아에서의 러시아의 활동에 더 큰 의구심을 자아내는 외교적 반향을 낳았다. 러시아외무성의 한 관리를 통해, "도르지예프 파견단"에 관한 영국 문건에 답신을 보내면서, 람스도르프는 1901년 8월 랜스다운에게 강한 확신을 심어주었고,[128] 심지어는 영국의 우려를 비웃기까지 했다.[129] 어쨌든, 러시아가 티베트 문제에 공식적인 관심이 부족했다는 명확한 증거는 여기저기서 발견된다.

물론, 다른 나라의 지리학자들처럼 러시아 지리학자들 역시 잘 알려지지 않은 나라에 관심을 가졌다. 러시아 국경과 상대적으로 인접해 있었기 때문에 상트 페테르부르그의 러시아 왕립지리학회(Russian Imperial Geographical Society)의 탐사대들은 티베트 북쪽 국경지대를 탐사하였으며, 프리예발스키(M.N.Prjevalskii)의 마지막 탐사대는 1879년에 거의 라싸까지 도달하였다.[130] 1900~1901년에는 코즐로프(P.K.Kozlov)가 주도하는 지리학회의 또 다른 원정대가 신강과 티베트 국경지역에 있었으나 인근의 한 토착 티베트부족의 적의(敵意) 때문에 티베트로 진입할 수 없었다. 이는 소문난 티베트인들의 러시아에 대한 우호를 의심케 만들었다. 당시에 러시아와 티베트은, 불교 라마교도인 러시아계 부리얏 몽고인들(Buriat Mongols)의 순례—라싸 그리고 그들 신앙의 다른 성지들에 대한—를 통하여 몇 번의 접촉이 있었다.[131] 더욱이 러시아의 수도승 찌비코프(Gonbo-Ghzab Tsybikov)는 1899~1901년에 상트 페테르부르그 대학의 동양언어학과에서 교육받았으며, 왕립지리학회의 재정적 도움으로 티베트에 살면서 티베트어를 공부하고 라싸에서 18개월을 살았다. 그는 블라디보스톡의 동방연구소(Oriental Institute)와 정기적으로 서신을 교환하였다.[132]

도르지예프가 상트 페테르부르그에 머무는 동안, 당혹스럽게도 러시아외무성에는 티베트 달라이 라마(Dalai Lama)의 서신들을 짜르에게 통역할 수 있을 정도로 티베트어를 잘 아는 사람이 없었다. 다행히 블라디보스톡의 동방연구소 소장 뽀즈니예프(A.M.Pozdneev) 교수가 당시 휴가차 수도에 있었는데, 그의 티베트어 수준은 자신의 말에 따르면, "사실상 거의 독학한 것으로 단지 이론적일 뿐"[133]이었음에도 불구하고, 서신을 번역하고, 러시아어를 모르는 도르지예프에게 티베트어 답신을 보내는 데 도움이 되었다. 이전에 언급한 "티베트 의사"인 바드마예프(Badmaev)도 당시 상트 페테르부르그에 있었으며, 신문에 파견단에 대한 자신의 "박식한" 견해를 과시하기도 하였지만, 그는 티베트어를 읽거나 쓸 줄 몰랐음이 분명하다.[134]

러시아가 티베트에 공식적으로 관심을 가지고 있지 않았다는 또 다른 증거가 있다. 뽀즈니예프는 "바실리예프(Basiliev) 교수가 죽은 이후 러시아에 티베트어를 아는 사람이 단 한 사람도 없다"는 사실을 깨닫고, 당시 일자리가 필요했던 찌비코프가 동방연구소의 티베트어 교수로 자리 잡을 수 있도록 도와주었다. 찌비코프에게 매년 4천 루블의 봉급과 그의 조수에게 줄 임금, 그리고 책값으로 천 5백 루블의 경비를 지불해야 했으므로 이는 교육성의 허가가 필요한 일이었다.[135] 교육상에게 그 예산을 신청하였으나 1900년 10월에 거부되었다. 거부 통보에는 위떼의 서신 한 장과 요청한 비용을 거절하는 재무성과 교육성 두 부처장관의 공식적인 메세지가 들어 있었다.

티베트어 연구는 주로 학문적 관심에서 나온 것으로 보이며, 동방연구소에 특별한 자리 하나를 보장할 만큼 충분한 실질적 가치가 있다고 보기는 어렵다…… 티베트를 세상에 개방시키는 데 필요한 그 자리의 가치에 관해서는…… 여러 가지 상황 때문에 티베트어 연구는 현재로서는 우리의 관심사가 되기 어렵다는 사실은 차치하더라도, 가까운 장래에 그 같은 가정들을 실현할 가능성에 우리가 매달려야 할 절실함이 하나도 없다는 점은 주목할 필요가 있다.[136]

당시 티베트에서의 러시아의 이해(利害)는 1년에 5천 5백 루블의 값 어치도 지니지 못한 것으로 여겨진 것이다.

이에 비해 러시아와 일본 사이에는 조선을 둘러싸고 훨씬 더 중요한 외교적 진전이 이루어졌다. 만일 청국이 분할된다면, 1901년에 일본은 불리한 입장에 처하게 될 것이다. 만일 러시아가 청국과의 단독협정으로 만주에서 정치적 헤게모니를 확립하는 데 성공한다면, 독일과 영국은 모호하게 지정된 각자의 세력권에서 이와 유사한 행동을 취할지도 모르는데, 그 방법은 1900년 10월의 영·독협정 제3조에서 암시된 바 있다.[137] 일본인들은 거의 국제적 통제하에 있는 것과 마찬가지였던 직예성에서마저도 자신들이 청국 분할에서 배제되었음을 깨달았다. 물론 조선은 1898년 4월의 니시-로젠협상의 체결 이래 급속도로 팽창해 온 일본의 경제적 이해(利害)가 계속 진전된 지역이었다. 실제로, 일본이 조선에서 획득한 조차권과 특권들은 그 권리들을 이용할 일본의 능력을 훨씬 상회하는 것이었다. 예컨대 경부철도 조차권은 조선에서 단일규모로는 가장 큰 외자 사업이었다. 이는 조선 남부에서 일본의 영향력을 확대하는 가장 유망한 수단으로써 1898년에 획득하였다. 그러나 철도는 계약 만료일이 다가올 때까지 조사단계조차 거치지 못하였다. 경부철도는 1901년 8월과 9월에야 비로소 공을 들인 착공식을 필두로 시공되었다.[138]

일본은 청국에게 러시아와 단독협정을 체결하지 말도록 조언하며 자국을 "청국의 우방국"으로 표현하였으나 청국 조정에 대한 일본의 영향력은 미미하였다.[139] 불미스런 1896년의 시도(일본의 조선 왕비 시해 – 역자)와 같은 조선에서의 기습 행위(coup de main)는 1900년에는 전혀 불가능했기 때문에 일본에게는 두 가지 길밖에 없었다. 하나는 일본이 영·독협정에 참여하여 청국이 분할될 경우 서명국들의 지원 아래 그 일원이 되는 것이다. 다른 하나는, 만일 러시아가 만주에서 확고한 지위를 차지하려 한다면, 일본은 조선에서 그에 상응하는 이점을 얻도록 러시아와 사전조정을 하는 것이다.

일본 외교가는 뚜렷하게 의견이 엇갈려 있었다. '겐로(元老, 노장 정치가들의 자문회)'의 일원인 이또 수상, 이노우에 백작은 물론 러시아 주재 공사 구리노는 러·일협정을 지지하였다. 반면에 가또 외상은 영·일협정을 지지하는 그룹을 주도하였다.[140] 단지 한 가지 점에서 완벽한 일치가 이루어졌는데, 그것은 일본이 고립된 상황에서 탈출해야 한다는 것이었다.[141]

이용 가능한 모든 자료들을 통해 보아도 만주와 조선을 둘러싼 러·일협정에 관한 회담을 누가 먼저 시작했는지는 명확하지 않다. 아카기(R.H.Akagi)는 람스도르프와 이즈볼스키가 먼저 회담을 발의했다고 언급하고 있고, 갈뻬린(A.Galperin)은 회담개시의 주도권을 조선에 돌리고 있다.[142] 어떤 역사가도 자신이 언급한 내용의 출처나 날짜를 제시하지 못하고 있다. 그 아이디어는 아마도 위떼에게서 나온 것 같다. 위떼는 1900년 10월 1일에 자신의 친구인 시피야긴(D.S.Sipiagin)에게 다음과 같은 서신을 보냈다.

"나는 유럽과 [러시아의 목단 점령을 둘러싸고] 어떠한 분규도 일어나지 않기를 기대한다…… 내가 우려하는 점은 일본의 조선 진입이다. 황제는 그런 일이 발생한다 하더라도 아무런 조치도 취하지 않을 것이라고 말했지만, 그것은 매우 유쾌하지 못한 일로서…… 우리를 화나게 할 것이다. 나는 조선의 중립화를 제안할 것을 조언한다."[143]

이 서신이 쓰여진 당시에 일본은 이 문제에 관해 누구에게도 접근하지 않았음이 분명하다. 또한 러시아의 동아시아 문제에 가장 막강한 영향력을 가진 위떼는, 이미 일본의 경제적 이해가 우세한 것으로 인정되던 조선에서 러시아의 행동의 자유를 진전시키는 타협을 하려 했다는 사실은 명백하다. 그러나, 러시아가 현상(現狀, status quo)에 아주 만족하고 있을 때 어째서 그들이 조선 문제에 관한 예비교섭(pourparler)의 주도권을 쥐려고 하였는지는 이해하기 어렵다.

아마도 만주에서 러시아의 행동을 제한하기 위해, 일본인들이 이 문제를 제기했을 가능성이 가장 크다. 그들은 단지 모리슨 박사의 알렉쩨프-증기협정의 폭로만으로 만주에서의 러시아의 행동을 의심할 수는 없었으나, 만주 문제를 조선 문제와 연계시킴으로써 러시아의 의도를 확인할 수 있다고 생각했다.[144] 이에 이또는 아마도 1901년 1월 17일 이전의 어느 날, 일본은 "조선 중립화"에 관해 러시아와 교섭에 들어갈 준비가 되었다고 이즈볼스키에게 비밀리에 통보하였다. 그러나 이 논의는 시작하자마자 곧 끝났다. 왜냐하면 같은 날 가또가 이즈볼스키에게 만주의 운명이 명백하게 해결되기 전까지는 일본은 조선에 관한 협정을 체결하지 않을 것이라는 점을 알렸기 때문이다.[145]

일본인들의 주된 관심은 장래 만주에서의 지위에 있었다. 이는 1월 22일에 상트 페테르부르그 주재 일본 공사가 일본의 견해를 개진하는 온건한 각서를 러시아외무성에 제출하였을 때에 분명해졌다. 여기에는, 이미 보도된 러·청 단독교섭에서 보인 러시아의 의도에 대한 오해를 피하기 위해, 러시아는 만주를 이전의 상태로(*status quo ante*) 회복시킬 때까지 그 같은 (단독)교섭을 연기해야 할 것이라는, 일본의 견해가 담겨 있었다.[146] 이 각서에 대한 람스도르프의 답변은 만주 문제는 완전히 묵살한 채, 러시아는 조선에 관한 니시-로젠협상의 조건에 아주 만족할 따름이며, 일본정부가 제기한 조선 중립화에 관한 더 이상의 논의는 우선대상이 아니라는 가또의 결정에 흔쾌히 만족한다고만 언급했다.[147] 이같은 답변은 곤란한 사태를 야기시켰다. 일본인들이 '이전상태'로의 회복을 만주에 관한 것으로 의미한 데 반해, 람스도르프는 조선에 관한 것을 의미했기 때문이었다. 러·청교섭에서 고려된 조항들의 잠정적 성격에 대한 추가보장도 일본인들의 우려를 불식시키지는 못했다.[148]

3월 25일에 구리노는 람스도르프에게 더욱 강경한 어조의 각서를 보냈다. 거기에는 러·청협정의 몇몇 조항들에 대해, 일본은 "여타 열강의 몇몇 조약권뿐만 아니라 청국의 주권과 영토보전까지 침범하는 것"[149]으로 생각한다고 언급하였다.

이로 말미암아 "외교적 사건이 발생했다." 람스도르프는 공식적으로

234

한 사람의 각료로서 자신은 "두 독립국가(러·청)의 문제에 제3국이 가타부타하거나 개입할 권리를 인정할 수 없다"[150]고 언급하면서, 각서 수락은 커녕 문제를 거론하는 것조차 거부하였다. 그러나 그의 사적인 견해로는 청국과의 교섭은 단지 '임시협정'을 위한 것이며, 러시아가 청국의 영토보전을 존중하리라는 점을 일본은 믿어도 된다는 것이었다.[151]

외교적인 완곡한 표현으로 미루어볼 때, 일본은 자국이 "참견하고 있는" 것으로 인식되고 있다는 사실을 깨달았다. 일본 언론에서는 반러시아 열풍이 일어났다.[152] 악명 높은 국수주의 반러단체인 "흑룡회(黑龍會)"는 일본의 승리를 예상한 일·러전쟁 예보를 내놓았다.[153] 일본 국회에서는 러시아를 겨냥한 선동적인 연설들이 자주 등장하였다.[154] 외교가나 외교전문에서는 전쟁의 분위기가 뚜렷하였다. 십중팔구 일본은 외교적 "모욕"을 설욕한다거나, 만주와 조선 문제를 전쟁으로 해결하려는 의도는 갖고 있지 않았을 것이다. 이또 후작은 현실적으로 자제를 충고했다. 일본은 러시아에 단독으로 도전할 준비가 되어 있지 않았다. 일본이 재정적으로나 육·해군의 준비가 미비했음은 자명한 사실이었고, 일본에 있던 러시아의 육·해군 요원들도 일본이 전쟁준비를 하고 있다는 특별한 징후를 발견하지 못하였다.[155]

실제 군사적 상황은 평화를 유지하자는 주장에 더욱 무게를 실어주었다. 1900년 10월 중순에 3천 9백 명의 장교와 17만 3천 명의 병력을 동원했던 동아시아의 러시아군은 이제 막 동원해제를 시작하고 있었다.[156] 군대는 최상의 상태에 있었다. 그들의 사기는 자신들에게 경미한 손실과 많은 경험을 안겨다준 북중국과 만주에서의 전투 이후 가장 고조되어 있었다.[157] 눈앞에 펼쳐진 군사적 용맹에 깊은 감명을 받은 외국 관찰자들은 전투에서 이들 군대가 이룩한 성과를 면밀하게 추적하였다.[158] 더욱이 이들 군대는 준비된 혹은 이용 가능한 운송수단, 마초(馬草)의 조직적인 공급 및 징발과 함께, 전투가 일어날 가능성이 있는 모든 지역에서 한 발 앞선 작전을 전개하였는데, 이 모든 요인들이 러시아인들에게 대단한 이점이었음을 입증할 수 있다.

해전의 상황도 역시 러시아인들에게 유리하였다. 러시아의 "태평양 함대"는 모두 5척의 최신예 전함과 6척의 1등 순양함을 보유하여, 5척의 전함과 4척의 무장순양함을 지닌 일본 해군과 대비되었다. 이러한 점들은 해군전략가들이 고려해야 하는 필수적인 요소였다. 러시아가 2척의 경순양함을 가진 데 비해 일본이 10척의 경순양함을 가진 것이나 갖가지 종류의 경선박 10척을 보유한 점은 그다지 중요한 요소가 아니었다.[159] 물론 일본 군함이 함정 대 함정으로 비교해 볼 때는 러시아보다 우위에 있다고 주장할 수 있었는데—아마도 그것이 맞을 것이다—일본의 함선들은 영국에서 건조된 지 얼마 되지 않았으며, 군함건조에서 최상의 군함들로 간주되었다. 추측컨대 러시아 선박들은 러시아산으로서 그 질이 떨어졌지만, 러·일전쟁에서 그 성능이 시험되기 전까지는 이 점은 분명하지도, 또 그 중요성이 입증되지도 않았다.[160] 1901년 4월, 일본해군은 계획했던 대로 영국에서 주문한 두 척의 전함을 증강하기로 되어 있었다. 한 척은 이미 진수되었고 다른 한 척은 아직도 건조 중에 있었다. 러시아의 입장에서 볼 때, 6척의 더 많은 전함과 두 척의 일등 순양함이 유럽 수역에 있었으므로 전함 대부분을 보충병력으로 동아시아에 파견할 수 있었다.[161] 당시에는 일본 해군력이나 해군력의 증강 가능성, 그 어느 것도 일본의 해군 사령부에게 쉽게 승리할 수 있으리라는 희망을 주지 못했다.

수상이자 '겐로'의 일원인 이또의 지위는 아마도 전쟁이나 평화와 같은 문제에서 결정적인 영향력을 행사하는 요인이 되었을 것이다. 성미가 급하고 아마도 감정이 상한 가또는, 3월 25일자로 람스도르프가 거부했던 각서보다도 강한 어조의 각서를 상트 페테르부르크에 보내려 하였으나, 며칠 뒤에는 상당히 침착해졌다. 야마가타 제독(각의 의장), 고마츠 왕자, 사이고 제독과 이또로 구성된 일본의 최고전쟁각의 (Supreme War Council)가 소집되었는데, 각의에 앞서 이들은 분명히 가또에게 자제하라고 지시했다.[162] 내각에서도 가또에게 제재를 가했기 때문에, 가또가 계획한 강력한 항의의 원안 대신에 일본은 4월 6일자로 다음과 같은 온건한 성명을 내는 데 만족하였다. "제국(일본) 정부는 람스도르프 백작의 3월 25일자 답신을 수용할 수 없으며, 현상황에서는 답신에 대한 의견을 유보한다."[163] 이로써 "위기"는 잠잠해졌다.

1901년 3～4월의 "전쟁위기"는 여러 가지 결과를 가져왔다. "위기"는 아직 마음을 정하지 않고 있던 일본의 정치가들을 영·일동맹 지지자로 뭉치게 하였다. 이 위기로 이또 내각이 무너지고, 5월 10일자로 옛 주청공사 고무라를 외상으로 하는 가쯔라 자작의 내각이 들어서게 되었다. 위기는 거의 즉각적으로 일본의 외교적 조치를 초래하여, 우선 영·일동맹에 관한 영국의 입장을 재확인하고, 나아가 그같은 동맹을 영국에 제의하게 만들었다.[164] 러시아는 "위기"를 계기로 만주철병 문제와 청국에게 요구한 보장 및 특권들을 재검토하였으므로, 이제 일본의 즉각적이고도 최종적인 적의가 예상되었다.

람스도르프는 분명히 일본의 이 같은 적의를 직시하고 6월 5일, 러시아가 일본과의 전쟁대비가 되어 있는지를 알아볼 목적으로 육군상, 재무상, 해군국 국장에게 회람장을 보냈다. 람스도르프는 1901년초 이래 일본의 관계(官界)가 러시아에 적대적인 징후를 보여주고 있다고 지적하였다. 이어 람스도르프는 "청국과 단독협정 체결을 위한 3월[서기 4월 6일]의 우리 제국정부[러시아]의 회람장을 일본이 거부하지는 않았다지만, 일본은 그때 러시아에 대한 공공연한 적의를 드러내는 것을 주저하지 않았다"[165]고 지적하였다. 람스도르프는 일본과의 충돌이 심각한 사건을 초래할 것이라고 생각하였다. 그리고 그는 "일본정부의 처지에선 러시아와의 관계 단절이 [러시아를 만주에서 철수시키는] 방법이 아니라 직접적 목표일 것이기 때문에"[166] 일본과의 교섭을 분규를 회피하는 데만 의존해서는 안 된다고 보았다.

6월 6일자 답신과 6월 10일자의 추신에서 위떼는, 러시아의 유일한 목적은 일본과의 전쟁을 피하는 것이 되어야 하며, 만주 문제를 해결하는 최고의 방법은 만주에서의 어떠한 정치적 의도도 포기해야 하며, 그곳에서 러시아의 이해는 사기업으로서의 동청철도의 이해를 보호하는 것으로 제한해야 한다고 주장하였다. 조선에 관해서 위떼는, 만일 일본이 조선 점령을 요구한다면, 적절한 방침으로 국제적인 차원에서 그 문제를 제기하고, 설사 일본이 조선을 강탈한다고 하더라도, 러시아는 그것을 전쟁의 사유(casus belli)로 간주해서는 안 된다는 것이었다.[167]

람스도르프가 내각에 돌린 5월 5일자의 회람장에 대한 각료들의 반응이나, 관련된 고위 관료들 사이에서 있었을 법한 상호 의견교환에 대해 출간된 기록은 없다. 어쨌든, 위떼의 이 같은 논평은 6월 24일경 위떼 자신이 구체화한 만주철병 계획의 기초가 되었다. 이어 위떼의 논평은 7월 11일 특별회의의 다른 각료들과의 논의에서도 별다른 반대를 받지 않았고, 7월 18일에는 짜르의 승인을 받았다. 그러나 이는 최소한도의 계획(minimal plan)으로서 남만주와 직예성에서 러시아가 점령한 철도를 청국 행정에 즉각적으로 반환하며, 그의 보상, 보장 및 권리로서 동청철도 남만주지선에서 만리장성에 이르는 러시아 철도의 부설권을 요구한다는 것이었다.[168] 만주의 전반적인 문제에 관해서는 어떠한 결정도 내리지 않았다.

그러나 만주철병이라는 아이디어는 러시아 정치가들의 마음속에 여전히 중요한 문제로 남아 있었다. 8월 1일에 람스도르프는 각료들에게 다시 그들의 견해를 묻는 회람장을 작성하였다. 그는, 독자적인 행동으로 만주철병을 개시하기를 짜르가 원하고 있으며, 철병문제를 무한정 질질 끄는 것은 불가능하다고 주장하였다. 특히 람스도르프는, 각료들이 러시아가 만주 전체의 점령을 유지할 것인지 아니면 한 지역만을 점령해야 한다고 생각하는지를 알고 싶어했다.[169]

이 질문에 대해 위떼는 만주병합이—설사 어떤 다른 나라도 그것에 심각하게 반대하지는 않는다고 하더라도—일반적인 의미에서나 경제적인 의미에서 러시아의 이해가 되어서는 안 된다고 단호하게 대답하였다. 어쨌든 일본이 심각하게 점령을 반대하므로 러시아는 만주에서 철병해야 했다. 위떼는 완전한 행정적, 군사적 철수가 필수적이며, 철도 수비대가 철도의 안전을 보장하는 것으로 충분하다고 생각했다.[170]

8월 12일자로 송부된 쿠로파뜨킨의 상세한 설명은 만주의 가치를 전략적 관점에서 논의한 점에서 흥미롭다.[171] 여기에는 이후 만주 문제에 대한 각료회의 내내, 쿠로파뜨킨이 주장했던 견해를 강조하는 몇몇 생각도 표현되어 있다. 쿠로파뜨킨은 즉각적인 행동방침으로서 병합도 완전한 철수도 주장하지 않았다. 더욱이 그는 북만주 점령조차도 유리하지도, 시기적으로 적절하지도 않다고 생각하였다. 아무르강은 이 강을 낀 도로가 없어 방어하기 어려우므로 청국에 대한 방어벽으로서는 빈약하며 북만주 점령만이 청국에 대한 방어를 강화해 줄 것이기 때문이었다. 러시아는 만주 전체를 점령하여야만 청국과 조선(즉 일본)에 대한 다중의 방벽을 구축할 수 있을 것이었다. 쿠로파뜨킨은 "부하라 칸국(Khanate of Bukhara)과 같은 기반 위에서, 북만주에서 멀리 떨어진 곳에 러시아가 지배하면서도 러시아의 영향력 하에 종속된, 독립국이면서도 명목상으로는 청국에 종속된 한 지방을 형성하는 것이 러시아에 유리할 것"이라고 제의하였다. 이 조치에 대한 국제적 적의를 피하기 위해 그는 목단 지역과 길림 남부지역의 즉각적인 회복과 북만주를 잠정적으로 계속 점령할 것을 조언하였다. 더욱이, 그는 앞으로 수년 안에 관동 조차지와 유사한 기반 위에서, 러시아가 북만주를 조차할 더 좋은가 오기를 희망하였다.[172] 이 흥미 있는 계획은 당시 새로운 만주철병 계획을 진전시키고 있던 위떼나 람스도르프로부터는 지원을 받지 못했다.

만주철병 문제는 청국의 이홍장과의 직접적인 교섭으로 새로운 국면으로 접어들었다. 이홍장은 8월 2일 러·청은행 대표인 뽀즈니예프(A.M.Pozdneev)에게, 청국은 만주에 관해서 러시아와 절충할 준비가 되어 있고, 빠르면 빠르면 빠를수록 좋다고 통지하였다.[173] 아마도 이홍장의 의욕은, 청국 조정이 곧 북경으로 복귀할 것이며, 조정의 몇몇 대신들이 열강과의 교섭을 담당하는 이홍장의 독특한 지위를 차지하려고 함에 따라 촉발된 듯하다. 그러므로 이홍장은 1901년 2월 그에게 약속한 50만 루블을 서둘러 받고 싶어 했다.[174] 러시아가 만주철병 원하는 것으로 보이지는 않았지만, 그는 러시아의 제안 대부분이 3월 12일에 제안했던 조항들에 기초하고 있을 것으로 기대하였다.

일본은 만주의 상황을 계속 우려하였지만, 3~4월의 "위기"와 일본과 러시아의 긴장 관계는 끝이 났다. 1901년 8월 7일의 전문에서, 이즈볼스키는 일본이 재정적으로 어려움에 처해 있으며 미비한 원정대를 가지고 있기는 하지만, 만일 러시아가 만주를 병합한다면 러시아와의 전쟁에 돌입할 것이라고 경고하였다. 그러면서도 동시에 그는 쿠로파뜨킨의 견해와 다소 유사한 조치를 8월 12일에 제시하였다.

만일 어떤 공식적인 행위를 선언하지 않고 러시아의 만주 점령을 연장한다면, 이 경우 우리는 만주 점령에 대한 국제적 항의를 불러일으키려는 일본 내각의 호전적인 표현과 시도들이 주기적으로 쏟아져 나올 것으로 예상할 수 있다. 그러나 일본은 곧 기정사실에 익숙해질 것으로 기대한다.[175]

이 같은 견해는 이전에 람스도르프가 표명한 견해와 같은 맥락의 것이었다. 즉 러시아의 만주철병이 동양의 한 국가에게는 양보로 비칠 수 있으므로 나쁜 선례가 되지 않도록, 러시아는 만주 문제에 대한 일본과의 협정을 회피해야 한다는 것이었다.[176]

그러므로 단계적인 철병계획을 채택함으로써 철병을 늦추어야 한다는 생각이 더욱 큰 힘을 얻게 되었다. 이홍장에게 보낸 8월 14일자의 제안의 제2조는 6개월 간격으로 세 단계에 걸쳐 러시아 군대가 만주에서 철수할 것을 명시하였다. 그 외에도 행정을 즉각적으로 청국에 양도하며(1조), 수치상으로 구체화하지는 않았지만 제한된 수의 청국 군대를 각 성에 주둔시키며(3조), 청제국북부철도를 이전의 행정상태로 환원시킨다(4조)는 조항들이 잇달았다. 원문은 "만일 새로운 분규가 발생하거나, 여타 열강의 행동이 러시아의 실행을 방해하지 않는다면"[177] 러시아가 이 조치를 이행할 것이라는 판에 박힌 유보조항으로 끝을 맺었다.

이홍장이나 경친왕 같은 청국의 교섭 담당자들은 이 같은 조건들을 대체로 마음에 들어했다. 그러나 조항의 세세한 부분에 관해서는 많은 논쟁점이 남아 있었다. 교섭을 지연시킨 가장 중요한 요인은, 위떼가 별도의 협정—당시 만주의 대규모 광산 조차권을 러·청은행에게 넘겨주려는—을 청국정부와 체결하려고 시도했던 데 있었다.[178] 북경과 상트 페테르부르그를 오간 전문을 암호화하고, 해독하고, 발송하는 데 불가피하게 시간이 지체된 것은 말할 것도 없고, 자신들의 바람을 구체적인 조항으로 표현하려는 교섭 담당자들의 무능력과 무기력은 교섭을 극도로 지연시켰다. 위떼는 심지어 뽀즈니예프에게 "우리가 이 조약의 체결을 서두르거나 특별히 협정을 갈망하고 있다는 생각을 이홍장이 알아채지 못하게 할 것"[179]을 지시하기까지 하였다. 당시의 국제적 의혹과 압력도 나머지 사소한 조항들의 해결을 지연시켰다. 그리고 이홍장은 교섭이 진행 중이던 1901년 11월 7일에 죽고 말았다.[180] 이는 막을 도리가 없는 결코 예상치 못한 일이었지만 이 사건은 일 대 일의 기반—뽀즈니예프를 통한 이홍장과 위떼의—위에서 이루어져 왔던 교섭을 완전히 무너뜨렸다.

그러는 동안 러·일협정의 가능성이 다시 한번 전면에 부상했다. 이때 러시아는 주도권을 잡은 것이 분명하다. 1901년 9월말, 이또 후작은 프랑스 및 벨기에 은행과 거액의 차관을 교섭하기 위해 일본을 떠나 유럽 순방 길에 올랐다.[181] 영향력 있는 이 정치가에게는 더 중요한 계획이 있을 것으로 생각되었다.[182] 6개월 동안 북경 주재 일본 공사로, 3년 동안 상트 페테르부르그 주재 일본 공사로 있던 고무라는 1901년 10월초가 되어서야 외상직에 올랐는데(고무라의 취임일은 9월 21일이다 - 역자 바로잡음), 외상직은 이또 내각이 붕괴된 이후 5개월 동안 공석으로 남아 있었다.[183] 고무라는 일·러동맹의 주창자로 알려져 왔으며, 그의 부임 직후의 공식 접견에서 이즈볼스키는 이 문제에 관해 고무라에게 자신의 견해를 개진할 기회를 가졌다.

이즈볼스키는 일본과 러시아가 동아시아에서 라이벌이 아니라는 점, 즉 여타 열강이 동아시아를 식민시장으로 본 것과는 전혀 다르게, 두 나라는 동아시아에서 매우 중요한 이해(vital interests)를 가졌다는 점을 주장하였다. 동아시아의 열강으로서 두 나라는 사실 동아시아의 평화를 보존하는 데 절실한 관심이 있었다.[184] 이즈볼스키의 설명에 따르면, 고무라는 이 같은 견해나 이와 유사한 주장에서 표현된 생각들에 완벽하게 동의했으며, 러시아와 일본의 굳건한 우호 증진을 위해 자신의 온 힘을 다할 것이라고 말했다. 그러나, 고무라는 조선 문제에 관한 협정이라는 주제에 대해서는, 일본은 러시아가 만주에서 철병하기 전까지는 논의할 수 없다는 가또의 이전의 주장을 근거 삼아 그 이야기를 꺼내는 것조차 꺼렸다.[185]

이 같은 방침(démarche)과 유럽에서의 이또의 잇따른 행동을 연결시킬 만한 증거는 없다. 그리고 유럽에 머물던 이또가 러시아와 조선의 상황에 관해 논의할 어떤 권위를 갖고 있었다는 것을 증명할 수 있는 공식 간행된 문서도 없다. 영·일동맹이 진전된 과정에서처럼, 이또도 그의 동료들처럼 공식적으로 하나의 탐색용(ballon d'essai)으로 비공식 교섭을 시작하라고 지시받았을 가능성은 있다. 그러나 그렇다고 해도 주도권이 일본에 있었던 것 같지는 않다. 이또가 파리에 있는 동안, 동아시아 문제에 관한 러·일의 화해 가능성에 대해 이또의 의향을 넌지시 떠보려는 람스도르프에게, 프랑스 외상 델까세(Théophile Delcassé)가 접근하였다. 델까세는 람스도르프가 지향하는 러시아의 동아시아정책에 관한 견해를 이또에게 전해 주기 원하는지를 묻고는, 델까세 자신이 조력할 의향이 있음을 내비쳤다.[186] 10월 30일에 람스도르프는 델까세에게 러시아 동아시아정책의 개요를 전달했다. 그는 여기서 러시아가 조선과 관계된 이전의 조약들을 대폭 확대할 의향이 있다는 제의와 함께, 만주에서 철병하려는 러시아의 의도에 관한 공식적인 외교적 선언을 거듭 되풀이하였다.[187] 이는 분명 이또를 상트 페테르부르그로 끌어들이기에 충분했다.

이또는 11월 23일에 상트 페테르부르그에 도착하여 11일 동안 아 수도에 남아 있었는데, 그동안 그는 짜르와 러시아 외교진영의 환대, 그리

244

고 환영연회로 융숭한 대접을 받았다.[188] 12월 2일에 이또와 람스도르프는 실현 가능한 러·일협정에 관한 비공식 회담을 하였다. 이 회담에 관한 기록은 단지 학문적으로나 관심 대상이 될 수 있을 뿐이다.[189] 두 사람은 서로 통역자를 통해 자신들에게 생소한 언어로 이야기하였다. 이또는 일본어 감탄사를 섞은 형편없는 영어로 이야기하였고 이는 그의 통역관인 스즈키가 러시아어로 옮겼다. 람스도르프는 서투른 독일어로 대답하였고 이를 일본인 통역관이 일본어로 옮겼다. 의미한 바와, 이야기한 바, 그리고 어떻게 번역되고 또 나중에 위떼가 이를 어떻게 기억하고 기록하였는지, 이것들 사이에는 상당한 차이가 있을 수 있었다.[190] 다행스럽게도 람스도르프는 이또와의 첫 만남에서 러·일협정 계획을 의제로 꺼냈다. 이또도 그 같은 계획을 12월 3일의 두 번째 회의에서 제시하였다.

이또의 계획은 영어로 쓰여졌다.[191] 여기에는 양측이 대한해협의 자유항행을 위협할지도 모르는 어떤 방식으로도 조선의 해안을 이용하지 말자는 약속조항을 제외하면, 러시아가 만족할 만한 내용은 거의 담고 있지 않았다. 즉 상호 약속을 전제로 한 이 조항은, 일본도 바로 그 같은 목적으로 대한해협을 자유롭게 이용할 수 있기 때문에, 기본적으로 러시아의 요구에 대한 피상적인 양보였다고 볼 수 있다. 이 계획을 람스도르프가 이또에게 다음과 같이 논평한 것은 매우 타당한 것이었다. 즉 이 계획은 응분의 대가(quid pro quo)로서의 협정이 아니라, 조선에서 일본의 정치적 점유를 보장하는 제4조에 집중된, 단지 일본의 열망을 진술한 것에 지나지 않는다는 것이었다. 이또는 이 코멘트에 놀라는 눈치였다.[192]

이또는 이튿날 떠나기로 되어 있었기 때문에 람스도르프는 제안받은 조항들을 짜르나 그의 다른 동료 누구와도 의논할 수 없었다. 그러나 람스도르프는 이또가 베를린에 머무는 동안 러시아측의 대안(對案)을 보내겠다고 약속했다.[193] 러시아측 대안의 대부분은 쿠로파뜨킨의 도움을 받아 위떼가 공식화한 것이다. 그리고 이또가 제시한 조건들을 기초로 하여 12월 13일에 베를린 주재 일본 대사(일본 공사 — 역자 바로잡음)를 통해 이또에게 전달하였다.[194] 이또의 조항에 대한 사소한 용어변경과 더불어, 일본의 행동의 자유를 "상공업상"으로 제한한, 제4조에 대한 중요한 수정도 포함되었다. 일본의 우호적 개입의 "독점적인" 권한도 "러시아와 협의를 통해, 그러나 단독으로 조선을 지원하러 올 수도 있는 일본의 우선권……"으로 변경되었다. 그러나 러시아인들은 제5조를 통해 전적으로 다른 사항을 협정에 추가했다. 즉, "일본은 청국 국경에 인접한 청제국의 몇몇 지역에서 러시아의 우선적 권한을 인정하고, 이 지역들에서 러시아의 행동의 자유를 방해하지 않을 것임을 약속한다"는 내용이었다.

　이 조항은 계획안의 의미를 완전히 바꾸어버렸다. 일본인들에게 명목상으로 양보하기 위해 일본의 조선에서의 행동의 자유를 주는 대신, 러시아인들은 이제 만주와 다른 지역에서의 행동의 자유를 요구하였고, 그 대가로 조선의 현상(現狀)에서 일본의 지위를 약간 개선시켜 주려는 것이었다. 물론 두 가지 계획안 모두 상대측이 수용할 수 없는 것이었다. 그러나 이러한 조건들이 교섭의 출발점이 되어, 광범위한 조항들이 교섭 과정에서 불가피하게 축소되었다는 점은 기억해야 할 것이다. 그렇지만 아직도 협정의 가능성은 남아 있었다. 적어도 이또는 그렇게 믿고 있었고, 12월 13일에 일본에 있는 고무라에게 그 같은 취지의 전문을 보냈다.[195] 그러나 바로 그때 일본은 공식적으로 영·일동맹 교섭의 마지막 단계에 전념하고 있었다.[196]

　1902년 1월 30일의 영·일동맹의 시작과 교섭의 역사, 그리고 그 중요성은 너무나 잘 알려져 있으므로 더 언급하지 않겠다.[197] 일본과 영국의 이해가 일치하고 있음은 1895년부터 자주 지적되어 왔으며, 동아시아에서의 영·일협약 제의는 1898년 이래 양국의 언론과 정치가들이 주기적으로 표현해 왔다. 영국의 동맹 조인은 자국의 "영광스런 고립(splendid isolation)"정책에서 진일보한 것이었다고 말할 수 있다. 영광스런 고립은 보어전쟁(Boer War, 1899~1902) 시와 1901년 모로코 위기에서 영·

독화해(*rapprochement*)라는 개념을 포기했던 시기에는 그렇게 "영광스런" 것으로 보이지 않았다.[198] 그러나 일본에게 이 동맹은 "애처로운 고립(pathetic isolation)"이라 불릴 수 있는 한 시대의 종막을 알리는 신호였다. 이 고립은 일본으로 하여금 시모노세키조약에 굴욕적인 변화를 수용하도록 강요한 1895년의 "삼국간섭"에 그 근거를 두고 있다.

영·일 동맹 제1조에서는 조선에서 일본의 특별한 정치적 권익 및 상업상의 권익이 인정되었다. 만일 이 같은 권익이 위협받아 일본이 무력으로 이를 방어하는 조치를 취해야 하고 그리하여 전쟁에 연루되어야 한다면, 영국은 호의적인 중립으로 남을 것이며, 만일 제3국이 일본을 공격할 경우 영국은 동맹국을 원조할 것이다(제3조). 이 같은 조항들은 청국에서의 영국의 권익에도 적용되었다.[199] 1902년 2월 12일의 영·일동맹 공표는 람스도르프, 위떼, 이즈볼스키에게는 날벼락과 같았으며, 러시아 외교가에 극도의 당혹감을 안겨주었다.[200] 이보다 더욱 이들을 분개시킨 것은 언론에 동맹이 공표된 바로 그날, 일본 대사(공사 - 역자 바로잡음)를 통해 구두각서(*note verbale*)를 전달함으로써 공식적으로 러시아외무성에 동맹을 선언한 일이었다.[201] 더욱이 그것은 다른 두 가지 외교적 좌절 후에 즉각적으로 가해진 일이었다. 2월 11일에야 위떼는 뽀즈니예프를 통해, 청국과의 교섭이 1901년 12월 11일 경친왕에 의해 갱신되었다는 사실을 접하였다. 청국과 러·청은행의 우선적인 단독협정의 구체사항들을 통해 교섭을 천천히 진행해 왔으나, 미국과 일본의 압력 때문에 결렬되었다는 사실도 알게 되었다.[202] 이전에 헤이 국무장관은 회람전문을 청국, 일본, 영국, 러시아, 프랑스 정부에 발송한 바 있다. 여기에는 러시아가 만주 점령을 지속하려는 데 대한 반대와, 특히 만주에 동청철도와 러·청은행의 독점을 확립하기 위해 러시아가 청국과 비밀협정을 교섭하려는 시도들에 대한 강력한 반대가 구체화되어 있었다.[203] 거의 동시에 진전된 이 모든 것들은 만주와 관련하여 영국·일본·미국 사이에 공조가 이루어지고 있다는 인상을 불러일으켰다.

영·일동맹의 영향력에 대응하기 위한 시도로 람스도르프는 2월 18

일, 파리 주재 러시아 대사 우루소프 백작(Count Urusov)에게 러·불협상(Franco-Russian Entente)을 동아시아로 확대시킨 러·불협정 교섭을 개시하도록 훈령하였다.[204] 람스도르프는 동시에 독일을 러시아의 이해에 동조하도록 끌어들이려 하였다. 뷜로우 수상은 그 같은 방향의 조치를 취하기를 거부하면서도, 러시아 주재 독일 대사 알벤스레벤(Alvensleben)에게는 러·불교섭을 방해할 수도 있는 그 어떤 조치도 취하지 말라고 훈령하였다.[205]

러·불교섭 과정에서 람스도르프는 영·일동맹에 맞대응하기를 원하였으나, 그 결과는 목표에 훨씬 못 미쳤다. 1902년 3월 16일에 나온 러·불선언(Franco-Russian declaration)[206]은 러·불동맹을 동아시아로 확대시키지는 못했으나, 1900년 10월 16일의 영·독협정의 방식대로, 제삼국이 동아시아의 현상을 방해하는 위협을 가한다면 양국은 사전협약에 이르는 권리를 보유한다고 명시하였다. 그 같은 성명은 두 우방의 교섭에서 굳이 천명할 필요가 없었기 때문에 실질적으로는 무의미한 것이었다.

1902년 2월의 이 같은 외교적 급진전의 압력을 받은 러시아는, 1900년(1901년 – 역자 바로잡음) 1월의 첫 계획안에서 침략적인 경향이 남아 있는 조항을 중심으로 청국과의 협정체결을 다시 서둘렀다. 1902년 2월초의 교섭을 붕괴시킨 최후의 장애물 가운데 하나는 러·청은행과 청국정부 사이의 비밀협정에서 러시아가 제의한 조항이었다. 이 조항은 외국인이나 외국자본이 참여하지만 않는다면, 만주에서 청국정부나 청국회사 또는 개인이 상공업 사업을 관장할 수도 있다고 명시하였으나, 그 같은 기업의 재정문제는 어디까지나 러·청은행의 수중에 있어야 했다. 더욱이, 모든 조차권은 우선적으로 러·청은행에 제공해야 하며, 은행이 그 사업을 거부할 때만 은행에 제시한 것과 똑같은 조건으로 다른 열강에 제공할 수 있었다.[207] 이 독점적 조항은 폐기되었다. 2월 25일에 재개된 교섭은, 1902년 4월 8일 북경에서 만주철병에 관한 러·청협상(Russo-Chinese Convention)이 조인될 때까지 중단되지 않고 계속되었다.[208]

이 협상은 협상일을 기점으로 6개월 이내에 만주에서 러시아군 철수를 규정하였다(2조). 첫 6개월 안에 러시아 군대는 요하(遼河) 서부의 만주 지역에서 철수하며, 다음 6개월 안에 목단(봉천)의 나머지 지역과 길림성에서, 그리고 마지막 6개월 안에 만주의 나머지 지역에서 철수하는 것이었다. 러시아 군대가 점령하고 있는 동안, 청국 군대의 병력 한도는 청국정부와 러시아군 고위 당국자들의 잇따른 협정에 따라 정해야 한다. 철병이 완료되면 청국정부는 만주 병력을 마음대로 늘이거나 줄일 수 있으나, 러시아에 그 같은 변화를 통지할 것을 약속하였다(3조). 이보다 중요성이 덜한 다른 조항들은 산해관-영구-신민둔철도의 반환을 위한 보상이나, 러시아의 동의 없이 청국이 청제국북부철도의 확장선이나 지선을 부설할 수 없다는 보장과 관련되었다. 이 모든 조항들은 상당히 합리적이었지만, 이 같은 철병 조건들은 "어떤 소요도 없어야 하며, 여타 열강의 행동이 이를 방해하지 않는다면" 이행한다는 의례적이면서 신축적인 조항에 묶여 있었다. 그러므로 러시아는 언제든 빠져나갈 구멍은 마련해 둔 셈이다.

이 협상을 이행하려는 러시아정부의 진실한 의도는 철병조치를 단행한 데서도 알 수 있다. 첫 6개월 동안 러시아 군대는 요하(遼河) 서부에서 예정된 철병을 이행하였다. 1902년 4월 29일에 산해관-영구-신민둔 철도는 특별협정에 의해 청국정부에 이양되었다.[209] 철도 양도 이후에 요하(遼河) 서쪽에서 러시아 군대가 주둔할 전략적 가치는 거의 없었으므로 그들은 즉각 철수했다. 두 번째 철병 단계에서 몇 가지 조치는 철수하려는 러시아의 의도를 뚜렷하게 나타내었다. 그럼에도 철병에 대한 러시아의 태도는 변화를 맞고 있었다. 대부분 지역에서 철병은 군대를 철도역 부근에 지어진 막사로 이동하는 형식이었으며, 그 같은 움직임은 기술적으로는 각 성에서 "이동 중인(en route)" 것으로 분류되었다.[210] 세 번째 기간에는 철병을 가장하는 일조차도 없었다.

이 같은 정책은 1902년과 1903년 전반기에 러시아 동아시아 정책의 주도층에서 일어났던 커다란 변화를 뚜렷하게 나타내는 것이었다. 이 변화는 러시아 궁정의 "막후에서" 천천히 일어나고 있었다. 그 변화는 국내 정책에서뿐만 아니라 몇몇 탁월한 정치가들의 마음속에서도 감지되고 있었다. 이제까지 러시아의 동아시아정책을 형성하는 데 위떼의 주도를 따랐던 이들이, 현상황을 의화단봉기 이전의 상황으로 되돌리기 위해 그토록 정성을 들여 진전시켜 온 기존의 정책과 위떼의 권위 모두에 의심을 품기 시작하였다.

제8장 베조브라조프파의 부상과 위떼의 퇴조

러시아의 동아시아 대외정책의 주도권 변화는, 일반적으로 압록강 이권(Yalu concession)이라고 알려진, 대수롭지 않은 사업을 중심으로 움직이던 이른바 베조브라조프파의 부상과 밀접하게 관련되어 있다. 베조브라조프파나 압록강 이권 자체가 이러한 주도권 변화에 커다란 중요성을 갖는 것은 아니다. 그러나 그들이 언론, 궁정계, 그리고 나중에는 러·일전쟁 원인을 다룬 역사기술에 턱없이 자주 등장함으로써 실제보다 훨씬 더 커다란 중요성을 부여받게 되었다. 그들의 역할에 대한 그릇된 평가 때문에라도 그들의 역사적 중요성에 대한 재평가는 필요한 것이다. 더욱이 베조브라조프파는 위떼와 만주철병정책에 대한 반대를 촉진하고 구체화하는 데 일조하기도 하였다. 이들은 또한 러시아 동아시아정책을 우유부단하고 질질 끄는 정책으로 만들었다. 그리하여 이들은 일본을 격분시킴으로써 러시아에 대한 군사작전을 개시하려는 일본에게 그럴듯한 개전의 사유(casus belli)를 제공하였다.

1. 베조브라조프파의 등장

조선 왕이 러시아공사관에 피신 중이던 1896년 9월 9일, 러시아의 유명한 상인이자 블라디보스톡의 "기업가"였던 브리네르(Iu.I.Briner)는,

조선 주재 공사 웨베르와 부영사 뽈리야노프스끼(Polianovskii)를 통해 압록강 및 두만강 유역의 조선 쪽 지역에서 삼림을 벌채할 수 있는 독점적 이권을 확보하였다.[1] 이는 1900년까지 러시아가 조선에서 얻어낸 유일한 이권이었다.[2] 그리고 이 이권은 개발에 착수하지 않을 경우에는 5년 후 시효가 만료된다는 옵션(매입선택권)의 형태를 띠고 있었다.[3]

브리네르는 이 이권에 특별한 열의를 갖지는 않았다. 이보다 그는 블라디보스톡 근처의 쑤찬(Suchan) 계곡에서 개발 중인 삼림이권과 자신의 상업회사에 열중해 있었다.[4] (두만강이 블라디보스톡에 인접해 있음에도 불구하고) 압록강 이권을 개발하는 회사가 다른 블라디보스톡 상인들의 관심을 끄는 데 실패한 이후, 그는 1897년 가을 상트 페테르부르그로 여행하던 중에, 로뜨슈테인(A.Iu.Rothstein)의 관심을 끌어보려 하였다. 로뜨슈테인은 러·청은행장이자 당시 투자자금의 여력이 없어 오래 가지 못했던 한·러은행의 은행장이었다.[5] 로뜨슈테인은 압록강 이권에 관심은 없었지만, 조선국경의 국경감독관 및 조선 북부에서 부영사를 역임, 동아시아에서 25년 동안 외교적 경험을 쌓은 마띠우닌(N.G.Matiunin)과 이 이권에 대해 논의하였다.[6] 마띠우닌은 막 조선 주재 대리공사로 임명된 참이었다. 임지로 떠나기에 앞서 마띠우닌은 한 때 학창시절 친구이자, 전직 기병대(Chevalier Guards)[7] 대령이었고 정력적인 프로모터인 본리알리알스키(V.M.Vonliarliarskii)에게 이 문제를 거론하였다. 본리알리알스키는 몇 가지 이권을 가지고 있었다. 우랄산맥 및 추크치(Chukchi) 반도의 금광, 볼로그다-상트 페테르부르그철도 이권, 그리고 몇 가지 프로모션 신디케이트가 그것이다.[8]

아마도 브리네르가 획득한 이권은 본리알리알스키에게는 대단치 않은 사소한 것이었을 터이다. 그러나 프로모터들이란 희박한 기회로 성공하기 위해 그 기회들을 먼 과거나 현재, 그리고 미래에 중요성이 있는 것처럼 실질이해보다 훨씬 더 부풀리는 법이다. 본리알리알스키는 이 이권을 러시아의 수중에 두어야 한다는, 마띠우닌의 사소한 여러 제안 가운데 하나를 받아들여[9] 이를 확대시켰다. 이 같은 변신을 통해 압록강 이권은 "동인도회사의 형태를 본뜬 위대한 러시아의 산업적[10]기업"의 핵심이 되었다.[11] 본리알리알스키가 세운 계획의 요점은 강력한 러시아회사의 설립이었다. 회사의 설립목적은 "자회사에 미국 자본과 프랑스 자본을 유치하기 위해 양국의 자본가들과 관계를 맺고, 동아시아에서 불가피한 분규가 발생할 경우 러시아뿐만 아니라 미국과 프랑스의 보호를 유도할 수 있도록"[12]하기 위한 것이었다.

본리알리알스키는 자신의 사적인 상업업무를 수행하는 것 이외에도 1897년 국무위원회(State Council)의 고문으로, 또 국무대신 플레베(V.K.Plehve)의 비서관으로도 활동하고 있었다.[13] 이 같은 지위로 그는 정부 최고위직 관리들과 접촉할 수 있었다. 심지어 각료들도 국무회의에서 논의할 예정인 입법안을 주무관청을 통해 본리알리알스키 앞으로 제출해야만 했다. 그러므로 그의 공식적인 위치로 말미암아 비교적 간단하게 압록강 이권에 대한 무라비요프(M.N.Muraviev) 외상의 관심을 끌 수 있었다. 본리알리알스키는 마띠우닌을 통해 이 문제를 처음 끄집어내어 이야기한 뒤에 무라비요프와 몇 차례 대화하였다. 무라비요프는 그의 견해에 고무되지는 않았지만 적어도 "호의적으로" 받아들였다.[14] 본리알리알스키는 자신의 생각이 위떼의 지지를 받을 수 없을 것이라고 예측하였는데, 그 이유는 위떼의 임명을 받은 로뜨슈테인이 자신의 생각을 거부했기 때문이다. 그가 모든 문제를 포기하려고 할 즈음, 우연하게도 이 이권은 연대에 배속된 안면 있는 인물인, 기병대장 출신인 베조브라조프(A.M.Bezobrazov)의 관심을 끌게 되었다.[15]

베조브라조프는 공직자로서나 관료로서 노련한 인물이었다. 그는 아주 부유하고 명망 있는, 궁정장관(Minister of the Imperial Court) 보론초프 다쉬코프(I.I.Vorontsov-Dashkov) 백작 밑에서 1881∼1897년까지 다양한 직책을 맡아 봉직한 경험이 있었다. 1897∼1898년에는 서시베리아총독 이그나쩨프(A.P.Ignatiev) 백작의 특별보좌관으로 일하였다.[16] 베조브라조프는 이미 부와 사회적 지위, 약간의 영향력을 가지고 있었다. 그는 명료한 용어로 말하기를 좋아하였고, 깊은 신념과 솔직함을 담은 그의 거침없는 의견들은 거역할 수 없는 대단한 호소력을 지니고 있었다. 많은 사람들은 그의 거리낌없는 말에서 "천재"의 징표를 보았고[17], 그의 주적(主敵)이자 개인적으로 적이었던 위떼조차도 사적으로는 그가 "정직하고" 성실하다는 점을 인정해야 했다.[18] 그는 동시에 허영심이 강하고, 야심과 자신으로 가득찬 인물이기도 하였다.[19]

본리알리알스키가 베조브라조프에게 말을 건넨 것은, 1898년 1월이나 2월 초쯤 마띠우닌이 동아시아로 출발한 직후였다. 당시 베조브라조프는 보론초프 다쉬코프 백작에게 조선 이권의 정치·경제적 가치를 설명하는 일을 맡았고, 다쉬코프 백작은 프로모터들에게 이 문제에 대한 각서를 작성할 것과 계획 중인 회사의 정관 작성을 요구하였다.[20] 본리알리알스키와 베조브라조프 두 사람이 작성한 1898년 3월 12일자 각서와 회사정관은 다쉬코프 백작이 짜르에게 제출하였다. 이 각서는 조선에서 러시아의 영향력을 증진해야 할 필요성을 강조하고 있다. 뿐만 아니라 이 각서는 민영회사지만 실제로는 반(半)관영적인 이 회사를 통해 미국과 여타 자본가들을 상업적인 기반 위에 이 회사로 끌어들임으로써, 조선에서 러시아가 우세한 지위를 획득할 수 있다는 완벽한 실현가능성을 강조하고 있다.[21]

러시아 사가들은 "승인함(approved)"이라는 말에 대해, 짜르가 전적으로 모든 계획을 승인한 것은 아니라고 쓰고 있지만, 니꼴라이 2세는 분명 이 계획을 승인하였다.[22] 이 문제를 조사하기 위해 짜르는 알렉산드르 미하일로비치(Alexander Mikhailovich) 대공을 임명하였다. 당시 그는 의용함대 함장이라는 한직을 맡으면서 1897년에 "해군 각서(Naval Memorandum)"를 작성한 이래로, 동아시아에서 러시아의 권익을 증진하는 데 관심을 갖고 있던 인물이었다.[23] 1898년 4월 25일의 니시-로젠 협상(Nish-Rosen Convention) 이후 러시아의 대한(對韓)정책이 명백히 퇴조하고 있었으므로 대공은 불리한 상황에서 일하게 된 셈이다. 그럼에도 대공은 브리네르 이권의 계약서 사본을 동봉한 각서를 5월 12일자로 짜르에게 제출하였다.[24] 여기에는 조선 원정 계획과 최근 조선을 여행한 쑤로미야뜨니꼬프(S.N.Syromiatnikov)가 쓴 조선의 상황에 대한 보고서가 수록되어 있었다. 상트 페테르부르그에서 쑤로미야뜨니꼬프는 자신의 필명 "시그마(Sigma)"로 알려져 있었다. 그는 조선 북부의 금광개발 계획의 후원자이기도 하였다. 또한 이 각서에는 아마도 베조브라조프가 쓴 환상적인 계획도 첨부되어 있었을 것이다. 여기서 베조브라조프는 2만 병력을 회사의 경비병, 노동자와 일반 고용인들로 위장시켜 회사를 곧 러시아 군사력의 선봉대로 만들려고 계획하였다.[25]

짜르가 이 같은 계획의 군사적 측면에 매료되었다는 증거는 없다. 짜르는 이 이권을 원하지는 않았다고 하더라도 어디엔가는 쓸모가 있을 것으로 생각한 듯하다. 그리하여 1898년 5월 23일자로 브리네르의 이권에 2만 루블의 옵션(매입선택권)이 부여되었다. 추밀원 고문 네뽀로즈니예프(N.I.Neporozhnev)의 이름으로 브리네르의 모든 이권을 사들이기 위한 적절한 조항들이 포함되었다.[26] 매입선택권은 1899년 2월 13일에 만료되므로 시간이 촉박했다. 그리하여 즉각 편성해야 했다. 알렉산드르 미하일로비치 대공이 회사를 관장하고 베조브라조프와 본리알리알스키가 실무경영을 맡았다. 이 사업에서 짜르의 익명을 유지하기 위해 회사의 진전상황 보고는 궁정대신(Minister of the Imperial Court) 프레드릭(V.B.Frederiks) 남작이 짜르에게 보고하기로 하였다. 이권에 포함된 지역의 목재, 광물 및 기타 자원을 조사할 원정대가 짜르의 비용으로 떠날 채비를 하였다. 기병대 중위 즈베긴쩨프(A.I.Zvegintsev)가 명목상의 대장이었다. 원정대에는 네뽀로즈니예프와 삼림감독관 찌호노프(G.Tikhonov)가 포함되었다.[27] 원정대는 즉각 출발하였고 이어 네바 조선회사(Neva Shipbuilding Company) 국장이자 철도 프로모터인 알베르트(M.O.Albert)가 보낸 별도의 원정대가 여기에 합류하였다. 알베르트는 최근 볼로그다-상트 페테르부르그철도 이권 경쟁에서 위떼에게 고배를 마신 바 있는 인물이었다.[28] 1898년 7월에 알베르트는 위떼의 계획인 여순에 이르는 동청철도 남만주지선에 반대함으로써, 잃은 재산을 벌충하고 위떼에게 복수하고자 벼르고 있었다. 알베르트는 브리네르

이권지역을 관통하는 블라디보스톡-여순철도를 구상하는 역제안을 내놓았다.[29]

조선에서 이 모험적인 사업에 참여한 자들은 놀라운 추진력으로 행동하였다. 계획된 철도를 조사하기 위해 "독자적인" 원정대가 1898년 7월 4일에 상트 페테르부르크를 출발하였다. 그리고 바로 이때 여순-길림-신포(Port Shestakov)-블라디보스톡철도 노선의 이점과, 정부 내의 모든 부처들 사이의 조정과 완벽한 합의의 필요성을 진언하는 보고서가 기존의 보고 채널을 통해 짜르에게 제출되었다.[30] 동아시아에 도달한 원정대는 8개조로 나뉘었다. 원정대는 브리네르가 획득한 이권 지역을 횡단하였고[31] 10월말이 되자 새로운 계획을 준비하였다. 서울의 네뽀로즈니예프는 조선왕실의 소유토지를 관리할 행정위원회를 구성한다는 모호한 약속을 조선왕으로부터 받아내었다.[32] 그러나 이 그룹이 조선 및 러시아 당국자들과 가졌던 중요한 접촉들은, 8월말에 마띠우닌이 호주 멜버른 영사로 임명되고, 청국에서 러시아의 팽창을 주창하던 파블로프(A.I.Pavlov)가 서울의 러시아공사관을 책임지게 되면서 수포로 돌아갔다.[33] 네뽀로즈니예프는 통상적인 매수에 대비하기 위한 20만 루블의 대부 여부를 본국의 지지자들에게 타전해 보았지만, 짜르의 동계휴양 궁전이 있는 리바디아에서 프레드릭 남작이 보낸 거부 통지가 11월 18일에 도착하였다. 회사의 프로모터들은 격렬한 어조로 항의하였다.[34] 베조브라조프는 11월 23일자 각서에서, 그리고 네뽀로즈니예프는 귀국 후인 12월 26일에, 그리고 본리알리알스키는 12월 31일에 각각 "기회를 놓치고 있다"고 불평하였다. 그러나 이들이 할 수 있었던 최대한의 일은 옵션(매입선택권)을 1899년 5월 17일까지 연기시키는 길뿐이었다.[35]

1899년 2월 동청철도 남만주지선의 노선이 결정되면서, 압록강 이권계획은 산산조각이 나기 시작했다. 이미 지출된 자금을 회수하기 위해 본리알리알스키는 궁정금고에서 추가로 6만 5천 루블을 동원하여 브리네르의 권리를 모두 사들였다.[36] 본리알리알스키는 계획했던 동아시아 개발회사(East Asiatic Development Company)의 정관 초안을 작성하

도록 허락받았는데, 이 회사는 광산, 철도, 목재와 기타 사업들을 촉진하는 일종의 지주회사였다.[37]

회사가 내세울 수 있는 유일한 장점이라는 것이, 아직 아무런 진척도 없는 브리네르의 이권과 왕실 소유령의 채굴권 관리에 관한 조선왕의 모호한 약속뿐이었기 때문에, 베조브라조프는 의용함대가 이 이권을 인수토록 종용하였다. 그러나 베조브라조프는 알렉산드르 미하일로비치 대공을 설득하는 데 실패하였다. 본리알리알스키는 해군국(Navy Department)에 타진해 보았지만, 대공은 더는 압록강 이권에 관계하지 않겠노라고 재차 언급하며 그를 제지했다.[38] 결국 본리알리알스키는 이 이권을 제국령 관리국(Department of Imperial Domains)으로 이관하려 하였지만 여기서도 그는 거부되었다.[39] 1899년 8월 13일에 삼림이권은 네쁘로즈니예프에게서 마띠우닌과 알베르트에게로 액면가 3만 루블에 허위로 양도되었다. 모호한 채굴권 역시 1899년 10월 27일에 이들에게 양도되었다.[40] 이러한 양도를 주선한 본리알리알스키는 추크치(Chukchi) 반도의 금광개발을 위한 러·미공동회사에서 자신의 사적인 이해에 관심을 쏟았다.[41]

멜버른으로 가지 않았거나 외교관직을 사임한 것이 분명한 마띠우닌은 1899～1900년 겨울에 이 이권을 수지맞는 사업으로 발전시키려 하였다. 그는 러·청은행으로부터 차관을 얻으려고 개인적으로 위떼와 교섭하였지만 정중하게 거절당하였다. 그는 조선에서 광산국을 설립하기 위해서, 재정적으로 지원해 줄 것 같은 헌트(Hunt)라는 미국인 프로모터의 왕실령 광산개발에 대한 승인되지 않은 이권들과 그와 유사한 모호한 여러 이권들을 묶어 연계시키려 하였다.[42]

그러나 마띠우닌의 모든 계획은 실패하였다. 1899년 11월 5일에 마띠우닌은 위떼의 답신을 받았다. 여기에는 "조선의 광산이권에 국고를 투입하는 것은 어떤 형태이건 수락할 수 없다"는 짜르의 결정이 언급되었다.[43] 문제는 스폰서를 구걸하는 "고아신세가 되고 만" 이권에 달려 있었다. 아직까지도 그것은 법적으로 완벽한 이권이었고, 확실한 경제적 전망도 있었다. 즉 동청철도 남만주지선을 부설하고 그 종착역인 대련시를 건설하는데, 만일 동청철도와 위떼가 모종의 후원과 함께 조선의 목재를 사용하기만 한다면 조선의 목재는 예비시장을 갖게 되는 셈이다. 또는 압록강 이권의 실제 소유자인 짜르가 이를 공식적으로 지지한다고 승인하는 척만 해주어도 자연히 동청철도가 목재회사를 지원하도록 영향을 줄 것이었다.

베조브라조프는 자신이 압록강 이권과 관련되면서 품게된 정치·경제적 계획들을 단념하지 않았다. 1900년 3월에 그는 짜르에게 동아시아개발회사를 수립할 완벽한 계획서를 제출하였다.[44] 이는 주요 인사들, 황실의 후원, 그리고 상당한 수익의 신속한 회수 전망에 기초를 둔 전형적인 진흥계획이었다.

회사의 재정은 액면가 5천 루블로 4백 주의 응모주식을 발행하여 조달할 것이며, 상환을 청구하는 사람들에게는 분할불로 지불할 예정이었다. 2백 주는 짜르의 개인 금고에서 지출되었지만, 현금 지출은 없었다. 왜냐하면 1백 주는 브리네르의 이권에 대한 권리로서, 나머지 1백 주는 조선 서해안(동해안 - 역자 바로잡음) 울릉도(Dajelet Island) 삼림이권의 일부를 판매—회사는 이를 판매하여 15만 루블을 벌어들일 것으로 기대하였다—하기 위해 지불했기 때문이다. 짜르는 이론적으로는 브리네르 이권의 매입과 조사작업을 위해 자신의 개인 금고에서 지출한 25만 루블에 대한 상당한 수익을 얻을 수 있게 되었다.[45] 더욱이 회사가 가동되기 시작하면 회사는 15만 루블은 보유해야 했다. 전 세계 도처에서의 여타 진흥사업과 마찬가지로, 응모된 주식은 회사가 자금이 필요할 때 전액 상환이 아닌 단지 한 주당 1천 루블의 비율로 상환되기 때문에 이것은 절대적으로 필요했다.

베조브라조프가 이 사업에 투자하기로 약속한 "설립자들"과 "전문가들"의 명단을 제출한 점으로 미루어볼 때 그는 이미 상당한 기반을 닦아놓았음이 분명하다. 이 계획에 함께 참여하기로 한 사람들이 정치적인 의도에서 동참한 것인지, 아니면 앞서 이야기한 절대적으로 확실한 이윤 때문이었는지, 또는 그들이 자신들의 동료 근위병이나 클럽의 지인들을 돕고자 했기 때문인지는 알 도리가 없다. 이들의 대부분은 막대한 부를 누리고 있었으므로, 최초의 주식매입에 필요한 소액의 재정지출은 그들 생각에는 대단치 않은 것이었을 것이다. 응모자 리스트에 올랐던 부유층 인사들 즉 보론초프 백작, 우수포프 공(Prince Yusupov), 오를로프 다비도프(Orlov-Davydov) 백작, 노스티(Nostits) 백작, 수마로코프 엘스톤(Sumarokov-Elston) 백작, 그리고 세레브리아코프(Serebriakov) 대령 등이 기부자 명부에 포함된 이들이다. 본리알리알스키 대령과 베조브라조프의 사촌인 아바자(A.M.Abaza)와 더불어 다른 설립자들 역시 국무에 탁월한 이들이었다.[46] "전문가들"의 명단에는 마띠우닌과 알베르트가 올라 있다.[47]

짜르는 개인적으로 이 계획에 마음이 끌렸다. 그처럼 저명한 설립자들이 조직한 회사이니 실수가 있을 수 없었다. 일국의 최고 통치자가 진흥계획에 명의를 제공하는 것은 다소 비윤리적인 일이었지만, 그 같은 장애물은 짜르의 주식을 타인 명의로 함으로써 쉽게 뛰어넘을 수 있었다. 베조브라조프가 그렇게도 자주 소상하게 설명한 이 정치적인 계획에 짜르가 전적으로 찬동했는지 여부는 현재로서는 단언할 수 없다. 그렇지만 짜르가 이 계획의 재정적 성과를 절대적으로 신뢰하였다는 점을 주목해야 한다. 이 같은 사실은 짜르가 재무상, 외상과 궁정장관에게 보낸 승인 각서에서 드러나는데, 이 각서에서 짜르는 자신의 수익을 어떻게 처분할 것인지를 밝히고 있다. "짐의 개인자금의 투자 수익은 실제로 지출한 액수에 대한 적법한 이율에 따라 산정되도록 하고, 나머지 수익은 모두 멀리 떨어진 산간 벽지에서 필요한 부문을 충족시켜 주고, 교육과 교회 건립에 사용하도록 제한을 두는 것이 바람직하다."[48]

1900년 6월, 동아시아개발회사의 운명을 결정할 날이 다가왔다. 짜르는 재무상에게서 이 회사의 구조를 비판하는 각서를 받았다. 짜르는 동시에 보론초프백작에게서 자신이 서유럽여행을 떠날 계획이므로 그 전에 뚜렷한 결정을 내려달라는 각서를 받았다.[49] 짜르는 서둘러 6월 18일에 회사설립을 지지한다고 결정하고, 회사의 조직은 각료위원회로 하여 금 심사케 한다는 결정을 백지에 연필로 기록하였다.[50] 짜르는 이에 덧 붙여 "짐의 개인자금으로 동시아시아개발회사의 주식 2백 주를 아바자 (Captain of the First Rank Abaza)의 명의로 구입한다"고 썼다. 이 각 서는 분명 보론초프에게 주어졌다. 그는 이를 본리알리알스키에게 전달 하였고, 본리알리알스키는 다시 이를 베조브라조프에게 전하였으며, 베 조브라조프는 이를 재무성에 제출하였다.[51] 이 문제는 또다시 위떼의 제지를 받았다. 위떼는 동아시아의 소요가 끝날 때까지 회사 정관을 각 료위원회에 제출해서는 안 된다고 짜르를 설득하였다. 당시 의화단사건 (Boxer Rebellion)은 위협적인 양상을 띠고 있었다.[52]

베조브라조프는 격노하였다. 보론초프 다쉬코프에게 보낸 6월 28일 자 서한에서 그는 위떼의 반대에 맹렬한 비난을 퍼부었다. 베조브라조 프는 위떼, 만주철도와 "유대인 투기꾼들"이야말로 러시아가 동아시아 에서 외교적인 어려움을 겪게 된 원인이라고 호되게 일갈하고, 위떼 체 제는 전반적으로 보아 평화시에는 러시아를 쇠하게 만들고 전쟁시에는 재정파탄으로 러시아를 위협하는 것이라고 공공연하게 비난하였다.[53] 8 월 5일과 8일자로 연이어 짜르에게 제출한 메모에서, 베조브라조프는 이 계획의 정치적 중요성과 신속하게 이를 실현해야 할 필요성을 재차 강조하였다.[54] 그러나 짜르는 적어도 자신의 책임 있는 각료들과의 관 계에서 "정도(正道)의" 자세를 유지했으며, 이 계획을 진전시키는 데 자 신의 영향력을 실어주려 하지 않았다.

1900년 가을 동안에 조선의 이권문제를 일시적으로 주춤거리게 한 또 다른 이유가 있었다. 삼림감독관 코체트코프(Kochetkov)는 러시아 순양함 코르닐로프(Kornilov)호를 타고 10월에 울릉도를 방문하였다. 여순으로 돌아온 코체트코프는 울릉도에 있는 목재의 대부분이 불타버 렸고, 이 섬에는 선적작업을 할 적합한 항구가 없다고 보고하였다. 당시 에 이 섬의 이권을 일본인들에게 팔려는 시도가 있었다. 섬에 관심을 갖고 있던 일본인들은 아마도 15년 동안의 조차조건으로 20만 루블을 내놓겠다는 시험적인 제안을 한 듯하다. 그 당시 일본인들은 동아시아에서 대규모로 목재를 공급하고 있었으므로, 만주의 러시아인들에게도 목재를 공급하고 있었음이 분명하다.[55] 일본인들은 울릉도의 삼림지와 같은 유망지에 관심을 갖고 있었다. 그러나 이 섬에 대한 일본인들의 제안이 오래지 않아 하찮은 액수로 가격이 내려가면서, 러시아가 이 섬의 삼림이권에 이득을 남겨 처분할 가능성도 사라지고 말았다. 일본인 불법채벌자들은—개인이건 단체이건 간에—이 섬에 대한 교섭이 있기 전에도 그래왔던 것처럼, 계속 이 섬의 삼림을 벌채하고 범선을 이용하여 휩쓸어 가버렸다.[56]

1901년 6월 30일 이전의 언젠가 베조브라조프는 다시금 위떼의 반대를 극복해 보려 했지만 소용이 없었다. 위떼는 한때 브리네르가 소유하였고 당시에는 재무성이 소유하고 있던 쑤찬(Suchan) 이권을 대신하여 짜르의 개인자금으로 지정된 2백 주를 자신의 통제 아래 있는 재무성이 인수해야 한다고 고집하였다. 그 다음으로 위떼는 우쑤포프, 본리알리알스키, 젠드리코프(V.A.Gendrikov) 백작, 세레브리아코프(M.A.Serebriakov)와 같은 정부 요직을 차지하고 있는 특정인들의 명단을 프로모터 리스트에서 빼야 한다고 고집하였다.[57] 위떼의 계획은 회사의 전체적인 양상을 뒤바꿔놓을 수도 있었다. 만일 그렇게 된다면 황실의 후원 대신 냉정하고 특정 개인과는 상관없는 업무감독이 따르고, 재무성이 참여하게 될 것이었다. 또한 조선에 대한 경제적·정치적 침투 대신에, 사실상 위떼가 장악하고 있는 연해주 지역의 또 다른 삼림회사만 남게 될 것이었다. 이는 베조브라조프와 그의 지지자들에게는 완전히 실망스러운 조정이었기 때문에, 자신들의 계획에 대한 새로운 반응을 접한 이들은 황급히 투자계획을 철회하였다. 알렉산드르 미하일로비치 대공이 이들 이탈자들을 주도했고 다른 사람들도 이를 뒤따랐다. 이들은 시간 이외에는 잃은 것이 없었다. 반면 짜르는 쓸모없어진 이권의 명의를 여전히 가지고 있다고는 해도, 자신의 개인자금에서 11만 2천 루블의 손실을 입었다. 베조브라조프는 자신이 꿈꾸어왔던 모든 계획이 좌절되었다. 1902

년 2월 2일에 베조브라조프는 동아시아개발회사 계획을 정리해 버리라
는 명령을 받았다.[58] 야심과 자신으로 가득찬 그의 성격에 이는 또 하나
의 타격이었다.

베조브라조프는 부지불식간에 상당한 위신과 지위를 획득한 듯하다.
이권과 관련한 업무로 그는 짜르와 그의 각료들, 궁정과 수도의 저명인
사들과 긴밀한 접촉을 가질 수 있었다. 그는 뭇 사람들의 주목대상이
되었고 많은 사람들의 입에 올랐다. 동아시아에서 러시아의 진정한 역
할이 무엇인가에 대한 그의 신랄한 논평과 비타협적인 견해는 많은 사
람들에게 받아들여지지는 않았다고 하더라도, 적어도 그의 반유대주의
와 반위떼를 열렬히 지지하는 사람들은 경청하였다. 베조브라조프는 위
떼를 혹평하는 최고의 비난자가 되었다. 국내경제 불황의 확산으로 위
떼가 비난을 면할 수 없게 되었을 때, 정책시행과 국사운영에서 상당히
많은 실수를 저질렀다는 것이 점차 명백해졌을 때, 그는 기회를 놓치지
않고 위떼에 대한 공격의 포문을 열었다. 동아시아 상황, 위떼에 대한
내부적인 반대, 위떼의 실책과 사건 처리에서 나타난 뻔한 술수의 폭로,
짜르의 전제정(專制政)에 대한 열망의 증대, 그리고 일부 측근들이 짜
르에게 더욱 강력한 제정을 권고하는 일이 잦아진 것 등—이 모든 것들
이 베조브라조프의 정치적 비판과 합쳐져, 궁정에 배속된 멤버는 아니
었지만 베조브라조프를 무시할 수 없는 존재로 만들었다.

위떼는 베조브라조프의 강력한 지위를 뚜렷하게 인식하고 있었다.
비록 위떼가 베조브라조프의 강력한 지위가 어디서 비롯된 것인지, 그
것이 무엇을 의미하는지는 분명하게 인식하지 못했다 하더라도 1901년
7월 25일에 그가 친구이자 동료인 시피야긴(Sipiagin)에게 보낸 서한에
서도 이 점은 드러난다.

나는 베조브라조프가 무언가를 꾸미고 있다는 사실을 제외하고는,
이곳이 모두 평온하다는 내용의 편지를 자네에게 보낸 바 있네. 그가
계획하고 있는 것은, 최근 며칠간 에르몰로프(Ermorlov, 농업 및 국가재

산 담당장관), 람스도르프 백작, 혜쎄(P.P.Hesse)와 황제와의 여러 대담
과 여러 사건에서 더욱 분명해지고 있다네. 베조브라조프의 배후에는
본리알리알스키…… 그리고 알베르트가 있는데, 그들은 나와는 거래
할 수 없다는 결론에 도달했기 때문에 조만간 결말을 내야 한다고 생
각하고 있네. ……베조브라조프는 일주일에 적어도 두 번 황제를 알현
하여 몇 시간 동안이나 황제와 함께 있는데, 물론 그는 황제에게 터무
니없고 허무맹랑한 온갖 계획들을 진언하고 있지. ……베조브라조프
가 갑자기 에르몰로프에게 황제의 의사를 통보한 바에 따르면 아무르
지역의 모든 광상(鑛床)개발을 동아시아개발회사에 인계시키고, 아무
르 지역의 모든 회사들을 청산해야만 한다는 것이라네. ……우리는 경
제불황을 겪고 있네. ……이 문제와 관련하여 황제는 "그렇기 때문에
재정정책을 전환해야만 합니다"라는 권유를 받고 있는데, 경제불황이
내 정책 때문이라는 거야. 그렇지만 과연 어떻게 재정정책을 변화시킬
까. 물론 그들은 모른다네. 베조브라조프의 문제점은 혼자서 문제를 해
결하려 하고 혼란 속에서 이득을 보려는 데 있지. ……황제는 나와 협
의하지 않고 있네. 나는 입이 아프게 보고하지만 그것으로 끝이지.
……언젠가 황제는 "동청철도를 교통성으로 이관시키면 안 될까?"라
고 말했지. 나는 이 같은 생각이 어디에서 나왔는지 모르겠네. 나는
"예. 3년 후에는 그렇게 할 수 있을 겁니다"라고 답했다네.[59]

그러나 위떼는 그 당시에 그리 놀라지 않았다. 위의 서한에서 위떼는
다음과 같이 결론내리고 있다. "내가 개인적으로 관심을 갖고 있는 한,
사건의 상황에 나는 조금도 불안해하지 않는다네. 그 어느 누구라도 항
상 모든 것이 만족스럽게 진행되리라고 기대할 수는 없지."
　그러나 위떼는 상황을 상당히 과소평가하였다. 베조브라조프의 계획
들이나 짜르의 동요에서 명백히 나타나는 공격들보다도 비판의 근원은
훨씬 더 깊은 데 있었다. 위떼는 난공불락일 것 같던 자신의 지위가 안
전하다고 과대평가하였고, 자신을 현지위에서 몰아내기 위해 집결한 무
리들의 힘을 과소평가하였다.

2. 러시아의 동아시아계획의 경제적 허점

위떼의 경제정책 가운데서 두드러진 것은 중공업의 장려였다. 그렇다고 경공업을 방치한 것은 아니어서 1894년 1월 4일의 러·독 관세협정으로 경공업을 대폭 장려하였다.[60] 철강산업은 특히 재무성이 수행하는 대규모 철도확장계획으로 말미암아 진흥되었다. 소비재 및 야금업 제품에 대한 러시아 시장의 안정성이 입증됨에 따라 외국자본의 도입이 용이해졌다. 그리고 1897년 금본위제의 확립과 프랑스 차관의 도움으로 러시아 재정이 전반적으로 재조직됨에 따라 러시아는 수익성 높고 안전한 자본투자의 시장이 되었다.[61]

철강회사의 수익이 급증하면서 회사들은 1896~1900년 평균 50퍼센트의 이익배당금을 분배하였다. 이로써 특히 우크라이나 남부의 돈 분지(Don basin)의 철강산업도 자연히 성장하게 되었다. 1896~1900년 러시아의 선철 생산량은 1,595,000톤에서 2,821,000톤으로 늘어났다. 정부는 생산량의 거의 대부분—1899년 1백만 톤과 1900년 97만 톤[62]—을 매입하여 이들 대부분을 철도부설에 충당했다. 1899년의 경우, 전체 선철 생산량의 43퍼센트가 철도를 건설하는 데 사용되었다.[63] 당시 최대 철도 부설자는 국립철도청(State Railroad Administration)이며, 시베리아횡단철도와 동청철도도 여기에 속해 있었다.[64]

그러나 이 같은 인위적인 생산촉진이 마냥 계속될 수만은 없었다. 20세기 초에는 재정적인 상황이 현저하게 변화했기 때문에 위떼의 정책이 적절하게 통합되고 사전에 충분히 계획되지 못했다는 주장이 제기될 수 있었다. 과잉팽창과 대외차관의 압력으로 자연히 경기가 후퇴하였다. 1900년에 러시아는 재정과 산업 위기를 겪기 시작하였다. 이 같은 위기는 아마도 같은 해 서유럽과 미국에서 일어난 은행가들과 중개인들의 공황 때문이었을 것이다.[65] 국내외 증권거래소에서 주요 산업체 주식들이 평균 50퍼센트나 하락하면서 러시아 공채와 산업체 주식들도 동반 급락하였다. 러·청은행의 주식과 같은 우량주식조차도 10퍼센트 이상 하락하였다.[66) 상황은 1901년에도 개선되지 않았다. 위떼는 일부 곡물의 흉작, 프랑스 차관 도입의 어려움,[67) 의화단사건과 관련한 예상치 못한 막대한 지출 등으로 긴축정책을 채택하지 않을 수 없었다. 막대한 철강을 사들여 철강산업을 진흥했던 동아시아 철도부설계획도 거의 마무리 단계에 있었다. 1901년 정부의 선철 구매량은 40만 톤으로 감소하였는데,[68) 이것이 불황을 더욱 부채질하였다. 비록 격심한 정도는 아니었지만 이 같은 불황이나 경기후퇴는 러·일전쟁 때까지 계속되었다.

이 같은 상황에서 동아시아에서의 막대한 지출은 전반적으로 국가경제에 커다란 부담이 되었다. 물론 위떼가 재무성과 국가감사관실(State Comptroller's Office)을 철저히 통제하고 있었기 때문에 동아시아계획의 실제 비용이 어느 정도인지는 당시에 알려지지 않았고, 그 규모를 알아챈 사람도 거의 없었다. 대규모 공사의 붐을 등에 업은 경제적 번영이 어떤 비판도 용납치 않는 낙관론을 동아시아 기업에 종사하는 러시아인들 사이에 불러일으켰다. 그렇지만 동아시아에 대한 막대한 지출은 베조브라조프처럼 그러한 비판에 관심이 있는 사람이 아니더라도 필연적으로 다른 사람들의 관심을 불러일으켰다. 예컨대 쿠로파뜨킨은 육군성을 희생하여 경제에 과도한 비중을 두는 위떼 및 다른 각료들과 반목하였다.[69)

1903년 1월 12일의 국무회의에서 위떼는 철도부설비용 문제를 제기하였다. 그는 1893년 자신이 교통상직에 있을 때, 1천 1백만 루블의 수익을 낸 것과 비교하여 교통성의 연간 적자가 6천만 루블에 이른다고 평가하였다.[70) 이는 쿠로파뜨킨이 동청철도의 부설비용을 산정하도록 유도하여, 동청철도의 부설비가 4억 루블에 이르고 연간 적자액이 4천만 루블이라는 평가를 낳게 했다.[71) 그러나 이 수치들은 동아시아에서 러시아의 뉴코스정책으로 야기된 육·해군의 시설비용 증가를 감안할 때, 전체적으로 동아시아 개발에 투입된 비용을 제대로 계산한 것은 아니었다.

1903년 1월의 국무회의 이후 동아시아에서의 정부의 지출과 수입에
대한 내역서를 제출하도록 요청받은 재무성은,[72] 다음과 같은 개요서를
제출하였다.

[러시아정부의 동아시아 수입과 지출(단위 : 1천 루블)]

연도	수입	지출	차액	동청철도 지출
1897	9,601	92,726	83,124	5,000
1898	12,573	123,952	111,378	26,300
1899	15,753	201,030	185,277	69,200
1900	21,914	263,592	241,677	84,500
1901	29,846	247,647	217,801	73,111
1902	196,885	220,816	23,931	69,417
계	286,574	1,140,765	863,190	327,529[73]

위 표에 따르면 동청철도 부설 초기부터 1902년말까지 동아시아에서
의 경영, 부설작업과 기타 지출은 해마다 적자를 기록하였다.[74] 물론 이
표가 완벽한 것은 아니다. 이 표에는 의화단사건 진압과 관련한 재무성
의 임시 지출은 아마 고려되지 않았을 것이기 때문이다. 예컨대 짜르의
명령에 따라 1900년 12월에 의화단사건을 성공적으로 진압한 데 대해
쿠로파뜨킨, 람스도르프, 위떼 3인에게 각각 20만 루블의 선물을 지급
하였는데 어떤 자금이나 항목으로 이를 충당해야 했을까?[75] 더욱이
1902년 수입 1억 9,688만 5천 루블은 허구인데, 이 액수에는 틀림없이
러시아에게 배당된 의화단 배상금 공채가 일부 포함되었을 것이다.
1901년 수입이 정상적인 규모로 늘어나면서 1902년 수입도 비슷하게
증가한 것은 동아시아에서의 병력 이동에 따른 것으로 동청철도와 그
산하 운송회사가 비싼 수송요금을 받았기 때문이다. 따라서 1902년 수
입에서 약 3천 6백만 루블을 빼면 연평균 적자는 1억 7천 1백만 루블에

가까울 것이다.[76]

국가예산이 여전히 백만 루블 단위로 산정되던 당시에 연평균 적자가 실제로 1억 7천 1백만 루블에 달했다면 이는 어마어마한 액수이다. 이를 당시의 예산과 비교하면 다음과 같다. 1903년 러시아 총예산은 12억 9천 6백만 루블에 불과하였다. 이 가운데 22퍼센트인 2억 8천 9백만 루블을 차관의 이자 지불과 변제에 충당하였고, 36퍼센트인 4억 6천 5백만 루블을 육·해군에 할당했으며, 42퍼센트인 5억 4천 2백만 루블은 기타 지출에 사용하였다.[77] 이를 또 해군국의 예산과 비교해 보면, 1902년 해군국의 전체 예산은 9천 8백만 루블이었고, 1901년에는 9천 3백만 루블이었다.[78] 명목상으로만 해군성 국장이던 알렉산드르 미하일로비치 대공, 그리고 나중에 짜르가 1902년에 매년 4천만 루블씩 소요되는 해군건설 8개년 계획을 입안하였을 때, 이 계획의 대담함에 소스라치게 놀란 위떼와 쿠로파뜨킨 두 사람은 경제성을 이유로 이 계획을 배제시켜 버렸다.[79] 동청철도와 그 수반 설비에 지출한 액수와 비교할 때, 여순요새화와 같은 순전히 군사적인 계획에 지출한 총액은 실로 합당한 것이었다고 할 수 있다. 1899년에 짜르와 위떼는 여순 요새화계획을 승인하였다. 요새화에는 총 892만 7천 루블이 두 차례의 5개년 계획에 따라 지출되고, 1909년에 요새가 완공될 예정이었다. 러·일전쟁이 발발하였을 때 1차 5개년 계획에 할당된 463만 1천 루블이 지출되지 않은 채로 남아 있었다.[80] 여순 요새화 작업에 러시아는 매년 1백만 루블 미만을 지출하였다.

이처럼 대규모의 지출이 러시아의 산업과 노동자, 국내시장으로 들어갔다면 이 같은 지출은 이론적으로 정당화되었을 것이다. 그러나 시베리아횡단철도와 동청철도의 부설 속도가 1898년의 여러 사건, 특히 의화단 위기 이후 가속화되자, 부설에 필요한 가용수단과 장비가 수요에 미치지 못하게 되었고, 러시아 기업으로서는 일을 끝마치기 위해 더 많은 외국의 지원, 외국인 도급자, 외국 장비들을 도입해야 했다. 북중국에서 온 약 6만 명의 청국인들은 청국 요원들을 통해 계약하여, 주로 일본 선박을 타고 여순, 우장, 대련 등지로 들어와 만주의 철도부설 작업장에서 일하였다.[81] 1905년까지 공사가 계속된 바이칼호 남동쪽 끝의 철도구역에서는 수만 명 이상이 작업하였다.[82] 이 지역의 수십 개의 터널과 킹안(Khingan) 대산맥을 관통하는 터널을 뚫기 위해, 미국과 이탈리아의 착암기술자들을 1904년 중반까지 고용하였다.[83] 기관차와 객차들은 프랑스, 벨기에, 미국에서 구입하였다.[84] 동청철도 남만주지선의 침목은 캐나다와 미국에서,[85] 동청철도 기관차의 석탄과 선로는 일본 큐슈의 미쯔이회사에서,[86] 여순 및 블라디보스톡에 주둔하고 있는 수비대의 식용 가축들은 산동과 체푸(Chefoo, 芝罘) 조약항에서 사들였다.[87]

실례를 더 들 수도 있지만 다음과 같은 점을 첨언하는 것으로 충분하리라. 동청철도 남만주지선, 조약항인 우장, 그리고 관세자유항(*porto franco*) 대련을 통해 청국, 일본, 미국 및 서유럽의 상품들이 자유롭게 만주로 침투해 들어왔으며, 6만 명의 노동자와 그들의 수많은 부양가족들, 그리고 이제까지 동청철도 즉 러시아의 국고로 부양해 온 "음식물을 조달하는 사람들"은 돈벌 수 있는 시장을 발견할 수 있었다. 따라서 의화단사건이 일어나기 이전인 1900년초에 이미 몇몇 저술가들이 북만주의 상황을 불안하게 바라보면서 동청철도와 그 지선의 부설에 황인종, 특히 청국인들이 러시아제국의 동부와 북부지역으로 개선 행진해 올 것으로 예측한 것은 놀라운 일이 아니다.[88] 이 "황인종의 침입"은 블라디보스톡 주변 지역에서도 일어났다. 몇몇 일본인들의 보고가 맞다면, 대부분 체푸에서 온 4만 명의 청국인들은 매년 봄 블라디보스톡으로 왔다가 가을에는 돌아갔다. 러·청은행과 그 하청업자들이 계절노동을 위해 그들을 동원했는데, 일본 선박을 타고와 무리를 이루어 작업한 후에는, 자신들이 벌 수 있는 최대치의 돈을 가지고 청국으로 되돌아갔다.[89]

동청철도의 최초의 승객 수송은 공식적으로는 "오리엔탈 특급(Oriental Express)"호 여객차가 유럽령 러시아로부터 1903년 3월 8일 대련에 도착함으로써 시작되었지만, 상업적으로는 1901년에야 이용되기 시작했다.[90] 러·일전쟁이 일어나기 전에는 비교적 철도운행 기간이 짧았기 때문에 이 철도가 지닌 상업적인 가치의 안전성이 충분히 입증될 틈이 없었다. 동청철도에 지나치게 많은 자금을 투자하였고, 직원이 너무 많았으며, 그 급료가 과다했다는 것이 오늘날에는 일반적으로 인정되고 있다. 심지어 러·일전쟁이 발발하기 전 몇 년 동안의 운행에서 동청철도는 결점을 드러내기 시작하였다. 운임율은 비쌌고, 차량 부족은 곧 화물운송의 혼잡을 빚었으며, 승객과 군인들을 수송하는 열차는 정상적인 화물운송을 방해하였다. 만주의 오지로 화물을 운송하는 소규모 수송선박들과 정크선들은 대련이나 러시아 지선이 들어가는 영구(營口)항을 회피하였고, 요하(遼河)를 거슬러 올라가는 선박들에 짐을 옮겨 실었다.[91] 시베리아횡단철도와 동청철도가 불통되는 데 따른 물류비용이 비쌌기 때문에 유럽에서 동아시아까지 직접 철도로 운송되는 화물은 미미하였다. 당시의 한 저술가의 주장에 따르면, 브레멘(Bremen)에서 대련까지의 철도수송 비용은 영(英)톤당 220마르크에 달했던 반면, 노스 져먼 로이드(North German Lloyd)의 기선을 이용하면 같은 화물을 톤당 22~23마르크로 옮길 수 있었다.[92] 더욱 심각한 문제는 값싼 생필품의 부족이었는데 러시아 산업체들은 생필품을 생산하지 않았다. 또한 러시아 산업체들은 유통에 필요한 대리점을 만주에 설립하지도 않았기 때문에, 1902년 찌찌하르의 북서쪽 지방에서조차 철도를 통해 유입된 일본, 미국, 영국산 제품들로 즉석시장이 형성되었다. 또한 철도구역 부근에서도 보드카와 담배를 빼면 러시아 상품은 전혀 판매되지 않은 것 같다.[93]

군대수송 다음으로 만주철도가 올린 최대의 수익은 만주로 운송되거나 만주를 지나쳐 가는 막대한 양의 정부화물 수송으로 벌어들인 것이다. 1901년~1904년 정부의 다양한 기관에서 그 운임을 지불하는 정부화물은 민간화물보다 수송량이 10배나 많았으나,[94] 유럽을 운행하는 러시아 철도에서 그 비율은 보통 그 반대였다. 물론 동청철도에 관한 한, 정부화물과 민간화물의 차이는 없었다. 정부가 운임을 지불함으로써 동청철도 회사의 주식 보유자들, 러·청은행, 재무상, 그리고 러시아 공채를 보유하고 있는 프랑스 채권자들은 모두 만족하였다. 그러나 비용문제가 아니더라도 동청철도가 예외적인 수송물의 이동에 의존하는 상황을 정상적이라고 볼 수는 없었다.

동청철도의 경제적 가치를 가늠하는 결정적인 시금석은 고속운송 문제에 달려 있었다. 왜냐하면 만주철도와 시베리아횡단철도가 자주 불통된다 할지라도 해상운송보다는 육로운송이 훨씬 더 빨랐기 때문이었다. 가장 적합한 고속운송 품목은 중국산 차였다. 중국 남중부의 여러 항구에서 전통적인 방법으로 포장된 이 차들은 해상으로 북중국까지 운반되고, 육로로 시베리아의 캬흐타에 이어 유럽령 러시아로 수송되었다. 알렉산드르 울라(Alexander Ular)는 1904년 이 같은 차무역에 대해 다음과 같이 언급하였다. "만주 루트는 상업적인 중요성이 미미하기 때문에 여기에 가장 큰 이해관계를 가진 캬흐타의 상인들도 이를 완전히 무시하고 있다. 이들 상인들은 자신들의 교역체계에 어떠한 변화가 생기리라고는 꿈에도 생각하지 않고 있다."[95] 이 같은 주장은 물론 과장된 것이다. 1907년에 이르기까지 동청철도가 가장 많은 상업수송을 했던 1903년의 공식 기록에 따르면, 만주철도가 73만 4천 푸드(poods)의 중국산 차를 러시아로 운송하였던 반면, 캬흐타를 경유하여 종래의 대상로를 통해 러시아로 운송된 중국산 차는 68만 5천 푸드였다.[96] 더욱이 1900년과 1901년 의화단사건과 이후 발생한 감숙성에서의 봉기 때문에 대상로는 지장을 받았고 한때는 완전히 폐쇄되기까지 하였다.

위떼는 동청철도와 그 지선의 경제적 지위를 강화시키기 위해 정부 내에서 자신이 누리고 있는 막대한 권력을 행사하였다. 한때 그는 국경지국에서 근무하고 있는 동청철도 직원들로 하여금 청국세관(Imperial Chinese Customs)을 장악케 하려고 시도하였으나, 1901년 봄에 그의 시도는 좌절되었다. 그러나 그는 만주철도 역사(驛舍)마다 부과되던 대청(對淸) 교역의 수출입관세를 1/3로 낮추는 데는 성공하였다. 1901~1903년까지 동청철도의 각 역사에서 러시아 노동자들과 이들의 수비대에 충당되는 물품들에 대해 징수하던 청국관세는 완전히 철회되었다.[97]

위떼는 또한 만주에서 연해주까지의 청국의 곡물수출 금지조치를 해제 시키는 데도 성공하였는데, 처음에는 국지적인 협정을 통해 이 조치를 일소한 이후 청국정부로부터 이를 비준받아야 했다.[98] 청국의 이 같은 금수조치는 당시 교역이 유동적이던 국경지방에서는 대부분 무시되고 있었다. 그러나 위떼가 취한 제반조치도 동청철도를 따라서 대규모 수출입 무역을 유도하기에는 여전히 충분하다고는 할 수 없었다. 1899년 8월 11일 짜르의 칙령에 따라 관세자유항이 된 대련이 중개무역항으로 서 선적, 하역, 창고 등의 편의시설을 제공해 주고 있었음에도, 대규모 의 교역을 담당하기에는 불충분하였던 것이다.[99]

위떼는 대련을 통해 교역의 물꼬를 트기 위해 상선대(Merchant Marine) 대장과 의용함대 함장으로서의 권력을 행사하였다. 사실상 이 선박들은 만주에서의 철도사업에는 위협적인 경쟁자들이었다. 1901년 에 그는 선적용 화물을 물색하기 위해 페르시아만과 인도로 가는 해운 을 감독해 보았지만, 수지타산이 맞지 않는 사업으로 판명이 났다.[100] 의 용함대는 유럽령 러시아와 동아시아를 연결하는 수송망으로서는 쓸모 가 없어졌고, 오히려 동아시아의 산물들을 대련항으로 수송하는 보조업 무에 더 많이 이용되었다. 그 결과 오뎃싸와 동아시아 사이의 교역은 매년 줄어든 반면,[101] 동아시아에서 러시아 선적에 의한 연안무역과 일 반 화물운송은 증가하였다.[102]

1900년에 위떼는 재이민청(Resettlement Administration)까지 가는 해상 루트를 폐쇄시켰기 때문에, 동아시아로 가려는 정착자들은 이제 위떼의 철도를 이용해야만 했다. 철도로 평균 27일 내지 30일이 걸렸으 므로 시간이 그렇게 많이 절약되는 것도 아니었다.[103] 물론 이러한 조치 들이 시베리아횡단철도와 동청철도의 재정 형편을 개선시켜 주었지만, 국가적 측면에서 보면 그리 바람직한 경제조치는 아니었다. 장거리 화 물운송은 상선업에서 최대의 이윤을 남기는 경제적인 것이었다. 그리고 러시아 제일의 세련되고 가장 빠른 최신예 상선이던 의용함대는 승객 과 화물의 장거리 수송에는 가장 적합하였지만, 동아시아의 항구들과 대련항 사이의 단거리 수송이나 지방무역을 촉진하는 데는 적합하지 않았다.

해상운송에서 철도운송으로 추세가 바뀐 것은 위떼가 인위적으로 조장한 것이지 자연적인 변화가 아니었다. 만주를 통해 들어오는 수입물품에 대한 러시아의 관세를 위떼가 조작했다는 것이 이를 입증해 주는 결정적인 증거이다. 이러한 그의 의도를 입증해 주는 수많은 실례를 《대외무역개관》(*Obzor vneshnei torgovli*) 도표 12의 1903년 통계 (pp.598~685)에서 찾을 수 있다. 예를 들어 오뎃싸로 입항되는 쌀에 부과하는 관세는 88퍼센트인데 비해, 만주에서 수입되는 쌀에는 단지 0.025퍼센트밖에 부과하지 않았다.[104] 그러나 블라디보스톡을 통해 수입되는 쌀에는 종가 18퍼센트의 관세를 부과하여 적절한 편이었다. 그러므로 만주철도는 운임은 들쭉날쭉이었지만 관세체계의 불균형으로 이득을 본 셈이다.

두 번째 예는 차(茶) 무역에서 찾을 수 있다. 위떼는 장거리 고속 화물의 인기를 높이기 위해, 아시아 국경에서 차에 대한 관세는 푸드당 25루블 50코페이카씩 부과한데 비해, 오뎃싸에서는 푸드당 31루블 50코페이카의 관세를 부과하였다.[105] 이처럼 푸드당 6루블의 차이는 과도한 철도 운임율을 상쇄해 주기에 충분했으나, 질 좋은 차의 71퍼센트 이상은 여전히 오뎃싸를 통해 러시아로 유입되었다.[106]

하얼빈의 발전은 분명 동청철도회사의 성공작이었다. 이 철도 중심지는 처음부터 동청철도의 부설본부로 선택되었고 청국의 구시가지 옆에서 급속도로 성장하였다. 높은 보수를 받던 기사들, 청부업자, 노동자와 철도수비대원들이 이곳에 거주함으로써 상업인구가 모여들었는데, 1902년경 신 하얼빈과 프리스탄(Pristan)의 두 러시아 지역에 거주하던 러시아인과 청국인의 수는 2만 명이었다. 이들 가운데 일본인도 5백 명이 넘었다.[107] 철도 상점들이 들어서기 좋은 적지였다는 점 이외에도, 이 도시는 위떼가 시행한 차등 관세에 의해서 뿐 아니라 철도를 유지시키는 데도 도움을 준 송화강 무역으로도 이득을 보았다.

1900년 6월 23일에 위떼는 블라디보스톡과 아무르강변 니꼴라예프스크의 관세자유항 특권을 없애버렸다.[108] 그는 만주에서 곡물 교역, 동청철도, 그리고 부차적인 역할을 할 만주의 제분소들의 이해를 보호하기 위해 이 같은 조치를 단행하였던 것이다. 1890년대에 들어서자 연해주가 지방의 수요를 충족시켜 줄 정도의 곡물생산에 실패하였다는 사실이 명확해졌다. 총독 코르프 남작은 군 감독관들에게 설령 수입곡물의 시장가격보다 30～40퍼센트 비싼 가격이더라도 농민들로부터 직접 구입하도록 명령함으로써 곡물생산을 촉진하려 했으나, 이 같은 조치는 곡물생산에 거의 영향을 미치지 못하였다. 농민들은 직접 곡물을 생산하는 힘든 일에 종사하기보다는 조선과 만주에서 곡물을 사들여 이를 판매하려고 했던 것이다.[109]

관세자유항의 특권이 폐지됨에 따라 미국산 밀가루가 시장을 지배하였다. 이후 해상으로 블라디보스톡에 입항한 밀가루에는 푸드당 30코페이카의 관세를 부과하였지만, 육로로 운송된 밀가루는 여전히 무관세였다. 이는 송화강을 따라 주로 북만주에서 생산되던 만주산 소맥의 생산을 촉진했다. 또한 하얼빈을 중심으로 설립한 제분산업도 이득을 보았다. 18세기 이래 청국 법은 만주산 곡물의 수출을 금지하고 있었으나, 밀가루에 대한 규정은 없었다. 따라서 대규모의 제분산업이 북만주에서 붐을 이루어, 러·청은행과 동청철도 부속회사들이 이를 시범 운영하였다. 1900년에 한 곳의 대제분소가 연간 약 75만 푸드의 밀가루를 생산하였다. 1903년경에는 다섯 곳의 제분소가 총 1천 2백만 푸드를 생산하였다.[110] 이는 물론 만주 개발과 동청철도에 도움을 주었고, 러·일전쟁 중에는 군인들을 먹여 살리는 이루 헤아릴 수 없는 가치를 지닌 것임이 입증되었는데, 제분산업의 경제적 단점은 나중에야 밝혀졌다. 전쟁이 끝난 1905년 이후, 만주산 밀가루는 육로이건 해상이건 간에 푸드 당 45코페이카씩 균일관세가 부과되어 동아시아령 러시아에서 경쟁할 수 있는 토대를 갖추게 되었으며, 더욱이 수출에서는 푸드당 6코페이카의 청국관세가 부과됨으로써, 미국산 밀가루는 다시금 만주산 밀가루와 유

리하게 경쟁할 수 있었다.[111]

블라디보스톡의 관세자유항 규정을 없앤 것은 대련항을 진흥하기 위한 의도였던 것으로도 보인다. 러시아가 대련항을 이용한 기간이 길지 않았기 때문에 동아시아령 러시아의 상업발전에 이 항구가 얼마만한 가치가 있는 지는 완벽한 조사를 할 수 없었다. 1900～1903년까지 대련은 건설단계에 있었지만, 1903년에 이르자 이 도시의 앞으로의 역할에 대한 몇 가지 의문점이 명백하게 드러났다. 여기에는 두 가지 견해가 있었다. 대련 근처에 위치한 여순도 상업항과 양호한 철도 시설, 그리고 대규모 수비대 안에 편리한 지역시장을 보유하고 있기 때문에 대련은 재정적으로도 불안정하며 불필요하다는 주장이 그 하나이고, 대련의 장래성은 확고하다는 생각이 다른 하나이다.[112] 물론 낙관론자들은 처음에는 모든 것을 자신들에게 유리하게 생각하였다. 대규모 자금을 대련건설에 투입하고 있었는데—여순을 요새화하는 데 지출한 자금보다 훨씬 더 많은 돈을 투입하였다. 대련은 군사적 필요성 때문에 방해받지 않고 성장할 수 있었고, 여순에 부여되지 않았던 많은 특권을 누렸다. 가령 대련의 러시아 유대인들에게는 부동산 매입과 모든 종류의 상업활동에 종사할 수 있도록 허용되었지만, 여순의 유대인들은 조계지 범위 밖의 러시아속령의 대부분에서 공통적으로 받던 제약을 적용받고 있었다.[113]

그럼에도 불구하고, 1903년 무렵에 이르자 대련항은 기대에 어긋나기 시작했다. 이 도시는 크게 확장될 것에 대비하여 설계하였다. 호화저택들이 있는 교외 지역은 도시 외곽의 만(灣)을 따라 구획하였고, 철도로 연결되도록 도로를 건설하였다. 1천 5백만 루블 정도에 팔릴 것으로 추정한 이 지역의 부동산 매매는 부진하여, 1903년 중반 매매가격은 50만 루블 정도의 하찮은 액수에 불과하였다.[114] 추린 컴퍼니(Churin and Company)와 쿤스트 & 알베르스(Kunst and Albers)와 같은 동아시아의 대규모 러시아 민간 상업회사들은 대련에 관심을 갖지 않았고, 여순에 영구적인 지사를 설립하였다.[115] 그러자 여순에서의 무역을 지원하려는 민간 러시아 은행들이 그 뒤를 따랐다. 더욱 놀라운 사실은 동아시아에서 러시아 해운업의 상당부분이 동청철도의 직접적인 통제를 받고 있었고, 대련항의 불충분한 상태 때문에 대련보다 여순을 선호하였다는 점이다.[116] 아마도 가장 실망스런 재난은 방파제가 모두 완공된 1903년 겨울에 항구가 결빙된 것이다.[117]

1903년말 여순과 대련의 경쟁은 사실상 끝나버렸다. 대체로 여순을 선호하였다. 전쟁이 일어날 것이라는 소문이 아마도 이 같은 상황과 어느 정도 관련이 있었겠지만, 여순이 증강된 러시아 수비대를 따라 편리한 시장을 갖추고 있다는 점이 더 직접적인 원인이었다. 대형 창고, 유용한 정박지, 그리고 철도 측선들은 거의 사용하지도 않았다. 만주에 있는 러시아 통상회사들에 대한 의혹이 널리 확산되었다. 관찰력이 예리한 어느 목격자는 러·일전쟁이 발발하기 직전에 다음과 같이 보고하였다.

만주의 여타 지역에서처럼 이제껏 여순에서 러시아가 벌인 사업들은 불확실한 성격을 띠고 있다. 군대도 주둔하지 않으면서, 앞으로 모든 정부사업을 중단한다면 이러한 활동에 종사하던 러시아 기업가들과 모든 노동자들은 할 일이 없어질 것이다. 러시아 사업가들이 만주에서 활동을 개시하도록 하기 위해서는, 모든 외국과의 경쟁으로부터 그들을 보호하고 외국인의 접근을 막으며 관세장벽을 쌓을 필요가 있다…… 그리고 이 모든 것은 만주 전체가 러시아령이 되어야만 가능할 것이다. 따라서 만주 전부가 러시아의 소유가 될 때까지 러시아의 모든 경비지출은 외국인들에게만 득이 될 뿐이다. 우리 기업가들은 정부의 보호 없이는 외국인들과 경쟁할 수 없다.[118]

요컨대 이는 만주 및 동아시아를 경제적으로 침투한다는 위떼의 계획에 대한 비판의 요체이자, 1902～1903년 위떼에게 퍼부어진 주요 공격의 골격이었다. 동시에 이는 당시 동아시아에서의 러시아의 역할을 재검토하는 토대이기도 하였다.

3. 위떼 외교의 실패

위떼는 1902년 봄에 여러 가지 불쾌한 충격을 받았다. 청국이 취한
강경한 태도와 함께, 만주철병 이전에 단독협정을 체결하자는 러시아의
제의를 청국이 최종적으로 거부한 것은, 청국에 대한 러시아의 요구조
건들이 온건한 것이었다는 사실을 감안하면 예기치 못한 일이었다. 이
는, 영일동맹 체결의 공표와 더불어 1902년 4월 8일의 만주철병협정의
조인을 재촉하였다. 4월 15일에는 위떼의 친구였을 뿐만 아니라 정부
내에서 위떼의 충실한 지원자였던 내무상 시피야긴(D.D.Sipiagin)이 암
살되었다.[119] 후임자를 선발하는 과정에서 위떼는 짜르에게 법무상 무라
비요프(N.V.Muraviev)를 무시해 버리라고 설득했는데, 이로써 위떼는
그로부터 적의를 사게 되었다.[120] 위떼는 자신의 주요 적수이던 플레베
(V.K.Plehve)가 내무상에 임명되는 것을 막지 못했다. 따라서 이 중대
한 시점에서 위떼는 정부의 고위 당국자 가운데 충실한 벗 한사람을 잃
고 두 사람의 강력한 적수를 맞게 되었다.

위떼와 플레베의 사사로우면서도 정치적인 싸움은 심각하고도 중요
하였다.[121] 두 사람의 싸움은, 러시아정부에서 제정(帝政)의 역할에 대한
견해 차이와, 그리고 1902년 2월 수립된 특별위원회에서 논의된, 토지
개혁에서의 젬스트보의 역할에 대한 견해 차이에서 비롯되었다. 이는
공장 치안의 통제를 내무상에 맡겨야 할지, 재무성 휘하 제조업국에 맡
겨야 할지에 대한 관할권 분쟁에서 확연히 드러났다. 개인적인 적의의
상당부분은 플레베가 노골적인 반유대주의자이며, 위떼가 유대인과 결
혼하였다는 사실에서 비롯되었을 것이다. 러시아의 동아시아정책에서
중요한 점은, 플레베가 중요 각료의 한 사람으로서 이제 위떼가 참석하
는 어떤 회의에서나 위떼에게 반대할 입장에 있게 되었다는 사실이다.

청국과의 단독협정이 실패로 돌아감에 따라 위떼는 다른 대안을 모
색하였는데, 이것이 1902년에 그가 채택한 노선이다. 새 노선은 모든 이
권과 부지를 임의로든 잠정적인 토대 위에서든 위떼 자신이 주관하는

기관인 동청철도와 러·청은행을 통해서 직접 사들이거나, 아니면 이들 기관과 관련된 신뢰할 만한 인물들을 통해 구입하려는 것이었다.[122] 이 같은 조치는 러·청은행이 1901년 7~9월 길림 및 찌찌하르(흑룡강)순무와의 교섭 과정에서 이미 그 잠정적인 기반을 다져놓았었다. 그러나 획득한 여러 이권은, 특정 지역 내의 몇몇(특정 지역 전체에 속한 모든 광산·산림자원 개발권이 아니라) 광산자원과 삼림자원을 개발하거나 탐사할 수 있는 권리만을 부여받은 것이었다.[123] 1902년 3월 17일에 청국정부는 만주에 적용할 일련의 새로운 광산법을 공표하였다. 이 신규 법령에서는 조차권 소유자들에게 자신들이 운영하려는 이권의 정확한 위치를 구체화하고 채굴하려는 광물이 무엇인지를 뚜렷이 밝힐 것을 요구하였다. 이 법령들은 수많은 제약을 두어 요구 대상 지역을 제한하였다.[124] 결과적으로 이는 이전에 확립한 이권들을 내세우게 만들었는데, 이 기성(旣成) 이권들은 로마노프(B.A.Romanov)의 저서《만주에서의 러시아》(*Rossiia v Manzhurii*)에 첨부된 지도에서 도표로 제시된 바 있다.[125] 실제로 이권들 대부분은 주기적인 경비지출과 작업에 필요한 시간상의 한계가 따르기 마련이어서, 설령 당시에 만주의 러시아 이권에서 작업이 이루어졌다고 해도 아주 미미할 수밖에 없었다. 대부분의 이권들은 십중팔구 청국 중앙정부의 승인을 받은 것이 아니기 때문에 합법적인 것이 아니었다. 후술하겠지만 청국이 승인하지 않았다고 해서 반드시 일부 조차권에 대한 러시아의 작업이 완전히 배제된 것은 아니었다.

러시아의 조차권 작동에 주요 장애물은 러시아회사의 외관을 갖추어줄 기사, 측량사, 기술자, 십장 및 기타 노동자들과 같은 훈련된 개발요원들이 없었다는 것이었다. 청국인 주식보유자들과 더불어 동청철도회사가 운영한 연태(煙台, Yentai)탄광은 청국인 도급자들에게 전부 임대하였다.[126] 6천 명이 넘는 노동자들이 작업하던 찌찌하르 부근의 거대한 채석장도 북만주의 한 청국인 도급자 그룹에 임대하였으며, 이들 도급자 그룹은 다시 하청업자들에게 채석장을 운영하게 했다.[127] 1902년 6월 포코띨로프(D.D.Pokotilov)가 여순에서 위떼에게 보고하기로는 유능한 기사들을 만주로 파견하지 않는 한 이권 개발에 필요한 작업을 개시할 희망이 전혀 없다는 것이었다.[128]

이 같은 탐사작업을 촉진하기 위해서 위떼는 1902년 7월 18일 만주광산회사(Manchurian Mining Company)를 조직하여 러·청은행으로부터 이권들을 인수하기로 하였다. 동청철도회사에서 기사들을 빌려오거나, 새로 뽑은 기사들로 구성된 만주광산회사를 지주회사로 모든 이권에 대한 탐사작업을 수행하였다.[129] 이 같은 체제는 인력 면에서나 경비 면에서 상당한 절감효과를 가져왔다. 왜냐하면 이 회사의 이사위원회가 대부분 동청철도회사의 이사위원회나 러·청은행의 이사위원회, 또는 두 회사의 이사위원회 소속 인사들로 구성되었기 때문이다. 이들 가운데는 푸틸로프(A.I.Putilov), 로뜨슈테인(A.Iu.Rothstein), 다뷔도프(L.F. Davydov) 등과 같은 위떼와 오랜 친분이 있던 사람들이 포함되었다.[130] 작업을 신속하게 추진한 것은 아니었다. 러·청은행의 실질적인 자회사였던 만주광산회사는 1902년까지 1백만 루블의 제한된 운영자금을 보유하고 있었다. 회사는 몇몇 원정대의 자금을 지원했고, 몇 건의 매입선택권을 인수하였으며, 목단 지역의 채석장, 석탄광, 금광회사 하나씩을 운영하였다.[131]

팽창의 시기가 좋지 못했다. 만주에서 새로운 기업을 운영하기에는 자금이 충분하게 조달되지 못했던 것이다. 1902년 7월 5일에 있었던 러·청은행 주주총회에서는 추가로 375만 루블에 달하는 2만 주를 발행하기로 결정하였으나, 공개시장에서 주식 판매의 전망이 어둡게 되자 위떼는 재무성을 위해 전액을—이전에 발행했던 규모와 비교할 때 이 액수는 사실상 하찮은 액수이지만—인수하였다.[132] 점점 재원이 감소하자 위떼는 러시아 자본이나 러시아가 통제하는 자본만으로는 만주에서 성공할 수 있다는 전망을 할 수 없게 되었다. 러·청은행은 1902년 7월 영러탐사회사(Anglo-Russian Exploration Company)의 영국측 소유지분을 매입하였다. 이 회사는 산해관-우장철도 부근에서 겨우 수지를 맞추는 정도의 금광을 운영하고 있었다. 이 때문에 러·청은행이 회사 지분의 90퍼센트를 장악하고 있었으나 이것이 아무런 자산이 되지 못하리라는 점이 입증될 것이었다.[133] 그러는 동안 영국인, 미국인 기사들이 아·무르강의 만주 쪽 연안에 나타나 광산자원과 삼림자원을 조사하였다.[134] 상황은 더욱 불길했다. 러시아는 이 지역에 확고한 경제적 거점을 남기지 못한 채 만주에서 철군하고 있었다. 만주에서 앞으로의 러시아의 지위가 위협받고 있을 뿐만 아니라 이미 만주에서는 경쟁이 벌어지고 있었다. 이제 위떼는 장차 러시아가 개발할, 만주의 자원들을 보호할 어떠한 조치라도 기꺼이 받아들일 준비가 되어 있었다. 이 때 베조브라조프와 압록강 이권이 다시금 등장하였다.

동청철도와 러·청은행이 만주에서 러시아 민간기업에게 훨씬 더 유연한 자세를 보였던 1902년 여름, 갑자기 하나가 아닌 세 개의 압록강 이권이 등장하였다. 비록 동아시아개발회사는 1902년 2월에 짜르의 명령으로 해체되었지만, 짜르는 여전히 압록강과 두만강의 조선 쪽 연변의 삼림이권을 갖고 있었다. 그리고 명목상의 소유자였던 마띠우닌은—모처로부터—7만 5천 루블을 대부받아 만주에 있었다.[135] 마띠우닌은 당시 민간인이었고, 아마 이 이권을 단지 판매하려고 노력했을지도 모르나, 이 이권의 권리를 보유하기 위해서라도 매년 최소한의 개발작업을 해야만 했다. 그가 받은 대부금은 짜르에게서 받은 것이었는데, 이는 가만히 놓아두면 짜르의 개인금고에 전적으로 손실을 입힐지도 모를 이권을 처분하기 위해 제공된 자금이었다. 마띠우닌은 만주에서 활동하고 있는 두 사람의 또 다른 이권 프로모터들과 접촉하였다. 참모본부 육군 중령 마드리또프(A.S.Madritov)는 당시 알렉쎄프 제독의 참모에 배속되어 있었는데 그는 수상쩍은 방법으로 압록강 우안(만주 쪽)에서 삼림이권을 획득한 바 있다. 이 거래에 관한 거의 완벽한 보고서의 설명에 따르면, 1900년에 마드리또프는 목단 병기창을 점령한 러시아 군대를 지휘하였으며, 삼림이권을 위해 목단 총독에게서 징발한 총포류를 매매하였다.[136] 이 이권도 그가 획득한 다른 대부분의 이권들과 마찬가지로

제대로 규정된 것이 아니었고, 승인받지도 못했으며, 작업이 실행된 것
도 아니었다. 그러나 이 같은 "사소한 문제들"이 두려움을 모르던 프로
모터 마드리또프를 움츠리게 만들지는 못하였다. 그는 세 번째 이권의
보유자였던 르포프(P.A.Lvov)에게서 고무받았다.

르포프는 스스로도 시인하였듯이, 1899~1900년의 금융위기 중에 남
러시아의 한 산업체에서 1백만 루블의 손실을 입었다. 1900년에 그는
한몫잡아 부자가 될 양으로 만주로 왔다.[137] 그 자신의 설명에 따르면,
그는 몇몇 기업가들의 에이전트였고, 외무성으로부터도 자금을 지원받
았다.[138] 어쨌든 약 10만 7천 루블의 뇌물을 써서 그는 압록강 우안의 이
권들을 얻어냈다. 이 이권들 역시 승인받지 못했고, 명확하게 규정된 것
도 아니었으며, 1903년말까지도 작업이 이루어지지 않고 있었다. 그는
경비를 절감하고 경쟁을 피하기 위해 모든 이권을 하나의 회사로 통합
한다는 임기응변식 계획을 생각해 냈다. 그는 이러한 계획을 마드리또
프와 마띠우닌을 위시한 다른 여러 사람들에게 제의하였다.[139] 그렇지만
당시는 어떠한 이권도 그것을 뒷받침해 줄 회사를 갖고 있지 못했던 시
절이었다. 이 이권들은 알렉쎄프조차도 난색을 표명했듯이 여전히 서류
상의 계획들이었다.[140] 지역에서 양도받은 것을 승인하도록 도와준다는
표명은 북경에서도 없었고, 상트 페테르부르그로부터도 이 프로젝트를
재정지원하고 진흥시켜주겠다는 표명은 듣지 못했다. 이 계획이야말로
이제 위떼의 만주정책과 보조를 맞추게 되어 그 실현을 위해 자금이 제
공되기만을 기다리고 있었다. 여기서 우리는 진지하고도 효율적인 개발
이 이루어졌다면 압록강 삼림이권들이 성공하고 확장될 수도 있는 충
분한 기회를 갖고 있었다는 사실을 다시 한번 상기해야만 할 것이다.

르포프는 1902년 12월 병 때문에 상트 페테르부르그로 돌아왔지만
여전히 비공식적으로는 프로모터들을 대변하였다.[141] 같은 12월에 베조
브라조프는 짜르의 특사로 만주에 도착하였다. 베조브라조프는 분명히
만주의 "민간"기업들을 국고로 지원하겠다는 짜르의 은밀한 약속을 받
은 채 만주로 왔다. 이 같은 짜르의 지원 약속과 더불어, 베조브라조프

는 국고에서 대부금을 받은 후에 알렉쎄프의 태도를 바꿀 수 있었고, 압록강 이권 프로모터들도 격려할 수 있었다. 그리고 이권을 획득한 이래 처음으로 실질적인 개발이라는 기초 위에 압록강 이권계획을 출범시킬 수 있었다.[142] 이제 이해 관련자들의 모든 관심이 압록강 이권에 집중되었다. 위떼는 정부의 제한된 지원을 받는 민간기업가들이 차라리 러·청은행을 통해 만주에서 이권을 획득하기를 바랐다. 짜르는 그곳에서 러시아의 국위가 유지되고, 또한 자신이 갖고 있는 쓸모없는 이권이 유용한 회사로 전환되기를 바랐다. 베조브라조프는 지주회사를 설립하겠다는 자신의 계획을 다시 내놓았는데, 압록강 이권은 이 지주회사에서 반드시 필요한 부분이 될 것이었다. 르포프-마드리또프 그룹이 마띠우닌의(짜르의) 이권에 수반된 여러 이권들을 차지함으로써 압록강 이권은 위험한 경쟁에 휘말리지 않았다. 계획의 실질적인 추진은 베조브라조프가 우여곡절 끝에 상트 페테르부르그로 돌아올 때까지 기다려야 했다.

1902년 8월에 위떼는 만주에서 러시아 기업들의 역할에 대해 중대한 결정을 내려야 할 국면에 처했다. 아마도 짜르의 제안에 따라, 위떼는 만주를 개인적으로 방문하느라 두 달 동안 수도를 비웠다.[143] 동아시아 여행 중에 그는 오직 만주만 방문하였는데, 대부분을 하얼빈에서 보냈고, 대련과 여순에는 잠시 들렀을 뿐이었다. 10월에 귀국한 그는 짜르에게 장문의 보고서를 제출하였는데 이 보고서의 내용은 대부분 곧 공표되었다.[144]

러시아의 동아시아정책을 설명하는 위떼의 보고서에서 새롭게 제기된 것은 거의 없었다. 보고서는 동아시아에서 러시아의 위대한 역할에 대해 지나칠 정도로 상투적인 이야기를 담고 있었다. 보고서는 동아시아에서의 러시아의 위대한 역할, "유럽과 아시아 사이의 벽을 허무는" 시베리아횡단철도와 만주철도의 "세계적인 중요성"에 대한 과도한 상투어, 또는 이와 유사한 허황된 문구들로 가득 채워져 있었다. 후일 위떼가 주장했듯, 짜르가 이 보고서에 거의 관심을 기울이지 않았던 것은 놀라운 일이 아니다.[145] 위떼는 이 보고서에서 당시 동청철도나 만주정 책을 겨냥한 비난들을 모두 묵살하거나 용케 둘러댔다. 그러나 이 보고 서는 짜르에게 제출된 직후 간행되었기 때문에, 직접적이고도 광범위한 동아시아정책에 대한 러시아의 최종 견해를 보여주는 공식 자료로 자 리매김되었고, 우발적인 언급 이상의 가치가 담겨져 있다는 평가를 받 았다.

위떼는 만주철병이 필수적이라고 생각하였는데, 그것은 먼 훗날에라 도 러시아가 만주를 완전히 식민화할 수는 없을 것이라고 생각했기 때 문이다. 만주가 아닌 시베리아로의 우선적인 정착이 필요하다던가, 서 시베리아의 정착 성공이 만주에 대한 대규모의 이주 가능성을 배제시 킨다는 등, 위떼는 여러 가지 이유에서 만주의 식민화가 비현실적이며 불가능하다고 생각하였다.[146] 러시아의 만주철병협정은 문안 그대로 이 행되어야 했다. 만주에 러시아 군대가 주둔하는 것은 국제적인 문제를 일으킬 뿐만 아니라 러시아의 국위를 손상시키고 주민들을 소외시켰다. 위떼는 러시아의 지위를 치명적으로 손상시킨 몇 가지 실례를 들었다. 러시아 군대가 이용할 목적으로 대규모 공공건물이나 청국 민간상점을 점령하거나, 러시아가 통제하는 전신선을 이용하여 청국의 암호문 발송 을 거부하는 등의 예가 그것이다.[147] 그는 만주에서 러시아 철도가 여전 히 안전치 못하다는 점을 인정하였다. 아마 길림성에서만도 8천 명 내 지 9천 명에 이르는 대규모의 만주 비적떼(Khunhuzes)가 교외에서 여 전히 날뛰고 있었고, 청국 당국 혼자서는 이들에 성공적으로 대처할 수 없었다. 대다수 마적들은 1900년에 해산된 청국 정규병들이었고, 또 이 들 대부분은 러시아군 당국이 재무장을 면밀하게 통제하던 지방경찰들 보다 우수한 무기로 무장하고 있었다.[148] 그러나 위떼는 러시아 철도수 비대를 대단히 유능하게 여겼기 때문에, 자신이 제안한 대로 수비대를 2만 5천 명으로 증강하면 안전문제를 해결할 수 있을 것으로 생각하였 다. 그는 비적들을 상대로 소규모 작전을 몸소 지휘하여 "눈부신 승리" 를 거뒀다.[149]

위떼는 러시아가 만주에서 완전히 철수해야만 하는지에 대해 커다란 견해 차이가 있음을 인정했다. 그는 그러한 논쟁을 다음과 같은 언급으로 대충 넘어가 버렸다. 결국 필요한 경우에는 러시아가 즉각적으로 만주를 재점령할 수 있고 "정상적인 러시아 행정"[150]을 수립할 구실이 있다는 것이었다. 위떼에 따르면, 당시 가장 절박한 문제는 일본과의 관계였다. 일본과 전쟁을 치를 경우, 물론 러시아가 승리하겠지만 전쟁은 교전 양국에게 "무서운" 결과를 일으킬 것이라고 그는 생각하였다. 따라서 일본 또는 조선과 "타협"하는 것이 더 낫다고 그는 생각하였다.[151] 위떼의 보고서에는 일본에 대한 문제는 개략적으로만 언급되어 있다.

위떼는 만주 문제에 대해서는 아무런 해결책을 제시하지 않았지만, 그럼에도 해결책을 찾아야 할 필요성은 지적하였다. 이전의 모든 정책들은 좌절을 맛보았다. 청국정부는 러시아정부나 러·청은행과 만족스러운 단독협정을 체결하려 하지 않았다. 재무성의 대행기관들은 이권개발을 한다고 하더라도 만주의 경제적인 부를 러시아가 장악하도록 보장해 줄 수는 없었다. 러시아의 민간기업들은 공식적인 후원이 없는 이 지역을 기피하였다. 남아 있는 한 가지 방법은 식민화뿐이었다. 어찌되었건, 러시아 동아시아정책의 모든 문제는 수정될 준비를 갖추었다.

만주 문제 재고의 첫 단계는 황실과 일부 각료들이 여느 때처럼 겨울 휴가를 보내던 얄타(Yalta)에서의 1902년 11월 9일 회의에서 이루어졌다. 이 회의에는 재무상, 육군상, 외상, 내무상이 참석하였다. 각료들은 처음부터 장차 만주가 러시아에 속하거나 또는 더욱 굳건한 결속이 이루어지지 않는 한, 동청철도 연변을 따라 만주의 식민화를 이룰 가능성은 없다고 일축하였다. 각료들은 장래 러시아가 만주를 병합하거나 종속해야 한다는 데 만장일치로 동의하였다. 이로써 만주 문제가 전반적으로 재개되었다. 이 회의의 의사록에는 다음과 같이 기록되어 있다.

재무상의 견해에 따라 우리는 서두르지 않고, 사건들의 자연스런 과정을 강제하지 않으면서, 이 과정이 일련의 역사적 사건들 속에서 일어나도록 해야 한다.

　육군상은…… 우리가 만주 문제의 결정을 지연하면 할수록 이 결정을 이행하기가 점점 더 어려워질 것이라는 의견을 표명하였다.[152]

　이 회의는 어떤 정책에 대한 합의에 이르지는 못했지만, 회의록에서 사용된 용어가 모호한 것은 만주의 상황을 재검토해야 할 필요가 있음을 의미했다.

　이 문제에 대한 철저한 재조사는, 1903년 1월 24일 외무성에서 람스도르프가 주재한 예비회의에서 처음으로 이루어졌다. 우연이건 고의이건 간에 동아시아 주재 공사 세 명이 모두 상트 페테르부르그에 머물고 있었는데, 파블로프(A.I.Pavlov), 새로 임명된 로젠(R.R.Rosen), 레싸르(P.M.Lessar)로서,[153] 이들은 각각 조선, 일본, 청국 주재 공사였다. 각국 공사들이 모인 이 회의에서는 다음 사항을 만장일치로 합의하였다. 즉 1902년 4월 8일의 만주철병협정을 이행해야 한다는 점과, 또 이와는 거의 정면으로 모순되지만, 청국이 만주에서 러시아의 권익과 안전을 보장하겠다고 수락할 때까지 철병을 지연할 수 있다는 점이었다. 레싸르는 이 같은 보장의 조건을 목록으로 작성하면서, 두 범주—본질적인 것과 단지 기술적인 것—로 분류하였다.[154] 조선 문제는 분명 제기되지도 않았다.

　1903년 2월 7일에 소집된 특별회의는 전반적으로 동아시아정책을 재고한다는 논제를 채택하였다. 이 회의에는 각료들, 외교사절들과 외무성 전문가들이 참석하였다. 람스도르프가 회의를 주재하였고, 위떼, 쿠로파뜨킨, 티르또프 제독, 파블로프, 로젠, 레싸르, 오블렌스키 공, 그리고 외무성의 사무국장 등이 참석하였다.[155] 이 회의는 러시아의 동아시아정책을 결정할 수도 있는 최고위급 정책결정기구를 대변하였다. 회의의 주요 견해와 결정사항을 담고 있는 회의록에는 회의에 참석한 4명의 각료들과 오볼렌스끼 공의 서명이 들어 있다. 그리고 짜르의 승인을 받았기 때문에 이 회의록은 1903년 봄의 러시아의 기본적인 동아시아정책을 진술한 것으로 볼 수 있다.

회의에서는 우선 일본과의 관계를 논의하였다. 람스도르프는 지난 1902년 8월 4일에 일본이 상트 페테르부르그 주재 공사를 통해 새로운 협정을 맺자고 제의하였던 사실을 알렸다. 일본의 제의는 기존 러·일의 협정들을 폐기해야 하고, 러시아가 만주에서 탁월한 권익을 갖고 있음을 일본이 인정하는 대가로 일본이 조선에서 탁월한 권익을 가졌음을 러시아도 인정한다는 것을 토대로 하였다.[156] 회의록은 조선에 대한 일본의 조건이 무엇인지를 밝히고 있지는 않다. 람스도르프는 "조선이 장차 불가피하게 러시아의 국익에 대단히 중요할 것이라는 견지에서 볼 때"[157] 일본측 요구가 지나치다고 생각하였다. 이에 대해 위떼는 앞서 자신이 주장한 바 있던 "조선 중립화"론을 들고 나왔다. 쿠로파뜨킨은, 일본의 제안이 조선 영토를 군사적인 목적이나 전략적인 목적으로 이용하지 않겠다는 상호 의무를 제안한 것이라는 점에서, 위떼의 조선 중립화론을 다소 매몰찬 태도로 하찮게 보았다. 티르또프는 일본에 대한 어떠한 양보도 반대하였다. 기상상태로 말미암아 여순에서 훈련이 불가능할 경우, 러시아가 훈련 목적으로 마산포를 일시적인 해군기지로 이용하는 것에 일본이 제한을 두려 했기 때문이었다. 로젠은 조선의 영토를 획득하려는 시도가 반드시 전쟁을 유발할 것이므로 영토를 획득하려는 어떠한 시도에도 강력히 반대한다고 강하게 권고하면서도, 현상황에서 일본이 조선을 점령할 것 같지는 않다는 견해를 표명하였다. 결국 회의에서는 일본과 협정을 맺는 것이 바람직하고, 조선에 대한 명확하고도 선명한 정책을 수립하는 것이 가장 절실하게 필요하며, 아울러 모든 각료들과 각 공사관, 그리고 요원들이 완벽하게 행동을 통일해야 한다는 데 최종적으로 의견이 일치되었다. 더욱이 다음의 사항에도 합의하였다. 즉 만일 러시아가 8월 4일의 각서를 기초 삼아 일본이 교섭을 재개해 올 것을 기다린다면 교섭에서 최선의 결과를 얻게 되리라는 것이었다.[158]

만주 문제에 대해서는 토론 내내 현격한 견해 차이가 있었다. 회의의

주된 목적은 1월 24일에 이미 채택된 레싸르 계획의 보장 조건을 논의
하는 데 있었다. 만주에서 러시아 철도의 규정된 거리 내에서 청국인
이주자들의 토지매입을 금지하는 조항을 보장하는 문제를 논의하며, 위
떼는 이 조항을 청국에 대한 요구조건에 포함시키는 데 강력히 반대하
였다. 그 이유는 청국인들의 토지매입 금지를 강요할 수도 없고, 또 이
금지된 지역에서는 러시아 이주자들이 가까운 시일 안에는 정착할 수
없을 것이기 때문이었다.[159] 위떼는 이 문제를 신중하게 피해야 할 것이
라고 조언하였다. 왜냐하면 이 규정을 단지 언급하는 것만으로도, 청국
정부가 앞으로 있을 러시아의 식민화를 막기 위해 북만주와 몽고로의
이주조치를 취하도록 유도할 것이기 때문이었다. 전반적으로 레싸르는
위떼와 견해가 일치하여, 만주의 러시아 철도의 안전을 다루는 조치들
만이 필요하다고 생각하였다.

당시 쿠로파뜨킨이 제기한 의견들은 틀림없이 위떼의 구미에 맞지
않았을 것이다. 쿠로파뜨킨은 러시아의 만주철도 부설로 청국인의 북만
주 정착이 촉진되었다는 전혀 불필요한 주장을 하며, 조만간 연해주마
저도 대부분 청국령이 되지 않을까 두렵다고 언급하였다. 동청철도는
사실상 북만주 이주를 촉진시켜 이 지역의 개발을 도움으로써 청국의
이해를 증진시켰으며, 러시아의 동아시아속령들에 대한 방어를 더욱 어
렵게 만들어버렸다는 것이다. 쿠로파뜨킨은 제국의 방위야말로 자신의
임무 가운데 가장 중요하며, 제국의 방위문제를 담당하고 있는 육군상
으로서 자신은 만주를 러시아의 일부로 간주해야만 한다고 준엄하게
강조하였다.[160] 그에 따르면, 만주횡단철도의 완벽한 안전이야말로 자신
의 가장 중요한 관심사임에 틀림없으며, 그렇지 않으면 러시아는 아무
르강을 따라 동아시아령까지 철도를 부설해야 한다는 것이었다. 그리고
이를 1,200베르스트의 만주횡단노선과 비교하면 아무르강에 연한 철도
는 부설공사와 방어의 막중한 책무가 2,400베르스트 이상으로 확대된다
는 것이었다. 이에 대해 그는 북만주를 흡수하는 것 이외에는 다른 해
결책이 없다고 보았다. 그에 따르면 조선과 청 사이의 국경도시 훈춘—

훈춘을 포함하여—에서 노니(Nonni, 嫩)강과 송화강의 합류지역에 이
르는, 길림성의 기름진 지역과 흑룡강성의 모든 지역이 흡수대상이라는
것이었다. 이 같은 흡수는 직접적인 병합의 형태를 취하거나 또는 부하
라(Bukhara)에서와 같이 보호령을 수립하는 것이었다. 그럴 때만이 설
령 관동이 러시아에서 떨어져 나간다 하더라도 보급을 원활히 할 수 있
고, 포위공격을 18개월 동안 이겨낼 수 있기 때문에 남만주는 병합대상
에서 제외할 수 있다는 것이다.

쿠로파뜨킨은 당면 현안인 길림성 남부에서의 철병—1903년 4월 8일
까지 완료하기로 예정되어 있던—은, 겨울에는 병력이동이 불리하므로
연기해야 한다고 생각했다. 이 지역에서의 철병은 적어도 수개월은 지
연되어야만 했다. 북만주에서의 철병은 남만주철병의 결과에 달려 있었
다. 그러나 어찌 되었건 간에 러시아의 분견대들[161]은 철도를 따라 그대
로 남아있어야 했고, 아무르강과 우쑤리강의 청국 쪽 연변에 위치한 일
부 지역에 소규모 부대들이 주둔해야만 했는데, 쿠로파뜨킨은 러시아의
이 같은 보장조건들이 "지나치게 온건하다"고 생각하였다.[162]

람스도르프는 쿠로파뜨킨 장군과는 견해가 완전히 달랐다. 그 같은
정책은 불가피하게 청국과 일본의 적의를 불러일으킬 것인데, 이미 러
시아의 철병이 더디게 진행되고 있는 것에 그들이 불쾌해 하는 흔적이
역력하다는 것이었다. 그리고 이때 위떼는 부하라가 흡수 당시에 완전
히 고립되어 있었고 독립적이었기 때문에 부하라의 상황과 북만주의
상황을 비교할 수는 없다고 언급하면서 다소 야비하게 쿠로파뜨킨을
비난하였다. 레싸르 역시 점령기간을 일시적이라도 연장하는 것은 만주
전체를 점령하는 것과 마찬가지로 적의를 불러일으킬 것이라고 지적함
으로써 람스도르프-위떼의 반대 견해를 지지하였다. 레싸르는 또 철병
협정을 엄격하게 준수할 것을 권고하였다. 그렇지 않으면 보장조건에
관한 청국과의 교섭이 점점 더 어려워질 것이고, 만일 철병을 제 때에
하지 않다가 국제적인 항의의 소용돌이 속에서 나중에야 철병을 완료
하면, 그것은 마치 러시아가 만주에서 축출된 것처럼 비치게 되리라는

것이었다.[163]

회의에서는 만주 문제에 대해 의견의 일치를 보지 못한 듯하다. 그러나 사실상 기본적인 이견은 완전히 다른 문제에 있었다. 쿠로파뜨킨은 러시아 동아시아령을 방어해야 하는 임무를 맡고 있는 육군상으로서 발언하였고, 더욱이 1880년대부터 러시아의 군사전문가들이 주장했던 관심사인, 북만주로 청국인 이주가 진전되는 것이야말로 러시아의 지위를 위협하는 중대 위험이라고 생각하였다. 람스도르프와 위떼는 만주 문제를 급박하면서도 국제적인 차원에서 논의하면서 청국으로부터의 위협을, 아마도 피할 수 있을 것으로 보지는 않았지만 그렇다고 멀리 있는 문제라고도 생각하지 않았다.

청국에게서 보장조치를 받아내는 문제는 이견이 있을 수 없었다. 레싸르가 입안했던 조건들은 쿠로파뜨킨이 제안한 두 가지 조건과 함께 회의에서 모두 받아들여졌다. 그리고 이렇다 할 분규 없이 청국이 레싸르의 조건들을 수락할 경우에만, 쿠로파뜨킨의 조건을 청국에 제출할 것이었다. 쿠로파뜨킨의 바람에 따라, 군대이동에 더 좋은 기후상태가 될 때까지 2차 철병은 연기해야 한다고 결정하였다. 또한 러시아의 첫 세 조항이 수락될 때라는 조건 아래 영구항에서 철수하기로 결정하였다.[164]

후일 "7개 요구안"이라고 알려진 이 조항들의 정확한 내용은 공표되지는 않았으나, 몇몇 출간된 판본들의 그 대체적인 내용은 일치하고 있다.[165] 북경 주재 러시아 대리공사 플란슨(G.A.Planson)에게 전달된 최종적인 요구조건들은 다음과 같은 8개 항목을 포함하고 있다.

1. 러시아가 철병하는 지역은 할양, 조차, 또는 다른 어떠한 형태로도 여타 열강에게 양도해서는 안 된다.
2. 청국정부는 러시아정부의 동의 없이는 만주에 새로운 개항장을 설치하지 않는다.
3. 청국이 외국인을 행정 기관장으로 임명해야 하는 경우, 러시아의 권익이 우세한 북중국 지역의 업무는 청국의 행정기관이 담당할 수 없

으며 러시아인이 주도하는 특별기관이 관장하게 될 것이다.[166]

이 같은 조건들은 필수적인 것으로 간주되었고, 의화단사건 이전 상태로(*status quo ante*)의 회복 의도가 담긴 것이었다. 그렇다고 해서 청국해관 세무사인 하트 경(Sir Robert Hart)이 사임함에 따라 만주, 몽고, 신강의 세관행정을 러시아인이 주도할 것이라는 유보조건이 여기에 포함된 것도 아니다. 7개 요구안은 무리한 요구는 아니었다. 그러나 만주에서 어떠한 러시아의 독점도 계획하지 않았다는 1항에서는 주목할 만한 양보가 이루어졌다. 이 조항이 구체적으로 명시한 것은 "열강(powers)"이었지, "열강의 국민(subjects of foreign powers)"은 아니었다.

7개 요구안의 두 번째 그룹은 중요성이 덜하고 일시적인 성격에 불과한 몇몇 조치들을 담고 있다.

4. 만주 점령기간 동안 러시아가 획득한 모든 이권들은 철병 이후에도 인정된다. 이 밖에도 러시아는 철도부설지역에서 검역조치를 취할 권한을 갖는다.
5. 러시아는 북경-영구 사이에 전신선이 존재하는 한, 여순-영구-목단 사이의 전신선을 군사적인 목적으로 계속 보유한다.
6. 영구(營口)의 세관위원과 의사는 러시아인이어야만 한다. 그리고 영사들로 구성된 행정조직과 위생위원회는 계속 유지해야 한다.
7. 러시아 군대의 철수 이후에도 러·청은행 영구지점은 세관의 대행기관으로서 그 기능을 계속한다.
8. 몽고에 있는 기존의 행정 형태는 계속 유지한다.

분명히 몇몇 조항들—예를 들면 제4항—은 의도적으로 모호하게 내버려두었다. 이를 청국의 지역당국자들에게서 획득했지만 청국정부의 비준을 받지 못한 모든 이권에도 적용할 수 있을까? 분명히 교섭시에 몇 가지 축소될 것을 대비해, 예정해 놓은 러시아의 최대한의 요구조건

들을 개략적으로 묘사한 점을 제외하고는, 이 두 번째 그룹의 조항들이
나 쿠로파뜨킨의 두 가지 안전조치는 중요하지 않았다.

러시아정부는 이 같은 요구조건들을 제시하는 데 여느 때와는 달리
꾸물거렸다. 이 조건들은 2월 7일의 회의에서 승인받았고, 짜르도 이를
거의 즉각적으로 승인하였음에 틀림없다. 짜르가 1월 13일에 철병 중지
를 찬성한다고 표명한 바 있었기 때문이다.[167] 이렇게 승인된 요구조건
들은 플란슨에게 전달되었고, 플란슨은 자신의 수정본을 3월 26일에 본
국으로 회송했다. 람스도르프는 4월 15일에 최종적인 문안을 플란슨에
게 발송하였다. 이렇게 두 사람 사이에 문안(文案)이 오가던 중 몽고에
관한 제8항이 빠져버렸고, 플란슨은 4월 18일에 "7개 요구안"을 경친왕
(Prince Ching)에게 전달하였다.[168]

청국은 여느 때와는 달리 이례적으로 신속함을 보였다. 북경과 상트
페테르부르그 사이를 오가는 외교문서를 암호로 표기, 타전하여 이를
다시 해독하는 데 이틀밖에 걸리지 않았다. 이처럼 중요한 문제에 대한
청국의 답변이 거의 품위를 잃고 무례할 정도로 황급히 급송된 것이다.
청국정부는 그 같은 제안에 대한 국제적인 반응을 기다리지 않아도 되
었다. 러시아의 어떤 요구에도 반대하는 것은, 이미 열강의 대부분으로
부터 전반적인 지원을 기대할 수 있었기 때문이다. 따라서 "7개 요구
안"을 전달받은 지 나흘밖에 안된 4월 22일에 상트 페테르부르그 주재
청국 대사는 자국 정부의 단호한 답변—만주철병을 완료하기 전까지는
어떤 조항도 논의하기를 명백히 거부한다는—을 전달하였다.[169] 이는 러
시아측 만주 문제 해결방안에 대한 청국의 네 번째 거부이자 가장 노골
적인 거부였다.

러시아는 냉혹하리만치 집요하게 만주 문제의 유리한 해결방안을 모
색하였지만, 국제적 지원의 강력한 버팀목으로 보강된 청국의 완고한
벽에 부딪히고 말았다. 러시아에게는 이제 두 가지 대안밖에 남지 않았
다. (1) 철병협정에 따라 만주에서 철수하고, 러시아에게 명백히 적대적
인 정치적 상황을 극복하는 것이다. 러시아로 하여금 보장 조항이 없이

도 철병협정을 그대로 준수케 하는데 청국이 승리를 거두었기 때문에, 아마도 그 같은 정치적 상황은 훨씬 더 러시아에게 적대적인 것으로 발전할 수 있었다. 아니면 (2) 쿠로파뜨킨이 2월 7일의 회의에서 제시했던 방향으로 전환하는 것이다. 즉 철병을 중단함으로써 앞으로 있을 기회를 기다리고, 그 같은 조치에 대한 국제적 경고를 무시해 버리는 것이다. 유일한 위험은 일본에서 비롯될 것이므로, 조선에 관해 일본과 거래를 해야 할지도 모르기 때문이었다.

동시에 러시아는 7개 요구안의 제1항이 시사하는 태도—만주는 현실적으로 청국인이 통치하며 문호개방주의에 따라야 한다는—를 채택함으로써 열강의 적대를 누그러뜨릴 수도 있었다. 그러는 동안 러시아의 만주점령은 계속되고 있었다. 1903년 4월 26일에 열렸던 또 다른 특별회의에서, 람스도르프와 위떼는 자신들의 반대의사를 철회하고 북만주를 계속 점령한다는 데 동의하였다.[170] 로마노프(B.A.Romanov)는 1947년에 출간한 저서에서 이를 "뉴코스(new course)"(항상 겹따옴표를 붙여서)라고 묘사하였다.[171] 뉴코스정책이 1900년에 만주를 점령한 이래로 청국에게 퍼부었던 러시아의 정치적 압력에 변화가 생겼음을 의미하는 것은 아니다. 그러나 이제는 모든 각료들이 이 정책을 스스럼없이 받아들였다는 점에서 분명 새로운 것이었다. 러시아는 철병협정을 지키지 않았고, 사태의 진전을 "예의주시(wait and see)"하였다. 이제 주된 관심사는 일본과의 불화를 피하는 데 있었다.

제9장 개전으로 가는 길

　1902년 12월 베조브라조프는 그 어느 때보다도 짜르의 총애를 받고 있었다. 통상 그래 왔듯 짜르가 리바디아에서 동계휴가를 보내는 동안, 베조브라조프도 같이 머물러 있었다. 그 무렵에 동아시아에서 돌아온 위떼는 짜르에게 모호하고도 불만스러운 보고를 올렸다. 베조브라조프의 충직함과 명료한 화술에 감동한 짜르는 따분한 시간들을 잊기 위해서라도 그의 말에 귀를 기울이려 하였다. 베조브라조프가 충직하다는 데는 의심의 여지가 없었다. 그가 2년 동안 서시베리아 총독의 특별위원으로 봉직한 것은, 여러 가지 경제적 사업의 진흥 및 점검과 관련한 특별한 임무에 필요한 경험을 쌓게 해주었다.[1] 동아시아에 대한 그의 관심 역시 확고하였다. 그러므로 짜르는 그를 "권위자"로 간주하였고, 위떼의 보고에 불만을 품은 짜르는 베조브라조프를 동아시아에 파견하기로 결정하였던 것 같다. 이는 동아시아의 상황을 조사하여, 자국의 지위를 유지하는 데 필요한 조치가 무엇인지, 점령으로 그것이 유지될 수 있다면 어느 쪽이 유리할 지를 보고케 하려는 것이었다.

　상트 페테르부르그를 떠나기에 앞서 베조브라조프는 12월 중순에 쿠로파뜨킨을 접견하였다. 이 접견은 "모르는 것이 없는" 베조브라조프의 몇 가지 특징들을 여실히 드러내주었다. 리바디아에서 종종 나누었던 대화에 대해 이야기하면서 베조브라조프는 "나와 황제"라든가 "나와 위떼, 람스도르프"라는 말을 시작으로 대화를 열곤 하였다. 쿠로파뜨킨

의 표현에 따르면, 베조브라조프의 다소 초점이 분명치 않은 이 대화는
"모든 것이 혼란스럽다. 어느 누구도 아무것도 이해하지 못하고 있다.
오직 베조브라조프만이 러시아의 문제를 구제하려 하고 있다"[2]는 말로
요약할 수 있다.

1. 러시아의 "뉴코스"정책과 위떼의 실각

베조브라조프가 짜르에게 사전에 이해를 구했을 것이 확실하지만,
황제는 동아시아에서의 몇몇 보고서가 그에게 확신을 안겨준 뒤에야
모든 것을 결정하였다. 어쨌든 1903년 2월 1일에 위떼는 짜르로부터 다
음과 같은 훈령의 각서를 받았다. "러·청은행 여순지점에 알렉산드르
미하일로비치 베조브라조프의 명의로 200만 루블의 신용대부 구좌를
개설하도록 전문을 보내시오. 베조브라조프는 아마 그 금액 전부를 이
용하려 하지는 않겠지만 이 대부는 그가 맡은 임무의 비중과 취지를 살
리는 데 필요할 것이오."[3] 이것이 비록 러·청은행을 통해 동아시아 이
권을 확고히 증진하려는 자신의 정책이나 소망과 모순되는 것이라 하
더라도, 위떼로서는 거부할 수 없는 훈령이었다. 이 훈령은 또한 위떼가
1903년 1월 8일의 시베리아위원회의 한 회의 중에 표명한 견해와도 상
충되는 것이었다. 이 회의에서 그는 러시아가 처한 재정적 위기 때문에
가능한 최대한도로 경제 긴축정책을 펼 것을 촉구한 바 있다.[4]
동아시아에서의 그의 활동을 통해 베조브라조프가 맡은 임무의 진정
한 성격이 과연 무엇이었는지 추정해 볼 수 있다. 그의 임무는 러시아
의 국위를 그 자신이 적합하다고 판단하는 정도 만큼 증진하는 데 있었
다. 구두 언질을 통해서든 자금을 통해서든 그가 고무한 다양한 이권들
과, 그가 자신의 임무를 조심스럽게 수행한 것이 이 같은 사실을 입증
해 주고 있다. 몇몇 보고서의 세부적인 내용은 아직 명확히 밝혀지지
않았지만 동아시아에서 돌아온 그가 짜르에게 제출한 보고서에는 다음

과 같은 사실들이 언급되었다. 베조브라조프가 목단에 있는 한 병원을
확장하는 데 4만 루불을 지출하였음. 베조브라조프는 동아시아에서 발
행되고 있는 영국 저널들의 반(反)러시아적인 선전을 상쇄시키기 위해,
여순의 국수주의 신문인 〈새 고장〉(Novyi Krai)에 3만 5천 루블을 주
어 영문으로 된 신문이나 저널을 발행케 하였음.[5] 베조브라조프는 러시
아 민영채탄소 몇 곳과 무순(撫順, Fushun)의 청국 채탄소들을 통합하
기 위한 계획을 세웠음. 이렇게 함으로써 그는 러시아가 일본산 석탄을
수입하지 않고 대련에서 동아시아의 다른 지역으로 석탄을 수출할 수
있도록 탄광을 개발하려 하였다. 그는 러시아 농민의 정착지를 마련하
기 위해 무순 근방에 250평방 베르스트의 토지구입 계획에 착수하였다.
그는 목단에 전력발전소를 설립하고 그곳에 전차선로를 부설하기 위해
목단 총독과 교섭을 개시하였다.[6] 그는 또한 여순에서 압록강 입구까지
를 연결하는 요하(遼河)항행회사의 설립을 계획하였다.[7]

　이러한 것들은 모두 동시에 추진되었으며 압록강 이권에 관한 베조
브라조프의 활동과 관련되어 있었다. 압록강 이권이 베조브라조프의 주
된 관심사였다고 믿어야 할 이유는 없다. 그러나 이는 더 큰 규모의 프
로젝트들 가운데서도 가장 많은 진전이 이루어진 이권이었고 또 역사
적으로도 가장 중요한 것이었다. 동아시아에서 돌아오자마자 베조브라
조프는 짜르의 압록강 이권이 서류상 르포프와 마드리또프의 만주은행
이권으로 합병되었고 아직도 재가를 받지 못하고 있다는 사실을 알게
되었다. 마띠우닌과 르포프는 당시 상트 페테르부르그에 있었고, 마드
리또프 대령은 육군에 복무중이었으며, 만주은행으로의 합병은 긴스부
르그(G.G.Ginsburg) 남작의 주도 아래 이루어졌다. 당시 긴스부르그 남
작은 유대계 프로모터이자 투기업자, "사무가(man of affairs)", 그리고
러·청은행장이자 러시아 태평양함대의 주 계약자였다.[8] 이들 그룹은 공
존할 수가 없었다. 마띠우닌과 이 그룹의 몇몇 인사들이 압록강 이권을
일본에게 팔아버리려 하였지만 르포프는 이들을 제지한 것 같다. 단 한
푼도 쓰지 않았던 마드리또프는 우장에 있는 영국 상사(商社)인 부시회

사(Bush and Company)에 자신의 몫을 팔기를 원했지만 르포프의 설득으로 단념하였다. 압록강 이권 계약의 조건을 충족시키기 위해 법이 규정한 연례적인 삭감 조치를 제외하고는 아무런 조치도 가해지지 않았다. 이에 자금조달이 불가능해진 긴스부르그는 자신이 명목상으로나마 합병을 통제하는 1개월 반 사이에 7만 루블을 자비로 지출하였던 것 같다.[9] 실제로 가동된 회사는 없었다. 유일하게 운영된 조직이 설립된 것은, 목단성 남동부 구역인 봉황성(鳳凰城, Fenghwangcheng)의 부총독(daotai)과 르포프가 임시협정을 체결할 무렵이었다. 1902년 12월 28일에 맺은 이 협정은 부총독이 서명하였으나, 1903년에도 북경의 청국 외무성에서 그것은 아마도 채 인준도 되지 않은 다른 협정들과 함께 그대로 방치되었던 것 같다.[10]

동아시아에 파견된 베조브라조프가 압록강 이권문제를 처리하게 되었을 때, 그는 자연히 르포프의 프로젝트를 접수하였다. 무엇보다도 이 프로젝트가 주요 참가자 및 고용인들의 봉급과 명단까지도 명시한 철저하고도 상세한 계획이었기 때문이다. 러·청목재 주식회사를 설립하기 위해 이처럼 절반은 인가된 이 프로젝트는 면밀히 검토되어야 했다. 왜냐하면 이 회사가 조선이나 만주와 같은 후진국형의 전형적인 이권업체임을 입증해주게 될 뿐 아니라, 이 회사를 약간만 변화시킨다면 베조브라조프가 출범시킬 압록강 이권의 중추가 될 것이기 때문이었다.

사문화된 동아시아개발회사(East Asiatic Development Company) 계획에서 베조브라조프가 본뜬 르포프의 이 프로젝트와 아이디어는, 이권 소유자들과 회사 설립자들을 위해 설립자 소유주식의 대부분을 비축하되, 회사 재정은 공채 모집을 통해 확보할 예정이었다. 후원자를 확보하고 고위층과의 연계를 모색한다는 아이디어 역시 르포프가 세운 계획이었다. 후진지역에서의 대부분의 이권들처럼,[11] 르포프 협약은 무장수비대의 배치, 그리고 회사설립에 조력할 청국의 지방 및 조정 관료들에게 제공할 슬며시 위장된 뇌물에 관해 규정하였다. 이러한 모든 조치는 프로젝트들에 관한 재정계획 27조에서 볼 수 있는데,[12] 여기서는 르포프의 텍스트를 인용, 요약하였다.

〔재정계획 (단위 : 루블)〕

간부의 연봉
의장 : 목단 총독 24.000
부의장 : 목단군 사령관 15,000
사장 : 아바자 제독(상선대 부국장) 30,000
부사장 : 마띠우닌 국무고문 20,000
총감독 : 르포프 18,000
러·청은행을 대표하는 감독 1인 및
긴스부르그와 회사를 대표하는 감독 1인 16,000

기타지출
목재회사 감독 : 스키젤스키(Skidelskii) 9,000
동방 뉴스(*Izvestia Vostochnago Kraia*) 편집장 15,000

삼림수비대
지휘관(예비역 대령)[13] 9,000
청국인 보좌 3,000
청국인 180명(월급 15루블) 32,400
러시아인 60명(월급 30루블) 21,600
신문 발간 40,000

르포프 협약(Lvov Agreement)의 조문에는 설립자 소유주식에서 발생하는 예상 수익까지도 모두 규정되어 있다. 따라서 이는 인준을 촉진시키는 설립취지서이기도 하였다. 위의 재정계획에는 회사설립에 조력한 대가로 보상을 받을 각 인물들 이름의 머릿글자들이 기록되어 있다. 총 15만 루블의 현금을 청국인 "조력자" 5명에게 지불하고 12만 루블을

3명의 러시아인 회사 설립자에게 지급하기로 하였다. 설립취지서에 따르면 목단 총독에게는 연봉 2만 4천 루블, 설립자 소유의 400주로부터의 수익 1만 루블, 그리고 6천 루블의 "보너스"를 약속하였다. 다른 사람들의 예상 수입도 언급되고 있다.[14]

베조브라조프는 이 회사를 맡자마자 약간의 변화를 시도하였다. 그는 즉각 긴스부르그를 축출하고,[15] 마띠우닌이 르포프에게 약속했던 1/3의 주식을 무효화하고 회사에서 르포프의 지위를 무시해 버렸다.[16] 그리고 "삼림수비대 지휘관"에 마드리또프 대령을 임명하였다.[17] 분명히 베조브라조프는 르포프 대신 자신이 이 회사의 총감독이 되고자 하였다. 그는 압록강 입구에 위치할 제재소 건설공사에 자신의 가용자금 18만 루블을 할당하고,[18] 가까운 장래에 대규모의 첫 원정대를 파견할 계획에 착수하였다. 그러나 그는 곧 반대에 부딪쳤다.

실제로 베조브라조프는 몇 가지 불리한 여건과 제약 속에서 활동하고 있었다. 조선과 남만주에서의 러시아의 철수를 주창하던 알렉쎄프는 처음에는 그의 계획에 반대하였다. 당시 해군국 국장이던 티르또프(P.P.Tyrtov) 제독은 임종을 맞고 있었다. 자신이 해군국 국장직을 계승할 수 있기를 희망한 알렉쎄프 제독이 베조브라조프의 진흥계획에 그렇게 관심이 많지 않았던 점은 이해할 만하다.[19] 베조브라조프는 상트페테르부르그에 있는 사촌 아바자(A.M.Abaza)를 통해 자신의 행동들을 짜르에게 보고하였다. 아바자가 3월 16일경 베조브라조프에게 보낸 전문에 따르면, 짜르의 특별승인 없이는 베조브라조프는 자신의 사업을 위해 30만 루블 이상은 쓸 수 없었다.[20] 그리하여 베조브라조프는 동아시아에서 돌아오자마자 30만 루블에 대해서도 설명해야 했다. 같은 전문에서 아바자는 짜르가 베조브라조프의 원정계획을 "원칙상" 승인했다고 언급하였다. 그러나 이것이 짜르가 압록강 이권계획의 본질적인 성격을 결정적으로 지원한 것이라고는 볼 수 없다. 더욱이 이 회사의 업무를 관장할 등록된 회사도 아직 설립되지 않은 상태였다.

만주에서의 사업들이나 심지어 압록강 프로젝트에 관한 베조브라조

프의 활동을 제국주의적 기업들이 으레 그런 점을 감안하여 일상적이
면서 적절하며 자연스러운 것이라고 생각할 수 있을지도 모른다. 그러
나 그렇다고 해서 그의 개인적 행위마저 그와 같은 관점으로 생각할 수
는 없다. 이 이권은 그의 성격의 주된 면을 보여주고 있다. 베조브라조
프는 거들먹거리는 태도로 행동하였다. 그는 신문사들과의 인터뷰에서
국수주의적인 생각을 표명하였다. 그는 대규모 전략, 해군 전술, 동아시
아와 서아시아에서의 러시아의 임무에 대해, 그리고 그의 의심할 나위
없이 적극적이고 기민한 정신으로 매진하고 있는 모든 문제에 대해 고
압적이고 훈시하는 듯한 태도로 말하였다.[21] 그는 참모들이 동승한 특
별 차량으로 여행하였고, 언제 어디서나 짜르의 공식적인 후원 아래 자
신이 행동하고 있다는 생각이 들도록 만들었다.[22] 이런 식으로 그는 동
아시아 체류 기간이 막바지에 이를 무렵에 알렉쎄프로부터 완벽한 협
력을 얻어냈다.[23]

베조브라조프의 첫 원정은 기발한 착상이었지만 당시 상황에서는
"통상적"인 일이었다. 육군은 매년 5년의 복무기간을 마친 다수의 병사
들을 제대시키고 있었다. 이들은 오랫동안 가족과 떨어진 채 복무하면
서, 기본적이면서도 다양한 여러 가지 반(半)숙련 기술을 습득하고 있
었다. 그럼으로써 이들은 러시아 경제의 다양한 일자리에 유용한 노동
력을 형성하였다. 이들은 신규 경찰, 삼림수비대, 십장으로 이상적이었
고 특히 비농업 노동력으로는 적임이었다. 1900년 이래 만주와 관동 조
차지의 대규모 수비대에서 제대한 인원을 포함하면 분명히 매년 수천
명에 달하는 제대병들이 있었다. 이들은 압록강 국경 지역의 열악한 상
황에서조차도 좋은 보수를 받을 희망으로 기꺼이 일하려 하였고, 필요
하다면 무기를 다룰 수 있도록 훈련받았다. 무기 또한 즉각적으로 구입
이 가능했다. 청국과 조선의 오지나, 세계의 여타 후진지역들에서 외국
인들이 무기를 휴대하는 것은 당시에는 너무나 "일상적인" 일이었다.
따라서 베조브라조프의 계획은 자신의 노동 작업장에 이들(갱단이나
부대원)을 충원할 것을 고려했다. 확실히 이들은 기술적으로 예비병들

이었지만, 그러한 용어가 곧 이들이 병역 복무중임을 의미하는 것은 아니었다. 이들은 단지 제대병들이거나 복무기간이 만료된 후 공식적인 제대명령과 이동을 기다리는 병사들이었다.

그러나 작업장을 조직하면서 베조브라조프는 자신의 예의 솔직한 성격대로 인원을 300명에서 600명으로 증원할 의향을 아바자에게 타전하였다. 그리하여 3월 14일에 아바자가 쿠로파뜨킨으로 하여금 이러한 조치의 승인을 짜르에게 진언, 요청케 만든 것은 분명히 성공작이었다. 작업장(artel)의 구성 문제에서, 아바자나 베조브라조프의 허술한 용어 사용으로 야기된 오해가 한 가지 있다. 쿠로파뜨킨은 이 작업장이 현역 군인들로 구성되리라는 인상을 받았으며, 300명의 군인들조차도 하위 계급에서 충원한 사실을 전혀 알지 못했다고 언급하였다.[24] 이 문제를 명백히 밝히기 위해서는 짜르, 람스도르프, 조선 주재 공사 파블로프 및 여순의 알렉쎄프와 이를 논의할 필요가 있었다. 회의 결과 베조브라조프는 하위 계급 제대병들을 동원하도록 허용받았고, 알렉쎄프는 현역 군인은 절대로 참여시키지 말라는 명령을 받았다. 동시에 짜르와 쿠로파뜨킨은—작업장 요원들이 "사적인" 용도로 이용할 수 있도록—여순의 병참 창고에서 라이플 소총을 지급하는 것을 허용한다는 데 동의하였다.[25]

"사적인" 용도[26]란 자신의 목적을 달성키 위해 만주의 비적떼(Khunh-uzes)를 이용하려는 베조브라조프의 계획을 지칭한 것 같다—이 계획은 이 주제에 관해 현재 인용 근거가 되고 있는 첫 번째 문서보다 앞선 자신의 보고서를 통해 짜르에게 언급한 바 있다. 1903년 3월초에는 아직 "뉴코스"가 결정되지 않았다. 압록강에서 가장 가까운 수비대가 자리잡고 있는 봉황성(鳳凰城, Fengwhangcheng)에서 러시아 수비대는 철병협정에 따라 철수할 계획이었다. 그 같은 사태를 예견하고 있던 베조브라조프는 비적들을 고용하는 "일상적이며" 제국주의적으로 용인된 수단을 채택하였다. 이는 다른 비적떼들로부터 이권 작업을 보호하기 위해, 흔히 있을 수 있는 행동이었다. 이전에 대개 의화단이나 청국 병사들이었던 비적들은 여전히 만주 3성에서 활약하고 있었다.[27] 그러므로 베조브라조프의 계획은 불가피하고 당연하며 실질적인 것이었다. 아마도 "사적인" 용도로 라이플 소총을 지급받을 수 있다고 언급한 것은, 베조브라조프가 자신의 돈으로 비적들을 무장시키지 않는다는 것을 의미하였다. 3월 17일에 있었던 쿠로파뜨킨과의 접견 중에 짜르가 "베조브라조프는 '지나치게 열성적'이며, 짐은 이미 그를 소환하기로 결정하였다"[28]고 언급한 것은 이 같은 가정에 힘을 실어주고 있다.

그러나 짜르는 베조브라조프를 즉각 소환하지는 않았다. 상트 페테르부르그에서 쿠로파뜨킨은 3월말경, 알렉쎄프가 300명의 제대병을 베조브라조프에게 제공할 의도가 없어 단지 40명만을 인가하였는데, 베조브라조프가 이를 거절하였다는 사실을 알게 되었다. 아바자는 베조브라조프가 회사 보호 차원에서 비적들을 고용하였기 때문에, 현재는 제대병력이 없어도 문제가 없을 것이라고 쿠로파뜨킨에게 주지시켰다. 아마도 짜르가 베조브라조프를 소환하기로 한 결정은 자신의 특사(베조브라조프)가 "지나치게 열성적"인 돌출행동으로 문제를 계속 일으키고 있다는 사실에서 상당부분 영향을 받았을 것이다. 베조브라조프는 짜르에게 "상황 평가서"를 타전 보고하였다. 보고서 제출을 요청받지는 않았지만, 베조브라조프는 보고서에서 조선 국경에서의 병력 전개, 통신망, 작전기지들, 그리고 전략적인 선발대의 필요성 등에 대한 자신의 견해를 상술하였다. 베조브라조프의 이 "보고서"를 쿠로파뜨킨은 자신의 일기에서 "형편없는 넌센스"라고 낙인찍었다. 그리고 통제 불가능한 베조브라조프가 그 같은 아이디어를 제출하였을 때, 그것은 위험천만한 것이 될 수밖에 없다[29]고 기록하였다.

짜르는 베조브라조프의 상황보고를 받은 직후인 3월 22일경에 그를 소환하였다. 4월 2일에 여순을 출발한 베조브라조프는 도중에 하얼빈에서 잠시 머물며 동청철도의 주요 엔지니어들과 회의를 했다. 여기서도 그는 재차 자신의 공식적인 자격의 범주를 넘고 말았다.[30] 유고비치(Iugovich)는 베조브라조프의 장황한 이야기를 다음과 같은 내용으로 위떼에게 요약 보고하였다.

베조브라조프는 만주가 어떻게 해서든지 우리 것이 되어야만 하고, 어떤 식으로든 청국인들은 상대할 만한 가치가 없다고 인식하고 있다. 만주에서 우리가 상당히 강력한 힘을 행사하고 있다는 점을 알고 있는 베조브라조프는, 권리를 온당하게 존중하는 데 기초하여 합법적인 관계의 재건을 목표하는 것은 쓸모가 없으며 불필요하다고 생각하고 있다. 반면에 그는 우리의 무장한, 우월한 군대를 현실화하는 것에 토대를 둔 요구안들을 계속 주장하는 것만이 유일하게 온당한 체계라고 생각하고 있다. 그 자신의 말에 따르면, 베조브라조프는 러시아 수비대의 지원을 받아 이들 지역에 만연한 비적 지도자들과 연계되기를 바라고 있다. 그리고 만일 압록강 유역의 삼림자원의 성공적인 개발을 실현하는 데 청국의 지방 관료들이 반대한다면, 그들에게 영향력을 행사하고 행동을 취하는 데 비적들과의 연계를 이용할 수 있기를 그는 바라고 있다. 베조브라조프는 국제적인 상업회사 개설을 반대하기 위해 의문의 여지가 많은 비적들의 힘에 의지하고 있다.[31]

물론 짜르에게 제출한 공식 보고서에는 이 같은 베조브라조프의 견해는 들어 있지 않았다. 그것은 상식과 비상식의 혼합물이었다.[32] 분명히 그의 보고서는 짜르가 전부 읽기를 원하지 않아 베조브라조프에게 그것을 축약하도록 명했을 정도로 장문이었다. 그러나 요약보고에서도 그는 별 관계도 없고 대수롭지도 않은 문제들에 관한 자신의 평소 발언과 두서 없는 견해를 자제할 수 없었다. 그는 자신이 "출범시킨" 회사들을 열거하고, 자신이 임명한 발라셰프(I.P.Balashev)[33]와 논의한 뒤에, 대단히 일반적이면서도 아주 기본적인 용어로 터키 해협, 마케도니아 문제, 독일 정책, 영국 정책 등에 관한 자신의 견해를 밝혔다. 그는 또한 상당히 길게, 그러나 다소 모호하게 동아시아에서 자국이 성공하기 어려운 원인을 이야기하면서, 정책 대행기관들 사이의 합의 부족, 올바른 정보의 결여, 상황에 대한 적절한 평가 부족 등이 그 원인이라고 언급하였다. 그러나 원래의 완전한 보고서는 더 실질적이고 구체적인 정보들을 담고 있었을지도 모른다.[34]

베조브라조프의 귀환을 기다릴 것도 없이—아마도 그가 개입하는 것을 사전에 막기 위해서라도—압록강 이권문제는 1903년 4월 8일의 또 다른 특별회의의 의제로 채택되었다. 이 회의는 압록강 이권과 아울러 대(對)일본과의 관계에서 이 이권의 역할을 논의하기 위해 특별히 소집되었다. 이 회의는 "7개 요구안"을 청국정부에 제출하기 전, 그리고 지속적인 북만주 점령에 대한 공개적인 반대를 피하기 위해 일본과의 유화를 상정한 "뉴코스"정책을 채택하기 전에 열린 것이다. 따라서 이 회의의 결정사항은 대외적 분규를 전혀 예상할 수 없었던 조용한 시기에 이루어진 것이다.

회의에는 최고위급이 참석하였다. 압록강 프로젝트, 특히 베조브라조프의 계획의 일부를 심사하라는 짜르의 명령을 받은 각료들은 아바자 제독이 특별히 준비한 메모에서 제시한 이 계획들을 논의하였다. 알렉세이 알렉산드로비치 대공(해군국의 명목상 총수인), 위떼, 쿠로파뜨킨, 람스도르프, 플레베 등이 회의에 참석하였다. 아바자는 분명 개회를 알리는 각서를 낭독한 후 토론에는 참여하지 않았다.[35]

무엇보다도 우선 위떼, 쿠로파뜨킨, 람스도르프 "3인방(triumvirate)"은 베조브라조프의 계획—조선 북부에 대한 일본의 경제적·군사적 침투에 맞서, 압록강 이권과 제대병으로 구성된 작업장을 전략상 방어용으로 사용하려는—을 완벽하게 분쇄해 버렸다.[36] 쿠로파뜨킨은 비록 그 같은 경계선이나 방벽을 구축할 수는 있다 하더라도 거기엔 아무런 전략적 중요성도 없을 것이라고 언급하였다. 쿠로파뜨킨은 그 이권이 약간의 기능을 할 것이라는 점은 부정하지 않았다. 이보다 앞선 1902년 12월에 그는 아바자, 베조브라조프, 그리고 짜르에게 이 이권을 유지하기는 하되 그리 큰 비중을 두지 않음으로써, 러시아가 조선 북부에 러시아인이나 일본인들 모두 침투하지도 않고 마찰을 초래하지도 않을 "중립지대"를 가질 수 있다는 견해를 밝힌 바 있다. 당시에 쿠로파뜨킨은 이를 "고약한 심술(dog in the manger)" 정책(한반도 북부를 일본에게 내어줄 수는 없고 그렇다고 드러내놓고 차지할 수도 없으므로 이 지역을 아무도 차지할 수 없는 중립지대로 만들어야 한다는 러시아의 전략을 이솝우화로 빗댄 것 - 역자)이라고 이름 붙였다. 짜르는 1902년 12월 30일에 있었던 쿠로파뜨킨과의 대담에서 "압록강 이권 사업이 우리에게 어떠한 분규도 가져와서는 안 된다"[37]며 한반도 북부의 중립지대에 관한 견해에 찬성의사를 밝혔다. 이 점에 대한 알렉세이 알렉산드로비치 대공과 플레베의 견해는 기록되어 있지 않다.[38] 만장일치로 결의한 사항은, 비록 이권을 개발하는 회사가 정부로부터 어느 정도의 지원을 필요로 한다고 해도, 그 성격은 순수하게 상업적인 것이어야만 한다는 것이었다.[39]

조선과 만주, 그리고 회사의 지원 성격에 대해서 더욱 명확하게 정의된 러시아의 정책은, 별 다른 의견 대립 없이 결정된 회의의 내용으로 추론할 수 있다. 회의에서는 다음 사항을 결의하였다.

1. 외무성은 이권의 합법적인 권리들을 조사하고 그것을 확인한다.
2. 외무성은 청국정부로부터 압록강의 만주 쪽 기슭에 대해 (압록강 이권과)유사한 권리를 획득해야 한다.
3. 이 두 이권은 하나의 러시아 회사로 통합되어야 한다.[40]

이 세 가지 조항은 실제로는 틀에 박힌 조치였다. 그러므로 제1항과 제2항에 대해 합법적으로 관심을 가진 러시아인들이 외무성의 재외공관에서 복무하는 것은 자연스러운 일이었다. 그리고 제3항은 판에 박힌 국내적인 문제였다.

4. 기업에 외국자본(미국, 프랑스, 벨기에)의 유치를 인가한다.
5. 국고지원을 인가하되 제한된 규모로 한정한다.

이 조치들은, 위떼가 막대한 여러 이권들과 100만 루블의 간접적인 소규모 정부보조금으로 만주광산회사(Manchurian Mining Company)

를 설립했던 때인 1902년 중반에 채택한 정책과 일치하는 것이었다. 민간자본을 만주 벌판으로 유치하는 데 실패하자, 위떼는 1903년 1월과 2월에 외국자본—아마도 당시 본리알리알스키가 앞장서서 유치하려 했던—을 끌어들여 본리알리알스키에게 이권들의 일부 개발을 맡아달라고 제안하였다.[41] 회의에서 위떼는 제4항과 제5항을 즉각 받아들였다. 계속해서 결의된 내용을 서술하면 다음과 같다.

   6. 회사의 활동 범위는 압록강 유역으로 국한한다.
   7. 관동 조차지의 사령관에게 [조선 및 만주]의 두 이권에 대한 행정권을 부여한다.[42]

제7항은 쿠로파뜨킨이 제안하였는데 위떼는 틀림없이 이를 좋아하지 않았을 것이다. 그러나 위떼는 이에 항의하지 않았다. 쿠로파뜨킨은 이전에도 위떼의 중앙집권적인 사고를 우회적으로 반대하였던 적이 있으므로,[43] 제7항은 따라서 쿠로파뜨킨의 반중앙집권적인 사고를 일부 반영하였다. 그런데 이는 당시까지도 관동사령관 알렉쎄프의 지지를 받고 있던, 앞서 이야기한 베조브라조프의 계획과 우연하게도 일치하는 것이었다.

지금까지 개략적으로 설명한 이 계획은 매우 독특한 것이었다. 이는 짜르의 소망과 전적으로 일치하며, 짜르는 확정되지 않은 제6항만을 제외하고 4월 18일에 이를 승인하였다.[44] 그 날은 러시아의 "7개 요구안"이 경친왕(Prince Ching)에게 제시되고, 그 즉시 거부된 날이다. 4월 18일을 전후하여 불굴의 베조브라조프는 자신의 원기왕성한 개성으로 또다시 짜르를 움직이기 위해 동아시아에서 돌아왔다. 이제 상황은 변하였다. 청국의 7개 요구안 거부가 러시아로 하여금 "뉴코스"를 채택하도록 만들었고, 또 만주에 관한 계획 가운데 일부가 실현 불가능하게 되었기 때문이다. 상황을 자세히 알아보기 위해 쿠로파뜨킨을 동아시아에 파견했으며, 그에게는 "베조브라조프의 행동이 남긴 자국을 지우라"[45]

는 짜르의 훈령이 내려졌다. 전반적으로 이 계획은 당시까지의 용인된 정책을 대표하였다. 쿠로파뜨킨은 이 계획을 알렉쩨프와 상세히 논의하기 위해 4월 8일자 특별회의의 의사록 사본을 휴대한 채 동아시아로 떠났다.[46]

쿠로파뜨킨은 4월 28일에 출발하였고, 베조브라조프의 웅변과 설득은 다시금 짜르에게 영향력을 발휘하였다. 짜르는 자신에게 마지막으로 말했던 사람의 견해를 수용해 버리고 마는 익히 알려진 단점을 지니고 있었다. 당시 위떼의 영향력은 이미 기울고 있었다. 그 원인은 부분적으로는 위떼의 경제정책의 명백한 결점 때문이었고, 한편으론 해를 더해감에 따라 짜르가 자신감을 점점 더 갖기 시작하면서 위떼의 강력한 지위를 불쾌하게 생각하였기 때문이다. "3인방" 가운데 과묵한 인물인 람스도르프는 거의 영향력을 발휘하지 못하고 있었다. 책임있는 각료 가운데서 가장 강력한 존재였던 쿠로파뜨킨이 동아시아 파견되고 없었기 때문에, 베조브라조프는 짜르에게 영향력을 행사할 수 있는 좋은 기회를 잡게 되었다.

5월 15일에는 베조브라조프의 영향력을 증대시키는 데 중요한 역할을 했거나 또는 그 영향력을 입증할 수 있는 두 가지 사건이 일어났다. 첫 번째 사건은, 짜르가 베조브라조프를 관료 서열상의 직위인 국무고문(state secretary)에 임명한 일이다.[47] 이 시기의 러시아사를 연구하는 학자들 거의 모두가 이 조치를 편애의 표시, "막후 외교"의 승리, 그리고 베조브라조프의 견해에 대한 짜르의 수락 등으로 해석하고 있다. 그러나 이러한 해석에는 의문의 여지가 있다. 우선 첫째로 국무고문이라는 타이틀은 관료 서열이지 공식 직위를 지칭하는 것은 아니다.[48] 국무고문직은 국무위원회(State Council)의 특정 부서 및 여러 각료직에 있는 사람들 가운데 많은 사람—아마도 수십 명은 되는—이 차지하고 있었다. 역사가들은 베조브라조프가 공식 직위를 부여받은 것이 1903년 6월 13일 이전의 언젠가 산업·과학·통상 국장이던 국무고문 포끄로프스키(Pokrovskii)를 보조하는 국무위원회에서였다는 사실을 완전히 무시하고 있다.[49] 따라서 5월 15일의 인사조치는 베조브라조프를 국무위원회에 임명한 이후 그의 직위에 상응하는 서열을 주려는 것이었거나, 그를 유자격자로 만들기 위해 임명에 앞서 같은 직위에 있는 그의 동료들과 서열을 동등하게 만들어주기 위한 것이었다. 베조브라조프의 과거 경력과 순전히 동아시아의 경제문제에 대한 그의 철저한 견해들을 감안하면, 그가 이 같은 직위나 서열에 부적격한 인물이라고 여길만한 이유는 없다. 5월 15일의 인사는 따라서 일상적인 일로 간주해야만 하며, 베조브라조프가 그날 국무고문에 임명된 것이 결코 극적인 승진은 아니었다. 그러나 이 인사조치는 짜르와 베조브라조프가 여러 가지 문제에서 견해가 일치되었음을 명백하게 입증해 주었는데, 이는 편애의 표현이 아니라 베조브라조프가 짜르에게 받았던 총애의 흔적으로 생각할 수 있다.

두 번째 사건은, 짜르가 알렉쎄프에게 급송공문을 보낸 것이다. 로마노프(B.A.Romanov)의 주장에 따르면, 짜르가 각료들에게 알리지 않은 채 이를 보냈다는 것이다.[50] 전문은 명령의 형태를 취하고 있다.[51] 전문은 알렉쎄프에게 지시하기를 (1) "만주의 러시아 기업가들의 폭넓은 활동을 지원하라⋯⋯ 특히 군사적·정치적으로 중요하다고 여겨지는 지역에서의 활동을 지원하라" (2) "최단시간 안에 그리고 필요한 경비를 걱정하지 말고, 동아시아의 군사적 준비태세를 우리의 정치·경제적 목표와 균형을 이룰 수 있도록 갖추게 하라. 그렇게 함으로써 만주에서의 독점적인 영향력에 대한 우리의 권리를 방호하는 것이 우리의 결정사항이라는 점을 모든 사람들에게 명백하게 입증하라"는 것이었다. 그렇지만 이러한 명령 뒤에는 "1902년 4월 8일의 철병협정을 준수하겠다는 우리의 최종적인 결정과 관련지어"라는 문구가 뒤따랐다. 이는 알렉쎄프를 진퇴양난에 빠지게 하였을 것임에 틀림없다. 사실상 짜르가(어쩌면 베조브라조프가) 이러한 내용을 전문으로 썼을 때는 다소 혼란스러웠을 것이다. 이 전문이 만주에서 철병하리라는 결정을 나타내고는 있지만, 그럼에도 철병이라는 개념과는 거리가 먼 활동을 권고하고 있기 때문이다. 십중팔구 이 전문을 보낸 의도는 세계만방에, 특히 동아시아에서의 가상 적국들에게 대담한 태도를 보이고, 또 철병을 단행하기 전에 만주에 주둔하고 있는 러시아 군대의 위용을 최대한으로 활용하는데 있었다. 이러한 해석은 1903년 2월 7일의 특별회의에서 구상하고 같은 해 4월에 채택한 바 있는 뉴코스와도 부합한다.

짜르가 혼란스러워 한 것은 베조브라조프의 끈질김 때문이라기보다는 압록강 이권계획을 출범시킬 다음의 조치와 더 많은 관련이 있을 것이다. 5월 20일에 짜르는 동아시아 문제와 압록강 이권사업을 논의할 또 다른 특별회의를 소집하였다. 짜르는 이 회의에서 한마디도 발언하지 않았다.[52] 짜르가 참석한 이례적인 회의였으나 회의록도 남아 있지 않다. 회의 중에 표출된 심각한 견해 차이 때문에, 참석자들은 베조브라조프에게 각자의 견해를 서면에 담아 보내기로 결정하였는데, 그러면 베조브라조프는 이 견해들을 요약하도록 되어 있었다.[53] 따라서 회의에서 논의된 이야기들은 베조브라조프의 표현으로 회의록에 기재되었다. 참석자들에게 보낸 회의록에서 그들은 자신들의 견해를 상당부분 변경하고 수정하였으며, 베조브라조프는 변경과 수정이 가해진 내용들을 회의록에 뒤섞지 않고 각주의 형태로 회의록에 첨부했다.[54] 이로써 회의록은 베조브라조프의 서명만 들어간 채 짜르에게 제출되었다.

그러므로 5월 20일 회의의 전모와 그 관계자료의 신빙성에 대해서는 논란이 일고 있다. 그러나 회의 참석자들이, 만주를 러시아의 정치적·경제적 세력범위에 포함시키는 것은 "바람직지만", 당시의 상황에서 압록강 이권과 동등한 이권을 만주에서 얻어낸다는 것은 불가능하다고 결정하였음은 분명한 사실인 것 같다. 5월 20일의 특별회의는 4월 8일자 회의에서 결정한 제4항과 제5항을 수용하였다. 압록강 사업이—제 6항을 약간 확대하여—단지 삼림자원에만 국한되어서는 안 되며, 알렉쎄프의 역할도 압록강 유역의 작업장 이외에 다른 회사들도 감독하는 것으로 확대되었다.[55] 요컨대 이는 동아시아개발회사의 본질적인 성격을 복구하려는 데 대한 공식적인 재가였다.

6월 13일에 동아시아의 러시아목재회사(Russian Timber Company)를 상트 페테르부르그에서 법적으로 설립하였다. 이 회사는 주식회사가 아닌 개인회사로서, 주식과 이윤은 사적인 합의에 따라 배당받기로 하였다. 이 회사의 목표는 그 설립 강령에서도 언급된 것처럼, "만주·조선·연해주 지역에서 모든 종류의 삼림이권, 광물자원, 수산업, 모피무역사업, 항해, 무역, 그리고 여러 형태의 다른 상공업 회사들을 개발하는 것"[56]이었다. 따라서 이는 근대적인 "발전"을 의미하는 지주회사가 될 것이었다. 회사 명부에 등재된 사람들 가운데 일부는 잘 알려져 있는 인물들이다. 이그나쩨프(A.P.Ignatiev) 백작, 궁정사령관 헤세(P.D.Hesse) 장군, 의전장관 젠드리코프(V.A.Gendrikov) 백작, 해군 소장 아바자(A.M.Abaza), 유수포프 공(Prince F.F.Iusupov), 본리알리알스키(V.M.Vonliarliarskii), 마띠우닌(N.G.Matiunin), 기병대 연대장 대리 세레브랴꼬프 대령(Colonel M.A.Serebrakov) 등이 바로 그들이다. 옛 동아시아 개발회사와의 관계도 뚜렷하게 감지되었다. 옛 회사가 부활한 것이다. 발라셰프(I.P.Balashev)가 동아시아 주재 감독으로 임명되었고, 아바자와 본리알리알스키가 상트 페테르부르그 주재 감독들로 임명되었다. 베조브라조프의 이름은 어디에도 보이지 않았다.[57] 그럼에도 베조브라조프는 이 회사를 만든 그룹의 이익을 위해 계속 활약하였고, 1903년 6월 초에는 무순 채탄소를 공동으로 개발하기 위해 위떼를 설득, 만주광산회사(Manchurian Mining Company)와 베조브라조프 자신이 3월에 조직한 그룹의 이해(利害)를 통합하는 데 성공하였다.[58]

베조브라조프는 오늘날의 "조정자(coordinator)"와 유사한 자격으로 활동하였다. 그는 상트 페테르부르그에 있는 투자 그룹의 이해(利害)와 동아시아 이권에서의 실제적인 작업을 통합시켰다. 따라서 그는 짜르의 견해와 알렉쎄프, 쿠로파뜨킨, 보가크, 동아시아 주재 외교관들의 견해를 "조율하라"는 짜르의 명령에 따라 6월 16일에 다시금 동아시아로 파견되었다.[59] 이것이 1903년 7월 1일부터 10일까지 16회에 걸쳐 열린 소위 여순회의의 목적이었다.

베조브라조프가 여순에 도착하기도 전에 아바자는 "오는 중인" 그에게 다음과 같은 훈령을 전문으로 발송하였다.

황제는 이미 일본의 완전한 조선 소유를 허락하기로 분명히 결정한 바 있다는 사실을 명심하라고 당신에게 훈령하고 있는데, 아마도 그 경계는 북쪽으로는 두만강 그리고 서쪽으로는 우리의 압록강 이권의 경계에까지 이를지도 모르네. 일본이 소유하게 될 조선 영토의 더욱 정확한 경계 설정은 앞으로의 문제이고 러시아에게 달려 있는 문제여야 하네. 우리가 양보한다는 인상을 주지 않도록, 러시아 본토에서 트랜스바이칼 지역으로 파견할 2개 여단 병력이 트랜스바이칼 지역에 도착하기 전에는, 이 같은 허용조치를 일본에게 전달하지 않을 걸세. 황제는 조선 문제를 일본에게 양보함으로써 우리가 일본과의 충돌위험에서 벗어날 것이라고 믿고 있네.[60]

베조브라조프는 이 훈령을 알렉쎄프에게 전하도록 명령받았고, 알렉쎄프는 그 내용을 다시 레싸르, 파블로프 및 로젠에게 알리게 되어 있었다.[61] 그러나 베조브라조프는 명령과는 달리, 자신의 주도 아래, 이 훈령을 알렉쎄프에게 전하지 않기로 결정하였다. 외무성은 러·일전쟁이 발발한 이후에도 그 같은 훈령이 있었는지조차 몰랐다.[62] 이 훈령으로는 베조브라조프가 여러 차례의 여순회의에서 늘상 주장한 자신의 견해의 선전행위를 막지 못했다. 뿐만 아니라, 그가 정치적·전략적인 목적을 위해 조선의 북부지역의 중요성을 강조하는 서신과 전문을 짜르와 아바자에게 계속 보내 강압하거나, 여순의 신문 특파원들에게 그가 이 같은 견해들을 표현하는 행위 또한 막지 못했다.[63]

여순회의에 대한 기록은 당시 러시아가 전개한 동아시아정책의 철저함과 신중함을 설명해 주고 있다.[64] 16회에 걸친 주요 회의 이외에도 여순에서는 위원회와 소위원회의 모임들이 있었다. 많은 이해 당사자들과 러시아 기관원 대표들이 각자의 견해를 토의에 부치도록 소집되었다.

보고를 하고 견해를 밝힌 사람들은 다음과 같다. 유고비치(Iugovich), 동청철도 기사장보(輔) 이그나찌우스(S.V. Ignatsius), 철도수비대 사령관 호바트(D.L. Horvat), 포코띨로프, 발라셰프, 마드리또프 등이다. 이 들이 밝힌 견해와 토론 내용은 일련의 "회의록"에 기록되어 상트 페테르부르그로 이송되었다.

여순회의는 러시아의 정책 방향을 결정할 권한이 없었기 때문에, 결정은 고위층이 할 것이었지만, 회의 참석자들은 상트 페테르부르그에서 최종 승인할 제안의 형태로 자유롭게 결론을 내리도록 되어 있었다. 베조브라조프는 자신의 서열 덕분에 짜르의 바람을 구두로 회의장에 전달할 수 있는 권한을 갖고 있었다.[65] 그러나 짜르가 직접적으로든 아바자를 통해서든 알렉쎄프에게 자주 서신을 보내왔다는 사실을 알게 되면서, 베조브라조프는 자신의 권한 행사를 자제하였다. 그렇기 때문에 베조브라조프의 사적인 여러 계획에 대한 알렉쎄프의 태도는 짜르의 그것과 동일한 것으로 볼 수 있다.

일반적으로 여순회의는 1903년 2월 7일에 상트 페테르부르그에서 열렸던 회의에서 수립하고 그 후속 회의에서 확대된 정책들을 따랐다. 쿠로파뜨킨은 총 17개에 달하는 새로운 대(對)청국 요구안 목록을 제출하였다. 이 같은 요구안들은 사실상의 북만주 합병을 의미하는 것이었지만 레싸르와 알렉쎄프가 반대함에 따라 그 수치(數值)나 가혹함의 정도가 상당히 완화되었다.[66] 여순회의는 압록강회사가 "순수히 상업성"만을 띠어야 한다는 결론을 내렸다. 여순회의의 회기 중에, 마드리또프에게 압록강 이권 작업에서 철수하여 군으로 복귀하라는 명령이 내려졌다. 베조브라조프 계획의 모든 침략적인 의도는 완전히 물거품이 되었다. 만주의 어떤 회사에도 자금을 지원하지 않으며, 청국으로부터 최소한의 보장을 받아낸 후 철병협정을―설사 지연된다 할 지라도―이행한다는 결정을 내린 것이다.[67]

베조브라조프는 상트 페테르부르그로 돌아오자마자 여순회의의 결정사항이 자신의 생각과 일치하지 않는다고 언급한 장문의 각서를 짜

르에게 제출하였다. 그러나 짜르는 그의 진부한 견해에 냉담했다. 짜르
는 베조브라조프의 "수박 겉 핥기식 해박함"[68]에 마침내 싫증이 났거나,
베조브라조프가 국무에 개입하고 사무관들의 권한을 침해하고 있다는
보고에 자극받았을지도 모른다. 아마도 짜르는 국무고문의 모든 활동을
종식시키기로 결심한 듯하다.[69] 짜르가 베조브라조프의 보고서를 읽으
려 했는지조차도 의문의 여지가 있다. 왜냐하면 쿠로파뜨킨은 8월 6일
자로 동아시아에서의 자국의 군사적 상황에 대한 장문의 보고서를 제
출하였는데, 이 보고서에는 베조브라조프가 여순회의에서 제출한 "전
략적" 메모가 첨부되어 있었기 때문이다.[70] 쿠로파뜨킨은 조선에서 전
략적인 방벽 혹은 "완충지대"를 만든다는 베조브라조프의 생각을 타파
할 비평안을 제시하였다. 쿠로파뜨킨은 철병협정을 공공연히 파기하지
는 않으면서도 북만주를 완충지대로 계속 점령해야만 한다는 "소수의
견해"를 강조하였다.[71] 짜르는 쿠로파뜨킨과 몇 번에 걸쳐 장시간 이 각
서를 읽고 논의하였다.[72]

러시아의 동아시아정책을 공식화하는 데 영향력 있는 인물로서, 베
조브라조프의 역할은 이 같은 마지막 노력과 함께 끝나버렸다. 짜르는
이제 더는 그의 조언을 구하지 않았고, 러시아목재회사에서조차도 베조
브라조프는 중요한 존재가 아니었다. 물론 그는 아직도 정부 관료였고
여전히 그가 적극적─사실 너무 지나치게 적극적인─이라는 사실은 분
명했다. 그러나 그가 짜르의 "총애"에서 멀어진 것은 확실하였다. 8월
14일에 짜르는 쿠로파뜨킨으로부터 여순에서 있었던 베조브라조프의
행위를 보고받고는 놀라움을 금치 못하였다. 짜르는 베조브라조프가 육
군성의 서류들을 열람하지 못하도록 조치를 취해야 한다는 쿠로파뜨킨
의 주청을 윤허하였다.[73]

1903년 9월 1일에 쿠로파뜨킨은 짜르와 몇몇 중요 문제들에 대해 장
시간 대담하며,[74] "흉금을 터놓은" 분위기에서 베조브라조프 문제를 끄
집어냈다. 다음에 서술할 대담 내용은 베조브라조프의 운명 및 그의 역
할에 관한 당시의 평가를 보여주는 것으로 흥미롭다. 십중팔구 이는 정

확한 것이다. 쿠로파뜨킨은 일기에서 다음과 같이 밝히고 있다

> 나는…… 베조브라조프가 전적으로 쓸모없다고 생각치는 않는다는
> 사실을 황제에게 지적하였다. 짜르는 "맞아!"라며 "그는 우리들을 상
> 당히 깨우쳐 주었지"라고 덧붙였다. 이어 짜르는 다음과 같이 덧붙였
> 다. "2년 전 베조브라조프가 동아시아에서 우리가 잘못된 노선을 취했
> 다고 말했을 때, 짐은 유쾌히 이를 경청했다고 그대는 생각지 않는가?
> 짐은 그의 말이 옳다는 것을 알았지. 물론 그가 모든 각료들과 모든 것
> 과 모든 사람들을 비판하고 있는 것은 옳지 않아. 특히 무책임하게 어
> 떤 한 사람을 비판하기는 쉽지." 이에 대해 나는 베조브라조프가 광적
> 으로 도취되어 있다고 말하였다. 이제 황제에게 그의 쓸모는 사라졌
> 다…… 그는 사람들과 상황에 유착된 겨자씨 연고와도 같은 사람이었
> 다. 그러나 이제는 확실한 치료를 해야 할 필요가 있었다. 목적은 달성
> 되었다. 그 수명을 다한 겨자씨 연고를 그대로 참고 있듯이, 이제 우리
> 는 베조브라조프에 대해서도 그대로 참고 견뎌야 한다고 말했다. 짜르
> 는 명랑하게 웃으며 내 말을 가로막으면서, "짐도 알아. 우리는 그를
> 내쫓아야 돼"라고 말하였다. 나는 "그렇습니다. 폐하! 이제는 그를 창
> 밖으로 버릴 때입니다. 폐하, 연고를 지나치게 오래 붙이고 있으면 낫
> 기는커녕 오히려 해악을 유발하며, 물집이 생길 것입니다. 이와 마찬가
> 지로 베조브라조프를 그대로 둘 수는 없습니다"라고 말하였다.[75]

이렇게 하여, 공연한 소란을 피울 것도 없이, 베조브라조프는 "내던
져졌다." 8~9월에 베조브라조프는 상트 페테르부르그에 있었고, 당시
더 많은 자금을 얻기 위해—소용없게도—그에게 호소하고 있던 발라셰
프와 서신을 나누었다.[76] 10월 이후 그는 1년 넘게 해외에 머물렀다. 그
가 여전히 러시아목재회사 문제에 관심을 갖고 있었기 때문이기도 하
지만, 이따금 짜르에게 "3인방"을 맹렬히 비난하는[77] 서신을 보내기도
하였다. 동아시아 문제에서 그의 역할이 끝난 것은 분명했다.

베조브라조프의 이 이후의 이야기도 흥미롭다. 1904년말에 귀국한

그는 "전쟁에 혁명적인 역할을 할" 새로운 형태의 탄피 개발에 열성적으로 관여하였다.[78] 이로부터 나온 것은 아무것도 없었다. 1905년 혁명 이후 그는 몇 번인가 기소되었고, 제2차 두마(Duma)에 진출하려고 하였으나 더는 정부와 인연이 없었다.[79] 그는 1917년 11월혁명 이후 외국으로 망명하였고, 망명 중 빠리에서 1931년에 사망하였다.[80] 죽을 때까지도 그는 자신이 전성기에 견지하던 견해를 신뢰하고 있었음이 분명하다. 자신에 대한 비판이 빗발치는 데도 불구하고, 또 그와 "베조브라조프 도당(Bezobrazov gang)"이 러·일전쟁에 책임이 있다는 만연된 비난에도 불구하고, 그는 인쇄물을 통해 자신을 변호하려는 노력은 하지 않았다. 러시아 동아시아정책에 관한 역사서술에 그가 학문적으로 기여한 것은 (빠리) 〈통신원〉(Le Correspondent) 지에 수록된 한편의 논문인데, 이는 주로 자신의 진부한 견해들을 반복한 것이다.[81]

여기서 덧붙여야 할 사실은, 공평하게 말하자면, 그의 활동, 특히 그의 재정 지출에 대한 조사가 곧 베조브라조프에게 죄를 물으려는 것은 아니었다는 점이다. 1904년, 재무상이던 코코프초프(V.N. Kokovtsev) 백작은 "짜르도 인지하고 있던 목적을 위해서" 베조브라조프에게 지급한 자금을 개인적으로 조사하였으나, 형사상 베조브라조프가 연루되어 있다는 증거는 찾을 수 없었다.[82] 베조브라조프의 주적(主敵)이자, 1904년 이후 베조브라조프가 행한 사업들의 재무회계를 조사했던 위떼조차도 자신의 회고록을 집필할 당시(1915년)에, 베조브라조프를 "정직한 인물"이라고 생각하였다는 사실을 기억해야만 한다. 베조브라조프의 활동에 죄를 씌우는 서술이 러시아 공문서에서 이루어졌음은 의문의 여지가 없다. 이 문서들을 출간한 소비에트 중앙문서위원회(Soviet Central Archive Commission)는, 〈붉은 문서〉(Krasnyi Arkhiv)에서 나타나는 바와 같이, 그 같은 속셈이 훤히 들여다보이는 문서들을 발간하기 위해 베조브라조프 일파에 관한 장서들을 애써 모아놓았다.[83]

이로써 "베조브라조프 일파"는 끝장이 났다. 실제로 이 그룹은 결코 베조브라조프파도 아니었고, 하나의 그룹이나 도당도 아니었다. 기껏해야 이는 짜르, 알렉쎄프, 알렉산드르 미하일로비치 대공과 같은 영향력, 권력, 그리고 부를 갖고 있던 소위 "그룹"과 베조브라조프의 우발적이고 사사로운 접촉에 의한 일시적인 모임이었다. 그 영향력은 지속적이고 터무니없는 것이었지만 때로는 성공적이었다. 베조브라조프나 그의 "일파"에 속한 일부 사람들이 짜르에게 자신들이 계획한 노선을 따르는 것이 바람직함을 설득하자마자 그들의 정책은 패배를 맞게 되었다. 그리고 베조브라조프는 자신의 권력이 정상에 오른 순간에 "창 밖으로 내던져졌다". 그러나 그의 단명한 영향력은 이후 1903년 8월에 짜르가 취한 두 가지 행동—동아시아 총독부의 설치와 위떼의 해임—에 어느 정도의 역할은 하였을 것이다.

일본정부가 러시아와 교섭을 개시한 날인 1903년 8월 12일, 짜르는 동아시아 총독부(Viceroyalty of the Far East)의 설립 칙령에 서명하였다. 이는 이론적으로는 총독 알렉쎄프의 지휘 아래 바이칼호 동부지역의 러시아속령들의 군사·경제·외교 문제들을 모두 통합하는 것이었다.[84] 이는 전례 없는 일은 아니었다. 이전에 코카써스 총독부를 설치한 적이 있었고, 코카써스 총독부는 만족스럽게 기능을 다해왔다. 그러나 동아시아 총독부의 설립은 시기적으로 적절치 못하였다. 동아시아 총독부는 이후에 전개된 일본과의 교섭에 대단한 장애물이 되었기 때문이다. 세부적인 사항들이 결정되지 않았고, 지휘계통, 외교창구 및 기타 정부의 채널은, 이 허구적인 창안물을 없애게 만든 러·일전쟁이 발발할 때까지도 혼란스러운 상태였다.[85] 짜르는 동아시아 총독부와 더불어 동아시아문제 특별위원회(Special Committee for Far Eastern Affairs)를 설립하였는데, 이는 동아시아 총독부의 활동을 감독하기 위한 것이었다.[86] 이 위원회는 짜르를 의장으로, 플레베를 부의장으로, 그리고 육군상·재무상·외상을 위원으로 하였다. 위원회는 아바자(A.M.Abaza)를 공식적인 "리포터"이자 사무관장으로, 마띠우닌(N.G.Matiunin)을 사무관장보로 하고 영구적인 서기관 또는 사무관 1명을 두기로 하였다. 다른 요원들은 필요한 경우 임명하기로 하였다. 이는 서류상의 조직이었을 뿐인데, 이 같은 조직이 문제를 더욱 복잡하게 만들었다. 이제까지 알려진 바에 따르면 이 위원회는 결코 열린 적이 없다.[87] 문제의 순서를 정하기 위한 조정은 그 뒤 수개월간 되풀이되거나 무시되었다. 위원회는 사건들의 정상적인 경로를 지체시킬 뿐이었고, 분명히 아바자와 마띠우닌이 속해 있던 베조브라조프 "그룹"에 대해 점점 더 나쁜 평판을 불러일으켰다. 아바자는 분명 중요한 위치에 있었지만 그의 개인적인 영향력은 무시해도 좋을 정도였음이 밝혀졌다.

새 행정계획은 이론상으로는 취약한 것이 아니었다. 최고의 통수권은 예전에 이를 장악했던 사람들—짜르와 각료들—이 여전히 쥐고 있었다. 이는 동아시아 기관들의 통합 요구를 충족시키는 것이었다. 이는 1903년 2월 7일자 특별회의에서 제안된 바 있으며, 짜르가 알렉쎄프에게 보낸 5월 15일자 서신에서도 암시되었다. 그리고 1903년 7월 여순에서 쿠로파뜨킨과 알렉쎄프도 은밀하고도 구체적으로 이 계획을 논의한 바 있다.[88] 동아시아에 설립될 이 새로운 조직은 짜르, 플레베, 그리고 알렉쎄이 알렉산드로비치 대공이 그 조항을 공표하기 며칠 전에야 불완전하지만 공식적인 형태의 틀을 갖추었다.[89] 그럼에도 불구하고 〈정부 메신저〉(*Pravitel'stivennyi Vestinik*) 지의 8월 13일자에 그 설립을 공표한 것은 다수의 각료들, 특히 이 같은 계획을 전혀 알지 못했던 위떼와, 이 기구가 동아시아에 관한 군사문제들을 자신의 관할에서 제외시키리라고는 믿지 않았던 쿠로파뜨킨조차도 충격을 받았다.[90] 화가 난 쿠로파뜨킨은 8월 15일에 즉각 사임할 뜻을 비쳤지만, 짜르는 그를 달래어 진정시켰다. 9월 1일 쿠로파뜨킨과 짜르의 대담에서 관할권의 혼란 문제가 다시금 제기되었다. 이즈음에는 짜르조차도 동아시아 총독부의 창설에 의구심을 가졌다. 쿠로파뜨킨은 일기에서 다음과 같이 기록하였다.

"황제가 말하기를…… 그 문제를 상당히 많이 숙고하였으며, 때때로 동아시아 총독부를 설치하는 문제를 잘못 결정하지 않았나 생각한다는 것이다. 그러나 무엇을 할 수 있겠는가? 이제 어찌되었든 그 문제는 결정되었고, 우리는 이 모든 것을 참작해야만 한다"[91]

새 계획으로 말미암은 불필요한 지연은 거의 즉각적으로 뚜렷한 해악을 가져왔다. 8월 14일 위떼, 람스도르프, 쿠로파뜨낀 3인은 연합회의에 참석하였고, 베조브라조프도 이 회의에 초청되었지만 그는 모호한 구실을 내세우며 불참하였다.[92] 이 회의는 여순회의의 결정사항을 논의하기 위해 소집된 두 번째 회의였다. 회의는 궁극적으로는 북만주에서도 철병한다는, 먼저 번 회의들의 결정을 재확인한 것이었다. 회의에서는 여순회의에서 정했던 대청국 요구안 10개조를 5개조로 축소했다. 이는 1901년 1월 이래 다섯 번째 대청(對淸) 요구안의 축소였는데, 회의록에는 단지 이전 요구안들의 흔적만 남아 있다.[93] 짜르는 회의 후 9일이 지난 뒤에도 아직 회의록을 읽지 않았다고 말하였다.[94] 물론 짜르는 바빴겠지만 그는 당시까지도 자신이 무엇을 해야만 할지를 여전히 결정하지 못하고 있었음이 분명하다. 8월 12일의 칙령으로 선포한 것처럼, 회의록을 동아시아 총독에게 보내야 하는가? 아니면 회의록을 외무성에 보내어 북경 주재 공사 레싸르에게 전달해야 하는가? 어느 것이든, 회의에 참석했던 각료들이나 새로 임명된 동아시아 총독이 무시당하는 결과가 될 것이다. 따라서 결정은 쓸데없이 지연되어, 북경의 청국정부에 대한 요구안은 9월 6일에야 전달되었다.[95] 당시 요구조건들은 재편집되어 그 내용에 이전보다도 훨씬 많은 수정이 가해졌다.

여기서 요구조항의 내용은 중요치 않다.[96] 어쨌든 청국이 이를 수락하려 하지 않았기 때문이다. 늘 그랬듯이 청국은 여타 열강에게 이를 폭로하였고,[97] 자신들이 이 같은 요구를 거절하였음을 공식적으로 통보할 준비가 이미 되어 있었던 것 같다. 그러나 이번에는 러시아가 청국을 앞질렀다. 10월 3일에 알렉쎄프의 제안에 따라 레싸르는 청국인들과의 교섭을 중단할 것을 통보받은 것이다.[98] 이즈음에 러시아는 청국과 보다 나은 협정을 체결하기 위해 일본과 교섭하기로 굳게 결정하였다.[99]

베조브라조프의 영향력은 위떼 타도와도 상당한 연관이 있다. 물론 여기에는 다른 요인들도 있겠지만 어느 것이 가장 중요한 요인인지를 결정하는 것은 불가능하다. 위떼가 타도된 지 며칠 지나지 않아 쿠로파뜨킨은 그 원인을 세 개의 광산에 빗대었다. 여러 요인 가운데 어느 하나의 원인으로 배를 침몰시킬 수는 없으나, 이 요인들이 합쳐져 바라던 결과를 낳은 것이다. 첫 번째 광산은 알렉산드르 미하일로비치 대공이 세웠는데, 대공은 오랫동안 위떼가 과도한 권력을 갖고 있다고 생각하였다. 두 번째는 베조브라조프가, 세 번째는 무라비요프와 아마도 포베도노쩨프의 후원을 받은 플레베가 세운 것이다.[100] 위떼가 타도된 데는 분명히 다른 많은 요인들도 있었다.

위떼는 짜르에 대한 자신의 영향력이 약화된 것을 알고 있었다. 1901년 12월초에 이미 그는 이 사실을 알고 있었다고 언급한 바 있다. 위떼는 자신의 회고록에서 짜르가 1903년 1월에 자신을 해임하려 했다고 기술하였다. 그날의 일을 위떼는 그해 4월과 9월 1일에 쿠로파뜨킨에게 말하였다.[101] 그렇지만 위떼는 자신을 대체할 인물이 없다고 생각하였다—실제로도 그랬다. 그러므로 해임조치가 내려졌을 때 이는 전혀 예기치 못한 일이었다. 8월 28일에 짜르를 은밀히 알현하는 자리에서 이같은 결정을 짜르에게서 전해들은 그는 상당히 충격을 받았다.[102] 정상을 참작한 해임이 단행되어, 위떼는 고위직이지만 엄밀히 말하자면 명예직이자 한직인 각료위원장에 임명되었다. 이는 누가 봐도 해임이었고 위떼는 축출되기 위해 승진된 것이다. 짜르가 개인적으로 한동안 위떼의 해임을 바랐던 것도 부인할 수 없는 사실이다. 짜르는 해임을 단행한 8월 28일자 일기의 서두에서 "이제 짐이 통치한다"[103]고 간결하게 기록하였다.

위떼의 해임이 가져온 중대한 결과는 복잡 다양하였다. 러시아는 진정으로 유능한 인물의 지도력을 상실하였다. 그러나 그보다 더 나쁜 결과는, 동아시아에서 러시아의 권익을 통합하기 위해 위떼가 발전시킨 거대한 체계의 기능들이 즉각적으로 와해되었다는 점이다. 이 체계는

수년에 걸쳐 재무상이 진전시켜 온 개인적 접촉과 우호 덕분에 작동해
왔지만, 이제 이 체계는 중심인물을 잃었다. 위떼가 해임된 지 수분 만
에 그를 승계한 재무상 대리 플레스케(E.D. Pleske)는 정직하고 충직한
관료였지만 본인 스스로도 인정하였듯이 그는 단지 전임자의 나약한
모방자일 수밖에 없었다.[104] 더욱이 그는 중병에 시달리고 있었다. 그는
병 때문에 자신을 재무상에 임명하지 말아 달라고 짜르에게 청원하였
으나, 짜르는 다른 적임자가 없노라고 말하였다.[105] 플레스케는 비록 10
월말 병세가 악화되어 국무위원회의 정기 회기에 불참하였지만 임무를
충실하게 수행하였다.[106] 실제로 그는 서서히 죽어가고 있었고, 러·일전
쟁 발발 직후 사망하였다.

　이것이 일본과 교섭이 시작될 무렵 러시아 정부기관의 상태였다. 동
아시아 총독은 자신이 무엇을 통치하는지를 정확히 알지 못했으며, 동
아시아문제 특별위원회는 소집되지도 않았을 뿐 아니라, 위원회 서기관
직은 의심스러운 인물에게 맡겨졌으며,[107] 방대한 재무성과 그 대행기관
들은 경험 많은 리더를 갖지 못했다. 항상 과묵하고 다소 소심했던 람
스도르프는 고위층 가운데서는 유일하게 신중한 인물이었다. 걸출한 각
료들 가운데 한 사람은 불필요하게 호전적이지 않으면서도 군국주의적
성향을 지닌 쿠로파뜨킨이었다. 또 다른 한사람은 플레베로 본인 스스
로도 인정하였듯이 동아시아 문제를 다루는 데 "유능"하지 못했고,
1903년 7~8월 혁명적 시위와 노동소요가 고조된 이후 언젠가, "혁명을
저지하기 위해 우리는 작은 승전이 필요하다"[108]고 말한 것으로 알려진
사람이다. 시간이 흐르면서 정부기관의 또 다른 취약점이 드러났다. 어
쨌든 위기의 시점에서 외교적 교섭을 적절하게 수행해야 하는데도 그
기초부터 조짐이 좋지 못했다.

　짜르가 9월 1일에 말한 것처럼, 베조브라조프와 그가 일깨워준 "각
성"은, 의도한 것은 아니었다고 해도, 러시아 정부기관이 당면한 혼란스
러운 상황에 알게 모르게 기여하였다. 베조브라조프 일파가 승리를 거
두었다고 말할 수도 있겠지만, 그들 일파는 상트 페테르부르그의 네바

(Neva) 강변에서 승리하였지 압록강변에서 승리한 것은 아니었다. 그들이 압록강변에서 한 행동은 무의미하였고, 그들의 계획은 계속해서 거부되었다. 그들은 위떼를 타도하는 것에는 성공했지만 베조브라조프를 권좌에 올리는 것은 성공하지 못했다. 새로운 기관에 속한 알렉쎄프는 다른 사람들도 종종 그랬듯이 베조브라조프 '그룹'의 목적에 반대하고, 그들을 좌절시켰다. 베조브라조프의 승리란 공허하고도 단명한 승리였다. '그룹'은 돈을 더 번 것도, 더 큰 위신을 얻은 것도 아니었으며, 그렇다고 사건의 와중에서 더 큰 영향력을 행사한 것도 아니었다. 책임 있는 각료들이 수립한 "뉴코스"는 지속되었고, "3인방"이 지지한 아이디어들은 러시아의 동아시아정책에서 여전히 유력한 견해로 남았다. 그러나 베조브라조프의 역할이 "겨자씨 연고"로써의 수명을 다한 후에도, "상처"는 여전히 남아 있었다.

러·일의 교섭에서 압록강 이권이 행사한 역할을 규명하기 위해 이제 압록강 이권을 구체적으로 살펴보아야 할 것이다.

2. 1903년 조선과 압록강에서의 러시아의 이권

1903년 2월부터 8월에 이르는 동안 일련의 회의와 토론을 거쳐 채택한 '뉴코스'의 명백한 목표는 다음과 같다. 일본의 적대를 일으키지 않으면서 조선과 관련한 장차의 모든 교섭에 대한 편견을 불식시킨다. 만주에서 품위 있게 철수하되 가능한 한 천천히 철수하여 의화단사건 이전의 지위로 복귀한다. 특정한 보장을 얻어내는데 주력하기 위해 압록강 이권은 포기한다는 것 등이 그것이다. 1903년 9월 6일에 전달된 5개조의 보장요구안은 다음과 같다. 만주의 불할양(제1조), 송화강, 아무르강의 만주 연변, 그리고 찌찌하르-메르젠-블라고베시첸스크 도로 주위를 따라 군사기지를 설치할 수 있는 권리(제3조), 또한 러시아가 1896년 협정과 1898년 협정에 따라 동청철도 지역 밖에서 철도수비대를 주둔할 수 있는 권리, 그리고 나머지 세 개 조항은 상대적으로 그리 중요치 않은 것으로 러·청은행의 보호와 러시아인 위생검역관을 영구(營口)에 주재시킬 권한을 규정하고 있다.[109]

이 같은 요구안들은 교섭개시를 위한 예비조건으로서 재차 분명하게 고려해야 했다. 이 요구들이 반박의 여지가 없는 최종안은 아니었다. 5개 요구안은 1901년 1월 이래 청국과 협정에 도달하려는 러시아의 다섯 번째 시도였다. 조항은 매번 점차적으로 완화되었다. 이는 청국과 교섭을 시작하려는 시도로써 분명히 러시아가 교섭 중에 더 양보하려는 의도를 입증하는 것으로 볼 수 있다. 일본 외상 고무라조차도 이 같은 요구들이, "청국의 영토보전을 훼손"하는 제1조를 제외하면 "7개 요구안"처럼 그렇게 강경한 것은 아니라고 생각하였다.[110] 청국의 영토보전에 대한 "훼손"이라는 비난을 미리 막기 위해 러시아외무성은 7월 14일 미국, 일본, 영국. 프랑스, 독일 정부에 다음의 통지를 보냈다. 즉 러시아는 청국이 만주의 새로운 조약항(treaty ports)들을 개방하는 것에 반대하지 않으며, 또 제한된 동청철도 구역 안에서 러시아 철도 도시로 간주되었던 하얼빈에서만 아니라면 새 영사관을 만주에 설립하는 것에도 반대하지 않는다는 내용이었다.[111]

만주에서의 러시아의 지위에 대한 실질적인 반발은 청국에 대한 러시아의 요구조건이 폭로된 데서 비롯된 것이 아니었다. 아마도 그것은 동아시아 총독부의 설립으로 야기된 공포와, 1900년의 사건들에서 명백히 나타났던 만주 및 북중국과 관련한 러시아의 군사적 잠재력을 인식함으로써 비롯되었을 것이다. 1903년 9월 1일에 북경 주재 미국 공사 콩거(Edwin Conger)는 국무성에 다음과 같이 보고하였다 : "거의 최고의 권력을 갖고 있는 총독 알렉쩨프 제독은, 고위 관리들을 통해 모든 중요한 지방관리들 주변에 산재해 있는 대규모 부대들과 행동을 같이 하기 때문에, 청국의 지방관리들은 모두 이에 위압당할 것이다. 군사점령 때처럼 러시아의 의지는 철저하게 관철될 것이다."[112] 흔히 그렇듯 콩거는 동아시아 총독의 역할을 잘못 해석하고 있었다. 총독의 역할은 당시에 상트 페테르부르그에서조차도 명확하게 이해하지 못하고 있었기 때문에 이는 있을 수 있는 실수였다. 이와 동시에 콩거는 1903년의 만주 문제의 핵심을 폭로하였다. 여순, 바이칼호 동쪽의 러시아령, 그리고 동청철도에까지 확대된 잠재력을 통해, 러시아의 영향력은 이들 지역에서 군사적·행정적 통제를 하거나 말거나 관계없이, 만주의 청국 관료들에게뿐만 아니라 북경의 청국 고위층에게까지도 영향력을 미칠 수 있다는 것이었다.

이 같은 영향력은, 러시아가 원칙상 따르기로 합의한 문호개방원칙과는 무관하게 만주에서 지속될 것이었다. 그 같은 러시아의 영향력을 배제시키기 위해서는 러시아를 의화단사건 이전의 현상(現狀, status quo)으로, 여순할양 이전으로, 그리고 1896년 만주로의 철도 침투 이전의 상황으로 되돌려놓아야 했다. 이는 외교적인 수단만으로는 불가능했다.

영국이나 미국도 전쟁을 통해 만주 문제를 해결하려는 의도는 없었다. 영·미 양국은 기껏해야 영·미·일 3국의 앙땅뜨를 상정하고 있었을 따름이었다.[113] 더욱이 러시아가 만주에서 철병하겠다는 약속을 여러 차례 하였던 점을 감안하면 어떠한 행동도 필요치 않았다. 이 같은 러시아의 약속들은 10월 8일, 만주의 상황을 명료하게 만들어줄 러·일 사이의 교섭을 통해 시험받게 될 터였다.

1903년 2월부터 8월에 이르는 동안 열린 러시아의 여러 회의에서는 조선에 관한 침략을 분명히 배제하였다. 또한 압록강회사에 대한 정부의 더 이상의 재정적 참여도 배제하였다. 1903년 5월의 러시아의 대한(對韓) 계획에 언론이 처음에 보인 격렬한 항의는, 상트 페테르부르그의 러시아 정치가들에게는 납득이 가지 않았다. 위떼와 람스도르프는 이 같은 반대에 당황하였다. 조사를 거친 후 람스도르프는 일본의 일부 기관들이 주식시장에서 "대박"을 터뜨리기 위해 전쟁소동을 일으키려 하고 있다고 결론지었다.[114] 압록강회사에 초점을 맞춘 러시아의 대한(對韓) 계획과 관련한 이 같은 무모한 소문들은 러·일전쟁이 발발할 때까지 동아시아에서 여러 차례 되풀이되었다. 그러나 압록강회사의 진정한 성격과 조선에서 러시아의 활동 규모에 대해서는, 당시 이에 대한 현지조사의 노고를 아끼지 않았던 사람들은 익히 알고 있었다. 동아시아의 언론들도 터무니없는 소문들은 물론이거니와 소위 러시아의 조선 침략에 관한 실제 사실들을 정직하게 보도하였다. 현재 출간된 문서들을 통해 러시아의 대한(對韓) 정책을 검토해 보면 1903년에, 특히 베조브라조프의 영향력을 제거한 이후에, 러시아가 조선에 침략적인 행위를 개시할 의도가 조금도 없었다는 점을 뚜렷하게 보여주고 있다.

동아시아의 신문에서 압록강에 대한 러시아의 활동을 유별나게 보도한 것은, 그것이 조선에서 러시아의 실속있는 유일한 활동이었다는 사실에 그 원인이 있다. 조선 주재 러시아 공사는 러시아의 연해주 전신선을 가능한 한 원산의 개항장까지 확장하기 위해 1902년과 1903년에 몇 번에 걸쳐 조선의 동의를 얻어내려 하였다. 그러나 그는 매번 거부당하였다.[115] 어디든지 등장하는 긴스부르그 남작은, 아마도 자신의 생각에 따라, 몇 번이나 이권을 확보코자 노력하였다. 한번은 그가 인삼무역을 독점하기 위해 교섭했지만 거부되었다. 이 이권은 일본의 미쓰이회사의 수중에 돌아갔다.[116] 또 한번은 그가 프랑스 신디케이트가 장악하고 있던 서울-의주철도 이권을 인수하려 하였는데, 1903년 중반에 이 이권은 그 값이 얼마이건 간에 타인에게 넘어갈 상황에 놓여 있었다. 계약상 이권의 시효는 만료되었고, 긴스부르그의 시도는 실패로 돌아갔다.[117]

이러한 시도들은 긴스부르그의 독단에 의한 것들로서, 조선 주재 러시아 공사의 지원은 받지 않은 것으로 보인다. 조선정부는 재정난에 허덕였던 탓으로 이권의 양도를 원하였다. 1902년초 이권 사냥꾼들이 서울에 모여들었다. 미국인, 프랑스인, 독일인, 영국인, 일본인, 그리고 벨기에인과 이탈리아인들조차도 이권을 얻어내는 일에서 러시아인들보다도 훨씬 더 성공적이었다.[118] 더욱이 열강의 이권 대부분이 운영 중인 이권들이었던데 반해 1900년 러시아가 얻은 포경이권은 한 번도 이용된 적이 없다. 1903년 중반까지는 압록강 이권이 단지 매년 파견되는 소규모 원정대에 의해 유지되고 있었다는 사실은, 이권에 대한 소유권 주장의 필요성을 확인시켜 주었다. 이러한 이권 요구는 아마도 하청업자가 했을 것이다.[119] 1900년 러시아인들에게 조차된, 도시 외곽에 위치한 마산포에는 1901년말에 3명의 여자들을 포함하여 11명이 거주하던 러시아 거류지가 있었다. 이들 러시아인들은 부영사관, 여관, 저탄기지의 사무소 등에서 근무하였다. 이는 바로 이 도시에 총 202명의 일본인들이 거주한 것과는 매우 대조적이다.[120] 모든 주요 열강은 서울에 공사관 수비대를 주둔시킬 수 있는 권리를 갖고 있었으나, 1903년에는 단지 세 나라만이 수비대를 주둔시키고 있었다. 미국은 적은 인원의 해병대를 1903년 여름 서울에 진주시켰는데 이는 노동자 소요 기간에 서울의 전차 차고를 점령하기 위해서였다.[121] 러시아는 80명의 수비대를, 일본은 포병부대를 주둔시켰다. 1903년 5월에 이 부대는 23명의 장교와 537명의 사병으로 구성된 대대 규모의 부대로 교체되었다. 이 수비대가 교체될 당시 서울에는 1,000명 이상의 일본군이 있었다.[122] 이에 대해 조선 주재 러시아 공사는 늘 그래왔듯이 항의하지 않았다.

조선에서 일본의 권익이 거대한 규모로 팽창한 점은 당시 언론이 충분히 보도하고 있었다. 일본인들과 비교해 볼 때 러시아인들의 활동은 보잘것 없었다. 그 가운데 몇몇 활동만이 보도된 것은 러시아인의 활동이 하찮은 것이어서 주목을 끌지 못하였기 때문이다. 1900년 이후 3년이 지나도록, 서울에 설립된 유일한 러시아정교회에는 2명의 러시아인과 10명의 조선인 신도가 있었다. 이는 타국의 선교사가 수백 명에 달하고 조선인 개종자가 수천 명에 달했던 것과는 대조적이다.[123] 조선에서 영향력을 획득하거나 권익을 증진시키려는 러시아의 움직임이 있었다고는 해도 1904년에 이르기까지 그 결과는 보잘것없었다. 러시아의 활동을 시사해주는 문서자료가 현재는 전혀 없기 때문에 이 같은 노선에 따라 이루어진 러시아의 진지한 시도는 없었다고 결론지어도 무방할 것이다.

그러나 일본의 무역 이해, 식민화, 이권과 기타 활동들이 대폭적으로 확대된 것은, 일본이 조선정부를 장악한 데서 비롯된 결과는 아니었다.

조선정부에는 친미파, 친러파, 그리고 친일파가 있었고, 이들 가운데 두 파는 나머지 한 파가 내세우는 요구에 무력하게 굴복하는 것을 피하기 위해 연대할 수 있었다. 일본인들도 1900～1904년에 일련의 좌절을 겪었다. 1901년의 수개월 동안 일본인들은 조선의 쌀 수출 금지조치에 항의했으나, 조선의 쌀 상황이 개선될 때까지 금수조치는 계속되었다.[124] 1903년 7월에 프랑스가 포기한 경의선철도 이권을 일본인 업자들이 획득하려 하였으나 거부되었다.[125] 같은 7월에 몇몇 일본인 업자들이 압록강변에서 삼림이권을 얻어내려 하였지만, 이들 역시 러시아인들이 보유하고 있는 소유권이 여전히 유효하다는 통보를 받았다.[126] 그렇지만 여타 열강이나 그들 국민들의 활동이 뜸하기만 하면 조선에서의 일본의 지위는 해마다 점점 더 강력해졌다. 일본의 다이이치(第一)은행은 조선에 설립된 유일한 외국은행이었다. 조선정부는 소액의 대부를 받으려고 끊임없이 이 은행에 호소하였다. 때때로 궁정의례를 치르기 위해 50만 엔이 필요하였고, 때로는 정부 종사자들의 월급을 지불하기 위해 하찮은 액수인 15만 엔이 필요하기도 하였다.[127] 1903년에 다이이치은행이 실질적인 "조선은행"이 되고, 거기서 발행한 엔화 지폐가 조선 전역에서 합법적인 화폐가 된 것은 당연한 결과였다.[128]

　일본의 세력이 확대되는 단계에서 조선 주재 러시아 공사가 이에 이따금 항의하는 것은 으레 있는 일이었다. 그는 경부철도 이권과 경인철도(서울-제물포) 이권의 통합에 항의하였지만 양 이권의 합병은 어쨌든 성취되었다. 그는 농업국, 상공업국의 고문관으로 일본인 가또가 임명된 데 항의하였는데, 이 자리는 조선의 재정위원회의 직위 가운데 가장 강력한 영향력을 일본에게 부여해 줄 수 있는 직위였다. 이 임명조치 역시 러시아의 항의를 들어야 했지만,[129] 이 같은 항의는 강력하게 제기되지 않았거나, 러시아가 이 문제에 충분한 관심을 갖지 않았거나 둘 중의 하나이다. 러시아는 일본의 조선 지배를 뻔한 결론으로 간주하였다. 조선 주재 공사 파블로프는 조선에 그다지 많은 관심을 갖지 않았는데, 그는 러시아가 중국으로 방향을 잡아 팽창해야 한다고 믿었던 인물이다. 그가 조선에 무관심하였던 또 다른 이유가 있을 수 있다. 조선 주재 미국 공사에 따르면, 파블로프는 1903~1904년 겨울에 10대 소녀에게 빠져 결혼하였고, 그 후 자신의 직무에 소홀하였다.[130]

일본의 활동 규모와 러시아의 그것을 비교하는 것은 불필요하다. 일본, 미국과 영국 제품들이 북만주에서조차 러시아 제품보다 많이 판매되었다면 러시아의 무역이 얼마나 하찮은 정도였는지는 추측할 수 있을 것이다. 중국의 경우에서처럼 조선의 무역통계는 신뢰할 수 없다. 왜냐하면 수입품들을 관례상 판매회사의 국적이나 운송선박의 국적에 따라 기록하였기 때문이다. 더욱 정확한 통계상의 비교는 조선 항구에 입항한 러시아 및 일본 선박의 수효와 톤 수이다. 조선세관의 챔버즈(J.L.Chambers)가 제시한 통계에 따르면, 1901년 조선에 입항한 원양선박 총 985,309톤 가운데 807,190톤이 일본 선박이었으며, 조선 선박이 2위, 러시아는 35,916톤으로 3위였다. 러시아의 톤 수를 차지하는 대부분은 일본에서 들여온 선박연료용 석탄을 실어가기 위해 마산포에 입항한 선박들이었다.[131] 타국인들의 참여도와 비교하여 러시아인의 참여 정도에 대한 더 적절한 평가는 조선정부에 봉직하기 위해 내한한 외국인 수효에서 도출할 수 있다. 1903년 3월 조선정부에 봉직하기 위해 내한한 총 63명의 외국인 가운데 일본인은 35명이었고, 영국인은 8명, 미국인은 5명, 프랑스인은 5명, 러시아인은 4명, 독일인은 4명, 그리고 덴마크인이 2명이었다.[132] 1903년에 열린 러시아의 모든 회의가 조선 문제를 강조하지 않았고, 또 이 시기의 러시아 동아시아정책의 전(全) 역사가 어떤 형태로든 조선에 대한 일본의 지배로 사실상 조선을 포기하고 있음을 나타내고 있는 것은 놀라운 일이 아니다.

비록 조선에서의 러시아의 활동이 전반적으로 볼 때 무시해도 좋을 정도로 미미한 것이었다 해도, 조선 북부에서의 활동은 훨씬 더 활발했을지도 모른다. 왜냐하면 1903년 8월부터 1904년 2월에 이르기까지 러·일의 교섭에서 이 지역을 장악하는 문제로 외교적 불화가 있었기 때문이다. 현재 이용 가능한 여러 기록들에 따르면 압록강 이권을 제외하고는 러시아는 조선에 관심이 없었음을 보여준다. 조선의 개항장 가운데 서부 최북단의 조약항인 진남포에 관한 상세한 설명은, 1902년 여름 블라디보스톡의 동방연구소(Vladivostok Institute)의 학생연구원이었던 쩨레린(A.Tsererin)의 저술에서도 찾을 수 있다. 이에 따르면 당시 러시아가 이 지역에 관심을 가졌다는 증거는 찾아볼 수 없다.[133] 진남포는 1897년 9월에 개항한 이래로 일본, 영국, 미국, 독일, 청국 등 수백 척의 선박들이 이 항구에 입항하였으나, 러시아 선박은 당시에 단 한 척도 입항한 적이 없다.[134] 조선 북서부 오지와 연계되어 있는 소규모의 다국적 거류지는 지방자치위원회가 관리하였다. 지방자치위원회 구성원 총 5명 가운데 3명이 일본인이었으며 나머지는 청국인과 조선인이 각각 1명씩이었다. 또 거류지에는 17명의 경찰이 있었는데 15명이 일본인이었고 2명은 청국인이었다. 거류지에는 다이이치은행의 지점이 설립되어 활동적인 사업을 수행하였는데, 당시 진남포항은 외국인 거류지들을 먹여 살리는 입구 역할을 하는 항구였다. 평양 부근에는 여러 곳의 일본 탄광과 1개의 금광이권이 있었으며, 평양에서 70마일 북동쪽으로 거슬러 올라가면 영국의 대규모 금광이권―구웬돌린 광산(Gwendoline Mines)―이 있었다. 금광 가운데서도 가장 중요하고 수익성이 높은 금광은, 주로 미국인들이 소유자인 동양합자광산회사(Oriental Consolidated Mining Company)의 운산 이권이었다. 운산 이권은 압록강에서 남쪽으로 20마일도 채 떨어지지 않은 곳에 500평방 마일 정도의 지역을 망라하고 있었다.[135] 그러나 여기서도 러시아가 활동한 흔적은 없다.

운산 이권은 특별히 주목할 필요가 있다. 미국이 얻어낸 이 이권은 압록강 이권의 바로 남쪽에 위치해 있었다. 그러므로 바로 러시아제국주의가 조선으로의 전진을 의미하는 길 위에 위치해 있었다. 이 회사는 1896년 이권 쟁탈기에 그 이권을 획득한 후 꾸준하게 발전해 온 회사로, 압록강회사와는 대조적으로 거대한 수익을 남기는 회사로 재빨리 발전하였다. 이 회사의 운영, 직원, 방법 및 기타 요소들의 상세한 설명은 압록강에서의 러시아의 "제국주의적" 모험과 비교하는 데 흥미로운 기초

자료 역할을 한다.[136] 쩨레린이 제시한 이 이권에 대한 정보는 1901년의 것이지만 그 숫자는 이후 몇 년 동안에 훨씬 더 늘어났었을 것이다. 왜 냐하면 이 회사는 운영과 생산을 계속 확장했기 때문이다. 일본이 1910 년 조선을 병합할 때까지, 그리고 1910년부터 1941년에 이르기까지 조선 이 일본의 지배 아래 있을 때조차도 운산은 조선 최대의 금 생산지였다.

1901년에 운산회사는 기사, 관리, 감독직에 96명의 미국인과 영국인 을 고용하였다. 그 당시에 조선에 거주하던 러시아인은 공사관 수비대 를 제외하고 외교단을 포함하여 총 45명이었다.[137] 더욱이 운산회사는 청국인 200명, 일본인 200명, 그리고 조선인 약 2,000명을 고용하였다. 회사는 운산의 전지역에서 광산권을 독점하였다. 독자적인 행정조직과 경찰도 있었다. 정선광(精選鑛)과 금괴를 운송할 때는 무장한 미국인들 이 호위하였다. 회사는 진남포와 다른 항구 사이를 정기적으로 운항하 는 증기선을 소유하고 있었고, 대개 그 같은 이권들이 지역에서 누리는, 간섭 면제특권과 여러 다른 특권을 갖고 있었을 것이다. 회사는 국경지 역에 위치해 있었고 황량한 변경(邊境)이라는 여건 아래 운영되었다. 이권 소유자들은 자기들의 영역 내에서 일본과 조선인 무허가업자들이 불법적으로 채굴하고 있다고 1902년 조선 주재 미국 공사를 통해 항의 하였다. 조선정부가 이들을 제지하려 하지는 않았지만 이들의 작업은 중단되었다.[138] 틀림없이 이들 무허가 채굴업자들은 "변경"에서의 방식 대로 처리되었음이 분명하다.

운산회사에서 북서쪽으로 몇 마일 떨어지지 않은 지역에서, 러시아 인들은 압록강의 조선 쪽 연변을 따라 1,800평방 마일의 영토를 장악하 고 있었지만, 1903년에 이르기까지는 실질적으로 아무것도 이루지 못했 다. 베조브라조프가 회사를 설립하기 위해 제 1차 동아시아 방문을 한 이후와 러시아목재회사가 합법적으로 등록되기 직전인 1903년 5월 혹 은 6월초에, 마드리또프 대령이 압록강에 도착하였다. 그는 공식적으로 는 현역에서 퇴역했지만 여전히 참모본부에 봉직하고 있다는 표식인 붉은 비단 망토를 나부끼면서, 소수의 코사크 호위병을 대동하였다. 그는 상황이 매우 만족스럽지 못함을 알게 되었다.[139] 청국과 일본의 무허가 채굴업자들, 그리고 조선인들이 압록강의 양쪽 연변에서 다른 사람들의 권리에는 아랑곳하지 않고 삼림을 벌채하고 있었던 것이다. 수년 동안 압록강에서는 소규모의 삼림 채벌이 이루어지고 있었다. 압록강 입구에는 항구가 없었고 또 강 입구의 모래톱들 때문에, 채벌한 통나무들은 대개 뗏목처럼 흩어져 기록도 되지 않은 채 정크선이 강어귀에서 예인하고는 하였다.

이 같은 상황은 혈기왕성한 마드리또프를 분개시켰다.[140] 그는 과격하게 대응하였던 것 같다. 그가 청국의 비교적 고위의 지방관리를 구타하여 나중에 고발되고, 또 그 일이 있은 직후에도 전형적인 변경의 방식대로 지방의 비적들로 하여금 불법 채굴업자들을 공격하여 7명의 일본인을 포함, 40명을 살상케 했던 일을 제외하면 그의 활동 가운데 뚜렷하게 알려진 것은 별로 없다.[141] 이 사건은 조사되지도 않았고, 수집된 정보에 해당하는 만큼의 책임 추궁도 이루어지지 않았다. 이제까지 알려진 바로는 베조브라조프가 이 지역의 비적들 일부를 고용했거나 후원료를 지불했던 것으로 알려지고 있다. 또한 압록강 유역에서 이 같은 활동들이 벌어지고 있다는 소식이 알렉쎄프에게 전해졌을 때, 마드리또프는 여순회의에서 증언하도록 소환되었고 현역에 복귀하라는 명령을 받았던 것도 사실이다.[142] 이는 더 이상 그가 위해를 끼치지 못하게 하려는 조치였을 가능성이 크다.

같은 해 6월이 되자 89명의 제1차 "예비병들"이 퇴역한 한 명의 장교의 지휘 아래 압록강에 도착하였다. 이 무리들은 할당된 벌채량에 따라 관리, 감독, 수비대 등 더 작은 무리들로 나뉘어 목재 뗏목을 강에 띄웠다.[143] 또 다른 소규모 무리들이 뗏목을 띄운 이후 즉각 바다를 통해 회사가 조차한 압록강 입구로 갔다. 이들은 그곳에서 제재소 부지를 확보하기 위해 청국인 한 명을 우두머리로 앞세워 만주 쪽 강변에서 약간의 땅을 임차하였다. 이곳에서 러시아인들은 또 다시 불법 벌채를 하는 무단 거주자, 어부, 벌채 노동자와 "자신들의" 토지에 거주하고 있는 청국

인, 조선인, 일본인들과 맞닥뜨렸다. 그렇지만 이 무리들은 유혈사태 없
이 이들의 거주지를 분산시키고 변경의 방식대로—그러나 유혈 사태는
없이—거주지를 불태워 버렸다.[144] 이 모래톱 "임차지"에서 압록강회사
의 지역 요원들은 떠다니는 모든 뗏목과 통나무들을 모조리 자기들 것
이라고 주장하였고 청국의 봉인이나 마크가 찍혀 있는 통나무들에까지
도 자신들의 자국을 표시하였다. 이 같은 행위가 몇몇 청국인들과 조선
인들의 항의를 유발하자, 이들은 이후 좀더 신중하게 행동하였다. 그들
은 자신들의 벌채작업이 만족스럽게 진척되지 않자 청국인과 조선인에
게서 통나무 뗏목을 구입하였다.[145]

 6월말 내지 7월초에 압록강회사의 지역본부가 용암포시의 조선 쪽
압록강변으로 옮겨왔다. 그곳에서 회사는 용암포시 부근에 계획했던 제
재소와 기타 시설물들을 건립할 부지를, 서울의 외교 통로를 이용하여
조차하려 하였다. 조선정부는 조차를 거절하였지만, 회사는 허울에 불
과한 자를 대리인으로 내세워 토지를 임차하는 흔히 써온 편법으로 각
종 설비공사를 시작하였다.[146] 당시 조선 북부에서의 러시아의 "제국주
의"는 상당한 관심을 불러모았다. 몇몇 외국인들이 압록강 유역을 방문
하였는데 이들은 압록강회사의 규모에 대한 생생한 묘사를 남겼다. 그
가운데 한 사람은 러시아인들을 관찰한다는 공공연한 의도를 가진 채
만주의 여러 지역을 여행하였던 "휴가 중인" 일본인 장교였다. 여행이
끝나갈 무렵인 1903년 7월에 그는 압록강 유역을 방문하였다.[147] 그는
당시 용암포의 러시아 거주지에 "여자들을 포함하여 4명의 러시아인"
이 있으며 항구 북쪽의 몇 마일 떨어진 곳에 "많아야 24명"[148]의 러시아
군대 전진기지가 있다고 보고하였다. 이 관찰자는 압록강 지류에서 벌
채작업을 하고 있던 러시아 "예비병들"의 흩어져 있는 야영지들을 보지
못한 것이 틀림없다. 그렇지만 러시아의 행동에 대한 이 일본군 장교의
설명은, 압록강 쪽으로 러시아군의 대이동을 보고한 당시 다른 사람들
의 설명보다도 훨씬 믿을 만하다. 특히 "상당한 권위를 가진 소식통에
입각한" 한 청국인의 설명으로는, 용암포의 러시아인들이 "20미터 높이

의 벽을 갖춘 요새를 구축하고 있는데 이 중 15미터가 이미 세워졌다"[149]는 것이다.

압록강 이권에서의 작업은 8~9월에 어느 정도 진전을 보았다. 또 다른 방문자였던 한 영국인이 보고한 바로는, 용암포에 제재소가 건설 중에 있으며, 석탄과 벽돌 더미, 그리고 기타 건설 자재 창고들이 그 증거라는 것이다. 부두 설립과 함께 부두에서부터 데코빌(Décauville, 프랑스 폴 데코빌이 발명한 화물수송용 철도 - 역자) 철도가 부설되었으며, 만주 쪽 강변에서 11마일 상류지점인 샤헤(Sha-he)에는 1900년에 설립된 1소뜨니야(100명)의 코사크부대 주류지(駐留地)가 있었다.[150] 또한 그의 보고에는, 8월경 러시아목재회사가 용암포의 목재들을 우장으로 운반하기 위해 샌프란시스코의 달러라인(Dollar Line) 사의 스탠리 달러 호(Stanley Dollar)라는 기선을 전세냈는데, 용암포가 개항장이 아니었고 입항을 위해 개방되지도 않았기 때문에, 조선의 정기선(定期船)이 이 기선을 저지하여 되돌아갔다고 기록되어 있다.[151] 그럼에도 목재회사는 한 척분의 목재를 실어날랐다. 압록강에서 벌채작업을 중단한 이후인 11월초에는 더는 목재운송을 하지 않았다. 이는 부분적으로는 회사가 보유하고 있는 통나무들의 상태가 불만스러웠기 때문이었다. 이전에 맺었던 계약조건을 충족시키기 위해 러시아목재회사는 미국에서 목재를 구입해야만 했다.[152]

이 무렵 러시아목재회사는 급속도로 붕괴되고 있었다. 1903년 9월 19일에 발라쉐프는 베조브라조프에게 압록강 유역의 모든 삼림자원을 회사가 전부 독점할 수 있어야만 비로소 회사가 성공할 것이라는 내용의 전문을 보냈다. 그리고 이를 위해서는 6백만 루블이 필요하다는 것이었다. 9월 29일에 발라쉐프는 회사 금고에 5천 루블 밖에 남아 있지 않기 때문에 자금이—얼마라도 좋으니—절대적으로 필요하다는 전문을 보냈다. 이제 회사는 후원자들에게 완전히 외면당하였고, 더는 자금을 동원할 수 없었다. 10월이 되자 고용인들의 해고와 함께 회사의 해체가 시작되었다. 목단의 전력과 광차(鑛車) 이권을 누구에게든지 팔아버리려는 시도가 이루어졌다. 그러나 구매자는 아무도 없었다. 11월에 러시아목재회사는 생산은 전혀 없이 부채만 계속 쌓여가고 있었다. 결국 1904년 1월 1일에 짜르는 20만 루블의 추가 대부를 명령함으로써 회사의 체면을 살렸지만, 이 같은 조치는 회사의 부채를 청산하기 위한 것일 뿐이었다.[153] 실질적인 회사의 활동은 1903년 10월에 이미 끝났다. 1904년 1월말 회사의 운명을 논의하는 일련의 회의들이 상트 페테르부르그에서 열렸다. 그러나 이 회의들은 주로 주식 보유자들의 회합이었고 어떠한 결정에도 이르지 못하였다.[154] 회사가 최종적으로 해체된 것은 러·일전쟁 발발 이후인 1904~1905년 짜르의 명령에 의해서였다.[155]

1903년 8월 이후 목재회사에 대한 러시아정부의 주요 당국자들의 태도를 살펴보면, 이 회사가 정부의 공식적인 장려를 받지 못하였다는 점에는 의문의 여지가 없다. 알렉쎄프는 1903년 8월에 회사에 정부지원을 용납하지 않던 종래의 자신의 태도를 망설였을지도 모르나,[156] 10월이 되자 마음을 굳혔다. 그는 회사의 경제적 중요성은 인식했지만, 만주 문제가 해결될 때까지는 회사를 지원하기 위한 어떠한 조치도 취하려 하지 않았다. 더욱이 그는 당시 위떼의 통제에서 벗어나 있던 러·청은행에 영향력을 행사하려 하지 않았으며, 그렇다고 영락한 목재회사를 지원하려 하지도 않았다.[157] 짜르는 1903년 10월과 11월 여러 번에 걸쳐 모든 계획에 냉담한 태도를 보였다.[158] 압록강 이권의 실질적인 활동이 미미했다는 측면에서 볼 때, 그리고 러시아의 동아시아정책을 좌우했던 인사들, 특히 짜르와 알렉쎄프의 태도에서 볼 때, 1903~1904년 러·일교섭 동안 행사한 압록강 이권의 실제 역할은 무시해도 좋을 정도로 하찮은 수준의 것이었다.

3. 러·일교섭(1903. 8. 12~1904. 2. 8)

일본이 러시아와 교섭에 들어간 것은, 단지 러시아를 공격하기 위한 합법성과 정당성을 확보하기 위해서였다는 갈뻬린(Galperin)의 주장에 따른다면,[159] 당시 러·일 양국이 벌인 교섭의 역사는 논리에 맞지 않는다. 물론 갈뻬린의 주장은 설득력이 있다. 일본제국의 비밀회의에 대한 일본측 문서가 입수되지 않는 한, 그리고 일본정부의 진정한 의도가 밝혀지지 않는 한, 갈뻬린의 이론에 반증을 제기할 수는 없을 것이다. 실로 그것은 반박할 수 없을지도 모른다. 왜냐하면 고위층 회의는 통상 자신들의 결정사항을 기록하지 않으며 또 1903~1904년의 겐로(元老)는 아마도 자신들의 비밀을 무덤 속까지 가져갔을 것이기 때문이다. 그러나 러시아는 "뉴코스"정책을 여전히 시행하고 있었으며, 교섭행위를 결코 알렉쎄프와 베조브라조프 "그룹"이 좌우하지 않았다는 사실을 입증한다는 점에서 러·일교섭사는 여전히 중요하다.

일본이 러시아와의 교섭개시를 결정한 것은 1903년 6월 23일 어전회의에서였다. 이 회의에는 5명의 겐로—이또, 야마가타, 오오야마, 마쯔카타, 이노우에—와 4명의 각료들—가쯔라(수상), 고무라(외상), 테라우찌(육군상), 야마모토(해군상)—이 참석하였다. 어전회의는 러시아와 교섭을 개시한다는 결정을 만장일치로 채택하였다.[160] 곧 이어 이 같은 조치(démarche)를 개시하려는 의도와 내용을 영국정부에 통보하였고,[161] 7월 28일에 고무라는 러시아 주재 일본 공사 구리노로 하여금 자국의 의도를 람스도르프에게 알리도록 하였다. 람스도르프는 러시아를 대표하여 교섭에 동의하였는데, 이는 결국 "뉴코스"를 채택한 이래 러시아인들이 기다려왔던 바였다.[162] 8월 12일에 구리노는 일본의 제1차 제안을 전달하였다.[163] 이 제안은 지극히 일방적인 것이었기 때문에, 앞으로 많은 양보를 기대할 수 있는 최초의 입장이라고 일본측은 생각했을 것이다. 그러나 제안의 성격을 보면 갈뻬린의 가정은 의문스럽다. 이 제안에는, 굴욕을 느낀 러시아가 제안을 거부할 가능성과 함께 즉석에서 교섭이 결렬될 가능성이 내포되어 있었기 때문이다. 이미 밝혀진 것처럼, 일본이 러시아로부터 대응안을 전달받는 데는 52일이나 기다려야만 했다. 일본의 의도가 단지 러시아에 대한 공격을 정당화하는 구실

같은 것을 얻어내는 데 있었다면, 일본은 8월에 러시아를 공략할 준비가 되어 있어야만 했다. 그러나 주일 러시아공사관의 해군 대령 루씬(Rusin)의 보고에 따르면, 일본 함대는 그 같은 가능성에 대비하여 평소와 다른 태세를 갖추지는 않았다.[164]

람스도르프가 일본으로부터 구두각서(*note verbale*)(8월 5일)를 통보받은 이래, 구리노에게는 일본의 첫 제안(8월 7일)을 전달하라는 훈령이 내려졌지만,[165] 교섭은 몇 차례나 지연되었다. 교섭이 이렇게 지연된 이유는 어느 정도 설명이 가능하지만 완벽한 설명은 여전히 불가능한 상태이다. 구리노는 12일까지도 람스도르프에게 교섭 문안을 제출할 수 없었고, 23일에야 다시금 자국의 제안을 논의하자고 말할 수 있었다.[166] 람스도르프는 지연 사유로 짜르가 부재하며, 또 몇몇 문제는 알렉쎄프와 논의할 필요가 있음을 들었다.[167] 람스도르프는 교섭장소를 도쿄로 이관할 것을 제안하였다. 이후 러·일 양국 사이에는 교섭장소를 둘러싼 외교적인 의견 교환이 잇달았는데, 이것이 교섭이 지연된 이유이다. 람스도르프는 도쿄에서 교섭하기를 원하였다. 왜냐하면 자신과 짜르가 독일 및 이탈리아로 장기 방문 길에 나서기로 예정되어 있어, 구리노와 긴밀히 접촉할 수 없을 것이기 때문이었다.[168] 당시 동아시아 총독부의 정관에 따르면, 일본정부는 알렉쎄프의 휘하에 있던 도쿄의 로젠 공사와 교섭해야 했다. 그러므로 일본정부는 이 같은 러시아의 장소 이전 제안을, 만천하에 자국의 위신을 깎아내리려는 러시아의 시도라고 느꼈는지도 모른다. 만일 그렇다면 분명 이는 굴욕스러운 일이 될 것이었다. 그러나 고무라는 러시아정부가 일본의 제안을 상트 페테르부르그에서의 협상을 성사시키기 위한 기초로서 수락한다면 장소이전을 기꺼이 받아들이겠다는 의사를 표하였다.[169] 이에 람스도르프는 "지난 40년 동안 본인이 외무성에서 경험한 바에 따르면 국제적 교섭은 항상 일국의 제안과 타국의 답변에 의해 이루어졌다. 일국의 제안을 교섭의 유일한 기초로 수락하는 것은 흔히 있는 일이 아니다"[170]는 취지의 다소 빈정대는 답변을 하였다. 결국 일본은 9월 9일에 교섭장소를 옮긴다는 데 동

의하였다.[171]

일본의 제1차 제안은 러시아로서는 받아들이기 어려운 것이었다. 일본측 제안은 바람직하지 않았으며 틀림없이 불쾌한 조항들을 일부 포함하고 있었다. 제1조는 다음과 같다. "청국 및 조선의 독립과 영토보전을 존중하고 이들 국가에서 모든 열강이 통상 및 산업상의 기회균등 원칙을 유지하기로 일·러 양국은 상호 약속한다."[172] 이 조항은 지나치게 구속적이었다. 이를 수락한다면 러시아는 장차 북만주뿐 아니라 몽고와 신강에서도 제약을 받을 것이었다. 그러나 러시아가 일본측 제안에 반대한 주된 이유는 다른 조항 때문이었다. 제2조에서, 러시아는 "조선에서 일본의 우세한(preponderant) 지위"를 인정하고 반면 일본은 만주에서의 러시아의 특수한(special) 권익만을 인정한다는 것이었다. 그 같은 권익을 보호하기 위해 러·일 양국이 개입할 권리도 인정되었다. 이를 결코 응분의 보상(quid pro quo)에 따른 협정이라고 할 수는 없었다.

경제·산업 활동을 서로 방해하지 않는다는 데 상호합의한다는 내용을 다룬 제3조는 다음과 같은 "시한폭탄"을 포함하고 있었다. "러시아는 동청철도 및 산해관-우장철도와 연결하기 위해 궁극적으로 만주까지 조선 철도[즉 일본의 경부철도]를 확장하는 것을 방해하지 않는다는 데 추가로 동의한다." 이로써 일본은 남만주에서의 러시아의 권익을 오로지 철도에 국한시킴으로써 러시아와 동등한 권리를 획득할 수 있었다. 이는 동청철도를 가로질러감으로써 선망과 보호의 대상인 남만주에서의 동청철도의 철도독점권에 손상을 입힐 것이었다. 제4조는 양국의 간섭권을 규정하고 한계를 두었다. 그러나 제5조는 조선의 정치 문제에 일본이 간섭할 권리를 규정하였는데, 사실상 이는 조선을 일본의 보호령으로 만드는 것이었다. 즉 "조선정부의 권익을 위해 필요한 군사적 원조를 포함, 조언과 지원을 할 수 있는 일본의 배타적인 권리를 러시아측은 인정한다"는 것이었다.

제6조와 마지막 조항은 이 협정이 러·일 양국의 조선에 대한 모든 협정들을 대신한다는 선언이었다.

러시아정부는 한동안 답변을 보내지 않았지만, 일본측 조건들에 대한 논의는 거의 즉각적으로 시작하였다. 8월 29일에 짜르는 일본측 제안에 대한 답변을 몸소 작성하였지만, 신설 기구인 동아시아 총독부와 보조를 맞추기 위해 알렉쎄프로 하여금 일본측 제안 내용을 면밀히 검토케 하였다. 알렉쎄프는 양심상 이를 직접 로젠과 논의해야만 한다고 느껴 로젠을 여순으로 소환하였다.[173] 알렉쎄프는 로젠과의 만남 이후 자신의 견해를 유럽에 있는 짜르에게 전해야만 했으며, 9월에 한동안 짜르와 떨어져 있게 될 람스도르프와도 협의해야 했다.[174] 그 무렵 러시아의 대응안이 알렉쎄프에게 전달되었음에 틀림없으며 알렉쎄프는 이를 다시 로젠에게 보낼 것이었다. 이 같은 외교 채널은 동아시아 총독부의 창설로 말미암은 결과였다. 각 메시지를 암호로 표기하고 다시 이를 해독해야 했기 때문에 전문(電文)을 송부하는 데 상당히 오랜 시간이 걸렸다. 그렇다고 해서 이 같은 순서를 밟아 교섭이 진행되는 과정에서 람스도르프와 로젠이 결코 무시된 것은 아니며,[175] 알렉쎄프의 지위가 교섭을 좌우한 것도 아니었다.[176] 누군가가 무시되었다면 그것은 상트 페테르부르그에 있었던 아바자였다. 그는 해외순방 중인 짜르가 철저히 자신을 회피하였을 뿐 아니라, 짜르에게 보내는 메시지의 사본을 알렉쎄프가 동아시아 문제 특별위원회의 "서기장(secretary general)"인 자신에게 보내지 않고 짜르에게 직접 보고하였기 때문에 화가 나 있었다.[177]

짜르가 몸소 초안한 대응안은 중요하다. 그 이유는 이후의 교섭에서도 표현한 바와 같이, 그것이 러시아측 제안의 단지 교섭상의 사항에 그친 것이 아니라, 러시아의 기본적인 입장을 반영해 주고 있기 때문이다. 필수조항들은 다음과 같다.

2. 만주에서 러시아의 권익과, 조선에서 그에 상응하는 일본의 기존의 권익을 상호 인정한다.

3. 이 협정의 제1조[조선과 청국의 독립과 영토보전의 존중] 규정과

일치하는 상공업 활동의 진전을 방해하지 않는다는 점을 러·일 양측은 상호 보증한다.

4. [일본측이 제시한 교섭안 제4조를 수락한다].

5. 조선의 선린 개혁적 정부에게 일본이 조언하고 지시할 수 있는 권리를 러시아는 인정한다.[178]

1903년 10월 3일 도쿄에서 러시아의 첫 대응안이 일본정부에 전달되었다. 이는 짜르의 초안에서 개진된 광범위한 조항을 일본의 기대를 제한시키는 구체적인 조항으로 변화시킨 것이었다. 따라서 러시아측의 1차 대응안에는 아마도 일본측 1차 제안의 일방적인 성격을 강하게 비판했던 알렉쎄프 제독의 견해가 그대로 반영되었을 것이다.[179] 러시아측 제안은 일본의 제안 가운데 제 1, 2, 3조의 못마땅한 조항들을 빼버렸고, "러시아에게 알린다"는 표현을 포함시킴으로써 일본의 간섭권(제4조)을 수정하였으며, 일본에게는 못마땅할 세 개의 조항을 추가하였다.[180]

5. 전략적 목적으로 조선 영토의 일부를 사용하거나, 대한해협에서 자유로운 항행을 위협할 수 있는 군사행동을 조선 연안에서 하지 않기로 상호 약속한다.

6. 북위 39도 이북에 위치한 조선 영토 일부를 중립지역으로 간주하고 이 지역으로 양국이 출병하지 않기로 상호 약속한다.

7. 일본은 만주와 그 연안 지역이 모든 점에서 자국의 세력범위 밖에 있음을 인정한다.

양측의 최초의 입장은 분명했다. 일본은 조선에서의 자유재량권(free hand)과 만주에서의 러시아의 권익을 철도와 관련된 것으로 국한하기를 원하였다. 반면 러시아는 일본에게 조선에서의 자유재량권을 기꺼이 주고자 하였다. 다만 그 대가로 몇 가지 유보조건—원칙적으로 러시아측 제안 제7조에 포함된 것과 유사하게 일본 스스로 부과한 제약과 같은―을 전제로 하였다. 그러나 교섭 당사국들의 의도가 평화를 유지하는 데 있다면 서로의 견해가 조화될 수 없는 것만도 아니었다. 분명히 그들은 그러한 의도를 갖고 있었다. 일본은 로젠 및 주일 영국 공사 맥도날드 경(Sir Claude MacDonald)과 논의하는 가운데,[181] 러시아의 대응안 가운데 6조와 7조를 수정은 하겠지만 삭제하지는 않겠다는 의지를 밝혔기 때문이다.

철병협정의 3차 시효가 만료되는 날인 1903년 10월 8일에 약간의 변화가 생겼다. 미국과 일본은 만주의 목단 및 안동의 도시들을 "조약항"으로 개방한다는 내용의 상업조약을 각각 청국과 체결하였다.[182] 이 조치는 종종 러시아의 만주에 대한 의도를 시험하려는 시도라고 여겨지고 있다.[183] 그러나 러시아가 만주에 대해 여러 번에 걸쳐 반복하여 선언했을 뿐만 아니라, 7월 14일자 회람장에서 러시아는 원칙적으로 그 같은 조치에 전혀 반대하지 않을 것이라고 사전에 밝힌 바 있으므로 이 같은 견해가 타당하다고는 보기 어렵다. 이는 만주에 관한 "뉴코스"정책이, 여타 열강의 상업적인 권익을 만주에서 축출하는 것이 불가능할 뿐만 아니라 바람직하지도 않다고 보았던 점에서 더욱 그러하다.

새 조약항들의 개방은 실제로 일본의 입장을 약화시켰다. 일본과 영국이 늘 그래왔듯 솔직한 의견교환에서 랜스다운은, 10월 8일의 조약들이 만주에서의 상업적인 권리를 일본에게 보장해 주어 여타 열강의 그것과 동등하게 만들어 주었기 때문에, 자신은 이제 러시아의 제안을 다소 받아들일 수 있는 것으로 느끼게 되었다고 언급하였다. 랜스다운은 못마땅하다고 느꼈던 제7조가 새로운 상황에 대한 조항을 포함하고 있으므로 함정에 빠질 수 있음을 시사하였다.[184] 일본의 입장은 유럽의 사건으로 말미암아 더욱 약화되었다. 당시 영·불협상(1904)의 예비교섭에 몰두하고 있던 영국정부는 만주를 둘러싼 동아시아 위기를 평화적으로 해결하는 데 관심을 보였다.[185]

10월 30일에 고무라는 도쿄에 주재하던 로젠에게 제2차 일본측 제안을 건넸다. 이는 명백한 타협을 나타내고 있었다. 일본은 한·만 국경 양

쪽 지역에 50킬로미터의 중립지대 설치(제6조)를 제의하였고, 곤란한 만주 문제는 다음의 3개항을 추가함으로써 영국의 제안에 일치하도록 처리하였다.

    7. 일본은 만주가 특수이익 범위(sphere of special interest) 밖에 있음을 인정하고, 러시아는 조선이 자국의 특수이익 범위 밖에 있음을 인정한다.

    8. 일본은 러시아가 만주에 특별한 권익을 갖고 있음을 인정하고, 그 같은 권익을 보호하기 위해 필요한 조치를 취할 수 있는 권리가 러시아에게 있음을 인정한다.

    9. 일본은 러시아가 조선과 맺고 있는 조약에 따라 러시아에게 귀속된 상업, 거주 및 각종 면제권에 간섭치 않기로 약속한다. 그리고 러시아는 일본이 청국과 맺고 있는 조약에 따라 일본에게 귀속된 상업, 거주 및 각종 면제권에 간섭치 않기로 약속한다.[186]

일본은 제1차 제안에서 내세웠던 철도규정을 완전히 수정하여 다음과 같이 제시하였다.

    10. 동청철도와 경부철도가 압록강 쪽으로 확장하게 될 경우, 두 철도의 연결을 방해하지 않기로 양국은 상호 약정한다.

일본의 제2차 제안은 독일의 다름슈타트(Darmstadt)에 머물던 짜르에게 전해졌다. 러시아 주재 일본 공사는 람스도르프가 부재한 상황에서 외상대리였던 오블렌스키 공(Prince Obolenskii)으로부터 답변을 얻어내기 위해 계속 노력하였다.[187] 11월 12일에 비로소 일본의 2차 제안을 직접 접한 람스도르프는 만주 문제가 러시아와 청국 사이의 문제이기 때문에 만주에 관한 일본측의 조건들을 수락하기는 어렵다고 말하였다. 그는 러시아의 2차 제안이 당시 알렉쎄프의 수중에 있다고 말하면서 어떤 언급도 회피하였다.[188] 그러나 도쿄의 로젠 공사에 따르면, 알렉쎼프는 이미 11월 14일경 짜르에게 자신의 안을 전송하였다.[189] 일은 계속 지연되었다. 일본은 조바심이 나기 시작했다. 10~11월 무렵 서유럽의 외교적 사건들은 일본에게 불리했다. 랜스다운은 10월 27일 영국 주재 프랑스 대사에게 영국도 조선의 현상유지에 관심이 있다고 언급하였다. 일본을 더욱 곤혹스럽게 한 것은, 당시 영국이 러시아와 합의를 보지 못했던 광범한 분쟁점을 러시아측과 논의하고 있었다는 점이다.[190] 만약 이것이 영·러 화해(*rapprochement*)의 전조가 된다면, 람스도르프가 그렇게 되기를 바래왔듯이, 일본은 외교적으로 고립될 것이었다.[191]

당시 러시아의 정책이 결정되지 않았던 10월과 11월의 결정적인 시기에 만일 일본이 전쟁을 원했다면 몇몇 특정의 사건들이 일본에 유리하게 작용할 수도 있었다. 러시아 내에서는 정상적인 외교 채널과 각료들 사이의 연대가 점차 깨어지고 있었다. 10월에 알렉쎼프는 일본이 행동을 취하여 조선 북부에 상륙 작전을 개시할지도 모른다고 두려워하며 그 대응책을 강구하기 시작했다.[192] 짜르는 람스도르프와 협의한 후에 알렉쎼프에게 다음과 같은 단호한 명령을 타전하였다. "짐은 일본과 전쟁을 원치 않으며 이를 허용하지도 않을 것이다. 전쟁이 일어나지 않도록 모든 조치를 취하라."[193] 알렉쎼프가 경솔한 행동을 할 가능성을 차단하기 위해, 짜르는 쿠토파뜨킨과의 회의에서 동아시아 총독의 동원령을 내릴 수 있는 권한을 박탈하기로 결정하였다.[194] 동아시아 총독의 지위는 그 어느 때보다 더 혼란스러워졌다. 서유럽 방문을 급히 중단한 짜르는 11월에, 병세가 위중한 황후와 함께 스께르네비쯔(Skernevitisy)에 있는 자신의 폴란드 영지로 갔다.[195] 짜르가 이미 "진정시킨" 것으로 생각한 동아시아 상황과 같은 "하찮은 문제"로 각료들이 그에게 접근할 수는 없었을 것이다.[196]

10월말 혹은 11월초에 쿠로파뜨킨은 동아시아에서 러시아의 목표에 관한 장문의 각서를 짜르에게 제출하였다.[197] 그러나 개요 및 결론과 함께 12월 10일에 짜르에게 송부된 이 각서는, 도쿄 정부에게 전달된 러시아의 12월 11일의 제2차 제안에는 별다른 영향을 주지 못했다. 그러나 짜르, 그리고 그를 통해 알렉쎄프, 로젠에게는 영향을 미쳤을 것이다. 이 각서는 상트 페테르부르그의 위떼에게 11월 10일에 보내졌고, 11월 20일에는 플레베에게도 설명되었다. 이 안은 두 사람 모두에게서 동의를 받았다.[198] 이 장문의 각서는 12월 10일에 발송한 결론 부분을 제외하고는 출간되지 않았다.[199] 그러나 쿠로파뜨킨이 작성한 각서의 개요는 여러 차례 출판된 바 있다.[200] 각서는 동아시아에서 러시아의 전략적·경제적 문제들을 해결하기 위해 다음과 같은 조치를 제안하고 있다.

　　여순, 대련과 함께 관동을 청국에게 반환할 것, 동청철도 남만주지선을 청국에게 넘기는 대신 북만주에서 모든 권리를 얻을 것. 더욱이 철도부설과 여순 건설에 투입된 러시아측 비용의 보상으로 2억 5천만 루블을 받아낼 것.

12월 16일에 위떼는 쿠로파뜨킨의 이 같은 계획에 자신도 동의한다고 재차 밝히면서 람스도르프에게도 지지할 것을 제안했다. 람스도르프 역시 청국으로부터 2억 5천만 루블을 받아내어, 전망이 좋은 동아시아 개발에 사용해야 한다는 쿠로파뜨킨의 생각을 기꺼이 지원하였다.[201] 12월 24일에 람스도르프는 기쁘게 이 안을 읽었으며, 이를 지지할 수 있게 되어 기쁘다고 쿠로파뜨킨에게 말하였다.[202] 그러나 이 메모는 러시아의 제2차 제안에 직접적으로 영향을 주지는 못하였다.

　러시아의 2차 대응안[203]은 아마도 알렉쎄프와 로젠의 작품이었을 것이다. 두 사람은 이제까지 다져놓은 화합에 균열을 초래하였다. 압록강에서 청국 철도와 일본 철도(경부철도)를 연결시키자는 일본측 제안(제10조)을 수락한 것을 제외하고는, 만주는 일체 언급하지 않았다. 2차 제안의 내용은 전부가 조선 문제에 관한 것으로서, 북위 39도선 조항과, 조선 영토의 일부라도 전략적인 목적을 위해서는 사용치 않겠다는 상호간의 약속을 다시 도입하였다(제5조와 제6조). 물론 이 조항들은 일본에게는 절대로 받아들여질 수 없는 것이었다. 일본이 교섭을 시작한 주된 이유가 만주에서 러시아의 정책을 제한하거나 적어도 한정하려는 데 있었기 때문이었다. 러시아의 제2차 제안에 대한 일본측 답변은 12월 23일 구두각서 형식으로 전달되었다. 여기서 일본은 "일본에게 필수적이라고 여기는 더욱 확대된 영토" 문제를 러시아정부가 포함시키지 않았다고 유감을 표하고, "이 문제에 관한 입장을 재고해 줄 것"[204]을 러시아정부에 촉구하였다. 일본의 구두각서는 러시아의 제2차 제안에 대한 몇 가지 변화를 담고 있지만, 사실상 무엇보다도 만주를 교섭에 포함시킬 것을 고집하였다.

현상황의 심각성을 인식하여 본인은 성의를 다해, 일본에게 더 양보하는 것은 훨씬 더 확실한 실패를 초래할 것이라는 저의 견해를 감히 밝히고자 합니다. 본인은 일본정부가 우리 정부의 인가 없이 조선에서 목표를 실현하는 것이 모든 점에서 더 바람직할 것이라고 생각합니다 (1903년 12월 26일자 알렉쎄프가 짜르에게 제출한 각서).[205]

짜르는 교섭을 중단할 것인지 아니면 교섭을 계속하면서 만주에 관한 조항을 포함시킬 것인지를 논의하기 위해 1903년 12월 28일에 특별회의[206]를 소집하였다. 플레스케가 와병 중이었으므로 이 회의는 종전처럼 고위층 회의는 아니었다. 플레스케는 대체로 무시해도 되었고, 또 당시에 죽음을 앞두고 있었다고는 하지만 그래도 그는 재무상이었다. 플레베도 회의에 참석하지 않았다. 짜르가 이 회의를 주재하였다. 회의에는 쿠로파뜨킨, 람스도르프, 해군을 대표하는 알렉쎄이 알렉산드로비치 대공, 그리고 해군소장 아바자가 참석하였다. 이 회의가 동아시아문제 특별위원회의 회합인지는 현재 입수 가능한 문서들로 볼 때는 판단할 수가 없다.[207]

이 회의에서는 알렉쎄프의 제안을 기각하고, 교섭을 계속해야 하며, 다음의 러시아측 대응안에는 만주 문제를 포함시켜야 한다는 결론에 도달하였다. 그러나 이것이 어떤 형태로 이루어져야 할 지는 결정하지 못하였다. 람스도르프는 러시아가 우선 만주에서 무엇을 원하는지를 결정해야만 한다고 예리하게 주장하였는데—이 문제는 1903년의 모든 회의에서도 명확하게 결정된 바가 없었다. 알렉쎄이 알렉산드로비치 대공은 다음과 같이 비유하며 람스도르프의 견해에 동조하였다. "만주 문제에서 우리는 고약한 심술쟁이 역할을 하고 있다. 우리는 만주를 이용하고 있지도 않으면서 타국이 만주를 이용하지 못하도록 하고 있다." 쿠로파뜨킨은 39도선 및 대한해협 중립화를 가장 중요한 것으로 간주하였고, 나머지는 단지 부차적인 문제로 생각하였다. 그는 남만주 때문에 전쟁을 무릅쓸 가치는 없다는, 자신의 북만주 중심의 견해를 반복하였다. 또한 그는 30만 명의 병력을 철도로 수송해야 할 전쟁이 발발했을 때, 동청철도의 불완전한 상황이 러시아군의 작전을 심각하게 방해할 것이라는 사실을 의미심장하게 덧붙였다.[208]

　항상 조선에서의 공격적인 정책을 주장한 것으로 알려진 베조브라조프 "그룹"의 일원으로 추정되는 아바자는 다소 놀라운 견해를 제기하였다. 그는 러시아가 전쟁을 피해야만 하고, 일본의 조선 보호령화가 러시아의 권익에 해롭지 않으므로 일본이 조선을 점령하는 것을 허용해야 한다고 말하였다. 그는 알렉쎄프의 제안을 지지하였는데, 일본에대한 어떠한 양보도 곧 또 다른 요구를 유발시킬 뿐이라는 것이었다. 아바자의 주장에 따르면, 일본정부는 자국민의 요구에 따라야만 하기 때문에 결국 조선을 장악하게 되리라는 것이었다. 이는 타 열강을 분개시킬 것이므로 러시아에게 유리하다는 것이었다. 일본인들은 "거상이 아니라 째째한 상인"이기 때문에 조선에서 강력한 지위를 얻는 데 실패하리라는 것이다. 일본이 아시아대륙으로 건너오자마자 그들의 힘은 사라질 것이므로, 러시아는 일본이 조선을 점령하는 것에 항의는 하되 반대해서는 안 된다는 것이 아바자의 주장이었다.[209]

　일반적으로, 12월 28일의 회의는 "전쟁은 의심할 여지 없이 바람직하지 못하다. 시간은 러시아에게 최고의 동맹자이다. 매년 우리를 강하게 만들어 줄 것"[210]이라는, 짜르가 회의 머리말에서 표현한 견해에 대체로 동의하였다. 짜르의 견해는 매우 정확하였다. 1903년 여름 이래 쿠로파뜨킨은 유럽 본토로부터의 증원군과 지역 편대의 증강을 계획하였다. 이제 러시아의 동아시아군은 매달 7천 명씩 더욱 효율적인 부대로 증강되었다.[211] 해상에서는 태평양함대가 역시 증원군을 보충받았지만, 영국과 일본의 경계를 받아야 했다. 1903년 12월에는 현대식 전함과 장갑 순양함이 태평양함대에 추가로 배치되었다. 당시 러·일 양국의 해군력의 비교표를 보면 일본이 약간 우세하였으나,[212] 러시아 전함이 새로이 도착할 때마다 양국 사이의 차이는 근소해졌다. 일본은 2척의 전함이 영국에서 건조 중이었으므로 1년 안에 이 선함들을 인수받으리라고는 기대할 수 없었다. 러시아는 발트함대 일부로 태평양함대를 증원할 수 있었는데, 당시 발트함대는 부분적으로 현대화 및 정밀검사 단계에 있었다. 신예 전함 오슬랴바(Osliaba)호, 1등 순양함 아브로라(Avrora)와 드미뜨리 돈스꼬이(Dmitrii Donskoi)는 소함대를 거느리고 12월에 여순에 도착하였다. 오스랴바호는 이탈리아 해역에서 좌초하여 스페찌아(Spezzia)에서 수리를 받아야만 했다. 러·일전쟁이 일어날 당시에 이 함대는 홍해 상에서 동아시아 해역을 향해 항진하고 있었다. 그럼에도 전쟁 전에 러시아의 해군력을 평가할 때에는 이 함대가 계산에 포함되었다.[213]

동아시아에서 러·일 양국의 잠재적인 해군력에 대한 평가는 해군기지, 드라이독(乾船渠), 석탄, 장갑, 화약, 승무원, 훈련 그리고 고려해야 할 기타 요인 등을 중심으로 논의해 왔다. 도출된 결론과는 관계없이 일본 해군력의 근소한 우위가 안심할 정도는 아니었다는 것은 의심의 여지가 없다. 일본정부가 이탈리아 조선소에서 완성된, 아르헨티나의 일류급 장갑 순양함 2대를 구입하기 위해 1903년 12월에 아르헨티나와 교섭을 시작한 것이 한가한 제스츄어가 아니었던 것이다.[214]

1904년 1월 6일의 러시아의 제3차 제안은 12월 28일 회의의 결정에 부응하기 위해 다음과 같은 조항으로 만주 문제를 다시 포함시켰다. "일본은 만주와 그 연해 지역이 일본의 세력범위 밖에 있음을 인정한다. 반면에 러시아는 조계지 설립을 제외하고는, 만주에서 일본이나 열강이 청국과 맺은 기존 조약에 따라 획득한 권리와 특권들을 향유하는 것을 방해하지 않을 것이다."[215] 그러나 이 규정은 일본이 자국의 상호약정—제2차 제안 및 북위 39도선을 다루고 있는 조항에서 이미 암암리에 묵인했던, 조선을 전략적인 목적으로 사용치 않겠다는—을 담고 있는 조항을 통해 조건부로 수용한 바 있다. 만주와 관련한 조항에 대한 의심을 완화시키고자 러시아정부는 1월 8일, 러시아는 여타 열강이 만주에서 조약상의 권리를 행사하는 것을 막을 의도가 전혀 없다는 내용의 회람장을 주요 열강에 발송하였다.[216]

그럼에도 일본은 러시아의 진의를 의심하였다.[217] 1903년 12월말부터 1904년 1월초까지 일본은 교섭 중단이 불가피하다고 확신한 것 같았고, 자국의 외교를 전쟁을 준비하는 쪽으로 방향을 돌렸다. 런던의 하야시 공사는 자국이 영국에게서 어떤 형태의 "호의적 중립(benevolent neutral-ity)"을 기대할 수 있는지, 그리고 영국의 저탄기지를 이용할 수 있을지 여부를 영국정부에 문의하였다. 그는 런던에서의 차관 조달 가능성을 여러 차례 화제로 삼았다. 또 그는 러시아가 흑해함대의 터키 해협 통과권을 얻어내려고 한다면 영국이 어떤 조치를 취할 것인지도 관심을 나타냈다.[218] 그러면서도 일본은 무엇보다 러·일 사이에 미해결된 논쟁점에 대한 조정은 피하려는 것 같았다.[219]

도쿄에서는 겐로와 내각이 1904년 1월 11일에 회동하였다. 고무라는 만주 문제의 본질적인 요소,[220] 즉 청국 및 만주의 영토보전에 대한 승인을 러시아가 고려하려 하지 않기 때문에 더 이상 교섭할 이유가 없다는 자신의 견해를 설명하였다. 그러나 일본은 1월 13일에 제4차이자 마지막 제안을 로젠에게 전하였고, 다음날인 14일에는 상트 페테르부르크의 람스도르프에게도 전하였다. 또 다른 구두각서에 담겨 있는 이 최종안은 일본측의 극단적인 견해를 대변하였다. 더욱이 이 제안이 마지막 조건이라는 점을 지적하였다. 구두진술로 이루어진 훈령에는 "문제해결을 더 지연시키는 것은 양국 모두에게 지극히 불리할 것"[221]이라는 위협이 함축되어 있었다.

일본의 최종안은 중립지역에 관한 조항을 삭제하고 러시아측 2차 제안의 제5조에서 "조선 영토의 일부라도 전략적인 목적을 위해 사용할 수 없다"는 구절을 삭제할 것을 요구하였다. 일본은 만주에 관한 러시아측 제안을 다음과 같이 수정하였다.

  a. 일본은 만주와 그 연해 지역이 일본의 이익범위 밖에 있음을 인정하고, 러시아는 만주에서 청국의 영토보전을 존중키로 약속한다.
  b. 러시아는 만주에서 일본이나 여타 열강이 청국과 맺은 기존 조약으로 획득한 권리와 특권을 향유하는 것을 방해하지 않는다.
  c. 러시아는 조선과 그 연해 지역이 자국의 세력범위 밖에 있음을 인정한다.

일본은 이처럼 만주 문제를 논의하는 데 러시아가 절대적인 선결조건이라고 생각했던 조건들을 명백히 거절하였다. 제4차 제안으로 일본은 교섭을 막다른 골목에 처하게 만듦므로써 교섭 결렬을 준비한 셈이다. 러·일전쟁의 원인에 대한 최근의 러시아측 저술에 따르면, 이 제안으로써 일본은 러시아에 대한 공격을 정당화할 수 있는 근거를 갖추게 되었다.[222] 이런 의미에서 일본의 제4차 제안은 러시아에 대한 최후통첩이었다.

그러는 동안 러·일 양국은 전쟁을 준비하였다. 1903년 12월 28일에 이미 일본내각은 아르헨티나 순양함의 구입 및 검열과 같은 비상조치들을 승인하였다. 1904년 1월 14일에 군사작전을 지휘하는 육군최고회의가 열렸고, 1월 22일에는 일본의 항구와 특수 해상구역으로 진입하려는 외국 선박에 대해 제한을 가하는 제국칙령이 공포되었다.[223] 상트 페테르부르그의 구리노 공사는 일본의 최종적인 통첩제안에 대한 답변을 람스도르프에게 적어도 두 번은 요구하였다. 구리노는 결정을 서둘러야 할 필요성을 강조하였다.[224] 아마도 그는 만족스러운 답을 희망했을 것이다. 그러나 런던의 하야시 공사는 "만주 문제에 대한 명확한 쌍무협정 이외에는" 그 어느 것도 일본정부를 만족시킬 수 없다는 뜻의 말과 함께 자국측 제안이 궁극적인 선택이 되어야 함을 강조하였다. 일본의 상황을 하야시는 "현재 주화파(主和派)는 없다"[225]고 잘라 말하였다. 1월 29일의 랜스다운과의 회견에서 하야시는 랜스다운에게 "일본의 제안을 완전히 수락하는 것만이 전쟁을 피할 수 있다"[226]는 인상을 남겼다.

알렉쎄프는 자신의 요원을 통해서 일본의 군사준비의 구체적인 사항—1904년 1월 첫째 주에 일본이 수송선을 모지(Moji)에 집결시키고 병력을 승선시켰던—을 소상히 알고 있었다.[227] 1월 6일에 알렉쎄프는 짜르에게 동아시아에 군대 동원령을 내리고 그 분견대를 압록강으로 이동할 것을 허락해 달라고 요청하였다.[228] 그러나 짜르는 쿠로파뜨킨과 협의한 후 알렉쎄프에게 군수품 및 수송설비 동원을 가능케 하는 특별 조치는 허락했지만, 어디까지나 동원령과 압록강으로의 병력이동을 위한 준비만을 갖추도록 허락했던 것이다.[229] 짜르에게 알리지 않고서는 어떠한 행동도 취할 수 없다는 것을 통보받자 불안해진 알렉쎄프는 자신의 총독으로서의 권한을 더욱 제한할 수밖에 없었다.[230] 1월 27일에 짜르는 알렉쎄프에게 다음과 같은 내용을 타전하였다.

일본이 조선 남부에 상륙하거나 혹은 서울 남부와 동일한 위도상의 동해안에 상륙할 경우, 러시아는 이를 못 본 척 눈을 돌려버릴 것이며, 또 이를 곧 전쟁의 동기로 간주하지 않을 것임을 참고삼아 명심하도록 하오. 우리는 일본이 압록강과 두만-울라의 분수령을 이루는 산맥까지 점령하는 것을 용인할 수 있소.[231]

그렇지만 일본의 제4차 제안으로 말미암아 러시아 당국자들 가운데는 일본인들에 대한 적대감이 들끓었다. 쿠로파뜨킨은 북위 39도선 이북지역을 중립지대로 할 것을 재차 주장하는 각서를 짜르에게 제출하였다. 반면 짜르는 일본이 "만주에서의 청국 영토의 보전" 조항을 삽입

코자 고집하는 것을 "무례"[232]하다고 생각하였다.

1904년 1월 28일에 러시아에서는 일본측 제안을 논의하고 수정안을 제출하기 위한 또 다른 회의가 소집되었다. 알렉쎄이 알렉산드로비치 대공, 아벨란 제독(해군국장), 아바자 해군 소장, 람스도르프, 그리고 쿠로파뜨킨이 회의에 참석하였다. 회의에서는 견해 차이가 표출되었다. 그러나 쿠로파뜨킨과 람스도르프는 다른 참석자들의 승인을 받아 대응안에서는 "만주에서의 청국 영토의 보전" 조항에 대한 논의를 허용하지 않기로 결정하였다. 다른 조항에서는 모든 형태의 중립지역 요구를 삭제하고, 만주에서의 여타 열강의 권리에 관한 조항 가운데 "조계지(settlements)"에 관한 조건을 삭제하였다. 그리고 전략적인 목적을 위해 조선을 이용하지 않겠다는 일본의 의무에 관한 조항은 존속시키기로 결정하였다.[233] 따라서 러시아의 대응안은 그 성격상 타협적이었지만, 러시아 정치가들이 교섭에 대한 책임을 면할 수는 없음을 다시 한번 보여주는 것이다.

짜르는 이 최종안을 2월 2일에 승인하였고, 이 안은 도쿄에 전달하기 위해 다음날인 3일자로 여순으로 송부되었다. 여느 때처럼 전달이 지연되었다면 전문은 2월 3일이나 4일 여순에, 그리고 4일이나 5일에야 일본정부에게 전달되었을 것이다. 한 자료에 따르면, 일본은 로젠에게 보낼 암호전문 발송을 고의로 2월 7일까지 지연시켰다.[234] 그러나 일본의 이 같은 행동은 사건의 진행방향을 돌려놓지는 못했을 것이다. 2월 3일에 일본 내각과 추밀원은 전쟁을 감행하기로 결의하였다. 내각과 추밀원은 다음날인 2월 4일에 어전회의를 열어 결정사항에 대한 천황의 재가를 받았다.[235] 2월 5일 도고 제독은 작전개시 명령을 받았고, 6일에는 적재한 수송선들이 제물포로 항진, 조선에 상륙함으로써 군사작전을 개시하였다.[236] 같은 날인 5일, 고무라는 구리노 공사에게 러시아와의 외교관계를 단절하라는 훈령을 타전하였다.[237] 이 훈령은 그날 오후 그대로 실행되었다.[238] 역시 같은 날 일본 함대는 자국 항구에 정박 중인 러시아 선박과 공해 상의 러시아 선박들을 포획함으로써 공세를 취하기 시작하였으나,[239] 이 같은 포획 소식은 일반 대중에게는 알려지지 않았고 종전 이후까지도 널리 알려진 적이 없다.

2월 8일에 짜르는 자신이 직접 주관하는 또 다른 특별회의를 열었다. 람스도르프와 쿠로파뜨킨이 다시 참석하였고, 알렉쎄이 알렉산드로비치 대공, 아벨란, 그리고 아바자도 참석하였다. 회의에서는 일본인들의 조선의 특정 지역 상륙이 의미하는, 전략적인 고려사항만을 논의하였다. 일본군의 제물포 북부 상륙이 러시아에게는 첫 군사작전을 개시하는 데 지대한 이득을 가져다줄 것이라는 쿠로파뜨킨의 견해가 받아들여졌다.[240] 논의를 거듭한 결과 짜르는 다음과 같은 훈령을 담은 급보를 알렉쎄프에게 발송하였다.

군사행동은 우리가 아니라 일본이 시작하는 것이 바람직하오. 따라서 일본이 우리를 공격하는 작전을 개시하지 않는다면, 그들이 조선 남부에 상륙하거나 또는 원산에 이르는 조선의 동해안까지 상륙하는 것에 그대는 어떠한 조치도 취해서는 안 되오. 그러나 일본 함대에 지상병력이 있든 없든 간에, 일본 함대가 조선 서해안의 북위 39도 이북으로 넘어온다면, 당신은 첫 포성을 기다릴 것 없이 공격해도 되오. 짐은 당신을 믿겠소. 신의 가호가 있기를.[241]

2월 8일과 9일 사이의 한밤에, 일본 어뢰정들은 여순항의 노상 정박지에 정박하고 있던 러시아의 태평양함대에 격렬한 공격을 감행하였다. 러시아 함대에게 북위 39도를 넘은 일본 전함을 공격하라는 명령은 이미 하달된 바 있었고, 이 명령은 아마도 전달되었을 것이다. 어느 쪽이 전쟁의 첫 포를 쏘아 올렸는지는 단지 우연의 문제였을 뿐이다. 2월 10일의 선전포고는 의도와 사실에 뒤따른 하나의 절차에 불과했다.

약 어

B.D.　　*British Documents on the Origins of the War, 1898~1914.*
　　　　Ed. by George Peabody Gooch and Harold Temperley.
　　　　London, 1926~1938.

C.E.R.　Chinese Eastern Railway

D.D.F.　*Documents diplomatiques (Français).* Paris, 1871~1931

G.P.　　*Die grosse Politik der europäischen Kabinette, 1871~1914.*
　　　　Berlin, 1922~1927

G.S.S.　*Glavny Shtab, Sbornik··materialov po Azii*(러시아 참모부
　　　　의 아시아에 관한 지리, 지형, 통계자료 모음집)

I.I.R.G.O.　Izvestiia Imperatorskago Russkogo Geograficheskago,
　　　　obshchestva, 1865~1885(러시아제국 지리학회 소식).
　　　　St.Petersburg, 1887.

I.V.I.　*Izvestiia Vostochnago Instituta* (동방연구소 소식).
　　　　Vladivostok, 1898~1922.

I.V.I., Chronicle. 독일어, 프랑스어, 영어, 일본어, 중국어로 된 학술지
　　　　논문들의 부록

Journal R.U.S.I.　Journal of the Royal United Service Institute.

K.A.　　*Krasnyi Arkhiv*(Red Archive). Moscow, 1922~1941.

M.I.D.　*Ministerstvo Inostrannykh Del*(외무성)

S.M.R.　South Manchurian Railway.

Z.I.G.R.O.　*Zapiski Imperatorskago Russkago Geograficheskago*
(러시아제국 지리학회 기록). St.Petersburg, 1867~1916.

주

제1장
동아시아에서의 러시아의 지위(1860~1890)

1) A. V. Efimov, *Iz istorii russkikh ekspeditsii na Tikhom Okeane* (Moscow, 1948) pp.49~54.

2) 1870년대에서 1890년대에 이르기까지 대표적인 비판들은 아래의 자료를 참조. N. M. Prjevalskii, *Puteshestvie v Ussuriiskom krae, 1866~1869*, (St.Peterburg, 1870) ; [Arkhimandrit] Palladii, "Istoricheskii ocherk Ussurii-skago kraia v sviazi s istoriei Manzhurii", *Z.I.R.G.O.*, VIII(1879), pp.221 ~228. ; S. I. Korzhinskii, *Amurskaia oblast' kak zemledel'cheskaia koloniia* (St.Petersburg, 1892).

3) 무라비요프 아무르스키(Muraviev-Amurskii)의 육군성 보고, 1857년 2월 29일(3월 11일)자, 1857. I. P. Barsukov, *Graf Nikolai Nikolaevich Amurskii* (Moskow, 1891), II, 150~151 ; T. I. Polner (ed.), *Priamur'e : Fakty, tsifry, nabliudeniia* (Moskow, 1909), p.61, p.75, (이하 *Priamur'e*라고 함) ; Constantin von Zepelin, *Der Ferne Osten* (Berlin, 1907~1911), II, 66 ; Great Britain, Naval Intelligence Division, *Handbook of Siberia and Arctic Russia* (London, 1922), p.64 이하 계속, (이하 *Handbook of Siberia*라고 함)

4) *Handbook of Siberia*, pp.204~205 ; Zepelin, *op.cit.*, II, 51.

5) *Handbook of Siberia*, p.205. 1869년이 되자 아무르강 유역에는 67개 부락에 13,209명의 주민이 거주했고, 우쑤리강 유역에는 28개 부락에 5,310명의 주민이 거주했다. 이로써 모두 95개 부락에, 거주자는 총 18,519명에 이르렀

352

다. *Priamur'e*, p.82.

6) *Priamur'e*, p.59.

7) Zepelin, *op.cit.*, II, 52~53. 1880년에는 이주해 온 사람들의 수효보다 훨씬 더 많은 수의 사람들이 아무르 지방을 떠나버렸다. 그리고 제야강 지역에는 아예 거주자가 거의 없게 되었다. K. A. Skal'kovskii, *Russkaia torgovlia v Tikhom Okeane* (St.Petersburg, 1883), p.65.

8) Palladi, *op.cit.*, VIII, 226.

9) Nazarov [Colonel], "Materialy dlia voenno-statisticheskago obzora Priamurskago voennago okruga i Manzhurii", *G.S.S.*, XXXI (1888), 249 ; *Priamur'e* , p.210.

10) *Priamur'e*, p.210.

11) I. Nadarov, "Severno-Ussuriiskii krai", *Z.I.R.G.O.*, VII (1887), 51.

12) 예컨대 1856년 가을부터 겨울에 걸쳐 아무르강을 거슬러 올라가야 했던 1855년 무라비요프 아무르스키 탐험대의 복귀과정에 대한 설명을 참조. M. I. Veniukov, "Amur v 1857~1858 godu", *Russkaia Starina,* XXIV (1879), 99~100 ; *Priamur'e*, pp.66~68 ; Barsukov, *op.cit.*, I, 456~465.

13) 다음 참조. 시베리아위원회 위원장, 콘스탄틴(Constantine) 대공에게 보낸 무라비요프 아무르스키(Muraviev-Amurskii)의 보고서, 1858년 9월 20일 (10월 11일)자, Barsukov, *op.cit.*, II, 186~189.

14) 6~8월, 하계 3개월 동안 평균 11.5인치의 강수량을 보였다. Holt S. Hallet, "Russian Possessions in the Far East", *Nineteenth Century,* XLI (1902), 489 ; D.M.Pozdneev (ed.), *Opisanie Manzhurii* (St.Petersburg, 1897), II, App.I, table E.

15) Hallet, *op.cit.*, p.489.

16) Palladii, *op.cit.*, VIII, 224.

17) "P'ianyi khleb(пьяныи хлеб)"

18) A. V. Eliseev, "Otchet o poezdke na Dal'nii Vostok", *I.I.R.G.O.*, XXVI (1890), 337~338. 엘리쎄프는 이 같은 곡물병리학의 문제를 해결한 식물학 자였다.

19) Skal'kovskii, *op.cit.*, pp.31~33.

20) Korzhinskii, *op.cit.*, p.60.

21) 1881년에 2,400두의 소들이 만주로부터 수입되었다. Skal'kovskii, *op.cit.*, p.31. ; Pozdneev, *op.cit.*, II, App.VIII, tables 4, 5 참조 ; V. L. Komarov, "Usloviia dal'neishei kolonizatsii Amura", *I.I.R.G.O.*, XXXII (1896), 459, 490.

22) Korzhinskii, *op.cit.*, pp.59~60. 코르진스키 교수는 콩을 재배하라고 권고
했다. *Ibid.*, p.110. 소련이 동아시아에서 여러 작물 가운데 콩을 택해 경작한
것은 흥미로운 일이다.

23) Skal′kovskii, *op.cit.*, pp.78~79.

24) *Ibid.*, pp.81~82.

25) 주로 샌프란시스코(San Francisco)로부터 식량을 구입했다. Ska′lkovskii,
op.cit., p.82.

26) *Ibid.*, p.80. 러시아 선교사들은 원주민들이 전멸했다고 보고했다. 그러나
이같은 보고는 과장된 것임에 틀림없다. 아마도 그들은 식량을 구하고자 다
른 곳으로 이주했을 것이다.

27) Zepelin, *op.cit.*, II, 58. 당시 블라디보스톡은 노브고로드스크의 한 작은 전
초기지에 불과했다.

28) A.Seich, "Sakhalin kak koloniia", *Vestnik Evropy* Mysl′, 1904, No.7,
p.152. 이 무렵은 사할린에 대한 러·일 사이의 최종교섭기간이었다. 아마 러
시아는 사할린 섬에 대해 강력한 입장을 요구했던 것으로 보인다.

29) *Handbook of Siberia*, p.205 ; Zepelin, *op.cit.*, II, 62.

30) I. P. Iuvachev, "Bor′ba s khunhuzami na Manzhurskoi granitse",
Istoricheskii Vestnik, LXXXII (October, 1900), 177~206 (December,
1900), 538~564.

31) 제2장을 참조.

32) Skal′kovskii, *op.cit.*, pp.88~92.

33) *Ibid.*, p.88.

34) *Ibid.*, p.89.

35) Barsukov, *op.cit.*, I, 387 ; Skal′kovskii, *op.cit.*, p.67 ; Zepelin, *op.cit.*, III,
96~97.

36) Skal′kovskii, *op.cit.*, p.409 ; *Priamur′e*, p.210.

37) Skal′kovskii, *op.cit.*, p.409. 러시아 선박들이 일본 항구에 기항하는 것은
1867년 이후 더욱더 피할 수 없게 되었다. 러·일 양국은 1867년 12월 23일
(러시아력 12월 11일) 하코다테(函館)에서 새로운 통상조약을 체결했는 데,
이 조약은 쌀, 호밀, 소맥, 밀가루 등과 같은 일본산 곡물의 수출을 금했다.
통상조약 제11항을 참조. *Ibid.*, p.511.

38) 블라디보스톡에 최초의 도크 시설을 건설하기 시작한 것은 1883년의 일이
었다. *Ibid.*, p.15.

39) 1877년 나가사키(長崎)에 지어진 도크 시설은 러시아 선박들이 가장 빈번
히 이용하였다. 다음 자료도 참조. V. Rudnev, "Iz vospominanii o plavanii

na kreisere 'Africa'", *Vestnik Evropy Starina,* CLII (October, 1912), 208 ; Skal'kovskii, *op.cit.,* p.428.

40) Barsukov, *op.cit.,* pp.47~48.

41) *Priamur'e,* pp.167~168.

42) 이 일련의 조약들은 1860년에 체결된 영국 및 프랑스와의 천진조약을 시작으로, 1869년에 체결된 오스트리아-헝가리와의 무역협정까지를 지칭한다. Edward Hertslet, *China Treaties* (London, 1908), I, 여기 저기에 있음.

43) 1851년부터 1860년까지 연평균 차 수입량은 401,820푸드(1푸드는 36 미(美)파운드의 무게에 해당)였다. 1860년에는 453,577푸드, 1865년에는 711,504푸드, 1870년에는 1,139,070푸드, 1875년에는 1,358,734푸드, 1880년에는 2,142,237푸드가 수입되었다. Skal'kovskii, *op.cit.,* p.188의 연표를 참조.

44) V. L., von, "Torgovye zadachi Rossii na Vostoke i v Amerike", *Vestnik Evropy,* VI, No.2 (February, 1871), 756. 스칼코프스키(Skal'kovskii)가 추산하기로는 1875년 캬흐타와 아무르로 운송된 양은 각기 1천 4백만 러시아파운드와 13만 4천 러시아파운드였다. ; Skal'kovskii, *op.cit.,* p.310. 1879년에 아무르강을 통해 운송된 차는 전혀 없었다.

45) V. L., von, ibid., p.757.

46) *Ibid.*

47) 1871년의 운송료에 대한 상세한 분석이 다음에 소개되어 있다. V.L.Von, *op.cit.,* pp.758~759. 이와 더불어 다음도 참조. Skal'kovskii, *op.cit.,* pp.307~309 ; N. G. Matiunin, "Nashi sosedi na krainem vostoke", *Vestnik Evropy,* XXIII, No.7 (July, 1888), 84.

48) M. I. Veniukov, "Ocherki krainego Vostoka", *Vestnik Evropy,* VI, No.8 (August, 1871), 495.

49) Skal'kovskii, *op.cit.,* p.313.

50) *Ibid.,* p.299.

51) D. M. Podzneev, "Materialy po voprosu o peresmotre deistvuiushchikh v kitaiskikh morskikh tamozhniakh······", I.V.I., XIV (1906), 81.

52) V. L., von, *op.cit.,* p.756.

53) 나키모프(Nakhimov)호와 치하체프(Chikhachev)호를 이 노선에 투입하려 했다. *Ibid.,* p.771.

54) 이는 1876년의 일이다. Skal'kovskii, *op.cit.,* p.451.

55) *Ibid.,* p.298.

56) *Ibid.,* p.298.

57) *Ibid.,* p.367.

58) 이곳의 인구는 1860년대에는 5,000명이었고, 1870년대에는 2,500명이었으며, 1881년에는 1,500명이었다. *Ibid*, p.68.

59) 1865~1875년 기간에 연평균 16척의 선박이 니콜라예프스크에 입항했고, 그중 70퍼센트는 독일 선박이었다. 1875~1879년 기간에 외국 상인들은 지방은행을 통해 본국에 177만 루블을 송금한 반면, 러시아 상인들은 14만 2천 루블만을 송금했을 뿐이다. Skal′kovskii, *op.cit*., pp.71~72.

60) *Ibid*., pp.16~34.

61) Zepelin, *op.cit*., III, 98.

62) 러시아의 지방 상인들은 관세자유항(porto franco) 상태에 대해 신랄하게 불평했고, 자신들이 "미국과 함부르크(Hamburg) 상사(商社)들에게 착취당하고 있다"고 말했다. Matiunin, "Nashi sosedi……" *Vestnik Evropy* op. XXXIII, No.7(July, 1888), 84. 특히 함부르크 쿤스트알베르스(Kunst and Albers of Hamburg)와 같은 일부 외국상사들은 결국 완전히 러시아 기업이 되었다.

63) 1876년 수입은 1,154,781루블이었고 수출은 44,097루블이었다. 1878년에는 수입이 2,185,000루블이었고 수출은 104,521루블이었다. 1880년에는 수입이 2,742,000루블이었고 수출은 260,096루블이었다. Skal′kovskii, *op.cit*., p.17.

64) *Ibid*., p.29.

65) *Priamur′e*, p.164.

66) 실례로 1878년 블라디보스톡의 수출액 중에는 57,850루블 어치의 해삼과 25,500루블 어치의 녹용이 포함되어 있었다. 그러므로 총수출액 104,521루블 가운데 83,350루블은 전적으로 청국인들의 수중에 있었다. Skal′kovskii, *op.cit*., p.17.

67) *Ibid*., p.400.

68) Prjevalskii, *op.cit*., p.111.

69) 무라비요프 아무르스키(Muraviev-Amurskii)가 짜르에게 올린 보고서, 1848년 9월 7일자, Barsukov, *op.cit*., II, 33~34.

70) Nadarov, *op.cit*., VII, (1887), 100 ; *Priamur′e*, pp.545~551.

71) 다음 참조. 무라비요프 아무르스키가 시베리아위원회장에게 보낸 서한, 1858년 12월 15일자, Barsukov, *op.cit*., II, 220~224.

72) 1856년의 철수로 소수의 군인 정착민들(military colonists)만이 남게 되었고, 개척사업을 다시 시작해야만 했다. *Priamur′e*, p.105.

73) Zepelin, *op.cit*., II, 42. *Priamur′e*, pp.103~105. 앞의 두 책에 따르면 4월 27일이라고 서술되어 있다. V.L.Komarov, in "Usloviia dal′neishei kolonizatssi Amura", p.468에서도 4월 27일이라고 기술되어 있다. 1890년에는 25,000데시

아틴(dessiatine)의 토지가 매입되었다.

74) Zepelin, ibid., II, 66~67. 이는 무라비요프 아무르스키가 제안한 것으로 1858년의 제1차 아무르 정착규정에 반영되었다. Barsukov, op.cit., II, 194.

75) K. Kochurovskii, "Krest'ianskoe khoziaistvo i pereselenie", *Vestnik Evropy* Mysl', 1894, No.3, p.25. 1861~1891년 동안 57만 명 내지 60만 명이 러시아령 아시아에 거주했고, 이들 가운데 동시베리아에 거주한 자들은 6만 명 내지 7만 명이었다.

76) "러시아 남부에서는 농지에 물을 대는 것이 주요 문제였지만, 아무르 유역 에서는 어떻게 하면 농지에서 물을 빼내느냐가 주요 문제였다." Komarov, op.cit., p.459.

77) Zepelin, op.cit., II, 43.

78) *Ibid.*, II, 55 ; *Handbook of Siberia*, p.204.

79) *Priamur'e*, p.81. ; M. I. Veniukov, "Amur v 1857~1858 godu", *Russkaia Starina*, XXIV (1879), 279~280.

80) 1855년부터 1882년까지 여덟 차례의 대홍수가 있었다. Franz Shperk, *Rossiia Dal'nego Vostoka* (St.Petersburg, 1885), pp.201~203, 389 ; Komarov, op.cit., p.470.

81) 1861~1869년 동안 자발적인 이주자들의 수효는 연평균 1,044명인데 비해, 1869~1882년 동안에는 96명에 불과했다. *Priamur'e*, p.108.

82) Zepelin, op.cit., II, 37.

83) 코사크족에게 부여된 토지에 대한 분석은 다음 참조. Komarov, op.cit., pp.470~471 ; *Priamur'e*, pp.75~83. 코사크족 이주자들이 최고의 자질을 갖춘 이들이 아니었음에 주목해야 한다. 트랜스바이칼 지방에서는 대리구 입 제도가 있었고, 더 부유하고 활동적인 코사크족은 음주벽이 있는 자나 변변치 못한 자들을 대신 고용할 수 있었다. *Ibid.*, p.69 ; Skal'kovskii, op.cit., p.3.

84) Komarov, op.cit., pp.460, 467.

85) 시베리아함대는 아직도 연간 60만~70만 푸드의 외국산 석탄에 의존하고 있었다. A.Seich, op.cit., pp.158~159.

86) *Ibid.*, p.156. 이 밖의 다른 소규모 시도들에 대해서는 다음 참조. A. A. Panov, Sakhalin kak koloniia (Moscow, 1905), pp.22~25.

87) Seich, op.cit., pp.158~159.

88) pp.35~36 참조.

89) Seich, op.cit., pp.161~162.

90) 러·일전쟁 중이던 1904년 사할린을 방어하려는 시도는 전혀 없었고, 유배

지로서 사할린 섬의 의미는 사라지고 말았다. E. V. Lebedev, *Sovetskii Sakhalin* (Moscow, 1933), p.18.

91) Nadarov, *op.cit.*, p.106.

92) 1869년에 7천 명의 조선인이 러시아 영토로 들어왔다. Zepelin, *op.cit.*, II, 62~63 ; *Handbook of Siberia*, pp.210~211 ; *Priamur'e*, pp.151~152.

93) Nazarov, *op.cit.*, p.5.

94) Eliseev, *op.cit.*, p.340. 1882년 아무르 유역의 인구는 러시아인 41,500명과 동양인 15,000명으로 이루어져 있었다. Nazarov, ibid., pp.5~7.

95) Nadarov, *op.cit.*, p.103.

96) Matiunin, *op.cit.*, p.84.

97) pp.27~28 참조.

98) 이 에피소드에 대한 상세하고도 재미있는 설명이 다음에 소개되어 있다. Pozdneev, *op.cit.*, I, pp.485~504. 다음도 참조. A. Lebedev, "Zheltuginskaia Respublika v Kitae", *Russkoe Bogatstvo,* 1896, No.9, pp.144~171.

99) 이들이 만든 규약의 머리말은 다음과 같다. "아무르 캘리포니아의 독자적인 광산의 동업자들이자 소유자들인 우리는……" Pozdneev, *op.cit.*, I, 493. 또한 "아무르의 캘리포니아"라는 표현이 종종 보이는 정기간행물 목록도 참조. Pozdneev, *op.cit.*, II, 21~24.

100) *Ibid.*, II, 493~494.

101) Lebedev, *op.cit.*, pp.146~147, 155 ; Pozdneev, *op.cit.*, pp.499~501.

102) Lebedev, *op.cit.*, pp.157~158.

103) *Ibid.*, pp.155~156 ; Pozdneev, *op.cit.*, p.502.

104) Pozdneev, *op.cit.*, pp.502~506.

105) E. D. Grimm, *Sbornik dogovorov i drugikh dokumentov po istorii mezhdunarodnykh otnoshenii na Dal'nem Vostoke* (Moscow, 1927), p.71.

106) Nadarov, *op.cit.*, pp.116, 125.

107) *Ibid.*, p.127.

108) *Ibid.*, p.129 ; Skal'kovskii, *op.cit.*, p.9.

109) M. N. Pokrovskii, "Vostochnyi Vopros", in *Istoriia Rossii v XIX veke* (Moscow, 1913~1914), VI, 63 ; Skal'kovskii, *op.cit.,* p.466 ; Zepelin, *op.cit.*, I, 210.

110) 이 선박들을 러시아와 아메리카를 오가는 운항에 시험하였지만 수지가 맞지 않는 것으로 판명되었다. Skal'kovskii, *op.cit.,* p.466.

111) *Ibid.*, pp.466~467 ; Zepelin, *op.cit.*, I, 210~211.

112) Zepelin, *op.cit.,* I. 210~211.

113) Skal'kovskii, *op.cit.*, p.467.

114) 1879년부터 1883년까지 운송된 화물에 대한 자세한 설명은 다음 참조.
    ibid., pp.468~472.

115) 회사는 1882~1886년에 24만 루블의 적자를 보았다. Zepelin, *op.cit.*, I, 211.

116) Skal'kovskii, *op.cit.*, p.22.

117) N. A. Voloshinov, "Sibirskaia zheleznaia doroga", *I.I.R.G.O.*, XXVII
    (1891), 14.

118) *Priamur'e,* pp.97~105.

119) Skal'kovskii, *op.cit.*, pp.31, 68, 69.

120) 아무르강에는 1860년대에 기선 10척이 있었고 1881년에는 50척이 있었다.
    같은 기간에 인구는 1만 명에서 4만 명으로 증가했다. *Ibid.*, p.65.

121) R. R. Rosen, *Forty Years of Diplomacy* (New York, 1922), I, 46.

122) 일본에서 외교관으로 봉직했던 로젠(Rosen)이 처음에 맡은 직위는 대리
    공사였다. *Ibid.*, p.53.

123) Skal'kovskii, *op.cit.*, p.352.

124) 동시베리아 총독 무라비요프 아무르스키가 그 실례이다.

125) Skal'kovskii, *op.cit.*, p.81.

126) 1886년에 코르프 남작이 사할린을 방문했다. A. P. Chekhov, *Na Sakhaline*
    (St.Petersburg, 1890), p.120.

127) *G.S.S.*, XLI (1889), 143, 145.

128) *Ibid.,* p.194.

129) N. M. Prjevalskii, "Ussuriiskii krai", *Vestnik Evropy,* V, No.5 (May,
    1870), 237~238. 저자 프리예발스키가 바로 그 같은 교역을 목격한 증인이다.

130) *Ibid.*, p.238.

131) K. N. Pos'iet, "Prekrashchenie ssylki v Sibir'", *Russkaia Starina*, XLIX
    (1899), No.7, p.52.

132) *Ibid.*, p.59.

133) 러시아의 저명한 두 탐험가인 프리예발스키(Prjevalskii)와 베뉴코프(Veni
    -ukov)는 조선에는 결코 가본 적이 없다. 이들은 외국 자료를 이용하여 조
    선에 대해 기술했다.

134) 몇몇의 짤막한 보도기사들을 제외하면 조선에 관한 최초의 출판물은 W. E.
    Griffis, *Corea, the Hermit Nation*을 번역한 것이었다. *G.S.S.*, XIV (1885).

135) Prince Dadeshkaliani, "Ocherki Korei", *G.S.S.,* XXII (1886), 61~119.

136) 1876~1884년 조선이 서구 열강과 수교한 것이 바로 그것이다. 조선의 개
    항 상황은 다음에 간략하면서도 분명하게 서술되어 있다. T.F.Tsiang,

"Sino-Japanese Diplomatic Relations, 1870~1894", *Chinese Social and Political Science Review*, XVII (April, 1933), pp.1~106.

137) 조약 원문은 다음에 수록되어 있다. *G.S.S.*, XLI (1889), App.I. 영문판 원문은 다음 참조. Great Britain, Foreign Office, *British Foreign and State Papers*, LXXV (1883~1884), 510~517.

138) 제8조 제1항.

139) 제2장 참조.

140) G. M. McCune, "Korea's International Debut, 1882~1885"(seminar report), March, 1936. 이 논문은 1882년 11월 이또(伊藤博文)와 이노우에(井上馨) 사이를 오간 전문들(*Inouye Biography*, III, 492, 494~495)을 인용하고 있다.

141) *G.S.S.*, XLI (1889), App.II.

142) A. Popov, "Pervye shagi russkago imperializma na Dal'nem Vostoke (1888~1903)", *K.A.*, LII(1932), 55~56.

143) 1885년에 청국과 일본은 상호 다음과 같이 약정했다. 즉 양국은 조선에서 군대를 철수하고, 상대 체약국에게 먼저 통보하지 않고는 장차 조선에 대해 어떠한 행동도 취하지 않는다는 것이다. 천진조약의 원문은 다음 참조. Grimm, *op.cit.*, p.91.

144) *K.A.*, LII (1932), 56.

145) *G.S.S.*, XLI (1889), 195.

146) Ministry of Finance, *Opisanie Korei* (St.Petersburg, 1900), III, 176~179.

147) *G.S.S.*, XLI, 215, App.III.

148) *Ibid.*, p.206.

149) Rosen, *op.cit.*, p.26.

150) *Ibid.*, p.53. 스칼코프스키는 러시아가 이미 1880년에 조약 개정에 동의했다고 주장한다. 즉 일본이 제안한 관세에는 일본으로 수출되는 러시아산 어류에 대한 관세가 1861~1867년의 그것보다 낮아질 것이라는 조항이 포함되어 있다는 사실이 1880년에 드러났기 때문이라는 것이다. Skal'kovskii, *op.cit.*, pp.372~373.

151) Skal'kovskii, *Vneshniaia politika Rossii i polozhenie inostrannykh derzhav* (St.Petersburg, 1897), p.493.

152) Grimm, *op.cit.*, p.51.

153) Report on Manchuria, 1886, Great Britain, Parliamentary Papers, *China No.2 (1887).* (이하 *China No.2 (1887)*라고 함) ; "Dvadtsat' piat' let Pekins-kago Dogovora", *Istoricheskii Vestnik*, XXII (1885), p.734 ; Pozdneev, *Opisanie Manzhurii*, I, 34~38.

154) Pozdneev, *op.cit.,* pp.34~38.

155) *Ibid.,* pp.36~38.

156) T. Iuzefovich, *Dogovory Rossii s Vostokom* (St.petersburg, 1869), pp.269~275.

157) 제1조.

158) 청국 상인들은 특히 "한신(hanshin)"이라 불리는 자국산의 저급한 술을 판매하여 소득을 올렸다. Nadarov, *op.cit.,* p.105.

159) 북부지역에는 이 "무인지대(no man's land)"에 인접한 변경지역이 있었다. 청국은 이주자들이 무인지대로 진입하는 것을 금하였다. *G.S.S.,* XXXVIII (1889), 17.

160) 1885년의 수출액은 8,298,000냥(兩)이었다. *G.S.S.,* XXXII (1888), 77~78.

161) 블라디보스톡을 통해 수입된 러시아산 직물은, 영구(營口)에서 육로로 운송된 영국산 직물보다 두 배 비싼 값으로 길림성에서 판매되었다. *G.S.S.,* XXXVIII (1889), 74.

162) *Ibid.,* XXXVIII (1889), 74.

163) Report on Manchuria, 1886, *China No.2 (1887),* pp.11~12.

164) 동부 투르키스탄의 한 읍(邑)이던 쿨쟈는 1865년 이슬람 교도의 반란 중에 파괴되었고, 이곳의 청국 주민들도 몰살되고 말았다. 러시아는 1871년 청국과 맺은 조약으로 쿨쟈와 주변지역을 점령했다. 이어 러시아는 1881년의 조약으로 철수했지만 "폭도들이 피난처로 삼을 수 있는" 일부 지역은 여전히 점유하였다. 러시아는 철수의 대가로 청국으로부터 9백만 루블의 배상금을 받아냈다. *New International Encyclopedia* (New York : Dodd, Mead, 1921), XIII, 385.

제2장
러시아의 관심 전환과 시베리아횡단철도 계획

1) 청국 자료를 토대로, 이 분쟁의 교섭사와 평화보존을 위한 이홍장의 역할을 서술한 논문이 있다. A.P.Ludwig, "Li Hung-chang and Chinese Foreign Policy, 1870~1885", (Unpublished Ph.D.dissertation, Univ. of California, Berkeley, 1936). 최근 출간된 청국 자료에 근거하여 이보다 더 간략하게 서술된 논문이 있다. Chu Djang, "War and Diplomacy over Ili", *Chinese Social and Political Science Review,* XX (October, 1936),

369~392.

2) 이 조약의 내용에 대해서는 Imperial Maritime Customs, *Treaties and Conventions Between China and Foreign States,* I, 72 이하 계속. 참조.

3) K. A. Skal'kovskii, *Vneshniaia politika Rossii i polozhenie inostrannykh derzhav* (St.Petersburg, 1897), p.458.

4) 1879~1880년 동안 5천 명 이상의 병력이 동아시아로 파견되었다. *G.S.S.,* XII (1884), 166.

5) Henri Cordier, *Histoire des relations de la Chine avec les Puiss-ances Étrangères* (Paris, 1902), II, 240 ; H. B. Morse, *International Relations of the Chinese Empire* (New York, 1918), II, 339.

6) Chu Djang, *op.cit.,* p.391.

7) Cordier, *op.cit.,* II, 166 이하 계속.

8) 이 사건은 살벌한 반일(反日) 폭동과 함께 시작되었다. T. C. Lin, "Li Hung-chang : His Korean Policies, 1870~1885", *Chinese Social and Political Science Review,* XIX (July, 1935), 227을 참조하라 ; T. F. Tsiang, "Sino-Japanese Diplomatic Relations, 1870~1894", *Chinese Social and Political Science Review,* XVII (April, 1933), 70~76.

9) Tsiang, *op.cit.,* p.76 ; Lin, *op.cit.,* p.228.

10) Ludwig, *op.cit.,* pp.346, 392~394.

11) Tsiang, *op.cit.,* p.78.

12) Chu Djang, *op.cit.,* p.380.

13) Annual Register, 1883, p.371.

14) 이 중요한 국경 문제는 1886년에야 비로소 타결되었다.

15) Chu Djang, *op.cit.,* p.381.

16) 예를 들어, 아무르 지역의 러시아의 군사 총독은 천진조약(1858년 6월)의 제2조와 북경조약(1860년 11월)의 제8조 및 제9조에 따라, 청국의 흑룡강 총독과 직접 통신할 수 있는 권리를 갖고 있었다. 그러나 1863년부터 1884년까지 아무르 지방에서 온 러시아 급사(急使)들은 "아이훈에 보관되어 있는 조약문의 청국측 사본에는 그 같은 조항이 없다"는 이유로 모두가 국경에서 그 진입이 저지되었다. Captain Evtiugin, "Poezdka iz Blagoveschenska v Tsitsihar v 1884 godu", *G.S.S.,* XIV (1885), 179~180 참조.

17) *Ibid.,* p.218 ; "Zapiski o Manzhurii polkovnika Barabasha i Matiunina", *G.S.S.,* I (1883), 25 이하 계속. ; Prjevalskii, "Soobrazheniia o vozmozhnoi voine s Kitaem", *G.S.S.,* I, 120.

18) *G.S.S.,* XXII (1886), 130 이하 계속.

19) *G.S.S.*, XIV (1885), 208, 218.

20) Lt. Col. Butakov, "Vooruzhennye sily Kitaia i Iaponii", *G.S.S.*, III (1883), 36.

21) *G.S.S.*, I (1883), 22 ; XIV, 213~218 ; XXXVII, 228.

22) Evtiugin, *op.cit.*, XIV, 213~219에 소개되어 있는 아무르 지방의 전략적 위치에 대한 분석을 참조.

23) D. A. Davydov, "Kolonizatsiia Manzhurii i severo-vostochnoi Mongolii", I.V.I., XXXVII (1911), 27. ; D. V. Putiata, "Zapreshchenie kitaitsam selitsia na Manzhurskikh zemliakh", *G.S.S.*, XLII (1889), 159~163.

24) Palladii, "Dorozhnyia zapiski na puti ot Pekina do Blagoveschenska cherez Manzhuriiu v 1870 godu", *Z.I.R.G.O.*, IV (1871), 373, 395, 415, 42 3~424 ; Davydov, *op.cit.*, p.27.

25) Davydov, *op.cit.*, pp.27~29.

26) *Ibid.*, pp.98~117.

27) D. V. Putiata, "Otchet o poezdke v Manzhuriiu v 1888 godu", *G.S.S.*, XXXVIII (1889), 17.

28) *Ibid.*, p.15.

29) *Ibid.*, p.16.

30) N. A. Voloshinov, "Sibirskaia zheleznaia doroga", *I.I.R.G.O.*, XXVII (1891), 15.

31) *G.S.S.*, XXXVIII, (1889), 33, 41, 113. 1884년 만주군은 총 55,000명이었고, 이들 가운데 새로 편성된 병력은 13,500명이었다. *G.S.S.*, XXXIV, (1888), 1~3.

32) Putiata, "Polozhenie severnoi eskadry", *G.S.S.*, XVI, (1885), 126~135.

33) P. Nadin, "Kvantun i ego proshloe", *Vestnik Evropy,* XXXIX, No.3 (May~June, 1904), 725.

34) *Ibid.* D. V. Putiata, "Opisanie Port Artura", *G.S.S.*, XXXII (1888), 1~3은 이 항구의 장단점들을 전략적으로 분석하고 있다.

35) Tsiang, *op.cit.*, p.79.

36) 1888년 5월 8일에 열린 회의에서는, 조선이 자국의 속국임을 인정하라는 청국의 요구는, 조선에서 확고한 지위를 수립하려는 구실에 불과할지도 모른다는 가능성에 대해 논의했다. 이는 우쑤리 지방을 위협할 것이었다. *K.A.*, LII (1932), 57, 60.

37) 장정불(蔣廷黻, T.F.Tsiang)은 열강을 서로 반목시켜 독립을 이룩하려는 조선 국왕과 측근들의 여러 가지 책략들을 명확히 추적했다. 그럼에도 그는 이것을 러시아의 책략이라고 간주하였다. Tsiang, *op.cit.*, pp.88~94.

38) pp.54~55 참조.

39) Ludwig, *op.cit.*, p.394 ; Cordier, *op.cit.*, II, 476 이하 계속.

40) Skal'kovskii, *op.cit.*, p.460. 프리예발스키(Prjevalskii)는 러시아에 대한 공격이 곧 뒤따르리라고 생각했다. Georgievskii, "Prjevalskii", *Vestnik Evropy*, XXI, No.6 (June, 1886), 777, 796 참조.

41) A. Lebedev, "Zheltuginskaia Republika v Kitae", *Russkoe Bogatstvo*, 1896, No.9, pp.161~164 ; D. M. Pozdneev (ed.), *Opisanie Manzhurii*, (St.Petersburg, 1897), I, 503~504 ; Putiata, "Opisanie Port Artura", *G.S.S.*, XXXII (1888), 137. 청국의 이러한 군사행동에 당황한 보고가 유럽에 전해졌다. *Annual Register,* 1885 pp.336~337 참조.

42) Lebedev, *op.cit.*, pp.164~166 ; Pozdneev, *op.cit.*, p.504.

43) Lebedev, *op.cit.*, p.167.

44) Skal'kovskii, *Vneshniaia politika,* p.461.

45) 1885년 5월 8일자 각서, *K.A.*, LII (1932), 58.

46) Tsiang, *op.cit.*, p.79.

47) 1886년 10월의 일이다. *Annual Register,* 1886, p.441.

48) N. G. Matiunin, "Nashi sosedi na krainem Vostoke", *Vestnik Evropy*, XXII, No.7 (July, 1887), 82.

49) A. Svechin, *Evoliutsiia voennogo iskusstva* (Moscow, 1928), II, 458. 1885년 바이칼호 동부에는 18,000명이 있었다.

50) *Ibid.*

51) *G.S.S.*, XVI (1885), 127.

52) G. N. Curzon, *Problems of the Far East* (London, 1894), p.225.

53) *Priamur'e*, p.116.

54) 이는 사실상 1861년 법의 조항들을 10년 동안 연장한 것이지만 내용에 약간의 변화가 있었다. Priamur'e, pp.116~117 ; Constantin von Zepelin, *Der Ferne Osten* (Berlin, 1907~1911), II, 45 ; *Handbook of Siberia*, p.210.

55) 이는 당시의 각료 붕게(N.Bunge)가 전개한 "러시아인들을 위한 러시아"라는 일반적인 정책과 일치하는 것이다. 1888년 폴란드의 10개 지방과 러시아 동부의 11개 지방에서 외국인의 토지 구입이 금지되었다. B. B. Glinskii, "Period tverdoi vlasti", *Istoricheskii Vestnik,* CXXIX (July, 1912), 275~276을 참조하라.

56) *Priamur'e*, pp.116~117 ; Zepelin, *op.cit.*, II, 45.

57) *Priamur'e*, p.95.

58) Matiunin, *op.cit.*, pp.64~89, 80.

59) *Ibid.*, pp.80~81.

60) *Ibid.*, p.80.

61) "Andrei Nikolaevich Korf", *Russian Encyclopedia* (St.Petersburg, 1895), p.354.

62) Zepelin, *op.cit.*, II, 64 ; *Handbook of Siberia*, p.211.

63) *G.S.S.*, XLI (1889), 193.

64) I.Nadarov, "Severn-Ussuriiskii krai", *Z.I.R.G.O.*, VII(1887), 126.

65) *G.S.S.*, XLI (1889), 193.

66) I. P. Iuvachev, "Bor'ba s khunhuzami na Manzhurskoi granitse", *Istoricheskii Vestnik*, LXXXII (October~December, 1900), 183.

67) A. V. Eliseev, "Po Iuzhno-Ussuriiskomu kraiu", *Istoricheskii Vestnik*, XLIII (February~March, 1891), 448~449.

68) *G.S.S.*, XXXVIII (1889), 41.

69) A.V.Eliseev, "Otchet o poezdke na Dal'nii Vostok", *I.I.R.G.O.*, XXVI (1890), 341.

70) N.A.Voloshinov, *op.cit.*, p.27.

71) A. N. Kulomzin (ed.), *Sibirskaia zheleznaia doroga v eia proshlom i nastoiashehem* (St.Petersburg, 1903), p.72.

72) *Vestnik Evropy*, XXXIV, No.8 (August, , 1899), 355~356.

73) Kulomzin, *op.cit.*, p.69.

74) H. S. Hallet, "Russian Possessions in the Far East", *Nineteenth Century* XLI (1902), 487에서 인용.

75) Tsiang, *op.cit.*, pp.81~84 ; Ludwig, *op.cit.*, pp.380~382.

76) 천진조약은 일본의 승리로 간주되었다. 조약체결 이후 1894년에 이르기까지 조선에서 일본의 영향력은 주로 경제적 침투를 통해 증대된 반면, 청국은 문화적·정치적 유대를 통해 영향력을 행사하고자 노력했다. Tsiang, *op.cit.*, pp.87, 88~106.

77) Tsiang, *op.cit.*, p.88.

78) W. L. Langer, *The Diplomacy of Imperialism* (New York, 1935), I, 168~169.

79) *Ibid.*, p.169 참조.

80) Matiunin, *op.cit.*, pp.81~82은 블라디보스톡에 대해 당시로서는 탁월한 평가를 내리고 있다. 수년 동안 우쑤리 지방의 국경 감독관으로 봉직한 그는 "블라디보스톡은 무역항으로서 훌륭하다"고 주장했다. 부동항이 필요하다면 포씨에트 만을 개발하면 되었고, 1천 5백만 루블의 경비를 들여 난공

불락의 요새로 만들 수 있었다. 이 만의 팔라다(Pallada) 정박지는 일년 내 내 얼지 않는다.

81) Tsiang, *op.cit.*, pp.61~62.

82) *Ibid.*, p.63.

83) *Ibid.*, pp.63~64. 1882년 이홍장은 "위치의 중요성을 인식했지만 러시아가 가까운 장래에 뚜렷한 행동을 취할 것으로는 생각하지 않았다". *Ibid.*, p.79.

84) *Ibid.*, p.64. ; U. S. Congress, Foreign Affairs Committee, *Papers Relating to the Foreign Affairs of the United States* (이하 *U. S. Foreign Affairs*라고 함). 1880년에 출간된 푸트(Foote)와 프릴링하우젠(Freylinghausen)의 서한과 긴급전문(dispatch) 참조.

85) W. E. Griffis, *Corea, the Hermit Nation* (New York, 1905), pp.205, 212, 373, 528, 430. 그리피스는 "탐욕스런 러시아"의 "영토에 대한 갈망"을 다룬 청국의 한 문서를 인용하고 있다. 러시아의 이 같은 "침략"은 1866~1876년에 프랑스, 일본, 미국, 영국이 여러 번에 걸쳐 한반도 연안을 포격했던 것과 뚜렷한 대조를 보이고 있다. *Ibid.*, 여기 저기에 있음.

86) 이 위기를 가장 잘 설명하고 있는 것은, 런던(London)의 영국기록보관소 (British Record Office)에 소장된 필사본들과 긴급전문들(102권)을 광범위 하게 이용한 James G. Allen, "Anglo-Russian Rivalry in Central Asia, 1865~1885", (Unpublished Ph.D. Thesis, Univ. of California, Berkeley, 1936)이다. 특히 제10장과 제11장 참조.

87) *Ibid.*, pp.373 이하 계속. William Habberton, *Anglo-Russian Relations Concerning Afghanistan, 1837~1907* (Urbana, 1937), pp.54~55도 참조. 이 위기는 일반적으로 알려진 것처럼 그리 심각하지는 않았지만, 언론기관의 엄청난 과장이 전쟁 공포를 일으켰다고 주장되어 왔다. J. F. Baddeley, *Russia in the Eighties* (London, 1921), p.220.

88) 조선에서는 추웬(Chu Wen)이라고 불리었다. 이 작전은 1885년 3월 8일 해군상(First Lord of Admiralty) 노스브룩 경(Lord Northbrook)이 제안했 다. James Allen, *op.cit.*, p.378 ; Philip Guedalla, *The Queen and Mr.Gladstone* (London, 1933). 글래드스톤(Gladstone)이 여왕(Victoria)에 게, 1885년 4월 11자 ; "The Crisis began in Parliament, April 9th". James Allen, *op.cit.*, pp.372~373.

89) *Annual Register,* 1885, CXXVI, 339~340 의 묘사 참조.

90) 그랜빌이 증기택에게, 1885년 4월 16일자, Great Britain, Foreign Office, *British Foreign and State Papers,* 1886~1887, LXXVIII, 143 (이하 *State Papers*라고 함). 이 자료에는 Parliamentary Papers, "Blue Books", *China*

*No.1 (1885~1886), China No.2 (1886~1887)*에 실린 거문도에 관해 오간 서한의 대부분이 들어 있다.

91) James Allen, *op.cit.*, p.375.

92) Lord Edmond George Fitzmaurice, *The Life of Granville* (London, 1905), II, 440 ; James Allen, *op.cit.*, p.377. 거문도 점령 결정은 4월 17일 동아시아 주재 영국 공사들 전원에게 통보되었다. 그랜빌(Granville)이 플렁켓(Plunkett)에게, 1885년 4월 17일자, *State Papers*, 1886~1887, p.144 참조. 점령 동기는 청국 주재 공사 해리 파아크스 경(Sir Harry Parkes)이 사망(1885년 3월 22일)하기 전에 마련했던 것으로 추정되고 있다. Matiunin, *op.cit.*, p.79 참조 ; *Annual Register*, 1886, p.446.

93) *K.A.*, LII (1932), 58 ; Skal'kovskii, *Vneshniaia politika*, pp.483~484. 그 정확한 날짜에 대해서는 언급이 없다.

94) G.N.Curzon, *Problem of the Far East*, pp.163~164.

95) 1885년 5월 10일 의용함대 소속의 선박이 거문도가 점령되었음을 "알아냈다". H.N.G. Bushby, "The Agreement Between Great Britain and Japan", *Nineteenth Century*, LI (March, 1902), 372.

96) 그랜빌(Granville)이 오코너(O'Conor)에게, 1885년 5월 6일자, *State Papers*, 1886~1887, p.147.

97) Griffis, *op.cit.*, pp.215, 426.

98) James Allen, *op.cit.*, p.392 ; Habberton, *op.cit.*, p.55.

99) 조선정부가 총영사대리 카알스(Carles)에게 보낸 각서. 1885년 5월 20일자, *State Papers*, 1886~1887, p.153.

100) 영국은 거문도를 저탄기지로 이용할 목적이었다. 그랜빌이 오코너에게, 1885년 5월 29일자, ibid., p.148 ; James Allen, *op.cit.*, pp.378~379.

101) 청국은, 영국이 "장차 있을지도 모를 러시아의 침략으로부터 조선을 보호하겠다는 보장"을 하지 않는 한, 점령의 합법성을 인정하려 들지 않았다. James Allen, *op.cit.*, p.379 ; *State Papers*, 1886~1887, p.156.

102) 1885년 5월 19일 나가사키(長崎)에서 도우웰 경(Sir William Dowell)에게 전달했다. *State Papers*, 1886~1887, p.152. ; 도우웰의 해군성 보고, 1885년 5월 19일자, ibid., pp.149~150도 참조.

103) Tsiang, *op.cit.*, pp.90~91.

104) 이홍장과의 절친했던 관계가 끊기자 묄렌도르프는 1885년 7월 해임되었다. *Ibid.*, pp.88~89 ; Griffis, *op.cit.*, p.470.

105) Tsiang, *op.cit.*, pp.90~91 ; *K.A.*, LII (1932), 61. 그러나 러시아는 이 조치를 고무하지는 않았다. 그것이 자국의 음모로 간주될까 우려했기 때문이었다.

Ibid.

106) 당시 인기가 있었던 〈러시아 배달꾼〉(Russkii Vestnik)의 기자인 비릴례프(Birilev)는 1886년 1월 다음과 같은 포괄적인 보복계획을 제안했다. 1) 송전만을 점령하고 이 항구에서 두만강에 이르는 영토를 점령한다. 2) 시베리아횡단철도를 조속히 부설한다. 3) 송화강을 러시아 무역에 개방하도록 청국에 요구한다. 4) 우쑤리강 유역에서의 러시아의 무역권을 종래까지 보장된 50베르스트 이상으로 확대시킨다. Matiunin, *op.cit.*, pp.64~65의 분석 참조.

107) *K.A.*, LII (1932), 57.

108) 증기택은 영국외무성에 "북경 주재 러시아 공사는, 청국정부에게 거문도를 이루고 있는 섬들에서 영국군을 철수시키라고 여러 차례 촉구했다. 러시아 공사는 영국군의 점령이 계속된다면, 러시아는 조선의 모처를 점령하지 않을 수 없을 것이라고 말했다"고 전했다. 로즈베리(Rosebury)가 오코너(O'Conor)에게, 1886년 4월 1일자, *State Papers*, 1886~1887, p.160 ; V. Avarin, *Imperializm v Manzhurii* (Moscow, 1931), p.18.

109) 러시아의 첫 조선 주재 요원, 다데쉬칼리아니 공(Prince Dadeshkaliani)의 보고서, "Ocherki Korei", *G.S.S.*, XXII (1886), 71. 실제로 이 만은 약 2개월 동안 수 인치의 얼음으로 뒤덮힌다. *Sailing Directions for Siberia and Chosen*, 3d ed., *U. S. Hydrographic Office*, No.122 (Washington, 1932), pp.732~733 참조.

110) 송전만은 영국 해도(海圖)에는 "Broughton's Bay"라고 표기되어 있다. 또한 원산은 Djensan, Yuensan, Wensan, Jinsen 등으로 표기되어 있다.

111) 1880년 5월에 개항되어 동절기에 영국 및 일본 선박들이 종종 입항했다. Griffis, *op.cit.*, p.426 ; Dadeshkaliani, *op.cit.*, p.71. 1885년 4월 청·일의 천진조약이 체결된 이후 일본은 병력 일부를 서울에서 철수하여 이 항구에 주둔시켰다.

112) Dadeshkaliani, *op.cit.*, pp.71~72.

113) Tsiang, *op.cit.*, p.93.

114) *Ibid.*, pp.93, 96~97.

115) 독일과 영국은 이 계획을 받아들일 것으로 여겼다. *Ibid.*, p.90 ; 커리(Currie)가 매카트니(Macartney)에게, 1886년 4월 14일자, *State Papers*, 1886~1887, pp.160~161.

116) Tyler Dennett, "Early American Policy in Korea, 1883~1887", *Political Science Quarterly*, XXXVIII (1923), 102.

117) 솔즈버리(Salisbury)가 오코너(O'Conor)에게, 1885년 12월 12일자, *State Papers*, 1886~1887, p.157.

118) 커리가 매카트니에게, 1886년 4월 14일자, *State Papers*, 1886~1887, pp.160~161.

119) 청국인들은 이 대담의 축약된 기록을 보관했다. Tsiang, *op.cit.*, pp.97~98 은 다음의 청국 자료를 토대로 이 대담을 분석하고 있다. *Collected Writings of Li Hung-chang*, ed. by Wu Ju-lin (Nanking, 1908). 그 주요 내용은 다음에서 확인할 수 있다. *K.A.*, LII (1932), 1888년 5월 8일자 각서 ; 월샴(Walsham) 이드슬레이(Iddesleigh)에게, 1886년 11월 5일자, *State Papers*, 1886~1887, pp.103~104.

120) *K.A.*, LII (1932), 58.

121) *K.A.*, LII (1932), 58. Tsiang, *op.cit.*, p.99의 해석에 따르면 이 같은 약속은 러시아에게만 해당되었다는 것이다.

122) 월샴이 이드슬레이에게, 1886년 11월 5일자, *State Papers*, 1886~1887, pp.103~104. 이 보고는 같은 해 12월 27일에 접수되었음.

123) 월샴이 이드슬레이에게, 1886년 12월 25일자 ; 이드슬레이가 월샴에게, 1886년 11월 19일자 ; 월샴이 솔즈버리(Salisbury)에게, 1887년 3월 2일자, *State Papers*, 1886~1887, pp.160, 162, 169.

124) 해군상 맥그리거(MacGregor)가 커리(Currie)에게, 1886년 1월 21일자, *State Papers*, 1886~1887, pp.157~158.

125) Zepelin, *op.cit.*, III, 97~98.

126) Skal'kovskii, *Vneshniaia politika Rossii*, p.485. "영국의 거문도 점령이 당시 태평양에서 블라디보스톡의 중요성을 마비시키고 있다는 점이, 1885 년 11월 15일 아무르 회(Amur Society)의 만찬에서 완벽하게 입증되었다." *Istoricheskii Vestnik*, XXII (1885), 734.

127) *K.A.*, LII (1932), 60.

128) Matiunin, *op.cit.*, p.82.

129) P. Chikhachev, "Kaliforniia i Ussuriiskii krai", *Vestnik Evropy*, XXV, No.6 (June, 1890), 562.

130) Zepelin, *op.cit.*, I, 211 ; U. S. Office of Naval Intelligence, General Infor -mation Series, VI, *Recent Naval Intelligence*, June, 1887 (Washington, 1887), pp.287~288.

131) Zepelin, *op.cit.*, I, 212.

132) 11척의 함정 가운데 단 한 척만이 철갑 순양함(frigate)이었다. *Annual Re -gister*, 1877, p.302.

133) E. A. Falk, *Togo and the Rise of Japanese Sea Power* (New York, 1936), p.98 ; Count Shigenobu Okuma, *Fifty Years of New Japan* (New

York, 1909), p.226.

134) Falk, op.cit., p.98.

135) Okuma, op.cit., p.226.

136) 1885~1889년에 일본은 쓰시마의 정박지를 요새화했고, 이를 대한해협을 통과하는 선박을 요격하기 위한 효과적인 제2의 기지로 탈바꿈시킬 수 있었다. 보각크(K.A. Vogak)제독의 보고서, G.S.S., LX (1895), 152~153. 이와 반대되는 견해는 Skal'kovskii, op.cit., p.469 참조.

137) Lord Brassey, Naval Annual for 1884~1887, "해군력의 발전(Naval Progress)"에 대한 장(章)들.

138) G.S.S., XVII (1885), 107.

139) 일본은 1887년에 최초의 구축함을 획득했다. Falk, op.cit., p.127.

140) Eliseev, op.cit., pp.372~373.

141) 쉐비치(Shevich)의 1889년 1월 26일(2월 7일)자 보고를 인용한 1899년 3월 14일자 항목 ; V. N. Lamsdorf, Dnevnik, 1886~1890 (Moscow, 1926), p.181.

142) Ibid.

143) K.A., LII, 69.

144) "Vladimir" [Volpicelli], Russia on the Pacific and the Siberian Railroad (London, 1899), p.268. 이는 외무성 아시아국장 지노비예프(I.A.Zinoviev)가 썼다고 알려져 있다.

145) "아시아국은 사회적인 인식으로 볼 때, 그 지위가 사무국(Chancellery)보다 낮은 것으로 간주되었다" 그러나 "아메리카대륙 전체뿐만 아니라 발칸반도와 이집트가 아시아국에 속해 있었다. 아시아국이라는 명칭은, 결국 러시아 외교정책에서 아시아를 실질적이고도 가장 중요한 지역으로 간주했거나, 또는 본능적으로 그렇게 인식했음을 나타내고 있는 것 같다" R. R. Rosen, Forty Years of Diplomacy (New York, 1922), I, 18.

146) James G. Allen, op.cit., pp.189 이하 계속 ; Habberton, op.cit., pp.49~52.

147) James Allen, op.cit., pp.156~188 ; Habberton, op.cit., pp.44~46.

148) James Allen, op.cit., pp.156~187.

149) Habberton, op.cit., pp.56~57.

150) Ibid., p.57 ; State Papers, 1886~1887, pp.388~389.

151) J. V. Fuller, Bismarck's Diplomacy at Its Zenith (Cambridge, 1922), pp.69, 71 ; 스따알(Staal)이 기르스(Giers)에게, 1886년 9월 20일과 25일자, 다음에 있음, Baron A. Meyendorff, Correspondence diplomatique du Baron de Staal, 1884~1900 (Paris, 1929), I, 304~305, 323~325. 두 개의 서한 가운데 첫번째 것은 러시아라는 대상에 맞서 유럽 열강이 전반적으로

제휴하고 있음을 보고하고 있다.

152) 이 협정은 공문(Note) 교환의 형태를 취했다. Alfred F. Pribram, *The Secret Treaties of Austria-Hungary, 1879~1914* (Cambridge, 1920), I, 5 5~101, 125~128.

153) *Ibid.*, II, 45 이하 계속 ; text in I, 104 ; Serge Goriainov, "The End of the Alliance of the Emperors", *American Historical Review*, XXIII (January, 1918), 324~350.

154) Meyendorff, *op.cit.*, I, 353~354 ; 아들러베르그(Adlerberg)가 기르스 (Giers)에게, 1887년 10월 12일자, *Ibid.*, 360 ; Goriainov, *op.cit.*, p.338.

155) Fuller, *op.cit.*, p.285, citing *Turkey, No.1*, 1888, p.169, 모리어(Morier)가 솔즈버리(Salisbury)에게, 1887년 12월 17일자.

156) 스따알(Staal)이 기르스(Giers)에게, 1887년 12월 27일자, Meyendorff, *op.cit.*, I, 368 ; 기르스가 스따알에게, 1888년 1월 23일자, *Ibid.*, I, 378.

157) Gregor Alexinskii, *Modern Russia* (London, 1913), p.216.

158) P. P. Migulin, *Russkii gosudarstvennyi kredit, 1769~1899* (Kharkov, 1900), II, 182~186.

159) *Ibid.*, pp.76~77.

160) A.N.Kulomzin (ed.), *Sibirskaia zheleznaia doroga v eia proshlom i nastoiashchem* (St.Petersburg, 1903), p.8.

161) 이 회의에는 교통상, 육군상, 재무상, 해군상, 정부 조정관(Government Controller), 참모총장 등이 참석했다. 그러나 외상은 참석하지 않았다.

162) Kulomzin, *op.cit.*, p.72 ; B. B. Glinskii, *Prolog* (St.Petersburg, 1916), p.5.

163) Glinskii, *Ibid.*, p.5.

164) Lamsdorf, *op.cit.*, 1888년 1월 2일자 항목, p.2. A. Popov, "Anglo-russkoe sopernichestvo na putiakh Irana", *Novyi Vostok*, 1926, No.12, pp.133~136.

165) G. N. Curzon, "British and Russian Commercial Competition in Central Asia", *Asiatic Quarterly Review*, VIII (July~October, 1889), 438~457.

166) Lamsdorf, *op.cit.*, 1889년 11월 16일자 항목, p.221. 교통상 기우비넷 (Giubbinet)이 이를 지지했다.

167) *Ibid.*, 1889년 12월 9일자 항목, p.240.

168) A. Popov, *op.cit.*, p.134.

169) Glinskii, *Prolog,* pp.7~8.

170) Kulomzin, *op.cit.*, p.105 ; Glinskii, *Prolog*, p.8.

제3장
청일전쟁기 러시아의 동아시아정책

1) 슬라브주의 운동의 개설은 다음 자료 참조. L. Levine, *Pan-Slavism and European Politics* (New York, 1914) ; "Slavianofilstvo", *Bol'shaia Sovet -skaia Entsiklopediia* ; N. Rubinstein, "Istoricheskaia teoriia slavianofilov i ee klassovye korni", *Vestnik Evropy istoricheskaia literatura v klassovom osveshchenii* (Moscow, 1927), I, 51 이하 계속.; Thomas Masaryk, *Pan-Slavism* (London, 1919).

2) 이러한 이론은 슬라브주의자들의 기수라고 알려졌던 다닐레프스키의 저서를 통해 대중에게 보급되었다, N. Ia. Danilevskii, *Rossia i Evropa* (St.Petersburg, 1887). 다음도 참조. P. M. Golovachev, *Rossiia na Dal'nem Vostoke* (St.Petersburg, 1904), p.8.

3) 나중에 생겨난 유라시아주의자들(*Evraziitsy*)도 제국주의와 관련은 없으나 이와 같은 생각을 갖고 있었다. 당초 "동방주의자들(*Vostochniki*)"은 독일의 역사가들과 정치평론가들에게서 자극을 받았을 것이다. N.S., "Russkaia i nemetskaia vostochnaia politika", *Russkaia Mysl'*, 1882, No.1, pp.37~60.

4) 다음에서 인용. "General Prjevalskii on Central Asia", *Asiatic Quarterly Review,* VI (October, 1887), 416.

5) *Ibid.*, pp.417~423.

6) *Ibid.*, p.422.

7) F. F. Martens, *Rossiia i Kitai* (St.Petersburg, 1881) ; 같은 저자, *Russia and England in Central Asia* (London, 1887).

8) V. P. Vasil'ev, "Sovremennoe polozhenie Azii i Kitaiskii vopros", *Otchet po St.Ptb. Universitetu za 1882 god* (St.Petersburg, 1883), pp.1~3 ; G.S.S., XVIII (1885), 37. 바실레프가 러시아의 동양학 연구자들 사이에서 누리던 압도적인 위치에 대해서는 다음 참조. A.Pozdneev, "Vasil'ev, V. P.", *Bol'shaia Sovetskaia Entsiklopediia.*

9) Maxim Kovalevskii, *Russian Political Instructions* (Chicago, 1902), p.22.

10) V. Solov'ev, "Kitai i Evropa", *Sobranie Sochinenii* (St.Petersburg, 1913), VI, 84~137.

11) 이 이상의 견해는 다음 참조. L. I. Duman, "Russkaia i inostrannia literatura o Dunganskom vostanii 1861~1877 gg. v Kitae", *Bibliografiia Vostoka,* VII(1934), 55~78 ; A. A. Petrov, "Filosofiia Kitaia v russkom

burzhuaznom kitaevedenii", *Bibliografiia Vostoka,* VII, 5~28. 이와는 정반대로 무정부주의자 쿠로포트킨은 러시아의 진출이 "러시아 국민에게 최대의 불행 가운데 하나"였다고 비난했다. Petr Kropotkin, "The Russians in Manchuria", *Forum,* XXXI(May, 1901), 267~274.

12) 욱똠스키의 삶과 견해에 관한 다수의 논문들로 인해 당시 그가 영향력이 있었다는 점이 입증되고 있다. 간략하면서도 훌륭한 설명은 다음 참조. "Prince Ukhtomskii, a Russian of the Russians", *Review of Reviews,* XXX (1904), 72.

13) 욱똠스키는 종교적 관용과 지방자치의 확대를 지지했다. *Ibid.* ; "익명의 동시대인(Sovremennik)", *Nikolai II, Razoblacheniia* (Berlin, 1909), p.202.

14) E. E. Ukhtomskii, *Ot Kalmytskoi stepi do Bukhary* (St.Petersburg, 1891) ; review in *Istoricheskii Vestnik,* XLVII(1892), 263~265.

15) "익명의 동시대인(Sovremennik)", *op.cit.,* p.35.

16) E. E. Ukhtomskii, *Travels in the East of Nicholas II······when Cesare -vich, 1890~1892* (London, 1896~1900) ; *Poezdka Naslednika* (St.Peters -burg, 1893). 버나드 페어즈 경은 이 책을 "정부당국의 실질적인 동방팽창의 교과서"라고 칭했다. Sir Bernard Pares, *My Russian Memoirs* (London, 1931), p.58.

17) *K sobytiiam v Kitae* (St.Petersburg, 1900) ; *K vostoku* (St.Petersburg, 1900) ; review in *Russkoe Bogatstvo,* 1900, No.9, pp.227~236 ; *Iz oblasti Lamaizma* (St.Petersburg, 1904) ; "The Genius in China", *Contemporary Review,* LXXXI (1902), 788~804.

18) *Ibid.,* pp.789~790.

19) 다음에서 인용. P. S. Reinsch, "Governing the Orient on Western Principles", *Forum,* XXXI (June, 1901), 385~400.

20) E. E. Ukhtomskii, "Russia Will Crush Japan", *Independent,* LVI (June 23, 1904), 1418~1420 ; Pares, *op.cit.,* p.58.

21) "익명의 동시대인(Sovremennik)", *op.cit.,* p.202 ; "Kriticheskaia Zametka", *Mir Bozhii,* XIV, No.3 (March, 1905), 6~13.

22) S. Iu. Witte, *Vospominaniia* (Berlin, 1922), I, 38 (이하 Witte, *Vospomin -aniia*라고 함).

23) Geoffrey Drage, *Russian Affairs* (London, 1904), p.62 ; J. D. Rees, "The Tsar's Friend", *Fortnightly Review,* LXXV (April, 1901), 612~622.

24) 위떼에게 비적대적인 저술은 매우 다양하다. 그 가운데 걸작은 다음과 같다. B. B. Glinskii, "Graf Sergei Iul'evich Witte", *Istoricheskii Vestnik,* CXL

(1915), 232~279, 573~589, CXLI (1915), 204~233, 521~555, 893~906, CXLII (1915), 592~609 (이하 Glinskii, *Witte*라고 함).; Nikolai Savitskii, "Serge Witte", *Le Monde Slave,* n.s., III (August, 1932), 161~192, (September, 1932), 321~348; I. I. Korostovets, *Graf Witte* (Berlin, 1929).

25) 1891년에 위떼는 남서철도회사(South-Western Railway Company)의 매니저로서, 이 회사가 보르키(Borki)에서의 황실열차 사고에 책임이 없음을 밝혔다. 그리고 이 일로 알렉산드르 3세의 주의를 끌었다. 1892년 그는 유대인 마틸다 누록(Matilda Nurok)과 혼인했다. 반유대적 요소에 대한 분노로 그의 관직 생활이 끝나버릴 것 같았지만, 알렉산드르 3세는 "각료로서의 위떼"와 "일반인으로서의 위떼"를 구별하여 그를 계속 신뢰했다. Witte, *Vospominaniia*, III, 158~163, 236; Korostovets, *op.cit.,* pp.46, 47; S. R. Tompkins, "Witte as a Finance Minister", *Slavonic Review,* XI (April, 1934), 590~606. Glinskii, *Witte,* CXL, 242.

26) B. B. Glinskii, "Cherty iz zhizni Grafa S. Iu. Witte", *Istoricheskii Vestnik,* CXL (1915), 220, 225. 또한 다음도 참조. "My Colleagues". Witte, *Vospominannia,* III, chap.16, pp.282~319.

27) French Strother, "Witte, the Key to Russia", *World' Work,* XL (October, 1920), 566.

28) E. de Cyon, *M. Witte et les finances russes* (Paris, 1895), p.ix; Glinskii, *Witte,* CXL, 248~250. 위떼가 죽은 후, 저명한 과학자였던 친구 메치니코프(Mechnikov)는 "종종 위떼는 가장 기본적인 에티켓을 무시하고 행동했다"고 피력했다. "Mechnikov's Tribute to Count Witte", *American Review of Reviews,* LIII (June, 1916), 728. 위떼의 시스템은 "국가사회주의"라고 묘사되기까지 하였다. "Dnevnik Polovtseva", *K.A.,* LXVII (1934), 177.

29) I. Kh. Ozerov, *Russkii biudzhet* (Moscow, 1907), p.48.

30) Table, *Ibid.,* p.15. 이 같은 세입 초과는 연간 세입의 7~12퍼센트를 차지했다.

31) 위떼가 투자한 자본에 대한 이자 수익만 1904년에, 1750만 루블에 달했다. 이는 국립은행, 곧 재무상에 의해 재투자되었다. *Ibid.,* p.120.

32) 이 같은 사실만으로도 1894~1903년에 동아시아 문제를 논의하고자 수차례 소집된 특별회의에 위떼가 빠짐없이 참석했음을 알 수 있다. Glinskii, *Witte,* CXL, 268에 실린 투간 비라노프스크(M.I. Tugan-Baranovskii)의 견해도 참조.

33) 1893년에 위떼는 짜르에게 직접 호소하는 방법으로 육군상 반노프스키(Vannovskii)의 반대를 물리쳤다. 그리하여 군수품 저장소(탄환 및 예비포

374

병대)를 포함하여 독자적인 참모, 포병대, 의무대 및 기타 보조부대와 더불어 "국경수비대 독립군단"을 발족시켰다. Witte, *Vospominaniia*, III, 288～289 ; Cyon, *op.cit.*, p.xxxvIII ; A. N. Kuropatkin, *Zapiski ⋯⋯o Russko-Iaponskoi Voine* (Berlin, 1909), pp.140～141 (이하 Kuropatkin, *Zapiski*라고 함).

34) Glinskii, *Witte*, CXL, 274. 러시아제국의 총예산은 1892년 9억 6천 5백만 루블에서 1903년 20억 7천 1백만 루블로 114.5퍼센트 증가했다. Savitskii, *op.cit.*, p.175. 1894년에 제정된 법에 따라 상업학교들이 재무상의 관장을 받게 되었다. 1894년에는 8개의 상업학교가 있었고, 1902년에는 147개로 늘어났다. *Ibid.*, p.327 ; Ozerov, *op.cit.*, p.58 ; Witte, *Vospominaniia*, I, 448, 451～452.

35) 〈런던 타임즈〉(*London Times*) 1903년 11월 15일자 ; Glinskii, *Witte*, CXL, 580. 이 일로 위떼가 고발되지는 않았다. 후일 그는 이러한 지출 관행을 인정했다. 그러나 그것도 5천만 루블 내지 6천만 루블 선에 국한된 것일 뿐이었다. Witte, *Vospominaniia*, I, 452. 1894년에 위떼는 알렉산드르 3세의 도움을 받아 1819년에 제정된 감사관법(Comptroller Law)을 개정했다. 이로써 그는 자신의 감사관들을 지명할 수 있었다. Cyon, *op.cit.*, pp.x, 147, 160. 이후 그의 "부기(簿記)"에 대한 통렬한 비판은 다음 참조. I. Kh. Ozerov, *Kak raskhoduiutsia v Rossi narodnye den'gi* (Moscow, 1907), p.23 (이하 Ozerov, *Narodnye den'gi*라고 함).

36) Witte, *Vospominaniia*, I, 223.

37) *Ibid.*, III, 265 ; Savitskii, *op.cit.*, p.176.

38) 이들 가운데는 국제 은행가 로뜨슈테인(Rothstein), 러시아의 철도왕 폴랴코프(Poliakov), 동청철도 기관장 포코띨로프(Pokotilov)와 같은 유능한 부관들, 청국세관 전직원이자 후일 "위떼정부의 철저한 앞잡이"라고 묘사된 빅토르 폰 그롯(Victor von Grot) 등이 있었다. Witte, *Vospominaniia*, III, 97, 292～319, 여기 저기에 있음 ; B. L. Simpson, *Manchu and Muscovite* (London, 1904), pp.130～131 ; Alexander Ular, *A Russo-Chinese Empire* (Westminster, 1904), pp.184～186 ; "Mechnikov's Tribute to Count Witte", *American Review of Reviews*, LIII (1916), 728.

39) Friedrich List, *Das Nationale System der politichen Ökonomie* (Berlin, 1841). 1900～1902년에 위떼는 미하일 알렉산드로비치 대공(Grand Duke Mikhail Alexandrovich)—니꼴라이 2세에게 남자 상속자가 없을 경우 제위를 이을 것으로 추정되는 상속인—에게 일련의 강연을 하였으며, 그 내용은 다음의 팜플렛으로 출간되었다. *Narodnoe Khoziaistvo* (St.Petersburg,

1902). 다음도 참조. A. Finn-Enotaevskii, "Graf Witte kak ekonomist", *Sovremennyi Mir,* 1912, No.2, pp.253~267 ; Glinskii, *Witte,* CXL, 261.

40) 투간 바라노프스키(Tugan-Baranovskii)의 탁월한 분석이 다음에 실려 있다. Glinskii, *Witte,* CXL, 269~270. 다음도 참조. Ozerov, *Narodnye den'gi,* p.55. 위떼는 방심한 순간에 "각료가 국가를 운영하면서 절약할 수는 없다. 돈이란 아낌없이 써버림으로써 얻을 수 있을 뿐이다"라고 말했다. Princess Catherine Radziwill, *Memories of Forty Years* (London, 1914), p.69.

41) 그는 꾸며낸 초과지출을 상당히 자랑스러워 했다. Witte, *Vospominaniia,* I, 223. 비록 이 액수가 지나치게 많은 것처럼 보이긴 하지만 위떼는 자신이 러시아에게 30억 루블을 "벌어주었다"고 떠벌렸다. 1900년의 경우 그 실제 액수는 대략 10억 루블이었다. *Ibid.,* I, 448 ; Tompkins, *op.cit.,* pp.593, 594.

42) 위떼에 대해 공평하게 말하자면, 그가 농민들을 위한 개혁을 시작하려고 하였으나 보수주의자들의 강력한 연대로 말미암아 좌절되었다는 점을 덧붙여야 할 것이다. Glinskii, *Witte,* CXLI, 521~540 ; Witte, *Vospominaniia,* I, 467~473 ; Savitskii, *op.cit.,* pp.181~182, 188~189.

43) 1899년에 러시아정부는 자국에서 생산되는 강철과 낙철(烙鐵)의 절반 이상을 수주받았다. V. Ia. Avarin, *Imperializm v Manzhurii* (Moscow, 1934), I, 24. 다음의 표 참조. M. I. Tugan-Baranovskii, *Russkaia fabrika* (St.Petersburg, 1915), pp.341~364 ; Tompkins, *op.cit.,* p.593.

44) B. A. Romanov, *Rossiia v Manzhurii (1892~1906)* (Leningrad, 1928), p.51 (이하 Romanov, *Rossiia*라고 함). 위떼는 견신론자(見神論者)였던 블라바츠키(Blavatskii) 부인과의 연고 및 면식을 통해서, 그리고 1890년 러시아령 투르키스탄의 철도 조사를 위한 출장 목적의 여행을 통해 동양에 어느 정도 주목하고 있었음이 틀림없다. Strother, *op.cit.,* p.568 ; Glinskii, *Witte,* CXL, 247.

45) Glinskii, "Cherty ⋯⋯ Witte", *Istoricheskii Vestnik,* CXL, 226. 투간 바라노프스키(Tugan-Baranovskii)의 평가가 다음에 실려 있다. Glinskii, *Witte,* CXL, 270.

46) *Ibid.,* p.247.

47) Romanov, *Rossiia,* pp.57~60 ; Glinskii, *Prolog Russko-Iaponskoi Voiny* (Petrograd, 1916), pp.10~13 (이하 Glinskii, *Prolog*라고 함).

48) 다음에서 인용. Romanov, *Rossiia,* p.60. 이 부분을 Glinskii, *Prolog*는 생략하였다.

49) V. I. Gurko, *Features and Figures of the Past* (Stanford University Press, 1939), p.257.

50) 외무성 각서, 1905년 10월 31일자, *British Documents,* IV, 367 ; Ozerov, *Russkii biudzhet,* pp.66~67 ; Witte, *Vospominaniia,* III, 321~322.

51) 울라의 주장으로는 "러시아가 청국에서 찾고자 한 것은 자국산 제품의 새로운 판로가 아니라, 정반대로 새로운 산업생산의 중심지였다." Ular, *op.cit.,* p.18. 그의 공러의식(恐露意識)에 대해서는 다음 참조. *Ibid.,* 여기 저기에 있음 ; *Russia from Within* (London, 1905).

52) 바드마예프의 계획은 다음에 수록된 일련의 문서에 소개되어 있다. V. P. Semennikov, *Za kulisami tsarizma : Arkhiv Tibetskogo vracha Badmaeva* (Leningrad, 1925)

53) Serguei Markov, *Liudi velikoi tseli* (Moscow, 1944), pp.56~57 ; Semennikov, *op.cit.,* p.iv, n.2.

54) Markov, 위의 인용문 중에서 ; Romanov, *Rossiia,* pp.61~62 ; Semennikov, *op.cit.,* p.xix.

55) Witte, *Vospominaniia,* I, 39 ; Semennikov, *op.cit.,* p.iv, n.2.

56) 이 각서는 1893년 2월 25일에 제출되었다. Semennikov, *op.cit.,* pp.49~75.

57) *Ibid.*

58) 이 부설안(案)은 1887년에 해군 소장 코피토프(Kopytov)가 작성한 것이다. Glinskii, *Prolog,* pp.29~30.

59) Semennikov, *op.cit.,* p.80 ; Romanov, *Rossiia,* p.63.

60) Romanov, *Rossiia,* pp.63, 64.

61) 바드마예프의 각서에 대한 주석, *Ibid.,* p.62, 편집자 주.

62) 바드마예프가 위떼에게 보낸 1893년 7월 1일자 서한과 9월 9일자 서한, Semennikov, *op.cit.,* pp.83~85 ; Romanov, *Rossiia,* p.64.

63) Semennikov, *op.cit.,* pp.87, 106 ; Romanov, *Rossiia,* p.64.

64) Semennikov, *op.cit.,* pp.87, 106 ; Romanov, *Rossiia,* p.64.

65) Romanov, *Rossiia,* pp.64, 108.

66) A. I. Svechnikov, "Skotovodstvo severo-vostochnoi Mongolii", *I.I.R.G.O.,* XXXVIII (1902), 496.

67) Witte, *Vospominaniia,* III, 356~357.

68) *Ibid.,* p.356.

69) *Ibid.,* p.355.

70) "Dnevnik A. A. Polovtseva", *K.A.,* LXVII (1934), 174. "니꼴라이가 맡은 것은 순전히 명예의장직이었다. 그리고 그가 위원회의 결정에 전혀 영향력을 행사하지 않았음은 누구나 다 알고 있는 사실이었다." Gurko, *op.cit.,* p.13.

71) 실례로 다음 참조. Nicholas II, *Dnevnik, 1890~1906* (Berlin, 1923) ; E. J. Bing (ed.), *The Secret Letters of the Last Tsar* (New York, 1938).

72) 구르코의 묘사, Gurko, *op.cit.*, p.14 ; E. J. Dillon, *The Eclipse of Russia* (New York, 1918), pp.113~114, 116. 위떼가 해임된 1903년 8월의 어느 날 짜르는 일기장에 "이제 짐이 통치한다"고 당당하게 기록했다. Nicholas II, *op.cit.* p.21.

73) Dillon, *op.cit.*, pp.117, 235 ; "Sovremennik", *op.cit.*, pp.158, 165.

74) Erwin Baelz, *Awakening Japan : The Diary of a German Doctor* (New York, 1932), pp.95~96 ; Bing, *op.cit.*, p.51.

75) Bing, *op.cit.*, p.53.

76) Waclaw Gasiorovskii, *Tragic Russia* (London, 1908), p.243.

77) E. J. Dillon, "Russia and Europe", *Contemporary Review*, LXXV (November, 1896), 621.

78) W. L. Langer, *The Diplomacy of Imperialism, 1890~1902* (New York, 1935), I, 3~66.

79) Baron A. Meyendorff, *Correspondence diplomatique du Baron de Staal* (Paris, 1929), pp.157~164 ; V. N. Lamsdorf, *Dnevnik, 1886~1890* (Moscow, 1926), pp.222~257.

80) 푸르탈(Pourtales)이 카프리비(Caprivi)에게, 1890년 9월 15일자, *G.P.*, IX, 193~194.

81) 1890년부터 1894년까지 내내 러시아는 아르메니아 문제에 영국이 앞장서 주기를 기다리다가 결국 영국의 주도를 받아들였다. Langer, *op.cit.*, I, 158~164 ; 베르더(Werder)가 외무성에 보낸 전문, 1894년 12월 8일자, *G.P.*, IX, 212.

82) 리보(Ribot)가 외무성에 보낸 전문, 1891년 11월 21일자, *D.D.F.*, 2d ser., IX, 111.

83) 리보가 워싱턴과 베를린에 보낸 전문, 1891년 9월 14일자, *Ibid.*, p.15.

84) *Ibid.*, p.146 주 2.

85) 1891년 11월 21일자 리보의 각서, *Ibid.*, p.112.

86) 1891년 12월 2일자 리보의 회람장, *Ibid.*, p.134.

87) 몽뜨벨로(Montebello)가 리보(Ribot)에게 보낸 전문, 1891년 12월 7일자, *Ibid.*, p.146.

88) 에르베뜨(Herbette)가 리보에게 보낸 전문, 1891년 12월 7일자, *Ibid.*, p.148.

89) 부설안의 상세한 내용은 다음 참조. A. N. Kulomzin (ed.), *Sibirskaia*

zheleznaia doroga······ (St.Petersburg, 1903), pp.1~128.

90) H. B. Morse, *International Relations of the Chinese Empire* (London & New York, 1918), Ⅲ, 18 이하 계속.; R. H. Akagi, *Japan's Foreign Relations, 1542~1936* (Tokyo, 1936), p.137. 일본인들은 동학교도들이 증오하는 주요 대상이었는데 그것은 일본인들이 서양문화를 조선에 전파하는 데 앞장섰기 때문이다.

91) Akagi, 위의 인용문 중에서, 흥미로운 것은 당시 조선 조정이 동학교도들과 "타협"했다는 것이다. 다음 참조. 카씨니(Cassini)가 외무성에 보낸 긴급전문(dispatch), 1894년 3월 10일자, *K.A.*, L-LI (1932), 5.

92) 히뜨로보(Khitrovo)가 서울 주재 러시아 대리공사 웨베르(Weber)에게 보낸 긴급전문, 1894년 2월 21일자, *K.A.*, L-LI, 4~5 ; 보각크(Vogak) 대령의 보고서, 1894년 6월 14일자, *G.S.S.*, LXI (1895), 30 ; A. Heard, "China and Japan in Korea", *North American Review,* XLIX (1894), 300~308. 봉기 준비에 참여했던 한 낭인은 자신의 회고담을 기고했다. *Japan Chronicle,* 1933년 11월 16일 및 1934년 4월 12일자.

93) 카씨니(Cassini)가 외무성에 보낸 전문, 1894년 6월 5일자, *K.A.*, L-LI, 7~8 ; 히뜨로보(Khitrovo)가 외무성에 보낸 긴급전문, 1894년 6월 8일자, *Ibid.,* pp.9~13.

94) 카프니스트(Kapnist)가 서울 주재 공사관 비서에게, 1894년 6월 8일자, Ibid., p.8. 1,213 톤급 전함 까레이츠(Koreets)호도 식민 업무를 위해 3등 순양함으로 분류되었다. 러시아전함 분포에 대해서는 다음 참조. Lord Thomas Brassey, "Naval Progress", *Naval Annual,* 1895, p.54, and tables 263~269.

95) Akagi, *op.cit.*, p.137. 문서의 발췌문들은 다음에 실려 있다. Z. volpicelli ("Valdimir"), *The China-Japan War* (London, 1896), App.B, pp.338~340.

96) 고무라(Komura)가 총리아문에 보낸 공문(Note), 1894년 6월 17일자, *Ibid.,* pp.342~343.

97) 히뜨로보(Khitrovo)가 외무성에 보낸 긴급전문, 1894년 6월 8일자, *K.A.*, L-LI, 10~11 ; 케르베르그(Kerberg)가 외무성에 보낸 전문, 1894년 6월 11, 15, 18, 22일자, *K.A.*, L-LI, 15~17 ; Akagi, *op.cit.*, pp.138~139.

98) Akagi, *op.cit.*, p.139 ; G. M. McCune, "The Korean Problem, 1885~1895" (unpublished doctoral dissertation, University of California, Berkeley, 1937), p.41, 무쯔(Mutsu)가 왕(Wang)에게 보낸 전문, 1894년 6월 22일자에서 인용, *Liu-shih-nien*······(*Documentary History of Sixty Years of Sino-Japanese Relations),* (Tientsin, 1932), Ⅱ, 28~29.

99) 카씨니(Cassini)가 외무성에 보낸 전문, 1894년 6월 24일자, *K.A.*, L-LI, 17. 이는 중재를 요청하는 청측에 대한 러시아의 반응을 촉구하려는 일종의 외교적 트릭이었을지도 모른다. 아래쪽 참조.

100) 카씨니가 외무성에 보낸 전문, 1894년 6월 22일자, *K.A.*, L-LI, 16.

101) 기르스(Giers)가 짜르에게 올린 각서, 1894년 6월 22일자, *Ibid.*, pp.15~16.

102) *Ibid.*, 주 1.

103) 히뜨로보(Khitrovo)가 외무성에 보낸 전문, 1894년 6월 25일자, *Ibid.*, pp.18~19.

104) 케르베르그(Kerberg)가 외무성에 보낸 전문, 1894년 6월 25일자, *Ibid.*

105) 몇 건의 대담이 다음에 기술되어 있다. *K.A.*, L-LI, 21~52, 여기 저기에 있음. 그 가운데 한 건은 카프니스트(Kapnist)와 니시(Nishi)의 상트 페테르부르그 대담이며, 5건은 히뜨로보(Khitrovo)와 무쯔(Mutsu) 외상의 동경 대담, 2건은 히뜨로보와 하야시(Hayashi)의 동경 대담이다. 그리고 히뜨로보와 이또의 동경 대담 및 케르베르그(Kerberg)와 오오또리의 서울 대담이 적어도 각각 한 건이 있다.

106) 의견교환의 유일한 필담 형태는 히뜨로보(Khitrovo)의 구두공문(*note verbale*)으로 보인다. 그는 여기서 조선에서의 철병문제에 관해 일본이 청국과 합의하는 데 실패할 경우 초래될 중대한 책임을 지적하였다. 히뜨로보가 외무성에 보낸 전문, 1894년 7월 1일자, *Ibid.*, p.23.

107) 히뜨로보가 외무성에 보낸 전문, 1894년 7월 27일자, 30일자, *Ibid.*, pp.50, 52.

108) 카씨니(Cassini)가 외무성에 보낸 전문, 1894년 7월 21일자, *Ibid.*, pp.43~44.

109) 카씨니가 외무성에 보낸 전문, 1894년 7월 21일자, *Ibid.*, p.22.

110) 기르스(Giers)가 카씨니에게 보낸 전문, 1894년 7월 10일자 ; 카씨니가 외무성에 보낸 전문, 1894년 7월 14일자, *Ibid.*, pp.32, 36~37.

111) 히뜨로보(Khitrovo)가 외무성에 보낸 전문, 1894년 6월 25일자, *Ibid.*, p.18.

112) 카씨니(Cassini)가 외무성에 보낸 전문, 1894년 7월 21일자, *Ibid.*, p.43.

113) 카씨니가 외무성에 보낸 전문, 1894년 7월 14일자, *Ibid.*, p.37.

114) 동아시아국장 카프니스트의 보고서(Memoir), 1894년 6월 30일자, *Ibid.*, p.21.

115) 카씨니(Cassini)가 외무성에 보낸 전문, 1894년 7월 3일자 ; 카프니스트 보고서(Memoir), 1894년 7월 5일자, *Ibid.*, pp.26~27, 27~28. 이 같은 이중거래는 러시아 주재 프랑스 대사에 의해 폭로되었다.

116) 기르스가 카씨니에게 보낸 전문, 1894년 7월 7일자 ; 기르스가 카씨니에게 보낸 전문, 1894년 7월 23일자. *Ibid.*, pp.29, 45.

117) 기르스가 카씨니에게 보낸 서한, 1894년 8월 8일자, *Ibid.*, pp.58~59.

118) *Ibid.*

119) 웨베르(Weber)가 외무성에 보낸 전문, 1894년 7월 18일자, *K.A., L-LI*, 41 및 주 2.

120) 기르스가 스따알(Staal)에게 보낸 전문, 1894년 7월 9일자 ; 스따알이 기르스에게 보낸 전문, 1894년 7월 11일자, *Ibid.*, pp.31, 32.

121) 라쎌(Lascelles)이 기르스에게 보낸 공문, 1894년 7월 9일자, *Ibid.*, p.37.

122) 기르스의 보고서(memoirs), 1894년 7월 24일자, *Ibid.*, p.47.

123) 챠리코프(Charykov)가 외무성에 보낸 전문, 1894년 7월 23일자, *Ibid.*, pp.45～46 ; 스따알(Staal)이 외무성에 보낸 서한, 1894년 7월 1일자, *Ibid.*, pp.47～49.

124) 기르스가 짜르에게 올린 보고서(Memoir), 1894년 7월 18일자, *Ibid.*, pp.39 ～40.

125) 웨베르(Weber)가 외무성에 보낸 전문, 1894년 7월 4일자, *Ibid.*, p.27.

126) 웨베르가 외무성에 보낸 전문, 1894년 7월 17일자, *Ibid.*, p.38.

127) 히뜨로보(Khitorovo)가 외무성에 보낸 전문, 1894년 7월 1일자, *Ibid.*, pp.22～23.

128) 카프니스트의 보고서(Memoir), 1894년 7월 19일자, *Ibid.*, pp.41～42.

129) 1895년 4월 11일자 특별각료회의 일지의 위떼의 견해 참조, *K.A.*, LII(1932), 80 ; 청일전쟁과 러시아 정책의 문제점에 관해 바드마예프가 짜르에게 올린 보고서, 1895년 3월 6일자, Semennikov, *op.cit.*, p.89.

130) Ito Hirobumi, *Hisho-ruisan kaika-kai* (Tokyo, 1934), I, 538～562.

131) 일본과 청국의 해군력 비교는 다음 참조. Brassey, *op.cit.*, tables, pp.267 ～273 ; H. C. Bywater, *Sea-Power in the Pacific* (London, 1934), p.135.

132) A. M. Pooley (ed.), *The Secret Memoirs of Count Tadasu Hayashi* (New York and London, 1915), pp.40～41, 45～46 (이하 Pooley, Hayashi Memoirs라고 함) ; Bywater, *op.cit.*, pp.54～55. 1894년 6월 28일자로 워싱턴 주재 일본 공사는 미 국무장관 그레샴(Walter Q. Gresham)에게 같은 견해를 표명하였다. 다음 참조. P. J. Treat, *Diplomatic Relations Between the United States and Japan, 1853～1895*(Stanford University Press, 1932), II, 460, 463 ; Langer, *op.cit.*, I, 173. 당시의 러시아인들도 이 같은 견해를 인정하였다. D. D. Pokotilov, *Koreia i Iapono-Kitaiskoe stolknovenie* (St.Petersburg, 1895). 60.

133) 저자 미상, "The Japanese Constitutional Crisis and the War", *Contemporary Review*, LXVIII (1895), 457, 467～476.

134) Shu-hsi Hsü, *China and Her Political Entity* (New York, 1926) ;

T.F.Tsiang, "Sino-Japanese Diplomatic Relations, 1870~1894", *Chinese Social and Political Science Review,* XVII (1933), 1~107.

135) Tsiang, *op.cit.,* p.104 ; H. N. Allen, *Korea, Fact and Fancy* (Seoul, 1904), p.173.

136) *Ibid.,* p.172 ; Morse, *op.cit.,* pp.12~18.

137) Hsü, *op.cit.,* pp.133~135.

138) 보각크 제독의 보고(report), 1894년 6월 14일자, *G.S.S.,* LXI (1895), 29 ; Akagi, *op.cit.,* p.137.

139) 일본이 조선 조정을 강탈한 데 대한 훌륭한 기술은 다음에 있다. Akagi, *op.cit.,* pp.144~145. 다음의 전문도 참조. 카씨니(Cassini)가 외무성에 보낸 전문, 1894년 7월 23일자, *K.A.,* L-LI (1932), 46 ; 씨일(Sill)이 그레샴(Gresham)에게, 1894년 7월 18일자, *U.S. Foreign Affairs,* 1894, App.I, 31. 이때 일본은 서울 근방에 18,000명의 병력을 파견하였다.

140) Akagi, *op.cit.,* p.145 ; 카씨니(Cassini)가 외무성에 보낸 전문, 1894년 7월 26일자, *K.A.,* L-LI, 50.

141) 동경 주재 각국 외교관들은 7월 31일 일본 외상으로부터 일본이 전시상태라는 정보를 입수했다. 1894년 8월 1일자, *K.A.* L-LI, 54 및 주 1 ; *Ibid.,* p.50.

142) 청국 군대의 독일인 군사교관들의 보고에 따르면, 이홍장은 전쟁을 예상하지 못했다. 다음 서신 참조. 차리코프(Charykov)가 외무성에 보낸 서신, 1894년 8월 8일자, *K.A.,* L-LI, 59~60.

143) 카씨니(Cassini)가 외무성에 보낸 전문, 1894년 8월 4일자, *Ibid.,* p.57.

144) 카씨니가 외무성에 보낸 전문, 1894년 8월 9일자, *Ibid.,* p.61.

145) 모랑임(Morenheim)이 외무성에 보낸 전문, 1894년 8월 10일자, *Ibid.,* pp.62~63.

146) 특별각료회의 일지 전문은 다음에 수록되어 있다. *K.A.,* LII(1932), 62~67. 기르스, 위떼, 반노프스키, 치하체프, 쉬스킨, 그리고 카프니스트가 회의에 참석하였다. *Ibid.,* p.62 n.3.

147) *Ibid.,* pp.64, 65.

148) *Ibid.,* p.65.

149) *Ibid.,* p.66.

150) *Ibid.*

151) Akagi, *op.cit.,* pp.146~149 ; Augusts Gérard, *Ma Mission en Chine (1895~1897)* (Paris, 1918), pp.1~5.

152) Langer, *op.cit.,* pp.174~175 ; Gérard , *op.cit.,* p.7 ; Treat, *op.cit.,* pp.492~495 ; 말롯(Malot)이 독일 외무성에, 1894년 10월 7일자, *G.P.,* IX, 243 ;

마샬이 영국외무성에, 1894년 1월, *Ibid.*, pp.243~244.

153) Gérard *op.cit.*, pp.10~11 ; Langer, *op.cit.*, I. 175.

154) "익명의 동시대인", *op.cit.*, p.5.

155) *K.A.*, L-LI, 3~63에 있는 대부분의 문서는 알렉산드르 3세가 읽고 연구
했다는 증거를 보여주고 있다. 몇몇 문서에는 주석이 달려 있다. 문서 아래
쪽 참조.

156) "Chronique", *Revue Politique et Parlementaire*, II (1894), 566.

157) *Ibid.*, III, 390.

158) Akagi, *op.cit.*, pp.149~151 ; Gérard, *op.cit.*, pp.14~15, 17.

159) *Ibid.*, pp.18~19 ; Akagi, *op.cit.*, p.154.

160) 이 회의록은 다음에 기술되어 있다. *K.A.*, LLI (1932), 67~74. 회의에는
반노프스키, 치하체프, 위떼, 쉬스킨, 오브루체프, 크레머(해군참모장), 그리
고 카프니스트가 참석했으며, 러시아 해군제독 알렉산드로비치 대공이 회
의를 주재하였다. 대공의 권한은 다음 참조. "Sovremennik", *op.cit.*, pp.151
~158.

161) *K.A.*, LII, 69. 이 같은 논리는 이해하기 어렵다. 필자가 제시할 수 있는 유
일한 설명은, 러시아의 주요 기지에서 멀리 떨어진 한 섬을 점령하는 것은,
우쑤리 지역과 이 섬을 연결함으로써 궁극적으로 조선의 북동부를 탈취하
려는 러시아의 계획의 단지 첫 단계로 간주될 것이라는 점이다.

162) *K.A.*, LII, 68~69.

163) *Ibid.*, p.69.

164) *Ibid.*, pp.69~70.

165) *Ibid.*, p.71.

166) *Ibid.*, pp.73~34.

167) 함대는 16척(241문의 포를 적재한)에서 22척(360문의 포를 적재한)으로 증
강되었다. 다음 참조. Brassey, *op.cit.*, pp.52, 54 ; *Revue Politique et
Parlementaire*, IV (April, 1895), 172 ; *Proceedings of the United States
Naval Institute*, XXI (January, 1895), 206. 지중해함대를 지휘한 사람은 머지
않아 동아시아 문제를 탁월하게 다루게 되는 해군 제독 알렉쎄프이다.

168) Meyendorff, *op.cit.*, II, 259~264. 이와 동시에 러시아의 태도를 누그러뜨
린 것은 무쯔가 히뜨로보에게 2월 15일자로 다음과 같이 보장했기 때문이
다. 즉, 일본이 여타 열강의 이해를 존중할 것이며 청국에게 배상금과 약간
의 영토적 보상, 아마도 대만을 요구할 것이라는 보장이 그것이다. V.N.
Lamsdorf, "Dnevnik", *K.A.*, XLVI (1931), 32.

169) 상트 페테르부르그 주재 영국 공사는 이를 직접 로바노프 공에게 확인시

켜 주었다. 로바노프(Lobanov)가 짜르에게 올린 보고서(Memoir), 1895년 4
월 6일자, *K.A.*, LII (1932), 74 ; Langer, *op.cit.*, I, 175, St. James Gazette,
1895년 3월 18일자에서 인용.

170) 로바노프(Lobanov)가 짜르에게 올린 보고서(Memoir), 1895년 4월 6일자,
K.A., LII (1932), 74.

171) Akagi, *op.cit.*, p.158 ; Gérard, *op.cit.*, p.34. 강화조건은 4월 3일 총리아문
을 통해 전 세계에 알려졌다. 1894년 11월 이래로 일본 신문들은 시모노세
키에서 제시된 강화조건과 매우 유사한 요구를 주장해 왔다. 다음 참조.
Baelz, *op.cit.*, p.105.

172) Semmenikov, *op.cit.*, p.89.

173) *Ibid.*, p.90.

174) 바드마예프(Badmaev)가 짜르에게 보낸 서한, 1895년 5월 11일자, *Ibid.*,
pp.96~97.

175) *K.A.*, LII, 72.

176) *Ibid.*, pp.75~76.

177) *Ibid.*, 주 1.

178) *Ibid.*, 주 2.

179) *K.A.*, LII, 75~76과 주 1.

180) Gérard, *op.cit.*, p.35. 일본은 여순항을 "동양의 지브롤터(Gibraltar of the
East)"로 만들려는 의도를 감추지 않았다. 베를린 주재 일본 공사는, 일본이
굳이 못을 박지는 않는다고 하더라도 조선의 독립은 한낱 종잇장에 불과하
다고 주장하였다. 뮐베르그(Mülberg)의 각서, 1895년 4월 2일자, *G. P.*, IX,
260~261.

181) *Ibid.*

182) 마샬(Marschall)이 호헨로헤(Hohenlohe)에게, 1894년 11월 17일자 ; 브란
트(Brandt)의 각서, 1895년 4월 8일자, *G.P.*, LX, 246~247, 265~266 ; A.J.
Irmer, *Die Erwerburg von Kiatschou, 1894~1898* (Cologne, 1930), pp.
8~12.

183) 로바노프(Lobanov)가 짜르에게 올린 각서, 1895년 4월 14일자, *K.A.*,
LII, 77.

184) 마샬(Marschall)이 치쉬르스키(Tschirsky)에게, 1895년 4월 8일자, *G.P.*,
IX, 265, nos. 2232 이하 계속.

185) *Ibid.*, Langer, *op.cit.*, I, 182.

186) 뮌스터 백작(Graf Münster)이 독일 외무성에 보낸 서한, 1895년 4월 10일
자, *G.P.*, IX, 268 ; Langer, *op.cit.*, p.182.

187) Gérard, *op.cit.*, p.38.

188) 특별회의일지 전문은 다음에 있다. *K.A.*, LII (1932), 78~83. 회의에는 로바노프, 반노프스키, 위떼, 치하체프, 오브루체프, 그리고 쉬스킨이 참석하였고 알렉산드로비치 대공이 주재하였다.

189) *Ibid*, p.79. 이 같은 견해는 현재 러시아에서 보편화되었다. 막시모프(A. Maximov)는 청국을 러시아의 실제 적국으로 제시하는 팜플렛을 1894년에 작성하였다. 그에 따르면, 청일전쟁이 발발하지 않았다면 청국이 러시아를 공격했을 것이며, 일본이 "태평양 연안의 우리의 유일한 동맹국이기 때문에 러·일 상호간의 우의가 중요하다"는 것이다. A. Maximov, *Nashi zadachi na Tikhom Okeane* (St.Petersburg, 1894), pp.27~28, 39, 69~71. 참모본부에서 적극적으로 활약하고 이곳에서는 동아시아 전문가의 한 사람이던, 푸티아타 (D. V. Putiata) 육군 대령은 열강의 후견을 받는 청국으로부터의 위협을 경고하였다. Putiata, *Ocherki geograficheskago sostoianiia administrativnago i voennago ustroistva Kitaia* (St.Petersburg, 1895), p.265.

190) *K.A.*, LII, 79.

191) *Ibid.*, p.80.

192) *Ibid.*, pp.79~80

193) *Ibid.*, pp.80, 81, 82.

194) *Ibid.*, p.81.

195) *Ibid.*, p.83.

196) 로바노프는 그 같은 교섭의 성공 가능성을 의심했다. *Ibid*

197) *Ibid*

198) 로바노프(Lobanov)가 짜르에게 올린 각서, 1895년 4월 14일자, *Ibid.*, p.77.

199) *Ibid.*, 주 1.

200) 회의록을 짜르에게 제출하면서, 로바노프는 사태가 긴박하므로 황제가 친림회의를 열 것을 제안하였다. 그러면서도 로바노프 자신은 회의록 제출을 주저하였다. *Ibid.*, p.78, 주 1.

201) Witte, *Vospominaniia*, I, 35~37 ; Romanov, *Rossiia*, pp.75~79.

202) Witte, *Vospominaniia*, I, 37.

203) 마샬(Marschall)이 구츠슈미트(Gutschmid)에게, 1895년 4월 17일자, *G.P.*, IX, 270 ; Langer, *op., cit.*, I, 184, 185.

204) Langer, *op., cit.*, I, 185.

205) 마샬이 구츠슈미트에게, 1895년 4월 17일자, *G.P.*, IX, 270.

206) 빌헬름 2세가 독일 태평양함대 사령관에게 보낸 전문, 1895년 4월 7일자,

perepiska Vil'gel'ma II s Nikolaem II (Moscow, 1923), p.6.

207) Gérard, *op., cit.*, p.41. 시모노세키조약 전문은 다음 참조. J. V. A. Mac Murray, *Treaties and Agreements with or Concerning China, 1894~1919* (New York, 1921), I, 52.

208) 치쉬르스키(Tschirsky)가 독일 외무성에 보낸 서한, 1895년 4월 20일자, *G.P.*, IX, 271 ; Gérard, *op., cit.*, pp.43~44 ; Akagi, *op., cit.*, pp.162~163.

209) Meyendorff, *op.cit.*, II, 270~272 ; Akagi, *op.cit.*, pp.162~164.

210) Akagi, *op.cit.*, pp.164~165.

211) 모호하게 치켜세운 "삼국공조(Triplice)"라는 용어도 독일이 주장한 것이다. 빌로우는 1897년에 "동아시아의 동맹은 홀스타인에 의해 이루어진 것"이라고 기술하였다. Prince von Bülow, *Memoirs* (Boston, 1931), I, 52.

212) 반(反)러시아 소요는 1891년과 1894년에 산발적으로 일어났다. Baolz, *op., cit.*, pp.75, 101.

213) 일본은 광범위한 재무장 계획을 전개하기 시작했다. 다음 참조. Giichi Ono, *War and Armament Expenditures of Japan* (New york, 1922), pp.116~142 ; Russia, Ministry of Foreign Affairs, *Finansy Iaponii posle voiny s Kitaem* (St.Petersburg, 1899), pp.3, 6, 7, 11.

214) 1895년 4월 11일 특별각료회의에서의 반노프스키와 오브루체프, *K.A.*, LII (1932), 82.

215) "Chronique", *Revue Politique et Parlementaire*, VII (1896), 656.

216) *Ibid.*, IV (1895), 172.

제4장
러시아의 만주 침투와 대한(對韓)영향력 고조(1895~1897)

1) 庫平 兩의 가치에 대한 논의는 다음 참조. J.Soyeda, "The Adoption of Gold Monometallism in Japan", *Political Science Quarterly*, XIII(March, 1898), 76. 1차 배상은 1895년 10월 17일까지 822만 5천 245파운드를 지불하며, 2차에도 역시 같은 금액을 1896년 5월까지 지불해야 했다. *Ibid.*, p.77. 요동반도 반환에 3천만 냥을 우선적으로 지불해야 한다고 합의하였다.

2) 시모노세키조약 제4조. *Sbornik dogovorov po delam Dal'nego Vostoka, 1895~1905* (St.Petersburg, 1906), p.4 (이하 *Sbornik Dal'nego Vostoka* 라

고 함) ; Soyeda, op.cit., p.76.

3) R.S.Gundry, "China, England and Russia", *Fortnightly Review,* LXVI (October, 1896), 506~520.

4) 1894년 영국은 청국무역의 65퍼센트를 점했고, 영국 선박이 청국 수출입의 85퍼센트를 담당했다. W.L.Langer, *The Diplomacy of Imperialisim, 1892~1902,* I, 167.

5) Gundry, op.cit., p.508.

6) 이전의 주요 차관들은 다음과 같다.

1887 — 독일에서 5½퍼센트 이자로 5백만 금화 마르크(gold mark).

1894 — 홍콩상해은행조합에서 7퍼센트 이자로 1천만 냥(silver tael).

1895 — 홍콩상해은행에서 6퍼센트 이자로 3백만 금화 파운드(gold £).

1895 — 인도 특허은행(Charter Bank of India)에서 6퍼센트 이자로 1백만 금화 파운드.

(Gundry, op.cit., p.509) ; A.G.Coons, *The Foreign Public Debt of China.* (Philadelphia, 1930), pp.1~6.

7) Romanov, *Rossiia,* pp.86~87 ; Langer, op.cit., p.87, 주 1.

8) 챠리코프(Charykov)가 외무성에 보낸 전문, 1895년 4월 26일자, Romanov, *Rossiia,* p.87, 주 1.

9) Romanov, op.cit., p.87, 주 2.

10) 1894년 5월에 위떼는 시베리아횡단철도를 1901년경 완공한다는(바이칼호 구간을 제외하고) 자신의 계획에 대한 시베리아철도위원회의 승인을 얻었다. Romanov, *Rossiia,* p.65. 1894~1895년 청일전쟁기에 철도부설율은 "연간 587베르스트(verst)에서 두 배까지" 증가했다. *Ibid.,* p.9.

11) *Ibid.,* pp.87~88.

12) *Ibid.,* p.88 ; Langer, op.cit., I. 188.

13) Romanov, *Rossiia,* p.89. 1890년대에 서유럽 자본은 러시아의 산업화를 맹렬하게 지원하였다. 1899년경 러시아 자본은 러시아 산업의 21퍼센트에 지나지 않았고, 투자의 72퍼센트는 프랑스와 벨기에로부터 이루어졌다. M.N. Pokrovskii, *Russkaia istoriia v szhatom ocherke* (Moscow, 1925), III, 24 ; N.Vanag, "Promyshlennost v kontse XIX st.", in M.N. Pokrovskii, *Sbornik 1905 god* (Moscow, 1925), I, 185.

14) 라돌린(Radolin)이 호헨로헤(Hohenlohe)에게 보낸 긴급전문, 1895년 8월 8일자, 1895, *G.P.,* IX, p.312, no.2290.

15) 라팔로비치(Rafalovich)가 위떼에게 보낸 전문, 1895년 5월 17일자에서 인용, Romanov, *Rossiia,* p.87. 동시에 청국에서 러·불 양국은 협력하여 러

·불차관을 수락하도록 청국정부를 설득하였다. 북경 외교가에서 "분리될 수 없는 두 사람(les deux inséperables)"으로 알려진, 카씨니와 제라르는 홍콩상해은행조합의 매니저인 힐리어의 적의에 찬 영향력을 극복하였다. W.J.Oudendyk, "Russia and China", *Journal of the Royal Central Asian Society,* XXII, No.3(July, 1935), 373~374 ; Gérard, *op.cit.,* pp.68~71.

16) London Times. 1895년 6월 21일자, p.3.

17) Romanov, *Rossiia,* pp.89~90, 90 주 1. 계약 원문은 다음 참조. *Sbornik Dal'nego Vostoka,* pp.56~60 ; J.V.A.MacMurray, *Treaties and Agreements with or Concerning China, 1894~1919* (New York, 1921), I, 35~40 (이하 MacMurray, *Treaties*라고 함).

18) MacMurray, *Treaties,* I, 35~40 ; Langer, *op.cit.,* I, 188 ; Coons, *op.cit.,* pp.6~8 ; *Revue Politique et Parlementaire,* V(July, 1895), 390.

19) Romanov, *Rossiia,* pp.90~91.

20) *Ibid.,*

21) Lucien de Reinach, *Recueil des traités conclu par la France en Extrê me Orient, 1684~1902* (Paris, 1902), I, 331~334 ; *Revue Politique et Parlementaire,* V(July, 1895), 390.

22) 위떼가 무라비요프에게 보낸 서신, 1899년 1월 29일자에서 인용. Romanov, *Rossiia,* p.91.

23) *Revue Politique et Parlementaire,* V(July, 1895), 392.

24) Romanov, *Rossiia,* p.91, 주 2.

25) *Ibid.,* p.92 ; Langer, *op.cit.,* I, 398 ; Glinskii, *Prolog,* pp.28~29.

26) Glinskii, *Prolog,* p.27.

27) Romanov, *Rossiia,* p.92.

28) *Ibid.,* pp.92~93. 이 문서에서 니꼴라이 2세는 "S"(*Soglasen* : 승인함)이라는 재가 마크를 붙였다, *Ibid.,* 주 1.

29) Kulomzin, (ed.), *Sibirskaia zheleznaia doroga,* pp.233~235 ; Glinskii, *Prolog,* pp.30~33. 코피토프 노선과 최종 노선을 비교하기 위해서는 다음 참조. Langer, *op.cit.,* I, 183.

30) Romanov, Rossiia, pp.81~92.

31) 위떼가 짜르에게 올린 각서, 1896년 4월 12일자, *K.A.,* LII(1932), 92.

32) V.M.Sergeev, "Issledovaniia bolot po linii Amurskoi zheleznoi dorogi", *I.I.R.G.O.,* XXXIV(1898), 483. 계획된 아무르철도에 관한 1895년 조사보고서 참조. *Ibid.,* pp.318~332.

33) 아무르 철도의 주도적인 반대자 가운데 한 사람은 아무르운송·상업회사

(Amur Transit and Commercial Company) 이사이자 총책임자인 마끼요프(Makeev)였다. Romanov, *Rossia,* p.83 ; V.E.Timonov, "O glavneishikh putiakh Priamurskago kraia", *I.I.R.G.O.,* XXXIV(1898), 332~334.

34) Romanov, Rossiia, p.83. 지도 참조는 Langer, *op.cit.,* I, 183.

35) *K.A.,* LII, 75.

36) Romanov, Rossiia, p.84.

37) *Ibid.,* 주 1.

38) 상해지부의 총 책임자 웨르뜨(Werth)와 천진지부의 총책임자 로마노프(P.M.Romanov)는 이전에 재무성에서 일한 바 있다. Romanov, Rossiia, p.91, 주 1.

39) 1896년 3월 26일 계약. 원문은 다음 참조. MacMurray, *Treaties,* I, 55~59. 프랑스인들은 이 차관에 맹렬하게 반대하였으나, 위떼는 이에 무관심했다. 왜냐하면 러·청은행 투자에 독일의 참여가 배제된 이후 독일을 유화 시킬 필요가 있었고, 위떼 자신도 만주철도계획에 전력투구하고자 하였기 때문이다. E.J. Dillon, *The Eclipse of Russia* (New York, 1918), p.245 ; *Revue Politique et Parlementaire,* VIII(April, 1896), 214 ; Romanov, *Rossiia,* p.96.

40) 빌헬름 2세가 니꼴라이 2세에게 보낸 서신, 1895년 4월 26일자, I.D.Levine (ed.), *Letters of the Kaiser to the Tsar* (New York, 1920), p.10.

41) 하츠펠트(Hatzfeldt)가 독일 외무성에 보낸 전문, 1895년 10월 25일자, *G.P.,* X, pp.35~36, no.2393 ; 하츠펠트가 호헨로헤(Hohenlohe)에게 보낸 긴급전문, 1895년 11월 2일자, *Ibid.,* pp.149~151, no.2493.

42) Romanov, Rossiia, pp.97~98.

43) 1894년의 추정치임. P.S.Popov, "Dvizzhenie naseleniia v Kitae", *I.I.R.G.O.,* XXXII(1896), 226~228.

44) *K.A.,* LII(1932), 83~91에 전문이 나와 있음.

45) *Ibid.,* pp.87~88.

46) *K.A.,* LII, 90. "아무르 지역의 러시아 광산과 공업시설 인부들 및 거주자들에게 필요한, 모든 가축과 곡물은 750마일 이상 아무르강을 가로질러 운반되어야 했다. 만주 지방에서 소출된 모든 가축과 곡물은 만주의 도시, 아이훈에서 집결·처리되었다.

47) *K.A.,* LII, 88.

48) *Ibid.,* 그리고 주 1.

49) *K.A.,* LII, 91~102에 듀홉스코이 각서를 의역한 단락을 제외한, 전문이 나와 있음.

50) *Ibid.*, pp.96, 97~98.

51) *Ibid.*, pp.93~94, 101~102.

52) *Ibid.*, pp.94~95.

53) *Ibid.*, p.98.

54) *Ibid.*, p.92.

55) *Ibid.*, pp.100.

56) *Ibid.*, p.95.

57) *Ibid.*, pp.93~94. 카씨니(Cassini)가 외무성에 보낸 전문, 1895년 12월 28일자에서 인용, Romanov, Rossiia, p.95,

58) 특별위원회의 결정은 다음 참조. Timonov, *op.cit.*, pp.361~364.

59) *Ibid.*, pp.363~364.

60) Timonov, *op.cit.*, p.350. 실라호호는 기술적으로 말하자면 쇄빙선은 아니다. 1897년에 해군국의 주문으로 특별히 건조된 한 쇄빙선으로 일년 내내 항구를 사용할 수 있게 되었다. *Ibid.*, p.351. L.N.Liubimov, "Iz zhizni inzh-ennera putei soobshcheniia", *Russkaia Starina*, CLV (July~September, 1913), 449.

61) Timonov, *op.cit.*, p.366.

62) Glinskii, *Prologue*, p.33. 로마노프는, 카씨니가 4월 18일에 공식적으로 이 문제를 처음 얘기를 꺼냈다고 주장했으나, 비공식논의가 있었을 수도 있다는 사실을 부인하지는 않았다. Romanov, *op.cit.*, p.105, 주 1.

63) *Ibid.*, p.102.

64) D.C.Bougler, "The New Situation in the Far East", *Contemporary Review*, LXVIII(December, 1895), 823 ; V.I.Roborovskii, "Ekspeditsiia v Tsentral'nuiu Aziiu v 1893~1895 gg.", *I.I.R.G.O.*, XXXIV(November, 1898), 48. 러시아군에 청국 장교들을 소속시키려던 계획은 이행되지 못했다. D.C.Bougler, "Li Hung-chang", *Contemporary Review*, LXX (July, 1896), 27.

65) Glinskii, *Prologue*, p.34 ; Romanov, *Rossiia*, p.106 n.1. 1896년 3월 27일자 〈노스차이나 데일리뉴스〉(North China Daily News)는 카씨니와 이홍장 사이의 소문난 협정의 전말을 기사화했다. Henri Cordier, *Histoire des relations de la Chine avec les Puissances Étrangères* (Paris, 1902), III, 347.

66) J.O.P.Bland, *Li Hung-chang* (New York, 1917), pp.180~181 ; Langer, *op.cit.*, I, 401.

67) Romanov, Rossiia, p.101. 이 철도는 1890년 이래 북쪽으로 "느릿느릿" 진

척되어 왔다. 1896년 계획은 3년 동안 약 110마일의 공사를 계획하였다. *Ibid.* 지도는 다음 참조. Langer, *op.cit.*, I, 183. 청국 상인들은 정부 자금으로 부설될 북경-천진노선과 같은 수지맞는 철도에마저도 투자하기를 거부하였으므로, 자금은 늘 부족하였다. Gundry, *op.cit.*, p.515.

68) Romanov, Rossiia, pp.102~103.

69) *Ibid.*, p.104 ; Langer, *op.cit.*, I, 401.

70) 전문은 다음에 있다. MacMurray, *Treaties*, I, 79~81. 다음 문헌도 참조. "Alleged Russo-Chinese Convention", *Saturday Review,* Dec.12, 1896, p.616 ; Hallet, *op.cit.*, p.487.

71) 이 문서의 분석은 다음 참조. Romanov, *Rossiia*, pp.135~139 ; Cordier, *op.cit.*, III, 347~348 ; P.H.Clyde, *International Rivalries in Manchuria* (Columbus, 1926), pp.40~41.

72) 널리 알려진 견해와는 대조적으로 카씨니나 포코띨로프 그 어느 누구도 만주관통청도 계획에 관해 이홍장과 사전교섭을 가진 적은 없다. Romanov, *Rossiia*, p.106 및 주 1.

73) *Ibid.*, pp.106~107.

74) Romanov, *Rossiia*, p.104 ; Langer, *op.cit.*, I, 401. ; Oudenyk, *op.cit.*, p.375.

75) Romanov, *Rossiia*, pp.104~105. 카씨니가 실패한 것은 그의 건강이 좋지 못했고 매수를 통해 자신의 조치를 대비하는 데 실패했던 것에 그 원인이 있다. 카씨니가 매수용으로 사용하도록 짜르의 승인을 받은 1백만 루블을 황제로부터 받았다거나 사용했다는 기록은 없다. *Ibid.*, p.105, 주 1.

76) *Ibid.*, pp.107~108 ; Langer, *op.cit.*, I, 402. 위떼는 갈아타는 지점의 사전 조정을 다른 사람 탓으로 돌리는 그릇된 주장을 하였다. Witte, *Vospomin-aniia,* I, 40 ; Romanov, Rossiia, p.109, 주 1.

77) Witte, *Vospominaniia*, I, 42. 그는 극진하게 "술과 음식을 대접받았다." Comte Louis de Turenne, "Journal d'un Français à Moscou", *Revue de Paris,* 1896, No.4 (July~August), p.824.

78) Romanov, *Rossiia*, p.110. 그릇과 로뜨슈테인은 잇따른 회의의 모든 사전 준비를 5월 4일경에 마쳤다.

79) 이홍장과의 교섭에서 어떤 조항에 대해 뇌물을 제공했는지는 알려지지 않고 있다. 이른바 "이홍장 기금"을 확립한 1896년 6월 4일의 뇌물의정서는 다음에 나와 있다. Romanov, *Rossiia*, p.116, 주 1.

80) *Ibid.*, pp.113~114 ; 이홍장이 총리아문에 보낸 전문, 1896년 5월 14일자, 다음에서 인용. Dillon, *op.cit.*, pp.262~263 ; Witte, *Vospominaniia*, I, 44.

81) 이 같은 교섭의 구체사항은 다음을 참조. 이홍장이 총리아문에 보낸 전문

들, 5월 3일, 9일, 14일자에서 인용, Dillon, *op.cit.*, pp.260~263 ; Glinskii, *Prolog*, pp.35~38 ; Witte, *Vospominaniia*, I, 41~45. 훌륭하게 편집한 문헌으로는 다음을 참조. Tsubai, *Saikin Seiji Gaiko-Shi*(最近政治外交史) (Tokyo, 1936), pp.18~25.

82) Romanov, *Rossiia*, p.114.

83) 대관식은 5월 30일로 예정했다.

84) Romanov, *Rossiia*, p.115 ; Langer, *op.cit.*, I, 403.

85) 제정러시아에 의해 조약은 비밀로 유지되었다. 당시 상트 페테르부르그-모스크바 교섭시 배석했던 이홍장의 아들은, 1910년 2월 15일자로 발행된 런던 〈데일리 텔레그래프〉(Daily Telegraph)에 조약의 불어판 사본을 판매했다. 이 원문은 MacMurrary, *Treaties*, I, 81~82에 다시 실렸다. 러시아 공문서관의 불어판 원문은 로마노프가 처음 출판하였다. B.A. Romanov, *Bor'ba Klassov*, 1924, nos.1~2, pp.101~102 ; *Rossiia*, p.113, 각주 1. 불어판 모스크바본의 영역본은 다음의 책에 게재되었다. V.A. Yakontov, *Russia and the Soviet Union in the Far East* (New York, 1931), pp.365~366.

86) 불어와 러시아 원문의 영역본은 다음 참조. G.B. Rea, *The Case for Manchoukuo* (New Yprk, 1935), pp.391~393.

87) 다음의 원문 참조. Romanov, Rossiia, p.116, 주 1.

88) *Ibid.*, p.117 주 1 ; Glinskii, *Prolog*, p.38.

89) 저자 미상, "Secret History of the Russo-Chinese Treaty", *Contempo-rary Review*, LXXI (February, 1897), 176.

90) 이홍장은 분명히 관세 개정의 승인을 얻기 위해 유럽 각국의 수도를 순방하였다. 그는 각 수도마다 2~3주씩 머문 후 미국을 경유하여 1896년 10월 19일에 청국으로 돌아왔다. *Revue Politique et Parlementaire*, X(November, 1896), 480 ; "Li Hung-chang's Mission", *Saturday Review*, Aug. 22, 1896, pp.178~179.

91) 원문 참조. MacMurray, *Treaties*, I, 75~77. 불어판과 러시아판 원본은 다음에 실려 있다. *Izvestiia Ministerstva Inostrannykh Del*, 1916, Nos.3 and 4, Special Supplement, pp.4~13 (이하 *Izvestiia M.I.D.*라고 함)

92) 1896년의 대략적인 추정치는 공사비용을 1억 1천 4백만 루블로 잡았다. 1914년경에는 이자와 특별 지출경비, 그리고 여러 가지 재정적 차질로 7억 루블 이상—청국정부에게는 상환 불가능한 금액인—을 상환해야 했다. 위 떼의 계획은 처음부터 이 점을 목표로 한 것 같다. Glinskii, *Prolog*, p.39 ; Romanov, *Rossiia*, p.124 및 주 1.

93) *Ibid.*, pp.126~127.

392

94) Glinskii, *Prolog*, p.40. 화물운임율을 결정할 독점권은 동청철도가 지녔다. 그러므로 엄청나게 비싼 요금율을 적용하여, 청국의 석탄광산이 그들의 석탄을 동청철도에 팔게 만들 수 있었다.

95) 허경징이 러·청은행에 보낸 서신, 1896년 9월 8일자. Izvestiia *M.I.D.*, 1916, 주 3, 4, pp.8~9(불어 원문), p.13(러시아 원문).

96) Glinskii, *Prolog*, p.41 ; Romanov, *Rossiia*, p.121.

97) 생략된 조항은 다음 참조. *Ibid.*, pp.119~120.

98) *Ibid.*, p.121.

99) 인용 참조. *Ibid.*, 주 3.

100) 금융 운용은 다음 참조. Romanov, *Rossiia*, pp.121~124 ; V.Ia.Avarin, *Imperializm v Manzhurii*(Moscow, 1931), I, 31.

101) Romanov, *Rossiia*, p.125, 주 2.

102) V.L.Komarov, "Manzhurskaia ekspeditsiia 1896 g.", *I.I.R.G.O.*, XXXIV(1898), 117~194 ; Dugald Christie, *Thirty Years in Moukden, 1898~1913* (London, 1914), 여기 저기에 있음.

103) 참조. *G.S.S.*, Bibliography.

104) 다음의 문헌 개요 참조. "Issledovaniia Manzhurii", *Bibliograficheskii Biulleten* of the Central Library of the C.E.R. (Harbin, 1927), I, Nos.1~6, pp.5~18과 지도, p.6.

105) Christie, *op.cit.*, p.72.

106) E.E. Ahnert, "Puteshestvie po Manzhurii", *Z.I.R.G.O.*, XXXV (1904) ; S.I. "Na Kvantune", *Russkaia Mysl'*, 1907, No.7, p.136.

107) Liubimov, *op.cit.*, pp.669~670.

108) Komarov, *op.cit.*, pp.117, 123 ; Ahnert, *op.cit.*, pp.i~vii. 1895년에는 비밀스런 일반적 조사가 이루어졌을 것이다. 참조. Romanov, *Rossiia*, p.129.

109) Komarov, *op.cit.*, pp.123, 125. 1894년부터 만주 비적들은 우쑤리 철도공사에 종사하는 청국인, 조선인과 금광 정착자들을 공격해 왔다. I.P.Iuvachev, "Bor'ba s khunhuzami na Manzhuskoi granitse", *Istoricheskii Vestnik*, LXXXII(October~December, 1900), 185.

110) *Ibid.*, pp.186, 541~549. 1896년 7월에 3개 대대가 만주 국경에 대한 방어선을 쳤다. 청국 당국의 허가를 받은 코사크인들은 비적들을 만주까지 추격해 들어갔다.

111) Romanov, *Rossiia*, pp.129~130 ; Ahnert, *op.cit.*, p.vii. 러시아인들은 만주에 거의 알려진 바가 없었기 때문에, 1896년의 첫 정찰대원들은 일본인들로 오인되었다. S.I., *op.cit.*, p.158.

112) Liubimov, *op.cit.*, p.670.

113) *Revue Politique et Parlementaire*, IX(September, 1896), 228 ; *Ibid.*, X(October, 1896), 455 ; Ular, *op.cit.*, p.182 ; *Saturday Review*, Dec.12, 1896, p.616 ; Romanov, *Rossiia*, p.174.

114) Romanov, *Rossiia*, p.599 ; Ular, *op.cit.*, pp.186~187. 울라는, 만주정부가 러시아인들로 하여금 몽고인이나 티베트인들과 "분규를 일으키도록 하기 위해" 의도적으로 조차권을 허용했다는 사실을 제시하고 있다. *Ibid.*, p.188.

115) Romanov, *Rossiia*, pp.599~600. 몽고에서는 개인적인 답사자들(*zoloto-promyshlenniki*)로 구성된 러시아인들이 작업하였다. E.I. Baranovskii, "Zoloto-promyshlennost' v vostochinoi Sibiri", *Vestnik Evropy*, XXXIII, No.7(July, 1898), 148~149, 150, 151~156.

116) Romamov, *Rossiia*, p.160.

117) F.H.Harrington, *God, Mammon, and the Japanese* (Madison, 1944), p.88. 1884년에는 한 사람의 프로테스탄트 선교사가 있었다.

118) *Ibid.*, p.252, 주 1. 허드(Heard)가 미 국무차관에게 보낸 영사관 긴급전문, 1892년 12월 31일자 인용함.

119) 영국영사관, *Report on the Trade of Korea, 1892* (London, 1893), Annex IX, p.3 및 Annex I(Shipping in Korea).

120) 러시아재무성, *Opisanie Korei* (3vols., St.Petersburg, 1900), III, App. tables, pp.176~179. 1884년에 조-러교역은 1만 4천 $, 조-일교역은 250만 8천 $로 평가되었다.

121) Harrington, *op.cit.*, pp.144, 146, 156, 158.

122) 이러한 요구들은, 〈노스차이나 헤럴드〉(*North China Herald*) 1895년 4월 19일자에서 최초로 공개되었다 ; Romanov, *Rossiia*, pp.139~140.

123) Harrington, *op.cit.*, p.168. 미우라의 성격 묘사는 다음을 참조. *North China Herald*, 1895년 11월 1일자, 다음에서 인용, "Russia and England in the Far East", *Fortnightly Review*, LXV June, 1896), 874 ; Akagi, *op.cit.*, p.171.

124) H.B.Hulbert, *The Passing of korea*(New York, 1906), pp.129~147 ; Harrington, *op.cit.*, pp.266~271. 일본이 연루된 증거는 다음 책의 히로시마 재판의 법정 기록의 인용을 참조. F.A.McKenzie, *The Tragedy of Korea* London, 1908), pp.263~267. 히로시마 재판 보도는 다음도 참조. *Japan Daily News, North China Herald*, 1896년 1월 31일자 ; *Korean Repository*, II(1895), 432~434. 일본인에 의해 훈련되고 무장된 조선군은 각각 800명 정도의 2개 대대였다. 다음 보고도 참조. Captain Sokovnikov

of the Russian General Staff, "O sovremennykh koreiskikh voiskakh", . *G.S.S.,* LXIX(1896), 1~7.

125) Harrington, *op.cit.,* pp.271, 275.

126) *Ibid.,* pp.272~274, 275 ; "Russia and England in the Far East", *Fortnightly Review,* LXV(June, 1896), 874.

127) Harrington, *op.cit.,* p.275. 웨베르는 아마도 왕비와 절친한 친구였던 자신 의 부인의 영향을 받은 것 같다. H.N.Allen, *A Chronological Index* (Seoul, 1901), p.32 ; *North China Herald,* 1895년 11월 8일자.

128) "가장 저주스런 증거를 눈앞에 두고도" 그들은 석방되었다. *North China Herald,* 1896년 1월 31일자. 일본 국회의 하원의원들은 법정의 판결을 비난 하였으나 "일본의 전 언론은 미우라의 악행에 박수를 보냈으며"〈국민의 심복〉(*Kokumin no Tomo*)은 미우라의 범행이 "정치적 범죄"라는 이유로 용서를 표명하였다. *Fortnightly Review,* LXV, 875.

129) Harrington, *op.cit.,* pp.277~278.

130) *Ibid.,* p.279.

131) *Ibid.,* pp.284~285.

132) Harrington, *op.cit.,* pp.287~288.

133) *Ibid.,* p.288 ; H.N.Allen, *op.cit.,* p.32.

134) Harrington, *op.cit.,* pp.288~289 ; H.N.Allen, *op.cit.,* p.33. 국왕 피신을 다 룬 최고의 기술은 다음 참조. M.von Brandt, *Drei Jahre ost-asiatischer Politik, 1894~1897* (Stuttgart, 1897), pp.166~177.

135) Harrington, *op.cit.,* p.291 ; Brandt, *op.cit.,* pp.169~180.

136) Harrington, *op.cit. ,* pp.291~292.

137) *Ibid.,* p.292.

138) *Ibid.,* p.293. 웨베르와 포코띨로프는 미국의 투자를 환영하였다. 웨베르는 그들이 조선이 "독립적"임을 입증했다는 이유에서, 그리고 포코띨로프는 자 신들이 일본인들의 더 이상의 침탈을 막았다는 이유에서였다. *Ibid.,* pp.169, 172~173, 292 ; 포코띨로프의 전문, 1896년 4월 8일자 인용, Romanov, *Rossiia,* p.148 주 2.

139) Akagi, *op.cit.,* p.172.

140) 원문 참조. *Sbornik Dal'nego Vostoka,* pp.146~148 ; W.W.Rockhill, *Treaties and Conventions with or Concerning China and Korea, 1894~ 1904* (Washington, 1904), pp.430, 431 ; Carnegie Endowment for Inter-national Peace, *Korea, Outer Mongolia, Manchuria : Treaties and Agreements* (Washington, D.C.), pp.21~22 (이하 Carnegie Endowment,

*Korea, Treaties*라고 함) ; Romanov, *op.cit.,* pp.141~142.

141) *Ibid.,* p.142.

142) Langer, *op.cit.,* I, 406 ; Romanov, *Rossiia,* p.142.

143) Romanov, *Rossiia,* pp.142~143.

144) *Ibid.,* p.143, 람스도르프가 짜르에게 보내는 각서, 1903년 5월 20일자. 각
　서의 추가 인용은 "지리적·정치적 조건으로 말미암아 향후 러시아제국에
　절대 필요한 부분인, 조선의 운명은 이미 우리가 결정하였다." *Ibid.,* 다음
　문헌은 1896년에는 적용할 수 없을 것이다. Langer, *op.cit.,* I, 406.

145) 전문은 *Sbornik Dal'nego Vostoka,* pp.159~160 ; Rockhill, *op.cit.,* p.432
　; Carnegie Endowment, *Korea, Treaties,* pp.23~24 ; Glinskii, *Prolog,*
　p.63.

146) 비밀조항은 다음 참조. B.E.Nol'de, *Vneshniaia politika* (Petrograd, 1915),
　pp.246~247.

147) Giichi Ono, *War and Armament Expenditures of Japan* (New York,
　1922), pp.61~68.

148) Langer, *op.cit.,* I, 405 ; Glinskii, *Prolog,* p.63 ; H.N.Allen, *op.cit.,* p.33.

149) 짜르가 승인한 회답각서 원문은, 1896년 6월 28일 로바노프가 위떼에게 보
　낸 사본으로 알려져 있다. 완벽한 원문은 다음 참조. Romanov, *Rossiia,*
　pp.144~145.

150) 이러한 시각은 다음의 책으로 일반화되었다. R.R.Rosen, *Forty Years of
　Diplomacy* (New York, 1922), II, 125 ; Langer, *op.cit.,* I, 405.

151) Romanov, *Rossiia,* p.145.

152) H.N.Allen, *op.cit.,* p.34.

153) *Ibid.,* p.35 ; I.B.Bishop, *Korea and Her Neighbors* (London, 1898),
　pp.263~290.

154) B.A.Romanov, "Kontessiia na Yalu", *Russkoe Proshloe,* I(1923), 97.

155) Kanichi Asakawa, *The Russo-Japanese Conflict* (Boston, 1904), pp.262
　~269.

156) H.N.Allen, *op.cit.,* p.35.

157) Rosen, *op.cit.,* II, p.151.

158) H.N.Allen, *op.cit.,* p.36.

159) Witte, *Vospominaniia,* I, 59~60.

160) Romanov, *Rossiia,* p.149.

161) *Ibid.,* pp.149~150.

162) 포코띨로프는 8월 14일 서울에 도착하였다. 그러나 7월 3일까지만 해도 그

는 카씨니와 합세하여, 조선과 영국은행들 사이의 교섭에 대해 위떼에게 경각심을 불러일으켰었다. *Ibid.,* p.150, 주 1.

163) *Ibid.,* p.150.

164) *Ibid.,* pp.150~151.

165) *Ibid.,* p.151.

166) *Ibid.,* p.154, 주 1.

167) *Ibid.,* p.153 ; Harrington, *op.cit.,* pp.174, 177.

168) Harrington, *op.cit.,* p.174 ; Romanov, *Rossiia,* pp.151, 152, 주 2.

169) Romanov, *Rossiia,* p.153.

170) *Ibid.,* p.155. 조선 통리아문이 서울 주재 일본 공사에게 보낸 공문, 1897년 3월 9일자, Carnegie Endowment, *Korea, Treaties,* pp.22~23.

171) Romanov, *Rossiia,* p.155.

172) *Ibid.,* p.157.

173) 다음에서 인용. *Ibid.,* pp.157~158.

174) *Ibid.,* p.158.

175) *Ibid.,* p.156.

176) *Ibid.*

177) *Ibid.,* p.159.

제5장
러시아의 남만주 침투와 팽창에 대한 제동(1897~1900)

1) 욱똠스키(Ukhtomskii)가 얄타에 있는 위떼(Witte)에게, 1896년 9월 14일자 전문 인용함. Romanov, *Rossiia,* pp.117~118,

2) *Ibid.,* p.161.

3) 동청철도회사 부의장인 케르베즈(S.I.Kerbedz, 의장 대행), 로마노프(P.M.Romanov), 욱똠스키 공(Prince Ukhtomskii), 찌글러(E.K.Tsigler), 알렉쎄프(Ia.G.Alexeev), 이사회의 이사들 전원, 책임 엔지니어 유고비치(A.I.Iugovich)와 그의 조수 이그나찌우스(S.V.Ignatsius).

4) 회의록 제2항의 전문은 다음 참조. *Ibid.,* pp.162~168.

5) 1897년 2월 3일자 회의록은 다음 참조. *Ibid.,* pp.162~163.

6) *Ibid.,* p.163.

7) *Ibid.,* pp.165~166.

8) 짜르가 승인한 8개항의 지시사항에 대해서는 다음 참조. *Ibid.*, pp.169∼ 170 및 170, 주 1.

9) 욱똠스키(Uktomskii)의 1897년 5월 15일자 전문, 포코띨로프(Pokotilov)의 1897년 6월 8일자 전문 인용, *Ibid.*, p.171.

10) 욱똠스키(Uktomskii)가 보낸 1897년 6월 16일자 전문 인용, *Ibid.*

11) 로마노프(Romanov)가 보낸 1897년 6월 18일자 전문 인용, *Ibid.*

12) *Ibid.*, p.173 ; Glinskii, *Prolog*, pp.79∼80.

13) Romanov, *Rossiia*, pp.173∼176.

14) *Ibid.*, pp.176∼177.

15) *Ibid.*, pp.176∼177.

16) W.L.Langer, *The Diplomacy of Imperialsim,* II, 449 ; 마샬(Marshall)이 홀만(Holmann)에게 보낸 서신, 1895년 3월 11일자, *G.P.*, XIV, 5∼7, no.3645.

17) 라돌린(Radolin)이 호헨로헤(Hohenlohe)에게 보낸 긴급전문, 1895년 10월 29일자, *G.P.*, XIV, 18∼19, no.3654.

18) 쉥크(Schenk)가 외무성에 보낸 긴급전문, 1895년 10월 29일자, *Ibid.*, p.20 ; 마샬(Marshall)이 빌헬름 2세(William II)에게 올린 긴급전문, 1897년 2월 19일자, *Ibid.*, pp.49∼50, no.3673.

19) Langer, *op.cit.*, II, 449∼450 ; A.J.Irmer, *Die Erwerbung von Kiaochow, 1894∼1898* (Cologne, 1930), pp.66∼68.

20) "단 한 척이 수일 동안만(Only one ship and only a few days)", 무라비요프(Muraviev)가 니꼴라이 2세(Nicholas II)에게 올린 각서, 1897년 11월 23일자, *K.A.*, LII(1932), 103 (이하 Muraviev Memorandum이라고 함).

21) MacMurray, *Treaties*, I, 81.

22) "러시아는 이 항만에 어떠한 권리도 가지고 있지 않다(Russland habe keinerlei Rechte auf dieser Bucht)." 1896년 6월 19일자 이홍장과의 대담에 관한 마샬(Marshall)의 각서, *G.P.*, XIV, 31, no.3663.

23) Elizabeth von Heyking, *Tagebücher aus vier Weltteilen*(Leipzig, 1926), p.192.

24) 라돌린(Radolin)이 호헨로헤(Hohenlohe)에게 보낸 긴급전문, 1897년 7월 8일자, *G.P.*, XIV, 56∼57, no.3677 ; Langer, *op.cit.*, II, 450.

25) 헤이킹(Heyking)이 호헨로헤(Hohenlohe)에게 보낸 전문, 1897년 8월 22일자, *G.P.*, XIV, 35∼36, no.3664. 그러나 무라비요프는 11월 23일 자신의 각서에서 다음과 같이 언급하였다. "이 만에 러시아의 권리를 아주 명백하게 확립했다는 카씨니 백작과의 대담 이후에 북경 주재 독일 공사가 솔직히 인정한 바로는, 교주항의 선택 가능성을 완전히 제쳐놓았다"는 것이었다.

K.A., LII (1932), 103.

26) "Iz dnevnika A.A.Polovtseva," *K.A.*, XLVI(1931), 130, 1900년 8월 27일자 항목.

27) Witte, *Vospomininaniia*, I, 112.

28) E.J.Dillon, *The Eclipse of Russia*, pp.247~249.

29) *K.A.*, XLVI(1931), 130.

30) 1897년 8월 5일자 서신, E.J.Bing (ed.), *The Secret Letters of the Last Tsar* (New York, 1938), pp.120~121.

31) 1897년 8월 1일자 서신, *Ibid.*, p.121.

32) 빌로우(Büllow)가 외무성에 보낸 각서, 1897년 8월 11일자, *G.P.*, XIV, 58, no.3679. 계획해 둔 항구란 조선 서부의 평양이었다.

33) 헤이킹(Heyking)이 외무성에 보낸 전문, 1897년 10월 1일자, *G.P.*, XVI, 61, no.3684.

34) 치쉬르스키(Tschirsky)가 호헨로헤(Hohenlohe)에게 보낸 긴급전문, 1897년 10월 14일자, *Ibid.*, p.62, no.3685.

35) Romanov, *Rossiia*, pp.182~183 ; 치쉬르스키가 호헨로헤에게 보낸 긴급전문, 1897년 10월 14일자, *G.P.*, XIV, 62, no.3685.

36) Irmer, *op.cit.*, pp.77~84 ; Langer, *op.cit.*, II, 451~452.

37) M.N.Pokrovskii, *Perepiska Vil'gel'ma II s Nikolaem II* (Moscow, 1923), p.21.

38) *Ibid.*, pp.21~22.

39) 11월 8일과 9일로 추정, 외무성이 빌헬름 2세(William II)에게 올린 각서, 1897년 11월 10일자, *G.P.*, XIV, 73~74, no.3693.

40) 유럽국가들은 아프리카, 보르네오, 동인도 제도와 같은 미개척지의 해안 또는 비문명화된 해안들에서 우선정박권을 자주 이용하였다. 이 권리를 청국에 적용할 수 있을지는 의문이다. 다음 참조. A.F.Frangulis (ed.), *Dictionnaire Diplomatique*(Paris, 1933), "Premier Mouillage" 항목.

41) C.K.von Hohenlohe, *Denkwürdigkeiten der Reichskanzlerzeit.* (Stuttgart, 1931), p.413 ; Bülow, *op.cit.*, I.214~215.

42) R.S.McCordock, *British Far Eastern Policy, 1894~1900* (New York, 1930), pp.196~198 ; 호헨로헤(Hohenlohe)가 하츠펠트(Hatsfeldt)에게 보낸 긴급전문, 1897년 11월 16일자, *G.P.*, XIV, 86, no.3702 ; 하츠펠트가 호헨로헤에게, 1897년 11월 17일자, *Ibid.*, p.92, no.3708.

43) Romanov, *Rossiia*, p.185.

44) 헤이킹(Heying)이 외무성에 보낸 전문, 1897년 11월 22일자, *G.P.*, XIV,

102, no.3716.

45) Romanov, Rossiia, p.185.

46) 무라비요프 각서, p.104.

47) 무라비요프 각서, 단락 7, 11 ; Grand Duke Alexander Mikhailovich, *Kniga Vospominanii* (Paris, 1933), I, 108~109. 러시아가 여순을 점령한 뒤 러시아 태평양함대의 대부분은 1897~1898년 겨울 나가사키에서 정박하였다. *North China Herald,* 1897년 12월 31일자, p.1157.

48) Romanov, *Rossiia,* p.190.

49) 다음에서 인용. V.Ia. Avarin, *Imperializm v Manzhurii,* I, 35.

50) 무라비요프 각서, 단락 8, 9.

51) *Ibid.,* 단락 27.

52) *Ibid.,* 단락 28.

53) *Ibid.,* 단락 24.

54) *Ibid.,* 단락 14~18.

55) *Ibid.,* 단락 13, 26.

56) *Ibid.,* 단락 22, 23.

57) *Ibid.,* 단락 30, 31.

58) *K.A.,* LII(1932), 102.

59) 더 많은 의견의 자유를 허용하기 위해 니꼴라이 2세는 이처럼 중요한 회의에는 거의 참석하지 않았다. 이 회의록은 다음에서 의역되었다. Glinskii, *Prolog,* pp.43~46.

60) *Ibid.,* p.44. 1896년 9월에 해군측 관계자가 여순을 정찰하였다. S.I., "Na Kvantune", *Russkaia Mysl',* 1900, No.8, pp.6~7. 이 항구는, 1860년에 청국에 대한 해군작전 중 포함 알제랭(*Algerine*)호를 지휘하면서, 대련만보다 먼저 이 항만을 조사하고 그 쓸모를 천거한 윌리엄 아더 대위(Lt. William Arthur)의 이름을 딴 것이다. Admiral E.H.Seymour, *My Naval Career and Travels* (London, 1911), p.87.

61) Glinskii, *Prolog,* pp.44~46. 회의 전날, 위떼는 독일 대사에게 같은 견해를 표명하였다. 라돌린(Radolin)이 뷜로우(Bülow)에게 보낸 서신, 1897년 11월 16일자, *G.P.,* XIV, 104, n.3717.

62) Glinskii, *Prolog,* p.45.

63) *Ibid.,* pp.45~46.

64) Romanov, *Rossiia,* p.178.

65) Witte, *Vospominaniia,* I, 109 ; Romanov, *Rossiia,* p.179.

66) 다음에서 인용. Avarin, *op.cit.,* p.36.

67) 무라비요프(Muraviev)가 오스텐 작켄(Osten-Sacken)에게 보낸 긴급전문, 1897년 12월 14일자, *G.P.*, XIV, 122, no.3734.

68) 뷜로우(Bülow)가 오스텐 작켄에게 보낸 의견서(Note- mémoire), 1897년 12월 17일자, *Ibid.*, p.122, no.3734.

69) 빌헬름 2세(William II)가 니꼴라이 2세(Nicholas II)에게 보낸 전문, 1897년 12월 19일자, *Ibid.*, p.129, no.3739.

70) 오스텐 작켄이 러시아외무성에 보낸 전문, 1897년 12월 19일자, "Vil'gel'm II o zaniatii Port Artura", *K.A.*, LVIII, 152.

71) 도착했다는 소식이 12월 18일(상트 페테르부르크 시각으로)에 상트 페테르부르크에 알려졌을 때, 러시아정부는 정보 공개를 원하고 있었던 것 같다. 〈런던 타임즈〉(*London Times*), 1897년 12월 20일자, p.5. 그러나 맥도날드(MacDonald)는 이미 솔즈버리에게, 러시아전함 5척이 청국의 허용 아래 분명 여순에 정박하고 있다고 12월 17일자로 타전하였다. A.J.Marder, *The Anatomy of British Sea Power, 1880~1905* (New York, 1940), p.30.

72) 그 순양함은 임모탈리떼(*Immortalité*)호와 예프게니아(*Iphigenia*)호이다. "Naval and Military Calendar", *Journal of the Royal United Service Institute, December,* 1897, p.101, (이하 *Journal R.U.S.I.*라고 함). 12월 19일에 순양함 다프네(*Daphne*)호는 청국 항만당국자들의 금지 신호에도 불구하고 러시아 함대를 따라 입항하였다. Glinskii, *Prolog*, p.48.

73) Romanov, *Rossiia*, pp.191~193. 맥도날드가 솔즈버리에게 보낸 전문에는 약간 잘못된 용어가 사용되었다. 맥도날드가 솔즈버리에게 보낸 전문, 1897년 12월 31일자, *China No.1(1898),* p.26.

74) *Ibid.*, p.46, no.30.

75) Langer, *op.cit.*, II, 463 ; Glinskii, *Prolog*, pp.51~52.

76) Romanov, *Rossiia*, pp.194~195 ; Glinskii, *Prolog*, p.51. 이홍장은 압록강에서 동청철도까지의 지선을 러시아의 원조를 받아 청국이 부설하기를 원하였다.

77) 다음에서 인용. Romanov, *Rossiia*, p.196.

78) *Ibid.*, p.198.

79) *Ibid.*

80) 파블로프(Pavlov)가 외무성에 보낸 전문, 1898년 1월 20일자, "O podkupe kitaiskikh sanovnikov", *K.A.*, II(1923), 287.

81) 위떼가 포코띨로프에게 보낸 전문, 1898년 1월 21일자, *Ibid.*, p.287.

82) 파블로프와 포코띨로프가 외무성에 보낸 전문, 1898년 1월 24일자, *Ibid.*, pp.288~289.

83) Romanov, *Rossiia*, p.200.

84) 1898년 2월 23일 협정. MacMurray, *Treaties*, I, 103 ; A.G.Coon, *The Foreign Public Debt of China* (Philadelphia, 1930), pp.11~13. 양자강 유역 불할양에 대한 분명한 교섭은 1월말에 시작되었다. 따라서 불할양이라는 용어는 러시아 차관을 최종적으로 거부하기 이전에는 청국인들이 받아들일 수 있었다. 다음의 전문 참조. 맥도날드(MacDonald)가 솔즈버리(Salisbury)에게 보낸 전문, 1898년 1월 29일자, *China No.1(1898)*, p.55, no.66.

85) 1898년 2월 25일 조인된 협정. MacMurray, *Treaties*, I, 104.

86) 1898년 3월 6일에 조인된 조차협정. *Ibid.*, I, 112~116.

87) Witte, *Vospominaniia*, I, 116.

88) Langer, *op.cit.*, II, 470.

89) 이 회의의 요약문은 다음에 있다. Glinskii, *Prolog*, pp.53~54.

90) 군대가 블라디보스톡에서 여순까지 해상으로 파견된 직후였으나, 그들은 여순 조차 계약이 조인되기 이전 수주 동안 승선한 채로 남아 있었다. 의도한 공식 점령일 이전의 어느 날, 여순과 대련만에서는 폭동과 약탈이 있었다. 러시아 파견군은 질서를 회복하기 위해 상륙하였고 마을을 평정하면서 주둔하였다. 여순의 실제 점령일자의 혼란이 있는 것도 이 때문이다. S.I., "Na Kvantune", *Russkaia Mysl'*, 1900, no.8, p.33 ; "Military Calendar", *Journal R.U.S.I.*, March, 1898, p.501.

91) Romanov, *Rossiia*, p.203.

92) Langer, *op.cit.*, II, 471 ; Romanov, *Rossiia*, p.204, 주 2 ; *K.A.*, II, 1923, 287~290 ; Witte, *Vospominaniia*, I, 127~128.

93) 포코띨로프(Pokotolov)가 위떼(Witte)에게 보낸 전문, 1898년 3월 21일자, *K.A.*, II, 290.

94) *Ibid.* ; Langer, *op.cit.*, II, 474.

95) 맥도날드(MacDonald)가 솔즈버리(Salisbury)에게 보낸 전문, 1898년 3월 24일자, *China No.1(1898)*, no.95.

96) 원문은 다음 참조. *Sbornik Dal'nego Vostoka*, pp.331~357 ; MacMurray, *Treaties*, I, 119~121.

97) Marder, *op.cit.*, p.304.

98) 1898년 12월에 일본 함대는 쓰시마에 있었다.

99) Meyendorff, *Correspondence diplomatique du Baron de Staal*, II, 370.

100) 솔즈버리(Salisbury)가 맥도날드(MacDonald)에게 보낸 전문, 1898년 1월 14일자, *China No.1(1898)*, no.67.

101) *British Documents*, I, no.5.

102) 오스텐 작켄(Osten-Sacken)이 뷜로우(Bülow)에게, 1898년 1월 2일자, *G.P.*, XVI, 134, no.3743.

103) 하츠펠트(Hatzfeldt)가 외무성에 보낸 긴급전문, 1898년 1월 22일자, *G.P.*, XIV, 147～148, no.3751.

104) *Ibid.,* 주 1.

105) 하츠펠트가 외무성에 보낸 긴급전문, 1898년 1월 26일자, *Ibid.,* pp.150～151, no.3753.

106) 영국의 중국함대(China Squadron)의 대부분은 발해만(Gulf of Pechili)에 집중되었으나, 해군성은 3월 26일자로 홍콩에 있는 제독에게 다음과 같은 비밀지령을 타전하였다. "발해만에서 그곳에 있는 러시아군보다 더 많은 병력을 소집할 것. 프랑스를 감시할 필요가 있을 지도 모름…… 러시아인들을 여순과 대련만에서 몰아내는 데 목적이 있는 것이 아니라, 5월에 일본인들이 배상금 지불을 회수할 때, 영국 공사가 위해위를 조차하기 위해 제기할 요구조건을 지원하기 위한 것임. 러시아의 반대는 이 군대의 작전으로 저지해야 함". 다음에서 인용. Marder, *op.cit.,* p.309.

107) 솔즈버리(Salisbury)가 오코너(O'Conor)에게 보낸 전문, 1898년 3월 26일자, *British Documents,* I, no.41.

108) Langer, *op.cit.,* II, 474～475.

109) H.N.Allen, *Korea ; Fact and Fancy,* p.36 ; F.H.Harrington, *God, Mammon, and the Japanese,* pp.296, 298～299.

110) *Ibid.,* p.299.

111) *Ibid.,* p.298.

112) Romanov, *Rossiia,* p.177.

113) Harrington, *op.cit.,* p.298.

114) Romanov, *Rossiia,* p.177 ; H.N.Allen, *op.cit.,* p.36.

115) Asakawa, *The Russo-Japanese Conflict,* p.269.

116) McKenzie, *The Tragedy of Korea,* p.95.

117) H.N.Allen, *op.cit.,* p.37.

118) Romanov, *Rossiia,* pp.178～179, 179, 주 3.

119) *Ibid.,* p.179.

120) *Ibid.* 무라비요프(Muraviev)가 스페이르(Speyer)에게 보낸 전문, 1897년 12월 23일자 인용함.

121) Marder, *op.cit.,* p.304 주 3. 12척의 비무장 순양함에는 1895년에 투항한 낡고 전투능력을 상실한 중국함대 몇 척이 포함되었다.

122) *Revue Politique et Parlementaire,* VI(October, 1895), 189 ; Langer,

op.cit., I, 405. 날짜가 일치하지 않는 것은 "1896년의 해군계획"이 1895년 9월에 표결에 부쳐졌던 사실에 기인하는 것이다.

123) Marder, *op.cit.*, p.308. 여순 조차 이후 러시아의 계획은 1904년경에는 동아시아에서 8척의 전함을 가져야 하는 것으로 확대되었다. *Ibid.*, p.315.

124) 영국 해군정보국(British Naval Intelligence)의 1906년 보고로는, 1889~1905년 동안에 전함 1척을 건조한 평균 시간은 영국이 3년 3개월, 러시아는 5년 6개월이다. *Ibid.*, p.184, 주 2 ; B.M.Allen, *The Right Honorable Sir Ernest Satow* (London, 1933), pp.110~111.

125) Langer, *op.cit.*, I, 405.

126) 아무르 제6군구(XI Military District)의 전투명령서는 다음 참조. "The Defensive Strength of Russia", *Journal R.U.S.I.*, March, 1898, pp.299~308. *Journal R.U.S.I.*, November, 1897, pp.1362~1364. 1896년의 병력 분포 : 유럽에 69만 명, 코카서스에 11만 2천 명, 투르키스탄, 서시베리아, 동시베리아에 9만 1천 명.

127) Langer, *op.cit.*, II, 472.

128) 프랑스는 당시 이집트령 수단, 샴, 마다가스카르 문제로 영국과 사이가 좋지 않았으므로 어떠한 분규에 빠지는 것도 원치 않았다. "Zagranichnoe puteshestvie M.N.Muravieva", *K.A.*, XLVII~XLVIII(1931), 71~89 ; Marder, *op.cit.*, p.304, 주 3.

129) Romanov, *Rossiia*, p.206, 주 1.

130) *Ibid.*, p.207.

131) Harrington, *op.cit.*, p.301.

132) 로젠, 로마노프, 글린스키는 전적으로 이 교섭단계를 생략했다, 이에 대한 유일한 언급은 다음 참조. Akagi, *Japan's Foreign Relations*, p.174.

133) Harrington, *op.cit.*, p.301 ; H.N.Allen, *op.cit.*, p.38.

134) H.N.Allen, 위의 인용문 중에서 ; R.R.Rosen, *Forty Tears in Diplomacy*, I, 156 ; Langer, *op.cit.*, II, 472.

135) Harrington, *op.cit.*, p.303 ; Glinskii, *Prolog*, p.64.

136) 전문은 다음 참조. *Sbornik Dal'nego Vostoka*, pp.345~348 ; Carnegie Endowment, *Korea, Treaties*, pp.24~25.

137) Rosen, *op.cit.*, I, 159.

138) 1900년 반노프스키 장군의 비판 참조. "Iz dnevnika A.A.Polovtseva", *K.A.*, XLVI(1931), 125.

139) 이홍장과의 회담에 관한 각서, 마샬(Marshall)이 외무성에 보낸 각서, 1896년 6월 19일자, *G.P.*, XIV, 31, no.3663.

140) 1897년 11월 26일, 특별각료회의의 결정이 번복된 데 대해 위떼가 무라비요프에게 해명을 요구했을 때, 무라비요프는 이 조치가 자신도 알지 못하는 사이에 이루어진 것이라고 대답하였다. E.J.Dillon, *The Eclipse of Russia,* p.251.

141) Romanov, *Rossiia,* p.67.

142) 원문은 다음 참조. MacMurray, *Treaties,* I, 154~156.

143) 1900년 폴로체프(A.A.Polotsev)의 견해, *K.A.,* XLVI(1931), 120, 122, 127.

144) Hermann Schumacher, "Eisenbahnbau und Eisenbahnpläne in China", *Archiv für Eisenbahnwesen* (Berlin), 1899, pp.901~978, 1194~1226 ; Langer, *op.cit.,* II, 679~680 ; Glinskii, Prolog, pp.80~81.

145) 1898년 5월 7일 추가의정서 원문은 다음 참조. MacMurray, *Treaties,* I, 127.

146) 청국정부와의 사전 계약은 1898년 6월 27일에 조인되었다. Langer, *op.cit.,* II, 679.

147) *Ibid.*

148) *Ibid.*

149) Langer, *op.cit.,* II, 681.

150) Glinskii, *Prolog,* p.97.

151) A.Popov, "Anglo-russkoe soglashnie o razdele Kitaia(1899)", *K.A.,* XXV(1927), 119~120 ; Glinskii, *Prolog,* p.83 ; Langer, *op.cit.,* II, 680.

152) *K.A.,* XXV, 119.

153) *Ibid.,* p.122 ; Glinskii, *Prolog,* p.84.

154) Romanov, *Rossiia,* p.215 ; Langer, *op.cit.,* II, 681~682.

155) *K.A.,* XXV, 122~123 ; Romanov, *Rossiia,* pp.212~215 ; Glinskii, *Prolog,* p.84.

156) 1897년 12월의 산서(Shansi)철도 차관과 1898년 5월의 천진에서 양쯔까지의 철도교섭. Romanov, *Rossiia,* p.216.

157) 다음에서 인용. Glinskii, *Prolog,* p.226.

158) Schumacher, *op.cit.,* pp.929~930. 그 조항들은 차관에 대한 동의가 공표된 1898년 2월 4일 알려졌다. *K.A.,* XXV, 125~126.

159) Glinskii, *Prolog,* pp.90~94 ; Langer, *op.cit.,* II, 688.

160) 이 교섭의 최종 국면은 다음 참조. *K.A.,* XXV, 126~128 ; Schumacher, *op.cit.,* pp.931~932 ; Glinskii, *Prolog,* pp.86~87. 협정과 추가각서의 원문은 다음 참조. *Sbornik Dal'nego Vostoka,* pp.358~364 ; MacMurray, *Treaties,* I, 204~205.

161) *K.A.,* XXV, 129 ; Glinskii, *Prolog,* pp.88~89.

162) 기르스는 총리아문과의 교섭 시에 의외로 강경한 입장을 취함으로써 그 같은 생각을 고무시켰다. *K.A.,* XXV, 128~129.

163) *Ibid.,* p.129, 주 1.

164) Schmacher, *op.cit.,* p.933.

165) *Ibid.,* pp.936~938 ; 〈런던 타임즈〉(*London Times*), 1899년 6월 8일자.

166) U.S.Congress, Foreign Affairs Committee, *Papers Relating to the Foreign Affairs of the United States,* 1899, pp.132~133 (이하 *U.S. Foreign Affairs*라고 함). 문호개방 독트린은 아마도 영국에서 유래한 것이며, 그들은 그 용어를 1898년 2월부터 사용하였다. A.W. Griswold, *The Far Eastern Policy of the United States* (New York, 1938), pp.44~51 ; S.C.Y.Pan, *American Diplomacy Concerning Manchuria* (Boston, 1938), pp.77~78.

167) *U.S. Foreign Affairs,* 1899, p.133.

168) Romanov, *Rossiia,* p.243.

169) *Ibid.,* p.241.

170) P.Nadin, "Kvantun i ego proshloe, 1894~1900", *Vestnik Evropy,* XXXIX (May~June, 1904), 742~753.

171) *Otchet po deloproizvodstvu Gosudarstvennago Soveta za sessiiu 1899~1900 goda* (St.Petersburg, 1900), pp.623~635.

172) Romanov, *Rossiia,* p.243.

173) 영국측 답변의 발췌문, 솔즈버리(Salisbury)가 초우트(Choate)에게, 1899년 11월 30일자, *Foreign Affairs,* 1899, p.136. 프랑스는 1899년 12월 16일에 회답을 보내왔다. *Ibid.,* pp.129, 139.

174) 이탈리아는 1900년 1월 7일 답신을 보내왔고, 독일은 1900년 2월 19일에 보냈다. *Ibid.,* pp.131, 138.

175) *Ibid.,* p.142.

176) *Ibid.*

177) Romanov, *Rossiia,* p.245.

178) V.Ia.Avarin, *Imperializm v Manzhurii,* I, 23 ; P.Vostokov, "Les chemins de fer russes, d'autrefois et aujourd'hui", *Le Monde Slave,* IV (December, 1935), 465, 473.

179) Romanov, *Rossiia,* p.241. 1898년의 시베리아횡단철도는 연간 600km라는 경이적인 공사 진척율을 보였다. K.Wiedenfeld, "Die Wirtschaftliche Bedeutung der Sibirischen Bahn", *Archiv für Eisenbahnwesen,* 1900, p.360.

180) Romanov, *Rossiia,* p.240. 러시아 기술자들은 평균적인 청국 인부들의 근 면성이 지나치게 높이 평가되고 있다는 실망스런 사실을 깨달았다. 노반공 사 실험에서 러시아 노동자가 하루에 0.83입방 싸젠(*Sazhen,* 1싸젠은 2,134 미터 - 역자), 러시아 병사가 0.33입방 싸젠, 러시아 죄수는 0.27입방 싸젠이 며, 청국 노동자는 겨우 0.12입방 싸젠을 완성하는 것으로 추정되었다. 그러 므로 청국의 자유노동자는 러시아 노동자 한 사람의 1/7의 효율성을 가진 셈이다. S.Iuzhakov, "Chto Delat' v Kitae", *Russkoe Bogatstvo,* 1900, No.8, p.113.

181) Glinskii, *Prolog,* pp.72~73.

182) *Ibid.,* p.74.

183) *Ibid.,* pp.75~77.

184) Schumacher, *op.cit.,* p.921, 주 1 ; Wiedenfeld, *op.cit.,* p.384, 주 1. 1900년 미국 자동차 및 주물회사(American Car and Foundry Company)는 동청철 도로부터 3천 량의 화차와 2백 량의 객차를 주문받았다.

185) *Izvestiia M.I.D.* 1916, no.11, Special Supplement, pp.21~23.

186) *Ibid.,* pp.26~28. 두 협정은 동청철도 책임 기술자와 그의 조수가 조인하 였다.

187) A.Khvostov, "Russkii Kitai, nasha pervaia koloniia na Dal'nem Vostoke" *Vestnik Evropy,* XXXVII, No.5 (September~October, 1902), 655.

188) Nadin, *op.cit.,* p.727 ; Liubimov, *op.cit.,* pp.252, 450.

189) *Ibid.,* Nadin, *op.cit.,* pp.728, 744~751.

190) 원문은 다음 참조. "Tsarskaia diplomatiia o zadachakh Rossii na Vostoke v 1900 g.", *K.A.,* XVIII(1926), 4~18. 짜르는 이를 1900년 2월 7일자로 승인 하였다. *Ibid.,* p.4, 주 1.

191) *Ibid.,* pp.6~9.

192) *Ibid.,* p.18.

193) *Ibid.,* pp.9, 13.

194) *Ibid.,* p.16.

195) *Ibid.,* pp.17~18.

196) 원문은 다음 참조. *Ibid.,* pp.18~21.

197) *Ibid.,* p.20.

198) *Ibid.,* p.21.

199) *Ibid.,* pp.22~25. 쿠로파뜨킨 장군의 답신은 간결하여 동아시아 국면에 대 한 논의에 새로 추가한 것이 없었다. *Ibid.,* pp.21~22.

200) 날짜는 기록되어 있지 않으나, 아마도 1900년 3월 13일에 짜르가 검토하였

을 것이다. *Ibid.,* p.25 주. 원문은 다음 참조. *Ibid.,* pp.25~29.

201) 원문은 다음 참조. *Sbornik Dal'nego Vostoka,* pp.388~392 ; Langer, *op.cit.,* Ⅱ, 690~691.

202) 1900년 4월 12일자 마산포의정서. 원문은 다음 참조. *Sbornik Dal'nego Vostoka,* pp.392~395.

203) 3월 30일의 부가협정. *Ibid.,* pp.391~392.

204) Asakawa, *op.cit.,* p.276 ; Langer, *op.cit.,* Ⅱ, 692.

제6장
의화단사건과 러시아의 정책

1) 의화단(I-ho T'uan), "의화권", 그 밖에도 다른 명칭이 있다. 다음 참조. H.B.Morse, *International Relations of the Chinese Empire,* Ⅲ, 176~178 ; A.H.Smith, *China in Convulsions* (New York, 1901), Ⅰ, 10장. 의화단운동의 기원과 목적에 대한 러시아의 정통 해석은 다음 참조. A.V.Rudakov, *Obshchestovo I-kho-tuan I ego znachenie v poslednikh sovytiiakh na Dal'nem Vostoke* (Vladivostok, 1931) ; D.M.Pozdneev, "Bokserskoe dvizh-enie kak etap osvoboditel'noi bor'by v Kitae", *Zvezda,* X(1925), No.4, pp.156~172.

2) G.N.Steiger, *China and the Occident* (New Haven, 1927), pp.92, 149 ; Morse, *op.cit.,* Ⅲ, 180 ; Paul H.Clements, *The Boxer Rebellion* (New York, 1915), p.71.

3) Clements, *op.cit.,* p.81.

4) 맥도날드(MacDonald)가 솔즈버리(Salisbury)에게 보낸 전문, 1900년 1월 4일 및 5일자, *China No.3(1900),* pp.1, 3, nos.1, 9.

5) 맥도날드가 솔즈버리에게 보낸 전문, 1900년 3월 10일자, *Ibid.,* p.6, no.11. ; 맥도날드가 총리아문에 보낸 전문, 1900년 1월 27일자, *Ibid.,* p.13, enclosure in no.27.

6) 1900년 1월 24일자 제국칙령 ; *British and Foreign State Papers,* XCIV, 1063 ; Smith, *op.cit.,* Ⅰ, 230.

7) 1900년 2월 21일자 공문(Note). 맥도날드가 솔즈버리에게, 1900년 3월 5일자, *China No.3(1900),* p.17, no.32. 1900년 5월 21일의 공동각서는 5월 20일의 회의에서 모든 외교대표단이 수락한 것이다. 맥도날드가 솔즈버리에게,

1900년 5월 21일자, *Ibid.*, p.27, no.41. 원문은 다음 참조. 삐숑(Pichon)이 델까세(Delcassé)에게, 1900년 5월 20일자, 프랑스외무성, *Documents diplomatique : Chine, 1890~1900* "Livre Jaunes"(이른바 黃書), p.24, enclosure in no.30 (이하 *Chine, 1899~1900*라고 함).

8) "1900년 3월 1일, 외교대표단들과 총리아문의 대담에 관한 각서" *China, No.3(1900)*, p.21, enclosure in no.33.

9) 맥도날드(MacDonald)가 솔즈버리(Salisbury)에게, 1900년 3월 1일자, *Ibid.*, p.24, no.36.

10) 솔즈버리가 맥도날드에게, 1900년 3월 25일자, *Ibid.*, p.12, no.24.

11) 맥도날드가 솔즈버리에게, 1900년 5월 21일자, *Ibid.*, p.27, no.42.

12) *Ibid.*, I.I.Korostovets, *Rossiia na Dal'nem Vostoke* (Peking, 1922), pp.10~11. 다음 참조. *Pravitel'stvennyi Vestnik,* June 23, 1900, *Vestnik Evropy,* XXXV(July, 1900), 367에서 인용함.

13) *K.A.*, XIV(1926), 6~7.

14) P.S.Popov, "Dva mesiatsa osady v Pekine", *Vestnik Evropy,* XXXVI, No.2 (February, 1901), 519.

15) *Statesman's Year Book,* 1902, p.497.

16) Korostovets, *op.cit.*, pp.12~13.

17) *Ibid.*, p.12.

18) A.V.Bogdanovich, *Tri poslednikh samoderzhtsa* (Moscow, 1924), p.280 ; "Iz dnevnika A.A. Polovtseva", *K.A.*, XLVI(1931), 122, 127.

19) Bogdanovich, *op.cit.*, p.251.

20) 맥도날드가 솔즈버리에게, 1900년 5월 27일자, China No.3(1900), p.29, no.49.

21) *K.A.*, XIV(1926), 12.

22) 맥도날드가 솔즈버리에게, 1900년 5월 29일자, *China No.3(1900)*, p.30, no.53 ; 뷜로우(Bülow)가 카이저(Kaiser)에게, 1900년 5월 29일자, *G.P.*, XVI, 3, no.4511.

23) 그 수는 기록자마다 다르다. 일기작가인 포포프(Popov)는 74명의 러시아인, 75명의 프랑스인, 75명의 영국인, 58명의 미국인, 42명의 이탈리아인, 그리고 26명의 일본인 등 총 350명이라고 하였다. 러시아 파견대에 관한 흥미로운 설명은 그 사령관이 한 것이다. 다음 참조. Lt. Baron von Raden, *in Morskoi Sbornik,* 1901, No.3, 번역은 다음 참조. *Journal R.U.S.I.,* No.279 (May 15, 1901), 594~605.

24) 맥도날드가 솔즈버리에게, 1900년 5월 29일자, *China No.3(1900)*, p.30,

no.56 ; 맥도날드가 솔즈버리에게, 1900년 6월 10일자, *China No.4(1900)*, p.1, no.1.

25) *Ibid.*

26) 삐숑(Pichon)이 델까세(Delcassé)에게, 1900년 6월 6일자, *Chine(1899~1900)*, p.32, no.46 ; Popov, *op.cit.*, p.518.

27) *Ibid.*, p.519.

28) *Pravitel'stvennyi Vestnik*, 1900년 6월 23일자, 다음에서 인용, *Vestnik Evropy*, XXXV, No.7 (July, 1900), 367.

29) 기르스(Giers)가 외무성에 보낸 전문, 1900년 6월 7일자, *K.A.*, XIV(1926), 12.

30) *K.A.*, XIV(1926), 13.

31) *Ibid.*, p.13 주.

32) 맥도날드가 솔즈버리에게, 1900년 6월 10일자, *China No.4(1900)*, p.1, no.1.

33) *K.A.*, XIV(1926), 14.

34) 그 수와 구성은 고위 당국자마다 의견이 다르다. Morse, *op.cit.*, III, 202 ; 해군성이 외무성에 보낸 전문, 1900년 6월 13일자, *China No.3(1900)*, p.54, no.124.

35) Korostovets, *op.cit.*, pp.16, 18.

36) *Pravitel'stvennyi Vestnik*, 1900년 6월 23일자, 다음에서 인용, *Vestnik Evropy*, XXXV, No.7 (July, 1900), 367.

37) Romanov, *Rossiia*, p.248.

38) Korostovets, *op.cit.*, pp.18, 19 주.

39) *K.A.*, XIV, 14~15.

40) 다음에서 인용. Korostovets, *op.cit.*, p.20 주.

41) 카알스(Carles)가 솔즈버리(Salisbury)에게, 1900년 6월 15일자, *China No.3(1900)*, p.56, no.131.

42) 제독들이 대고 요새의 사령관들에게, 1900년 6월 16일자, *China No.1 (1901)*, p.83, no.96.

43) 엔디미온(*Endymion*)호의 사령관이 해군성에, 1900년 6월 18일자, *China No.3(1900)*, p.63, enclosure no.154 ; H.C.Thompson, *China and the Powers* (London, 1902), pp.32~33. 러시아의 참여에 관한 가장 훌륭한 설명은 다음 참조. I.P.Iuvachev, "Godovshchina boia pri Taku", *Istoricheskii Vestnik*, LXXXIV (April~May 1901), 1075~1080.

44) 2천 5백 명의 방어군 가운데, 러시아군이 1천 7백 명에 달했다. 락스데일 (Ragsdale)이 국무차관(Assistant Secretary of State)에게 보낸 전문, 1900

년 7월 16일자, *U.S. Foreign Affiars,* 1900, p.270, no.48.

45) 이 사건에 대한 몇 가지 다른 설은 다음에서 찾을 수 있다. 맥도날드가 솔 즈버리에게, 1900년 9월 20일자, *China No.4(1900),* p.19, no.2 ; B.L.Putnam -Weale, *Indiscreet Letters from Peking* (London, 1904), pp.44, 50~51 ; Popov, *op.cit.,* p.527.

46) Morse, *op.cit.,* III, 220. 초기에 포위된 공사관들과 공사관 주변에서는 의화단 부대가 몰래 반입한 청국 신문들의 공표를 통해 선전포고 사실을 알았다. 번역은 다음 참조. Popov, *op.cit.,* p.529 ; *K.A.,* XIV(1926), 14~15.

47) Bogdanovich, *op.cit.,* p.252.

48) 1900년 8월 7일 외상대리로 승인되었다. *K.A.,* XVIII(1926), 46 주 7. 외상 임명은 1901년 1월 7일까지 승인되지 않았다. *K.A.,* XIV, 17, 주.

49) *K.A.,* XIV(1926), 16~17, 17~19.

50) *Ibid,* p.26.

51) 솔즈버리(Salisbury)가 스콧(Scott)에게, 1900년 7월 15일자, *B.D.,* II, 3, no.3. 어떤 사가들은 일본 주재 영국 공사의 전문 날짜를 근거로 들어 6월 13일로 기록하고 있다. 화이트헤드(Whitehead)가 솔즈버리에게, 1900년 6월 13일자, *China No.3(1900),* p.54, no.121.

52) 스콧이 솔즈버리에게, 1900년 6월 28일자, *Ibid.,* p.81, no.210 ; 솔즈버리가 스콧에게, 1900년 7월 15일자, *B.D.,* II, 3, no.3.

53) 솔즈버리가 화이트헤드(Whitehead)에게, 1900년 6월 25일자, *China No.3 (1900),* p.75, no.190.

54) 베를린 주재 영국대사관으로부터의 각서, 1900년 6월 27일자, *China No.3(1900),* p.91, no.236, enclosure 1.

55) 카이저(Kaiser)가 뷜로우(Bülow)에게, 1900년 6월 19일자, *G.P.,* XVI, 14, no.4527.

56) *Ibid.*

57) 카이저가 뷜로우에게, 1900년 6월 29일자, *Ibid.,* p.26, no.4537.

58) 하츠펠트(Hatzfeldt)가 외무성에 보낸 전문, 1900년 6월 26일자, *Ibid.* p.20, no.4532. 일본 파견대와의 협조를 갈망하던 영국인들은 그들의 책임감에 호소하며 백만 파운드의 금융상환을 제안하였다. 다음 참조. 솔즈버리 (Salisbury)가 화이트헤드(Whitehead)에게, 1900년 7월 6일자, *China No.3(1900),* pp.265~266, no.162.

59) 원문 참조. Korostovets, *op.cit.,* pp.28~29.

60) 화이트헤드가 솔즈버리에게, 1900년 7월 8일 및 11일자, *China No.1 (1900),* p.8, no.17 ; p.9, no.23.

61) Korostovets, *op.cit.*, p.21.

62) Thompson, *op.cit.*, pp.34, 44.

63) *Ibid.*, pp.48~49 ; 락스데일(Ragsdale)이 국무차관(Assistant Secretary of State)에게, 1900년 7월 16일자, *U.S. Foreign Affiars,* 1900, p.271, no.48.

64) *Ibid.*

65) *Pravitel'stvennyi Vestnik,* 1900년 7월 12일자, 다음에서 인용, *Vestnik Evropy* XXXV (July, 1900), 370 ; Thompson, *op.cit.,* pp.16~17 ; E.H. Seymour, *My Naval Careers and Travels* (London, 1911), pp.354~355.

66) *K.A.,* XIV(1926), 18 및 주.

67) 뷜로우가 하츠펠트에게, 1900년 7월 21일자, *G.P.,* XVI, 82, no.4580.

68) *Ibid.,* p.82, 주 ; *K.A.,* XIV, 22.

69) 카이저가 뷜로우에게, 1900년 8월 6일자, *G.P.,* XVI, 83, no.4602. 이 조항은 영국이 이전에 제시한 바 있다. 다음 참조. 하츠펠트가 외무성에 보낸 전문, 1900년 7월 27일자, *Ibid.,* p.74, no.4590.

70) 에렌탈(Aerenthal)이 하츠펠트에게, 1900년 8월 7일자, *Ibid.,* p.84, no.4604. 빌헬름 2세는 프랑스 대사에게 그 아이디어가 짜르에게서 나온 것이라고 말하였다. 다음 각서 참조. 람스도르프(Lamsdorff)가 니꼴라이 2세에게 올림, 1900년 8월 10일자, *K.A.,* XIV, 24.

71) 이 조정은 알렉쎄프가 제시하였다. Korostovets, *op.cit,* p.45.

72) 상기 참조.

73) Romanov, *Rossiia,* pp.252~253.

74) 다음에서 인용. 람스도르프가 니꼴라이 2세에게 올린 각서, 1900년 7월 13일자. *K.A.,* XIV, 18.

75) 위떼(Witte)가 시피야긴(Sipiagin)에게 보낸 서한, 1900년 7월 27일자, *K.A.,* XVIII (1926), 33~34.

76) 빌헬름 2세가 니꼴라이 2세에게, 1900년 8월 6일자, *K.A.,* XIV(1926), 22 ; Morse, *op.cit.,* III, 255.

77) 이홍장은 6월 22일에 북경으로 소환되었다. 로펭러(Lofengluh)가 솔즈버리(Salisbury)에게, 1900년 6월 26일자, *China No.3(1900),* p.76, no.195.

78) Romanov, *Rossiia,* pp.250~251.

79) 솔즈버리가 스콧(Scott)에게, 1900년 6월 22일자, *China No.3(1900),* p.69, no.173.

80) 솔즈버리가 맥도날드에게, 1900년 6월 26일자, *Ibid.,* p.78, no.198.

81) W.H.Carter, *The Life of Lieutenant General Chaffee* (Chicago, 1917), p.179 ; 락스데일(Ragsdale)이 국무차관(Assistant Secretary of State)에게,

1900년 7월 16일자, *U.S. Foreign Affiars,* 1900, p.272, no.48 ; 미 육군성, *Report on Military Operations in South Africa and China.* XXXIII (1901), 552~556, 이하 미 육군성, *Reports, XXXIII.*

82) 솔즈버리가 맥도날드에게, 1900년 7월 22일자, *China No.1(1901),* p.22, no.51 ; 델까세(Dalcassé)가 삐숑(Pichon)에게, 1900년 7월 20일자, *Chine, 1899~1900,* pp.94~95, no.173 ; 노아이유(Noailles)가 델까세(Dalcassé)에게, 1900년 7월 21일자, *Ibid.,* pp.95~96, no.174.

83) *Ibid.*

84) 이 내용은 다음 신문에서 공표하였다. *Pravitel'stvennyi Vestnik,* Aug.2, 1900, 다음에서 인용. Clements, *op.cit.,* p.143.

85) 솔즈버리가 화이트헤드에게, 1900년 7월 10일자, *China No.1(1901),* p.9, no.22.

86) 8천 명의 일본인, 4천 5백 명의 러시아인, 3천 명의 영국인, 2천 5백 명의 미국인, 8백 명의 프랑스인들로 구성되었다. Clements, *op.cit.,* p.135 ; Smith, *op.cit,* I, 454.

87) 프리(Frey) 장군이 해군상 라네쌍(Lanessan)에게, 1900년 8월 9일자, *Chine 1899~1900,* p.117, no.219. 영국인들은 영국과 미국의 사령관들이 주도권을 쥐고 있었다고 주장한다. 다음 참조. Treat, *op.cit.,* p.350 ; Morse, *op.cit.,* p.190.

88) 미 육군성, *Reports,* XXXIII, 569~575 ; Carter, *op.cit.,* p.190.

89) 미 육군성, *Reports,* XXXIII, 575~576 ; Gordon Casserly, *The Land of the Boxers,* pp.118~119.

90) 미 육군성, *Reports,* XXXIII, 576.

91) Carter, *op.cit.,* p.191.

92) 미 육군성, *Reports,* XXXIII, 499.

93) *Ibid.,* p.500.

94) 베자르(Bezaare)가 델까세(Delcassé)에게, 1900년 8월 9일자, *Chine, 1899 ~1900,* p.120, no.225.

95) 독일정부는 그가 임명된 것에 대한 공식적인 증거를 요구하였다. 다음 참조. 부띠롱(Boutiron)이 델까세(Delcassé)에게, 1900년 8월 23일자, *Ibid.,* p.134, no.255. 영국인들은 자신들의 공사관이 구출되고, 중국 중부에서 자국의 이해가 확보되자 이제 이홍장이 더는 쓸모가 없어졌다. 다음 참조. 솔즈버리(Salisbury)가 스콧(Scott)에게, 1900년 7월 14일자, *China No.1(1901),* p.15, no.35.

96) 꾸르졸(Courrejoles) 제독이 라네쌍(Lanessan)에게, 1900년 8월 26일자,

Chine, 1899~1900, p.138, no.250.

97) 독일 제독을 제외한 모든 제독들은 자국 정부로부터 이홍장을 통과시키라
는 훈령을 받았다. 꾸르졸이 라네쌍에게, 1900년 9월 12일자, *Ibid.*, p.156,
no.296.

98) 프랑스 주재 미국 대사 포터(Porter)가 델까세(Delcassé)에게, 1900년 8
월 25일자, *Ibid.*, p.134, no.256 ; 군무국장 꼬르벵(Corbin)이 샤프(Chaffee)
에게 보낸 전보, 1900년 7월 19일자, 다음에서 인용, Carter, *op.cit.*, p.181.

99) 라쎌(Lascelles)이 솔즈버리(Salisbury)에게, 1900년 8월 24일자, *B.D.*, II,
8, no.8.

100) *Ibid.*

101) 이홍장도 1900년 8월 15일에 이 같은 취지의 제안을 한 바 있다. Clements,
op.cit., p.148.

102) 람스도르프(Lamsdorff)가 우루소프 공(Prince Urusov)에게, 1900년 8월
22일자, *Chine, 1899~1900*, p.133, no.254.

103) 람스도르프 회람장, *K.A.*, XIV(1926), 28~29. 몇 가지 변화가 다음 신문에
실렸다. *Pravitel'stvennyi Vestnik*, Sept. 1, 1900, *Ibid.*, p.28 주 ; 몽뜨벨로
(Montebello)가 델까세(Delcassé)에게, 1900년 8월 26일자, *Chine, 1899~
1900*, p.137, no.258. 청국 조정은 1900년 8월 15일에 북경에서 탈출하였다.
Morse, *op.cit.*, III, 283.

104) 람스도르프가 우루소프 공에게, 1900년 9월 15일자, *Chine, 1899~1900*,
p.159, no.304.

105) *U.S. Foreign Affairs*, 1900, App.19.

106) 미 육군성, *Reports*, XXXIII, 505. 당시 북경 주변에는 러시아인 6천 2백
명, 일본인 1만 명을 포함하여, 개입 열강의 군대가 3만 명이 있었다. *Ibid.*,
p.508.

107) 죠프리(Geoffrey)가 델까세(Delcassé)에게, 1900년 9월 10일자, *Chine,
1899~1900*, p.153, no.289. 가장 그럴 듯 하지 않은 거부 명분은, 당시 이홍
장이 3백 명의 시종과 30명의 요리사, 70명의 하인들과 함께, 알렉쎄프 보좌
진들이 있는 천진의 러시아 통제구역의 한 궁궐에서 안전하게 머물고 있었
다는 사실이었다. Korostovets, *op.cit.*, pp.95~96.

108) Glinskii, *Prolog*, p.110.

109) 콩거(Conger)가 헤이(Hay)에게, 1900년 9월 29일자, *U. S. Foreign Affairs*,
1900, p.205.

110) 삐숑(Pichon)이 델까세(Delcassé)에게, 1900년 9월 29일자, *Chine, 1889~
1900*, p.173, no.325 ; 미 육군성, *Reports*, XXXIII, 513. 이 숫자는 12월에 2

개 중대 약 4백 명으로 감축되었다. *Ibid.,* p.488. 영국과 독일은 1901년 5월 말까지 북경 주변에 적어도 각각 1개 여단(3천~5천 명)씩 보유하였다. 보 (Beau)가 델까세(Delcassé)에게, 1901년 5월 25일 및 31일자, *Chine, 1900~ 1901,* pp.73~74, nos.130, 132.

111) 9월 20일과 21일, 북당(北塘, Pei-tang)과 노태(魯台, Lutai)에서, 꾸르졸 (Courrejoles)이 델까세(Delcassé)에게, 1900년 9월 22일자, *Chine, 1889~ 1900,* p.167, no.316.

112) Morse, *op.cit.,* III, 315 ; 미 육군성, *Reports,* XXXIII, 578.

113) 미 육군성, *Reports,* X, 461~476.

114) Morse, *op.cit.,* III, 317.

115) Korostovets, *op.cit.,* p.48.

116) E.J.Bing (ed.), *The Secret Letters of the Last Tsar* (New York, 1938), p.138.

117) Dugald Christie, *Thirty Years in Moukden, 1883~1913* (London, 1914), p.130.

118) 미 육군성, *Reports,* XXXIII, 580.

119) Christie, *op.cit.,* pp.131~132.

120) Romanov, *Rossiia,* pp.240, 249.

121) *Ibid.,* pp.240~241.

122) *Ibid.,* p.241.

123) 위떼는 세 번에 걸쳐 그 같은 호소를 하였다. 6월 15일에는 6천 명까지, 7월 1일에는 7천 명까지, 7월 7일에는 1만 1천 명까지 병력을 증강시켜 달라고 요청하였다. Glinskii, *Prolog,* p.111.

124) *Ibid.,* pp.111~112.

125) Romanov, *Rossiia,* p.251.

126) 미 육군성, *Reports,* XXXIII, 488.

127) 러시아 부대 사령관 가운데 한 사람인 오를로프(N.A.Orlov) 장군의 다음 논문 참조. *Istoricheskii Vestnik* : "Srazhenie pri Onguni", LXXXIV (April, 1901), 137~162 ; "Srazhnie pri Iakshi", LXXXIV (May, 1901), 603 ~627 ; "Zaniatie Hailara", LXXXVI (October, 1901), 98~139.

128) *Vestnik Evropy,* XXXV, No.8 (Aug., 1900), 826 ; Romanov, *Rossiia,* p.252.

129) Christie, *op.cit.,* p.142.

130) *Ibid.,* p.140.

131) *Ibid.,* p.143.

132) *Ibid.* ; *Vestnik Evropy*, XXXV, No.8 (Aug., 1900), 826~827.

133) Romanov, *Rossiia*, p.252 ; Glinskii, *Prolog*, p.114 ; 미 육군성, *Reports*, XXXIII, 590.

134) 미 육군성, *Reports*, XXXIII, 581.

135) Glinskii, *Prolog*, p.114.

136) 미 육군성, *Reports*, XXXIII, 581.

137) V.Alexandrov, "Argun I Priargun'e" *Vestnik Evropy*, XXXIX, No.5 (May, 1904), 283.

138) 이 같은 상황전개가 특별한 예라고 정당화하기에는, 이를 반증하는 너무나 많은 예가 있다. 그 전형적인 예가 하일라 약탈이다. 그곳에서 코사크인들은, 대대적인 약탈에 한몫 끼기 위해 몰려든 아무르강 농민들의 수레에 한 대당 3~5루블의 일정 요금을 부과하였다. *Ibid.*, p.302.

139) A.V.Vereschagin, "Po Manzhurii", *Vestnik Evropy*, XXXVII, No.1 (January~February, 1902), 129~146 ; XXXVII, No.2 (March~April, 1902), 583, 585.

140) 한 소규모 조사단의 상세한 설명은 다음에 나와 있다. A.Tsererin, "Rezultaty poezdki po Khulan-chenskomu fudatunstvu", *Izvestiia Vostochnogo Instituta* (Vladivostok), III (1901~1902), 1~2. (이하 *I.V.I.*라고 함.)

141) 블라고베시첸스크 사건에 대한 영어로 된, 가장 완벽에 가까운 설명은 다음의 문헌이다. Leo Deutsch, *Sixteen Years in Siberia* (London, 1905), pp.327~343. 도이치는 그때 블라고베시첸스크의 한 신문사의 통신원이었다.

142) Glinskii, *Prolog*, p.115 ; Deutsch, *op.cit.*, p.330.

143) Deutsch, *op.cit.*, pp.330~331.

144) Glinskii, *Prolog*, p.115.

145) *Ibid.*, 저자 미상, "Blagoveschenskaia "Utopia", *Vestnik Evropy*, XLV, No.7 (July, 1910), p.231. (이하 "Blagoveschenskaia "Utopia"라고 함).

146) Deutsch, *op.cit.*, p.322. 이는 인구 3만 8천 명의 도시에서 발생한 피해이다. *Ibid.*, p.328.

147) "Blagoveschenskaia "Utopia" p.231.

148) 그립스키가 청국 대표단에 대한 정보를 공개할 때, 배석했던 도이치가 이를 부연·설명하였다. Deutsch, *op.cit.*, p.331.

149) *Ibid.*, pp.334~335 ; "Blagoveschenskaia "Utopia" p.232.

150) Deutsch, *op.cit.*, pp.336~338.

151) London *Times*, 1900년 7월 29일자 ; *Illustrated London News*, CXVII, 1900년 9월 1일자, p.304. 여기에는 생생한 삽화들이 포함되어 있다.

416

152) 미 육군성, *Reports*, XXXIII, 586.

153) Glinskii, *Prolog,* p.115.

154) 미 육군성, *Reports*, XXXIII, 586. 스르텐스크에서 실카강과 아무르강으로 내려올 수 있는 길이 없었기 때문에 군대의 빠른 이동은 불가능했다. 특별명령에 의해 선로공사가 이 기간에 오솔길을 따라 시작되었다. Vereschagin, *op.cit.,* pp.108~109.

155) "Khronika", *Russkoe Bogatstvo,* 1900, No.9, p.220.

156) *Ibid.,* p.221.

157) 마지막 그룹은 사고 없이 7월 21일에 추방당했다. "Blagoveschenskaia 'Utopiia'", p.235.

158) *Ibid.,* p.239 ; "Khronika", *Russkoe Bogatstvo,* 1900, No.9, pp.218~219.

159) *Russkoe Bogatstvo,* 1900, No.9, pp.218~219, 221.

160) 이는 1900년 8월 12일자 〈*Amurskaia Gazeta*〉에 공표되었다. 원문은 다음 참조. *Russkoe Bogatstvo,* 1900, No.9, p.224.

161) 날짜는 불분명하다. Glinskii, *Prolog,* pp.118~119.

162) "Blagoveschenskaia 'Utopiia'", pp.233, 240~241.

163) Romanov, *Rossiia,* p.252.

164) 러시아 군대의 이동에 대한 최고의 정보는 미 육군성 보고에 있다. 미 육군성, *Reports,* XXXIII, 579~600. 다음도 참조. Glinskii, *Prolog,* pp.116~117 ; 러시아의 공식적인 설명은 다음 책과 그 독일어 번역본 참조. A. Myshliaevskii, *Voennyia deistviia v Kitae, 1900~1901* (St.Petersburg, 1904~1910). *Die Kämpfe der russischen Truppen in derMandschurei im Jahre 1900* (Leipzig, 1900).

165) 미 육군성, *Reports,* XXXIII, 584.

166) Glinskii, *Prolog,* p.117.

167) B.N.Demchinskii, *Rossiia v Manzhurii* (St.Petersburg, 1908), pp.130~131.

168) 이 시기의 순무(巡撫 governor)와 순무대리(lieutenant governor)의 입장은 대단히 혼란스러웠다. 그들은 1898년 이래로 계속 입장을 바꾸어왔다. governor라는 용어는 간단하게 표현하기 위해 이용한 유럽식 용어이다. 목단 순무는 만주의 순무들 가운데 가장 고참에 해당된다(*primus inter pares*)는 점을 기억해야 할 것이다.

169) Glinskii, *Prolog,* p.114.

170) Christie, *op.cit.,* pp.149~150.

171) *Ibid.,* pp.152~153.

172) *Ibid.*

173) 미 육군성, *Reports,* XXXIII, 598.

174) *Ibid.,* p.599.

175) Christie, *op.cit.,* p.154.

176) 쿠로파뜨킨(Kuropatkin)이 람스도르프(Lamsdorff)에게, 1900년 12월 16일
자, *K.A.,* XIV(1926), 42.

177) Christie, *op.cit.,* p.154.

178) 〈*Kölnische Zeitung*〉 발췌문. G.Efimov, "Imperialisticheskaia inter-
ventsiia 1900~1901 gg. v Kitae", *Istoricheskii Zhurnal,* 1938, No.4
(April), pp.68~69.

179) 예컨대 다음과 같은 16쪽 짜리 팜플렛이 있다. S.S.Maltsev, *Zheltaia
opasnost'* (Warsaw, 1900).

180) "Khronika", *Russkoe Bogatsevo,* 1900, No.9, pp.215~216.

181) 위떼(Witte)가 시피야긴(Sipiagin)에게 보낸 서신, 1900년 10월 1일자
K.A., XVIII(1926), 42.

182) 위떼가 시피야긴에게, 1900년 8월 26일자, *Ibid.,* p.41.

183) Bing (ed.), *op.cit.,* p.138.

제7장
의화단 위기의 외교적 해결

1) 라돌린(Radolin)이 뷜로우(Bülow)에게, 1900년 8월 2일자, *G.P.,* XVI,
p.208, no.4207.

2) 몽뜨벨로(Montebello)가 델까세(Delcassé)에게, 1900년 7월 4, 6, 12, 20일
자, *D.D.F. Chine 1899~1900,* pp.67~68, 73, 78, 91, nos.116, 127, 139, 167 ;
우루소프(Urusov)가 람스도르프(Lamsdorf)에게, 1900년 8월 28일자, *K.A.,*
XIV (1926), 29~30.

3) 틸리(J.A.C.Tilley)의 각서, 1901년 1월 14일자, *B.D.,* II, 1, no.1.

4) *New Press*(상해)의 1901년 8월 14일자 기사가 다음에 축약되어 있다.
"Sovremennaia Letopis' Dal'nego Vostoka", *I.V.I.,* II (1901), No.1, p.33.
(이하 *I.V.I.,* Chronicle라고 함).

5) I.I.Korostovets, *Rossiia na Dal'nem Vostoke,* pp.53~55.

6) 기사 요약은 Hong Kong *Telegraph*의 1902년 3월 18일자에 있음. *I.V.I.,*

Ⅲ (1901~1902), No.3, Chronicle, p.700.

7) Korostovets, *op.cit.,* p.55 ; *I.V.I.,* Ⅲ, No.1, Chronicle, p.34.

8) "러시아의 만주 및 우장 점령과 관련한 통신(Correspondence Relating to the Russian Occupation of Manchuria and Newchwang)", *China No.2(1904),* 다수 게재됨.

9) Korostovets, *op.cit.,* pp.56~57.

10) *I.V.I.,* Ⅲ, No.1, Chronicle, p.36.

11) B.M.Allen, *The Right Honorable Sir Ernest Satow,* pp.127~128.

12) *I.V.I.,* Ⅲ, No.1, Chronicle, p.36.

13) 회람장에는 자구상 약간 다른 언급도 있었다. *U.S. Foreign Affairs,* 1900, p.380 ; 솔즈버리(Salisbury)가 새토우(Satow)에게, 1900년 8월 28일자, *China No.1(1901),* p.140, no.256 ; 람스도르프(Lamsdorf)가 우루소프(Urusov)에게, 1900년 8월 25일자, *China, 1899~1900,* p.138, no.260. 회람장은 1900년 10월 1일자 *Pravitel'stvennyi Vestnik*에서 출간되었다. Glinskii, *Prolog,* p.120.

14) Glinskii, *Prolog,* p.120.

15) H.B.Morse, *International Relations of the Chinese Empire,* Ⅲ, 323.

16) *Ibid.,* Ⅲ, 324. 만족스러운 결과를 얻지 못한 이유는, 이번에는 천진 정부에 러시아인 의장이 있었기 때문인지도 모른다. 기르스(Giers)가 람스도르프(Lamsdorf)에게, 1900년 10월 11일자, *K.A.,* (1926), 37.

17) 1900년 11월 6일자 회람장, *U.S. Foreign Affairs,* 1901, p.41.

18) 콩거(Conger)가 기르스(Giers)에게, 1900년 11월 14일자, *Ibid.,* p.45.

19) 기르스가 콩거에게, 1900년 11월 14일자, *Ibid.,* p.45.

20) *Ibid.,* p.42.

21) *Ibid.,* pp.42~43.

22) 각각 11월 28일과 12월 28일이다. *Ibid.,* pp.46~47. 영국과 미국인들은 1901년 3월과 4월에 뒤따랐다. Morse, *op.cit.,* 326.

23) 하츠펠트(Hatsfeldt)가 독일외무성에, 1901년 2월 1일자, *G.P.,* ⅩⅥ, 288, no.4787.

24) *Ibid.* 개입 분견대 사령관들은 8월 18일에, 러시아 군대가 대고에서 북경까지의 전 철도운영의 회복 작업을 떠맡을 것을 제안하였는데, 이는 아주 이상한 일이었다. 러시아 사령관은 단독으로는 이 작업을 맡지 않을 것이라고 거부하였다. 다음 참조. 샤프(Chaffee)가 군무국장(Adjutant General)에게, 1900년 8월 18일자, 다음에서 인용 W.H.Carter, *The Life of Lieutant General Chaffee,* pp.195~196 ; Korostovets, *op.cit.,* p.49.

25) Gordon Casserly, *The Hand of the Boxers*, pp.32~33 ; *Vestnik Evropy*, XXXVI, No.4 (April, 1901), 829~830.

26) *Ibid.*, p.831. 발더제는 1900년 10월 17일에 북경에 도착하였다. 미 육군성, *Reports*, XXXIII, 518.

27) 라쎌(Lascelles)이 독일외무성에, 1901년 3월 17일자, *G.P.*, XVI, 300~301, no.4799.

28) Morse, *op.cit.*, III, 81, 84 ; P.H.Kent, *Railway Enterprise in China* (London, 1907), pp.71~72.

29) 6장의 아래쪽 참조. 이 철도의 재탈환은 아마도 연합사령관회의에서 결정된 듯 하다. H.C.Thompson, *China and the Powers*, p.42.

30) E.H.Seymour, *My Naval Career and Travels*, pp.366~367. 일본군 2개 부대를 포함한 이 파견부대들은 1901년 11월에도 그곳에 있었다. 1901년 11월 12일자 〈*Mercury*〉(상해)의 요약문 참조. *I.V.I.*, III, No.2, Chronicle, p.367.

31) Seymour, *op.cit.*, pp.366~367. 알렉쎄프 역시, 철도운영에서 얻는 수익이 러시아가 부담할 경비에 대한 부분적인 보상이 될 것이라고 생각하였다. 1900년 10월 6일자 알렉쎄프의 전문 참조. *K.A.*, XIV(1926), 36~37.

32) Korostovets, *op.cit.*, p.118.

33) 알렉쎄프의 전문, 1900년 10월 6일자, *K.A.*, XIV, 36.

34) 틸리(Tilley)가 외무성에 보낸 각서, 1905년 1월 14일자, *B.D.*, II, 22.

35) *Ibid.*, p.1.

36) 경친왕은 9월 3일부터 북경에서 이홍장을 기다려왔는데, 이홍장은 9월 20일에 도착하였다. Kanichi Asakawa, *The Russo-Japanese Conflict* (Boston, 1904), p.162 주.

37) 델까세(Delcassé)가 프랑스 주재 대사들에게, 1900년 9월 30일자, *Chine, 1899~1900*, p.174, no.327 ; G.N.Steiger, *China and the Occident*, pp.257~258.

38) 기르스의 러시아외무성 보고, 1900년 10월 26일자, *K.A.*, XIV(1926), 39~40.

39) 델까세(Delcassé)가 삐숑(Pichon)에게, 1900년 11월 29일자, *Chine, 1900~1901*, p.14, no.20 ; 피어스(Pierce)가 헤이(Hay)에게, 1900년 9월 27일자, *U.S. Foreign Affairs*, 1900, p.376.

40) 삐숑이 델까세에게, 1900년 11월 11일자, *Chine, 1900~1901*, pp.8~9, no.10.

41) 다음에서 인용. *China No.2(1904)*, p.21 ; Asakawa, *op.cit.*, p.164.

42) 몽뜨벨로(Montebello)가 델까세에게, 1901년 2월 20일자, *D.D.F.*, I, 113~114, no.95 ; Glinskii, *Prolog*, p.126.

43) 콩거(Conger)가 헤이(Hay)에게, 1900년 10월 28일자, *U.S. Foreign Affairs,* 1900, p.223.

44) Steiger, *op.cit.,* p.258.

45) 델까세가 보(Beau)에게, 1901년 9월 21일자, *D.D.F.,* I, 488~489, no.407.

46) 델까세가 삐숑에게, 1900년 11월 2일, 6일자, *Chine, 1900~1901,* pp.6~7, nos.7, 8.

47) 미국 공사의 서명은 다음날까지 연기되었다. 다음 참조. 삐숑(Pichon)이 델까세(Delcassé)에게, 1900년 9월 21일자, *Chine, 1900~1901,* p.17, no.28 및 첨부공문(enclosed note), pp.17~20 ; 콩거(Conger)가 헤이(Hay)에게 보낸 첨부별지(enclosure), 1900년 12월 22일자, *U.S. Foreign Affairs,* 1901, pp.244~245 ; *K.A.,* XIV(1926), 46~49.

48) 삐숑이 델까세에게, 1900년 12월 25일자, *Chine, 1900~1901,* p.20, no.33.

49) 삐숑이 델까세에게, 1900년 12월 31일자, *Ibid.,* p.22, no.33.

50) 람스도르프(Lamsdorf)가 기르스(Giers)에게, 1900년 12월 22일자로 니꼴라이 2세의 재가 받음, *K.A.,* XIV, 45~46.

51) Glinskii, *Prolog,* pp.125~127.

52) *Ibid.,* p.131. 심지어 러시아는 영국, 프랑스, 독일, 일본으로 구성된 의화단 배상금 지불위원단에 참여하려고 하지도 않았다. *Ibid.,* p.129.

53) 원문은 다음 참조. MacMurray, *Treaties,* I, 278~285.

54) *Journal R.U.S.I.,* XLV(October, 1901), 1192. 이 숫자는 너무 높게 잡은 것으로, 아마도 상해 지역의 군대와 직예 지역의 러시아군이 포함되었을 것이다.

55) 미 육군성, *Reports,* XXXIII, 598.

56) R.H.Akagi, *Japan's Foreign Relations,* p.189.

57) Steiger, *op.cit.,* App.H, p.315. 4억 5천만 냥의 배상금에 대한 최종적인 할당은 1902년 6월 14일까지도 해결되지 않았다.

58) Romanov, *Rossiia,* p.262.

59) 1900년 9월 26일에 스팔라(Spala)에서 니꼴라이 2세가 인준하였다. *K.A.,* XIV, 35~36.

60) "두 번째 문제는 머지않아 완전한 별도의 교섭이 가능할 것이다" *Ibid,* XIV, 36.

61) 욱똠스키가 위떼에게 보낸 전문. 1900년 10월 1일자, 다음에서 인용. Romanov, *Rossiia,* p.263 및 주 2.

62) *Ibid.,* p.264.

63) *Ibid.,* p.275.

64) *Ibid.*

65) Romanov, *Rossiia,* p.276.

66) *Ibid.,* pp.274~275.

67) *Ibid.,* p.276.

68) *Ibid.*

69) *Ibid.,* pp.276~272 ; Glinskii, *Prolog,* pp.137~141 ; Korostovets, *op.cit.,* p.108.

70) 블라디보스톡의 많은 동방연구소 학생들은 특별히 만주의 러시아 사령관 들의 통역관으로 동원되었다. "Otchet deiatel'nosti Dal'nevostochnogo Instituta za 1901~1902 g.", *I.V.I.,* III, No.3, pp.1~45. 멤버의 대부분이 그 들의 활동의 대가로 군사 메달과 함께 추천을 받았다. *Ibid.,* IV(1902~ 1903), xxii~xIII.

71) Glinskii, *Prolog,* p.138.

72) 이홍장의 이 주장은 나중에 오류로 판명되었다. Korostovets, *op.cit.,* pp.97~98, 120.

73) *Ibid.,* p.104.

74) *Ibid.,* p.125.

75) *Ibid.,* p.126 ; Romanov, *Rossiia,* p.266.

76) 알렉쎄프(Alexeev)가 쿠로파뜨킨(Kuropatkin)에게, 1900년 10월 11일자, Korostovets, *op.cit.,* p.126 ; Romanov, *Rossiia,* p.267.

77) Korostovets, *op.cit.,* p.128.

78) *Ibid.,* pp.127~128.

79) *Ibid.,* p.128.

80) *Ibid.,* p.129.

81) 원문은 다음 참조. Romanov, *Rossiia,* pp.267~269, 269 주 ; Korostovets, *op.cit.,* pp.129~130. 130 각주. 글린스키 판본은 러시아 공문서 자료를 아 주 잘 압축해 놓은 것이다. Glinskii, *Prolog,* pp.139~140.

82) 그는 나중에 재판에 회부되어 처벌받았으나 사형은 면하였다. 〈*Mercur y*〉(상해)의 1901년 11월 6일자 기사 요약은 다음 문헌에 있다. *I.V.I.,* III, No.2, Chronicle, p.371 ; 〈*New Press*〉(상해)의 1901년 7월 18일자의 요약 문은 다음 참조. *Ibid.,* III, No.1, Chronicle, p.16.

83) Korostovets, *op.cit.,* pp.130~131.

84) Romanov, *Rossiia,* pp.266~267.

85) 북경 날짜로는 1900년 12월 31일이다. 〈런던 타임즈〉(*London Times*) 1901년 1월 3일자, MacMurray, *Treaties,* I, 329. 여순에서 화가 난 청국 사

절 가운데 한 사람이 협정 조항을 이홍장에게 전해주었고, 이홍장은 자신의 판본을 모리슨 박사와 일본인들에게 주었다고 알려져 있다. Korostovets, *op.cit.,* p.131.

86) *Vetnik Evropy,* XXXV, No.5 (May, 1900), 376.

87) *I.V.I.,* Ⅲ, No.1, pp.1~3, 여러 곳에서 언급됨.

88) Romanov, *Rossiia,* p.267, 주 2.

89) 삐숑(Pichon)이 델까세(Delcassé)에게, 1901년 3월 24일자, *D.D.F.* I, 152, no.154.

90) 쿠로파뜨킨이 람스도르프에게 보낸 1900년 12월 16일자 서신에서 부연 설명되었다. *K.A.,* XIV(1926), 40.

91) Romanov, *Rossiia,* pp.269~273. 이 같은 지시에 대한 가장 큰 오전(誤傳)은, 1901년 1월 9일자 상해 주재 프랑스 총영사 쎄르반 드 브조르(Servan de Bezaure)가 델까세 외상에게 보낸 전보로 타전되었다. *D.D.F.* I, pp.18~19, no.16.

92) *K.A.,* XIV (1926) 41~42. 이 서신의 대부분은 다음 문헌에서 출간되었다. S.Iu.Witte, *Vynuzhdennyia Raz'iasneniia……* (Moscow, 1911), p.63 ; (이하 Witte, *Raz'iasneniia*라고 함).

93) Romanov, *Rossiia,* pp.281~282.

94) 이는 이 시기에 청국의 교섭을 이홍장이 지배하고 있었던 점으로 미루어 추정할 수 있다.

95) Romanov, *Rossiia,* p.282.

96) *Ibid.*

97) 원문 참조. Witte, *Raz'iasneniia,* p.65.

98) Romanov, *Rossiia,* pp.284~285. 교섭을 상트 페테르부르그로 이관하는 문제는, 1900년 12월 22일자로 람스도르프가 기르스에게 내린 훈령에서 제시되었다. *K.A.,* XIV, 46. 압력이 가해진 이유는 전보 통지가 지체되었기 때문이다.

99) 동청철도안의 초안은 다음 문헌의 긴 논의로 추론할 수 있다. Romanov, *Rossiia,* pp.285~292.

100) 전문(全文)은 다음 문헌에서 처음 출간되었다. Romanov, *Rossiia,* pp.296~299 ; 적절한 번역은 다음 문헌에 게재되어 있다. W.L.Langer, *The Diplomacy of Imperialism,* Ⅱ, 714~716.

101) 원문 번역에서 랭거는, 로마노프의 책에 이탤릭체로 되어 있는 부분의 문장을 "위떼가 끼워 넣고자 원했던 부분들"로 간주하는 실수를 범하였다. Langer, *op.cit.,* Ⅱ, 714. 이 문장들은 1월 22일과 24일의 초안에 있었던 것이

아니라, 회의과정 중에 아마 람스도르프가 추가했을 것이다. 로마노프의 설명(p.296, 주 2)은 다소 모호하기는 하나, 각 조항들을 논의하면서 더 명확해졌다. Romanov, *Rossiia*, pp.300~301.

102) "타르바가타이"나 "쿨자(이리)"라는 용어를 로마노프는 이탤릭체로 썼는데, 말하자면 이 용어들은 위떼의 원안에는 포함되지 않았던 것들이다.

103) Langer, *op.cit.*, II, 712 n.7 ; 새토우(Satow)가 랜스다운(Lansdowne)에게, 1901년 3월 16일자, *B.D.*, II, 38~39.

104) 원문은 다음 문헌에 있다. 새토우가 랜스다운에게, 1901년 3월 6일, 9일자, *China No.6(1901)*, nos.158, 192 ; Steiger, *op.cit.*, pp.299~302.

105) 일본정부는 늦어도 1901년 3월 14일에 판본을 입수하였다. 이즈볼스키(Izvolskii)가 람스도르프(Lamsdorff)에게, 1901년 3월 14일자, *K.A.*, LXIII (1934), 17.

106) 이즈볼스키에 대한 훈령은 1901년 1월 15일에 보내졌다. 이즈볼스키가 람스도르프에게, 1901년 1월 27일자, *K.A.*, LXIII(1934), 9~10.

107) 몽뜨벨로(Montebello)가 델까세(Delcassé)에게, 1901년 1월 31일자, *D.D.F.* I, 77~80, no.62.

108) 원문은 다음 참조. Langer, *op.cit.*, II, 702. 베를린 주재 러시아 대사 오스텐 작켄(Osten-Sacken) 백작은 협정을 경이로운 영·독화해(*Rapprochement*)의 증거로 보았다. 오스텐 작켄이 람스도르프에게, 1900년 12월 21일자, *K.A.*, XIV(1926), 43~44.

109) Langer, *op.cit.*, II, 703~705.

110) 라쎌(Lascelles)이 랜스다운(Lansdowne)에게, 1901년 1월 21일자, *B.D.*, II, 22, no.27.

111) 1901년 3월 15일자 〈나치오날 짜이퉁〉(*National Zeitung*)에서 인용, *K.A.*, LXIII, (1934) 18 n.2.

112) 하츠펠트(Hatzfeldt)가 외무성에, 1901년 1월 24일자, *G.P.*, XVI, 281~282, no.4781.

113) *B.D.*, II, 34, nos.42, 43.

114) 헤이(Hay)가 타우어(Tower)에게, 1902년 2월 1일자. *U.S. Foreign Affairs*, 1902, p.926. 이전에 보도된 바 있는 헤이와 카씨니 러시아 대사의 1901년 3월 28일 대담은, 만주에서 문호개방 원칙이 지켜진다면 미국은 만주의 운명에 관심이 없다는 것이었다. Romanov, *Rossiia*, pp.304~305.

115) *Ibid.*, p.301 주 2, p.302 주 1.

116) *Ibid.*, pp.302~303. 두 번째로 제의한 협정의 판본은 람스도르프-양유 협정으로, MacMurray, *Treaties*, I, 330에 있다.

424

117) Romanov, *Rossiia,* p.303.

118) 전문(全文)은 다음 문헌에 있다. *Vestnik Evropy,* XXVI, No.5 (May, 1901), 369~370.

119) *Ibid.,* p.370. 이 인용문은 러시아 주재 외교관들이 본국 정부에 보낸 한 회 람장의 핵심을 형성하였다. 1901년 4월 5일자 카씨니가 헤이에게 보낸 전문 으로 다음의 문헌에서 인용하였다. A.L.Dennis, *Adventures in American Diplomacy, 1896~1906* (New York, 1928), pp.243~244.

120) 영·러의 상업적 경쟁이 이루어진 전 기간은, 1905년 10월 31일자 영국외무 성 각서에서 간결하게 제시되었다. *B.D.,* IV, 367, no.321.

121) H.J.Whigham, *The Persian Problem* (New York, 1903), p.324.

122) M.B.Golman, *Russkii Imperializm* (Leningrad, 1926), pp.126~127. 볼가- 카스피해 무역은 정부 보조금("까프까즈와 메르꾸리(Kavkaz i Merkurii)" 같은 주도적인 선적회사들에 대한)의 도움을 받았음이 분명하다. I.Kh. Ozerov, *Russkii biudzhet* (Moscow, 1907), p.66

123) Whigham, *op.cit.,* p.335. 1901년 11월 조약의 효과는 러시아세관국 (Department of Customs) 연감의 무역통계에서 쉽게 찾을 수 있다. *Obzor vneshnei torgovli Rossiia,* 1903, pp.65~66. 다음 문헌도 참조. Earl of Ronaldshay, *On the Outskirts of Empire in Asia* (Edinburgh, 1904), p.138.

124) 커즌의 책이 발간된 이래로, 이러한 추세는 영국 언론에서 자주 나타난다. Lord G.N.Curzon, *Persia and the Persian Question* (London, 1892).

125) Great Britain, Parliamentary Papers, *Papers Relating to Tibet* (London, 1904), 여러 곳에 게재됨.

126) 하딩(Harding)이 솔즈버리(Salisbury)에게, 1900년 10월 17일자, *Ibid.,* p.113, no.31 ; 스콧(Scott)이 랜스다운(Lansdowne)에게, 1901년 6월 13일자, 7월 10일자, *Ibid.,* p.117, nos.32, 36.

127) 스콧이 랜스다운에게, 1901년 7월 4일자, *Ibid.,* p.116, no.35 및 여러 곳에 게재됨.

128) "이 확신을 만족스럽게 받아들였으며, 인도를 위해 국무상에게 전달하였 다." 랜스다운이 스콧에게, 1901년 8월 16일자, *Ibid.,* p.124.

129) S.Oldenburg, "Noveishaia literatura o Tibete", *Zhurnal Ministerstva Narodnago Prosveshcheniia,* XXXV (1904), Nos. 11~12, pp.129~168.

130) M.N.Karataev, *Nikolai Mikhailovich Prjevalskii* (Moscow, 1948), p.204.

131) "Protokol zasedaniia Konferentsii 30 Oktiabria 1901 g.",*I.V.I.,* III (1901~ 1902), No.3, pp.119~121 ; Alexander Ular, *A Russo-Chinese Empire* (Westminster, 1904), pp.147~151.

132) *I.V.I.*, Ⅲ, No.3, p.122. 찌비코프의 일기는 그가 티베트에서 머무는 동안 쓰여졌고 나중에 출간되었다. G.Tsybikov, *Buddist palomnok u sviatyn' Tibeta : Po dnevnikam vedennym v 1899~1902 gg.* (Petrograd, 1918).

133) *I.V.I.*, Ⅲ, No.3, p.122.

134) 인터뷰 초록은 *Novoe Vremia* 1901년 7월 1일과 3일자에 있다. Great Britain, *Papers Relating to Tibet*, pp.114~115, 116, nos.34, 35.

135) *I.V.I.*, Ⅲ, No.3, p.122.

136) 1900년 9월 17일자, 위떼가 교육상에게 보낸 서신에서 발췌, "Protokoly zasedanii Konferensii Vostochnago Institute za 1902~1903 akademicheskii god", *I.V.I.*, Ⅵ (1903), cvii~cix.

137) "여타 열강이 어떤 형태로든 그 같은 영토적 이점을 획득하기 위해 청국의 분규를 이용하려는 경우, 두 체약국은 청국에서의 자국의 이해를 옹호하기 위해 취해야 할 궁극적인 조치에 관해 사전양해에 도달할 권리를 보유한다."

138) V.Nadarov, "Seulo-Fuzanskia zheleznaia doroga", *I.V.I.*, Ⅲ, No.3, pp.4 7~56. 착공식은 서울에서는 1901년 8월 20일에, 부산에서는 1901년 9월 20일에 열렸다. *Japan Weekly Times* 1901년 10월 19일자 기사의 요약문 참조, *I.V.I.*, Ⅲ, No.2, Chronicle, pp.339~342.

139) 기르스(Giers)가 람스도르프(Lamsdorf)에게, 1901년 3월 24일자, *K.A.*, LXⅢ(1934), 18.

140) 이 그룹에는 하야시(조선 주재 공사), 고무라(북경 주재 공사), 아오키 (1898~1900년 외상), 겐로인 야마가타 원수와 그 밖의 인물들이 있다. 겐로는 대체로 러·일동맹을 지지하였다. Akagi, *op.cit.*, p.193 ; A. Galperin, *Anglo-Iaponskii Soiuz, 1902~1921 g.* (Moscow, 1947), pp.63~64.

141) A.M.Pooley (ed.), *The Secret Memoirs of Count Tadasu Hayashi* (New York, 1915), p.87 (이하 Hayashi, *Secret Memoirs*라고 함).

142) Akagi, *op.cit.*, p.193 ; Galperin, *op.cit.*, p.81.

143) 위떼가 시피야긴에게, 내용과 이전의 서신들로 미루어 날짜는 1900년 10월 1일경으로 볼 수 있다. *K.A.*, XⅧ(1926), 42.

144) 이즈볼스키가 람스도르프에게, 1901년 2월 22일자, *K.A.*, LXⅢ (1934), 14.

145) *K.A.*, LXⅢ (1934), 8~9.

146) *K.A.*, LXⅢ (1934), 8~9.

147) 람스도르프가 이즈볼스키에게, 1901년 1월 20일자, *K.A.*, LXⅢ (1934), 11.

148) 이즈볼스키가 람스도르프에게, 1901년 3월 14일자, *K.A.*, LXⅢ (1934), 17~18.

149) 다음에서 인용. Romanov, *Rossiia*, p.303.

150) 일본 외상과 러시아 외상의 회담에 대한 외무성 각서, 1901년 3월 25일자, · *K.A.*, LXIII, 21~22. 이 당시 람스도르프는, 1900년 10월 16일의 영·독협정 이 만주에까지 적용되지 않는다고 한 뷜로우의 3월 15일의 연설에 고무되 어 있었다. 도쿄에서는 이 연설의 보고가 일대 "소동"을 일으켰다. 이즈볼스 키가 람스도르프에게, 1900년 3월 25일자 *K.A.*, LXIII (1934), 18~19.

151) *Ibid.*, p.22.

152) 이즈볼스키가 람스도르프에게, 1901년 4월 5일자, *K.A.*, LXIII (1934), 25.

153) 이 팜플렛은 나중에 경찰이 압수하였다. *Japan Weekly Times* 1901년 10 월 19일자, 기사 요약문, *I.V.I.*, III, No.2, Chronicle, p.336.

154) 이즈볼스키가 람스도르프에게, 1901년 4월 5일자, *K.A.*, LXIII (1934), 25.

155) *Ibid.*, p.26.

156) 미 육군성, *Reports* XXXIII, 597. 이 숫자는 1900년 바이칼호 동부의 러시 아의 평화시 병력의 세 배이다.

157) 전체적으로 대략 1천 5백 명이 살상되는 손실이 있었다. 니꼴라이 2세가 블라디미르(Vladimir) 대공에게, 1900년 1월 1일자, *K.A.*, XVII (1926), 221.

158) 미 육군성, *Reports,* XXXIII, 596 ; 이즈볼스키가 람스도르프에게 보낸 서 신, 1901년 4월 5일자, *K.A.*, LXIII (1934), 26.

159) A.J.Marder, *The Anatomy of British Sea Power,* p.429.

160) Galperin, *op.cit.,* p.74 ; Marder, *op.cit.,* pp.163, 185~186. 한 척의 전함만 이 미국에서 수주되었다. *Ibid.,* p.308.

161) 물론 흑해함대의 선박이 평화시에도 터키 해협을 통과하기 위한 허가를 얻을 수 있을지는 의문이었다.

162) 이즈볼스키가 람스도르프에게, 1901년 4월 5일자, *K.A.*, LXIII (1934), 26.

163) 다음에서 인용. Langer, *op.cit.,* II, 723.

164) 1901년 4월 16일자. Akagi, *op.cit.,* p.200 ; Galperin, *op.cit.,* p.85 n.2.

165) Romanov, *Rossiia,* pp.306~307.

166) *Ibid.,* p.307.

167) *Ibid.,* pp.312~313.

168) *Ibid.,* pp.313~314 ; Glinskii, *Prolog,* p.173 ; 람스도르프의 회람장, 1901 년 8월 1일자, *K.A.*, LXIII, 33.

169) *K.A.*, LXIII, 32~35 ; Witte, *Raz'iasneniia,* p.67. 7월 30일에, 람스도르프 는 러시아의 만주 점령 결과에 관한 견해를 확인하기 위해, 도쿄와 북경 주 재 공사들에게 회람장을 보냈다. *K.A.*, LXIII, 32.

170) 로마노프는, 위떼의 이 같은 본질적인 정책에 대한 중요한 증거를 생략하 였다. 로마노프는 이 설문에 대한 위떼의 답신만 언급하고 있다. Romanov,

Rossiia, p.316 n.11. 다음 문헌에서 이 서신을 부연 설명하였다. Glinskii, *Prolog,* pp.174~175. 어떤 자료도 회답 날짜를 밝혀주지 못하고 있는데, 아마 8월 10일이었을 것이다. A.Popov, "Dal′nevostochnaia politika tsarizma v 1894~1901 gg.", *Istorik Marksist,* LI (1935), 54.

171) 다음 문헌의 수많은 직접 인용이 이 서신의 원문을 요약하고 있다. Witte, *Raz′iasneniia,* pp.66~69. Romanov, *Rossiia,* p.315.

172) Witte, *Raz′iasneniia,* p.69.

173) Romanov, *Rossiia,* p.317. 러시아정부는 이틀 뒤에야 공식적으로 통보받았다. 기르스가 람스도르프에게, 1901년 8월 4일자, *K.A.,* LXIII (1934), 35~36.

174) Romanov, *Rossiia,* p.318, 1901년 8월 2일자, 뽀즈네프가 위떼에게 보낸 전문에서 인용.

175) 이즈볼스키가 람스도르프에게 보낸 서신, 1901년 8월 7일자, *K.A.,* LXVII, 36.

176) 람스도르프가 쿠로파뜨킨에게 보낸 서신, 1901년 7월 1일자, *K.A.,* LXIII, 29~31.

177) Romanov, *Rossiia,* pp.319~320. 8월 25일에, 쿠로프트킨은 북만주철수에 반대하는 강력한 항의 편지를 람스도르프에게 보냈다. Witte, *Raz′iasneniia,* pp.71~72.

178) Romanov, *Rossiia,* pp.323~329.

179) *Ibid.,* p.325 및 주 3, 위떼가 뽀즈니예프에게 보낸 전문, 1901년 9월 5일자에서 인용.

180) *Ibid.,* p.323, 327. 이홍장의 병세는 1901년 8월부터 수많은 추측을 불러일으켰으나, 노회한 이 외교관은 자신의 실제 상태를 비밀로 하였다. 〈*Mercury*〉(상해)의 기사 요약문 참조. *I.V.I.,* III, No.1, Chronicle, pp.24~28.

181) *Japan Weekly Times,* 1901년 9월 21일자, 기사 요약문 참조. *I.V.I.,* III No.1, Chronicle, p.192. 랭거는, 이또가 출발하기 전에 다른 일본인 정치가들과 나눈 대담을 일본 자료에 기초하여 상세하게 전해 주고 있다. 이또의 순방 목적은 아직도 정확하게 알려져 있지 않다. Langer, *op.cit.,* II, 759~760.

182) 이즈볼스키가 람스도르프에게, 1901년 9월 20일자, *K.A.,* LXIII, 37.

183) 이즈볼스키가 람스도르프에게 보낸 서신, 1901년 10월 19일자, *Ibid.,* p.38.

184) *Ibid.,* pp.38~40.

185) *Ibid.,* p.40.

186) 람스도르프가 니꼴라이 2세에게 올린 각서, 1901년 11월 6일자, *K.A.,* LXIII, 41.

187) 1901년 11월 9일자, 람스도르프가 델까세에게, 니꼴라이 2세의 재가받음,

K.A., LXIII, 42~43.

188) 상트 페테르부르그에서의 이또의 활동은 다음 참조. Romanov, *Rossiia,* pp.332~333 ; Witte, *Vospominaniia,* I, 200 ; 알벤스레벤(Alvensleben)이 독일 외무성에, 1901년 12월 4일자, *G.P.,* XVII, 144~145 ; London *Times,* 1901년 11월 26일, 30일자 ; G.N.Trubetskoi, *Russland als Grossmacht* (Stuttgart, 1913), pp.68~69.

189) 이또가 보관한 이 회담의 기록은 다음 참조. A.Hiratsuka (ed.), *Ito Hirobumi Hiroku* (Tokyo, 1929), App.pp.19~23. 회담의 일부 내용은 다음 책에서 번역되었다. Kengi Hamada, *Prince Ito* (London, 1936), pp.142~156. 람스도르프가 이즈볼스키에게, 1901년 12월 4일자, *K.A.,* LXIII, 47~48.

190) B.A.Romanov, *Ocherki diplomaticheskoi istorii Russko-Iaponskoi Voiny, 1895~1907* (Moscow, 1947), p.153 (이하 Romanov, *Ocherki*라고 함).

191) 양자의 원문을 편리하게 나란히 비교할 수 있게 제시한 원문은 다음 참조. Langer, *op.cit.,* II, 768~769 ; Romanov, *Rossiia,* pp.335~336.

192) 람스도르프가 니꼴라이 2세에게 올린 각서, 1901년 12월 4일자, *K.A.,* LXIII, 44~45.

193) *Ibid.*

194) 람스도르프가 이또에게 보낸 서신 형식의 계획안, 1901년 12월 13일자, *K.A.,* LXIII, 51~52.

195) Langer, *op.cit.,* II, 770. 이또가 가쯔라에게, 1901년 12월 22일자, 다음에서 인용, Hiratsuka (ed.), *op.cit.,* App.47.

196) Hayashi, *Secret Memoirs,* p.165 ; Langer, *op.cit.,* II, 767.

197) Paul Minrath, *Das English-Japanische Bündniss von 1902*(Stuttgart, 1933) ; Chung-fu Chang, *The Anglo-Japanese Alliance*(Baltimore, 1931) ; Langer, *op.cit.,* II, 747~784. 러시아 공문서 자료와 일본의 공식 간행된 자료들을 이용한, 최근 소련에서 나온 귀중한 저서는 다음 문헌에서 인용하였다. Galperin, *Anglo-Japonskii Soiuz,* 특히 pp.65~115.

198) Langer, *op.cit.,* II, 736~742.

199) 동맹의 원문은 다음에 있다. *British and Foreign State Papers,* XCV, 84~86 ; 러시아 번역본은 다음에 있다. Romanov, *Ocherki,* pp.448~449 ; Russia, Ministry of Foreign Affairs, *Recueil des traités et documents diplomatique concernant l'Extre^me Orient, 1895~1905* (St.Peterburg, 1906), pp.527~530. 비밀 해군조항 원문은 다음 참조, *B.D.,* II, 119.

200) Galperin, *op.cit.,* p.136 및 n.3.

201) M.N.Pokrovskii, "Iaponskaia Voina", *1905 god,* I, 568.

202) Romanov, *Rossiia,* p.346.

203) 헤이(Hay)가 타우어(Tower)에게, 1902년 2월 1일자, *U.S. Foreign Affairs,* 1902, p.926 ; Tyler Dennett, *Roosevelt and the Russo-Japanese War* (New York, 1925), p.131 ; E.H.Zabriskie, *American-Russian Rivalry in the Far East, 1895~1914* (Phildelphia, 1946), pp.78~80 ; Galperin, *op.cit.,* p.153.

204) 몽뜨벨로(Montebello)가 델까세(Delcassé)에게, 1902년 2월 19일, 28일자, *D.D.F.,* II, 129~130, no.112.

205) *Ibid.* 알벤스레벤에 대한 훈령은 다음 참조. *G.P.,* XVII, 156~157 no.5049. 빌로우 수상이 1902년 3월 3일 제국의회 회의에서, 동아시아의 분규에 연루되지 않으려는 독일정부의 결정을 공표하였다. 다음 참조. 노아이유(Noailles)가 델까세(Delcassé)에게 보낸 서신, 1902년 3월 4일자, *D.D.F.,* II, 178.

206) 원문은 다음에 있음. MacMurray, *Treaties,* I, 325~326 ; *D.D.F.,* II, 178.

207) Romanov, *Rossiia,* p.340.

208) 원문은 다음 문헌에 있다. MacMurray, *Treaties,* I, 326~329 ; *Recueil de traité,* pp.535~545 ; Romanov, *Ocherki,* pp.451~455.

209) 양도협정의 원문은 다음 문헌에 있다. *Recueil de traité,* pp.535~545 ; Romanov, *Ocherki,* pp.451~455.

210) 신문 기사의 발췌문은 다음 문헌에 있다. Geoffrey Drage, *Russian Affairs* (London, 1904), pp.453~454. 목격자의 보고는 다음에 있다. W.J.Oudendyk, "Russia and China", *Journal of the Royal Central Society,* XXII (July, 1935), 386.

제8장
베조브라조프파의 부상과 위떼의 퇴조

1) 계약 원문 참조. A.I.Gippius, *O prichinakh nashei Voiny s Iaponiei* (St.Petersburg, 1905), App.V, pp.52~55.

2) 스페이르가 조선 주재 공사로 있을 때, 목재, 광물, 철도, 전신이권 등을 확보했으나 그 어느 것도 승인은 받지 못했다. F.H.Harrington, *God, Mammon, and the Japanese,* pp.298, 300 ; Tyler Dennett, "The Deer Island Episode", *Korean Repository,* V (1898), 109~113.

3) 2조는 어떤 "작업"을 그 기간 내에 시작해야 하는지를 구체화하지 않았다.

4) 그의 주요 관심은 일본 및 조선과의 수출입 업무였다. *Otchet po delo-proizvodstvu Gosudarstvennago Soveta, 1902~1903,* pp.311~312 ; (이하 *Otchet Gos. Soveta*라고 함).

5) 익명의 논문 : "Why Russia Went to War with Japan : The Story of the Yalu Concessions", *Fortnightly Review,* XCIII(May, 1910), 821. 분명 이 논문은 본리알리알스키가 썼을 것이다. 이 논문은 그가 발간을 준비했으나 출간되지는 못했던 문서들에 기초하였다 ; (이하 Vonliarliarskii, "Yalu Concessions"라고 함). Romanov, *Rossiia,* p.385 및 주 2.

6) Vonliarliarskii, "Yalu Concessions", p.821 ; B.A.Romanov, "Kontsessiia na Yalu", *Russkoe Proshloe,* I(1923), 97, (이하 Romanov, "Kontsessii"라 고 함).

7) Romanov, *Rossiia,* p.385, 주 2. 기병대는 호위연대 가운데서 가장 귀족적 이었고, 현역이거나 은퇴한 호위연대의 모든 장교들은 궁정을 출입할 수 있 었다.

8) *Ibid.,* pp.385~386. 추크치반도를 둘러싼 본리알리알스키 이권에 대한 설 명은 다음 참조. A.Miagkov, "V poiskakh za zolotom", *Russkoe Bogatstvo,* 1901, No.8, pp.102~159.

9) Vonliarliarskii, "Yalu Concessions", p.822.

10) 이는 분명 "산업의"를 뜻하는 러시아어의 형용사 *promyshlenaia*를 번역 한 것이나 "개발회사"의 근대적인 함의로써 더 넓은 의미로 사용되었다.

11) Vonliarliarskii, "Yalu Concessions" p.822.

12) *Ibid.,* p.823 ; Romanov, "Kontsessiia", pp.97~98.

13) 5월 31일 국무위원회 위원들의 리스트는 *Otchet Gos. Soveta, 1896~1897,* pp.596~603에 열거되어 있다. 국무위원회의 기능을 간결하게 설명한 것은 다음 참조. V.N.Kokovtsev, *Out of My Past : The Memoirs of Count Kokovtsev,* ed. H.H.Fisher (Stanford, 1935), p.539 (이하 Kokovtsev, *Memoirs*라고 함).

14) 이는 부서 사이에 예의상 있을 수 있는 경우일지도 모른다. 본리알리알스 키의 업무는 예컨대 새 영사관 설치나 해외 주재 외교관 증원 등 대외관계 의 특정 문제에 관련한 것이었다. 사례는 다음 참조. *Ochet Gos. Soveta, 1896~1897,* pp.351~355.

15) Vonliarliarskii, "Yalu Concessions", pp.822~823 ; Romanov, *Rossia,* 385 주 2.

16) Vonliarliarskii, "Yalu Concessions", p.824 및 주 2.

17) 본리알리알스키의 견해는 다음 참조. Kokovtsev, *Memoirs*, p.22.

18) 위떼의 견해는 다음에 표현되어 있다. Witte, *Vospominaniia*, I, 125, 164 ~165, 227.

19) 베조브라조프에 대한 인상적인 묘사는 다음 참조. *McClure's Magazine*, XXXI (September, 1908), 484.

20) Vonliarliarskii, "Yalu Concessions, " p.823.

21) *Ibid.,* p.824 ; Romanov, "Kontsessiia", pp.97~98.

22) 러시아어로 *odobriat'*는 "수락함, 동의함, 승인함"을 의미할 수 있다.

23) 대공들을 그처럼 시험하는 것은 짜르의 일반적인 정책이었다. 그 목적은, 한편으로는 그들에게 지위를 주기 위한 것이기도 하고, 다른 한편으로는 국가업무로 그들을 훈련시키기 위한 것이기도 하다.

24) Romanov, *Rossiia,* p.386.

25) 로마노프는 이 계획의 몽상적인 군사적 측면만을 논의하고 있고, 본리알리알스키는 건설적인 특징만을 논의하고 있다. 다음을 비교. Romanov, *Rossiia,* pp.387~388. Vonliarliarskii, "Yalu Concessions", p.825.

26) Vonliarliarskii, "Yalu Concessions", p.826.

27) *Ibid.,* pp.826~827 ; F.A.Lvov, *Likhodei biurokraticheskago samovlastiia kak neposredstvennye vinovniki pervoi Russko-Iaponskoi Voiny* (St.Petersburg, 1906), p.20.

28) Vonliarliarskii, "Yalu Concessions", p.827 ; A.A.Lopukhin, *Otryvtki iz vospominanii* (Moscow, 1923), p.64.

29) Vonliarliarskii, "Yalu Concessions", p.827.

30) *Ibid.,* p.830. 이 각서의 저자는 언급되어 있지 않다.

31) 지형학적, 지리적 작업의 간략한 설명은 다음의 논문과 지도 참조. A. Zvegintsev, "Poezdka v severnieu Koreiu", *I.I.R.G.O.,* XXXVI (1900), 502 ~528.

32) Vonliarliarskii, "Yalu Concessions", p.829 ; Romanov, "Kontsessiia", p.99.

33) Vonliarliarskii, "Yalu Concessions", p.829 ; Harrington, *op.cit.,* p.303.

34) Vonliarliarskii, "Yalu Concessions", pp.829~831.

35) *Ibid.,* pp.830, 1030.

36) *Ibid.,* p.1031 ; Romanov, *Rossiia,* p.386.

37) Romanov, *Rossiia,* p.388 ; Vonliarliarskii, "Yalu Concessions", p.1031.

38) Vonliarliarskii, "Yalu Concessions", pp.1031~1032 ; Romanov, "Kontsessiia", pp.99, 100 주 2.

39) Vonliarliarskii, "Yalu Concessions", p.1032.

40) *Ibid.*, pp.1033, 1036 ; Romanov, *Rossiia*, p.386 주.

41) Vonliarliarskii, "Yalu Concessions", pp.1038~1040.

42) *Ibid.*, pp.1034~1035. 마띠우닌은 분명 멜버른에 가지 않았다. 그는 1900
년 정치가 연감(*Statesman's Year Book*)이나 1900년 고타 연감(Almanach
de Gotha)의 영사들 명단에 올라있지 않다.

43) Vonliarliarskii, "Yalu Concessions", p.1036.

44) Romanov, *Rossiia*, pp.388~392.

45) *Ibid.*, pp.388~389 ; Romanov, "Kontsessiia", p.100 주 32.

46) 위원 전원의 리스트는 다음 참조. Romanov, *Rossiia*, p.389. 상당한 재력
가들로서 내가 열거하지 않은 다른 참가자들은 다음과 같다. 젠드리꼬프
(V.A.Gendrikov) 백작, 발라쉐프(I.P.Balashev), 다쉬코프(P.Ia.Dashikov) 백
작, 슈헤르바또프 공(Prince Shcherbatov), 크리스티(Kristi, Cristi?), 코즈로
프스키 공(Prince Kozlovskii), 로지얀코(M.V. Rodzianko).

47) 수출입상사인 벨리야에프 회사(Beliaev and Co.,)의 벨리야에프(Ia.
P.Beliaev), 그리고 비쉬느이 볼로첵(Vyshnii Volochek)의 목재소 소유자인
표도로프(N.N.Fedorov) 등도 있다.

48) Vonliarliarskii, "Yalu Concessions", p.1044.

49) Romanov, *Rossiia*, p.392.

50) *Ibid.*, 주 1.

51) *Ibid.*, Romanov, "Kontsessiia", p.100.

52) Romanov, *Rossiia*, p.392.

53) *Ibid.*, pp.392, 394 ; Romanov, "Kontsessiia", p.101.

54) Romanov, *Rossiia*, pp.394~395.

55) 청국 해안에서 일본의 목재·철도연합은 미국, 캐나다 목재연합과 경쟁하
고 있었다. *I.V.I.*, III (1901~1902), No.2, Chronicle, p.374 ; K.Dmitriev,
"Ekskursiia dlia izucheniia porta In-kou", *I.V.I.*, VII (1903), 93.

56) Vonliarliarskii, "Yalu Concessions",, pp.1041~1042.

57) Romanov, *Rossiia*, pp.396~397, 397 주 3.

58) *Ibid.*, pp.399~400, 399 주. ; Romanov, "Kontsessiia", pp.102~103.

59) *K.A.*, XVIII(1926), 45~46.

60) W.C.Ford, "The Economy of Russia", *Political Science Quarterly*, XVII
(March, 1902), 122~124 ; Savitskii, *op.cit.*, pp.340~341 ; L.Domeretskii,
"Tariff Relations Between Germany and Russia (1890~1914)", U.S. Dept.
of Commerce, Bureau of Foreign and Domestic Commerce, *Tariff Series*,
No.38 (1918), pp.1~23.

61) 1894년에서 1900년 사이에 727개의 러시아 주식회사와 151개 외국 주식회사의 정관이 정부의 승인을 받았다. 투자액은 약 8억 루블로 추정된다. E.J.Dillon, "Witte and the Russian Commercial Crisis", *Contemporary Review*, LXXIX (April, 1901), 488~489.

62) Ford, *op.cit.*, p.103 ; Dillon, *op.cit.*, p.489.

63) "Nashe zhelezno-dorozhnoe delo I krupnaia promyshlennost'", *Vestnik Evropy*, XXXVIII, No.8 (August, 1903), pp.764~791.

64) 철도의 2/3이상이 국가 자산이었다. 1900년에 국영철도는 러시아의 모든 강철레일의 86퍼센트를 구매했다. Dillon, *op.cit.*, p.489.

65) M.B.Golman, *Russkii imperializm* (Leningrad, 1927), pp.134~136.

66) 1899년 4월 14일과 1901년 2월 20일의 주요 주가의 시세 비교표는 다음 참조. Dillon, *op.cit.*, p.493. 러·청은행 주식은 268루블에서 230루블로 폭락하였다. *Ibid.*, p.486.

67) 1901년 4월에 러시아 사영철도를 위해 1억 5천 9백만 루블을 프랑스로부터 도입하였으며, 1902년에 독일로부터 들여온 1억 8천 2백만 루블은 의화단 배상금의 러시아 몫으로 돌릴 예정이었다. *Istoricheskii obzor deiatel'nosti Ministerstva Finansov, 1802~1902* (St.Petersburg, 1902), pp.391~392.

68) Ford, *op.cit.*, p.103 ; Golman, *op.cit.*, p.137.

69) Witte, *Raz'iasneniia*, pp.16, 19, 24~25.

70) "Dnevnik Kuropatkina", *K.A..*, II (1923), 17. 1903년 1월 12일 부분, *K.A.*, II. (이하 Kuropatkin's Diary라고 함).

71) 2천만 루블은 공채이자 지불에, 1천만 루블은 운영상 적자를 메우는데, 그리고 1천만 루블은 철도수비대의 경비지출에 따른 것이다. Kuropatkin's Diary, *K.A.*, II, 22, 1903년 1월 18일자.

72) 1903년 8월 이후, 동아시아에 관한 특별각료회의는 이 같은 산정수치를 요구하였다. 표가 다음 책에 나와 있다. Romanov, *Rossiia,* pp.44~45 ; Romanov, *Ocherki,* pp.456~457.

73) 추정치는 다양하다. 대부분의 사가들은 4억에서 6억 루블 사이로 본다. 1903년 동안의 한 면밀한 견적은 총 4억 2천 2백만 루블로 추정한다. 다음 참조. M.C.Hsu, *Railway Problems in China* (New York, 1915), p.55. 동청철도의 특급증기선회사(Express Steamship Company)를 위한 1,233만 409루블과, 대련 항과 대련시 건설을 위한 1,295만 2,400루블이 포함되었다. Romanov, *Rossiia,* p.45.

74) Romanov, *Rossiia,* p.44.

75) A.V.Bogdanovich, *Tri poslednikh samodezhtsa* (Moscow, 1924), p.256.

76) 직접적인 군사비 지출이 1억 루블, 동청철도 파괴에 대한 보상금이 7천만 루블, 이 두 가지의 이자가 1천 4백만 루블이다. Romanov, *Rossiia*, p.262 주 1.

77) Witte, *Raz'iasneniia*, p.13.

78) *Ibid.*, p.10.

79) 이 계획은 해군국 국장 티르또프(Admiral Tyrtov) 제독에게도 충격적이 었다. Romanov, *Ocherki*, p.170 ; Witte, *Vospominaniia*, I, 184~185 ; Kuropatkin's Diary, *K.A.* II, 15, 1903년 1월 7일자.

80) Witte, *Raz'iasneniia*, pp.16, 19~21.

81) Petr Siviakin, "Geograficheskiia svedeniia o Shandunskoi provintsii i Port Chzhi-fu", *I.V.I.*, III, No.5, p.98, 표 pp.120~121.

82) *Ibid.*, p.96 ; Romanov, *Rossiia*, p.366.

83) 쥘 르그라의 목격담 참조. Jules Legras, "La Mandchourie Russe", *Revue des Deux Mondes*, 1902, No.4, p.124 ; Romanov, *Rossiia*, p.367 주.

84) 피브릴 사(Cié de Fives-Lille), 발랑시엔느 사(Cié Franco-Belge de Valenciennes), 볼드윈증기공장(Baldwin Locomotive Works)으로부터이다. Jules Legras, *op.cit.*, p.129.

85) V.I.Gurko, *Features and Figures of the Past* (Stanford, 1939), p.275.

86) 로마노프가 체결한 마지막 계약은 5년에 걸쳐 연간 50만 톤을 들여오기 위한 것이었다. 다음 문헌에서 개요 참조. *Kobe Weekly Chronicle*, 1901, No.13, in *I.V.I.*, III, No.2, Chronicle, p.392 ; *Ibid.*, III, No.2, p.358.

87) 기사의 개요는 다음 참조. *Ibid.*, III, No.4, p.56 ; 보고서의 개요는 1901년 10월 12일자, *Japan Weekly Times, Ibid.*, III, 1, 288 ; Siviakin, *op.cit.*, pp.128~129.

88) 레비또프의 팜플릿, I.S.Levitov, *Zheltaia Rasa* (St.Petersburg, 1900). 저 자는 미국 서부의 미래도 이처럼 예고하고 있다.

89) 기사의 개요는 다음 참조. *Japan Weekly Times*, Nov.22, 1902, *I.V.I.*, VI (1902~1903), 218.

90) P.Nadin, "Kvantun I ego proshloe, 1894~1900", *Vestnik Evropy*, XXXIX, No.3 (June, 1904), 743.

91) K.Dmitriev, "Ekskursiia dlia izucheniia porta In-kou", *I.V.I.*, VII (1903), 93.

92) Constantin von Zepelin, *Der Ferne Osten*, I, 215.

93) N. Novikov, "Alchukaskoe Fudutunstvo", *I.V.I.*, X (1904), 95, 97~98.

94) S.Khabarovskii, *Chto takoe Kitaiskaia zheleznaia doroga?* (St.Peters burg, 1908), p.7. 만일 내가 추정한 양이 철도부설자재를 포함한 정부운송이

라면 이 숫자는 잘못된 것일 수도 있다.

95) Alexander Ular, *A Russo-Chinese Empire*, p.21.

96) *Ozsor Vneshnei Torgovli* 1903 (St.Petersburg, 1904), p.691.

97) 이 거래나 다른 임시 "거래들(deals)"은 다음 참조. Kuo Ti-chen, "Chinese Concessions to the C.E.R.", *Chinese Social and Political Science Review*, XIV (October, 1930), 391~392.

98) M.Kovalevskii, "Porto-franko vo Vladivostoke", *Vestnik Evropy*, XLIV, No.1 (January, 1909), 426.

99) MacMurray, *Treaties*, I, 121~122.

100) H.J.Whigham, *The Persian Problem* (New York, 1903), p.142.

101) 1902~1903년에 30퍼센트가 줄었다. *Obzor Vneshnei Torgovli*, 1903, p.94.

102) *Ibid.*, p.96.

103) P.Nadin, "Piatidesiatiletie Amurskago kraia, 1854~1904", *Vestnik Evropy*, XL, No.3 (May, 1905), 188.

104) 즉 21만 2212루블에 대해서는 48루블이다. 대부분의 다른 주요 생필품에 대해서도 관세율은 터무니없이 낮았다.

105) *Obzor Vneshnei Torgovli*, 1903, pp.116~117. 이는 잎차 형태의 최상급 차였다. 전차(磚茶)는 값나가는 특급 수송품은 아니었고 푸드당 2루블로 아주 낮은 관세를 물렸다. 이 같은 형태의 차는 대부분 "해가 갈수록 그 질이 향상되는" 것으로 보였고, 더 나빠지지는 않았기 때문에 대상(隊商) 루트로 수송되었다.

106) *Obzor Vneshnei Torgovli*, 1903, p.36.

107) 대부분이 교역상과 수공업 장인들이다. 기사의 개요는 다음 참조. 1902년 5월 31일자, *Osaka Mainichi*, *I.V.I.*, IV (1902~1903), Chronicle, pp.828~829 ; *Ibid.*, III, No.1, Chronicle, p.204.

108) Glinskii, *Prolog*, p.237.

109) Kovalevskii, 위의 인용문 중에서.

110) *Ibid.*, pp.425~426.

111) *Ibid.*, p.425.

112) Nadin, "Kvantun i ego proshloe, 1894~1900", *Vestnik Evropy*, XXXIX, No.3 (June, 1904), 743.

113) 1899년에서 1903년 사이의 대련에서의 재정적 경비지출의 상세한 내역은 다음 참조. *Ibid.*, pp.744~751 ; 742 주 2.

114) *Ibid.*, p.752.

115) 만주에 들어선 첫 민간은행은 여순에 설립한 야로슬라보-코스트롬스코이 은행(Iaroslavo-Kostromskoi Bank)이다. *Ibid.,* p.736.

116) 1901년 체푸, 여순, 대련 사이의 운항표 참조. Siviakin, *op.cit.,* pp.120~121.

117) Nadin, "Kvantun……", p.752. 심하게 결빙되지도, 오래 지속되지도 안았다. 분류상 대련은 부동항이지만, 1903~1904년 겨울에도 그럴지는 지켜볼 일이었다.

118) *Ibid.,* 740.

119) Romanov, *Rossiia,* p.403.

120) Kuropatkin's Diary, 1902년 12월 11일자, *K.A.,* II (1923), 10~11.

121) 이 투쟁의 내막은 다음의 책에 전해진다. Gurko, *op.cit.,* pp.201~226.

122) Romanov, *Rossiia,* pp.369~370.

123) *Ibid.,* pp.371~373.

124) *Ibid.,* p.373. 새 법령들의 전문(全文)은 다음의 책 참조. *I.V.I.,* IV(1903), Chronicle, pp.57~59.

125) 지도에는 상당한 오류가 있는데 예컨대, 군산, 영흥, 그리고 신포의 위치가 틀렸다.

126) 연태(煙台)공장에 대한 묘사는 다음 참조. Alexander Spitsyn, *"Rabochii vopros na kamenno-ugol'nykh kopiakh Mukdenskoi provintsii",* *I.V.I.,* IX (1903), 319~352. 러·청은행과 무순채탄소의 계약에 대해서는 다음 참조. *Ibid.,* X (1904), 243~248.

127) Novikov, *op.cit.,* in *I.V.I.,* X (1904), 22~23.

128) Romanov, *Rossiia,* p.374.

129) *Ibid.,* pp.376~377.

130) *Ibid.*

131) Spitsyn, *op.cit.,* pp.325~326. Romanov, *Rossiia,* pp.380~381.

132) *Ibid.,* p.376.

133) *Ibid.,* p.375. 이와 동시에 러·청은행과 위떼의 여러 동료들이 이득을 올렸지만, 러시아·벨기에 신디케이트인 "몽골로르(Mongolor)"는 몇 십만 루블이 부족하여 그 규모를 축소해야 했고 결국 파산하고 말았다. 이는 몽고에서 러시아의 유일한 금광이었다. Romanov, *Rossiia,* App.II, pp.599~602. 자세한 설명은 다음 책에서 찾아볼 수 있다. Ular, *op.cit.,* pp.282~287.

134) Romanov, *Rossiia,* p.374.

135) *Ibid.,* p.402 주.

136) Lvov, *op.cit.,* p.21.

137) *Ibid.,* pp.5~6.

138) *Ibid.,* p.23. 이 점에서나, 다른 여러 점에서 르포프가 완벽한 신뢰를 주는 것은 아니지만, 이 문제에 관한 다른 권위자는 없다.

139) *Ibid.,* pp.21~22.

140) *Ibid.,* p.23.

141) *Ibid.,* pp.22, 24.

142) 추후 설명 참조.

143) Glinskii, *Prolog,* p.190 ; Romanov, *Rossiia,* p.379.

144) 보고서의 거의 대부분이 다음 책에 나와 있다. Glinskii, *Prolog,* pp.190~245. 글린스키가 생략한 몇몇 줄은 로마노프의 책에서 논의하고 있다. Romanov, *Rossiia,* pp.412~414. 보고서는 상트 페테르부르그 상공업신문 (*Torgovopromyshlennaia Gazeta*) 1903년 No.40의 특별 부록에 처음으로 실렸다.

145) 위떼의 보고서, Glinskii, *Prolog,* pp.190~193. Witte, *Vospominaniia,* I, 186 ; Romanov, *Rossiia,* p.412. 그러나 이 판본은 위떼가 쿠로파뜨킨에게 말한 것과는 상충된다. 1903년 2월 16일자, Kuropatkin's Diary, *K.A.,* (1923), II, 29.

146) 위떼의 보고서, Glinskii, *Prolog,* pp.221~222.

147) *Ibid.,* pp.207~211.

148) *Ibid.,* pp.213~214.

149) *Ibid.,* pp.217~220.

150) 글린스키의 책(*Prolog*)에 있는 보고서의 거의 완벽한 판본에서도 생략된, 이 단락이 로마노프의 책에는 나와 있다. Romanov, *Rossiia,* p.414.

151) 위떼의 보고서, Glinskii, *Prolog,* pp.216~217.

152) 이 회의에 대한 유일한 언급은 위떼의 책에는 있으나, 로마노프와 글린스키는 한마디도 언급하지 않았다. Witte, *Raz'iasneniia,* pp.73~74.

153) 레싸르는 병환 치료차 상트 페테르부르그에 있으면서 병원을 들락거렸다. 그의 몇 가지 놀라운 견해가 이로써 설명될 수 있을 것이다. 그 한 예가 쿠로파뜨킨에게 한 말인데, 만일 러시아가 만주에서 철수한다면, 그때는 몽고, 카쉬가르, 쿨쟈가 러시아에 대해 반란을 일으킬 것이라는 것이었다. Kuropatkin's Diary, 1903년 1월 18일자, *K.A.,* II, 21.

154) 보장조건의 모든 리스트와 회의의 논의사항은 다음 참조. Glinskii, *Prolog,* pp.269~271. 회의에 관한 참고사항은 다음 문헌에도 있다. 1903년 2월 7일자 특별각료회의 일지, *K.A.,* LII (1932), 110~111 ; Romanov, *Rossiia,* p.416.

155) 1903년 2월 7일자 특별각료회의 일지의 전문은 다음에 있다. *K.A.,* LII,

438

110~124. 회의에 참석한 다른 외무성 인사들은 아르기로뿔로(Argiropulo), 하트빅(Hartwig), 세멘또프스키 쿠릴로(Sementovskii-Kurillo), 네라또프 (Neratov), 사빈스키(Savinskii)이다.

156) 일본이 제안한 정확한 날짜는 다음 참조. Romanov, *Rossiia,* pp.417, 420 주.

157) 1903년 2월 7일자 특별각료회의 일지, *K.A.,* LII, 111.

158) *Ibid.,* pp.112~114.

159) *Ibid.,* pp.115~116. 이 점들에 대해, 위떼는 1902년 10월 짜르에게 제출한 자신의 보고서에서 개진한 주장을 이용하였다. 글리스끼의 책과 위떼의 보고서를 비교해 볼 것. Glinskii, *Prolog,* pp.221~222.

160) 1903년 2월 7일자 특별각료회의 일지, *K.A.,* LII, 118. 쿠로파뜨킨이 "부분적으로"라고 말했는지, 아니면 "러시아의 일부로"라고 말했는지는, 러시아 원본에 나타나는 문장 표현상으로는 명확치 않다. 그러나 쿠로파뜨킨의 다른 언급을 감안하면 후자를 의미한다.

161) 여기서 다시 의미가 불분명해진다. 쿠로파뜨킨은 분견대 파견을 생각했는가, 아니면 철도수비대의 군사적 재편을 생각했는가. 1월 13일자 짜르와의 접견 내용으로 볼 때, "군대" 쪽으로 해석해야 할 것 같다. Kuropatkin's Diary, *K.A.,* II(1923), 18.

162) 1903년 2월 7일자 특별각료회의 일지, *K.A.,* LII (1932), 121.

163) *Ibid.,* pp.121~122.

164) *Ibid.,* p.122. 1903년 2월 7일자 특별각료회의 일지의 개요는 로마노프의 책에 있다. Romanov, *Rossiia,* pp.416~420 ; Glinskii, *Prolog,* pp.271~275.

165) 쿠로파뜨킨의 두 가지 조건까지 포함된, 거의 완벽한 최고의 원본은 다음 참조. Glinskii, *Prolog,* pp.274~275. Romanov, *Rossiia,* p.420 주 3.

166) 여기에 열거한 조항들은 글린스키가 인용한 판본을 내가 줄인 것이다.

167) Kuropatkin's Diary, 1903년 1월 13일자, *K.A.,* II, 18.

168) Romanov, *Rossiia,* p.421 주 3 ; Clyde, *op.cit.,* pp.75~76 ; K.S.Weigh, *Russo-Chinese Diplomacy* (Shanghai, 1928), pp.109~110.

169) Romanov, *Rossiia,* p.421 주 3.

170) *Ibid.,* p.425 ; Kuropatkin's Diary, 1903년 4월 27일자, *K.A.,* II, 43. 9개 보병부대가 북만주에 남게 될 터인데, 2개 부대가 하얼빈에, 2개 부대가 찌찌하르에, 2개 부대가 영고탑(Ninguta)에, 그리고 하일라, 훈춘, 송화강과 찌찌하르-블라고베시첸스크 선을 따라 각각 1개 부대씩 남기로 하였다.

171) Romanov, *Ocherki,* pp.209 이하 계속.

제9장
개전으로 가는 길

1) 이그나쩨프(A. P. Ignatiev) 밑에서 그는 특별요원직을 맡았다. 그 역할은 오늘날의 "분쟁조정자"와 유사하다.

2) Kuropatkin's Diary, 1902년 12월 14일자, *K. A.*, Ⅱ (1923), 11~12.

3) Pokrovskii, *1905g.*, Ⅰ, 578에서 인용 ; Romanov, *Rossiia,* p.404.

4) 이 회의에 앞서 위떼는 쿠로파뜨킨에게 동청철도 경비와 같은 날카로운 주제는 언급하지 말아달라고 요청하였다. Kuropatkin's Diary, Feb. 1, 1903, *K. A.* Ⅱ, 24~25.

5) 이 계획은 블라디보스톡 동방연구소 이사회가 수년 동안 주장한 바 있다. 이 연구소는 중국어를 사용하는 선전 매체의 설립을 원하였다. 1901년 12월 12일 회의록 참조. *I.V.I.,* Ⅲ (1901~1902), no.3, pp.134~135.

6) 이는 그리 놀랄 만한 아이디어는 아니었다. 미국의 한 수력발전회사와 전차선로는 1899년 이래 하나의 이권으로 서울에서 성공적으로 운영되었다. F. H. Harrington, *God, Mammon, and the Japanese,* pp.187~189.

7) Glinskii, *Prolog,* pp.254~257 ; 베조브라조프가 짜르에게 제출한 보고서의 개요에서도 열거되어 있다. Glinskii, *Prolog,* pp.260~268. 별로 바람직하지 않은 개요는 다음 참조 Romanov, *Rossiia,* p.405 주.

8) Romanov, *Rossiia,* pp.401, 451 ; Lvov, *Likhodei biurokratichskago samo astiia……,* p.24 ; 〈동아시아 로이드〉(*Ostasiatische Lloyd*)의 기사 요약문은 다음 참조. *I.V.I.,* Ⅲ, 3, p.670.

9) Lvov, *op.cit.,* pp.24~25. 긴스부르그는 나중에 겨우 1만 2천 루불만 되돌려받았다.

10) 1902년 12월 28일의 협정 초안 원문은 다음 참조. Lvov, *op.cit.,* pp.62~65.

11) 1901년 영국과 프랑스의 프로모터들이 획득한 이권에는 무장수비대를 위한 구체적인 조항이 포함되었다. *I.V.I.,* Ⅳ (1902~1903), 57.

12) 재정계획 요약은 필자가 한 것이다. 원문과 재정계획 전문(全文)은 다음 참조. Lvov, *op.cit.,* pp.62~69.

13) 이는 아마도 "현역이 아닌"이라는 뜻일 것이다. 마드리또프는 현역에서 잠시 떠날 수 있게 요청하였으므로 지휘관 자격이 있었다.

14) 재정계획, Lvov, *op.cit.,* pp.74~75.

15) 베조브라조프의 반유대주의가 긴스부르그의 혈통과 갈등을 빚었음이 틀림없다. 이는 지극히 "정상적"이며 당연한 것이었다.

16) 1905년에 르포프는 긴스부르그를, 나중에는 베조브라조프를 제소하였다. Lvov, *op.cit.*, pp.24~25.

17) 베조브라조프는 이를 러시아정부를 통해 운영해야 했다. 아바자는 마드리또프를 참모에서 알렉쎄프의 개인참모로 전출시키기 위해 우선 쿠로파뜨킨의 승인을 얻었다. Kuropatkin's diary, 1902년 12월 30일자, *K.A.*, II (1923), 14.

18) 베조브라조프 보고서의 개요, Glinskii, *Prolog*, p.261. 이는 러·청목재회사의 활동을 개시하는 데 르포프가 요구했던 것처럼, 1902년 11월에 그가 언급했던 금액과 정확히 일치한다. Lvov, *op.cit.*, p.23.

19) Glinskii, *Prolog*, p.257.

20) V. L. Burtsev가 다음에서 인용함. *Tsar i Vneshiaia politika* (Berlin, 1910), p.15. 이 날짜는 쿠로파뜨킨 일기와 그 내용을 일치시킨 데서 나온 것이다.

21) Glinskii, *Prolog*, p.254.

22) *Ibid.*, p.258.

23) 알렉쎄프는 해군국장직의 강력한 후보자였다. 그러나, 티르또프가 사망한 뒤로 그는 후보자에서 제외되었는데, 짜르는 아마도 그를 수도에서 멀리 떨어진 곳에 부임시키기를 원한 것 같다. Kuropatkin's Diary, 1903년 3월 18일자, *K.A.* II, 35. 그 이유는 알렉쎄프가 할아버지인 알렉산드르 2세의 서자였기 때문일 것이다. 이 때문에 짜르는 그를 자신으로부터 멀리 떼어놓기를 원하면서도, 그에게 특별한 호의를 보여주지 않으면 안 된다고 생각했을 것이다. "E.I. Alexeev"에 관한 기사는 《소련 대사전》(Bol'shaia Sovetskaia Entsiklopediia) 참조. 해군국장직을 거절당한 뒤에 알렉쎄프는 자연히 동아시아의 사업을 확대할 수 있기를 원하였다.

24) Kuropatkin's Diary, 1903년 3월 16일자, *K.A.*, II, 33~34.

25) *Ibid.*, p.34.

26) 짜르는 작업장 인부들이 총을 항상 휴대해야 한다고 말하였다. *Ibid.*

27) 이 기간에 만주 3성 총독들은 비적 및 망명 의화단원들과 싸울 수 있도록, 더 많은 군대와 무기, 그리고 자금을 북경정부에 요구하였다. 1902년 2월과 3월에 관한 자료는 다음 참조. *I.V.I.*, VII (1903), Chronicle, p.372 ; *Ibid.*, VIII, Chronicle, p.417.

28) Kuropatkin's Diary, 1903년 3월 16일자, *K.A.*, II, 33~34.

29) 1903년 3월 28일자 기입, *Ibid.*, pp.37~38.

30) Glinskii, *Prolog*, p.259.

31) Pokrovskii, *1905g.*, I, 579.

32) Glinskii, *Prolog*, p.260.

33) 발라쉐프는 만주의 콜레라 퇴치 기간에 러시아 적십자사의 요원으로 활동
한 경험이 있었다. 후에 그는 자신이 어떻게 목재이권의 매니저로 임명될
수 있었는지를 언급한 바 있다. 베조브라조프가 그에게 매니저 일을 맡으라
고 하였을 때, 발라쉐프는 자신이 제재산업에 대해서는 아는 것이 없다고
대답하였다. 베조브라조프는 이에 "상관없소(Nichevo)"라고 답했다. Lvov,
op.cit., p.43.

34) 베조브라조프 개요서의 거의 완벽한 원문은 다음 참조. Glinskii, *Prolog,*
pp.260~269.

35) 구체적인 회의록 개요는 다음 참조. Glinskii, *Prolog,* pp.277~282 ; 이보
다 간략한 형태는 다음 참조. Witte, *Raz'iasneniia,* pp.85~56. 로마노프는
러시아 문서의 회의록을 이용했지만, 그는 너무 개략적으로 다루었고 편견
에 차 있다. Romanov, *Rossiia,* pp.406~407.

36) 베조브라조프의 증언에 입각한 아바자의 각서는, "수천 명"의 일본인들이
압록강 유역으로 침투하여 이권지역의 목재를 베어내고 있다고 주장했다.
Glinskii, *Prolog,* p.279. 한 사신(私信)에서 아바자와 베조브라조프는 세 각
료들을 늘 "3인방" 혹은 "비열한 3인방"으로 지칭하였다. "1904년 여름의 베
조브라조프파(Bezobrazovskii kruzhok letom 1904)"의 서간들, *K.A.,* VXII
(1926), 70~80.

37) Kuropatkin's Diary, 1902년 12월 30일자, *K.A.,* II (1923), 14.

38) 설령 정반대 견해를 표명하고 기록했더라도, 글린스키와 로마노프는 이것
을 언급했을 것이 틀림없다. 글린스키가 위떼의 결백을 입증하려 했다면,
로마노프는 플레베의 의중을 제시하고자 했다.

39) Glinskii, *Prolog,* p.279 ; Witte, *Raz'iasneniia,* p.85. 아바자는 어떠한 논
의나 각료회의의 결정에 참여한 적이 없었으며, 단지 각서의 "보고자" 또는
"낭독자"에 불과했다.

40) (인용없이)언급된 결정사항에 대해 필자가 가필한 부분은 다음 참조.
Glinskii, *Prolog,* pp.281~282 ; Witte, *Raz'iasneniia,* pp.85~86.

41) Romanov, *Rossiia,* p.406. 쿠로파뜨킨과의 대화에서 위떼는 이 조치를 베
조브라조프의 계획이라고 지적하였다. Kuropatkin's Diary, 1903년 4월 2일
자, *K.A.,* II, 39.

42) Glinskii, *Prolog,* pp.279~80 ; Witte, *Raz'iasneniia,* p.85.

43) Kuropatkin's Diary, 1903년 2월 1일자, *K.A.,* II, 25~26.

44) 베조브라조프의 프로젝트 목록으로 판단해 볼 때, 만주에서 세력확대를
갈망해 왔다는 점은 다소 의문의 여지가 있다.

45) Kuropatkin's Diary, 1903년 4월 1일자, *K.A.,* II, 41~42.

46) Witte, *Raz'iasneniia,* p.80.

47) Romanov, *Rossiia,* pp.389, 410, 주 1. 임명 날짜는 짜르가 직접 결정한 것
이 아니었다. *Ibid.,* pp.410~411.

48) 서열과 직위에 관한 논의는 다음 참조. A. A. Savinskii, *Recollections of
a Russian Diplomat* (London, 1928), 43. "서열별 근무표(Tabel' rangov)"에
관한 기사는 다음 참조.《백과사전》(Entsiklopedicheskii Slovar') (St.Peters
-burg, 1901), ⅩⅩⅡ, 439~441. 위떼 역시 국무고문이었다.

49) *Otchet Gos. Soveta, 1902~1903,* p.459. 베조브라조프는 1903~1904년,
1904~1905년 보고(Otchet)에서도 같은 직위를 가진 것으로 열거되어 있다.

50) 이 해석에는 의문의 여지가 있다. 로마노프는 주장의 근거를 제시하지 않
고 있다. Romanov, *Rossia,* p.409. 전보의 다소 거친 어투로 판단해 볼 때,
이는 다른 각료에 의해 편집되지는 않았을 것으로 보인다.

51) 로마노프는 발췌문에서 전보의 핵심적인 부분만을 제시하고 있다.
Romanov, *op.cit.,* p.409.

52) 이는 회의록과 회의보고(Otchet)의 제목에서 유추할 수 있다. Witte,
Raz'iasneniia, p.87. 대개 짜르는 특별회의에 참석하지 않았기 때문에 각료
들은 여러 문제를 더 자유롭게 논의할 수 있었다.

53) 위떼, 람스도르프, 사하로프 장군(참모총장), 플레베, 아바자, 그리고 보각
크 소장(전직 청국 및 일본의 군사무관)이 회의에 참석하였다. Witte,
Raz'iasneniia.

54) *Ibid.,* Glinskii, *Prolog,* pp.286~287. 위떼는 1909년까지도 회의록의 마지
막 초안을 보지 못했다고 주장하였다. 로마노프는 자신이 이용한 사료의 의
심스러운 성격에 대해서는 언급하지 않았다.

55) 이 회의에 관한 가장 완벽한 설명은 다음 참조. Glinskii, *Prolog,* pp.282
~287 ; Witte, *Raz'iasneniia,* pp.86~91 ; Romanov, *Rossiia,* pp.410~411.
이 회의에서 플레베가 반복해서 말하기를, "러시아를 만든 것은 외교가 아
니라 총검이다. 우리는 외교적인 펜대가 아니라 무력으로 청국 및 일본과
의 문제를 결정해야 한다"고 하였다. Pokrovskii, *1905 g.,* Ⅰ, 583.

56) 전문(全文)은 다음 참조. Glinskii, *Prolog,* pp.290~291.

57) *Ibid.*

58) Romanov, *Rossiia,* p.432.

59) *Ibid.,* p.431.

60) 아바자가 베조브라조프에게, 1903년 6월 24일자, Burtsev, *op.cit.,* p.43.

61) *Ibid.*

62)《딸기빛 책》(*Malinovaia Kniga*) 출간에 관하여 람스도르프가 짜르에게

제출한 각서, Burtsev, *op.cit.,* p.33.

63) Romanov, *Rossiia,* pp.439., 443, 주 1, 2.

64) D. N. Ushakov (ed.), *Tolkovyi Slovar' Russkogo Iazyka*(러시아어 주석 사전) (Moscow, 1935~1940), Ⅳ, 495에서 "국무고문(Stats-Sekretar)" 부분 참조.

65) 회의의 분석은 다음 참조. Glinskii, *Prolog,* pp.292~309 ; 간략한 개요는 다음 참조. Romanov, *Rossiia,* pp.437~439. 회의록의 여러 발췌문은 다음 참조. Witte, *Raz'iasneniia,* pp.93~99 ; 보각크 소장의 언급에서 발췌한 것 은 다음 참조. A. I. Gippius, *O prichinakh nashei voiny s Iaponiei,* App.Ⅲ, 48~51.

66) 원문 참조. Glinskii, *Prolog,* pp.306~307.

67) *Ibid.,* p.308 ; Romanov, *Rossiia,* pp.438~439.

68) 베조브라조프의 성격에 대한 묘사는 다음 참조. Witte, *Vospominaniia,* Ⅰ, 164~165.

69) Savinskii, *op.cit.,* p.50 ; *K.A.,* ⅩⅦ (1926), 70.

70) Glinskii, *Prolog,* p.314 ; Kuropatkin's Diary, 1903년 8월 6일자 , *K.A.,* Ⅱ (1923), 45.

71) 쿠로파뜨킨이 표현한 아이디어들은 그의 서한집 *Zapiski generala Kuropatkina o Russko-Iaponskoi Voine*(러·일전쟁에 관한 쿠로파뜨킨 장 군의 서한집) (Berlin, 1908)과 대조되어 왔으며, 다음의 책에서 요약되었다. Glinskii, *Prolog,* pp.311~333. 위떼와 람스도르프는 여순회의에 대해 논평 을 내놓았다. *Ibid.,* pp.337~340 ; Romanov, *Rossiia,* pp.439~440.

72) Kuropatkin's Diary, 1903년 8월 17일과 9월 1일자, *K.A.,* Ⅱ, 47~48, 57~58.

73) 1903년 8월 17일자에 기재, *Ibid.,* p.49.

74) 즉, 동아시아 총독부 설립과 그 자신의 사임 문제. 아래 인용문 참조.

75) *K.A.,* Ⅱ, 58.

76) Romanov, *Rossiia,* pp.450~451.

77) *K.A.,* ⅩⅦ(1926), 70~80, 여러 곳에 있음.

78) Kokovtsev, *Memoirs,* pp.21~22.

79) Lvov, *op.cit.,* pp.51~52.

80) Kokovsev, *Memoirs,* p.22.

81) A. M. de Bezobrazov, "Les première causes d'éffondrement de la Russia : Le conflict russo-japonais", *Le Correspondent,* CCXCI (1923), 557~615.

82) Kokovtsev, *Memoirs,* pp.20~21.

83) 로마노프가 편집하고 서문을 쓴 문서들, "1904년 여름의 베조브라조프파 (Bezobrazovskii kruzhok letom 1904 goda", *K.A.*, XVII, 70~80.

84) Romanov, *Rossiia,* p.443. 황제칙령의 원문은 다음 참조. MacMurray, *Treaties,* I, 112.

85) 첫 출발부터 혼선이 빚어졌다. Kuropatkin's Diary, 1903년 8월 16일자, *K.A.,* II (1923), 46.

86) 동아시아특별위원회 형성에 관한 1903년 8월 12일자 칙령 원문은 다음 참조. *Russkoe Bogatstvo,* 1903, no.10, pp.152~154.

87) 로마노프의 서문은 다음 참조. *K.A.,* XXVII (1926), 70~71.

88) Kuropatkin's Diary, 1903년 9월 1일자, *K.A.,* II, 58.

89) Kuropatkin's Diary, 1903년 8월 14일자, *Ibid.,* p.45. 짜르는 자신이 처음으로 이미 1년 반 전에 아이디어를 생각했다고 언급하였다. 1903년 8월 17일자 기입, *Ibid.,* p.46.

90) 1903년 8월 14일, 17일자 기입, *Ibid.,* pp.45, 46~47.

91) 1903년 8월 17일, 9월 1일자 기입, *Ibid.,* pp.47, 58.

92) 짜르와 선약이 있다는 것이 그 이유였다. 실제로, 약속은 회의 예정보다 훨씬 앞서 잡혀 있었다. 베조브라조프는 아마도 "3인방"과의 충돌을 피하고자 했는지도 모른다. Kuropatkin's Diary, 1903년 8월 23일자, *Ibid.,* pp.47, 48, 52 ; Romanov, *Rossiia,* pp.440~442 ; Glinskii, *Prolog,* pp.343~345.

93) 요구안 원문은 다음 책에서 쉽게 설명하고 있다. Romanov, *Rossiia,* p.442, 주 ; 그리고 좀더 간결한 원문은 다음 참조. Glinskii, *Prolog,* pp.343~345.

94) Kuropatkin's Diary, 1903년 8월 23일자, *K.A.,* II, 52.

95) Romanov, *Rossiia,* p.442 주. 2.

96) 쉽게 설명한 원문, *Ibid.*

97) 맥도날드가 랜스다운에게 보낸 서한, 1903년 9월 15일자, *B.D.,* II, 215.

98) Romanov, *Rossiia,* p.447 주 ; 알렉쩨프가 짜르에게, 1903년 9월 25일자 ; Burtsev, *op.cit.,* p.48.

99) 짜르는 교섭을 승인하였으며, 1903년 8월 29일에는 러시아의 첫 대응안의 초안을 작성하기도 하였다. Pokrovskii, *1905 g.* (Moscow, 1925~1927), I, 598~599.

100) Kuropatkin's Diary, 1903년 9월 1일자, *K.A.,* II, 59~60.

101) Witte, *Vospominaniia,* I, 186 ; Kuropatkin's Diary, 1903년 4월 2일과 9월 1일자, *K.A.,* II, 39, 59~60.

102) 실제의 해임에 관한 재미있는 설명은 다음 참조. Kokovtsev, *Memoirs,*

pp.6~7. Witte, *Vospominaniia*, I, 185~186.

103) *Dnevnik Imperatora Nikolaia II, 1890~1906* (Berlin, 1923), p.21.

104) Kuropatkin's Diary, 1903년 9월 1일자, *K.A.*, II, 60~61.

105) Kokovtsev, *Memoirs*, p.7.

106) *Ibid.*, pp.7~8. 플레스케는 거듭 사임의사를 밝혔다.

107) 아바자는 1904년에 거액의 "보너스"를 받으려 한다는 의심을 강하게 받았다. 그는 파리의 남아메리카 전함을 구입하기 위한 위원단에 임명되려고 노력하였다. *Ibid.*, pp.46~48.

108) Witte, *Vospominaniia*, I, 202. 람스도르프는 이와 다소 유사한 견해를 플레베의 탓으로 돌렸다. Kuropatkin's Diary, 1903년 12월 24일자, *K.A.*, II, 94.

109) Romanov, *Rossiia*, pp.441, 주 442, 주 2.

110) 맥도날드가 랜스다운에게 보낸 서한, 1903년 9월 15일자, *B.D.*, II, 215.

111) 카씨니가 헤이에게 보낸 각서, 1903년 7월 14일자. *U.S. Foreign Affairs*, 1903, p.711 ; A. Ia. Kantorovich, *Amerika v bor'be za Kitai* (Moscow, 1935), p.151.

112) 콩거가 헤이에게, 1903년 9월 1일자, 다음에서 인용, Zabriskie, *op.cit.*, p.96.

113) Kantorovich, *op.cit.*, p.151. 카씨니가 람스도르프에게, 1903년 6월 18일과 20일자에서 인용.

114) 스콧이 랜스다운에게, 1903년 5월 14일자, *B.D.*, II, 203.

115) *Korean Review*, 1901, no.10의 기사 요약문 다음 참조, *I.V.I.*, III (1901~1902), no.1, Chronicle, p.288.

116) *I.V.I.*, XI (1904), Chronicle, p.186.

117) Romanov, *Rossiia*, p.451. *Japan Times*, 1903년 3월 1일자, 기사요약문은 다음 참조, *I.V.I.*, VII (1903), Chronicle, p.90. 그러나 긴스부르그는 분명히 광산이권을 획득하였다. *Ibid.*, III, no.3, Chronicle, p.670.

118) Harrington, *op.cit.*, pp.193~194. 당시 조선의 모든 광산이권의 목록은 다음 참조. *Ost Asien*, 1901년 8월, *I.V.I.*, III (1901~1902), No.1, p.169의 요약문.

119) Harrington, *op.cit.*, p.305.

120) *Japan Weekly Mail*, 1901년 9월 14일자 기사 요약문은 다음 참조, *I.V.I.*, III, no.1, p.169. 러시아인들이 이주해 들어왔을 때, 일본인들이 마을 주변의 가장 좋은 지역들을 선취했음을 발견했다. Harrington, *op.cit.*, p.305.

121) 이는 실업상태에 있던 인력거꾼 소년들이 일으킨 것이었다. *Ibid.*, pp.190~191. 당시 미국 공사인 알렌 박사(Dr. Horace N. Allen)는, 미국인 소유자들의 요구에 대한 보상으로 조선에서 해군기지 하나를 미국이 획득할 것을 촉구하였다.

122) *Shanghai Mercury*, 1903년 5월 5일자, 기사 요약문은 다음 참조, *I.V.I.*, Ⅷ (1903), Chronicle, pp.484~485.

123) Ieromonakh Pavel, "Sovremennoe polozhenie khristianskikh missii v Koree", *I.V.I.*, XII (1904), 253~344, 표 참조, pp.342~344.

124) *Shanghai Mercury*, 1901년 8월 21일자, 기사 요약문은 다음 참조, *I.V.I.*, Ⅲ (1901~1902), no.1, p.78 ; *Japan Weekly Times*, 1901년 11월 2일자, 기사 요약문은 다음 참조, *I.V.I.*, Ⅲ, no.2, p.361.

125) *I.V.I.*, Ⅶ (1903), Chronicle, p.390.

126) *Shanghai Mercury*, 1903년 5월 5일자, 기사 요약문은 다음 참조, *I.V.I.*, Ⅷ (1903), Chronicle, p.485.

127) *I.V.I.*, Ⅳ (1902~1903), 129 ; *Japan Weekly Mail*, 1902년 6월 28일자, 기사 요약문은 다음 참조, *I.V.I.*, Ⅲ, no.5, Chronicle, p.907. 1902년 11월 조선정부는 러·청은행으로부터 차관을 얻으려 했으나 실패하였다. *Japan Weekly Times*, 1902년 11월 29일자, 기사 요약문은 다음 참조, *I.V.I.*, Ⅵ (1903~1904), Chronicle, p.231.

128) 일본인들은 가또를 "고문"으로 하는 조선중앙은행 설립에 자금을 제공하였다. *I.V.I.*, Ⅺ (1904), Chronicle, p.186.

129) *I.V.I.*, Ⅳ (1902~1903), Chronicle, p.61.

130) Harrington, *op.cit.*, p.320.

131) *I.V.I.*, Ⅵ (1903~1904), Chronicle, pp.255~256.

132) *I.V.I.*, Ⅷ (1903), 403. *Japan Weekly Times,* 1901년 9월 21일자, 기사 요약문에 나온 1901년 수치와 비교해 볼 것. *I.V.I.*, Ⅲ (1901~1902), no.1, Chronicle, p.204.

133) A. Tsererin, "Chinnampo", *I.V.I.*, Ⅳ (1902~1903), 1~48.

134) 표 참조, *I.V.I.*, Ⅳ, 36~37.

135) *Ibid.*, pp.11, 13, 15, 27~33. 압록강에서 가장 가까운 미국 광산은 운산 북서쪽 37마일에 위치해 있었다. 구웬돌린 광산과 독일 광산에 대해서는 다음 참조. *I.V.I.*, Ⅲ (1901~1902), no.2, Chronicle, p.381.

136) 쩨레린은 각 우표공장의 우표 수에 이르기까지 흥미로우면서도 풍부한 구체적인 실제 사실들을 제공하고 있다. *Ibid.*, Ⅲ, No.1, pp.26~33. 1903년 6월 8일자 기입, 다음 참조 Baelz, *Awakening Japan*, p.207. 압록강 이권에 관해서는 아래 참조.

137) Tsererin, *op.cit.*, pp.32~33. 다른 국적의 경우, 독일인 62명, 프랑스인 80명, 영국인 141명, 미국인 239명이었다. 일본인들은 2만에서 4만 명이다. *I.V.I.*, Ⅲ, no.2, Chronicle, p.382.

138) 1902년 10월, *I.V.I.,* V (1903), Chronicle, p.138.

139) Lvov, *op.cit.,* pp.31, 47 ; Glinski, *Prolog,* pp.287~288.

140) 그는 러·일전쟁의 기병작전에서 정력적이고 용기 있는 장교임을 입증했으며 여단장(brigadier general)의 지위에 올랐다. Lvov, *op.cit.,* p.42.

141) *Ibid.,* pp.47~48 ; Glinskii, *Prolog,* pp.287~288.

142) *Ibid.,* pp.304~305 ; D. G. Ianchevetskii, *Groza s Vostoka* (Revel, 1907), ⁻pp.26~30, 223~224.

143) Lvov, *op.cit.,* pp.48~49.

144) *Ibid.,* p.50.

145) *Ibid.,* p.49.

146) *Ibid Japan Weekly Mail,* 1903년 6월 13일자, 기사 요약문은 다음 참조, *I.V.I.,* Ⅸ (1903), Chronicle, p.533.

147) 그의 보고는 일본의 몇몇 신문에 실렸으며 *Hong Kong Weekly Press*와 *Kobe Chronicle,* 1903년 9월 12일자에 번역문이 실렸다. 장문의 인용문으로 된 요약문은 다음 참조. *I.V.I.,* Ⅹ (1904), 89~91. 따라서 그의 보고는 많은 사람들에게 익히 알려졌다고 볼 수 있다.

148) *Ibid.,* pp.90~91.

149) 7월에 발행된 보고서, *Ibid.,* p.38. 이러한 "신뢰할 만한" 보고에 대해, 러시아 번역자는 참지 못하고 다음과 같이 단호하게 언급했다 : "그들이 쌓고자 하는 것이 무엇인가—바벨탑인가."

150) *Celestial Empire* (Peking), 1903년 10월 31일자, 기사 요약문은 다음 참조. *I.V.I.,* Ⅹ (1904), Chronicle, pp.139~140. *I.V.I.,* Ⅸ (1903), Chronicle, p.533.

151) *Ostasiatische Lloyd*(동아시아 로이드), 1903년 9월 11일자, 기사 요약문은 다음 참조. *I.V.I.,* Ⅹ (1904), Chronicle, p.82. 기사는 있을 법하지 않은, 일본의 포함을 언급하고 있다.

152) Gurko, *op.cit.,* p.275 주 ; Kuropatkin's Diary, 1903년 12월 9일자, *K.A.,* Ⅱ (1923), 86.

153) Romanov, *Rossiia,* pp.451~452.

154) 1904년 1월 26일부터 2월 23일까지, *Ibid.,* pp.460~462 ; *K.A.* Ⅱ, 71.

155) Kokovtsev, *Memoirs,* p.23 ; Romanov, *Kontsessiia,* pp.105~106.

156) Romanov, *Rossiia,* p.447 및 주.

157) *Ibid.,* p.456.

158) *Ibid.,* pp.453~454.

159) 이 견해는 로마노프의 마지막 책에서도 주장되었다. Romanov, *Ocherki,*

448

160) Akagi, *op.cit.*, pp.223~224 ; 맥도날드가 랜스다운에게, 1903년 10월 1일자, *B.D.* II, 215~216.

161) 맥도날드가 랜스다운에게, 1903년 7월 3일과 13일자, *B.D.*, II, 206~207, 208~209.

162) 고무라가 구리노에게, 1903년 7월 28일자, 일본외무성, 《일본백서》(*Japanese White Book*), 《1904년 3월 제국의회에 제출된, 1903~1904년 러일교섭에 관한 서한집》(*Correspondence Regarding the Negotiations Between Japan and Russia, 1903~1904, presented to the Imperial Diet, March, 1904*), pp.3~5. 이미 《일본 백서》(*Japanese White Book*)로 알려졌으므로 이하 《일본 백서》라고 함.

163) 고무라가 구리노에게 보낸 원문, 1903년 8월 3일자, *Ibid.*, pp.7~9.

164) Romanov, *Ocherki*, pp.233~234, 1903년 6월 18일과 21일, 9월 2일자, 루신(Rusin)의 긴급전문 인용. 전쟁대비는 쉽게 눈에 띌 수 있는 대규모 수송기관의 동원을 포함한다.

165) 구리노가 고무라에게, 1903년 8월 5일자 ; 고무라가 구리노에게, 1903년 8월 6일자, 《일본 백서》, p.10.

166) 구리노가 고무라에게, 1903년 8월 12일과 25일자, *Ibid.*, p.11.

167) 구리노가 고무라에게, 1903년 8월 24일자, *Ibid.*, p.12 ; Kuropatkin's Diary, 1903년 9월 2~12일, *K.A.*, II, 63~74.

168) Romanov, *Ocherki*, p.231 ; 《일본 백서》, pp.15~22, 주. 10~15.

169) 구리노가 고무라에게, 1903년 8월 31일자, 《일본 백서》, pp.15~17.

170) 구리노가 고무라에게, 1903년 9월 5일자, *Ibid.*, pp.18~20.

171) 고무라가 구리노에게, 1903년 9월 9일자, *Ibid.*, p.21.

172) 이하 원문은 다음 참조. *Ibid.* pp.7~9.

173) 그는 9월 22일에 떠나 10월 3일에 돌아왔다. 고무라가 구리노에게, 1903년 9월 24일, *Ibid.*, p.22.

174) Romanov, *Ocherki*, p.231.

175) *Ibid.*, p.230. 랜스다운이 몬슨(Monson)에게, 1903년 11월 4일자, *B.D.*, II, 221~222.

176) Kuropatkin's Diary, 1903년 11월 10일자, *K.A.*, II, 80.

177) 아바자는 상트 페테르부르그의 한 클럽에서 이를 불평했다. Kuropatkin's Diary, 1903년 12월 10일자, *Ibid.*, p.86.

178) Pokovskii, *1905 g.*, I, 598~599. 물론, 니꼴라이 2세의 제국주의적이고, 비타협적인 성격을 강조하였던 로마노프는 이 문서를 언급하지 않고 있다.

179) 알렉쎄프가 짜르에게, 1903년 9월 28일자, 《일본 백서》, pp.22~24.

180) 고무라가 구리노에게 보낸 원문, 1903년 10월 5일자, 《일본 백서》, pp.22~24.

181) 고무라가 구리노에게, 1903년 10월 16, 22, 29일, *Ibid.,* pp.24~27 ; 맥도날드가 랜스다운에게, 1903년 10월 22일자, *B.D.,* II, 217.

182) 미·청조약과 청·일상업조약 원문은 다음 참조, *Recueil de Traités,* pp.657~682, 683~709. 첫 조약은 그 승인이 오랫동안 지체됨에 따라 직접적인 효과는 사라졌다. 이는 1903년 12월 8일에 미국상원이 비준하였고, 1904년 1월 10일에 청국이 승인하였다. *U.S. Foreign Affairs, 1903,* pp.91~118. E. H. Zabriskie, *American-Russian Rivalry in the Far East, 1895~1914* (Philadelphia, 1926), pp.96~100.

183) K. S. Weigh, *Russo-Chinese Diplomacy* (Shanghai, 1928), pp.110~111.

184) 랜스다운이 맥도날드에게, 1903년 10월 26일자, *B.D.,* II, 218~219.

185) 이 같은 흐름의 개요는 깜봉 대사가 델까세 외상에게 보낸 전문에 있음, 1904년 2월 8일과 10월 28일자, *D.D.F.,* 2d ser., IV, no.246, no.398.

186) 고무라가 구리노에게 보낸 원문, 1903년 10월 30일자, 《일본 백서》, pp.28~29 ; 축약된 형태는 맥도날드가 랜스다운에게 보낸 전문에 있음, 1903년 11월 2일자, *B.D.* II, 220~221.

187) 구리노가 고무라에게, 1903년 11월 3일자, 《일본 백서》, pp.31~32.

188) 구리노가 고무라에게, 1903년 11월 13일자, *Ibid.,* pp.32~34.

189) 고무라가 구리노에게, 1903년 11월 21일자, *Ibid.,* pp.34~35.

190) 깜봉 대사가 델까세 외상에게, 1903년 10월 27일자, *D.D.F.,* 2d ser., IV, no.45 ; 랜스다운이 스프링 라이스에게, 1903년 11월 7일자, *B.D.,* II, 222~224. 성급하게 결론을 내리려는 일본의 바람은 고무라가 구리노에게 내린 다음과 같은 훈령에 강하게 표현되었다. "공사는 가능한 한 빠른 교섭진행을 바란다는 일본정부의 희망을 전달해야 할 것이다. 또한 교섭이 재개되어 빠른 시일 안에 결실을 맺기 위해서는, 람스도르프가 영향력을 행사하여 로젠 백작에게 긴급전문 훈령을 보내도록 독촉해야 할 것이다." 1903년 11월 21일자, 《일본 백서》, pp.34~35.

191) Romanov, *Ocherki,* p.253.

192) Kuropatkin's Diary, 1903년 10월 5일자, *K.A.,* II (1923), 77. 알렉쎄프가 짜르에게, 1903년 9월 25일자, Burtsev, *op.cit.,* p.48.

193) Kuropatkin's Diary, 1903년 10월 27일자, *K.A.,* II, 77~78.

194) Kuropatkin's Diary, 1903년 11월 10일자, *Ibid.,* p.80.

195) 황후는 난산 끝에 딸을 낳았으나 며칠 후 죽고 말았다. 짜르와 황후는 네

딸을 낳은 뒤였기 때문에 제위를 계승할 왕자를 기대하였었다. 왕자가 아니라는 데 크게 낙담한 데 이어, 공주가 곧 죽은 비극적인 결과는 헌신적인 짜르를 상당히 당혹스럽게 만들었다. Kuropatkin's Diary, 1903년 11월 26일자, *K.A.*, II, 81~85 ; 구리노가 고무라에게, 1903년 11월 22일자,《일본 백서》, p.35.

196) Kuropatkin's Diary, 1903년 10월 27일자, *K.A.*, II, 78.

197) 분명히 쿠로파뜨킨은 10월 28일경 각서를 보냈으며, 그에 뒤이어 요약문과 추가각서를 보냈다. Kuropatkin's Diary, 1903년 12월 10일자, *K.A.*, II, 87~89.

198) Kuropatkin's Diary, 1903년 11월 10일과 20일자, *Ibid.*, pp.79, 83.

199) *Ibid,* pp.87~89.

200) Kuropatkin's Diary, 1903년 12월 16일자, *Ibid.*, p.91 ; A. N. Kuropatkin, *Zapiski o Russko-Iaponskoi Voine* (Berlin, 1909), pp.173~174 ; 영역본으로는 A. N. Kuropatkin, *The Russian Army and the Japanese War* (New York, 1909), I, 189~193.

201) Kuropatkin's Diary, 1903년 12월 16일자, *K.A.*, II, 91.

202) 1903년 12월 24일자 기입, *Ibid.*, p.94.

203) 고무라가 구리노에게 보낸 원문, 1903년 12월 12일자,《일본 백서》, pp.441~442.

204) 고무라가 구리노에게 보낸 원문, 1903년 12월 21일자, 구리노가 고무라에게 제시한 설명, 1903년 12월 23일자, *Ibid.*, pp.42~45.

205) 알렉쎄프가 짜르에게, 1903년 12월 26일자, Burtsev, *op.cit.*, p.55.

206) Kuropatkin's Diary, 1903년 12월 28일자, *K.A.*, II, 95~97 ; Gurko, *op.cit.*, p.284. 로마노프는 사실상 이 회의를 무시하고 있다. Romanov, *Ocherki*, p.259.

207) Kuropatkin's Diary, 1903년 12월 28일자, *K.A.* II, 95.

208) *Ibid,* pp.95~96.

209) *Ibid.*, p.96. 다음날 아바자는 이 같은 견해에 입각한 각서를 짜르에게 제출하였다. 발췌문은 다음 참조, Burtsev, *op.cit.*, pp.57~60.

210) Kuropatkin's Diary, 1903년 12월 28일자, *K.A.*, II, 85.

211) Romanov, *Ocherki*, p.241.

212) 다음 참조. Great Britain, Committee of Imperial Defense, Historical Section, *Official History of the Russo-Japanese War* (London, 1910), I, App.N and P, pp.488~489, 502~511, pp.36, 39~40. (이하 *Official History* 라고 함). 다음도 참조. *Brassey's Naval Annual*, 1903, pp.62 이하 계속. 주

요 함대의 장점의 간략한 비교는 다음 참조. A. L. Marder, *The Anatomy of British Sea Power, 1880~1905* (New York, 1940), p.419, 주 7.

213) *Official history*, Ⅰ. 35.

214) *Ibid.,* pp.35~36.

215) 고무라가 구리노에게 보낸 원문, 1904년 1월 7일자, 《일본 백서》, 46~47. 이 조항에 대한 영국의 태도는 다음 참조. 랜스다운이 맥도날드에게, 1904년 1월 8일자, *B.D.,* Ⅱ, 231.

216) 프랑스에 보낸 공문, *D.D.F.,* Ⅳ, no.163 ; 영국에 보낸 공문, *China no.2 (1904)*, pp.229~230 ; 랜스다운이 스콧에게, 1904년 1월 8일자, *B.D.* Ⅱ, 231.

217) 랜스다운이 맥도날드에게, 1904년 1월 11일, *Ibid.,* pp.232~233.

218) 랜스다운이 맥도날드에게, 1904년 1월 5일과 17일자, *Ibid.,* pp.229~230, 236 ; Romanov, *Ocherki,* pp.260~261.

219) 랜스다운이 맥도날드에게, 1904년 1월 5일과 17일자, *Ibid.,* pp.229~230, 236 ; Romanov, *Ocherki,* pp.260~261.

220) Akagi, *op.cit.,* p.231.

221) 고무라가 구리노에게 보낸 원문, 1904년 1월 13일자, 《일본 백서》, pp.47~49 ; 랜스다운이 맥도날드에게 보낸 첨부 별지에도 있음, 1904년 1월 14일자, *B.D.,* Ⅱ, 233~234. 랜스다운은 긴급전문의 성격을 다음과 같이 표현하였다 : "하야시 백작은 이 같은 훈령에 구체화된 요구안들을 최종적인 것으로 간주해야 한다고 말하였다. 또한 만일 적당한 시기에 응답을 받지 못하거나, 또는 회답이 만족스럽지 못하면, 일본정부는 자국의 이해를 보호하기 위한 조치를 취해야만 할 것이라고 말했다".

222) Galperin, *op.cit.,* pp.189 이하 계속 ; Romanov, *Ocherki,* p.292.

223) Akagi, *op.cit.,* p.236. 바엘즈(Baelz)는 1904년 1월 5일자 자신의 일기에서 다음과 같이 적고 있다 : "신문이 어떤 류의 군사 뉴스도 공표하는 것을 엄격하게 금한다는 제국법령이 방금 선포되었다. 이는 거래를 의미한다." Baelz, *op.cit.,* p.241.

224) 구리노가 고무라에게, 1904년 1월 25일과 26일자, 《일본 백서》, pp.50, 51~52.

225) 랜스다운이 맥도날드에게, 1904년 1월 29일자, *B.D.,* Ⅱ, 240~241.

226) *Ibid.*

227) 알렉쎄프가 짜르에게, 1904년 1월 6일과 9일자, Burtsev, *op.cit.,* pp.61~62, 63.

228) 이는 유럽령 러시아에서 이르쿠츠크 지방으로 10사단과 17사단이 이동하는 것을 포함한다. 알렉쎄프가 짜르에게, 1904년 1월 6일자, Burtsev, *op.cit.,*

p.62.

229) Kuropatkin's Diary, 1904년 1월 13일자, *K.A.*, II, 99.

230) *Ibid.*, p.100.

231) 니꼴라이 2세가 알렉쎄프에게, 1904년 1월 27일자. Burtsev, *op.cit.*, p.69. 이즈음 러시아와 일본은 수송물자 혹은 선발 편대를 작전 예상지역으로 이동시키고 있었음이 분명한데, 양측은 그 같은 움직임을 공식적으로 부인하였다. *Ibid.*, p.65 ; 고무라가 구리노에게, 1904년 1월 28일자, 그리고 구리노가 고무라에게, 1904년 1월 28일자,《일본 백서》, pp.52~53.

232) Kuropatkin's Diary, 1904년 1월 16일자, *K.A.*, II, 100~101.

233) 이 회의의 요약문은 다음 참조. Kuropatkin's Diary, 1904년 1월 28일자, *K.A.*, II, 103~105 ; Romanov, *Ocherki*, pp.275~276.

234) Romanov, *Orcherki*, p.277 ; Kuropatkin's Diary, 1904년 2월 3일자, *K.A.*, II, 106. 전쟁이 임박하여 일본에 있는 러시아 요원들의 전문 통신을 일본인들이 여러모로 방해했다는 언급이 있다. 다음 참조, 라스포포프(Raspopov)가 코코프초프(Kokovtsev)에게, *K.A.*, V (1924), 4~5.

235) Akagi, *op.cit.*, pp.236~237.

236) *Official history*, I, 70.

237) 고무라가 구리노에게, 1904년 2월 5일 오후 2시 15분에,《일본 백서》, pp.56~58, 58~59. 같은 날, 오후 5시 15분에 일본정부는 러시아로부터 회답이 오고 있다는 사실을 알게 되었다. 다음 참조. 구리노가 고무라에게, 1904년 2월 5일자, *Ibid.*, p.40.

238) 구리노가 고무라에게, 1904년 2월 5일자, *Ibid.*, p.61. 람스도르프는 2월 7일 당시까지도 전쟁을 피할 수 있으리라는 희망을 가지고 있었다. Kuropatkin's Diary, 1904년 2월 7일자, *K.A.*, II, 106.

239) 포획된 러시아 전함 목록, *Official History*, I, 514 ; 기사 요약문 참조, *Echo de Chine*, 1904년 3월 13일자, *I.V.I.*, VII (1904), Chronicle, p.431. 일본에서는 비밀 동원이 한참 진행 중이었다. 1904년 2월 7일자 기입, Baelz, *op.cit.*, pp.244~245.

240) Kuropatkin's Diary, 1904년 2월 8일자, *K.A.*, II, 107~109.

241) 1904년 2월 8일, Burtsev, *op.cit.*, p.76.

문헌해제

1881~1904년 러시아의 동아시아정책 분야에서 완벽한 참고문헌이란 있을 수 없다. 그런 참고문헌은 1880년대 불가리아에서의 사건들부터 1900년경 남러시아의 재정적 혼란, 1902~1903년 동안의 상트 페테르부르그에서의 정치적 경쟁, 그리고 동아시아의 사건에 영향을 미친 수많은 사소한 주제들을 망라해야 할 것이다. 그런 면에서 이 분야를 포괄하는 참고문헌 목록도 해당 시기의 러시아 역사에 관한 모든 문헌을 포함해야 할 것이다.

동아시아에서의 러시아인들이라는 주제에 대해서는 다행스럽게도 커너 교수가 편집한 《동북아시아 : 참고문헌 선집》(Robert J.Kerner, Northeastern Asia : *A Selected Bibliography,* 2vols. ; Berkeley, University of California Press, 1939) 두 권이 있다. 이 책은 러시아의 동아시아 관계를 다룬 러시아와 동아시아의 자료들을 강조하고 있다. 이 책은 몇 안되는 러시아 문헌학자 가운데 한 사람인 메조프의 기념비적인 저서 《참고문헌, 아시아 편》(V.I.Mezhov, *Bibliographia Asiatica,* St.Petersburg, 1891~1894)과 《참고문헌, 시베리아 편》(*Sibirskaia Bibliografiia,* 1903)을 능가한다. 커너 교수의 책은 알래스카에서 중국에 이르는 지역까지를 포괄하는 광범위함 때문에 그 가치가 높다고 할 수 있다.

러시아의 다른 문헌학자, 스카치코프가 1932년에 발간한 《러시아어에서의……중국에 관한 참고문헌, 1730~1930》(P.E.Skachkov, *Biblio-afiia Kitaia …na russkom iazyke, 1730~1930*)은 더 협소한 분야에 관한 것이다. 840쪽에 달하는 이 책은 1881~1904년의 러·청 문제에 관한 최근의 유용한 참조들을 싣고 있다. 그러나 이 책에 열거된 많은 저널이나 신문들은 미국에서는 입수할 수가 없다. 그리고 각 장의 제목들은 미국인이나 서구 유럽인들에게 단지 맛만 보여줘 감질나게 할 뿐이다. 커너의 저술이 국제관계를 강조한 반면, 스카치코프의 책은 모든 분야를 포함한다. 이것이 스카치코프 참고문헌의 약점이자 장점이다. 커너는 모든 언어를 다 포함하고 대개 이용 가능한 자료들을 주로 취급하고 있지만, 스카치코프는 러시아어로 된 책을 이용하였고 이용할 수 없는 책에 대해서는 많은 참조를 달았다. 스카치코프가 열거한 많은 주제들은 역사가나 정치학자들보다는 학생들에게 유용하다. 이 책은 1948년 미시간주 앤 아버(Ann Arbor)에서 재간행되었다.

이상의 책 이외에도, 최근의 몇몇 단행본들에 첨부된 참고문헌들이 참조에 유용할 것이다. 불행하게도 러·일전쟁 이전 수년 동안의 러시아 동아시아정책에 관한 최고의 단행본들은 참고문헌을 포함하고 있지 않다(로마노프의 저술들은 아래에서 논의할 것이다). 그러나 1947년 모스크바에서 발간된 갈뻬린의 책, 《영·일동맹, 1902~1921》(A.Galperin, *Anglo-Iaponskii Soiuz, 1902~1921*)은 1881년초에 관한 것만도 러시아의 정책을 초보적으로 이해하기에 적당한, 잘 짜여진 11쪽의 참고문헌을 포함하고 있다.

러시아 동아시아정책에 관한
역사기술의 진전을 보여주는 단행본들

러·일전쟁의 발발 직후, 양진영은 역사서를 통해 자신들의 입장을 보여주고자 했다. 표면상, 공격을 당한 입장인 러시아는 자국의 패배가 명백해진 이후에야 자신들의 입장을 설명할 필요를 느꼈다. 당시 러시아인들은 전쟁으로 이끈 정책이라는 "속죄양"을 찾고 있었다. 그러나, 이 마저도 부차적인 고려사항이었다. 왜냐하면 당시 정부는 러시아 최후의 가장 처참한 쓰시마 및 목단에서의 패배와 같은 시기에 일어난, 1905년 혁명의 태동과 관련이 있었기 때문이다. 신문과 정기간행물들만이—주로 해외에서 간행된—"속죄양"설을 제기하며 베조브라조프나 그와 관련된 사람들을 몰아세웠다.

일본인들은 자신들의 행동을 정당화할 구실을 찾으며 이 주제에 관한 중요한 첫 번째 단행본을 냈다. 카니시 아사카와 교수의 《러-일 갈등, 그 원인과 이슈들》(Kanishi Asakawa, *Russo-Japanese Conflict, Its Causes and Issues*)이 1904년말 보스턴과 런던에서 동시에, 각각 출간되었다. 그렇게 출간을 서둘렀던 점을 고려한다면, 이 책은 추천받을 만한 단행본이다. 그러나 이 책은 친일적 편견이 농후하다. 러시아의 정책에 대해서는, 몇몇 공개적인 선언들을 제외하고는 문서로 설명된 적이 없다. 따라서 두드러지게 반(反)러시아적인 편견을 가진 문서—영국의 《의회문서, 이른바 청서》(*Parliamentary Papers,* Blue Books)만이 유일하게 이용 가능한 문서로, "극비"로 할 만한 것이 아무것도 없는 최근까지의 외교적 자료를 제공하고 있다. 일본의 《백서》(White Books)는 1차대전 발발 직후 외무성이 처음 발간하였다. 이 문서는 1903~1904년의 러시아와 일본의 상호 제안을 아주 충실하게 전해준다.

1904년의 경우에는 아사카와의 저술을 추천할 만하다. 몇 가지 점을 유보한다면 이 책은 아직도 읽을 만한 가치가 있다. 이 책은 그 시의 적절한 출판과 광범위한 보급으로 말미암아 내가 규정한, "러·일전쟁의 원인에 관한 전통적 학설"을 대중에게 알리는 데 기여하였다. 요컨대 이 책은 다음과 같이 기술하고 있다. 만주의 불법적인 탈취에 만족하지 못한 고삐 풀린 러시아 제국주의는, 압록강 조차권을 둘러싸고 설립된 사기업을 위장하며 조선에까지 그들의 제국주의를 확대하려고 도모했다. 그리고 이는 러시아 황제의 배후에서 실제 권력을 쥔 베조브라조프의 주도 아래 이루어졌다는 것이다. 이것이 러·일전쟁의 "속죄양" 개념이다.

전쟁의 원인에 관한 "속죄양"설을 개진하고 있는 러시아의 초기 단행본들 가운데는, 쿠로파뜨킨 장군의 《러·일전쟁의…서신》(A.N.Kur-opatkin, *Zapiski…o Russoko-Iaponskoi Voine,* Berlin, 1909)과, 그축약 영역본《러시아군과 대일전쟁》(*The Russian Army and the Japanese War,* New York, 1909)이 있다. 두 책은 쿠로파뜨킨의 군사적 실책을 정당화하기 위해 쓰여졌다. 이 책들은 전쟁의 원인에 관한 몇 가지 흥미로운 자료들을 포함하고 있으며, 뚜렷하게 거의 공식화된 "속죄양"설을 확립하고 있다. 요컨대 이렇게 쓰여 있다. "나, 쿠로파뜨킨 육군상은 다른 책임 있는 각료들이 긴축정책과 심지어는 동아시아에서 부분적인 퇴각을 원하였지만, 당시 외상은 베조브라조프 일당에게 지배되었다. 이 일당은 조선으로의 은밀한 침투를 위해 공격적인, 정신나간 계획을 밀고 나갈 것을 주장하였다." 이는 전쟁의 원인에 대한 "러시아의 전통적인" 해석이라고 할 수 있다.

이 두 가지 해석―"전통적인" 해석과 "러시아의 전통적인" 해석―이 지금까지도 지속되고 있다는 사실은 놀랄 만한 일이 아니다. 러·일전쟁의 원인에 관한 최초의 포괄적인 러시아의 보고서는 "러시아의 전통적인" 해석을 강조하였다. 이것이 1916년 상트 페테르부르그에서 발간된 글린스키의 《러·일전쟁의 서막》(B.B.Glinskii, *Prolog Russko-Iaponskoi Voiny*)이다. 이 책에 대한 관심을 폭넓게 확산시키고, "러시아의 전통적인" 해석을 수용하도록 만드는 데는 여러 가지 요인들이 기여하였다. 글린스키는 자유주의적 역사가로 간주되었으며 19세기의 러시아의 혁명운동에 관한 저술로 널리 알려져 있었다. 1915년 위떼가 해외에서 죽고, 글린스키의 책은 《위떼 백작 문서의 자료들》(*Materialy iz arkhiva Grafa S.Iu.Witte*)이라는 부제를 달았다. 시의적절하면서 흥미를 끄는 부제를 단 셈이다. 자신의 해석을 더 폭넓게 확산시키기 위해 글린스키는 1916년 같은 해에 《역사의 전달자》(*Istoricheskii Vestnik*)에 그것을 연재하기도 하였다. 이 잡지는 아마도 러시아에서 가장 대중적인 역사 잡지로서 심도 있는 저술 외에도 역사소설, 시, 비사(秘史), 그 밖의 여러 가벼운 형태의 역사물 등을 게재하였다.

당시에 위떼가 왜 변명이 필요했는지를 추정하기는 어렵지만, 글린스키의 책은 위떼를 대변하는 공공연한 변명서이다. 이 테제는 쿠로파뜨킨의 책과 똑같다. 요컨대 위떼는 항상 옳은 생각을 가졌으나, 그의 몇몇 비타협적인 동료들과 베조브라조프가 제국주의적 설계를 전쟁으로 이끄는 데 영향을 미쳤다는 것이다. 글린스키는 역사가였으며, 역사를 변조하지는 않았다. 확실히 그의 책은 위떼 추모에 손상이 되는 모든 것들을 누락시키는 오류를 범하였다. 그러나 본문에서 지적한 것처럼, 같은 문서를 사용한 로마노프도 글린스키처럼 누락죄를 범한 것은 마찬가지다. 글린스키는 위떼가 불리한 모습으로 제시된 1903년 동아시아 순방 길의 위떼의 보고에서 몇 줄을 생략하였다. 로마노프가 나중에 이 몇 줄에 달라붙어 그것을 강조하였으나, 그러면서도 그 역시 위떼의 통찰력이나 내적인 절제를 명백하게 보여주는 단락들을 무시하였다. 아마도 글린스키는 두 사람 중에서는 그 결점이 덜한 편일 것이다. 글린스키는 외무성 문서를 이용하지는 않았지만 위떼가 명백하게 자신의 사적인 문서로 보관하였던(이는 당시로서는 이상한 처리방식이 아니다) 주요문서의 사본을 이용하였다. 그러므로 위떼의 특정문서의 사본은 위떼 자신이 편집했을 것이다.

글린스키의 책은 장점이 무수히 많다. 우선 포괄적이다. 러시아 동아시아정책의 역사는 1880년대로 거슬러 올라간다. 이는 진솔하게 쓰여진 책이며 몇 가지 "사실 누락의 과실(過失)"은 있지만 "사실 변조의 죄"가 있는 것은 아니다. 또 여기에는 베조브라조프의 음험한 역할을 과장하지는 않았으므로, 베조브라조프의 혐의를 풀어줄 만한 많은 자료가 들어 있다. 결국, 글린스키의 책은 가치있는 생생한 자료를 제시해 주고 있으며, 그 가운데서 어떤 자료들은 어디에서도 찾기 어려운 자료들이다. 예컨대, 부분적으로 제시된 위떼의 동아시아 순방에 관한 그의 보고서는 20쪽으로 이루어져 있다. 내가 아는 한, 그 보고는《정부의 메신저》(Pravitel'stvennyi)와《주식시장 정보제공》(Birzhevye Vedomosti), 그리고 구하기 어려운 신문들을 제외하고는 어디에서도 출간된 적이 없다. 이들도 보고서의 발췌문만을 실었을 뿐이다. 이러한 장점에도 불구하고 이 책은 "러시아의 전통적인" 해석을 강화시켰다고 볼 수 있다.

레닌그라드대학의 로마노프 교수는 1928년에 그의 기념비적인 저술인《만주에서의 러시아, 1892~1906》(B.A.Romanov, Rossiia v Manzhurii, 1892~1906)를 출간하였다. 1923년 이래로 로마노프는 동아시아에서의 러시아의 정책이라는 부문에 관한 여러 편의 논문을 써왔다. 그는 외무성과 재무성의 문서고를 자유롭게 드나들었고 이 문서들을 충분히 이용하였다. 그의 책은 이 같은 문서고들의 항목에 대한 참조로 가득차 있다. 그는 재무성 문서들의 상태와 위떼의 시기에 재무성의 문서기록실이 행한 여러 가지의 연구 방해 방법들을 인정하기는 하였다. 그럼에도 불구하고 그가 누락시킨 것이라고는 아무것도 없다고 말할 수 있다. 그리고 그는 러시아 공문서고에서 이 시기와 주제를 철저하게 연구한 유일한 러시아 역사가였다. 동아시아를 연구하는 러시아 역사가들은 1933년 이후 모든 러시아의 학자들에게 가해졌던 점증적인 여러 제한을 받아야 했다. 더욱이 이 주제에 관한 로마노프의 역작 이후에는 공문서고에서 같은 분야를 다루어야 할 필요도 거의 없게 되었다.

로마노프는 유능하고, 철저하며, 끊임없이 노력한 역사가였음을 보여주었지만, 그의 작품이 완벽한 것은 아니었다. 그의 책 서론은 그의 주된 목적을 명백하게 보여준다. 그는 비난을 위떼에게 고정하려 하였다. 그는 주로 위떼의 실책, 허영심, 책략, 불안정성, 그리고 그의 모든 명예 훼손적인 행동과 특징들을 드러내는 데 열중했다. 그러나 이것이 책의 가치를 떨어뜨리는 것이라고는 할 수 없다. 왜냐하면 위떼가 러시아의 동아시아정책 형성에 그만큼 핵심적인 인물이어서, 러시아 동아시아정책사의 거의 모든 부분이 위떼의 일대기의 일부로 쓰여질 수 있기 때문이다. 위떼에 대한 로마노프의 공격은, 글린스키와 딜론(E.J.Dillon)과 같은 작가들, 특히 외국 언론이 위떼에게 너무 많은 아첨을 하였기 때문에 있을 수 있는 편견으로 볼 수 있다. 로마노프의 비판은 다른 각료들에게도 마찬가지로 확대되었다. 학문적이면서도 문서에 근거한 이 같은 공격은 "러시아의 전통적인" 해석을 완전히 무너뜨렸다. "속죄양" 베조브라조프의 뒤에 숨어 있던 각료들은 이제 이 해석이 가한 비판을 면할 수 없게 되었다.

로마노프가 이 주제를 다룬 방식은 "사악한" 것으로 생각할 수도 있다. 그는 당시의 동아시아 문제와 관련된 모든 러시아인들을 통렬하게 비판했고 조롱했던 것 같다. 따라서 그의 책에는 기본적으로 "사실 변조의 죄"와 문서 선별에 임의적인 방법을 적용한 오류가 빈번하게 나타난다. 문서에서 선택한 단어나 표현을 그는 의역하거나 직접적으로 인용하였다. 각료들 사이에 오간 많은 문서들이 모두 현명하게 쓰여진 것은 아니므로, 로마노프의 방식은 어떤 문서나 그 저자를 매우 비판적으로 제시할 수 있었다. 따라서 로마노프의 저술은 문서고의 자료에서 인용한 것이기 때문에 기본적으로는 가치가 있지만 신중하게 이용해야 한다. 결국 로마노프는 러시아 동아시아정책의 진정한 상을 제시하지 못하였다—거기에는 너무 많은 "사실 누락의 죄"가 있기 때문이다. 그럼에도 이 주제에 관한 가장 가치 있는 책이며, 이 시기의 동아시아의 국제관계를 다루는 학자들과 학생들에게는 "필독서"이다. 번역해야 할 분명한 가치가 있지만, 번역을 하려는 사람은 그 일이 매우 어려운 일임을 알게 될 것이다. 너무 혼동스러운 방식으로 쓰여진 문장들 때문에 러시아어에 조예가 깊은 사람만이 번역할 수 있다. 때때로 그 의미는 모호한 단락이 계속되는 여러 쪽의 텍스트 속에서 추론할 수 있을 뿐이다.

일본이 만주를 점령한 결과, 동아시아 역사에 관한 논문과 서적의 기술 및 문서 인쇄에 대한 소비에트 러시아의 정책은 급변하였다. 변화는 1928년 이후에 일어났는데, 아마도 로마노프가 불명예는 아닐지라도 미움을 샀던 1933년 직후였을 것으로 추정된다. 그의 책은 너무 많은 것을 들추어냈다. 소비에트정부를 만족시키지 못한 그의 많은 동료들처

럼, 로마노프도 논란의 소지가 없는 러시아 중세 초기의 시대로 자신의
관심을 바꾸었다. 이어 그는 키에프 러시아의 11세기 법전인 《러시아
의 진실》(*Vestnik Evropy Pravda*)에 관한 공동연구자로 나타났다.
1940년대에 그는 자신의 《만주에서의 러시아》에서 이전에 다루었던
주제들과 관련된 논문들을 쓰면서 다시 한번 러시아 동아시아정책의
연구 사가로 떠올랐다.

1947년에 로마노프는 《러·일전쟁 외교사 개관, 1895~1907》(*Ocherki
diplomaticheskoi istorii Russko-Iaponskoi Voiny, 1895~1907*)을 출간
하였다. 자신의 이전의 책을 개작한 이 책에서는, 새롭고 "참된(true)"
방향이 설정되었다. 즉 로마노프는 동아시아에서의 러시아의 공격적 정
책의 "참된" 선동가들을 이제 인정하였다. 이 책에 따르면, 선동가들이
란 러시아 자본가들과 부르조아들로서, 이들은 동양에서 유리한 시장을
확보하기 위해 제국정부와 짜르 각료들에게 공격적인 정책을 채택하도
록 강요하였다. 로마노프는 당시에도 기본적으로는 철저한 역사가였다.
그는 레닌과 스탈린의 몇 가지 인용을 의무적으로 제시한 후에, 상당한
분량의 특정 지면에 새롭고 "참된" 해석을 할애함으로써 이를 자신의
《만주에서의 러시아》의 축약판이면서도 더욱 잘 짜여진 책으로 만들
었다.

그러나, 새 판본은 역사적 공헌도에서 구 판본과 비교할 수 없다. 새
판본에서는 새로운 공문서 자료는 사용하지 않았다. 로마노프는 자신의
첫 저서의 가치 있는 참조들을 다시 인쇄하면서 단지 자신의 첫 저술을
인용하였을 뿐이다. 두 번째 저서에서 그는 최근에 발간된 외국의 문서
및 단행본의 몇몇 새로운 자료들을 섞었으나, 특정 부분의 편집상의 개
선을 제외하면, 이를 언급할 만한 가치는 거의 없다. 책의 체재는 더 낫
고 좀더 간단해졌다. 두 종류의 색인이 있는데, 하나는 인명, 다른 하나
는 주제별 색인이다. 한 주요문서 다발은 모두 흔하게 출간되어 온 문
서이며, 목차를 편리하게 주제별로, 다시 부제로 나누었다.

로마노프는 "인정받은", 새롭고 "참된" 방향을 설정했지만, 그는 곧

다시 일탈했다. 그는 자신의 근세 외교사 분야를 떠나 다른 역사가들과 협력하여 15세기 러시아사 분야를 연구하기 시작했다. 1950년에 그는 15세기초의 러시아 상인 니키친(Afanasii Nikitin)의 인도 여행에 관한 논문을 한 심포지엄에 기고했다. 그러나 먼 과거로의 은거조차도 이번에는 그를 비평으로부터 자유롭게 만들어주지 못했다. 논문은 호된 비판을 받았다. 이는 공식적 질책에 해당하는 것이었다. 그러나 변덕스러운 공식 의견과는 상관없이, 그의 초판본《만주에서의 러시아》는 동아시아에서의 러시아 정책의 역사기술에 지대한 공헌을 한 것으로 남을 것이다.

랭거 교수의《제국주의 외교, 1890~1902》(William L.Langer, *The Diplomacy of Imperialism, 1890~1902*, New York, 1935)를 "전통적인" 해석의 한 실례로 간주한다면, 여기서 언급해야 할 것이다. 두 권으로 이루어진 이 책은, 러시아가 관련된 동아시아의 국제관계가 매우 복잡했음을 보여준다. 그러나 랭거는 러시아 동아시아정책의 명확한 상을 제시하지는 못하고 있다. 그것은 랭거가 분규가 일어났던 시기의 러시아의 정책에만 관심을 두었기 때문인 듯하다. 분규시에 국가는 거래를 위해서라면 대개는 가장 강력한 입장을 취하기 마련이다. 그 당시 러시아의 정책은 때때로 공격적으로 보인다.

랭거가 그러했듯이, 나 역시 소비에트 러시아에 의해 출간된 똑같은 문서들을 이용하였지만, 나는 여기서 전혀 다른 의미를 발견하였다. 랭거는 1900년 2월의 무라비요프 각서와 각료들 사이의 회람장 같은 주요문서들을 간과하였다. 그러나 이 문서 뭉치들은 러시아의 정책을 규정하는 데 중요한 것이었다. 왜냐하면 이 문서들은 러시아가 휩쓸린 어떤 분규도 다루고 있지 않거나, 또는 러시아가 연루된 어떤 위기와도 부합되지 않기 때문이다. 랭거의 책은 1902년으로 끝나는데 결국 러·일전쟁으로 이끈 위기의 직접적 원인인 1903년의 결정적 사건들은 다루지 않았다.

그러나 전쟁의 배경에 관한 그의 논점은 그를 "전통적인" 해석파의 지지자로 분류하기에 충분하다. 그가 조선에서의 러시아의 정책을 다룬 데서도 이 점은 명확하다. 이 부분에서도 나는 랭거가 사용한 똑같은 문서를 사용하였지만 그와 정반대의 극적인 결론에 도달했다. 그 이유는 간단하다. 랭거 또는 그를 보조한 번역자는 1888년 조선에서의 러시아의 정책에 대한 주요문서를 번역하면서 러시아어의 이중 부정을 긍정구문으로 잘못 번역하였다. 랭거에 따르면, 조선은 늘 러시아에게 대단히 중요했다는 것이다. 그러나 그가 이 언급의 기초로 삼은 문장의 진정한 의미는 조선은 러시아에게 어떤 중요성도 없다는 것이었다. 랭거는 조선이 러시아에게 항상 중요했다는 점에서 출발하여, 갈등기의 조선을 다룬 문서들을 이용하여 조선에서의 러시아의 공격적인 정책상을 묘사하였다. 그러나 내가 본서를 통해 예증한 것처럼, 외교문서에서 조선과 관련되어 사용한 외교적 용어를 오역한 채로 이 나라에서의 실제 러시아의 행동들을 살피려고 하면 전적으로 다른 상을 보게 되기 마련이다.

더욱이 랭거는 로마노프의 책을 이용하면서도, 1898년에서 1904년에 이르는 동아시아 위기에서 조선 문제가 중요하지 않았다는 그의 해석은 받아들이지 않았다. 요컨대 동아시아의 국제적 분쟁에서 러시아의 역할에 관한 랭거의 설명이 가치가 있긴 하지만, 러시아 동아시아정책에 대한 그의 해석은 30년 앞선 아사카와(Kanichi Asakawa)의 책처럼 편견과 오류로 가득차 있다. 랭거는 로마노프의 가치 있는 연구성과들을 무시하면서 이 주제에 관한 역사기술을 "전통적인" 해석의 거의 원형판으로 되돌려놓았다.

이와 유사한 "러시아의 전통적인" 해석의 재판은 1949년 출간된, 달린의 《아시아에서의 러시아의 부상》(David J. Dallin, *The Rise of Russia in Asia*)인데 60쪽 정도가 1881~1904년의 시기를 다루고 있다. 이 책의 학문적 가치는 단 한 단락으로 판단할 수 있다. 즉 이 책은 베조브라조프 그룹(달린은 그가 권력을 갖게 된 해를 1900년으로 잘못 서술하고 있음)을 소개하고, 네 명의 이름을 기술하면서는 몇 가지 명백한 실수를 범하였다. 그는 니콜라이 알렉산드로비치 대공(Grand Duke Nicholas Alexandrovich)을 이 그룹의 일원으로 기술하고 있다. 그러나 그런 사람은 없다. 황실 가문에서 유일한 니콜라이 알렉산드로비치 (Nicholas Alexandro vich)는 짜르뿐이다(*Almanach de Gotha*를 보라). 또, 달린은 "장군"(General) 알렉쎄프라고 기술하고 있다. 이는 논쟁의 여지는 있지만, 알렉쎄프는 활동적인 제독이었으나 결코 베조브라조프 그룹의 일원은 아니었다. 마지막으로 그는 "이반" 베조브라조프라고 기술하였는데, 이는 알렉산드르 미하일로비치 베조브라조프(Alexander Mikhailovich Bezobrazov)의 혼령을 치명적으로 모독하는 것이다. 달린이 시간에 쫓겨 수년 전에 그가 배웠을 "러시아의 전통적인" 해석을 "복음"으로 신뢰하며, 이 단락을 오직 기억에만 의존하여 규정하고 기술하였다고 가정할 수는 있다. 그러나 그의 기억은 구체적인 점에서 이처럼 실패하였다.

이것이 달린의 기술방법이라면 어떻게 그가 한 다른 언급들을 믿을 수 있겠는가. 그는 내가 이용한 똑같은 주요문서들을 이용하였고, 자주 로마노프를 인용했지만, 로마노프의 연구결과들을 전반적으로 무시하고 있다. 나는 달린의 책의 거의 모든 페이지에 이견이 있다. 그리고 뜸한 참조 방식 때문에 각주를 확인하기조차 힘들다. 2쪽 분량의 자료에 그는 책 한 권 전체나 문서 뭉치 전체를 인용하면서 한 개의 참조만 달고 있다. 두 쪽에 달하는 책의 부분을 가리키는 것이 책의 어느 부분인지, 아니면 문서 다발의 어느 부분인지를 독자들은 스스로 찾아내는 방법밖에 없다. 달린이 제시한 부분들이 정확하며 특히 글린스키의 책보다 현대적임은 의심의 여지가 없다. 그러나 달린의 책은 그의 기술방법 때문에 믿을 만한 것이 못 된다. 따라서 글린스키의 책이 훨씬 더 위대하고 중요한 공헌을 한 것으로 두드러진다.

지금까지 제시한 비판이 달린의 책에 대한 전체적인 비판을 의미하는 것은 아니라는 점을 언급해야겠다. 비판은 오직 60쪽에만 관련된다. 저자가 최근 주제를 다룰 때는, 기억에 의존하여 감상적인 단락을 언급하고 기술할 때보다 덜 오류에 빠진다고 가정하는 것이 이치에 맞을 것이다. 적어도 책의 나머지 200쪽에서 다루고 있는 주제들은 달린이 철저한 연구를 했을 수도 있다. 그는 소비에트 러시아의 외교정책을 다룬 추천할 만한 몇 가지 책을 썼다. 아마도 이 책에 좀더 많은 시간을 할애할 수 있었다면—그는 평균 1년에 한 권을 출간했다—부적절한 60쪽은 다르게 읽혀질 수도 있었을 것이다. 그러나, 이 가장 최근의 "권위 있는" 출판이 낳은 결과는 이 주제에 관한 역사기술을 35년에서 40년 가량, 즉 적어도 글린스키 책의 시대로까지 되돌려 놓았다. 이렇게 하여 1881~1904년 러시아 동아시아정책의 역사기술의 한 싸이클이 완성되었다. 러·일전쟁의 원인을 다룬 최초의 저자들이 편견에 사로잡혀 자주 오류를 범한 것으로 보일지도 모르지만, 당시에 이 주제와 관련된 문서의 부족과 그들이 특정한 입장을 취해야 하는 특정 상황 아래 있었다는 사실을 고려한다면 그들의 오류는 이해할 만한 것이다. 아사카와와 글린스키의 책은 "전통적" 해석과 "러시아의 전통적인" 해석을 만들어냈거나 강화시키긴 했지만, 최종적 분석에 있어서는 아주 훌륭한 역사서로 간주되어야 한다.

이 주제에 관한 역사기술의 최고봉은 1928년 로마노프의 책이다. 이 책 역시 편견이 있지만, 충실한 공문서 탐구를 통해 "전통적인" 해석과 "러시아의 전통적인" 해석을 완전히 깨뜨렸다. 로마노프는 애국을 강요받지 않았는데, 소비에트 러시아에서 1928년은 학자들에게만큼은 자유로운 해였기 때문이다. 역사기술의 쇠퇴는 랭거와 달린에서 비롯되었다. 두 사람 모두 편견에 치우치지 않았고 강제를 강요하는 아무것도 없었지만, 이처럼 신임받지 못하는 "전통적인" 해석으로 돌아갔다. 이 싸이클은 최종적으로 후세 저자들의 오류를 씻어줄 또 다른 연구서를 탄생시켰다고 생각한다. 로마노프의 연구에 전적으로 감사를 표하는 바이다. 나의 이 논문이 로마노프의 편견을 떨쳐버리고, 1947년의 그의 해명을 수정하면서 최초로 러·일전쟁 이전의 러시아 동아시아정책의 그 진면목을 제시해 줄 것으로 생각한다.

조약집

최고의 조약집은 두 권으로 된 맥머리의 《청국 관련 조약협정집》 (J.V.A.Macmurray, *Treaties and Agreements with or Concerning China*, New York, 1921)이다. 여기에 포함된 러시아의 조약들은 번역이 잘 되어 있으나, 이 조약집은 1896년 러·청비밀협정의 정확한 판본을 포함하고 있지는 않다. 이 협정과 러·일의 조약 및 협정들은 1927년에 출간된 그림의 《…조약 모음집, 1842~1925》(E.D.Grimm, *Sbornik dogovorov…1842~1925*)을 참조해야 한다. 유용하면서 편리한 것은 카네기 국제평화재단(Carnegie Endowment for International Peace)이 펴낸 세 권의 간행물—《만주, 조선, 외몽고》(*Manchuria, Korea, and Outer Mongolia*)—인데 각각 《조약 협정집》(*Treaties and Agreements*)이라는 부제와 함께 1921년 발간되었다. 가령 영토조정과 같은 몇가지 사소한 추가협정들은 러시아외무성이 발간한 《…조약 모음집》(*Sbornik dogovorov…*, 1906)에서 찾을 수 있다. 이것은 한쪽은 러시아어로 다른 한쪽은 불어 번역판으로 출간되었다. 불어 제목은 《동아시아 관련 조약 및 외교문서 모음집, 1895~1905》(*Recueil de traités et documents diplomatiques concernant l'Extre^me Orient, 1895~1905*)이다. 더 많은 언어가 뒤섞인 것으로는 1936년 일본 외무성에서 발간한 조약집, 《일본과 열강 사이의 조약 및 협상 모음집》(*Recueil de traités et conventions entre le Japon et les puissances étrangères*)을 들 수 있다. 여기에는 일본어 텍스트 외에 영어, 불어, 러시아어 텍스트가 함께 나온다. 두 권으로 된 이 모음집의 제목은 틀린 이름이다. 첫째 권에는 일본이 가담하지 않은 많은 조약과 협정들이 포함되어 있다. 예를 들면, 러·청비밀동맹이나 동청철도회사 계약협정들과 같은 것이 그것이다. 나는 첫째 권에서 일본이 가담하지 않은 청국과 러시아 사이의 조약 12개를 찾아냈다.

러시아의 정책을 다룬 모든 출간된 문서들, 그리고 특정 문제에 관한 러시아의 입장을 필연적으로 다루지 않은 문서들은 신중하게 이용해야 한다. 일반적으로, 외국에서 나온 어떤 문서도 러시아 문서라는 검증을 거치기 전까지는 러시아의 정책을 대표하는 것이 될 수 없다고 말할 수 있다. 예컨대, 유명한 "윌리 니키 서한집(Willy-Nicky Correspondence)"은 이미 지적한 것처럼, 잘못된 상을 대변하고 있다. 짜르는 빌헬름2세를 완전히 받아들이기는커녕, 실제로는 황제와의 원치 않던 우호관계에 진정으로 신물이 나 있었다.

러시아 문서에 의지하지 않고 러시아의 정책을 기술하는 것은 지극히 위험한 방식일 것이다. 러시아의 간행물이 아닌 다른 나라의 간행물 중에서 가장 훌륭한 네 가지 시리즈—《…대정책》(*Die Grosse Politik…*), 《1차대전의 원인에 관한 영국문서》(*British Documents on the Origins of the War*), 《프랑스 외교문서》(*Documents diplomatiques français*), 《미국 대외문제 문서》(*Papers Relating to the Foreign Affairs of the United States*)—는 이 시기의 동아시아 문제 연구나, 여러 위기와 분쟁, 분규에서의 러시아의 입장을 확인하는 데 필수적이다. 그렇지만 러시아의 정책에 관한 출처로서는 신중하게 이용해야 할 것이다. 근본적으로는 외국에서 나온 러시아의 정책에 관한 모든 문서들은, 정책 당국자나 정책 담당기관이 생각한 러시아의 정책이 어떤 것이었는지를 반영한다. 이에 반해 러시아에서 나온 모든 문서들은, 자국의 정책을 믿고 받아들이게 하기 위해 제시했다는 의심을 받을 수 있다. 더욱이 문서에서 언급한 내용들은 운을 띄워 보기 위한 탐색용(*ballon d'essai*)이거나, 협상의 쟁점, 혹은 단순히 공인되지 못한 진술일 수도 있다.

러시아의 정책을 연구하는 학도들에게는 다행스럽게도, 소비에트정권은 1921년말 러시아내전 직후, 중앙공문서관(*Tsentral'nyi Arkhiv*)이라 불리는 기관을 설립하였다. 이 기관은 《붉은 문서》(赤書, *Krasnyi Arkhiv*)를 편집하고 중요한 새 문서들을 출간하였다. 《붉은 문서》는 편리하게 책 형태로는 출판할 수 없었던 조각난 문서들을 수합한 것이다. 일정치 않은 규격판으로(평균 200쪽 분량으로), 비정기적으로 출간된 《붉은 문서》에는 상당부분의 자료가 뒤섞여 있다. 서양을 다룬 문서들은 편리하게 별도의 각 권으로 분류했고, 동아시아에 관한 문서들에 상당한 관심을 기울여 지면을 할애했다. 러시아의 동아시아정책의 참된 성격을 진정으로 입증하는 것은 《붉은 문서》의 자료들일 것이다.

아마도 이 같은 문서들을 출간한 이유 가운데 하나는 짜르 정권을 불신했기 때문이지만, 그 결과는 정반대로 나타났다. 동아시아문제 특별각료회의(Special Conference on Far Eastern Affairs)를 다룬 문서를 연구하는 사람은 누구나 이 회의들을 지배한 사려 깊은 분위기, 자제, 그리고 상식에 감명받지 않을 수 없다. 서술의 끝 부분이 "계속됨(To be continued)"으로 끝나는 가장 중요한 세 문서 그룹들은 계속 연재된 적이 없다. 아마도 새로운 "책임 있는 편집자"가 후속 문서 그룹을 맡았을 것이다. 로마노프는 무엇을 제일 먼저 받아들여야 하며, 또 출간된 내용 가운데 나중에 옳지 못한 것으로 판명된 것이 무엇인지를 역사가로서의 경험으로 터득하고 있었음이 분명하다. 아마도 이 문서들은 제정러시아의 동아시아정책의 건실함이나, 적어도 그 정책의 타당성을 너무 많이 노출했거나, 또는 그것의 잘못된 점을 드러냈을 것이다. 어쨌든, 이 문서들은 만주에 일본인들이 머물던 때에 세상에 나타났고, 그 직후(아마 1933년쯤), 중앙공문서관 당국은 러시아 동아시아정책에 관한 문서의 출간을 중단하였다. 마지막 문서 그룹이 출간된(1934년) 이후 《붉은 문서》는 단일한 주제의 항목으로 인쇄되지 않아, 1881~1904년 시기에는 러시아 동아시아정책과 동떨어진 것일 수도 있다.

세 그룹의 문서 가운데 《붉은 문서》 14권(1926)에는 의화단사건에 대한 러시아의 외교 관련 서신이 포함되어 있다. 52권(1932)에는 1888~1903년의 동아시아 문제에 관한 특별회의 일지가 있으며, 63권(1934)에는 1902년과 1903년의 특별각료회의 일지가 포함되어 있다. 후자의 두 그룹은 동아시아 문제에 관한 러시아의 태도와 정책을 결정했던 가장 중요한 사료들이다. 일지에는 특별각료회의 동안 여러 각료들이 표명한 견해를 간결하게 의역한 것이 포함되어 있다. 또 여기에는 우리가 전혀 알지 못했던 각서나 긴급전보, 다른 비밀회의에 관한 참조도 상당부분 포함되어 있다. 거의 모든 일지가 추천으로 끝을 맺고 있다. 어떤 문서들은 각료들이 만장일치로 승인하였지만 그렇지 않은 문서들도 있다. 일지들은 참석한 각료들의 승인을 받았으며 짜르의 승인을 받기 위해 그에게 송부되었다. 대부분의 문서에 대한 짜르의 결정은 낱낱이 기록되었다. 그러므로 우리는 그러한 문서들이 해당 문제에 대한 러시아의 생생한 정책이나 태도를 대변한다고 생각할 수도 있다. 왜냐하면 모든 문서 그룹들이 계속 이어지는 것이 아니며, 거기에는 메워질 수 없는 공백도 있기 때문이다. 다행스럽게도 로마노프는 자신의 철저한 연구를 통해 추가 회의들까지 망라하여 러시아 동아시아정책의 전개에 대한 더욱 정교한 연구를 제시하고 있다. 출간된 일지들은 가장 중요한 회의들을 싣고 있으므로 러시아의 정책에 대한 결정적인 열쇠를 제공해 준다. 《붉은 문서》의 마지막 두 그룹은 일지뿐만 아니라 중요한 각서 몇 개도 포함하고 있다. 세 그룹의 문서들은 순전히 러시아 문서이며 아마도 오로지 러시아인들의 시각에 맞춘 것이었다는 점을 기억해야 할 것이다. 그렇기 때문에 그 문서들이 의도적으로 현혹시키려고 한 것 같지는 않다.

이 점은 《붉은 문서》 2권(1923)에 있는 쿠로파뜨킨의 일기(Kuropatkin's Diary)에서도 마찬가지다. 쿠로파뜨킨은 이 간결하고 함축적인 일기를 순수하게 그 자신의 목적을 위해서 보관하였다. 2권에 게재된 이 메모들은 러·일전쟁 이전의 1년 반 동안을 다루고 있다. 이 일기는 그 솔직함과 함께 중요한 사건을 인식한 저자의 능력 면에서 주목할 만하다. 그 예측은 냉정하기까지 하다. 쿠로파뜨킨은 몇몇 주제에 대해 흥분하면, 대개 그것을 다시 기재할 때까지는 그 주제에 관한 기술을 뒤로 미루곤 했다. 이는 매일 매일의 일기는 아니다. 그 순서는 특정 사건들이 이어질 수 있도록 하나 하나씩 면밀하게 이어가고 있다. 육군장성인 자신과 짜르의 밀접한 연계, 나중에 손상되기는 했지만 위떼와의 우정, 동아시아에 관한 중요한 모든 회의의 참석은 이 일기를 특별히 더 가치 있게 만들고 있다. 더욱이 이것은 국무에서 베조브라조프가 담당한 역할을 알 수 있게 해주는 가장 유용한 정보원이다.

《붉은 문서》에는 그 밖의 가치 있는 많은 항목들이 포함되어 있다. 그 첫 63권에는 적어도 러시아 동아시아정책 연구에 이용할 수 있는 14개의 항목이 있다. 위떼가 러시아 정치인들 가운데 가장 친한 친구였던 내무상 시피야긴(Sipiagin)에게 보낸 서신들도 있다. 짜르가 모후와 몇몇 대공들에게 보낸, 동아시아에서의 사건들에 대한 자신의 진정한 태도를 표현한 중요한 서신들이 있다. 1904~1905년 베조브라조프와 아바자 사이의 몇몇 서신들을 제외하고는(17권), 모든 항목들이 러시아 관리들에 대해서 적대적인 시각보다는 호의적인 시각을 보여주고 있다.

러시아의 여러 행동들을 포함하여 동아시아에서의 실제 사건들을 추적하는 가장 가치 있는 출처는 "청서(Blue books)"라고 알려진 영국의 회문서(British Parliamentary Papers)의 시리즈인데 예컨대 《중국 1권 (1900) : 중국에서의 사건에 관한 서한집》(*China No.1 (1900) : Further Correspondence Respecting the Affairs in China*)이라고 명명되었다. 이 같은 "청서"는 많이 있는데—1900년분 5권, 1901년분 7권, 1902년분 6권 등이다. 동아시아에 관계된 다른 "청서"도 있지만, 중국에 관한 것은 한 권이다. 청서는 영사와 특별 요원들 및 공사관원들의 보고, 신문 발췌 기사 및 그 밖의 다른 가치 있는 자료들을 담고 있으나, 극히 신중하게 이용해야만 한다. 영사들은 흔히 과다한 열정으로 임무를 수행하기 마련이다. 그들은 러시아인들을 "매처럼" 감시하며 자세히 조사하라고 훈령받았음은 말할 것도 없으며—실제로 그렇게 했다. 그들은 러시아의 행동에 관한 모든 구체적인 사항들을 보고하도록 훈령 받았으며—실제로 그들은 그렇게 보고하였다. 1904년 이전의 영국의 동아시아 외교진영이 그다지 우수한 인력으로 구성되지 않았음은 익히 알려져 있다. 따라서 어떤 보고는 그들의 "사실 변조죄"와 "사실 누락죄"가 심화된 내용들이다. 그러나, "청서"를 비판적으로 이용한다면, 편리하게 수집된 몇몇 훌륭한 자료와 수많은 세세한 사항들을 제공받을 수 있다.

각 권들은 잘 편집되었다. "청서"에 대한 아주 유용한 안내서는 템펄리와 펜슨의 《외교 청서 1세기, 1814∼1914》(Harold Temperley and Lilian Penson, *a Century of Diplomatic Blue Books, 1814∼1914,* Cambridge, 1938)가 있다.

이상의 시리즈에 비견되는 프랑스 문서는 "황서, Livres Jaunes"라고 알려진 《프랑스 외교문서》(*Documents diplomatiques français*)이다. 외무성이 출간했으며 《중국, 1900∼1901》(*Chine, 1900∼1901*) 등으로 명명되었다. 이 문서는 중국―특히 북중국에서의 사건들―에 대한 기록은 불충분하다. "황서"는 따라서 부차적인 가치를 지닌다.

1880년대 러시아의 활동을 다룬 역사적으로 가치 있는 출처는 "기밀"이라고 표시된, 러시아 참모총장에 의해 발간된 시리즈로서 1883∼1896년 모스크바와 상트 페테르부르크에서 출간된 《아시아의 지리, 지형, 통계자료 모음집》(*Sbornik…materialov po Azii*)이다. 이는 다양한 주제에 걸쳐 가치 있는 자료를 제시해 준다. 이 책을 강조하는 것은 외교문제에 관한 것 때문만은 아니다. 그러나 설령 그러한 주제라 해도 여기에는 중요한 문헌이 포함되어 있다. 예를 들어 일본 및 청국 주재 러시아 군사무관인 보각크 제독의 천진교섭―1895년 시모노세키 강화조약을 이끈―에 대한 보고가 그것이다(1895년 60호와 61호). 조선 주재 러시아 총영사 마띠우닌의 조선과 열강의 관계에 대한 보고도 있다(1894년 58호). 지리학적 연구로 가득찬 자료 더미이지만, 이 자료들이 러시아의 정책과 관련이 없는 것은 아니다. 자주 언급되는, 한반도 북동쪽 해안의 송전항(Port Lazarev)과 신포항(Port Shestakov)에 대한 묘사는 이 항구들에 대한 외교적 논의를 평가하기 위해서는 읽을 필요가 있다(53호). 러시아 군부가 일본 군대의 능력을 어떻게 생각했는지 하는 점은, 55호에 실린 1892년 일본의 기동연습을 묘사한 보고에서 찾을 수 있다. 지리탐사 보고는 무수히 많다. 이에 덧붙이자면, 이 시리즈는 영국 영사 보고문, 군사나 정치문제 정보를 포함하는 일본과 청국의 신문들을 러시아어로 번역하여 실어놓고 있다. 가장 흥미로우면서 아마도 가장 결정적으로 중요한 것은 북만주의 청국 정착자들에 대한 몇 가지 보고와, 아무르강 좌안(러시아쪽)에 청국 정착자들이 잠입한 데 대한 보고들이다(58호).

다양한 주제에 걸쳐 풍부한 자료가 있다는 것 이외에도, 이 시리즈는 그 저자들이 놀라울 정도로 정직했다는 점에서 특별한 가치를 가지고 있다. 그들은 독자를 속이려는 의도가 없었던 것이다. 1896년 이전에는 동아시아의 정부관리들이나 군부 사이에서, 이 지역에서의 러시아의 역할에 찬성하거나 반대하는 분파는 없었다. 러시아군은 영국군 복무규정의 예를 따랐고, 민간복장을 하고 전략적으로 중요한 지역에서 "사냥하는" 좋은 시간을 보낼 수 있다는 조건으로 전도 유망한 하급장교들에게 특별휴가를 주기도 했다. 그 결과 1880년대와 1890년대초에 이 시리즈는 아르메니아에서 조선에 이르는 광범한 지역에서, 넘칠 정도로 다양한 주제에 관한 보고를 받았다. 출판된 보고서들은 유망한 하급장교들이 제시한 수많은 보고서 가운데 최고의 것들이긴 했지만, 그 저자들은 경험이 없는 사람들이었다. 따라서 이 시리즈는 신중하게 이용해야만 한다. 어쨌든, 이 시리즈는 유럽어로 된, 청국령 투르키스탄에 관한 최고의 자료집이다.

이 밖에도 가치 있으면서도 잘 알려지지 않은 시리즈는 1898년에 창간되어 부정기적으로 발간된 블라디보스톡의 《동방연구소 소식》(Izve-stiia Vostochnago Instituta)이다. 이 시리즈는 이용하기가 대단히 어렵다. 색인도 없고, 개별 이슈들에 대한 목차도 없으며, 각 권이나 페이지를 나타내는 식별체계도 없다. 그럼에도 이 시리즈는 동아시아에서의 러시아의 활동을 연구하는 사람들에게 커다란 가치가 있을 것이다. 다양한 보고와 번역 그리고 각주로 이루어진 매우 다채로운 주제가 이 간행물에 담겨져 있다는 이유만으로도, 어떤 가치를 발견할 수 있으며 중요하고도 구체적인 사항들을 확실하게 얻을 수 있을 것이다. 본서에서 언급한 바와 같이, 러시아와 티베트의 관계에 대한 주요문서는, 모호하기는 하나 본 연구소 실장들의 《회의록》(Protocol of the Conference of the Directors of the Institute, 3권 3호, 1901~1902)에서 찾을 수 있다. 이 시리즈는 문서 출판에 목적을 둔 것은 아니었다. 그럼에도 귀중한 문서들이 몇몇 논문에 실려있다. 가령 무순 채탄소와 러·청은행의 계약서(9·10권, 1904)는 러시아의 만주개발 성격에 관한 우리의 지식의 폭을 넓혀준다.

《동방연구소 소식》에 중국어와 일본어로 된 페이지는 동양언어를 공부하는 상급학생들을 위한 독해교재로 삽입되었을 뿐이다. 과목의 수업 계획서와 그 밖의 모든 종류의 것들도 들어 있다. 가치 있는 자료의 대부분은 학생들의 "현장실습"에 기초한 보고서에서 찾을 수 있다. 연구소는 육군성으로부터 막대한 지원금을 받았다. 그리하여 매 학기에 4명, 6명, 결국에는 8명의 신임장교들에게 동양의 언어를 가르치려는 육군성의 조정 요구를 받아들였다. 그 대신에 4명에서 8명 정도의 연구소 학생들을 군역과 영사업무에 "현장실습"토록 했다. 학생들은 여러 곳의 전략 요충지를 방문했으며, 연구소로 돌아와 그에 대한 보고서를 작성하였다. 그 가운데 최고의 보고서가 이 《소식》(Izvestiia)지에 실렸는데, 이 같은 사실은 그들이 아주 철저하게 일했음을 말해준다. 러시아와 연태(煙台) 사이의 교역에 관한 보고서는 새로운 학문적 성과이며(3권 3~5호), 진남포에 관한 논문은 러시아가 보유했던 압록강 삼림채벌권에 대한 거센 비난이 어리석은 것임을 명확히 해준다(4권, 1902~3년). 많은 보고서에는 표와 그 밖의 러시아영사관 정보에서 복사한 부록들이 들어 있는데, 학생들은 자신들이 파견 근무하는 영사관을 그들의 본부로 삼았다.

이 시리즈에 담겨 있는 이 같은 보고서들과 다른 정보들의 가치는 바로 저자들의 정직함에 있다. 그들은 가능하면 정확하고 완벽하려고 최선을 다했다. 참모(General Staff)와 같은 경험 없는 저자들과는 달리, 이들 "학생들" 대부분은 옵저버로서 현장실습에 나가기 전에, 그들의 역할에 적합하게끔 훈련을 받은 원숙한 청년들이었다. 그들은 실제로 러시아의 요원이나 영사처럼 현장실습을 하였다. 돌아온 뒤에 그들의

보고서는 각 실장들이 면밀하게 검토하였고, 최종적으로는 연구소 소장
이자 유능한 인물인 뽀즈니예프(A.M.Pozneev)의 검증을 받았다.

첫 4개호가 출간된 직후, 《동방연구소 소식》은 "게재 논문 연보"(A
Chronicle of Magazine Articles) 라고 명명된 보록을 발간하기 시작했
다. 독어, 불어, 영어, 중국어, 일본어로 된 동아시아 출판물의 요약본은
매호가 발간될 때마다 그 중요성이 더해갔다. 분명히 더욱 더 많은 신
문과 잡지들이 "연보"를 구독하였으며, 경험이 쌓임에 따라 번역과 편
집도 향상되어 갔다. 몇 달이 지나지 않아 이 연보는 대단히 유용한 정
보원이 되었으며, 편집자들은 러시아 독자들의 흥미를 끌 만한 주제들
을 선택하였다. 이들 주제 가운데는 러시아의 활동에 대한 외국언론의
태도를 다룬 것도 있고, 외국 언론에 실린 러시아의 활동에 관한 실질
적인 정보도 있다. 이 작업의 결과 연보는 대단히 유용한 자료집이 되
었다. 확실히 그 같은 축약본을 이용하는 것이 역사 연구의 최고의 방
법은 아니다. 그러나 연구소의 검증을 받은 많은 간행물들은 미국에서
는 입수할 수가 없다. 《소식》지의 어떤 것은—특히 동양언어로 된—서
양인들이 다루기에는 너무 어렵기 때문에, "연보"를 참조할 수밖에 없
다는 구실을 내세우게 된다. 《소식》지가 정직하게 그리고 능란하게 편
집된, 기술적이면서 학문적인 간행물이었다는 사실은 기억해야만 한다.
어느 누구도 번역을 왜곡할 이유가 없었다. 그 이유는 속이거나 선전해
야 할 대중이나 일반 독자들이 없었기 때문이다.

특히 역사 서술자들이 거의 완전히 무시하고 있기 때문에 그 유용성
은 덜하지만, 중요한 또 다른 시리즈는 《러시아제국 지리학회 소식》
(*Izvestiia Imperatorskago Russkago Geograficheskago Obshchestva*)
이다. 이 시리즈에서는 러시아의 초기 정착자들이 아무르강을 따라 정
착한 상황이나, 1860년대에 만주에서 이루어진 최초의 러시아의 탐사,
19세기 만주에서 청국인들과의 밀교역 관계, 그리고 동아시아에서의 러
시아의 활동을 다룬 실질적이면서도 많은 항목의 자료를 찾을 수 있다.
보고서의 필진들이 가장 우수한 자질을 가진 경험 있는 사람들이었기

때문에, 이 자료 역시 양심적으로 정직하며 완벽하게 믿을 만하다고 볼 수 있다.

동아시아에서의 교역관계에 대한 대단히 귀중한 정보원은 러시아세무국(Russian Department of Customs)이 발간한 시리즈, 《1895년의 유럽과 아시아 국경에서의 러시아의 대외교역 개관》(*Obzor uneshnei torgovli Rossii po Evropeiskoi i Aziatskoi granitsam za 1895 god*)으로 1895~1907년 상트 페테르부르그에서 발간되었다. 해마다 한번씩 발행되는, 전년도의 교역에 관한 이 시리즈는 1895년부터 발행되어 1907년에 중단되었다.

잘 편집된 이 출판물에는 수입, 수출, 관세규정, 세관 영수증 등에 대한 풍부한 정보가 들어 있다. 그 안에는 국가별, 상품별, 수입 통관절차를 거쳐야 하는 항구별로 분류된 통계정보가 있다. 여기에는 한 가지 결점이 있다. 즉 이 시기에 러시아는 코카서스의 바툼(Batum), 아무르의 블라디보스톡, 니꼴라예프스크, 그리고 캄차카의 페트로프블로프스크 같은 관세자유항(*porto franco*)의 지위를 가진 여러 지역을 확보하고 있었기 때문에 몇 가지 수치들이 부정확하다는 점은 있다. 그렇기 때문에 상당히 많은 수입이 기록되지 못했지만 이는 믿을 만한 정보원이다. 더욱이, 1881년 러·청조약으로 양체약국의 국민들은 국경 공동구역 양측 각각 50베르스트에 해당하는 지역에서 자유로운 소매교역을 할 수 있는 권리를 가지고 있었다. 그러므로 국경수비대나 세관 관리들은 소매상품에 대한 기록을 보유하였는데, 그것은 장래의 교역이 소매의 형태가 될 것임을 확신시키기 위해 대상(隊商)들을 조사해 두어야 했기 때문이다. 1900년에 블라디보스톡과 니꼴라예프스크의 관세자유항으로서의 지위는 종식되었지만, 페트로파블로프스크는 러·일전쟁 때까지 관세자유항으로 남았다.

《국무위원회의 활동보고서》(*Otchet po deloproizvodstvu Gosudarst -vennago Soveta*)는 1년에 한 번씩 나오는 것으로, 사실을 기록한 자료로서보다는 일반적인 참고서로 더 유용하다. 이 시리즈는 영사 임명을 포함한 다양한 임명이나, 외교관직 및 그 밖의 다른 잡다한 사람들의 지위 변화에 대한 정보를 포함하고 있다. 여기서 나는 베조브라조프 그룹의 일원들이 차지했던 관직에 관한 중요한 정보를 얻었다.

각 권에 실린 문서들을 이용할 때 특히 신중해야 한다. 우선 새 제목 아래 나온 문서들이 다른 언어로 번역된 것이거나 혹은 사본은 아닌지 면밀하게 검토해야 한다. 몇 년 전에 나는 1934년 동경에서 발간된, 오타케 하쿠키치(Otake Hakukichi)의 《외교 비극, 만주와 일·러전쟁》(*Gaike hiroku Manchu to Nichi-Ro Senso*)의 제목, 목차, 그리고 문서의 주요 제목을 번역하는 데 상당한 시간을 허비하였으나, 이것이 《붉은 문서》에서 발행된 자료를 번역한 것에 불과하다는 사실을 발견했을 뿐이다. 《외교시보》(外交時報) 장서 중 한 권도 나는 이와 유사한 노력을 들인 적이 있다. 나는 "부루 부쿠"가 "블루 북"이라는 영어 철자를 단지 일본의 카타카나로 표현한 것이라는 사실을 알았을 때 도중에 포기하였다. 《러·일전쟁 : 자료》(*Russko-Iaponska Voina : Materialy*)는 1925년 중앙공문서관이 출간하였다. 이는 《붉은 문서》(2, 5, 8호)에 발간된 쿠로파뜨킨의 6개의 일기장과, 전쟁의 원인을 연구하는 데 거의 가치가 없는 리네비치 장군의 일기들을 포함하고 있다. 그 밖의 다른 사본은 나중에 언급할 것이다.

가장 중요하면서도 독특한 문서는 일본 외무성이 발간한 《일본 백서》(*Japanese White Book*)이다. 이는 1903년 6월부터 1904년 2월까지의 시기를 포괄하는 약 42개의 문서들을 포함하며, 연속적인 4번의 일본측 제안과 러시아의 대응안을 통해 러·일교섭 과정을 추적하고 있다. 작은 책자의 공식 제목은 《1903~1904년 일·러교섭에 관한 서한집》(*Correspondence Regarding the Negotiations Between Japan and Russia, 1903~1904*)이다. 여기에 몇몇 일본어 판본이 있음은 두말할 필요도 없다. 이는 일본 외무성과 〈재패니즈 타임즈〉(Japanese Times)가 영어로 출간하였다. 또 다른 판본은 미국의 수도 워싱턴과 런던에서 각각 다른 판본으로 출간되었다. 이 모든 판본은 1904년에 나타났다. 아

마 다른 판본들—분명히 독어나 불어 판본—도 있겠지만 이를 확인해
보지는 못했다.

러시아 판본은 1905년 6월까지도 등장하지 않았다. 흥미를 끄는 그
제목은 50쪽 짜리 소책자를 전혀 새로운 것인양 보이게 만든다. 그것을
번역해 보면 "동아시아특별위원회 의장실에 보관된, 1903~1904년 대
일교섭 문서"이다. 《일본 백서》가 이미 1년 이상 광범하게 유포되어 왔
기 때문에, 부제는 이 문서들이 새로운 어떤 것을 말해준다는 것을 지
칭하는지도 모른다. 왜 "의장실에 보관된"이라고 명명했을까? 그것이
비밀이었기 때문인가? "의문의 문서들"을 검토해 보면 그 문서들이
《일본 백서》의 문서들을 영어에서 러시아어로 번역해 놓은 것에 불과
하다는 사실을 알 수 있다. 이 "발견"을 거머쥔 런던의 한 회사는 러시
아어로 된 문서를 다시 영어로 번역하고 이를 러시아의 "적서(赤書,
Red Books)"라고 명명하여, 새로운 문서집으로 발간함으로써 혼란을
더욱 가중시켰다. 러시아의 "적서"를 볼 기회를 갖지 못한 것이 심히 유
감이다.

《일본 백서》역시 새 이름을 가진 문서집의 모습을 띠고 러시아어로
번역, 상트 페테르부르그에서 1905년에 지뻬우스의 《일본과 우리의 전
쟁 원인에 관하여 : 문서집》(A.I.Gippius, *O prichinakh nashei voiny s
Iaponiei : Dokumenty*)으로 발간되었다. 러시아 번역본에 덧붙여 《백
서》의 불어 번역본이 이 책에 수록되어 있다. 왜 불어 번역본이 거기에
있을까—이는 영어를 번역한 것일 것이다. 그러나 이 영역본도 러시아
어를 다시 번역한 것이다—라는 질문에는 지뻬우스만이 대답할 수 있
을 것이다. 이 책의 분량은 약 166쪽으로 영국의회문서("청서"), 《중국
2권(1904) : 러시아의 만주와 우장 점령에 관한 서한집》(*China No.2
(1904) : Correspondence Respecting the Russian Occupation of
Manchuria and Newchwang*)의 번역본이다(1904년 2월 2일 발행). 지뻬
우스는 문서들을 축약했고 몇 개의 문서는 중요한 러시아 원본 문서들
의 축약본이다. 예컨대 그의 책 부록 5는 브리네르의 압록강 삼림조차

권(1896년)의 원본이다.

1904년 동아시아특별위원회는 부피가 커진 소책자를 《동아시아에 관한 자료》(*Materialy po del'nemu Vostoku*)라는 또 다른 새 제목으로 출간하였다. 그것이 특별각료회의의 깊숙한 밀실에서 나왔기 때문에, 나는 그것이 새 문서의 보금자리일 것으로 기대했으나 이것 역시 위에 이야기한 "청서" 《중국 2권(1904)》의 일부를 번역한 것에 지나지 않는다.

《일본 백서》의 러시아어본은 "청서"라는 제목으로 1904년에 출간되었다. 그러나 람스도르프가 선별한 문서들은 짜르의 승인을 받지 못했으며, 결국 이 문서들은 이에 대한 모든 관심이 사라질 때까지도 미결인 채로 남았다. 어쨌든 동아시아문제 특별위원회는 러·일관계의 마지막 국면에 대한 주요문서집의 한정된 사본 출간을 결정하는 일과는 아무런 관련이 없었다. 약 200쪽에 달하는 이 소책자는 《딸기빛 책》(*Malinovaia Kniga*)으로 알려져 있다. 그 제목의 번역은 《일본 백서 : 동아시아특별위원회 의장실에 보관된, 1903~1904년 대일교섭 문서》 (*Japanese White Book : Documents on the Negotiations with Japan 1903~1904, Kept in the Chancellery of the Special Committee on the Far East*)의 번역으로 나중에 나온 것과 똑같은 제목이다. 이 문서집은 한정된 부수로 간행되었다. 400부만을 인쇄하여 주도적인 정치인들, 외교관, 그리고 영향력을 가진 책임 있는 사람들에게만 배부되었다. 그러나 배부가 이루어지기도 전에 간행본은 비밀경찰에 의해 압수되어, 아마도 플레베의 명령에 따라 폐기되었을 것이다. 몇 부가 파손을 모면했는지는 알려져 있지 않으나, 이 소책자는 사본이 미국에 존재하고 있을지 의심스러울 만큼 희귀하다. 미국 의회도서관은 소장하고 있지 않다.

소책자는 가치 있는 자료를 포함하고 있을 것이다. 한 모험가가 문서의 몇몇 사본을 만들어 독일에 밀반출하였는데, 사본은 당시 자진 망명한 자유주의 역사가인 부르체프(V.L.Burtsev)의 수중으로 들어갔다. 1910년에 발췌본이 출간되었는데 그 제목이 《짜르와 대외정책…람스도르프 백작의 각서와 "딸기빛 책"…》(*Tsar i vneshniaia politika…*

Zapiska Grafa Lamsdorfa I Malinovaia Kniga…)이다. 이 60쪽 짜리 소책자는 1910년 베를린에서 출판되었다. 분량은 작지만 여백은 넓게 편집되어 있다. 이 작은 책자가 포함하고 있는 몇 가지는 중요하며, 앞서 언급한 몇몇 문헌의 혼동을 해결해 주고 있다. 《딸기빛 책》은 러시아 해군에 상륙을 시도하라거나, 심지어는 위도 39도 이북에 함대를 파견하는 일본인들을 공격하라고 훈령한 문서들을 포함하고 있다. 그렇기 때문에 짜르와 외상—사실상 정부 전체—의 반대에 부딪쳐 결국 이 문서는 폐기되어야 했다. 나는 이 책의 공식 제목이 많은 사람들에게 알려졌기 때문에, 그리고 어떤 사람들은 그 같은 책을 원했기 때문에, 특별위원회가 일반인들을 만족시키기 위해 《일본 백서》를 출간하고, 《딸기빛 책》이라는 제목을 부여한 것이 아닌가 추정하고 있다.

다음은 각 권으로 된 단행본들이다. 이 책들은 가히 문서로도 분류할 수 있는, 상당히 사실적인 자료들을 포함하고 있다. 사실 나는 이 단행본들을 1차적으로 이용하였다. 가장 중요하고 신뢰가 가는 세 권 가운데 하나는, 1922년 북경에서 출간된, 코로스또베츠의 《동아시아에서의 러시아》(*Rossiia na Dal'nem Vostoke*)이다. 소박한 제목으로 된 이 책은 그 유명한 알렉쎄프-증기 협상(1901)이 조인될 때까지의, 만주에서의 코로스또베츠의 외교적 활동을 훌륭하게, 문서로 잘 입증한 보고서이다. 이 협상은 러시아의 만주 통제 방향을 설정하였다. 이 책은 1900~1904년 만주에서의 러시아의 입장을 이해하는 데 절대적인 "필독서"이다.

두 번째 책은 위떼의 《쿠로파뜨킨 장군의 대일전쟁 보고에 관한 꼭 필요한 해명》(*Vynuzhdennye raz'iasneniia*…)으로, 1911년 모스크바에서 발간되었다. 이 책은 하나의 논박서이다. 이즈음 위떼는 쿠로파뜨킨과의 우정을 완전히 끊어버렸다. 쿠로파뜨킨은 만일 자신의 조언을 따랐다면 전쟁은 없었을 것이라는 취지의 말을 공표하였다. 이는 다른 사람들이 잘못했다는 것을 의미했기 때문에, 위떼는 쿠로파뜨킨의 주장에 대해 어떤 해명을 하지 않으면 안 된다고 느꼈다. 그 결과물이 많은 문서와 긴 발췌문을 포함한 상당한 분량의 이 책자이다. 세 번째 책은 또 다른 논박서로, 1906년 상트 페테르부르크에서 발간된 르포프 (F.A.Lvov)의 《러·일전쟁의 직접적인 선동자들, 관료적 고집으로 가득 찬 범죄자들》(*Likhodei biurokraticheskago samovlastiia…*)이다. 이 책 은 압록강 조차계획에 관한 사실적인 자료뿐만 아니라, 다소의 희화화 된─"숯이 검정 나무란다"와 같은 식의─자료를 포함한다.

베른스타인 판의 《윌리 니키 서한집》(H.V.Bernstein, *The Willy -Nicky Correspondence,* New York, 1918)과 레빈의 《짜르에게 보낸 카이저의 서신》(I.D.Levine, *Letters of the Kaiser to the Tsar,* New York, 1920)은 별다른 설명이 필요없을 정도로 너무 잘 알려져 있다. 이 두 책의 일부는 레빈 책의 번역이기는 하지만 러시아어판으로 보완해야 한다. 그 책이, 1923년에 모스크바에서 출판된 포끄롭스키의 《빌헬름 2 세와 니꼴라이 2세의 서한집》(M.N.Pokrovskii, *Perepiska Vil'gel'ma II s Nikolaem II*)이다. 이 책들은, 니꼴라이 2세의 일기─일반적으로 별 가치는 없는─와 비교할 필요가 있다(*Dvenik Imperatora Nikolaia II, 1890~1906,* Berlin, 1923). 끝으로, 이 책들은 《붉은 문서》의 상당한 분량을 차지하는, 니꼴라이 2세가 모후와 몇몇 대공들에게 보낸 단편적 인 서한들과도 비교되어야 한다. 나는 니꼴라이 2세가, 신사의 첫째가는 요건은 "노(no)"라는 말을 하지 않는 것이라고 생각한 사람이었다고 본 다. 이 같은 견해는 윌리 니키 서한집과 짜르가 자신의 황실 가족들에게 보낸 개인적인 서신 사이의 모순을 설명해 줄 것이다.

그 밖의 다른 특정 간행물들도 주목받을 만하다. 1925년 레닌그라드 에서 출간된 세메니코프의 《전제정의 장막 너머 : 티베트 의사 바드마 예프 문서》(V.P.Semennikov, *Za Kulisami tsarizma : Arkhiv Tibets -kago vracha Badmaeva*)는 아시아 불교도를 대표할 "결백한 백인 황 제(White Tsar)"라는 환상적인 개념에 기초한 것으로, 공격적인 이데 올로기가 성숙되었음을 예증하는 가치 있는 자료를 포함하고 있다. 1934년에 출간된 《람스도르프 일기》(*Dvenik Lamsdorfa*)는, 1880년대의 러시아 정책에 대한 문헌 고증물이 1893년 이전에는 거의 출판된 적이 없기 때문에 가치가 있다. 1895년부터 외무성이 발간한 간행물(상트페테르부르그, 1906)은 몇몇 문서를 포함하고 있으나, 대부분이 관변 논문이다. 이는 선전을 위한 편견이 주입된 것으로 여겨질 수 있으므로 신중하게 이용해야 한다. 의화단사건 동안 동아시아에서 러시아의 군사적 활동을 가장 불공평하게 다룬 것은, 1901년 발행된 미국의 군사무관들과 요원들의 보고를 수록한 미 육군성 군사정보국의《중국 관련 각서, 1900》(*Notes on China, 1900*)이다.

마지막으로, 비정기간행 문서들은 러시아의 다양한 정기간행물들 속에서 찾을 수 있음을 언급해 두어야겠다. 예를 들면 다음과 같은 것들이다.《과거》(*Byloe*),《러시아 국보》(*Russkoe Bogatstvo*),《유럽 배달꾼》(*Vestnik Evropy*),《러시아 문서》(*Russkii Arkhiv*),《러시아의 사상》(*Vestnik Evropy Mysl'*),《러시아의 먼 옛날》(*Vestnik Evropy Starina*),《역사 배달꾼》(*Istoricheskii Vestnik*),《러시아의 과거》(*Russkoe Proshloe*),《신동방》(*Novyi Vostok*). 이 간행물 가운데 대부분은《정부 배달꾼》(*Pravitel'stvennyi Vestnik*)과 동아시아로부터의 서한들을 길게 인용하여 재인쇄한 것이다. 그러한 자료들은 대부분 가치가 거의 없다. 그러나 1900년 아무르강 우안의 점령을 선언하는 그로데코프 장군의 포고문과, 1900년 블라고베시첸스크 대학살을 다룬 서한 같은 흥미 있는 문서들도 있다.

그리고, 이제까지 언급한 해당 시기의 러시아 신문들은 입수할 수가 없어서 검토하지 못했음을 밝힌다.

참고문헌

공식 간행물 및 준공식적 간행물

Burtsev, F.L., *Tsar i vneshniaia politika···Zapiski Grafa Lamsdorfa Malinovaia Kniga*(The Tsar and the Foreign Policy···Memorandum of Count Lamsdorf and the Malinovaia Kniga···Crimson Book). Berlin, 1910.

Carnegie Endowment for International Peace. *Korea : Treaties and Agree -ments*. Washington, D.C., 1921.

──, *Outer Mongolia : Treaties and Agreements*. Washington, D.C., 1921.

──, *Manchuria : Treaties and Agreements*. Washington, D.C., 1921.

China, Maritime Customs. *Treaties, Conventions, etc., Between China and Foreign States*. Shanghai, 1905. 2vols.

France, Ministère des Affaires Etrangères. *Documents diplomatique : Chine, 1899~1900* ("Livre Jaune"). Paris, 1900.

──, *Documents diplomatique : Chine, 1900~1901* ("Livre Jaune"). Paris, 1901.

──, *Documents diplomatique français*. 2d ser., Paris, 1931. 4vols.

Galperin, A. *Anglo-Iaponskii Soiuz, 1902~1921*(Anglo-Japanese Alliance···). Moscow, 1947.

Germany, Auswärtiger Amt. (Foreign Office). *Das Staatarchiv.* Leipzig, 1861~1914, 84vols.

───, *Die grosse Politik der europäischen Kabinette, 1871~1914.* Berlin, 1922~1927. 40vols. in 54. Vols.IX, XIV, XVI, and XVII.

Gippius, A.I. *O prichinakh nashei Voiny s Iaponiei : Dokumenty*(The Causes of Our War with Japan : Documents). St.Petersburg, 1905.

Glinskii, B.B. *Prolog Russko-Iaponskoi Voiny : Materialy iz arkhiva Grafa S.Iu. Witte*(Prologue of the Russo-Japanese War : Materials from the Archives of Count Witte). Petrograd, 1916.

Gooch, George Peabody, and Harold Temperley, eds. *British Documents on the Origins of the World War, 1898~1914.* London, 1926~1938. 11vols. I권과 II권은 러·일전쟁 이전의 시기를 다루고 있음.

Great Britain. *Consular Report on the Trade of Korea*, 1892. London, 1893. Annex IV ; Annex I (Shipping in Korea).

Great Britain, Committee of Imperial Defense, Historical Section. *Official History of the Russo-Japanese War.* London, 1910. 3vols.

Great Britain, Foreign Office. *British and Foreign State Papers.* London, 1841~1914. 107vols. Vol.XCIV.

Great Britain, Parliamentary Papers, "Blue Books"

China No.1(1900) : Further Correspondence Respecting the Affairs in China.

China No.2(1900) : Correspondence with the United States Government Respecting Foreign Trade in China.

China No.3(1900) : Correspondence Respecting the Insurrectionary Move-ment in China. 1900년 3월 1일자 총리아문과 외교대표들 사이의 면담 각서(enclosure in no.33, p.21)와 1900년 6월 27일자 베를린 주재 영국대사관 각서(enclosure no.1, p.91)가 포함되어 있음.

China No.4(1900) : Reports from Her Majesty's Minister in China Respecting Events in Peking.

China No.5(1900) : Correspondence Respecting the Anglo-German Agree -ment of October 16, 1900, Relating to China.

China No.1(1901) : Correspondence Respecting the Disturbances in China.

China No.2(1901) : Dispatches from His Majesty's Ambassador at St.Pe- tersburg Respecting the Russo-Chinese Agreements as to Manchuria. Report on Manchuria, 1886.

China No.3(1901) : Further Correspondence Respecting Events at Peking.

China No.4(1901) : Further Correspondence Respecting Events at Peking.

China No.5(1901) : Further Correspondence Respecting the Disturbences in China.

China No.6(1901) : Further Correspondence Respecting the Disturbences in China.

China No.7(1901) : Correspondence Respecting the Imperial Railway of North China.

China No.1(1902) :·Correspondence Respecting the Affairs of China.

Great Britain, Parliamentary Papers. *Papers Relating to Tibet.* London, 1904.

Grimm, Ervin Davydovich. *Sbornik dogovorov I drugikh dokumentov po istorii mezhdunarodnykh otnoshenii na Dal'nem Vostoke, 1842~ 1925*(Collections of Treaties and Other Documents on the History of International Relations in the Far East). Moscow, 1927.

Herslet, Edward. *Hertlet's China Treaties···.* London : H.M.Stationary Office, 1908, 2vols.

Iarovoi, P.F. *Russko-Iaponskia Voina : Sbornik materialov*(The Russo- Japanese War : Collection of Materials). Leningrad, 1933.

Ito Hirobumi, *Hisho-ruisan Kaika-kai*(Secret Diplomatic Papers While in Office). Tokyo, 1934. 3vols.

Iuzefovich, T. *Dogovory Rossii s Vostokom*(Russian Treaties with the East). St.Petersburg, 1869.

Izvestiia Imperatorgskago Russkago Geograficheskago Obshchestva, 1865~1885. (News of the Imperial Russian Geographical Society). St.Petersburg, 1887. 87vols.

Izvestiia Vostochnago Instituta s prilozheniem Letopisi(News of the Oriental Institute with a Supplement of the Chronicle). (Magazine articles in German, French, English, Japanese, and Chinese). Vladivostok, 1898~1922. 47vols.

Japan, Ministry of Foreign Affairs. *Correspondence Regarding the Negotiations between Japan and Russia, 1903~1904. Japanese White Book.* Tokyo, London, and Washington, D.C., 1904.

Journal of Special Conference of February 7, 1903, *K.A.,* LII, 1932.

Korostovets, Ivan Iakovlevich. *Rossiia na Dal'nem Vostoke*(Russia in the Far East). Peking, 1922.

Langer, William L. *The Diplomacy of Imperialsim, 1892~1902.* New York and London : Knopf, 1935. 2vols.

Leonov, R. *Documents secrets de la politique russe en Orient, 1881~1890.* Berlin, 1893.

Liu-shi-nien···, *Documentary History of Sixty Years of Sino-Japanese Relations.* Tientsin, 1932. 4vols.

Lobanov-Rostovskii, A.B., Memoir to Nicholas II, April 6, 1895, *K.A.,* LII(1932).

MacMurray, John V.A., *Treaties and Agreements with or Concerning China, 1894~1919.* New York, 1921. 2vols.

Meyendorff, Baron A., *Correspondence Diplomatique de Baron de Staal.* Paris, 1929, 2vols.

Muraviev, N.V. Memorandum to the Tsar November 23, 1897, *K.A.,* LII.

Pribram, Alfred F. *The Secret Treaties of Austria-Hungary, 1879~1914.* Cambridge, 1920~1921. 2vols.

Reinach, Lucien de. *Recueil des traités conclu par la France en Extrême*

Orient, 1684~1902. Paris : E.Leroux, 1902~1907. 2vols. (*Revue Politique et Parlementaire*, V, July, 1895).

Rockhill, William W. *Treaties and Conventions with or Concerning China and Korea, 1894~1904.* Washington, D.C., 1904.

Romanov, B.A., *Ocherki diplomaticheskoi istorii Russko-Iaponskoi Voiny, 1895~1907*(A Servey of the Diplomatic History of the Russo-Japanese War). Moscow, 1947. 2d ed. Moskow, 1955.

────, *Rossiia v Manzhurii, 1892~1906.* Leningrad : Leningrad Oriental Institute, 1928. *Russia in Manchuria, 1892~1906.* Ann Arbor : University of Mishigan Press, 1952(영역본).

Russia, Department of Customs. *Obzor vneshnei torgovli Rossii po Evropeiskoi i Aziatskoi granitsam za 1895 god*(Survey of the Foreign Trade of Russia on the European and Asiatic Frontier for 1895, etc.) Annual vols. St.Peterburg, 1895~1907.

Russia, General Staff. *Sbornik geograficheskikh, topograficheskikh i statisticheskikh materialalov po Azii*(Collection of Geographical, Topographical, and Statistical Materials on Asia). Moscow and St.Petersburg, 1883~1896. 64 issues. 1896~1914, 17 issues.

Russia, Ministerstvo Inostrannykh Del (Ministry of Foreign Affairs). *Recuil des traités et documents diplimatique concernant l'Extrê me Orient, 1895~1905.* St.Peterburg, 1906.

Russia, Osobyi Komitet Dal'nego Vostoka (Special Committee for the Far East). *Documenty po peregovoram s Iaponiei, 1903~1904.* St.Peterburg, 1905. Issue 1 : *Malinovaia po Kniga* ; issue 2 : *Japanese White Book.*

Russia, *Ochet po deloproizvodstvu Gosudarstvennago Soveta za sessiiu 1899~1900*(Report on Activities of the State Council During the Sessions of 1899~1900). St.Petersburg, 1900. Annual reports in 1902, 1903, etc.

Semennikov, Vladimir P. *Za kulisami tsarisma : Arkhiv Tibetskago vracha Badmaeva* (Behind the Curtains of Tsarism : The Archive of the Tibetan Doctor Badmaev). Leningrad, 1925.

Temperley, Harold W.V., and Lilian M.Penson, eds., *A Century of Diplomatic Blue Books, 1814~1914.* Cambridge[England] : University Press, 1938.

Tilley, J.A., Memorandum, January 14, 1904, *B.D.,* XI No.1, p.1.

Treat, Payson J. *Diplomatic Relations Between the United States and Japan,* 1853~1895. Stanford University Press, 1932. 2vols.

Union of Soviet Socialist Republics, *Tsentral'nyi Arkhiv*(Central Archive). *Krasnyi Arkhiv*(Red Archive). Moscow, 1922~1941. 116 issues in 73vols.

United States Congress, Foreign Affairs Committee. *Papers Relating to the Foreign Affairs of the United States.* Washington, D.C., 1868 ~1910. Annual vols. Vols for 1900 and 1901.

United States War Department, U.S. Adjutant-General's Office, Military Information Division, *Notes on China, 1900.* Publication XXXIII. Washington, 1901.

Witte, Sergei Iu. *La guerre avec Japon···.* Paris, 1911.

———, Memorandum to the Tsar, April 12, 1896, *K.A.,* LII.

———, *Vynuzhdennye raz'iasneniia po povodu otcheta Gen.-Ad Kuropa- tkina o voine s Iaponiei*(Cumpulsory Clarifications Concerning the Account of General Kuropatkin on the War with Japan). Moscow, 1911. *Erzwungene Aufklärungen···.* Vienna, 1911.

———, *La guerre avec Japon···.* Paris, 1911.

———, *Zapiskii Impereratorskago Russkago Geograficheskago Obshch- estva* (Records of the Imperial Russian Geographic Society). St.Petersburg, 1867~1916. 44vols.

회고록, 일기, 서신 및 여행 보고서류

Alexander Mikhailovich (Grand Duke). *Kniga Vospominanii* (Remini-
  scences). Paris, 1933. 2vols.

Aronin. "Memoirs", *Japan Chronicle,* Nov.16, 1933 ; April 12, 1934.

Baelz, Erwin. *Awakening Japan : The Diary of a German Doctor.* Edited
  by Toku Baelz. New York : Viking, 1932.

Bing, E.J., ed. *The Secret Letters of the Last Tsar.* New York :
  Longmans, Green, 1938.

Bülow, Bernhard H.M.K. von. *Memoirs of Prince von Bülow.* Boston :
  Little, Brown, 1931, 2vols.

Christie, Dugald. *Thirty Years in Moukden, 1883~1913.* London : Con-
  stable, 1914.

Deutsch, Leo. *Sixteen Years in Siberia.* London : J.Murray, 1903.

Efimov, A.V. *Iz istorii russkikh ekspeditsii na Tikhom Okeane*(From the
  History of Russian Expeditions on the Pacific). Moscow, 1948.

Great Britain, Naval Intelligence Division. *Handbook of Siberia and Artic
  Russia.* London, 1922.

Gurko, Vladimir I. *Features and Figures of the Past.* Stanford University
  Press, 1939.

Heyking, Elizabeth von. *Tagebücher aus vier Weltteilen.* Leipzig, 1926.

Hohenlohe, Chlodwig Karl Victor von. *Denkwürdigkeiten der Reichskan-
  zlerzeit.* Stuttgart, 1931.

Izvolskii, Alexander. *The Memoirs of Alexander Iswolsky.* Ed. and tr. by
  Charles Louis Seeger. London : Hutchinson, 1920.

Kokovtsev, V.N.(Count). *Out of My Past : The Memoirs of Count Koko-
  vtsev.* Edited by H.H.Fisher. Stanford University Press, 1935.

Kozlov, P.K. *Tibet i Dalai Lama.* Petrograd, 1920.

488

Kruzenstern, Adam Iohan von. *Puteshestvie vokrug sveta v 1803~1806 gg.* (A Voyage Round the World in 1803~1806). St.Petersburg, 1809~1812.

Kuropatkin, A.N. "Dnevnik" (Kuropatkin's Diary), *K.A.*II(1923), V(1924), VIII(1925).

──, *Zapiski generala Kuropatkina o Russko-Iaponskoi Voine* (Notes of General Kuropatkin on the Russo-Japanese War). Berlin, 1909. 3vols. *The Russian Army and the Japanese War⋯.* Tr. by A.B.Lindsay. New York : Dutton, 1909, 2vols.(영역본).

Lamsdorf, V.N. "Dnevnik[Diary of] V.N.Lamsdorfa", *K.A.*, XLVI (1931).
──, *Dnevnik, 1886~1890.* Moscow, 1926.

Levine, Issac Don[Iosif Davydovich]. *Letters of the Kaiser to the Tsar.* New York : Stokes, 1920.

Lopukhin, A.A. *Otryvki iz vospominanii* (Extracts from Reminiscences). Moscow, 1923.

Nicholas II. *Dnevnik* [Diary of] *Imperatora Nikolaia II, 1890~1906.* Berlin, 1923.

Pares, Bernard. *My Russian Memoirs.* London : J.Cape, 1931.

Pokrovskii, M.N., ed. *Perepiska Vil'gel'ma II s Nikolaem II* (Correspondence Between William II and Nicholas II). Moscow, 1923.

Polovtseff, P.A. *Glory and Downfall : Reminiscences of a Russian General Staff Officer.* London : G.Bell, 1935.

Polotsev, A.A. *"Iz dvenika A.A.Polovtseva"*(From A.A.Polovtsev's Diary), *K.A.*, LXVII(1934), 168~186.

Pooley, A.M., ed. *The Secret Memoirs of Count Tadasu Hayashi.* New York and London : Putnam, 1915.

Popov, P.S. "Dva mesiatsa osady v Pekine⋯"(A Diary of Two Months in Peking During the Siege, May 18 to July, 1900), *Vestnik Evropy,* XXXVI, No.2 February, 1901), 517~537, No.3 (March),

5~37.

Pozdneev, D.M. *Materialy po istorii severnoi Japonii*(Historical Materials on Northers Japan). Yokohama : J.Gluk, 1909.

────, ed. *Opisanie Manzhurii*(A Description of Manchuria). St.Peters burg, 1897. 2vols.

Prjevalskii, N.M. *Puteshestvie v Ussuriiskom krae, 1867~1869* (Travel in the Ussuri District). St.Petersburg, 1870.

Radzivill, Princess Catherine. *Memoirs of Forty Years*. London : Funk & Wagnalls, 1914.

Romanov, B.A. "Pis'ma S.Iu.Witte k D.S.Sipiaginu(1900~1901)" (Letters to Sipiagin from Witte···), *K.A.*, XVIII(1926).

Rosen, R.R. *Forty Years of Diplomacy*. New York : Knopf, 1922. 2vols.

Savinskii, Alexander A. *Recollections of a Russian Diplomat*. London : Hutchinson, 1927.

Seymour, E.H.(Admiral). *My Naval Career and Travels*. London : Smith and Elder, 1911.

[Simpson, Bertram Lenox], ed. *Indiscreet Letters from Peking*. Ed. by B.L.Putnam Weale. London : Hurst and Blackett, 1904.

Tsybikov, G.T. *Buddist palomnik u sviatyn' Tibeta : Po dnevnikam vedennym v 1899~1902 gg.*(A Buddhist Pilgrim in Tibet : A Diary of 1899~1902). Petrograd, 1918.

Ukhtomskii, E.E.(Prince). *Ot Kalmytskoi stepi do Bukhary*(From Kalmyk Steppes to Bukhara). St.Petersburg, 1891.

[Ukhtomskii, E.E.] *Poezdka Naslednika*···(Travels in the East of Nicholas II··· when Tsarevitch in 1890~1892]. St.Petersburg, 1893. *Travels in the East of Nicholas II, Emperor of Russia, when Cesarewitch, 1890~1892.* Tr. by R.Goodlet, ed. by Sir G.Birdwood. 2vols.

Witte, S.Iu. *Vospominaniia* (Reminiscences). Berlin, 1922, 3vols.

이차 자료

Akagi, R.H. *Japan's Foreign Relations, 1542~1936.* Tokyo : Hokuseido Press, 1936.

Aksakov, I.S. *Slavianskii Vopros, 1860~1886.* Moskow, 1886.

Alexinskii, Gregor. *Modern Russia.* London : Unwin, 1913.

Allen, Bernard M. *The Right Honorable Sir Ernest Satow.* London : Kegan Paul, Trench, Trubner, 1933.

Allen, Horace N. *A Chronological Index.* Seoul, 1901.

——, *Korea, Fact and Fancy.* Seoul, 1904.

Allen, James G. "Anglo-Russian Rivalry in Central Asia, 1865~1885", Unpublished Ph.D. dissertation. Univerisity of California, Berkeley, 1936.

Asakawa, Kanichi. *The Russo-Japanese Conflict.* Boston : Houghton Miffin, 1904.

Avarin, V.Ia. *Imperializm v Manchurii.* Moscow, 1934. 2vols.

Baddeley, J.F. *Russia in the Eighties.* London : Longmans, Green, 1921.

——, *Russia, Mongolia, China….* London and New York : Macmillan, 1919.

Bakhrushin, S.V. *Kazaki na Amure.* London, 1925.

Barsukov, I.P. *Graf Nikolaevich Amurskii.* Moscow, 1891. 2vols.

Bishop, Isabella Lucy. *Korea and Her Neighbors.* London, 1898. 2vols.

Bland, J.O.P. *Li Hung-chang.* New York ; Holt, 1917.

Bogdanovich, A.V. *Tri poslednikh samoderzhtsa*(Three Last Autocrats). Moscow, 1924.

Bogolepov, M.I., and M.N.Sobolev. *Ocherki Russko-Mongol'skoi torgovli* (Essays on the Russian-Mongolian Trade). Tomsk, 1911.

Brandt, M.von. *Drei Jahre ost-asiatischer Politik, 1894~1897.* Stuttgart, 1897.

Bywater, H.C. *Sea-Power in the Pacific⋯*. London : Constable, 1934.

Carter, W.H. *The Life of Lieutenant General Chaffee*. Chicago : University of Chicago Press, 1917.

Casserly, Gordon. *The Land of the Boxers* ; *or, China Under the Allies*. London : Longmans, Green, 1903.

Chang, Chung-fu. *The Anglo-Japanese Alliance*. Baltimore : Johns Hopkins Press, 1931.

Chekhov, Anton P. *Na Sakhaline*. St.Petersburg, 1890.

Clements, Paul H. *The Boxer Rebellion*. New York : Columbia University, 1915.

Clyde, P.H. *International Rivalries in Manchuria*. Columbus : Ohio State University Press, 1926.

Coons, A.G. *The Foreign Public Debt of China*. Philadelphia : University of Pennsylvania Press, 1930.

Cordier, Henri. *Histoire des relations de la Chine avec les Puissances occidentales*. Paris : F.Alcan, 1902. 3vols.

Curzon, G.N.(Lord). *Persia and the Persian Question*. London, 1892.

———, *Problems of the Far East*. London, 1894.

Cyon, E.de. *Witte et les finances russes*. Paris, 1895.

Dallin, David Iu. *The Rise of Russia in Asia*. New Haven : Yale University Press, 1949.

Danilevskii, N.Ia. *Rossiia i Evropa*. St.Petersburg, 1887.

Demchinskii, Boris N. *Rossiia v Manzhurii*. St.Petersburg, 1908.

Dennet, Tyler. *Americans in Eastern Asia*. New York : Macmillan, 1922.

———, *Roosevelt and the Russo-Japanese War*. New York : Doubleday, Page, 1925.

Dennis, A.L.P. *Adventures in American Diplomacy*. New York : Dutton, 1928.

Dillon, E.J. *The Eclipse of Russia*. New York : G.H.Doran, 1918.

Drage, Geoffrey. *Russian Affaires.* London : J.Murray, 1904.

Falk, E.A. *Togo and the Rise of Japanese Sea-Power.* New York : Longmans, Green, 1936.

Fisher, Raymond H. *The Russian Fur Trade, 1550~1700.* University of California Publications in History, Vol.XXXI (1943).

Fitzmaurice, Lord Edmond George. *The Life of Granville.* London : Longmans, Green, 1905. 2vols.

Fuller, Joseph V. *Bismarck's Diplomacy at Its Zenith.* Cambridge : Harvard University Press, 1922.

Gasiorovskii, Waclaw. *Tragic Russia.* London : Cassel, 1908.

Gérard, Auguste. *Ma Mission en Chine (1893~1897).* Paris : Plon-Nourrit, 1918.

Golder, F.A. *Russian Expansion on the Pacific, 1641~1850.* Cleveland : Arthur H. Clark, 1914.

Golman, M.B. *Russkii Imperializm.* Leningrad, 1926.

Golovachev, P.M. *Rossiia na Dal'nem Vostoke* (Russia in the Far East). St.Petersburg, 1904.

Griffis, W.E. *Corea, the Hermit Nation.* New York : Scribner, Harper, 1907. Russian translation in *G.S.S.,* XIV(1885).

Griswold, Alfred Whitney. *The Far Eastern Policy of the United States.* New York : Harcourt, Brace, 1938.

Guedalla, Philip, ed. *The Queen and Mr.Gladstone.* London : Hodder and Stoughton, 1933. 2vols.

Habberton, William. *Anglo-Russian Relations Concerning Afghanistan, 1837~1907.* Urbana : University of Illinois, 1937. Illinois Studies in the Social Sciencesm, Vol.XXI, No.4.

Hamada, Kengi. *Prince Ito.* London : Allen & Unwin, 1936.

Harrington, Fred Harvey. *God, Mammon, and the Japanese.* Madison University of Wisconsin Press, 1944.

Hiratsuka, A., ed. *Ito Hirobumi Hiroku.* Tokyo, 1929.

Hsu, M.C. *Railway Problems in China.* New York : Columbia University, 1915.

Hsü, Shu-hsi. *China and Her Political Entity.* New York and London : Oxford University Press, 1926.

Hulbert, Homer B. *The Passing of Korea.* New York : Doubleday, Page, 1906.

Iadrintsev, N.M. *Sibir'kak koloniia.* St.Petersburg, 1882.

Ianchevetskii, Dmitrii G. *Groza s Vostoka.* Revel, 1907.

Irmer, Arthur J. *Die Erwerbung von Kiatchou [Kiaochow], 1894~1898.* Cologne, 1930 ; Bonn, 1930.

Iz Oblasti Lamaizma. St.Petersburg, 1904.

Kantorovich, Anatoli Ia. *Amerika v bor'be za Kitai*(America in the Struggle for China). Moscow, 1935.

Karataev, M.M. *Nikolai Mikhailovich Prjevalskii.* Moscow, 1948.

Kent, Percy Horace. *Railway Enterprise in China.* London : E.Arnold, 1907.

Kerner, Robert J. *The Urge to the Sea : The Course of Russian History.* Berkeley and Los Angeles : University of California Press, 1942.

Khabarovskii, S. *Chto takoe Kitaiskaia zheleznaia doroga?*(What is the Chinese Railroad?). St.Petersburg, 1908.

Kliuchesvskii, V.O. *Kurs Russkoi istorii.* Moscow, 1921~1923. 5vols.

Korostovets, Ivan Ia. *Graf Witte.* Berlin, 1929.

Korzhinskii, S.I. *Amurskaia oblast'kak zemledel'cheskaia koloniia* (The Amur Region as an Agricultural Colony). St.Petersburg, 1892.

Kostomarov, I.N. *Iz nashego Proshlogo : Sibirskie Zemleiskateli*(From Our Past : Siberian Pioneers). Berlin, 1922.

Kovalevskii Maxim. *Russian Political Institutions.* Chicago : University of Chicago Press, 1902.

494

Kulomzin, Anatolii N., ed. *Sibirskaia zheleznaia doroga v eia proshlom i nastoiashchem*(The Siberian Railway, Its Past and Present). St.Petersburg, 1903.

Lantzeff, George V. *Siberia in the Seventeenth Century.* University of California Publications in History, Vol. XXX, 1943.

Levedev, E.V. *Sovetskii Sakhalin*(Soviet Salhalin). Moscow, 1933.

Levine, L. *Pan-Slavism and European Politics.* New York : 1914.

Levitov, I.S. *Zheltaia rasa*(The Yellow Race). St.Petersburg, 1900.

Li Hung-chang. *Collected Writings.* Edited by Wu Ju-lin. Nanking, 1908, 100vols.

List, Friedrich. *Das Nazionale System der Politischen Oekonomie.* Berlin, 1841. Published in Russia as *Natsional'naia ekonomiia i Frants List.* Kiev, 1889.

Ludvig, A.P. "Li Hung-chang and Chinese Foreign Policy, 1870~1885", Unpublished Ph.D. dissertation, University of Califorrnia, Berkely, May, 1936.

Lvov, F.A. *Likhodei biurokraticheskago samovlastiia kak neposredstv ennye vinovniki pervoi Russko-Iaponskoi Voiny*(The Criminals of Bureaucratic Willfulness as the Direct Instigators of the Russo-Japanese War). St.Petersburg, 1906.

McCordock, R.Stanley. *British Far Eastern Policy, 1894~1900.* New York : Columbia University Press, 1930.

McCune, G, M. "The Korean Problem, 1885~1895", Unpublished Ph.D. dissertation, University of California, Berkely, 1937.

——, "Korea's International Debut, 1882~1885", Unpublished seminar report, University of California, Berkely, March, 1936.

McKenzie, F.A. *The Tragedy of Korea.* London : Hodder and Stoughton, 1908.

Maltsev, S.S. *Zheltaia opasnost'*(The Yellow Danger). Warsaw, 1900.

Marder, Arthur J. *The Anatomy of British Sea Power···1880~1905.* New York : Knopf, 1940.

Markov, Sergei. *Liudi velikoi tseli*(Men of Great Goals). Moscow, 1944.

Martens, F.F. *Rossiia i Kitai.* St.Petersburg, 1881.

──, *Russia and England in Central Asia.* London, 1887.

Masaryk, Thomas G. *Pan-Slavism : The Sprit of Russia.* London : Allen & Unwin, 1919.

Maximov, A. *Nashi zadachi na Tikhom Okeane* (Our Tasks on the Pacific). St.Petersburg, 1894.

Migulin, P.P. *Russkii gosudarstvennyi kredit, 1769~1899*(Russian State Loans, 1769~1899). Kharkov, 1900. 2vols.

Minrath, Paul. *Das Englisch-Japanische Bündniss von 1902.* Stuttgart, 1933.

Morse, H.B. *International Relations of the Chinese Empire.* London and New York : Longmans, Green, 1918. 3vols.

Myshliaevskii, A. *Voennyia deistviia v Kitae, 1900~1901*(Military Operations in China, 1900~1901). St.Petersburg, 1904~1910. 3vols. 더 간략한 공식기록은 다음과 같이 독일어로 번역되었다. *Die Kämpfe der russischen Truppen in der Mandschurei im Jahre 1900.* Leipzig, 1900.

Nol'de, Boris E. *Vneshniaia politika*(Foreign Policy). Petrograd, 1915.

Okuma, Shigenobu, comp. *Fifty Years of New Japan.* New York : Dutton, 1909.

Okun'. Semen B. *Ocherki po istorii kolonial'noi politiki tsariszma v Kamchatskom krae*(Essays on the History of the Colonial Policy of Tsarism in the Kamchatka Region). Leningrad, 1935.

Ono, Giichi. *War and Armament Expenditures of Japan.* New York : Oxford University Press, 1922.

Ozerov, Ivan Kh. *Kak raskhoduiutsia v Rossii narodnye den'gi*(How

Russian People's Money is Spent). Moskow, 1907.

———, *Russkii biudzhet*(Russian Budget), Moscow, 1907.

Pan, S.C.Y. *American Diplomacy Concerning Manchuria.* Washington : Catholic University of America, 1938.

Panov, A.A. *Sakhalin kak koloniia.* Moscow, 1905.

Pavlovich, M. *Vneshniaia politika i Russko-Iaponskaia Voina*(Foreign Policy and the Russo-Japanese War). St.Petersburg, 1909. 2vols.

Pokotilov, D.D. *Koreia i Iapono-Kitaiskoe stolknovenie*(Korea and the Sino-Japanese Conflict). St.Petersburg, 1895.

Pokrovskii, M. N. *Vestnik Evropy istoriia s drevneishikh vremen* (Russian History from the Earliest Times). Moscow, 1913~1914. 5vols.

———, *Vestnik Evropy istoriia v szhatom ocherke*(Russia History in a Concise Essay). Moscow, 1925.

Polner, Tikhon I., ed. *Priamur'e : Fakty, tsifry, nabliudeniia*(Priamur'e : Facts, Figures, Observation). Moscow, 1909.

Potemkin, V.P., ed. *Istoriia diplomatii i diplomatiia v novoe vremia*(A History of Diplomacy and Diplomacy in Modern Times). Moscow, 1945.

Putiata, D.V. *Ocherki geograficheskago sostoianiia administrativnago i voennago ustroistva Kitaia*(Essays on the Geographical Situation and Administrative and military Organization of China). St.Petersburg, 1895.

Rea, G.B. *The Case for Manchoukuo.* New York : Appleton-Century, 1935.

Ronaldshay, L.T.(Earl). *On the Outskirts of Empire in Asia.* Edinburgh and London. W.Blackwood, 1904.

Rubenstein, N.L. "Istocheskaia teoriia slavianofilov i ee klassovye korni" (The Historical Theory of the Slavophiles and Their Class Roots), *in Vestnik Evropy Istoricheskaia Literatura v klassovom osv eshchenii.* Moscow, 1927. 2vols.

Rudakov, A.V. *Obshchestvo I-khe-tuan i ego znachenie v poslednikh sobytiiakh na Dal'nem Vostoke* (The I-khe-tuan Society and Its Significance in Recent Events in the Far East). Vledivostok, 1931.

Shoemaker, M.M. *The Great Siberian Railway from St.Petersburg to Peking.* New York and London : Putnam, 1903.

Shperk, Franz. *Rossiia Dal'nego Vostoka.* St.Petersburg, 1885.

Simpson, B.L. *Manchu and Muscovite.* London and New York : Macmillan, 1904.

Skal'kovskii, Konstatin A. *Vestnik Evropy torgovlia v Tikhom Okeane* (Russian Trade in the Pacific). St.Petersburg, 1883.

———, *Vneshniaia politika Rossii i polozhenie inostrannykh derzhav* (Russia's Foreign Policy and the Position of the Foreign Powers). St.Petersburg, 1897.

Smith, Arthur H. *China in Convulsion.* New York : Revell, 1901.

Solov'ev, S.M. *Istoriia Rossii s drevneishikh vremen*(History of Russia from the Most Ancient Times). St.Petersburg, 1894~1895. 29vols. in 7.

Solov'ev, Vladimir. "Kitai i Evropa", *Sobranie Sochinenii.* St.Petersburg, 1913. 10vols. Vol.VI, pp.84~137.

"Sovremennik"(pseud.) *Nikolai II, Razoblacheniia*(Nicholas II, an Exposure). Berlin, 1909.

Steiger, G.N. *China and the Occident.* New Haven : Yale University press, 1927.

Svatikov, S.G. *Rossiia i Sibir'.* Prague, 1909.

Svechin, A. *Evolutsiia voennogo iskusstva*(The Evulution of Ministry Art). Moscow, 1928. 2vols.

Thompson, H.C. *China and the Powers.* London, 1902.

Trubetskoi, G.N. *Russland als Grossmacht.* Stuttgart, 1913.

Tsubai, *Saikim Seiji Gaiko-shi*(Recent Political and Diplomatic History). Tokyo, 1936.

Tugan-Baranovskii, M.I. *Vestnik Evropy fabrika.* St.Petersburg, 1915.

Ular, Alexander. *A Russo-Chinese Empire.* Westminister : Constable, 1904.

————, *Russia from Within.* London : Heinemann, 1905.

United States Hydrographic Office. *Sailing Directions for Siberia and Chosen⋯.* Washington, D.C., 1932. Publication No.122.

Vernadskii, G.V. *Nachertanie Russkoi Istorii.* Prague, 1927. Vol.I.

"Vladimir" [Z. Volpicelli]. *The China-Japan War.* London, 1896.

————, *Russia on the Pacific and the Siberian Railroad.* London, 1899.

Weigh, K.S. *Russo-Chinese Diplomacy.* Shanghai, 1928.

Whigham, H.J. *The Persian Problem.* New York : Scribner, 1903.

Witte, S.Iu. *Narodnoe Khoziaistvo*(The People's Economics). [Witte's lectutes on economics to Grand Duke Mikhali Alexandrovich]. St.Petersburg, 1902.

Yakhontov, V.A. *Russia nad the Soviet Union in the Far East⋯.* New York : Coward-McCann, 1931.

Zabriskie, Edward H. *American-Russian Rivalry in the Far East ⋯189 5~1914.* Philadelphia : University of Pennsylvania Press, 1946.

Zepelin, Constantin von. *Der Ferne Osten.* Berlin, 1907~1911. 3vols.

논문 및 평론류

Ahnert, E.E. "Puteshestvie po Manzhurii" (Travel in Manchuria), *Z.I.R.G.O.*, XXXV(1904), 1~525.

Alexandrov, V. "Argun i Priargun'e", *Vestnik Evropy,* XXXIX, No.5 (September, 1904), 281~310.

"Alleged Russo-Chinese Convention", *Saturday Review,* December 12, 1896.

Baranov, Alexander E. "Na reke Amure v 1854~1855"(On the Amur River in 1854~1855), *Vestnik Evropy Starina,* LXXI(August, 1891), 327~354.

Baranovskii, E.I. "Zolotopromyshlennost' v vostochinoi Sibiri"(Gold-Field Mines in Eastern Siberia), *Vestnik Evropy,* XXXIII, No.7 (July, 1898), 142~181.

Besabrassow[Bezobrazov], Alexander M. "Les premières causes de l'effon effondrement de la Russie : Le Conflit Russo-Japonais", *Le Correspondent*(Paris), CCXLI(May, 1923), 557~615.

Bougler, D.C. "Li Hung-chang", *Contemporary Review,* LXX(July, 1896), 18~29.

————, "The New Situation in the Far East", *Contemporary Review,* LXVIII(December, 1895), 815~824.

Brassey, Thomas. "Naval Progress", *Naval Annual* (London) for 1884~1887, tables 263~269.

Bushby, H.N.G. "The Agreement Between Great Britain and Japan", *Nineteenth Century,* LI(March, 1902), 369~382.

Butakov(Lt. Col.). "Vooruzhnnye sily Kitaia i Iaponii"(The Armed Forces of China and Japan), *G.S.S.,* III(1883), 1~184.

Chikhachev, P. "Kaliforniia i Ussuriiskii krai" (California and the Ussuri Region), *Vestnik Evropy,* XXV, No.6(June, 1890), 545~568.

Chu Djang. "War and Diplomacy over Ili", *Chinese Social and Political Science Review,* XX(October, 1936), 369~392.

Curzon, G.N.(Lord). "British and Russian Commercial Competition in Central Asia", *Asiatic Quarterly Review,* VIII, (July~October,

500

1889). 438~457.

Dadeshkaliani, K.N.(Prince). "Ocherki Korei" (Survey of Korea), *G.S.S.*, XXII~XXIV(1886), 61~119.

Davydov, D.A. "Kolonizatsiia Manzhurii i severo-vostochnoi Mongolii" (Colonization of Manchuria and Northeastern Mongolia), *I.V.I.*, XXXVII(1911).

Dennett, Tyler. "The Deer Island Episode", *Korean Repository*, V(March, 1898), 109~113.

———, "Early American Policy in Korea, 1883~7", *Political Science Quarterly*, XXXVIII (September, 1923), 82~103.

Dillon, E.J. "M.Witte and the Russian Commersial Crisis", *Contemporary Review*, LXXIX (April, 1901), 472~501.

———, "Russia and Europe", *Contemporary Review*, LXX(November, 1896), 609~622.

Dmitriev, K. "Ekskursiia dlia izucheniia porta In-kou" (Excursion for the Study of the Port of Inkou), *I.V.I.*, VII(1902~1903), 115~270.

Domeratsky [Domeretskii], L. "Tariff Relations Between Germany and Russia 1890~1914", U.S. Department of Commerce, Bureau of Foreign and Domestic Commerce, *Tariff Series* no.38. Washington, D.C., 1918, pp.1~23.

Duman, L.I. "*Vestnik Evropy* i inostrannaia literatura o Dunganskom vosstanii 1861~1877 v Kitae gg."(Russian and Foreign Literature About the Dungan Rebellion in China, 1861~1877), *Bibliografiia Vostoka*, VII, 1934, No.7, pp.55~78.

"Dvadsat' piat' let Pekinskago Dogovora", *Istoricheskii Vestnik*, XXII (December, 1885), 733~734.

Efimov, G. "Imperialistcheskaia interventsiia 1900~1901 v Kitae i bok-serskoe vosstanie"(Imperialist Intervention in China 1900~1901 and the Boxer Rebellion), *Istoricheskii Zhurnal*, 1938, No.4(April),

63~75.

Eliseev, A.V. "Otchet o poezke na Dal'nii Vostok" (Account of a Trip to the Far East), *I.I.R.G.O.*, XXVI(1890), 336~379.

――, "Po Iuzhno-Ussuriiskomu kraiu"(In the South-Ussuri Region), *Istoricheskii Vestnik*, XLIII(February~March, 1891), 435~556.

Evtiugin(Captain), "Poezdka iz Blagoveschenska v Tsitsihar v 1884 godu" (A Journey from Blagoveschensk to Tsitsihar in 1884), *G.S.S.*, XIV(1885), 213~219.

Finn-Enotaevskii, A. "Graf Witte kak ekonomist" (Count Witte as an Economist), *Sovremennyi Mir,* 1912, No.2, pp.253~267.

Ford, W.C. "The Economy of Russia", *Political Science Quarterly,* XVII (March, 1902), 99~124.

Frangulis, A.F., ed. "Premier Mouillage", *Dictionnaire Diplomatique.* Paris, 1933.

Gapanovich, J.J. "Russian Expansion on the Amur", *China Journal* XV, No.4 (October, 1931).

――, "Sino-Russian Relations in Manchuria, 1892~1906", *Chinese Social and Political Science Review,* XVII(July, 1933), 283~306, 457~479.

Georgivskii. "Prjevalskii", *Vestnik Evropy,* XXI, No.6(June, 1886), 777~796.

Glinskii, B.B. "Cherty iz zhizni Grafa S.Iu.Witte"("Some Traits of Character of Count Witte", *Istoricheskii Vestnik,* CXL(1915), 220~231.

――, "Graf Sergei Iul'evich Witte(Materialy dlia biografii)" (Count Witte : Biographical Materials), *Istoricheskii Vestnik,* CXLII (1915), 592~609.

――, "Period tverdoi vlasti" (The Period of Firm Power), *Istoricheskii Vestnik,* CXXIX(July, 1912), 271~304, (September), 659~693.

Goriainov, Serge. "The End of the Allaince of the Emperors", *American Historical Review,* XXIII(January, 1918), 324~349.

Gundry, R.S. "China, England and Russia", *Fortnightly Review,* LXVI (October, 1896), 506~520.

Hallet, Holt S. "France and Russia in China", *Nineteenth Century,* XLI (March, 1897), 487~502.

Hauptman, H.T. "Russland auf dem Wege Zur Vorherrschaft in Ostasien : nach dem Bericht des Finanz Minister Witte über seine Reise nach dem Fernen Osten", *Asien,* VI(1903).

Heard, A. "China and Japan in Korea", *North American Review,* XLIX (1894), 300~308.

"Hiroshima Trial", *Japan Daily News and North China Herald,* January 31, 1896.

"Issledovaniia Manzhurii"(Studies of Manchuria), *Bibliograficheskii Biulleten'* of the Central Library of the C.E.R., Nos. 1~6. Harbin, 1927.

Iuvachev, I.P. "Bor'ba s khunhuzami na Manzhurskoi granitse"(Fights with Khunhuzes on the Manchurian Border), *Istoricheskii Vestnik,* LXXXII(October~December, 1900), 177~206, 538~564.

――――, "Godovshchina boia pri Taku" (Anniversary of the Taku Battle), *Istoricheskii Vestnik,* LXXXIV(April~May, 1901), 1075~1080.

Iuzhakov, S. "Chto delat' v Kitae?"(What is to be done in China?), *Russkoe Bogatstvo,* 1900, No.8(August), 111~122.

"Japanese Constitutional Crisis and the War, The", *Contemporary Review,* LXVIII (October, 1895), 457~476.

Kaufman, A.A. "Kolonizatsia Sibiri v eia nastoiashchem i budushchem" (Colonization in Siberia Today and Tomorrow), *Sibirskie Voprosy* (1905), No.1 pp.171~201.

Khvostov, A. "Russkii Kitai, nasha pervaia koloniia na Dal'nem Vostoke" (Russian china, Our First Colony in the Far East), *Vestnik Evropy,* XXXVII, No.5(September~October, 1902), 653~696.

Kochurovskii, K. "Krest'ianskoe khozaistvo i pereselenie" (Peasant Farming and Resettlement), *Vestnik Evropy Mysl'*, 1894, No.3, pp.18~38.

Komarov, V.L. "Manzhurskaia ekspeditsiia 1896 g.", *I.I.R.G.O.*, XXXIV (1898), 117~194.

————, "Usloviia dal'neishei kolonozatsii Amura" (Conditions of Further Colonization onthe Amur), *I.I.R.G.O.*, XXXII(1896), 457~509.

Kovalevskii, Maxim. "Porto franko vo Vladivostoke", *Vestnik Evropy,* XLIV, No.1 (January, 1909), 423~437.

Kropotkin, Petr. "The Russians in Manchuria", *The Forum,* XXXI(May, 1901), 267~274.

Kuo Ti-chen, "Chinese Tariff Concessions to the C.E.R.", *Chinese Social and Political Science Review,* XIV(October, 1930), 391~402.

Lebedev, A. "Zheltuginskaia Republika v Kitae"(The Zheltuga Republic in China), *Russkoe Bogatstvo,* 1896, No.9(September), pp.143~171.

Legras, Jules. "La Mandchourie russe", *Revue des Deux Mondes,* 1902, No.4.

"Li Hung-chang's Mission", *Saturday Review,* August 22, 1896.

Lin, T.C. "The Amur Frontier Question Between China and Russia, 1850~1860", *Pacific Historical Review,* III(1934), 1~27.

————, "Li Hung-chang : His Korean Policies, 1870~1885", *Chinese Social and Political Science Review,* XIX(July, 1935), 202~233.

Liubimov, L.N. "Iz zhizni inzhennera putei soobshcheniia"(From the Life of a Civil Engineer), *Vestnik Evropy Starina,* CLV(July~September, 1913), 215~253, 448~463.

Matiunin, N.G. "Nashi sosedi na krainem Vostoke" (Our Neighbors in the Far East), *Vestnik Evropy,* XXII, No.7(July, 1887), 64~88.

————, "Zapiska o kitaitsakh i manzhurakh na levom beregu Amura", *G.S.S.,* LVIII(1894), 33~39.

Metchnikoff's[Mechnikov's] Tribute to Count Witte", *American Review of Reviews,* LIII(June, 1916), 728~729.

Miagkov, A. "V poiskakh za zolotom" (In search of Gold), *Russkoe Bogatstvo,* 1901, No.8(August), 102~159.

"Military Calendar", *Journal R.U.S.I.,* March, 1898.

N.S. "*Vestnik Evropy* i nemetskaia vostochnaia politika" (Russian and German Policy in the East), *Vestnik Evropy Mysl',* 1882, No.1, pp.37~60.

Nadarov, I.P. "Severno-Ussuriskii Krai" (The Northern Ussuri Region), *Z.I.R.G.O.,* XVII(1887).

Nadarov, V. "Seulo-Fuzanskaia zheleznaia doroga"(Seoul-Fusan Railroad), *I.V.I.,* III(1901~1902), No.3, pp.47~56.

Nadin, P. "Kvantun i ego proshloe, 1894~1900(po lichnym vospominaniiam)" (Kwangtung and Its Past…), *Vestnik Evropy,* XXXIX, No.3 (June, 1904), 723~753.

――, "Piatidesiatiletie Amurskago kraia, 1854~1904" (Fifty Years of the Amur Region, 1854~1904), *Vestnik Evropy,* XL, No.3(May, 1905), 166~197.

Nazarov(Colonel). "Materialy dlia voenno-statisticheskago obzora Priamurskago voennago okruga v Manzhurii" (Materials for a Military-Statistical Survey of the Priamur Military District), *G.S.S.,* XXXI (1888), 1~250.

Novikov, N. "Alchukaskoe Fudutunstvo", *I.V.I.,* X(1904), 95~98.

Oldenburg, S. "Noveishaia literatura o Tibete" (The Most Recent Literature on Tibet), *Zhurnal Ministerstva Narodnago Prosveshcheniia,* CCCLVI (1904), Nos.11 and 12, pp.129~168.

Orlov, N.A. "Srazhenie pri Iakshi" (The Battle near Iakshi), *Istoricheskii Vestnik,* LXXXIV(May, 1901), 603~627.

――, "Srazhnie pri Onguni" (The Battle on the Onguni), *Istoricheskii Vestnik,* LXXXIV(April, 1901), 137~162.

――, "Zaniatie Hailara v 1900 g." (The Occupation of Hailar),

Istoricheskii Vestnik, LXXXV(October, 1901), 98~139.

Oudendyk, W.J. "Russia and China", *Journal of the Royal Central Asian Society,* XXII, No.3(July, 1935).

Palladii, (Arkhimandrit). "Dorozhnyia zapiski na puti ot Pekina do Blago-veschenska cherez Manzhuriiu v 1870 g." (Travel Notes en route from Peking to Blagoveschensk···) *Z.I.R.G.O.,* IV(1871), 329~458.

————, "Istoricheskii ocherk Ussuriiskago kraia v sviazi s istoriei Manzhurii" (A Historical Essay on the Ussuri Region in Connec-tion with the History of Manchuria), *Z.I.R.G.O.,* VIII (1879), 221~228.

Pavel, (Ieromonakh). "Sovremennoe polozhenie khristianskikh missii v Koree"(The Present Position of Christian Missions in Korea), *I.V.I.,* XII(1904), 253~344, tables 342~344.

Petrov, A.A. "Filosofiia Kitaia v russkom burzhuaznom kitaevedenii" (Chinese Philosophy in Russian Bourgeois Sinology), *Bibliografiia Vostoka,* VII(1934), 5~28.

Popov, A. "Anglo-russkoe soglashnie o razdele Kitaia(1899)"(The Anglo-Russian Agreement Concerning the Partition of China). *K.A.,* XXV(1927), 111~134.

————, "Anglo-russkoe sopernichestvo na putiakh Irana" (Anglo- Russian Rivalry in Iran), *Novyi Vostok,* 1926, No.12, pp.133~136.

————, "Dal'nevostochnaia politika tsarizma v 1894~1901 gg."(The Far Eastern Policy of Tsarism in 1894~1901), *Istorik Marksist,* LI, 1935, no.11, pp.38~57.

————, "Pervye shagi russkago imperializma na Dal'nem Vostoke(1888~1903)"(The First Steps of Russian Imperialism in the Far East), *K.A.,* LII(1932), 55~56.

Popov, P.S. "Dvizhenie naseleniia v Kitae"(The Movement of Population in China), *I.I.R.G.O.,* XXXII(1896), 226~228.

Pos'iet, K.N. "Prekrashechenie ssylki v Sibir" (The End of Russian Exile to Siberia), *Vestnik Evropy Starina,* XLIX, No.7 (July, 1899), 51~ 59.

Pozdneev, D.M. "Bokserskoe dvizhenie kak etap osvoboditel'noi bor'by v Kitae"(The Boxer Movement as a Stage in the Chinese Liberation Movement), *Zvezda,* X(1925), No.4, pp.156~172.

———, "Materialy po voprosu o peresmotre deistvuiushchikh v kitaiskikh morskikh tamozhnaiakh···"(Materials on the Revision of the Chinese Maritime Customs), *I.V.I.,* XIV(1906), 1~114.

"Prince Ukhtomsky, a Russian of the Russians", *Review of Reviews,* XXX(July, 1904), 72.

Prjeval'skii, N.M. "Ussuriiskii krai" (The Ussuri Region), *Vestnik Evropy,* V, No.5(May, 1870), 236~267.

———, "Soobrazheniia o vozmozhnoi voine s Kitaem"(On the Possibility of War with China), *G.S.S.,* I(1883).

Putiata, D.V. "Opisanie Port Artura" (The Description of Port Arthur), *G.S.S.,* XXXII(1888), 1~32.

———, "Otchet o poezdke v Manzhuriiu v 1888 godu" (An Account of the Trip to Manchuria in 1888), *G.S.S.,* XXXVIII(1889).

———, "Zapreshchenie kitaitsam selitsia na Manzhurskikh zemliakh" (The Prohibition of Chinese Settlement in Manchuria), *G.S.S.,* XLII (1899), 159~163.

Rees, J.D. "The Tsar's Friend", *Fortnightly Review,* LXXV(April, 1901), 612~622.

Reinsch, P.S. "Governing the Orient on Western Principles", *The Forum,* XXXI(June, 1901), 385~400.

Roborovskii, V.I. "Ekspeditsiia v Tsentral'nuiu Aziiu v 1893~1895 gg." (The Expedition to Central Asia in 1893~1895), *I.I.R.G.O.,* XXXIV (November, 1898), 1~59.

Romanov, B.A. "Konsessiia na Ialu", *Russkoe Proshloe*(Moscow), I(1923).

——, "Portsmut"(Portsmouth), *K.A.*, V(1924), 3~47 ; VI(1924), 3~31.

——, "Proiskhozhdenie Anglo-Iaponskago Doroga 1902 g."(THe Origin of the Anglo-Japanese Treaty of 1902), *Istoricheskie Zapiski*, X(1941), No.10, pp.41~65.

——, "Witte I Konsessiia na reke Ialu", *Sbornik statei po Russkoi istorii*(Leningrad, 1922), pp.425~459.

——, "Witte kak diplomat, 1895~1903 gg." (Witte as a Diplomat in 1895~1903), *Vestnik Leningradskogo Universiteta*, 1946, Nos. 4~5, pp.150~172.

Rudnev, V. "Iz vospominanii o plavanii na kreisere 'Afrika'" (Reminiscences of a Voyage on the Cruiser *Africa*), *Vestnik Evropy Starina*, CXXXVI, No.4(October~December, 1908) 415~428.

Savicky[Savitskii], Nikolai. "Serge Witte", *Le monde Slave*, n.s., III (August, 1932), 161~191 ; (September, 1932), 321~348.

Schumacher, Hermann. "Eisenbahnbau und Eisenbahnpläne in China", *Archiv für Eisenbahnwesen* (Berlin), 1899, pp.901~978, 1194~1226 ; 1900, pp.341~401, 693~756, 895~943, 1095~1124.

S.I. "Na Kvantune", *Vestnik Evropy Mysl'*, 1900, No.7, pp.136~162 ; No.8, pp.1~42.

"Secret History of the Russo-Chinese Treaty", *Contemporary Review*, LXXI(February, 1897), 172~183.

Seich, A. "Sakhalin kak koloniia"(Sakhalin as a Colony), *Vestnik Evropy Mysl'*, 1904, No.7, pp.150~171.

Sergeev, V.M. "Issledovaniia bolot po linii Amurskoi zheleznoi dorogi" (The investigation of Swamps on the Line of the Amur Railroad), *I.I.R.G.O.*, XXXIV(1898), 318~332.

Siviakin, P. "Geograficheskiia svedeniia o Shadunskoi provintsii i Port Chzhi-fu"(Geographical Information About the Province of Shantung and Port Chefoo), *I.V.I.*, III(1901~1902), No.5, tables on pp.120~121.

Sokovnikkov(Captain). "O sovremennykh koreiskikh voiskakh" (About Contemporary Korean Armies), *G.S.S.*, LXIX(1896), 1~7.

Soyeda, J. "The Adoption of Gold Monometallism in Japan", *Political Science Quarterly,* XIII(March, 1898), 60~90.

Spitsyn, Alexander. "Rabochii vopros na kamenno-ugol'nykh kopiakh Mukdenskoi provintsii"(The Labor Question in the Coal Mines of Mukden Province), *I.V.I.*, IX(1903), 319~382.

Strother, French. "Witte, the Key to Russia", *World's Work,* XL(October, 1920), 560~577.

Svechnikov, A.I. "Skotovodstvo severo-vostochnoi Mongolii" (Cattle-Breeding in Northeastern Mongolia), *I.I.R.G.O.*, XXXVIII(1902), 467~502.

"Tabel' o rangakh", *Entsiklopedicheskii Slovar'.* St.Petersburg, 1901. Vol.XXXII.

Tarle, E. "S.Iu.Witte, frantsuskaia pechat' i russkie zaimy" (S.Iu.Witte, the French Press, and the Russian Loans), *K.A.*, X(1925), 36~40.

Terent'ev, N. "Proiskhozhdenie amerikanskoi doktriny otkrytykh dverei v Kitae" (The Origin of the American Open-Door Doctrine in China), *Tikhii Okean,* 1934, No.2, pp.75~101.

Timonov, V.E. "O glavneishikh putiakh Priamurskago kraia" (The Main Roads in the Priamur Region), *I.I.R.G.O.*, XXXIV(1898), 321~334.

Tomkins, S.R. "Witte as a Finance Minister, 1892~1903", *Slavonic Review* (London), XI(April, 1934), 590~606.

"Tsarskaia diplomatiia o zadachakh Rossii na Vostoke v 1900 g." (Tsarist Diplomacy on the Problems of Russia in the Far East in 1900), *K.A.*, XVIII(1926).

Tsaing, T.F. "Sino-Japanese Diplomatic Relations, 1870~1894", *Chinese*

Social and Political Science Review, XVII(April, 1933), 1~106.

Turenne, Louis de. "Journal d'un Français à Moscou", *Revue de Paris,* 1896, No.4(July~August), 793~834.

Ukhtomskii, E.E. "Russia Will Crush Japan", *Independent,* LVI(June, 1904), 1418~1420.

V.L., von. "Torgovye zadachi Rossi na Vostoke i v Amerike" (Russian Trade Problems in the Far East and in America), *Vestnik Evropy,* XXVII, No.2(February, 1871), 753~777.

Veniukov, M.I. "Amur v 1857~1858 godu", *Russkaia Starina,* XXIV (January, 1879), 81~112, 267~304.

Vereschagin, A.V. "Po Manzhurii" (In Manchuria), *Vestnik Evropy,* XXXVII, No.1(January~February, 1902), 129~146 ; XXXVII, No.2(March~April, 1902), 583~585.

Voloshinov, N.A.(Colonel of General Staff). "Sibirskaia zheleznaia doroga" (The Siberian Railroad), *I.I.R.G.O.,* XXVII(1891), 11~40.

[Vonliarliarskii, V.M.] "Why Russia Went to War with Japan : the Story of the Yalu Concessions", *Fortnightly Review,* XCIII(May, 1910), 816~831, 1030~1044.

Vostokov, P. "Les chemins de fer russes d'autrefois et aujourd'hui", *Le Monde Slave,* IV (December, 1935), 448~483 ; V(May, 1936), 280~309.

"Zagranichnoe puteshestvie M.N. Muravieva" (M.N.Muraviev's Trip Abroad), *K.A.,* XLVII~XLVIII(1931), Nos.4~5, pp.71~89.

"Zapiski o Manzhurii Polkovnika Barabasha i Matiunina"(Notes on Manchuria by Colonel Barabash and Matiunin), *G.S.S.,* I(1883).

Zavalishin, D. "Les rapports de la Chine a l'égard de la Russie", *Istoricheskii Vestnik,* 1880, No.9(September), 110~119.

Zveginstev, A. "Poezdka v severnuiu Koreiu" (A Trip to Northern Korea), *I.I.R.G.O.,* XXXVI(1900), 502~518.

찾아보기